思维风暴

白虹 编著

天津出版传媒集团
天津科学技术出版社

图书在版编目（CIP）数据

思维风暴 / 白虹编著 . — 天津：天津科学技术出版社，2018.4

ISBN 978-7-5576-4834-3

Ⅰ . ①思… Ⅱ . ①白… Ⅲ . ①思维科学 Ⅳ . ① B80

中国版本图书馆 CIP 数据核字（2018）第 040113 号

策划编辑：刘丽燕　张　萍

责任编辑：刘丽燕

责任印制：兰　毅

天津出版传媒集团
天津科学技术出版社 出版

出版人：蔡　颢

天津市西康路 35 号　　邮编 300051

电话（022）23332490

网址：www.tjkjcbs.com.cn

新华书店经销

北京鑫海达印刷有限公司印刷

开本 720 × 1 020　1/16　印张 38　字数 540 000

2018 年 4 月第 1 版第 1 次印刷

定价：45.00 元

前言

PREFACE

思维是人类最本质的一种资源，是一种复杂的心理现象，心理学家与哲学家都认为思维是人脑经过长期进化而形成的一种特有的功能，并把思维定义为：人脑对客观事物的本质属性和事物之间内在联系的规律性所做出的概括与间接的反应。我们所说的思维方法就是思考问题的方法，是将思维运用到日常生活中，用于解决问题的具体思考模式。

思维是人类最本质的资源，又是足以影响人成败的关键因素，它就像蕴藏在大脑中的石油，只要合理地发掘和利用，就能够帮助我们创造出越来越多的奇迹；反之，若开掘无度、无章可循，只能造成资源的浪费与一生成就的湮没。

恩格斯曾把“思维着的精神”誉为“地球上最美的花朵”，人类为了使这最美的花朵开得更加灿烂，试图通过不同的渠道，用不同的方法、不同的形式去培育它。人们在解决问题的过程中，不断总结思维的规律，把那些能够更快更好地解决问题的方法归纳起来，以备下次遇到类似的问题时能够快速找到解决办法，从而形成了帮助人们解决问题、辨别真伪、开拓创新的思维知识体系，而黄金思维和思维名题就是其中非常重要、有价值的部分。黄金思维和思维名题揭示了人类思维的特点和规律，为人们提供了更为准确、更为开阔的视角，能够帮助人们洞察问题的本质，把握成功的先机。世界各地的各类企业从这些黄金思维和思维名题中汲取有益的营养，制订战略，经营管理，为企业创造了巨大的经济效益。不同角色的人们，包括科学家、政治家、学者、高层管理者、员工、商务人士、律师、教师、家长、学生等，从这些黄金思维和思维名题中获得了深刻的启示，解决了性格、生活、工作、人际交往中的种种问题，走上了成功之路，改变了人生命运。

为帮助读者了解人类思维的发展历程和内容概貌，学习掌握相关的思维方法和技巧，我们精心编撰了《思维风暴》一书。全书分为“改变人生的22种黄金思维”和“700道世界顶级思维名题”上、下两篇。上篇介绍了创新、发散、收敛、加减、逆向、平面、纵向、侧向、系统、类比、联想、简单、U形、灵感、辩证、换位、逻辑、形象、质疑、移植、博弈、共赢22种黄金思维，帮助读者发掘出头脑中的资源，打开洞察世界的窗口。每一种思维向读者提供了一种思考问题的方式和角度，这些思维方法的有机结合，为我们构建了全方位的视角，为各种问题的解决和思考维度的延伸提供了行之有效的指导。下篇介绍了700道古今中外著名的思维名题，包括文字推理名题、数学思维名题、图案推理名题、逻辑推理名题、算术谜题、洞察力谜题、趣味思考谜题等，难易有度，形式活泼，问题多元，题材多样，充满趣味和启发性。这些精彩纷呈的名题，不仅让你领略人类不同时期的思维弧光和智慧，也使你在享受乐趣的同时彻底带动思维高速运转，帮助你强化左脑和右脑的交互运用，在娱乐中提高你的观察力、注意力、记忆力、判断力、推理力、逻辑性，开拓思维，提升思维的敏捷性、深刻性、灵活性，提高你的想象力、创造力和解决问题的能力。

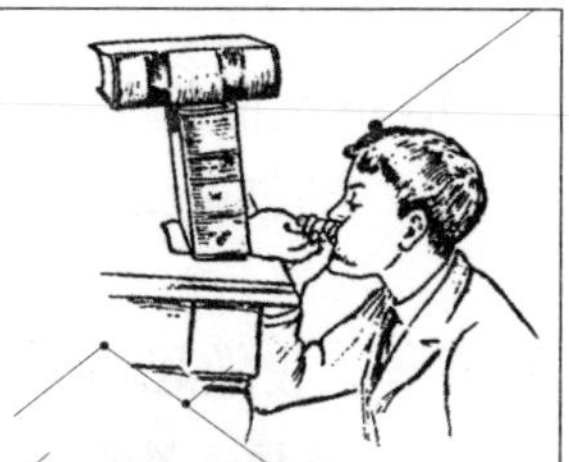

目录

CONTENTS

上篇　改变人生的22种黄金思维

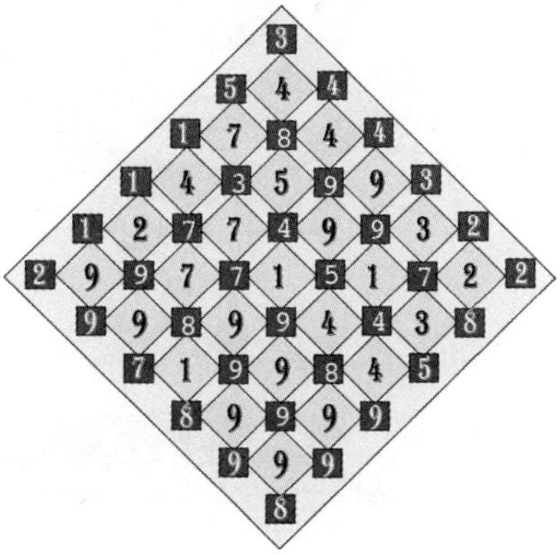

16
17
23
24
39
40

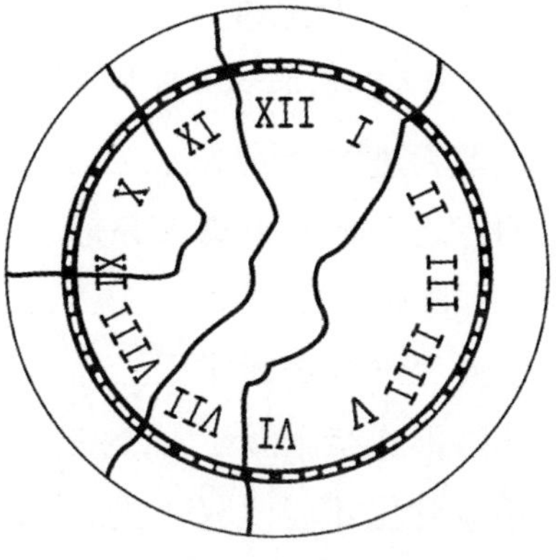

下篇　700 道世界顶级思维名题

第二章 / 世界上奇妙的思维名题

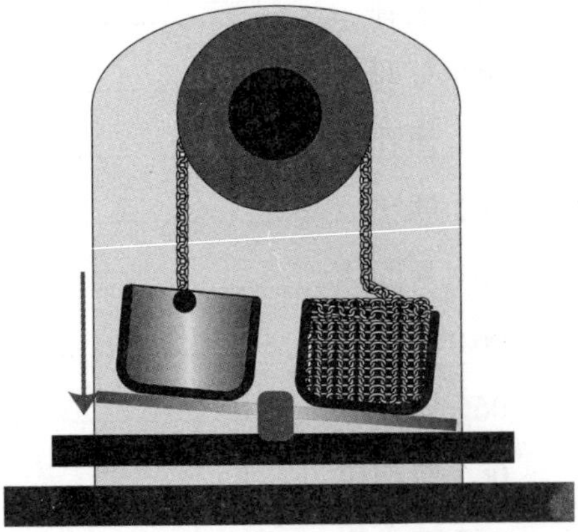

第三章 / 世界上很难的思维名题

第四章 / **世界上令人惊奇的思维名题**

第五章 / 世界上令人莫名其妙的思维名题

第六章 / 世界上很具挑战性的思维名题

第七章 / 世界上难以置信的思维名题

第八章 / 世界上很复杂的思维名题

第九章 / 世界上很费劲的思维名题

第十章 / 世界上容易让人上当的思维名题

第十一章 / 世界上的超级思维名题

第十二章 / **哈佛、牛津等世界名校给学生做的思维名题**

SECURITY
SAFE

上篇

改变人生的22种黄金思维

绪论

改变思维，改变人生

思维：人类最本质的资源

鲁迅先生曾说过这样一段话："外国用火药制造子弹来打敌人，中国却用它做爆竹敬神；外国用罗盘来航海，中国却用它来测风水；外国用鸦片来医病，中国却拿它当饭吃。"我们在回味鲁迅先生的这番尖锐的评论时，不应只将其作为揭露国人悲哀的样板，更应当思考其中蕴涵的更深层的意义：面对同样的事物，中国人与外国人为什么会采取不同的态度？为什么会有截然不同的用途？

难道说中国人没有外国人聪明？但事实却是中国人发明火药、指南针的时间比外国人早了几百年。难道说中国人不思进取、甘愿落后？这恐怕也不符合事实。中国人一向以自强不息、积极向上的面孔示人。那么，我们只能将其归结为思维方法的不同。

思维是人类最本质的一种资源，是一种复杂的心理现象，心理学家与哲学家都认为思维是人脑经过长期进化而形成的一种特有的机能，并把思维定义为"人脑对客观事物的本质属性和事物之间内在联系的规律性所做出的概括与间接的反应"。我们所说的思维方法就是思考问题的方法，是将思维运用到日常生活中，用于解决问题的具体思考模式。

我们说，思路决定出路。因为思维方法不同，看问题的角度与方式就不同；因为思维方法不同，我们所采取的行动方案就不同；因为思维方法不同，我们面对机遇进行的选择就不同；因为思维方法不同，我们在人生路上收获的成果就不同。

有这样一个小故事，希望能对大家有所启发。

两个乡下人外出打工，一个打算去上海，一个打算去北京。可是在候车厅等车时，又都改变了主意，因为他们听邻座的人议论说，上海人精明，外地人问路都收费；北京人质朴，见到吃不上饭的人，不仅给馒头，还送旧衣服。去上海的人想，还是北京好，赚不到钱也饿不死，幸亏车还没到，不然真是掉进了火坑。去北京的人想，还是上海好，给人带路都挣钱，还有什么不能赚钱的呢？我幸好还没上车，不然就失去了一次致富的机会。

于是他们在退票处相遇了。原来要去北京的得到了去上海的票，去上海的得到了去北京的票。去北京的人发现，北京果然好，他初到北京的一个月，什么都没干，竟然没有饿着。不仅银行大厅的水可以白喝，而且商场里欢迎品尝的点心也可以白吃。去上海的人发现，上海果然是一个可以发财的城市，干什么都可以赚钱，带路可以赚钱，开厕所可以赚钱，弄盆凉水让人洗脸也可以赚钱。只要想办法，花点儿力气就可以赚钱。凭着乡下人对泥土的感情和认识，他从郊外装了10包含有沙子和树叶的土，以“花盆土”的名义，向不见泥土又爱花的上海人出售。当天他在城郊间往返6次，净赚了50元钱。一年后，凭着“花盆土”，他竟然在大上海拥有了一间小小的门面房。在长年的走街串巷中，他又有一个新发现：一些商店楼面亮丽而招牌较黑，一打听才知道是清洗公司只负责洗楼而不负责洗招牌的结果。他立即抓住这一空当，买了梯子、水桶和抹布，办起了一个小型清洗公司，专门负责清洗招牌。如今他的公司已有150多名员工，业务也由上海发展到了杭州和南京。

前不久，他坐火车去北京考察清洗市场。在北京站，一个捡破烂的人把头伸进卧铺车厢，向他要一个啤酒瓶，就在递瓶子时，两人都愣住了，因为5年前他们曾经交换过一次车票。

我们常常感叹：面对相同的境遇，拥有相近的出身背景，持有相同的学历文凭，付出相近的努力，为什么有的人能够脱颖而出，而有的人只能流于平庸？为什么有的人能够飞黄腾达、演绎完美人生，而有的人只能一败涂地、满怀怨恨而终？

我们不得不说，这些区别和差距的产生往往也源于思维方法的不同。

成功者之所以成功，是因为他们掌握并运用了正确的思维方法。正确的思维方法可以为人们提供更为准确、更为开阔的视角，能够帮助人们洞穿问题的本质，把握成功的先机。而失败的人之所以失败，是因为他们不善于改变思维方法，陷入了思维的误区和解决问题的困境，就像一位工匠雕琢一件艺术品时选错了工具，最后得到的必然不会是精品。

为什么从苹果落地的简单事件中，只有牛顿能够引发万有引力的联想？为什么看到风吹吊灯的摆动，只有伽利略能够发现单摆的规律？为什么看到开水沸腾的景象，只有瓦特能够将其原理运用到蒸汽机的创造之中？因为他们运用了正确的思维方法，所以他们才能走在时代的最前沿。

思维是人类最本质的资源，又是足以影响人成败的关键因素，它就像蕴藏在大脑中的石油，只要合理地发掘和利用，就能够帮助我们创造出越来越多的奇迹和美好篇章；反之，若开掘无度、无章可循，只能造成资源的浪费与一生成就的湮没。

启迪思维是提升智慧的途径

我们一直都深信“知识就是力量”，并将其奉为金科玉律，认为只要有了文凭，有了知识，自身的能力就无可限量了。事实却不完全如此，下面这个小故事也许能够给你带来一些启示。

在很久以前的希腊，一位年轻人不远万里四处拜师求学，为的是能得到真才实学。他很幸运，一路上遇到了许多学识渊博者，他们感动于年轻人的诚心，将毕生的学识毫无保留地传授给了年轻人。可是让年轻人感到苦恼的是，他学到的知识越多，就越觉得自己无知和浅薄。

他感到极度困惑，这种苦恼时刻折磨着他，使他寝食难安。于是，他决定去拜访远方的一位智者，据说这位智者能够帮助人们解决任何难题。他见到了智者，便向他倾诉了自己的苦恼，并请求智者想一个办法，让他从苦恼当中解脱出来。

智者听完了他的诉说之后，静静地想了一会儿，接着慢慢地问道：“你求学的目的是为了求知识还是求智慧？”年轻人听后大为惊诧，不解地问道：“求知识和求智慧有什么不同吗？”那位智者笑道：“这两者当然不同了，求知识是求之于外，当你对外在世界了解得越深越广，你所遇到的问题也就越多越难，这样你自然会感到学到的越多就越无知和浅薄。而求智慧则不然，求智慧是求之于内，当你对自己的内心世界了解得越多越深时，你的心智就越圆融无缺，你就会感到一股来自于内在的智性和力量，也就不会有这么多的烦恼了。”

年轻人听后还是不明白，继续问道："智者，请您讲得更简单一点儿好吗？"智者就打了一个比喻："有两个人要上山去打柴，一个早早地就出发了，来到山上后却发现自己忘了磨砍柴刀，只好用钝刀劈柴。另一个人则没有急于上山，而是先在家把刀磨快后才上山，你说这两个人谁打的柴更多呢？"年轻人听后恍然大悟，对智者说："您的意思是，我就是那个只顾砍柴而忘记磨刀的人吧！"智者笑而不答。

人们往往把知识与智慧混为一谈，其实这是一种错误的观念。知识与智慧并不是一回事，一个人知识的多少，是指他对外在客观世界的了解程度，而智慧水平的高低不仅在于他拥有多少知识，还在于他驾驭知识、运用知识的能力。其中，思维能力的强弱对其具有举足轻重的作用。

人们对客观事物的认识，第一步是接触外界事物，产生感觉、知觉和印象，这属于感性认识阶段；第二步是将综合感觉的材料加以整理和改造，逐渐把握事物的本质、规律，产生认识过程的飞跃，进而构成判断和推理，这属于理性认识阶段。我们说的思维指的就是这一阶段。

在现实生活中，我们常常看到有的人知识、理论一大堆，谈论起来引经据典、头头是道，可一旦面对实际问题，却束手束脚不知如何是好。这是因为他们虽然掌握了知识，却不善于通过开启思维运用知识。另有一些人，他们的知识不多，但他们的思维活跃、思路敏捷，能够把有限的知识举一反三，将之灵活地应用到实践当中。

南北朝的贾思勰，读了荀子《劝学篇》中"蓬生麻中，不扶而直"的话，他想：细长的蓬生长在粗壮的麻中会长得很直，那么，细弱的槐树苗种在麻田里，也会这样吗？于是他开始做试验，由于阳光被麻遮住，槐树为了争夺阳光只能拼命地向上长。三年过后，槐树果然长得又高又直。由此，贾思勰发现植物生长的一种普遍现象，并总结出了一套规律。

古希腊的哲学家赫拉克利特说：知识不等于智慧。掌握知识和拥有智慧是人的两种不同层次的素质。对于它们的关系，我们可以打这样一个比方：智慧好比人体吸收的营养，而知识是人体摄取的食物，思维能力是人体消化的功能。人体能吸收多少营养，不仅在于食物品质的好坏，也在于消化功能的优劣。如果一味地贪求知识的增加，而运用知识的思维能力一直在原地踏步，那么他掌握的知识就会在他的头脑当中处于僵化状态，反而会对他实践能力的发挥形成束缚和障碍。这就像消化不良的人吃了过多的食物，多余的营养无法吸收，反倒对身体有害。

我们一再强调思维的意义，绝非贬低知识的价值。我们知道，思维是围绕知识而存在的，没有了知识的积累，思维的灵活运用也会存在障碍。因此，学习知识和启迪思维是提升自身智慧不可偏废的两个方面。没有知识的支撑，智慧也就成了无源之水，无本之木；没有思维的驾驭，知识就像一潭死水，波澜不兴，智慧也就更无从谈起了。

环境不是失败的借口

有些人回首往昔的时候，不免满是悔恨与感叹：努力了，却没有得到应有的回报；拼搏了，却没有得到应有的成功。他们抱怨，抱怨自己的出身背景没有别人好，抱怨自己的生长环境没有别人优越，抱怨自己拥有的资源没有别人丰富。总之，外界的一切都成了他们抱怨的对象。在他们的眼里，环境的不尽如人意是导致失败的关键因素。

然而，他们错了。环境并不能成为失败的借口。环境也许恶劣，资源也许匮乏，但只要积极地改变自己的思维，一定会有更好的解决问题的办法，一定会得到“柳暗花明又一村”的效果。

我们身边的许多人，就是通过灵活地运用自己的思维，改变了不利的环境，使有限的资源发挥出了最大的效益。

广州有一家礼品店，在以报纸做图案的包装纸的启发下，通过联系一些单位低价收下大量发黄的旧报纸，推出用旧报纸免费包装所售礼品的服务。店主特地从报纸中挑选出特殊日子的或有特别图案的，并分类命名，使顾客还可以根据自己的个性和爱好选择相应的报纸。这种服务推出后，礼品店的生意很快就火了起来。

这家礼品店的老板不见得比我们聪明，他可以利用的资源也不比别的礼品店经营者的多，但他却成功了。因为他转变了思维，寻找到了一个新方法。

我们在做事过程中经常会遇到资源匮乏的问题，但只要我们肯动脑筋，善于打通自己的思维网络，激发脑中的无限创意，就一定能够将问题圆满解决。

总是有人抱怨手中的资源太少，无法做成大事。而一流的人才根本不看资源的多少，而是凡事都讲思维的运用。只要有了创造性思维，即使资源少一些又有什么关系呢？

1972 年新加坡旅游局给总理李光耀打了一份报告说：

“新加坡不像埃及有金字塔，不像中国有长城，不像日本有富士山，不像夏威夷有十几米高的海浪。我们除了一年四季直射的阳光，什么名胜古迹都没有。要发展旅游事业，实在是巧妇难为无米之炊。”

李光耀看过报告后，在报告上批下这么一行文字：

“你还想让上帝给我们多少东西？上帝给了我们最好的阳光，只要有阳光就够了！”

后来，新加坡利用一年四季直射的阳光，大量种植奇花异草、名树修竹，在很短的时间内就发展成为世界上著名的“花园城市”，连续多年旅游业收入位列亚洲第二。

是啊，只要有阳光就够了。充分地利用这“有限”的资源，将其赋予“无限”的创意思维，即使只具备一两点与众不同之处，也是可以取得巨大成功的。

每一件事情都是一个资源整合的过程，不要指望别人将所需资源全部准备妥当，只等你来“拼装”；也不要指望你所处的环境是多么的尽如人意。任何事情都需要你开启自己的智慧，改变自己的思维，积极地去寻找资源，没有资源也要努力创造资源。只有这样，才能渐渐踏上成功之路。

正确的思维为成功加速

思维是一种心境，是一种妙不可言的感悟。在伴随人们实践行动的过程中，正确的思维方法、良好的思路是化解疑难问题、开拓成功道路的重要动力源。一个成功的人，首先是一个积极的思考者，经常积极地想方设法运用各种思维方法，去应对各种挑战和应付各种困难。因此，这种人也较容易体味到成功的欣喜。

美国船王丹尼尔·洛维格就是一个典型的成功例子。

从他获得自己的第一桶金，乃至他后来拥有数十亿美元的资产，都和他善于运用思维，善于变通地寻找方法的特点息息相关。

当洛维格第一次跨进银行的大门，人家看了看他那磨破了的衬衫领子，又见他没有什么可做抵押的东西，很自然地拒绝了他的贷款申请。

他又来到大通银行，千方百计总算见到了该银行的总裁。他对总裁说，他把货轮买到后，立即改装成油轮，他已把这艘尚未买下的船租给了一家石油公司。石油公司每月付给他的租金，就用来分期还要借的这笔贷款。他说他可以把租契交给银行，由银行去跟那家石油公司收租金，这样就等于在分期付款了。

大通银行的总裁想：洛维格一文不名，也许没有什么信用可言，但是那家石油公司的信用却是可靠的。拿着租契去石油公司按月收钱，这自然是十分稳妥的。

洛维格终于贷到了第一笔款。他买下了他所要的旧货轮，把它改成油轮，租给了石油公司。然后又利用这艘船做抵押，借了另一笔款，又买了一艘船。

洛维格能够克服困难，最终达到自己的目的，他的成功与精明之处，就在于能够变通思维，用巧妙的方法使对方忽略他的一文不名，而看到他的背后有一家石油公司的可靠信用为他做支撑，从而成功地借到了钱。

和洛维格相仿，委内瑞拉人拉菲尔·杜德拉也是凭借积极的思维方法，不断找到好机会进行投资而成功的。在不到 20 年的时间里，他就建立了投资额达 10 亿美元的事业。

在 20 世纪 60 年代中期，杜德拉在委内瑞拉的首都拥有一家很小的玻璃制造公司。可是，他并不满足于干这个行当，他学过石油工程，他认为石油是个能赚大钱而且更能施展自己才干的行业，他一心想跻身于石油界。

有一天，他从朋友那里得到一则信息，说是阿根廷打算从国际市场上采购价值 2000 万美元的丁烷气。得此信息，他充满了希望，认为跻身于石油界的良机已到，于是立即前往阿根廷活动，想争取到这笔合同。

去后，他才知道早已有英国石油公司和壳牌石油公司两个老牌大企业在频繁活动了。这是两家十分难以对付的竞争对手，更何况自己对石油业并不熟悉，资本又不雄厚，要成交这笔生意难度很大。但他并没有就此罢休，他决定采取迂回战术。

一天，他从一个朋友处了解到阿根廷的牛肉过剩，急于找门路出口外销。他灵机一动，感到幸运之神到来了，这等于向他提供了同英国石油公司及壳牌公司同等竞争的机会，对此他充满了必胜的信心。

他旋即去找阿根廷政府。当时他虽然还没有掌握丁烷气，但他确信自己能够弄到，他对阿根廷政府说："如果你们向我买 2000 万美元的丁烷气，我便买你 2000 万美元的牛肉。"当时，阿根廷政府想赶紧把牛肉推销出去，便把购买丁烷气的投标给了杜德拉，他终于战胜了两个强大的竞争对手。

投标争取到后，他立即筹办丁烷气。他随即飞往西班牙，当时西班牙有一家大船厂，由于缺少订货而濒临倒闭。西班牙政府对这家船厂的命运十分关切，想挽救这家船厂。

这一则消息，对杜德拉来说，又是一个可以把握的好机会。他便去找西班牙政府商谈，杜德拉说：“假如你们向我买2000万美元的牛肉，我便向你们的船厂订制一艘价值2000万美元的超级油轮。”西班牙政府官员对此求之不得，当即拍板成交，马上通过西班牙驻阿根廷使馆，与阿根廷政府联络，请阿根廷政府将杜德拉所订购的2000万美元的牛肉，直接运到西班牙来。

杜德拉把2000万美元的牛肉转销出去之后，继续寻找丁烷气。他到了美国费城，找到太阳石油公司，他对太阳石油公司说：“如果你们能出2000万美元租用我这条油轮，我就向你们购买2000万美元的丁烷气。”太阳石油公司接受了杜德拉的建议。从此，他便打进了石油业，实现了跻身于石油界的愿望。经过苦心经营，他终于成为委内瑞拉石油界的巨子。

洛维格与杜德拉都是具有大智慧、大胆魄的商业奇才。他们能够在困境中积极灵活地运用自己的思维，变通地寻找方法，创造机会，将难题转化为有利的条件，创造更多可以利用的资源。

这两个人的事例告诉我们：影响我们人生的绝不仅仅是环境，在很大程度上，思维控制了个人的行动和思想。同时，思维也决定了自己的视野、事业和成就。美国一位著名的商业人士在总结自己的成功经验时说，他的成功就在于他善于运用思维、改变思维，他能根据不同的困难，采取不同的方法，最终克服困难。

改变思维，改变人生

马尔比·D·巴布科克说：“最常见同时也是代价最高昂的一个错误，就是认为成功依赖于某种天才，某些我们不具备的东西。”成功的要素其实掌握在我们自己手中，那就是正确的思维。一个人能飞多高，并非由人的其他因素决定，而是由他自己的思维所制约。

如果我们能够像下面故事中的比尔一样，适时地转换自己的思维方法，就会使自己的思路更加清晰，视野更加开阔，做事的方法也会灵活多变，自然就会取得更优秀的成就。从某种程度上讲，改变了思维，人生的轨迹也会随之改变。

从前有一个村庄严重缺少饮用水，为了根本性地解决这个问题，村里的长者决定对外签订一份送水合同，以便每天都能有人把水送到村子里。艾德和比尔两个人愿意接受这份工作，于是村里的长者把这份合同同时给了这两个人，因为他们知道一定的竞争将既有益于保持价格低廉，又能确保水的供应。

获得合同后，比尔就奇怪地消失了，艾德立即行动了起来。没有了竞争使他很高兴，他每日奔波于相距1公里的湖泊和村庄之间，用水桶从湖中打水并运回村庄，再把打来的水倒在由村民们修建的一个结实的大蓄水池中。每天早晨他都必须起得比其他村民早，以便当村民需要用水时，蓄水池中已有足够的水供他们使用。这是一项相当艰苦的工作，但艾德很高兴，因为他能不断地挣到钱。

几个月后，比尔带着一个施工队和一笔投资回到了村庄。原来，比尔做了一份详细的商业计划，并凭借这份计划书找到了4位投资者，和他们一起开了一家公司，并雇用了一位职业经理。比尔的公司花了整整一年时间，修建了从村庄通往湖泊的输水管道。

在隆重的贯通典礼上，比尔宣布他的水比艾德的水更干净，因为比尔知道有许多人抱怨艾德的水中有灰尘。比尔还宣称，他能够每天24小时、一星期7天不间断地为村民提供用水，而艾德却只能在工作日里送水，因为他在周末同样需要休息。同时比尔还宣布，对这种质量更高、供应更为可靠的水，他收取的价格却是艾德的75%。于是村民们欢呼雀跃、奔走相告，并立刻要求从比尔的管道上接水龙头。

为了与比尔竞争，艾德也立刻将他的水价降低到75%，并且又多买了几个水桶，以便每次多运送几桶水。为了减少灰尘，他还给每个桶都加上了盖子。用水需求越来越大，艾德一个人已经难以应付，他不得不雇用员工，可又遇到了令他头痛的工会问题。工会要求他付更高的工资、提供更好的福利，并要求降低劳动强度，允许工会成员每次只运送一桶水。

此时，比尔又在想，这个村庄需要水，其他有类似环境的村庄一定也需要水。于是他重新制订了他的商业计划，开始向其他的村庄推销他的快速、大容量、低成本并且卫生的送水系统。每送出一桶水他只赚1便士，但是每天他能送几十万桶水。无论他是否工作，几十万人都要消费这几十万桶的水，而所有的这些钱最后都流入到比尔的银行账户中。显然，比尔不但开发了使水流向村庄的管道，而且还开发了一个使钱流向自己钱包的管道。

从此以后，比尔幸福地生活着，而艾德在他的余生里仍拼命地工作，最终还是陷入了“永久”的财务问题中。

比尔之所以能获得成功，就在于他懂得及时转变思维。当得到送水合同时，他并没有立即投入挑水的队伍中，而是运用他的系统思维将送水工程变成了一个体系，在这个体系中的人物各有分工，通力协作。当这一送水模式在本村庄获得成功后，比尔又运用他的联想思维与类比思维，考虑到其他的村庄也需要这种安全、卫生、方便的送水服务，更加开拓了他的业务范围。比尔正是运用了巧妙的思维达到了“巧干”的结果。

思路决定出路，思维改变人生。拥有正确的思维，运用正确的思维，灵活改变自己的思维，才能使自己的路越走越宽，才能使自己的成就越来越显著，才能演绎出更加精彩的人生画卷。

好思维赢得好结果

很多年前，一则小道消息平静地传播在人们之间：美国穿越大西洋底的一根电报电缆因破损需要更换。这时，一位不起眼的珠宝店老板对此没有等闲视之，他几乎十万火急，毅然买下了这根报废的电缆。

没有人知道小老板的企图：“他一定是疯了！”异样的眼光惊诧地围绕在他的周围。

而他却关起店门，将那根电缆洗净、弄直，剪成一小段一小段的金属段，然后装饰起来，作为纪念物出售。大西洋底的电缆纪念物，还有比这更有价值的纪念品吗?

就这样，他轻松地成功了。接着，他买下了欧仁皇后的一枚钻石。那淡黄色的钻石闪烁着稀世的华彩，人们不禁问：他自己珍藏还是抬出更高的价位转手?

他不慌不忙地筹备了一个首饰展示会，其他人当然是冲着皇后的钻石而来。可想而知，梦想一睹皇后钻石风采的参观者会怎样蜂拥着从世界各地接踵而至。

他几乎坐享其成，毫不费力就赚了大笔的钱财。

他，就是后来美国赫赫有名、享有“钻石之王”美誉的查尔斯·刘易斯·蒂梵尼，原本只是一个磨坊主的儿子!

这个故事告诉我们这样一个简单的道理：好思维赢得好结果。蒂梵尼没有将废旧电缆视为垃圾和废物，而是从纵深角度挖掘出了它的纪念价值。他也没有将皇后的钻石独自收藏或高价转让，而是从侧面开发出它更多的观赏价值，以及由此带来的对其他珠宝首饰销量的带动。

当别人关注于事物的某一点时，蒂梵尼总能看到更有价值的那个方面，并全力将它开发出来。可以说，蒂梵尼日后能够取得如此辉煌的成就，与他的思维是分不开的。

英国有这样一位美女，她也很善于灵活运用自己的思维，尤其善于运用独特的创意来拓展自己的业务，她就是被美容界称为“魔女”的安妮塔。

安妮塔拥有数千家美容连锁店，不过，安妮塔这个庞大的美容“帝国”，从没花过一分钱的广告费。

安妮塔于 1971 年贷款 4000 英镑开了第一家美容小店。她把店铺的外面漆成了绿色，以求吸引路人的眼球。开业前有一天，安妮塔收到一封律师来函，律师称受安妮塔小店附近两家殡仪馆的委托控告她，要她要么不开业，要么就改变店外装饰，原因是她的小店这种花哨的装饰，破坏了殡仪馆庄严肃穆的气氛，从而影响了殡仪馆的生意。

安妮塔又好气又好笑，无奈中她灵机一动，想出了一个好主意。她打了一个电话给布利顿的《观察晚报》，声称她知道一个吸引读者扩大销路的独家新闻：黑手党经营的殡仪馆正在恐吓一个手无缚鸡之力的可怜女人——罗蒂克·安妮塔，这个女人只不过想在她丈夫准备骑马旅行探险的时候，开一家美容小店维持生计而已。

《观察晚报》果然上当。它在显著位置报道了这个新闻，不少富有同情心和正义感的读者都来美容店安慰安妮塔，由于舆论的作用，那位律师也没有再来找麻烦。这样，小店尚未开业，就在布利顿出了名。

开业初几天，美容小店顾客盈门，热闹非凡。然而不久，一切发生了戏剧性的变化，顾客渐少，生意惨淡。经过反思，安妮塔终于发现，新奇感只能维持一时，不能维持一世。自己的小店最缺少的是宣传，小店虽然别具风格，自成一体，但给顾客的刺激还远远不够，需要马上改进。

一个凉风习习的早晨，市民们迎着朝阳去肯辛顿公园，发现一个奇怪的现象：一个披着曲卷头发的古怪女人沿着街道往树叶或草坪上喷洒草莓香水，清新的香气随着袅袅的晨雾飘散得很远很远。她就是安妮塔，她要营造一条通往美容小店的馨香之路，让人们认识并爱上美容小店，闻香而来，成为常客。她的这些非常奇特意外的举动，又一次上了布利顿的《观察晚报》的版面。

后来，美容小店进军美国，在临开张的前几周，纽约的广告商纷至沓来，热情洋溢地要为美容小店做广告。他们相信，美容小店一定会接受他们的建议，因为在美国，离开了广告，商家几乎寸步难行。

但安妮塔却态度鲜明地说：“先生，实在抱歉，我们的预算费用中，没有广告费用这一项。”

美容小店离经叛道的做法，引起美国商界的纷纷议论：外国零售商要想在商号林立的纽约立足，若无大量的广告支持，说得好听是有勇无谋，说得难听无异于自杀。

而敏感的纽约新闻媒体没有漏掉这一“奇闻”，它们在客观报道的同时，还加以评论。读者开始关注起这家来自英国的公司，觉得这家美容小店确实很怪。这实际上已经起到了广告宣传的作用，安妮塔为此节省了上百万美元的广告费。

安妮塔就是依靠这一系列标新立异的创意让媒体不自觉地时常为其免费做“广告”，使最初的一间美容小店扩张成跨国连锁美容集团，其手法令人拍案叫绝。她的公司于 1984 年上市以后，很快就使她步入了亿万富翁的行列。

安妮塔虽然没有向媒体支付过一分钱的广告费，却以自己不断推出的标新立异的做法始终受到媒体的关注，使媒体不自觉地时常为其免费做“广告”，其手法令人拍案叫绝。

回过头来思考安妮塔获得的成功，无疑还是得益于她的好思维。她懂得巧妙地运用逆向思维，用“不打广告”这一“告示”来吸引媒体的眼球，起到了免费广告的作用。

人的思维是一种很奇妙的东西，它可以向无限的空间扩展，又可以层层收缩、探其根源，还可以逆转过来，从结局推导原因，更可以将各种思维糅合在一起，系统分析，就看拥有它的人是否能够打开自己的思路，灵活地加以运用。思维是人的一种工具，你可以自由地支配和利用它。运用好自己的思维，最终，你也会收获累累硕果。

让思维的视角再扩大一倍

有人问：创造性最重要的先决条件是什么？我们给出的答案是“思维开阔”。

我们假设你站在房子中央，如果你朝着一个方向走 2 步、3 步、5 步、7 步或 10 步，你能看到多少原来看不到的东西呢？房子还是原来的房子，院子还是原来的院子。现在设想你离开房子走了 100 步、500 步、700 步，是否看到了更多的新东西？再设想你离开房子走了 100 米、1000 米或 10000 米，你的视界是否有所改变？你是否看到了许多新的景色？你身边到处都是新的发现、新的事物、新的体验，你必须准备多迈出几步，因为你走得越远，有新发现的概率越高。

由于受到各种思维定式的影响，人们对于司空见惯的事物其实并不真正了解。也可以说，我们经常自以为海阔天空、无拘无束地思索，其实说不定只是在原地兜圈子。只有当我们将自己的视角扩大一些，来观察这同一个世界的时候，才可能发现它有许许多多奇妙的地方，才能发觉原先思考的范围很狭窄。

意大利有一所美术学院，在学生外出写生时，教师要求他们背对景物，脖子拼命朝后仰，颠倒过来观察要画的景物。据说，这样才能摆脱日常观察事物所形成的定式，从而扩大视野，在熟悉的景物中看出新意，或者发现平时所忽略的某些细节。

同样的道理，当我们欣赏落日余晖的时候，不妨把目光转向东方，那里有许多被人忽略的壮丽景观，像流动的彩云、窗户上反射出的日光，等等；还可以把目光转向北方、南方的整个天空，这也是一种训练观察范围的方法，随着观察范围的扩大，创意的素材就会源源不断地进入我们的头脑。

也许有人会认为，观察和思考某一个对象，就应该全力集中在这一个对象身上，不应该扩大观察和思考的范围，以免分散注意力。而实际情况并非如此。多视角、多项感观功能的调动对于创新思维往往能够起到促进作用。人们发现，儿童在回答创意测验题时，喜欢用眼睛扫视四周，试图找到某种线索。线索丰富的环境能够给被试者以良好的思维刺激，使他获得更多的信息。

科学家进行过这样一次测试，首先把一群人关进一所无光、无声的室内，使他们的感官不能充分发挥作用。然后再对他们进行创新思维的测试，结果，这些人的得分比其他人要低很多。

由此可见，观察和思考的范围不能过于狭窄。

扩展思维的广度，也就意味着思维在数量上的增加，像增加可供思考的对象，或者得出一个问题的多种答案，等等。从实际的思维结果上看，数量上的“多”能够引出质量上的“好”，因为数量越大，可供挑选的余地也就越大，其中产生好创意的可能性也就越大。谁都不能保证，自己所想出的第一个点子，肯定是最好的点子。

比如，小小的拉链，最早的发明者仅仅用它来代替鞋带，后来有家服装店的老板把拉链用在钱包和衣服上，从此，拉链的用途逐渐扩大，几乎能把任何两个物体连接起来。

从思维对象方面来看，由于它具有无穷多种属性，因而使得我们的思维广度可以无穷地扩展，而永远不会达到“尽头”。扩展一种事物的用途，常常会导致一项新创意的出现。

第一章

创新思维

——想到才能做到

创新思维始于一种意念

事实上，我们每天都会产生创新思维。因为我们在时时刻刻地不断改变我们所持有的对世界的看法。

有人说，创新行为是一种偶然行为。不可否认，创新有其偶然性，但更多的创新实践者在创新的过程中是意识到他们的行为的意义与价值的。也就是说，他们知道自己是在创新，而且，他们有创新的欲望，创新思维已经深入他们的头脑，成为他们的一种意念。

有人称赞牛顿思路灵活、思维具有创造性，为人类做出了重大的贡献。牛顿说："我只是整天想着去发现而已。"牛顿的"整天想着去发现"就是一种创新的意念。

可以说，创新思维就始于创新的意念。在生活和工作中，如果我们能够像牛顿一样，具有强烈的创新意念，就一定会发现别人发现不了的东西。

王伟在一家广告公司做创意文案。一次，一个著名的洗衣粉制造商委托王伟所在的公司做广告宣传，负责这个广告创意的好几位文案创意人员拿出的广告文案都不能令制造商满意。没办法，经理让王伟把手中的事务先搁置几天，专心完成这个创意文案。

接连几天，王伟在办公室里抚弄着一整袋的洗衣粉，想："这个产品在市场上已经非常畅销了，人家以前的许多广告词也非常富有创意。那么，我该怎么下手才能重新找到一个点，做出既与众不同、又令人满意的广告创意呢？”

有一天，他在苦思之余，把手中的洗衣粉袋放在办公桌上，又翻来覆去地看了几遍，突然间灵光闪现，他想把这袋洗衣粉打开看一看。于是他找了一张报纸铺在桌面上，然后，撕开洗衣粉袋，倒出了一些洗衣粉，一边用手揉搓着这些粉末，一边轻轻嗅着它的味道，寻找感觉。

突然，在射进办公室的阳光下，他发现了洗衣粉的粉末间遍布着一些特别微小的蓝色晶体。审视了一番后，证实的确不是自己看花了眼，他便立刻起身，亲自跑到制造商那儿问这到底是什么东西，得知这些蓝色小晶体是一些“活力去污因子”。因为有了它们，这一次新推出的洗衣粉才具有了超强去污的效果。

明白了这些情况后，王伟回去便从这一点下手，绞尽脑汁，寻找最好的文字创意，因此推出了非常成功的广告。

正因为整天都想着去发现、去创造，王伟才能够瞬间找到创作的灵感。同样，也正由于整天想着去发现，蒙牛的杨文俊才能想出方便消费者的好办法。

2002 年 2 月，时值春节，蒙牛液体奶事业本部总经理杨文俊在深圳沃尔玛超市购物时，发现人们购买整箱牛奶搬运起来非常困难。

由于当时是购物高峰，很多汽车无法开进超市的停车场，而商场停车管理员又不允许将购物手推车推出停车场，消费者只有来回好几次才能将购买的牛奶及其他商品搬上车，这一细节引起了杨文俊的重视。

此后，杨文俊就不断思考这件事情，想着怎么样才能方便消费者搬运整箱的牛奶。

一次偶然的机会，杨文俊购买了一台 VCD，往家拎时，拎出了灵感：

一台 VCD 比一箱牛奶要轻，厂家都能想到在箱子上安一个提手，我们为什么不能在牛奶包装箱上也装一个提手，使消费者在购物时更加便利呢？

这一想法在会上一经提出，就得到了大家的认同，并马上得以实施。

这个创意使蒙牛当年的液体奶销售量大幅度增长，同行也纷纷效仿。

现在看来，这一创意很简单。可为什么杨文俊能够提出来，而其他人却提不出来呢？原因就在于是否有创新的意识，是否能做到“整天想着去发现”。

我们常说“心想事成”，而“心想”是前提。如果没有“心想”的意念，自然不会产生“事成”的结果。创新思维的开启同样始于创新的意念。有了创新的意念，才能将创新更好地付诸行动。创新思维是可以培养的，只要拥有创新的意念，整天想着去发现，创新的念头和思路就会源源不断地涌现出来。

有创意就会有机会

我们常说“机遇只偏爱有准备的头脑”，何谓有准备呢？

过去，“有准备”指的是知识储备；但在以创新制胜的今天，光有知识储备是远远不够的，还需要创新思维与创新能力。运用创新思维产生了好的创意，就能够比别人更好地把握住机会，甚至可以创造机会。

所谓创意，就是拓宽思路，不断创造新点子，想人之所未想，为人之所不能为，从而以新、以奇取胜，用常规思维逻辑之外的想法赢得成功和收获！

下面这个故事的主人翁就是利用独特的创意在竞争中赢得机会的。

有家大型广告公司招聘高级广告设计师，面试的题目是要求每个应聘者在一张白纸上设计出一个自己认为是最好的方案，没有主题和内容的限制，然后把自己的方案扔到窗外。谁的方案最先设计完成，并且第一个被路人捡起来看，谁就会被录用。

设计师们开始了忙碌的工作，他们绞尽脑汁地描绘着精美的图案，甚至有的人费尽心思画出诱人的裸体美女。

就在其他人正手忙脚乱的时候，只有一个设计师非常迅速、非常从容地把自己的方案扔到了窗外，并引起路人的哄抢。

他的方案是什么呢？原来，他只是在那张白纸上贴上了一张面值 100 美元的钞票，其他的什么也没画。就在其他人还疲于奔命的时候，他就已经稳坐钓鱼台了。

彼得也是靠自己的创意得到加薪的机会的。

彼得和查理一起进入一家快餐店，当上了服务员。他俩的年龄一般大，也拿着同样的薪水，可是工作时间不长，彼得就得到老板的嘉奖，很快加了薪，而查理仍然在原地踏步。面对查理和周围人的牢骚与不解，老板让他们站在一旁，看看彼得是如何完成服务工作的。

在冷饮柜台前，顾客走过来要一杯麦乳混合饮料。

彼得微笑着对顾客说：“先生，您愿意在饮料中加入 1 个还是 2 个鸡蛋呢？”

顾客说：“哦，1 个就够了。”

这样快餐店就多卖出 1 个鸡蛋，在麦乳饮料中加 1 个鸡蛋通常是要额外收钱的。

看完彼得的工作后，经理说道：“据我观察，我们大多数服务员是这样提问的：‘先生，您愿意在您的饮料中加 1 个鸡蛋吗？’而这时顾客的回答通常是：

‘哦，不，谢谢。’对于一个能够在工作中积极主动地发现问题、带着创意工作的员工，我没有理由不给他加薪。”

运用创新思维，可以克服工作中的困难，提升工作效率，为企业实现最大化的经济效益；同时，也为自己提供了更为广阔的发展空间，为实现自己的人生规划扣上了重要的一环。

世界很多知名企业都很尊重与欣赏员工的创意，并且设置了价值丰厚的奖励，3M 公司就是其中一家。3M 公司鼓励每一个员工都要具备这样一些品质：坚持不懈、从失败中学习、好奇心、耐心、个人主观能动性、合作小组、发挥好主意的威力等。

西门子公司也构建了一种遵循“无边界”的原则创新体系。西门子的创新体系不仅仅局限于研发部门，对内，西门子公司通过一个“3i 计划”来收集所有部门员工的创新建议，并为提出建议的员工颁发奖金。3 个“i”字母分别来自 3 个单词：点子（ideas）、激情（impulses）、积极性（initiatives）。“3i 计划”的目标是让每个员工不断挖掘自身的潜能。那么，它的成效如何呢？西门子的每个财政年度，员工提出的“金点子”超过 10 万个，其中有 85% 得到采纳并得到嘉奖。同时，提供金点子的员工们也能为此得到总价值高达两千万欧元的红利奖金，获最高奖的员工可得到十几万欧元的奖金。

西门子在德国的一个工厂车间工作的 3 位普通工人提出了把电子元件安装到印刷电路板上的新方法，从而降低了由操作造成的产品不良率，立即为公司降低了 12.3 万欧元的成本。这 3 位员工也因此分别获得了 2 万欧元的奖金。

美国著名的企业家哈默说：“天下没有坏买卖，只有蹩脚的买卖人。”在工作中能够创造多少价值，就看能够融入多少智慧，在工作中加入创新思维，也许可以产生意想不到的价值。

创新思维就是有这样非凡的作用与威力，创新思维的巧妙运用可以产生绝妙的创意。许多企业就是凭一个好的创意发达的，许多人就是靠奇妙的创意致富的。好的创意不仅能创造财富，更是财富的化身。也有人专门靠创意来赚钱，这就是大家耳熟能详的“点子公司”或“咨询公司”。

创新思维会陪伴人的一生，随时都会有很多好的创意产生，关键是要认识到它的价值，抓住机会，让创意付诸实践，成为财富增长的源泉。不要放弃任何一个好的创意，好的创意就是取得财富的机会。如果你具有这种能力，就应该把握生活与工作的最佳时机，用创新思维、用创意，为自己开辟一片崭新的天地。

打破思维的定式

曾经有一位专家设计过这样一个游戏：

十几个学员平均分为两队，要把放在地上的两串钥匙捡起来，从队首传到队尾。规则是必须按照顺序，并使钥匙接触到每个人的手。

比赛开始并计时。两队的第一反应都是按专家做过的示范：捡起一串，传递完毕，再传另一串，结果都用了 15 秒左右。

专家提示道："再想想，时间还可以再缩短。"

其中一队似乎"悟"到了，把两串钥匙拴在一起同时传，这次只用了 5 秒。

专家说："时间还可以再减半，你们再好好想想！"

"怎么可能？！"学员们面面相觑，左右四顾，不太相信。

这时，场外突然有一个声音提醒道："只是要求按顺序从手上经过，不一定非得传啊！"

另一队恍然大悟，他们完全抛开了传递方式，每个人都伸出一只手扣成圆桶状，摞在一起，形成一个通道，让钥匙像自由落体一样从上落下来，既按照了顺序，同时也接触了每个人的手，所花的时间仅仅是 0.5 秒！

美国心理学家邓克尔通过研究发现，人们的心理活动常常会受到一种所谓"心理固着效果"的束缚，即我们的头脑在筛选信息、分析问题、做出决策的时候，总是自觉或不自觉地沿着以前所熟悉的方向和路径进行思考，而不善于另辟新路。这种熟悉的方向和路径就是"思维的定式"。

人一旦陷入思维的定式，他的潜能便被抹杀了，离创新之路也就越来越远了。下面这个小实验也许可以说明这一点。

有一只长方形的容器，里面装了 5 千克的水。如何想个最简单的办法，让容器里的水去掉一半，使之剩下 2.5 千克。

有人说，把水冻成冰，切去一半；还有人说，用另一容器量出一半。但是最简便的方法，是把容器倾斜成一定的角度。相当于将一块长方形木块，从对角线锯成两块。如果是固体，人们很自然会从这方面去想；如果是液体，就要靠思维去分析。

这个例子说明，看问题既要看到事物的这一面，又要想到事物的另一面；平面可以看成立体，液体可以想象成固体，反之亦然。它属于平面几何学的范畴。平面几何学成功地把三维中的一些问题抽象成了二维，使许多问题得以简化；而在生活中，应避免将三维简化为二维的思维定式。

在荒无人烟的河边停着一只小船，这只小船只能容纳一个人。有两个人同时来到河边，两个人都乘这只船过了河。请问，他们是怎样过河的？很简单，两人是分别处在河的两岸，先是一个渡过河来，然后另一个渡过去。

对于这道题，有些人大概“绞尽了脑汁”。的确，小船只能坐一人，如果他们是处在同一河岸，对面又没有人，他们无论如何也不能都渡过去。当然，你可能也设想了许多方法，如一个人先过去，然后再用什么方法让小船空着回来等。但你为什么始终要想到这两个人是在同一个岸边呢？题目本身并没有这样的意思呀！看来，你还是从习惯出发，从而形成了“思维栓塞”。

思维定式是人们从事某项活动的一种预先准备的心理状态，它能够影响后续活动的趋势、程度和方式。构成思维定式的因素：一是有目的地注意。猎人能够在一位旅游者毫无察觉的情况下，发现潜伏在草丛中的野兽，就是定式的作用。二是刚刚发生的感知经验。在人多次感知两个重量不相等的钢球后，对两个重量相等的钢球也会感知为不相等。三是认知的固定倾向。如果给你看两张照片，一张照片上的人英俊、文雅，另一照片上的人凶恶、丑陋，然后对你说，这两人中有一个是全国通缉的罪犯，要你指出谁是罪犯，你大概不会犹豫吧！先前形成的经验、习惯、知识等都会使人们形成认知的固定倾向，影响后来的分析、判断，形成“思维栓塞”——即思维总是摆脱不了已有“框框”的束缚，从而表现出消极的思维定式。

对于创新思维的培养来说，思维的定式是比较可怕的，创新思维的缺乏也往往是由于自我设限造成的，随着时间的推移，我们所看到的、听到的、感受到的、亲身经历的各种现象和事件，一个个都进入我们的头脑中而构成了思维模式。这种模式一方面指引我们快速而有效地应对处理日常生活中的各种小问题，然而另一方面，它却无法摆脱时间和空间所造成的局限性，让人难以走出那无形的边框，而始终在这个模式的范围内打转转。

要想培养创新思维，必先打破这种“心理固着效果”，勇敢地冲破传统的看事物、想问题的模式，从全新的思路来考察和分析面对的问题，进而才有可能产生大的突破。

拆掉“霍布森之门”

何谓“霍布森之门”？

这源于一个“霍布森选择”的故事。关于“霍布森选择”的故事版本有很多，这里讲述比较通用的一个版本。

1631年，英国剑桥有一个名叫霍布森的马匹生意商人，对前来买马的人承诺：只要给一个低廉的价格，就可以在他的马匹中随意挑选，但他附加了一个条件：只允许挑选能牵出圈门的那匹马。

这显然是一个圈套，因为好马的身形都比较大，而圈门很小，只有身形瘦小的马才能通过。实际上这是限定了范围的选择，虽然表面看起来选择面很广。那扇门即所谓的“霍布森之门”。

那么，“霍布森之门”与创新思维有关联吗？

当然有。因为我们的头脑中都存在一个或大或小的“霍布森之门”。它就是我们对事物的固有判断。

在工作与生活中，我们常会遇到这样的情况，一方面是广泛地学习和接受新事物，也决定从中选择一些好的方向或建议，但最终都通不过一些固有的观念所造成的小门，只不过这扇门存在于自己的心中，不易被我们察觉。而正是这扇小门，成了我们迈向成功的障碍，甚至会使我们丧失解决问题的自信。

就像在我们的固有的观念中，推销一把斧子给当今美国总统简直是天方夜谭。但一位名叫乔治·赫伯特的推销员却成功地做到了。

布鲁金斯学会得知乔治把斧子推销给了当今美国总统这一消息，立即把刻有“最伟大推销员”的一只金靴子赠予了他。这是自1975年以来，该学会的一名学员成功地把一台微型录音机卖给尼克松后，又一学员登上如此高的门槛。

布鲁金斯学会以培养世界上最杰出的推销员著称于世。它有一个传统，在每期学员毕业时，设计一道最能体现推销员能力的实习题，让学生去完成。克林顿当政期间，他们出了这么一个题目：请把一条三角裤推销给现任总统。8年间，有无数个学员为此绞尽脑汁，可是最后都无功而返。克林顿卸任后，布鲁金斯学会把题目换成：请把一把斧子推销给小布什总统。

鉴于前8年的失败与教训，许多学员知难而退，个别学员甚至认为，这道毕业实习题会和克林顿当政期间一样毫无结果，因为现在的总统什么都不缺少，再说即使缺少，也用不着他亲自购买。即便他亲自购买，也不一定赶上正是你去推销。

然而，乔治·赫伯特却做到了，并且没有花多少工夫。一位记者在采访他的时候，他是这样说的：“我认为，把一把斧子推销给小布什总统是完全可能的，因为布什总统在得克萨斯州有一农场，里面长着许多树。于是我给他写了一封信，说：‘有一次，我有幸参观你的农场，发现里面长着许多矢菊树，有些已经死掉，木质已变得松软。我想，你一定需要一把小斧头，但是从你现在的体质来看，一些新小斧头显然太轻，因此你仍然需要一把不甚锋利的老斧头。现在我这儿正好有一把这样的斧头，很适合砍伐枯树。假若你有兴趣的话，请按这封信所留的信箱，给予回复……’最后他就给我汇来了15美元。”

事后，很多人发出感叹：啊，原来这么简单！可为什么那些人没有去尝试呢？因为他们头脑中已经有了一道“霍布森之门”，除了“向总统推销东西不可能成功”这一观念外，没有任何观念能够通过这道门。这道门，已经封锁了他们的前进之路。

“霍布森之门”在企业创新中的影响也极为显著。有的企业准备上一个新项目，经多方论证后，已经没有什么问题了，最后却因为决策者的保守观念而放弃。

2004年底，IBM公司宣布将把个人电脑部门出售给联想的时候，很多人就觉得不可思议。IBM出售个人电脑部门的原因很复杂，但从全球计算机行业的发展来看，个人电脑业务已经过了高速增长的阶段，难以再像以前那样创造高额的利润。所以IBM计划把未来的发展战略进一步向纵深发展，涉足技术服务、咨询业务、软件业务、大型计算机网络和互联网等领域。

这些领域远远比个人电脑业务更有利润可图。尽管大家都知道IBM出售个人电脑业务是出于发展战略调整的需要，但在很多人眼中，IBM就是曾经的电脑代名词，觉得卖掉起家时的支柱在情感上难以接受。

既然是一桩合情合理的生意，为什么不能做？可见，我们在心中对一个企业的所谓定位就是一扇“霍布森之门”，纵有再多的创新想法，在遇到这些前提或限定的时候，也只能让位于情感上的保守。

要培养自己的创新思维，就必须找出我们心中的那扇“霍布森之门”，并鼓起勇气拆掉它。这样，你才能敢于放手去做你想做的事情，去开拓一片更加广阔的天地，进行更加丰富的选择。

突破“路径依赖”

我们都知道现代铁路两条铁轨之间的标准距离是固定的，无论哪个国家、哪个地区，这一数值都是4英尺又8.5英寸（1.435米）。也许你会对这个标准感到费解，为什么不是整数呢？这就要从铁路的创建说起了。

早期的铁路是由建电车的人所设计的，而4英尺又8.5英寸正是电车所用的轮距标准。那电车的轮距标准又是从何而来的呢？这是因为最先造电车的人以前是造马车的，所以电车的标准是沿用马车的轮距标准。马车又为什么要用这个轮距标准呢？这是因为英国马路辙迹的宽度是 4 英尺又 8.5 英寸，所以如果马车用其他轮距，它的轮子很快会在英国的老路上撞坏。原来，整个欧洲，包括英国的长途老路都是由罗马人为其军队所铺设的，而 4 英尺又 8.5 英寸正是罗马战车的宽度。罗马人以 4 英尺又 8.5 英寸为战车的轮距宽度的原因很简单，这是牵引一辆战车的两匹马屁股的宽度。

马屁股的宽度决定了现代铁轨的宽度，也许你会觉得有几分可笑，但事实就是如此。这一系列的演进过程，也十分形象地反映了路径依赖的形成和发展过程。

“路径依赖”这个名词，是美国斯坦福大学教授保罗·戴维在《技术选择、创新和经济增长》一书中首次提出的。最初出现在制度变迁中，由于存在自我强化的机制，这种机制使得制度变迁一旦走上某一路径，它的既定方向在以后的发展中将得到强化。

路径依赖也反映了我们思路的演变轨迹，思维会受既定的标准所限制，而难以有所突破。这种现象在生活中也是普遍存在的。

春秋时期的一天，齐桓公在管仲的陪同下，来到马棚视察。他一见养马人就关心地询问：“马棚里的大小诸事，你觉得哪一件事最难？”养马人一时难以回答。这时，在一旁的管仲代他回答道：“从前我也当过马夫，依我之见，编排用于拦马的栅栏这件事最难。”齐桓公奇怪地问道：“为什么呢？”管仲说道：“因为在编栅栏时所用的木料往往曲直混杂。你若想让所选的木料用起来顺手，使编排的栅栏整齐美观、结实耐用，开始的选料就显得极其重要。如果你在下第一根桩时用了弯曲的木料，随后你就得顺势将弯曲的木料用到底，笔直的木料就难以启用。反之，如果一开始就选用笔直的木料，继之必然是直木接直木，曲木也就用不上了。”

管仲虽然不知道“路径依赖”这个理论，却已经在运用这个理念来说明问题了。他表面上讲的是编栅栏建马棚的事，但其用意是在讲述治理国家和用人的道理。如果从一开始就做出了错误的选择，那么后来就只能是将错就错，很难纠正过来。由此可见“路径依赖”的可怕，如果最初的思路是错误的，也就难以得到正确的结果了。

我们在生活中、工作中常常会遇到“路径依赖”的现象，使思维陷入对传统观念的依赖中。这种依赖是创新路上的一块绊脚石，要想有所创新，就要努力突破“路径依赖”，开辟一条新的路径，像下面故事中的B公司销售人员一样。

A公司和B公司都是生产鞋的，为了寻找更多的市场，两个公司都往世界各地派了很多销售人员。这些销售人员不辞辛苦，千方百计地搜集人们对鞋的各种需求信息，并不断地把这些信息反馈给公司。

有一天，A公司听说在赤道附近有一个岛，岛上住着许多居民。A公司想在那里开拓市场，于是派销售人员到岛上了解情况。很快，B公司也听说了这件事情，他们唯恐A公司独占市场，也赶紧把销售人员派到了岛上。

两位销售人员几乎同时登上海岛，他们发现海岛相当封闭，岛上的人与大陆没有来往，他们祖祖辈辈靠打鱼为生。他们还发现岛上的人衣着简朴，几乎全是赤脚，只有那些在礁石上采拾海蛎子的人为了避免礁石硌脚，才在脚上绑上海草。

两位销售人员一到海岛，立即引起了当地人的注意。他们注视着陌生的客人，议论纷纷。最让岛上人感到惊奇的就是客人脚上穿的鞋子，岛上人不知道鞋子为何物，便把它叫作脚套。他们从心里感到纳闷：把一个“脚套”套在脚上，不难受吗？

A公司的销售人员看到这种状况，心里凉了半截，他想，这里的人没有穿鞋的习惯，怎么可能建立鞋的市场？向不穿鞋的人销售鞋，不等于向盲人销售画册、向聋子销售收音机吗？他二话没说，立即乘船离开海岛，返回了公司。他在写给公司的报告上说：“那里没有人穿鞋，根本不可能建立起鞋的市场。”

与A公司销售人员的情况相反，B公司的销售人员看到这种状况时心花怒放，他觉得这里是极好的市场，因为没有人穿鞋，所以鞋的销售潜力一定很大。他留在岛上，与岛上人交上了朋友。

B公司的销售人员在岛上住了很多天，他挨家挨户做宣传，告诉岛上人穿鞋的好处，并亲自示范，努力改变岛上人赤脚的习惯。同时，他还把带去的样品送给了部分居民。这些居民穿上鞋后感到松软舒适，走在路上他们再也不用担心扎脚了。这些首次穿上了鞋的人也向同伴们宣传穿鞋的好处。

这位有心的销售人员还了解到，岛上居民由于长年不穿鞋的缘故，与普通人的脚形有一些区别，他还了解了他们生产和生活的特点，然后向公司写了一份详细的报告。公司根据这些报告，制作了一大批适合岛上人穿的鞋，这些鞋很快便销售一空。不久，公司又制作了第二批、第三批……B公司终于在岛上建立了皮鞋市场，狠狠赚了一笔。

按照传统路径，海岛上的居民不穿鞋子，鞋子又怎会在这里有市场呢？然而，B 公司的销售人员却突破了对这一路径的依赖，用创新的方法使居民认识到穿鞋的好处，就这样，轻而易举地打开了一片新的市场。

“路径依赖”理论不仅为我们显现了禁锢思想的原因，同时也提出了解除这种禁锢的方法，那就是从源头上突破对某一种观点或规范的依赖，尝试用一种全新的方法，走一条全新的道路。尝试为创新思维开辟一片发展的空间，在这片自由的天空下，将创造力发挥到极致，取得生活与事业的双赢。

别再恪守老经验

在日常生活中，有些人习惯于遵循老传统，恪守老经验，宁愿平平淡淡做事，安安稳稳生活，日复一日、年复一年地从事别人为他们安排好的重复性劳动，不敢有一丝的“出格”行为，对于那些未知的东西更是心中充满了畏惧。

这些人思想守旧，心不敢乱想，脚不敢乱走，手不敢乱放，凡事小心翼翼，中规中矩，虽然办事稳妥，但也不会有创造力，不懂得如何创造性地完成任务，也就不可能将工作做到卓越。下面这个故事中的主人公，就是由于固守老经验不放手而有了那次悲惨的遭遇。事后，他悔恨地感叹：都是老经验害了他们，如果当时能够冒险试一试，哪怕只试一次，其他的船员也不会丧生孤岛。

那一次，他所在的远洋海轮不幸触礁，沉没在汪洋大海里。船上包括他在内的 9 位船员拼死登上一座孤岛，才暂时得以幸存下来。

但接下来的情形更加糟糕。岛上除了石头，还是石头，没有任何可以用来充饥的东西。更为要命的是，在烈日的暴晒下，每个人都口渴得冒烟，水成了最珍贵的东西。

尽管四周都是水——海水，可谁都知道，海水又苦又涩又咸，饮用过后反而会更加口渴，最终会因严重脱水而死亡。现在 9 个人唯一的生存希望是老天爷下雨或过往船只发现他们。

等啊等，没有任何下雨的迹象，天际除了海水还是一望无际的海水，没有任何船只经过这个死一般寂静的岛。渐渐地，他们支撑不下去了。

其他 8 名船员相继渴死，只剩下他一个。饥渴、恐惧、绝望环绕在他的四周，当他也快要渴死的时候，他实在忍受不住，跳进海水里，“咕嘟咕嘟”地喝了一肚子海水。他喝完海水，一点儿也觉不出海水的苦涩味，相反觉得这海水非常甘甜，非常解渴。他想：也许这是自己死前的幻觉吧，便静静地躺在岛上，等着死神的降临。

他睡了一觉，醒来后发现自己还活着，感到非常奇怪，于是他每天靠喝海水度日，终于等来了过往的船只。

他得以生还后，大家都很奇怪这片海水为什么是甘甜的可饮用水，后来有关专家化验岛上的海水发现，这片海下有一口地下泉。由于地下泉水的不断翻涌，所以，这儿的海水实际上是可口的泉水。

谁都知道“海水是咸的”“根本不能饮用”，这是基本的常识，因此8名船员被渴死了。追根究底，还是老经验害死了他们。而第9名船员在求救无望的生死之际，颠覆了老经验，做出了异于常人的举动，而正是这一举动使他找到了一线生存的希望。

这个故事也告诉我们，再好的经验也会成为过去，如同高科技产品一样，今天是博览会上的高、精、尖，明天就可能成为博物馆里的“古董”。下面小虎鲨的故事也印证了这一点。

小虎鲨的故事是西点军校学员的“反面教材”。

小虎鲨长在大海里，当然很习惯大海中的生存之道。肚子饿了，小虎鲨就努力找大海中的其他鱼类吃，虽然有时候要费些力气，却也不觉得困难。有时候，小虎鲨必须追逐很久才能猎到食物。这种难度，随着小虎鲨经验的增长越来越不是问题，并不对小虎鲨的生存造成影响。

很不幸，小虎鲨在一次追逐猎物时被人类捕捉住了。离开大海的小虎鲨还算幸运，一个研究机构把它买了去。关在人工鱼池中的小虎鲨虽然不自由，却不愁猎食，研究人员会定时把食物送到池中。

有一天，研究人员将一片又大又厚的玻璃放入池中，把水池分割成两半，小虎鲨却看不出来。研究人员把活鱼放到玻璃的另一边，小虎鲨等研究人员放下鱼后，就冲了过去，结果撞到玻璃，疼得眼冒金星，却什么也没吃到。小虎鲨不信邪，过了一会儿，看准了一条鱼，咻地又冲过去，这一次撞得更痛，差点儿没昏倒，当然也没吃到鱼。休息10分钟后，小虎鲨饿坏了，这次看得更准，盯住一条更大的鱼，咻地又冲过去，情况仍没有改变，小虎鲨撞得嘴角流血。它想，这到底是怎么回事？小虎鲨趴在池底思索着。

最后，小虎鲨拼着最后一口气，再冲！但是仍然被玻璃挡住，这回撞了个全身翻转，鱼还是吃不到。小虎鲨终于放弃了。

不久，研究人员又来了，把玻璃拿走，又放进小鱼。小虎鲨看着可口的鱼食，却再也不敢去吃了。

西点军校的教官告诫学员：人类也很容易像小虎鲨一样被过去的经验所限

制，如果你不想没有食物吃，那就勇敢地跨过经验这道门槛。

经验告诉我们的只是过去成功的过程，而不是未来如何成功。你千万不要以为在人生这个广袤的大海里，只能抱着那些曾经的经验，在祖辈开辟的领海中游弋。与恪守老经验的人不同，具有创新思维的人长了一身的“反骨”。别人拿苹果直着切，他偏偏横着切，看看究竟有什么不同；别人说“不听老人言，吃亏在眼前”，他偏不听，偏要自己闯闯看。具有创新思维的人不愿死守传统，不愿盲从他人，凡事喜欢自己动脑筋，喜欢有自己的独立见解。他们思想开放，不拘小节，兴趣广泛，好奇心重，喜欢标新立异，最爱别出心裁。因此，具有创新思维的人脑瓜活、办法多，最能创造出好成绩。

我们都很钟爱老经验，因为经验毕竟是前人智慧的积累，是我们伸手即可取之的做事准则。但是，在当今信息瞬息万变的时代，经验已经不能代表一切，恪守老经验也不等于永远正确，更加阻碍了创新思维的发挥。所以，在生活、工作中，我们应该利用好老经验，而不是受它的束缚。

独立思考是创新思维的助手

有一天晚上，卢瑟福走进实验室，当时已经很晚了，见一个学生仍俯身在工作台上，便问道：“这么晚了，你还在干什么呢？”

学生回答说：“我在工作。”

“那你白天干什么呢？”

“我也工作。”

“那么你早上也在工作吗？”

“是的，教授，早上我也工作。”

于是，卢瑟福向他提出了一个问题：“那么这样一来，你用什么时间思考呢？”

思考？这个学生之前显然没有意识到这个问题，做学问还要思考！

后来，这个学生通过仔细观察发现，每天傍晚，不管实验工作进行得顺利还是不顺利，卢瑟福总是在走廊里散步，那种神情表明他正在思考。

卢瑟福经常对学生说：“不要死记硬背，也不要满足于实验，而要学会思考。只有勤于和善于思考的人，才能获得知识，取得成就。”做研究如此，做任何事情都是如此。思考是我们的思路通往外界的一扇窗，通过思考，我们的思维才能够在知识的天空翱翔，取得出众的成果。

思考的方法有很多种，其中又以独立思考为最重要。因为，独立的思考能力是现代创造性活动的基本要求。具体来说，独立的思考能力是针对具体问题进行深入分析而提出自己的独创见解的能力，它也是一种运用已经掌握的理论知识和已经积累的经验教训，独立地、创造性地分析和解决实际问题的综合能力。

我们在创造性活动中，要善于根据实际情况进行独立的分析和思考，对问题的认识和解决有独创见解，不受他人暗示的影响，不依赖于他人的结论，努力防止思想的依赖性。

从某种程度来讲，工作就是一个思考的过程；工作取得进步，就是一个思考深入的过程。思考得多了，想到的方法自然就多了。当一个猎人打了一只兔子时，他就会想办法去猎一只鹿；当他猎到一只鹿时，他就会想如何去打一只熊。只有这样不断地思考，不断地寻找更好更有效的办法，才有可能成为一名优秀的猎人。工作何尝不是一个猎人的思考过程呢？

很多成功的创新人士和发明专家都是十分重视独立思考的力量的。

有一个小学三年级的学生一次随他爸爸去宾馆，迎面看见墙上并列排着7座大钟，分别显示世界各地当时的准确时间。可为什么要挂那么多钟？

不能仅用一座钟来表示各地的时间吗？他坚持认为挂钟多，既占地方又费钱。他年纪虽小，但善于独立思考，经过多次试验，发明出“新式世界钟”，这种钟可代替那7座钟的功能，被评为全国青少年发明创新一等奖。

一位智者强调，要培养你的创新思维，一定要养成独立思考、刻苦钻研的良好习惯，千万不要人云亦云，读死书，死读书。

人性中普遍存在着两个相反的特质，这两个特质都是积极思考的绊脚石。

轻信（不凭证据或只凭很少的证据就相信）是人类的一大缺点，独立思考者的脑子里永远有一个问号，你必须质疑企图影响正确思考的每一个人和每一件事。

这并不是缺乏信心的表现。事实上，它是尊重造物主的最佳表现，因为你已了解到你的思想，是从造物主那儿得到的唯一可由你完全控制的东西，而你应该珍惜这份福气。

如果你是一位独立的思考者，你就是你思维的主人，而非奴隶。你不应给予任何人控制你思想的机会，你必须拒绝错误的倾向。

人们往往会接受那些一再出现在脑海中的观念——无论它是好的或是坏的，是正确的或是错误的。

人类另一项共同的弱点，就是不相信他们不了解的事物。

当莱特兄弟宣布他们发明了一种会飞的机器，并且邀请记者亲自来观看时，没有人接受他们的邀请。当马可尼宣布他发明了一种不需要电线就可传递信息的方法时，他的亲戚甚至把他送到精神病院去检查，他们还以为他失去了理智呢！

在没有弄清楚之前，就采取鄙视的态度，只会限制你的机会、信心、热忱以及创造力。不要认为未经证实的事情和任何新的事物都是不可能的。独立思考的目的，在于帮助你了解新观念或不寻常的事情，而不是阻止你去研究它们。

思考是一个人有所创造最重要、最基本的心理品质，独立思考是创新思维的助手。所以，养成独立思考的习惯，是要成大事的人必备的条件。

培养创新思维就要敢为天下先

谈到创新思维，人们会格外关注这个“新”字。既是创新，就应该有一些新想法、新举动，哪怕这是前人所不曾有的意念与行为。善于运用创新思维的人就要有“吃第一只螃蟹”的勇气，有“敢为天下先”的魄力。尤伯罗斯就是这样一位“敢为天下先”的创新思维运用者。

1984 年以前的奥运会主办国，几乎是“指定”的。对举办国而言，往往是喜忧参半。能举办奥运会，自然是国家民族的荣誉，也可以乘机宣传本国形象，但是以新场馆建设为主的巨大硬件软件的投入，又将使政府负担巨大的财政赤字。1976 年加拿大主办蒙特利尔奥运会，亏损 10 亿美元，预计这一巨额债务到 2003 年才能还清；1980 年，苏联莫斯科奥运会总支出达 90 亿美元，具体债务更是一个天文数字。奥运会几乎成了为“国家民族利益”而举办，赔老本已成奥运会定律。

直到 1984 年的洛杉矶奥运会，美国商界奇才尤伯罗斯接手主办奥运，他运用其超人的创新思维，改写了奥运经济的历史，不仅首度创下了奥运史上第一笔巨额赢利纪录，更重要的是建立了一套“奥运经济学”模式，为以后的主办城市如何运作提供了样板。从那以后，争办奥运者如过江之鲫。因为名利双收是铁定的，借钱也得干。

尤伯罗斯接手奥运之后，发现组委会竟连一家皮包公司都不如，没有秘书、没有电话、没有办公室，甚至连一个账号都没有。一切都得从零开始，尤伯罗斯决定破釜沉舟。他以 1060 万美元的价格将自己旅游公司的股份卖掉，开始招募雇佣人员，然后以一种前无古人的创新思维定了乾坤：把奥运会商业化，进行市场运作。

于是一场轰轰烈烈的“革命”就此展开。洛杉矶市长不无夸耀地评价说：“尤伯罗斯正在领导着第二次世界大战以来最大的运动。”

第一步，开源节流。尤伯罗斯认为，自 1932 年洛杉矶奥运会以来，规模大、虚浮、奢华和浪费已成为趋势。他决定想尽一切办法节省不必要的开支。首先，他本人以身作则不领薪水，在这种精神感召下，有数万名工作人员甘当义工；其次，沿用洛杉矶既有的体育场；再次，把当地 3 所大学的宿舍作为奥运村。仅后两项措施就节约了数以十亿美金。点点滴滴都体现其创新思维的功力与胆识。

第二步，声势浩大的“圣火传递”活动。奥运圣火在希腊点燃后，在美国举行横贯美国本土 15 万千米的圣火接力。用捐款的办法，谁出钱谁就可以举着火炬跑上一程。全程圣火传递权以每千米 3000 美元出售，15 万千米共售得 4500 万美元。尤伯罗斯实际上是在拍卖百年奥运的历史、荣誉等巨大的无形资产。

第三步，狠抓赞助、转播和门票三大主营收入。尤伯罗斯出人意料地提出，赞助金额不得低于 500 万美元，而且不许在场地内包括其空中做商业广告。这些苛刻的条件反而刺激了赞助商的热情。一家公司急于加入赞助，甚至还没弄清所赞助的室内赛车比赛程序如何，就匆匆签字。尤伯罗斯最终从 150 家赞助商中选定 30 家。此举共筹到 117 亿美元。

最大的收益来自独家电视转播权转让。尤伯罗斯采取美国三大电视网竞投的方式，结果，美国广播公司以 225 亿美元夺得电视转播权。尤伯罗斯又首次打破奥运会广播电台免费转播比赛的惯例，以 7000 万美元把广播转播权卖给美国、欧洲及澳大利亚的广播公司。

门票收入，通过强大的广告宣传和新闻炒作，也取得了历史上的最高水平。

第四步，出售以本届奥运会吉祥物山姆鹰为主的标志及相关纪念品。结果，在短短的十几天内，第 23 届奥运会总支出 511 亿美元，赢利 25 亿美元，是原计划的 10 倍。尤伯罗斯本人也得到 475 万美元的红利。在闭幕式上，国际奥委会主席萨马兰奇向尤伯罗斯颁发了一枚特别的金牌，报界称此为“本届奥运会最大的一枚金牌”。

第二章

发散思维

——一个问题有多种答案

从曲别针的用途想到的

一支曲别针（回形针）究竟有多少种用途？你能说出几种？十种？几十种？还是几百种？

也许你会说一支曲别针不可能有如此多的用途，那么，这只能够说明你的思维不够开阔，不够发散。下面这个关于曲别针的故事告诉你的不只是曲别针的用途，更是一种思维方法。

在一次有许多中外学者参加的如何开发创造力的研讨会上，日本一位创造力研究专家应邀出席了这次研讨活动。

面对这些创造性思维能力很强的学者同人，风度翩翩的村上幸雄先生捧来一把曲别针，说道："请诸位朋友动一动脑筋，打破框框，看谁能说出这些曲别针的更多种用途，看谁创造性思维开发得好、多而奇特！"

片刻，一些代表踊跃回答：

"曲别针可以别相片，可以用来夹稿件、讲义。"

"纽扣掉了，可以用曲别针临时钩起……"

七嘴八舌，大约说了十多种，其中较奇特的是把曲别针磨成鱼钩，引来一阵笑声。

村上对大家在不长时间内讲出 10 多种曲别针的用途，很是称道。

人们问："村上您能讲多少种？"

村上一笑，伸出3个指头。

“30种？”村上摇头。

“300种？”村上点头。

人们惊异，不由得佩服这人聪慧敏捷的思维。但也有人怀疑。

村上紧了紧领带，扫视了一眼台下那些透着不信任的眼睛，用幻灯片映出了曲别针的用途……这时只见中国的一位以“思维魔王”著称的怪才许国泰先生向台上递了一张纸条。

“对于曲别针的用途，我能说出3000种，甚至3万种！”

邻座对他侧目：“吹牛不罚款，真狂！”

第二天上午11点，他“揭榜应战”，走上了讲台，他拿着一支粉笔，在黑板上写了一行字：村上幸雄曲别针用途求解。原先不以为然的听众一下子被吸引过来了。

“昨天，大家和村上讲的用途可用4个字概括，这就是钩、挂、别、联。要启发思路，使思维突破这种格局，最好的办法是借助于简单的形式思维工具——信息标与信息反应场。”

他把曲别针的总体信息分解成重量、体积、长度、截面、弹性、直线、银白色等10多个要素。再把这些要素，用根标线连接起来，形成一根信息标。然后，再把与曲别针有关的人类实践活动要素相分析，连成信息标，最后形成信息反应场。这时，现代思维之光，射入了这枚平常的曲别针，它马上变成了孙悟空手中神奇变幻的金箍棒。他从容地将信息反应场的坐标，不停地组切交合。

通过两轴推出一系列曲别针在数学中的用途，如，曲别针分别做成1，2，3，4，5，6，7，8，9，0，再做成+－×÷的符号，用来进行四则运算，运算出数量，就有1000万、1亿……在音乐上可创作曲谱；曲别针可做成英、俄、希腊等外文字母，用来进行拼读；曲别针可以与硫酸反应生成氢气；可以用曲别针做指南针；可以把曲别针串起来导电；曲别针是铁元素构成，铁与铜化合是青铜，铁与不同比例的几十种金属元素分别化合，生成的化合物则是成千上万种……实际上，曲别针的用途，几乎近于无穷！他在台上讲着，台下一片寂静。与会的人们被“思维魔王”深深地吸引着。

许国泰先生运用的方法就是发散思维法。

发散思维的概念，是美国心理学家吉尔福特在1950年以“创造力”为题的演讲中首先提出的，半个多世纪以来，引起了普遍重视，促进了创造性思维的研究工作。发散思维法又称求异思维、扩散思维、辐射思维等，它是一种从不同的方向、不同的途径和不同的角度去设想的展开型思考方法，是从同一来源材料、从一个思维出发点探求多种不同答案的思维过程，它能使人产生大量的创造性设想，摆脱习惯性思维的束缚，使人的思维趋于灵活多样。

发散思维要求人们的思维向四方扩散，无拘无束，海阔天空，甚至异想天开。通过思维的发散，要求打破原有的思维格局，提供新的结构、新的点子、新的思路、新的发现、新的创造，提供一切新的东西，特别是对于创造者可提供一种全新的思考方式。

许多发明创造者都是借助于发散思维获得成功的。可以说多数的科学家、思想家和艺术家的一生都十分注意运用发散思维进行思考。许多优秀的中学生，在学习活动中也很重视发散思维的学习运用，因此获得了较佳的学习效果。

具有发散思维的人，在观察一个事物时，往往通过联想与想象，将思路扩展开来，而不仅仅局限于事物本身，也就常常能够发现别人发现不了的事物与规律。

正确答案并不只有一个

曾有这样一则故事，一位老师要为一个学生答的一道物理题打零分，而他的学生则声称他应得满分，双方争执不下，便请校长来做仲裁人。

试题是："试证明怎样利用一个气压计测定一栋楼的高度。"

学生的答案是："把气压计拿到高楼顶部，用一根长绳子系住气压计，然后把气压计从楼顶向楼下坠，直到坠到街面为止，然后把气压计拉上楼顶，测量绳子放下的长度，这长度即为楼的高度。"

这是一个有趣的答案，但是这学生应该获得称赞吗？校长知道，一方面这位学生应该得到高度评价，因为他的答案完全正确。另一方面，如果高度评价这个学生，就可以为他的物理课程的考试打高分；而高分就证明这个学生知道一些物理知识，但他的回答又不能证明这一点……

校长让这个学生用 6 分钟回答同一个问题，但必须在回答中表现出他懂一些物理知识……在最后一分钟里，他赶忙写出他的答案，它们是：把气压计拿到楼顶，让它斜靠在屋顶边缘，让气压计从屋顶落下，用秒表记下它落下的时间，然后用落下时间中经过的距离等于重力加速度乘下落时间平方的一半算出建筑高度。

看了这个答案之后，校长问那位老师是否让步。老师让步了，于是校长给了这个学生几乎是最高的评价。正当校长准备离开办公室时，他记得那位学生说他还有另一个答案，于是校长问他是什么样的答案。学生回答说："啊，利用气压计测出一个建筑物的高度有许多办法，例如，你可以在有太阳的日子记下楼顶上气压计的高度及影子的长度，再测出建筑物影子的长度，就可以利用简单的比例关系，算出建筑物的高度。""很好，"校长说，"还有什么答案？""有啊，"那个学生说，"还有一个你会喜欢的最基本的测量方法。你拿那气压计，从一楼登梯而上，当你登梯时，用符号标出气压计上的水银高度，这样你可利用气压计的单位得到这栋楼的高度。这个办法最直接。"当然，如果你还想得到更精确的答案，你可以用一根线的一段系住气压计，把它像一个摆那样摆动，然后测出街面 g 值和楼顶的 g 值。从两个 g 值之差，在原则上就可以算出楼顶高度。"最后他又说，"如果不限制我用物理方法回答这个问题，还有许多其他方法。例如，你拿上气压计走到楼底层，敲管理员的门。当管理员应声时，你对他说下面一句话，'管理员先生，我有一个很漂亮的气压计。如果你告诉我这栋楼的高度，我将我的这个气压计送给您……'"

读完这个故事，我们被这个学生的智慧折服了。再静下来想一想，又会感叹："为什么人们总觉得只有一个正确答案呢？"

几乎从启蒙那天开始，社会、家庭和学校便开始向我们灌输这样的思想：每个问题只有一个答案；不要标新立异；这是规矩；那是白日做梦；等等。当然，就做人的行为准则而言，遵循一定的道德规范是对的，正所谓没有规矩，不成方圆。然而，对于思维方法的培养，制定唯一的准则这一做法是万万要不得的。如果对思维进行约束，则只能看到事物或现象的一个或少数几个方面；在思考问题时，我们也往往认为找到一个答案就万事大吉了，不愿意或根本想不到去寻找第二种，乃至更多的解决方案，因而难以产生大的突破。

在与人交流中碰撞出智慧

智慧与智慧交换，能得到更多、更有效的智慧，与他人交换想法，你会从中获得意想不到的启发，这也是有效利用发散思维的一种表现。

一位发明家曾经讲过这样一个故事：

有一家工厂的冲床因为操作不慎经常发生事故，以至于多名操作工手指致残。技术人员设计了许多方案，为了解决这一问题，就是要让冲床在操作工的手接近冲头时自动停车。他们先后采用红外线超声波、电磁波构成的许多复杂的检测控制系统，都因为成本高或性能不可靠等原因而放弃了。

正当技术人员一筹莫展时，他想到了交流，便带着自己的想法和工人们一块儿讨论，大家七嘴八舌，你一个点子，我一个想法，围绕避免事故这一中心，大家的建议就像放射性的线一样，射向四面八方，每一条线就是一种不同的方法。讨论了半天，最终确定了一个方案：让工人坐在椅子上操作，在椅子两边扶手上各装一个开关，只有它们同时接通时，冲床才能启动。

操作工两手都在按开关，怎么会发生事故呢？

这样一来，交换一下想法，在发散性的建议中得出最佳的方案，原本看似复杂的问题也得到了有效的解决。

杨振宁说过，当代科学研究，不仅要充分挖掘个人智慧，而且还要积极倡导一种团队智慧，各学科、各门类的人才坐在一起，实行智慧的大融合、大交流、大碰撞，才能实现团队智慧成果的最优化。他的这种观点可谓一针见血。美国的硅谷聚集了那么多高科技企业，那么多科技精英，大家“扎堆”的目的就是近距离地搭建一个交流平台，在信息大融合中，实现信息共享、智慧共享。

许多人都知道库仑定律。据说库仑早年是巴黎的一位中学教师，对电荷之间的相互作用力很感兴趣，想找出它们的规律，但苦于无法测量这种微小的力。法国大革命时期，库仑为求安宁去乡下暂住，对农家的纺车又产生了兴趣，看着用棉花纺的细细的纱线，觉得妙不可言。他随手抽断一根刚纺成的纱线，拿到眼前细看，注意到纱的接头总是向相反的方向卷曲，拧得越紧，反卷的圈数就越多。库仑便和纺纱的农妇交谈起来。

一位科学家和一位农妇的交谈随即引发了一个划时代的发现。

与农妇的交谈使库仑的思维更加发散，针对纱线卷曲的问题，库仑进行了许多方面的设想。最后，他终于意识到，根据纱线卷曲的程度可以度量扭力的大小，可以用同样的原理来测量电荷之间的作用力。不久，库仑回到巴黎，做出了一支利用细丝扭转角度测量力矩的极为灵敏的秤，精确测量了电荷的相互作用力与距离和电量的关系，发现了成为电学重要基础的库仑定律。

科学家与普通人之间的差别，比人们想象的要小得多，两者的交流，只有行业和性质的差别。事实证明，不同行业的交流具有极大的互补性，促使思维可以向更多的方向发散，得到更多的创见，以利于问题的解决。

每个人都需要与他人进行交流，一个人自锁书城，两豆塞耳，必然孤陋寡闻，难以超越。你有一个水果，我有一个水果，交换后仍旧是一人一个。但是人的想法却不是如此，你有一个想法，我有一个想法，交换后每人至少有两个想法，由此还会衍生出许许多多其他的想法。这也是启发发散思维的好方法。

现在我们常说的“头脑风暴”方法就是大家在一起，就一个问题各抒己见，思想碰撞的一种方法。

当一群人围绕一个特定的兴趣领域产生新观点的时候，这种情境就叫作“头脑风暴”。由于会议使用了没有拘束的规则，人们就能够更自由地思考，进入思想的新区域，从而围绕一个中心点发散性地产生很多的新观点和问题解决方法。当参加者有了新观点和想法时，他们就大声说出来，然后在他人提出的观点之上建立新观点。

所有的观点被记录下来但不进行评估，只有头脑风暴会议结束的时候，才对这些观点和想法进行评估。

那么你就清楚了，头脑风暴会帮助你提出新的观点。你不但可以提出新观点，而且你只需付出很少的努力。头脑风暴是个“尝试—检测”的过程。头脑风暴中应用什么技巧取决于你欲达到的目的。你可以应用它们来解决工作中的问题，也可以应用它们来发展你的个人生活。

如果你遵循头脑风暴的规则，那么你的个人风格无论是什么样，头脑风暴也会奏效。很自然，某些技巧和环境对一些人更适合，但是头脑风暴足够柔性化，能够适合每个人。

心有多大，舞台就有多大

曾看过这样一则寓言：一条鱼从小在一个小鱼缸中长大，它的心情并不好，因为它觉得鱼缸太小了，游了一会儿就到头了。随着小鱼慢慢长大，鱼缸已经显得太小了，主人便为它换了一个稍大些的鱼缸。鱼刚刚高兴了几天，又不满意了，因为没游多会儿还是碰到了鱼缸壁。最后，主人将它放回了大海，但鱼仍然高兴不起来。因为它再也游不到“鱼缸”的边缘了，它感到很没有成就感。

我们说，心有多大，舞台就有多大。小鱼的心已经被鱼缸限制了，在大舞台上也就无法顺畅舒展了。

同理，我们的思维被局限时，也很难发挥出全部的能量。而如果我们的思维能够向四面八方辐射性地发散，我们分析问题、解决问题的能力也会有一个大的提升，供我们展示才华的舞台也就会变大。

发散思维的要旨就是要学会朝四面八方想。就像旋转喷头一样，朝各个方向进行立体式的发散思考。

这首先要确定一个出发点，即先要有一个辐射源。怎样从一个辐射源出发向四面八方扩散，下面提供几种方法：

（1）结构发散，是以某种事物的结构为发散点，朝四面八方想，以此设想出利用该结构的各种可能性。

（2）功能发散，是以某种事物的功能为发散点，朝四面八方想，以此设想出获得该功能的各种可能性。

（3）形态发散，是以事物的形态（如颜色、形状、声音、味道、明暗等）为发散点，朝四面八方想，以此设想出利用某种形态的各种可能性。

（4）组合发散，是从某一事物出发，朝四面八方想，以此尽可能多地设想与另一事物（或一些事情）联结成具有新价值（或附加价值）的新事物的各种可能性。

（5）方法发散，是以人们解决问题的结果作为发散点，朝四面八方想，推测造成此结果的各种原因；或以某个事物发展的起因为发散点，朝四面八方想，以此推测可能发生的各种结果。

善于运用发散思维的人，常常具有别人难以比拟的“非常规”想法，能取得非同一般的解决问题的效果。艾柯卡就是一个典型的例子。

美国福特汽车公司是美国最早、最大的汽车公司之一。1956 年，该公司推出了一款新车。这款汽车式样、功能都很好，价钱也不贵，但是很奇怪，竟然销路平平，和当初设想的完全相反。

公司的经理们急得就像热锅上的蚂蚁，但绞尽脑汁也找不到让产品畅销的办法。这时，在福特汽车销售量居全国末位的费城地区，一位毕业不久的大学生，对这款新车产生了浓厚的兴趣，他就是艾柯卡。

艾柯卡当时是福特汽车公司的一位见习工程师，本来与汽车的销售毫无关系。但是，公司老总因为这款新车滞销而着急的神情，却深深地印在他的脑海里。

他开始琢磨：我能不能想办法让这款汽车畅销起来？终于有一天，他灵光一闪，于是径直来到经理办公室，向经理提出了一个创意，在报上登广告，内容为：“花 56 元买一辆 56 型福特。”

这个创意的具体做法是：谁想买一辆 1956 年生产的福特汽车，只需先付 20% 的货款，余下部分可按每月付 56 美元的办法逐步付清。

他的建议得到了采纳。结果，这一办法十分灵验，“花 56 元买一辆 56 型福特”的广告人人皆知。

“花 56 元买一辆 56 型福特”的做法，不但打消了很多人对车价的顾虑，还给人创造了“每个月才花 56 元，实在是太合算了”的印象。

奇迹就在这样一句简单的广告词中产生了：短短 3 个月，该款汽车在费城地区的销售量，就从原来的末位一跃而为全国的冠军。

这位年轻工程师的才能很快受到赏识，总部将他调到华盛顿，并委任他为地区经理。

后来，艾柯卡根据公司的发展趋势，推出了一系列富有创意的举措，最终坐上了福特公司总裁的宝座。

善于运用发散思维的人不止艾柯卡，英国小说家毛姆在穷得走投无路的情况下，运用自己的发散思维，想出了一个奇怪的点子，结果居然扭转了颓势。

在成名之前，毛姆的小说无人问津，即使请书商用尽全力推销，销售的情况也不好。眼看生活就要遇到困难了，他情急之下突发奇想地用剩下的一点儿钱，在大报上登了一个醒目的征婚启事：

“本人是个年轻有为的百万富翁，喜好音乐和运动。现征求和毛姆小说中女主角完全一样的女性共结连理。”

广告一登，书店里的毛姆小说一扫而空，一时之间“洛阳纸贵”，印刷厂必须赶工才能应付销售热潮。原来看到这个征婚启事的未婚妇女，不论是不是真有意和富翁结婚，都好奇地想了解女主角是什么模样的。

而许多年轻男子也想了解一下，到底是什么样的女子能让一个富翁这么着迷，再者也要防止自己的女友去应征。

从此，毛姆的小说销售一帆风顺。

发散思维具有灵活性，具有发散思维的人思路比较开阔，善于随机应变，能够根据具体问题寻找一个巧妙地解决问题的办法，起到出其不意的效果。

培养发散思维，拓展思维的深度与广度，你的思维触角延伸多远，你的人生舞台就展开有多大。

从无关之中寻找相关的联系

天底下许多事物，如果你仔细观察它们，就会发现一些共通的道理，这就是事物之间的相关性。我们在解决问题时可以有意识地进行发散思维，把由外部世界观察到的刺激与正在考虑中的问题建立起联系，使其相合。也就是将多种多样不相关的要素结合在一起，以期获得对问题的不同创见。下面我们就来看一个事例。

福特汽车是美国最主要的汽车品牌之一，在全球的销售量也名列前茅。在创立之时，创办人亨利·福特一直思考着，要如何大量生产，降低单位成本，并提高在市场上的竞争力。

有一天晚上，亨利·福特对孩子说完三只小猪如何对抗野狼的故事后，突然产生一个想法，他可以去猪肉加工厂看看，或许会有一些新的发现。他参观了几家猪肉加工厂后，发现里面的作业采用天花板滑车运送肉品的分工方式，每个工人都有固定的工作，自己的部分做完后，将肉品推到下一个关卡继续处理，这样，肉品加工生产效率非常高。

亨利·福特立刻想到，肉品的作业方式也可以运用在汽车制造上。他之后和研发小组设计出一套作业流程，采用输送带的方式运送汽车零件，每个作业员只要负责装配其中的某一部分，不用像过去那样负责每部车的全部流程。亨利·福特所采用的分工作业，的确达到了他原先的要求，使得福特汽车成功地提高了全球的市场占有率，同时也变成不同车厂的作业标准。

他山之石，可以攻玉。我们常常可以从一些不相关的事物上获得灵感，这就是一种异中求同的归纳能力。当我们能在看来似乎毫无关联的对象中，找出更多的相同道理，也就代表着我们能发掘更多的创意题材。因为这些相通之处，往往是其他人没有发现的，这也正是我们的成功机会。

猪肉和汽车，看似不具有相关性，但是猪肉加工厂的作业流程，却给了汽车工厂一个很好的工作模板。所以，我们也可以常常将这种异中求同的技巧运用在生活上。在我们的工作中，除了多观察同业的做法，异业也是值得观察和学习的对象。一位歌手，可以从一位老师身上看到他在讲台上如何表现，这对自己的舞台表演一定会有所帮助。一位清洁队员和一位大企业的董事长，有什么相通的地方？或许我们可以发现，他们都很节省，或者他们的体力都很好。

索尼公司的卯木肇也是一位善于从无关之中寻找相关联系的精英。

20 世纪 70 年代中期，索尼彩电在日本已经很有名气了，但是在美国却不被顾客所接受，因而索尼在美国市场的销售相当惨淡，但索尼公司没有放弃美国市场。后来，卯木肇担任了索尼国际部部长。上任不久，他被派往芝加哥。当卯木肇风尘仆仆地来到芝加哥时，令他吃惊不已的是，索尼彩电竟然在当地的寄卖商店里蒙满了灰尘，无人问津。

如何才能改变这种既成的印象，改变销售的现状呢？卯木肇陷入了沉思……

一天，他驾车去郊外散心，在归来的路上，他注意到一个牧童正赶着一头大公牛进牛栏，而公牛的脖子上系着一个铃铛，在夕阳的余晖下叮当叮当地响着，后面是一大群牛跟在这头公牛的屁股后面，温驯地鱼贯而入……此情此景令卯木肇一下子茅塞顿开，他一路上吹着口哨，心情格外好。想想一群庞然大物居然被一个小孩儿管得服服帖帖的，为什么？还不是因为牧童牵着一头带头牛。索尼要是能在芝加哥找到这样一头“带头牛”商店来率先销售，岂不是很快就能打开局面？卯木肇为自己找到了打开美国市场的钥匙而兴奋不已。

马歇尔公司是芝加哥市最大的一家电器零售商，卯木肇最先想到了它。为了尽快见到马歇尔公司的总经理，卯木肇第二天很早就去求见，但他递进去的名片却被退了回来，原因是经理不在。第三天，他特意选了一个估计经理比较闲的时间去求见，但回答却是“外出了”。他第三次登门，经理终于被他的诚心所感动，接见了他，却拒绝卖索尼的产品。经理认为索尼的产品降价拍卖，形象太差。卯木肇非常恭敬地听着经理的意见，并一再表示要立即着手改变商品形象。

回去后，卯木肇立即从寄卖店取回货品，取消降价销售，在当地报纸上重新刊登大面积的广告，重塑索尼形象。

经过卯木肇的不懈努力，他的诚意终于感动了马歇尔公司，索尼彩电终于挤进了芝加哥的“带头牛”商店。随后，进入家电的销售旺季，短短一个月内，竟卖出 700 多台。索尼和马歇尔从中获得了双赢。

有了马歇尔这只“带头牛”开路，芝加哥的 100 多家商店都对索尼彩电群起而销之，不出 3 年，索尼彩电在芝加哥的市场占有率达到了 30%。

不善于运用发散思维和没有敏感度的人也许很难在“小孩子牵牛”与“寻找开拓市场的方法”之间找到什么相关联的因素，就像常人难以想象“猪肉加工”与“汽车制造”有什么相通之处一样。但是，亨利 · 福特与卯木肇在发散思维的运用方面为我们做了一个榜样。由此，我们也可以看出，从无关之中找相关需要我们的思维足够灵活，有较强的敏感性，在获取某种外界刺激后能够很快地将该事物与自己所遇到的问题进行联系，这样，不但有效地解决了问题，而且取得了卓越的成绩。

由特殊的“点”开辟新的方法

擅长发散思维的人往往会撇开众人常用的思路，尝试多种角度的考虑方式，从他人意想不到的“点”去开辟问题的新解法。所以，在进行发散性的思维训练时，其首要因素便是要找到事物的这个“点”进行扩散。

下面这个故事就是一个巧用特殊“点”的例子。

华若德克是美国实业界的大人物。在他未成名之前，有一次，他带领属下参加在休斯敦举行的美国商品展销会。令他十分懊丧的是，他被分配到一个极为偏僻的角落，而这个角落是绝少有人光顾的。

为他设计摊位布置的装饰工程师劝他干脆放弃这个摊位，因为在这种恶劣的地理条件下，想要成功展览几乎是不可能的。

华若德克沉思良久，觉得自己若放弃这一机会实在是太可惜了。可不可以将这个不好的地理位置通过某种方式化解，使之变成整个展销会的焦点呢？

他想到了自己创业的艰辛，想到了自己受到的展销大会组委会的排斥和冷眼，想到了摊位的偏僻，他的心里突然涌现出偏远非洲的景象，觉得自己受着不应有的歧视。他走到了自己的摊位前，心中充满感慨，灵机一动：既然你们都把我看成非洲难民，那我就扮演一回非洲难民给你们看！于是一个计划应运而生。

华若德克让设计师为他营造了一个古代宫殿式的氛围，围绕着摊位布满了具有浓郁非洲风情的装饰物，把摊位前的那一条荒凉的大路变成了黄澄澄的沙漠。他安排雇来的人穿上非洲人的服装，并且特地雇用动物园的双峰骆驼来运输货物，此外他还派人定做了大批气球，准备在展销会上用。

展销会开幕那天，华若德克挥了挥手，顿时展览厅里升起无数的彩色气球，气球升空不久自行爆炸，落下无数的胶片，上面写着：“当你拾起这小小的胶片时，亲爱的女士和先生，你的好运就开始了，我们衷心祝贺你。请到华若德克的摊位，接受来自遥远非洲的礼物。”

这无数的碎片洒落在热闹的人群中，于是一传十，十传百，消息越传越广，人们纷纷集聚到这个本来无人问津的摊位前。超强的人气给华若德克带来了非常可观的生意和潜在商机，而那些黄金地段的摊位反而遭到了人们的冷落。

华若德克为自己找到了一个特殊的“点”，那就是将自己的特殊位置加以利用，赋予新的定位与含义，起到吸引顾客的目的。

发散思维是有独创性的，它表现在思维发生时的某些独到见解与方法，也就是说，对刺激做出非同寻常的反应，具有标新立异的成分。

比如设计鞋子，常规的设计思路是从鞋子的款式、用料着手，进行各种变化，但万变不离其宗。运用发散思维，则可以从鞋子的功能这一特殊的“点”入手。那么鞋有哪些功能呢？

鞋可以“吃”。当然不是用嘴吃，而是用脚吃。即可以在鞋内加入药物，治疗各种疾病。按此思路下去，可开发出多种预防、治疗疾病的鞋子。

鞋还可以“说话”。设计一种走路的时候会响起音乐的鞋子一定会受到小孩子的欢迎。

鞋可以“扫地”。设计一种带静电的鞋子，在家里走路的时候，可以把尘土吸到鞋底上，使房间在不经意间变干净。

鞋还可以“指示方向”。在鞋子中安装指南针，调到所选择的方向，当方向发生偏离时，便会发出警报，这对野外考察探险的人来说，是很有用处的。

这就是通过鞋子的功能这个“点”挖掘出来的潜在创意。生活中，我们需要细心地观察，找出这个特殊的“点”，由此展开，便可以收到意想不到的效果。

美国推销奇才吉诺·鲍洛奇的一段经历也向我们证明了这一理念。

一次，一家贮藏水果的冷冻厂起火，等到人们把大火扑灭，才发现有18箱香蕉被火烤得有点儿发黄，皮上还沾满了小黑点。水果店老板便把香蕉交到鲍洛奇的手中，让他降价出售。那时，鲍洛奇的水果摊设在杜鲁茨城最繁华的街道上。

一开始，无论鲍洛奇怎样解释，都没人理会这些“丑陋的家伙”。无奈之下，鲍洛奇认真仔细地检查那些变色香蕉，发现它们不但一点儿没有变质，而且由于烟熏火烤，吃起来反而别有风味。

第二天，鲍洛奇一大早便开始叫卖：“最新进口的阿根廷香蕉，南美风味，全城独此一家，大家快来买呀！”当摊前围拢的一大堆人都举棋不定时，鲍洛奇注意到一位年轻的小姐有点儿心动了。他立刻殷勤地将一只剥了皮的香蕉送到她手上，说：“小姐，请你尝尝，我敢保证，你从来没有尝过这样美味的香蕉。”年轻的小姐一尝，香蕉的风味果然独特，价钱也不贵，而且鲍洛奇还一边卖一边不停地说：“只有这几箱了。”于是，人们纷纷购买，18箱香蕉很快销售一空。

从上述案例中我们可以看出，发散思维有着巨大的潜在能量，它通过搜索所有的可能性，激发出一个全新的创意。这个创意重在突破常规，它不怕奇思妙想，也不怕荒诞不经。沿着可能存在的点尽量向外延伸，或许，一些由常规思路出发根本办不成的事，其前景便很有可能柳暗花明、豁然开朗。

依靠发散性思维进行发散性的创造

发散思维法的特点是以一点为核心，以辐射状向外散射。在生产、生活中，我们可以利用这种思维法来进行发散性的创造。若以一个产品为核心，可以发掘它的各种不同的功能，开发出各种各样的新产品。如围绕电熨斗这个产品，开发出了透明蒸汽电熨斗、自动关熄熨斗、自动除垢熨斗、电脑装置熨斗，等等。这些产品满足了生活中不同人群的不同需求。

下面这个故事也是围绕产品开发的一个典型例子，从中我们可以体会到发散思维法的应用价值。

1956年，松下电器公司与日本另一家电器制造厂合资，设立了大孤精品电器公司，专门制造电风扇。当时，松下幸之助委任松下电器公司的西田千秋为总经理，自己则担任顾问。这家公司的前身是专做电风扇的，后来又开发了民用排风扇。但即使如此，产品还是显得比较单一。西田千秋准备开发新的产品，试着探询松下的意见。松下对他说："只做风的生意就可以了。"当时松下的想法，是想让松下电器的附属公司尽可能专业化，以期有所突破。可是松下电器的电风扇制造已经做得相当卓越，完全有实力开发新的领域。但是，松下给西田的却是否定的回答。

然而，聪明的西田并未因松下这样的回答而灰心丧气。他的思维极其灵活而机敏，他紧盯住松下问道："只要是与风有关的任何产品都可以做吗？"松下并未仔细品味此话的真正意思，但西田所问的与自己的指示很吻合，所以他毫不犹豫地回答说："当然可以了。"

5年之后，松下又到这家工厂视察，看到厂里正在生产暖风机，便问西田："这是电风扇吗？"西田说："不是，但是它和风有关。电风扇是冷风，这个是暖风，你说过要我们做风的生意，难道不是吗？"后来，西田千秋一手操办的松下精工的"风家族"，已经非常丰富了。除了电风扇、排风扇、暖风机、鼓风机之外，还有果园和茶圃的防霜用换气扇、培养香菇用的调温换气扇、家禽养殖业的棚舍调温系统等。

松下的一句"只做风的生意就可以了"被西田千秋用发散思维发挥到了极致，围绕风开发出了许许多多适合不同市场的优质产品，为松下公司创造了一个又一个的辉煌。这也体现了发散思维的神奇魅力。

第三章

收敛思维

——从核心解开问题的症结

某一问题只有一种答案

收敛思维，也称聚合思维或集束思维，它是相对于发散思维而言的。它与发散思维的特点正好相反，它的特点是以某个思考对象为中心，尽可能运用已有的经验和知识，将各种信息重新进行组织，从不同的方面和角度，将思维集中指向这个中心点，从而达到解决问题的目的。这就好比凸透镜的聚焦作用，它可以使不同方向的光线集中到一点，从而引起燃烧一样。如果说，发散思维是“由一到多”的话，那么，收敛思维则是“由多到一”。当然，在集中到中心点的过程中也要注意吸收其他思维的优点和长处。收敛思维不是简单的排列组合，而是具有创新性的整合，即以目标为核心，对原有的知识从内容和结构上进行有目的的选择和重组。

隐形飞机的研制，便是运用收敛思维法的结果。这种飞机，机身和机翼造型独特，包覆隐身材料，加装红外挡板等，以减弱雷达反射波和红外辐射，使其不易被探测设备发现，从而达到“隐形”的目的。

收敛思维法主要包括层层剥笋法、目标识别法和间接注意法。这些方法促使人们从事物的各个方面入手，对各种信息进行筛选、挖掘，最终找到问题的关键所在。

收敛思维法在以严谨著称的科学界得以广泛的应用。因为一个问题的真相往往只有一个，这就需要科研工作者逐层分析问题，渐渐找到问题的根源，并加以解决。

地球有多重？直到18世纪，这依然是摆在科学家面前的一个难题。1750年，英国19岁的科学家卡文迪许向这个难题挑战。他给自己提出一个大胆的课题：称出地球的重量。他像一个小马驹闯进一片丛林，横冲直撞，思维没有一点儿顾忌和阻碍。在东一榔头西一棒子的冲撞中，卡文迪许想到了牛顿的万有引力。

根据万有引力定律，两个物体间的引力与两个物体之间的距离的平方成反比，与两个物体的重量成正比。这个定律为测量地球重量提供了理论根据。卡文迪许想，如果知道了两个物体之间的引力，知道了两个物体之间的距离，知道了其中一个物体的重量，就能计算出另一个物体的重量。

这在理论上是完全成立的。但是，实际测定中，还必须先了解万有引力的常数G。因为牛顿的万有引力公式的其他几个常数都知道，唯独不知道引力常数G。

卡文迪许利用细丝转动的原理设计了一个测定引力的装置，细丝转过一个角度，就能计算出两个铅球之间的引力，然后计算出引力常数。但是，细丝扭转的灵敏度还不够大。只有进一步提高灵敏度，才能测出两个铅球之间的引力，计算出引力常数。

灵敏度问题成了测量地球重量的关键。卡文迪许为这个问题伤透了脑筋，想了好几种办法，但是，结果都不怎么理想。

一次，孩子用镜子投射光斑的游戏使卡文迪许受到了很大的启发。他在测量装置上也装上了一面小镜子，细丝受到另一个铅球的微小引力，小镜子就会偏转一个很小的角度，小镜子反射的光就转动到一个相当大的距离。利用这个放大的距离，就能很精确地知道引力的大小。

卡文迪许用这个放大的装置精确地测出了两个引力常数，再次测出一个铅球与地球之间的引力，根据万有引力公式，很快就计算出了地球的重量。

卡文迪许测出地球重量的过程是很好地运用了收敛思维法。将测出地球重量这一问题归结为万有引力常数G的问题，进一步归结为测量装置灵敏度的问题，只要解决了这一根本性问题，其他问题也就迎刃而解了。从中也可以看到，在收敛思维的运用过程中，是结合灵感思维、逻辑思维等共同作用的。

我国明朝科学家徐光启也曾运用收敛思维研究出治蝗之策。

明朝时候，江苏北部曾经出现了可怕的蝗虫，飞蝗一到，整片整片的庄稼被吃掉，颗粒无收……徐光启看到人民的疾苦，想到国家的危亡，毅然决定去研究治蝗之策。他收集了自战国以来两千多年有关蝗灾情况的资料。

在这浩如烟海的资料中，他注意到蝗灾发生的时间。151 次蝗灾中，发生在农历四月的 19 次，发生在五月的 12 次，六月的 31 次，七月的 20 次，八月的 12 次，其他月份总共只有 9 次。由此他确定了蝗灾发生的时间大多在夏季炎热时期，以六月最多。另外他从史料中发现，蝗灾大多发生在河北南部，山东西部，河南东部，安徽、江苏两省北部。为什么多集中于这些地区呢？经过研究，他发现蝗灾与这些地区湖沼分布较多有关。他把自己的研究成果向百姓宣传，并且向皇帝呈递了《除蝗疏》。

收敛思维始终受所给信息和线索决定，是深化思想和挑选设计方案的常用的思维方法和形式。它的过程是集中指向的，目标单一，其结果是寻求最佳，或者说，是在一定条件下最佳的解决方案。

收敛思维的特征

发散思维有利于人的思维的广阔性、开放性，有利于在空间上的拓展和时间上的延伸。收敛思维则有利于思维的深刻性、集中性、系统性和全面性。如果说发散思维是让思维放开，任意飞翔的话，那么收敛思维就是对放开的思维进行回收、聚拢，让它们都集中到一个焦点上。一个就像太阳，光线向四面八方扩散；一个就像宇宙中的“黑洞”，把四面八方的光线都吸到洞里。一个强调放，一个强调收。放者，容易散漫无际，偏离目标；收者，容易因循守旧，缺少变化。因此，我们在强调发散思维时，需要收敛思维来补充；在强调收敛思维时，需要发散思维来支持，两者是相辅相成的。

成功人士的思维既要放得开，同时又要收得拢，放是为了更好地收，收是为了更好地放。每每思考问题时，在开发创意阶段，发散思维占主导地位；在选择解决方案时，收敛思维则占主导地位。

那么，相对于发散思维，收敛思维又有怎样的特征呢？

1. 严谨性和论证性

收敛思维要求把解决的问题纳入传统的逻辑轨道，然后按照传统逻辑规则进行严谨周密的推理论证，必须是按部就班，一环扣一环地展开，特别重视因果链条，不允许用联想和想象代替推理和论证，更不允许出现跳跃。

2. 聚焦性

在解决问题时要抓住问题的聚焦点。只有清楚问题的聚焦点，才能有目的地去解决问题。如若不然，只会让自己无端地耗费精力，忙了半天，也不知自己在忙些啥，结果导致自己所做的事与要解决的问题相隔十万八千里。我们可千万不要小视它，像这种情况是普遍存在的。生活中不知有多少人一事无成，就是找不到问题的聚焦点使然，正所谓“治标不治本”。

3. 深刻性

为了争取将问题一次性解决掉，我们要学会刨根问底——探讨问题的实质。很多问题的实质都是隐藏在肤浅的表象后面的，因此要想成功，一定要抓住问题的实质，然后对症下药。

日本人就曾利用一些表象的资料对中国大庆油田进行了深刻的分析。

20 世纪 60 年代时，大部分中国人还不知道大庆油田在哪里，日本人却对大庆油田了如指掌。他们是怎样做到的呢？

日本人首先从中国画报刊登的铁人王进喜的大幅照片上推断出大庆油田在东北三省偏北处，因为相片上的王进喜身穿大棉袄，背景是遍地积雪，这雪景只有在东北三省才会出现。接着，他们又从另一幅肩扛人推的照片，推断出油田离铁路沿线不远。他们从《人民日报》的一篇报道中看到一段话，王进喜到了马家窖，说了一声：“好大的油海啊，我们要把中国石油落后的帽子扔到太平洋里去！”据此，日本人又做了深刻的思考，判断出大庆油田的中心就在马家窖。

大庆油田什么时候产油了呢？日本人判断：1964 年。因为王进喜在这一年参加了全国人民代表大会，如果不出油，王进喜是不会当选为人大代表的。

日本人还准确地推算出大庆油田井的直径大小和大庆油田的产量，依据是《人民日报》一幅钻塔的照片和《人民日报》刊登的国务院政府工作报告：用当时公布的全国石油产量减去原来的石油产量，简单之至，连小学生都能算出来——日本人推算出大庆的石油产量为 3000 万吨，与大庆油田的实际年产量几乎完全一致。

有了如此多的准确情报，日本人迅速设计出适合大庆油田开采用的石油设备。当我国政府向世界各国征求开采大庆油田的设计方案时，日本人一举中标。

试想，日本人如果不是对表面现象做了深刻的分析，这其中的奥妙他们能发现得了吗？

收敛思维同发散思维一样，是一种独特的创造思维方式。但是，有人对收敛思维存在着误解，否认它的创造性，甚至认为它是保守的思维方式。其实，收敛思维并非保守，它对各个方面、领域都是开放的，只有如此，它集中的理论、信息、知识、方案等才能更全面、更便于比较选择，才能找到更好的答案，从而符合客观真理。

收敛思维是成功者不可缺少的一种必备思维，不管你的思维放开到何种程度，你也不能离开主题，最终都得有个思维收敛点。只有找到这些思维收敛点，才能有助于我们为信息的归属树立一个个明确的“靶子”，你才能成功地到达目的地。

层层剥笋，揭示核心

我们都知道，竹笋是由一层一层的壳包裹而成的。层层剥笋法很形象地表现出向问题的核心一步一步逼近的过程。它是收敛思维法之一，它借助于抛弃那些非本质的、繁杂的特征，以揭示出隐藏在事物表面现象内的深层本质。

这种方法常常被用于破解一些谜案，它要求人们专注于问题的核心，而巧妙运用接收到的各种信息。

1940 年 11 月 16 日，纽约爱迪生公司大楼一个窗沿上出现一个土炸弹，并附有署名 F.P. 的纸条，上面写着：“爱迪生公司的骗子们，这是给你们的炸弹！”后来，这种威胁活动越来越频繁，越来越猖狂。1955 年竟然放上了 52 颗炸弹，并炸响了 32 颗。对此报界连篇报道，并惊呼此行动的恶劣，要求警方尽快侦破。

纽约市警方在 16 年中煞费苦心，但所获甚微。所幸还保留着几张字迹清秀的威胁信，字母都是大写。其中，F.P. 写道：我正为自己的病怨恨爱迪生公司，要使它后悔自己的卑鄙罪行。为此，不惜将炸弹放进剧院和公司的大楼，等等。警方请来了犯罪心理学家布鲁塞尔博士。博士依据心理学常识，应用层层剥笋的思维技巧，在警方掌握材料的基础上进行了如下的分析推理：

（1）制造和放置炸弹的大都是男人。

（2）他怀疑爱迪生公司害他生病，属于“偏执狂”病人。这种病人一过 35 岁后病情就迅速加重。所以 1940 年时他刚过 35 岁，现在（1956 年）他应是 50 出头。

（3）偏执狂总是归罪他人。因此，爱迪生公司可能曾对他处理不当，使他难以接受。

（4）字迹清秀表明他受过中等教育。

（5）约 85% 的偏执狂有运动员体形，所以 F.P. 可能胖瘦适度，体形匀称。

（6）字迹清秀、纸条干净表明他工作认真，是一个兢兢业业的模范职工。

（7）他用“卑鄙罪行”一词过于认真，爱迪生也用全称，不像美国人所为。故他可能在外国人居住区。

（8）他在爱迪生公司之外也乱放炸弹，显然有 F.P. 自己也不知道的理由存在，这表明他有心理创伤，形成了反权威情绪，乱放炸弹就是在反抗社会权威。

（9）他常年持续不断乱放炸弹，证明他一直独身，没有人用友谊或爱情来愈合其心理创伤。

（10）他无友谊，却重体面，一定是一个衣冠楚楚的人。

（11）为了制造炸弹，他宁愿独居而不住公寓，以便隐藏和不妨碍邻居。

（12）地中海各国用绳索勒杀别人，北欧诸国爱用匕首，斯拉夫国家恐怖分子爱用炸弹。所以，他可能是斯拉夫后裔。

（13）斯拉夫人多信天主教，他必然定时上教堂。

（14）他的恐吓信多发自纽约和韦斯特切斯特。在这两个地区中，斯拉夫人最集中的居住区是布里奇波特，他很可能住在那里。

（15）持续多年强调自己有病，必是慢性病。但癌症不能活 16 年，恐怕是肺病或心脏病，肺病现代已经很容易治愈，所以他是心脏病患者。

根据这种层层剥笋式的方式，博士最后得出结论：警方抓他时，他一定会穿着当时正流行的双排扣上衣，并将纽扣扣得整整齐齐。而且，建议警方将上述 15 个可能性公诸报端。F.P. 重视读报，又不肯承认自己的弱点，他一定会做出反应以表现他的高明，从而自己提供线索。果不其然，1956 年圣诞节前夕，各报刊载这 15 个可能性后，F.P. 从韦斯特切斯特又寄信给警方：“报纸拜读，我非笨蛋，绝不会上当自首，你们不如将爱迪生公司送上法庭为好。”依据有关线索，警方立即查询了爱迪生公司人事档案，发现在 20 世纪 30 年代的档案中，有一个电机保养工乔治·梅特斯基因公烧伤，曾上书公司诉说染上肺结核，要求领取终生残废津贴，但被公司拒绝，数月后离职。此人为波兰裔，当时（1956 年）为 56 岁，家住布里奇波特，父母早亡，与其姐同住一个独院。他身高 1.75 米，体重 74 千克。平时对人彬彬有礼。1957 年 1 月 22 日，警方去他家调查，发现了制造炸弹的工作间，于是逮捕了他。

当时他果然身着双排扣西服，而且整整齐齐地扣着扣子。

层层剥笋法是一种更深入的思考方法，它使人们不只停留在表面，而是着眼于事物本质的探究。当你发现问题的核心时，你也许会惊叹：解决问题原来这么简单。

据说美国华盛顿广场上有名的杰弗逊纪念大厦，因年深日久，墙面出现裂纹。为了保护好这栋大厦，有关专家进行了专门研讨。

最初大家认为损害建筑物表面的元凶是侵蚀的酸雨。专家们进一步研究，却发现对墙体侵蚀最直接的原因，是每天冲洗墙壁所用的清洁剂对建筑物有酸蚀作用。为什么每天要冲洗墙壁呢？是因为墙壁上每天都有大量的鸟粪。为什么会有那么多的鸟粪呢？因为大厦周围聚集了很多燕子。为什么会有那么多的燕子呢？因为墙上有许多燕子爱吃的蜘蛛。为什么有那么多的蜘蛛呢？因为大厦四周有蜘蛛喜欢吃的飞虫。为什么有这么多的飞虫？因为飞虫在这里繁殖特别快。而飞虫在这里繁殖特别快的原因，是这里的尘埃最适宜飞虫繁殖。为什么这里最适宜飞虫繁殖？因为开着的窗阳光充足，大量飞虫聚集在此，超常繁殖……

由此发现，解决的办法很简单，只要拉下整幢大厦的窗帘。此前专家们设计的一套套复杂而又详尽的维护方案也就成了一纸空文。

目标识别法：根据目标进行判断

目标识别法要求我们在思考问题时要善于观察，发现事实和提出看法，并从中找出关键的现象，对其加以关注和深入思考。学者德波诺认为，这个方法就是要求“搜寻思维的某些现象和模式”，其要点是，确定搜寻目标，进行观察并做出判断。通过不断地训练，促进思维识别能力的提高。

在第一次世界大战时，各国训练了许多专职人员去辨别天空中的飞机，要求他们当飞机在很远的距离时就能判别出飞机的型号。现代军队，对各种武器装备的识别，也要运用这一“目标识别”方法进行训练，将观察对象的关键特征与头脑中的有关概念相联系。

在思维中使用目标识别法一般是先设计或确定某一思维类型的关键现象、本质、看法，等等，然后注意这一目标。这样的结果促使我们能识别特定的思维类型并采取相应的行动。

有这样一个故事，讲的就是利用目标识别法来夺取战争胜利的过程。

第一次世界大战期间，法国和德国交战时，法军的一个司令部在前线构筑了一座极其隐蔽的地下指挥部。指挥部的人员深居简出，十分诡秘。不幸的是，他们只注意了人员的隐蔽，而忽略了长官养的一只小猫。德军的侦察人员在观察战场时发现：每天早上八九点钟左右，都有一只小猫在法军阵地后方的一座土包上晒太阳。德军依此判断：

（1）这只猫不是野猫，野猫白天不出来，更不会在炮火隆隆的阵地上出没。

（2）猫的栖身处就在土包附近，很可能是一个地下指挥部，因为周围没有人家。

（3）根据仔细观察，这只猫是相当名贵的波斯品种，在打仗时还有兴趣玩这种猫的绝不会是普通的下级军官。

据此，他们判定那个掩蔽部一定是法军的高级指挥所。随后，德军集中 6 个炮兵营的火力，对那里实施猛烈袭击。事后证明，他们的判断完全正确，这个法军地下指挥所的人员全部阵亡。

目标识别法要求我们深入了解某一事物的特性，并根据这一特性进行一步步的判断，直至最终接近问题的核心。这种方法在我们的生活、工作中有着广泛的应用。如，便衣警察在公共场合抓扒手，也是通过扒手的典型举止和贪婪、诡秘的眼神来判定和跟踪。警察了解这些特殊表现，在执行任务时就会有意识地按一定的模式去搜索目标。

间接注意法：用“此”手段达到“彼”目的

间接注意法，即用一种拐了弯的间接手段，去寻找“关键”技术或目标，达到另一个真正目的。

有一个农夫分苹果的故事，讲述的就是农夫利用间接注意法达到了他原本的目的。

农夫有一个懒惰的儿子，一天，他让儿子把一堆苹果分为两种装进两个篓子里。一个篓子装大的，一个篓子装小的。傍晚农夫回到家里，看见儿子已经把苹果分开装进篓子。而且，鸟啄虫蛀的烂苹果也被挑出来堆在一边了。农夫谢过儿子，夸他干得漂亮。

然后他取出一些口袋，把两个篓子里的大小苹果混装在一起。结果，大小苹果被胡乱搅和在一起，并没有按大小分开装。儿子气坏了，他不明白父亲既然要将苹果混装在一起的，可又为什么要自己费那么大力气把它们分开呢？农夫告诉儿子说，这不是什么花招。

原来他是要儿子检查每一个苹果，把烂苹果扔掉。两个篓子只不过是拐了一个弯的间接手段，他的目的是要儿子非常仔细地检查每一个苹果。如果他不拐个弯，而是直截了当地叫儿子把烂苹果扔掉，那么儿子就不会仔细检查每一个苹果。他就会急急忙忙地把苹果翻检一下，只寻出那些一望而知已经坏透了的烂苹果，而不会去检查那些貌似完好其实已坏的烂苹果了。

农夫聪明地转移了儿子的注意力，他知道儿子懒惰、马虎，用直接的方法并不会收到良好的效果，便用了间接的手段，反而让儿子达到了自己的预期目标，实现了通过“B”得到“A”的结果。

善用此手法的还有美国总统林肯。

林肯早年曾当过律师。有一次，他接到这样一件案子：一个叫阿姆斯特朗的人被人诬告为谋财害命的杀人凶手。证人福尔逊一口咬定，亲眼看到阿姆斯特朗在半夜行凶杀人。对此，阿姆斯特朗难辩冤屈，眼看就要定案。林肯接案后，经过大量调查、访问，并亲自勘查现场，终于明白了其中的真相和事实。于是，法庭上出现了下面一番对话：

林肯：你起誓说认清了阿姆斯特朗吗？

福尔逊：是的。

林肯：你说你在草堆后面，阿姆斯特朗在大树底下，两处相距二三十码，能认清吗？

福尔逊：看得清清楚楚，因为月光很亮。

林肯：你敢肯定不是凭衣着猜测的吗？

福尔逊：我肯定认准了他的面容，因为月光正照在他脸上。

林肯：你能肯定凶杀时间正是晚上 11 点钟吗？

福尔逊：绝对肯定，因为回家时，我看了时钟，为 11 点一刻。

林肯笑着点了点头，之后，迅速转向陪审团，大声地向大家宣布：“证人是个十足的骗子。他发誓说 18 日晚上 11 点钟月光照在凶手脸上，使他认出了阿姆斯特朗。但是，请法庭注意，10 月 18 日是上弦月，不到 11 点月亮便已下山。就算月亮没有下山，月光照到被告脸上，这时被告脸朝向西面，而证人在树东面的草堆后，根本看不到被告的脸。如果被告回头，因为月光照不到脸，证人也无从认准。”

林肯的问题转移了证人的注意力，而使其忽略了这些证词综合到一起时却构成了一个显而易见的谎言。

我们所熟悉的运用间接法的人还有利用巧妙的方法称出大象重量的曹冲。当石头与大象使船的吃水线在同一条线时，石头的重量便是大象的重量。在这个过程中，石头与船是间接测量手法的道具，却起到了重要的作用。

间接注意法往往给人一种“绕远”的错觉，为什么不采用直接的方法呢？

因为直接的方法往往达不到目的或不能很好地达到目的。就像曹冲称象，如果不用称石块的方法，恐怕要将大象宰杀之后才能得到它的体重了。

前面的农夫用“苹果分大小”的方法来达到“挑出烂苹果”的目的也是一种避重就轻的智慧。

盯住一个目标不放

在南美洲的亚马孙河边，有一群羚羊在那儿悠然地吃着青青的草。一只猎豹隐藏在远远的草丛中，竖起的耳朵四面旋转。它觉察到了羚羊群的存在，然后悄悄地、慢慢地接近羊群。

越来越近了，突然羚羊有所察觉，开始四散逃跑。猎豹像百米赛跑运动员那样，瞬时爆发，像箭一般冲向羚羊群。它的眼睛盯着一只未成年的羚羊，一直向它追去。

羚羊跑得飞快，但豹子跑得更快。在追与逃的过程中，猎豹超过了一头又一头站在旁边观望的羚羊，它没有掉头改追这些更近的猎物，而是一个劲地朝着那头未成年的羚羊疯狂地追去。那只羚羊已经跑累了，豹子也累了，在累与累的较量中，最后只能比速度和耐力。终于，猎豹的前爪搭上了羚羊的屁股，羚羊倒下了，豹子朝着羚羊的脖子狠狠地咬了下去。

可以说，一切食肉动物在选择追击目标时，总是选择那些老弱病残的，而且一旦选定目标，一般不会轻易放弃。因为中途轻易放弃选定的目标，就会前功尽弃，并且使精力有所损耗，从而使捕捉其他目标的打算更难实现，而最后的结果也必定是一无所获。

动物世界的这种普遍现象，也许是一种代代相传的本能。但是，在人们的思考过程中，依然要借鉴这种智慧。

收敛思维是针对一个问题寻求唯一正确答案的方法，在培养或运用这个思维法时，将目光集中在一个目标上，养成专注的习惯。

爱默生说：“全神贯注于你所期望的事物上，必有收获。”

美国的谚语也说：人只要专注于某一项事业，那就一定会做出使自己都感到吃惊的成绩来。

一个人一旦专注于某事，就能调整自己的思想，接受一切对他有益的信息。这样，整个世界都将是一本公开的书籍，任你随心所欲地翻阅，吸取你认为有用的精华，弃其糟粕。

甚至在一种极不平常的情形之下，只要我们能找着另一个专心的对象，我们还是能保持泰然自若的态度的。

倘若一个人十分专心于他的工作，他将会全神贯注地投入，就感觉不到外界的干扰。如果专注做一件工作，那么他只沉醉于工作，便无暇顾及自己。历史上有所成就的科学家都具有专注的品质，安培就是这样的一个典型。

一天傍晚，安培独自一人在街上散步。忽然，他脑子里想起了一道题目，于是就疾步向前面的一块“黑板”走去，并随手从口袋里掏出粉笔头，在“黑板”上演算起来。

可是，不知什么原因，“黑板”一下子挪动了地方，而安培的题还没有算完。他不知不觉地追随着“黑板”，一面走，一面计算。“黑板”越走越快，安培追不上了，这时候他才看见街上的人都朝着他哈哈大笑。安培被弄得莫名其妙，但他很快就知道了，那块会走动的“黑板”原来是一辆黑色的马车车厢的背面。

一天清晨，安培去工业大学讲课。一路上，他一边低着头走，一边还在思考着科研中的某个问题，无意间看见路上的一块小石子，形状奇异，颜色也与众不同，他觉得挺有趣。于是，俯身把小石头拾了起来，翻过来掉过去，琢磨了半晌。这时，远处的钟声敲响了，他猛地记起来还要去上课，急忙掏出怀表一看，“糟糕，上课的时间快到了”。他赶紧加快脚步，向学校走去，但脑子还是全神贯注在原先正在思考着的问题上。这时，他正走在巴黎的艺术桥上，忽然想起应该把石子扔掉，于是，他一只手把小石子装进了口袋，而另一只手却将怀表当作石子往外一抛。只见他那只装饰十分精美的怀表，在空中画出了一道“美丽的彩虹”，飞过大桥的栏杆，掉进了塞纳河。

要学习和运用收敛思维法，探究出最后的答案，就要清除头脑中分散注意力、产生压力的想法，令你的思维完完全全地融入当前的工作状态，把你的注意力集中在平静的、你能得心应手的事情上，这样会让你对自己、对别的所有的事情感到更舒服、更顺畅，在为人处世方面更加得心应手，达到事半功倍的效果。

第四章

加减思维

——解决问题的奥妙就在“加减”中

加减思维的魅力

加减思维法，又称分合思维法，是一种通过将事物进行减与加、分与合的排列组合，从而产生创新的思维法。

所谓减，就是将本来相连的事物减掉、分开、分解；所谓加，就是把两种或两种以上的事物有机地组合在一起。

由于加减思维法是一种可以将资源重新打乱、重新配置的思维，通过加与减的不断变化和不断配置，可以大大增加解决问题的灵活性与创造力。

中国四大发明之一——活字印刷术的诞生就是加减思维法运用的一个实例。

在中国，最初字是刻在竹简上，称为“简牍”，后来蔡伦造纸是一大进步。到唐代初年，雕版印刷术又被发明了，但局限性仍然很大。

宋太祖时要印一部《大藏经》，光雕版就花了 20 多年的时间，雕成的 13 万多块版子放满了几个大房间。再者，雕版中有了错字很难更改。另外，雕版很费材料，如果印过的书不再复印的话，一大堆雕版就成了废物，而要印新的书，就得重刻雕版。

毕昇起初也在使用传统的整版印刷术，但当他看到一块块精心雕刻的木板印完书后就丢弃了，觉得十分可惜，他想：这些字如果能够拆下来，不就可以重复使用了吗？

经过反复思考后，他选择用便宜的胶泥，将每个字分别刻成印章，然后按照文章的意思排列。

随后他又改进了制版技术。为了提高效率，他采用两块铁板，一块板印刷，另一块排字，交替使用，印得很快。

毕昇的发明主要有两点突破，一是字与字的分离；一是采用两个版，一个版印刷，一个版排字，时间上也就分离了。

这样就具有了原来印刷技术所缺乏的灵活性。由于开始就先强调“分”，到每一次印刷时，又根据具体需要，进行相应的“合”。这样一来，就彻底改变了原来那种死板的印刷术，使印刷技术进入了一个全新的时期。

加减思维在产业中也有普遍的适用性。在分分合合的加加减减中体现了商人非凡的智慧和卓越的办事能力。

日本有个商人开了一家药店，取名为“创意药局”。一起步，他就拿出奇招:将当时售价为200日元的常用膏药以80日元卖出，由于价格比别人低了许多，所以生意十分兴旺。有些顾客宁可多跑路也要到他的药局来购药。膏药的畅销使这位商人亏本越来越多，但也使药局很快有了知名度。3个月过后，药局开始赢利了，且利润越来越大。为什么？因为前来购药的顾客单纯买膏药的不多，许多人会顺便买一些其他药品，而这些药品是有利可图的。靠着贱卖膏药多招顾客，靠着顺带售药赢得利润，所赢大大超过所亏，不仅有盈余，还深得顾客信任，拥有良好的口碑。

有加有减，时加时减，此加彼减；目标不变，策略灵活，这就是商家的精明之处。

曾有这样一个例子，说四川一家饭店在当地兴起吃蛇肉时，果断地以30%的幅度压下价格，招来大批食客，带动其他菜肴的销售，从而发了财。这家饭店与日本药局的做法可以说是异曲同工。妙就妙在二者都是局部用减法，而全局得到的却是加法的效果。局部减法有广告功能，更有待人以诚的强大心理作用。

这就是加减思维的魅力。通过对事物进行加减、排列组合，使工作变得更便捷、效率更高，而且往往能够获得意想不到的收益。

1+1 > 2的奥秘

加减思维分为加法思维与减法思维，分别代表了两个方向的思维方式。

加法思维，是将本来不在一起的事物组合在一起，产生创造性的思维方法，通过加法思维，常常会产生1+1 > 2的神奇效果。

我们来看下面的例子：

日本的普拉斯公司，是一家专营文具用品的小企业，一直生意冷淡。1984年，公司里一位叫玉村浩美的新职员发现，顾客来店里购买文具，总是一次要买三四种；而在中小学生的书包内，也总是散乱地放着钢笔、铅笔、小刀、橡皮等用品。玉村浩美于是想到，既然如此，为什么不把各种文具组合起来一起出售呢？她把这项创意告诉公司老板。于是，普拉斯公司精心设计了一只盒子，把五六种常用的文具摆进去。结果这种“组合式文具”大受欢迎，不但中小学生喜欢，连机关和企业的办公室人员，以及工程技术人员也纷纷前来购买。尽管这套组合文具的价格比原先单件文具的价格总和高出一倍以上，但依然十分畅销，在一年内就卖了300多万盒，获得了意想不到的利润。

以上的案例是较典型的加法思维，它的表现形式有扩展和叠加，并产生了奇妙的效果，就像画龙点睛故事当中那个点睛的神奇一笔，虽然就加那么一小点儿，原有的价值一下就倍增了。这种1+1的结果远远大于2，我们或许可以用这种方式来表达它的功用：“100+1=1001”，这个“1”就是我们需要添加的那一点儿东西。

还有一种加法思维是在原有的主体事物中增添新的含义。主体的基本特性不变，但由于新含义的赋予，使其性能更丰富了。

腊月里的北京，着实寒冷。某电影院门口，一对老夫妇守着几筐苹果叫卖着。或许因为怕冷，大家多是匆匆而过，生意十分冷清。不久，一位教授模样的中年人看见这一情形，上前和老夫妇商量了几句，然后走到附近商店买来一些红彩带，并与老夫妇一起，将一大一小每两个苹果扎在一起，高声叫卖道：“情侣苹果，两元一对！”年轻的情侣们甚觉新鲜，买者猛增，不大一会儿，苹果就卖完了。

日本某公司为了促销它的巧克力，想出了一个绝招。他们在1984年的情人节推出了“情话巧克力”——在心形的巧克力上写上“你的存在，使我的人生更加有意义”“我爱你”之类的情话，结果大受情侣们的欢迎，那年的销售额上涨了两倍。

在这里，主体不管是苹果或巧克力，由于加上“情侣”或“情话”这一附加意义，当然效果就大不一样了。

将两种或两种以上不同领域的技术思想进行组合，以及将不同的物质产品进行组合的方法也称为加法思维。和主体附加不同，它不是丰满或增强主体的特性，而是直接产生一个新的事物。

1903年，莱特兄弟发明了第一架飞机之后，各国纷纷研制各种型号的飞机。飞机也被广泛应用于军事领域，有人提出，是否可以将飞机和军舰结合起来，使它能发挥更大的威力呢？

于是海军专家设计了两种方案：一是给飞机装上浮桶，使飞机能在海面上起飞和降落；二是将大型军舰改装，设置飞行甲板，使飞机在甲板上起飞和降落。

1910年，法国实行第一种方案成功，随后，美国一架挂有两个气囊的飞机从改装的轻型巡洋舰上起飞成功，“航空母舰”诞生了。

飞机和军舰本来是两种完全不同的东西，组合在一起的“航空母舰”既不是飞机，也不是普通舰艇，但兼有他们各自的特性，同时，它的战斗力比飞机与普通舰艇战斗力的相加要大得多。

由此我们也可以看出，加法思维并非对事物的简单合并，而是具有创造性的组合。在加法思维中，事物表现出了更深层的含义和价值，巧妙地运用加法思维，你将会得到意想不到的创意。

因为减少而丰富

在减法思维下，如果要研究的对象是一块“难啃的骨头”，那么不要紧，将其一部分一部分进行研究，分开而“食”就行了。

派克先生原来是一个销售自来水笔的小店铺的店主。他每天凝视着那些待售的笔发呆，想制造出质量更好的笔，但是他无从下手。

终于有一天，他豁然开朗，把这一问题分成若干部分进行思考：从笔的成分构成、原料组成、造型、功能等多个方面分开分析，并对现有笔的长短处进行综合分析。如从笔的构成方面分析，就可将之分为笔杆、笔尖、笔帽等部分，这几个部分又可以进一步细化。如笔帽从造型方面分析，就有旋拧式、插入式、流线型等。

最后，他对笔进行改进，其发明的流线型、插入式的笔帽结构获得了专利。

这就是世界著名的派克自来水笔的由来。

派克笔的成功给了我们很大的启示：和我们许多人一样，派克先生在开始进行研究时，也是一筹莫展，不知从何处入手。但是，他运用减法思维，将笔的各种要素进行分解研究，这样就很清晰地找到了下手的着力点，终于取得了非凡的创新成就。

计算机是当今时代高科技的象征。西方世界首先开发出计算机、微电脑，创造了惊人的社会效益与经济效益。作为发展中国家的我国，在这方面落后了人家一大截，只能奋起直追。但也有思维独到的人反其道而行之，不做加法，而做减法，力图在简化中寻找出路。他们的劳动有了重要的突破，取得了令人欣喜的成果——将计算机中的光驱与解码部分分离出来，就成了千家万户都喜欢的 VCD；将计算机中的文字录入编辑和游戏功能取出来，就成了学习机。VCD 与学习机的问世，造就了一个消费热点，也造就了一大产业。比尔·盖茨因此盛赞中国企业家独具慧眼，开发出一个利润丰厚的 VCD 与学习机市场，首次领导了世界高新产品的潮流。

减法思维在节约成本方面也有着较为成功的应用。

或许有人要说，节约是永恒的话题，算不上创造性思维。其实不然。有些事物本是明摆着的，可人们就是视而不见，熟视无睹，听之任之，未能进入视野；而有思维敏感性的人，注意到了它，并认真思考了，就找到了解决问题的办法。

美国一名铁路工程师办事很认真，凡事喜欢动脑筋。有一次，他在铁轨上行走，发现每一颗螺丝钉都有一截露在外面。为什么必须有多余的这一节呢？不留这一节行不行？他问过许多人，都说不出个所以然。经过试验，他发现，这一节完全没有存在的必要。于是，他决定改造这种螺丝钉。同事们都笑话他小题大做，说历来都这样做，谁也没说个不字，何必标新立异，多操闲心。这位工程师不为所动，坚持做自己的。结果每个螺丝钉节约 50 克钢铁，每公里铁轨有螺丝钉 3000 个，节约钢铁 150 公斤；他所在的公司拥有铁路 1.8 万公里，总共有 5400 万个螺丝钉，总计节约了 2700 吨钢铁。事实令同事们信服了。

减法思维涉及用人、用财、用物、用时等生活工作的各个方面，是一篇永远做不完的大文章，需要我们认真去观察、仔细去思考。掌握了减法思维的要义，你会发现生活中许多问题都迎刃而解了。

分解组合，变化无穷

加减思维法的一个特点就是对事物进行分解或组合，以构成无穷的变化状态。在运用中可以先加后减，亦可先减后加，以达到创新的目的。

美国的《读者文摘》是全世界畅销的杂志，它的诞生来自于它的创始人德惠特·华莱士的一个“加减联用”的创意。

28 岁的时候，华莱士应征入伍，在一次战役中负伤，进入医院疗养。在养伤期间，他阅读了大量杂志，并把自己认为有用的文章抄下来。一天，他突然想：

这些文章对我有用，对别人也一定有用，为什么不把它编成一册出版呢?

出院后，他把手头的31篇文章编成样本，到处寻找出版商，希望能够出版，但均遭到了拒绝。

华莱士没有灰心，两年后，他自费出版发行了第一期《读者文摘》。事实证明：他把最佳文章组合精编成一册袖珍型的非小说刊物是一个伟大的创意。今天，《读者文摘》发行已达到2000多万册，并翻译成10多种文字发行。这种办刊方法也为他人所效仿，在我国，目前此类报纸杂志已有数十种。

在这里，“分”是将每一篇文章的精粹从文章中分离出来，或将每一篇文章从每本书里分离出来；“合”是每篇精选过的文章都要在《读者文摘》中以集合的方式刊登出来。这样就产生了一大批精彩文章所组成的“集合效应”。

运用加减思维取得卓越成就的还有毛泽东主席。

解放战争时期，党中央、毛主席领导人民军队由小变大、由弱变强，最后夺取全国胜利，很重要的一个原因，就是成功地应用了加减思维。当时，国民党军队有430万人，又接受了侵华日军100万人的装备，且有用美国武器装备的45个师，更兼有美国人帮助训练的15万人的精锐部队，同时美国还将54万国民党军队运送到内战前线。而人民军队则只有陆军120万人，没有海军、空军，没有外援，装备仅是小米加步枪。双方军力悬殊，难怪蒋军叫嚷“5个月内在军事上整体解决中共”。

在这种形势下，硬打硬拼，寸土必争，只能是以卵击石，肯定不是好办法。为此，人民解放军采取了积极防御的战略方针，以歼灭敌人的有生力量为主要目标，不以保守或夺取一城一地为主要目标。当时的指导思想是“存人失地，人地两得；存地失人，人地两失”。从思维上说，这也是减法视角的应用——缩小我们的地盘，缩短我们的战线；减小蒋军的规模，改变双方的力量对比。这是辩证法，是加法与减法的综合应用。

结果，经过8个月的激战，人民解放军放弃了105座城市和一些地方，却获得了消灭敌军65个旅、71万人的巨大战绩；而敌军虽占领了一些城市和地方，但因战线过长，兵力分散，背上包袱，最后不得不放弃全面进攻。

由此看来，“舍弃”是一种手段，“获得”才是目的。“舍弃”的是次要的、局部的、暂时的利益，“获得”的是主要的、全局的、长远的利益。这种舍弃是有计划、有目标的主动舍弃。古人说：“将欲取之，必先予之。”在条件不具备时，勉强去夺取或保存某种利益，往往吃力不讨好。如能暂时放弃它，去等待时机、创造机会，再将它夺回来，效果可能会更好。

在《三十六计》中有“欲擒故纵”一计，内容是“逼则反兵，走则减势。紧随勿迫，累其气力，消其斗志，散而后擒，兵不血刃”。译为今文，大意是：逼迫敌人太紧，他可能因此拼死反扑，若让他逃跑，则可以削减他的气势。要盯上他，不要逼迫他，以削弱敌军斗志，拖垮他的心力，待他气力散失，而后擒拿他。

这里说的虽然是军事上两军对垒时的用计，但与商场上、思想上的两相对垒道理是相通的。

我们不妨认为，擒是加法，纵是减法；擒是获得，纵是舍弃；擒是目的，纵是手段，加减联用，方为智慧较量之上计。

为你的视角做加法

怎样培养加法思维呢？

这需要培养我们为自己的视角做加法的能力。

可在一件东西上添加些什么吗？把它加大一些，加高一些，加厚一些，行不行？把这件东西和其他东西加在一起，会有什么结果？

饼干+钙片=补钙食品；

日历+唐诗=唐诗日历；

剪刀+开瓶装置=多用剪刀；

白酒+曹雪芹=曹雪芹家酒。

这就是“加一加”视角。

加法体现的是一种组合方式。“加一加”视角就是将双眼射向各种事物，努力思考哪几种可以组合在一起，从而产生新的功能。环顾办公室的用品、住宅里的用具，纯粹单要素的物件很少，大部分是复合物。社会的进步，永远离不开“加一加”视角。

我们的生活中的许多物品都是“加一加”视角的产物，如在护肤霜里加珍珠粉便成了珍珠霜；奶瓶上加温度计便可随时测量牛奶的温度，避免婴儿喝的奶过热或过冷；汽车上安装 GPRS 定位系统，便可随时锁定汽车方位，为破获汽车盗窃等案件提供了便利。

在中国香港市场上，中国内地、泰国、澳大利亚的大米声誉不错。中国内地大米香，泰国大米嫩，澳大利亚大米软，三者各有特色，各具优势。但奇怪的是，三者都销路平平，不见红火。或许是特色太突出而难以吊人胃口吧。米商很发愁，思考如何改变这种状况。

一天，米商突发奇想，将三种米混合起来如何？自家试着煮着吃，味道好极了。他如法炮制，自己“加工”出“三合米”，谁知得到了广泛的认同，争得了一片好行情。

三米合一，十分简单，却耐人寻味。它的神奇之处在于共生共存、取长补短——三优相加长更长，三短相接短变长；三者杂处，长处互见，短处互补。

由此推衍开去，我们可以想到鸡尾酒，想到酱醋辣的三味合一的调味品，想到农业上的复合肥，想到医药上的复方药……航天飞机实际是火箭、飞机和宇宙飞船的组合。机械与电脑相结合的工业品和生活用品已屡见不鲜，如程控机床、电脑洗衣机、电子秤、电子照相机等。

“加一加”视角可以使事物进行重新组合，产生更有价值的物品。掌握这种方法，需要我们增加思维敏感度，多观察、多思考，便可以随时随地产生加法的创意。

减掉繁杂，留下精华

减法视角要求我们在观察事物时，经常问一问：把它减小一些，降低一些，减轻一些，行不行？可以省略取消什么吗？可以降低成本吗？可以减少次数吗？可以减少些时间吗？

无线电话、无线电报以及无人售货、无人驾驶飞机等都属“减一减”的成果。用“减一减”的办法，将眼镜架去掉，再减小镜片，就发明制造出了隐形眼镜。随着科技的发展，许多产品向着轻、薄、短、小方向发展。

生活中的许多物品都是“减一减”视角的产物，如：

肉类－油脂＝脱脂食品；

水－杂物＝纯净水；

铅笔－木材＝笔芯。

“加一加”视角将简单事物复杂化，单一功能复合化，那是一种美，使人享受丰富多彩的现代生活；“减一减”视角则将复杂事物简单化，多样功能专一化，也是一种美，给人轻快灵便、简洁明了的愉悦。

“减一减”视角在组织机构优化方面也起着重要的作用。解放军有个永恒的话题：精兵简政、精简整编。

解放军用“精兵简政、精简整编”的方式淘汰不适应甚至是落后的组织编制、人员，通过调整整合，注入新鲜血液，使部队保持战斗力。新中国成立后的 50 多年中，解放军经历了 10 次大裁军。通过裁军，解放军向精兵、合成、高效的方向迈出了坚实的步伐。

企业的发展也是如此。

企业在成长过程中，首先面临的是由小变大的问题。没有一定规模，没有一定实力，就不可能是一个有影响的企业，所以，大多数企业开始都是用“加法”的方式把企业做起来。但企业由大变强，就需要调整企业的产业和组织结构，可以说，企业由大变强，再通过“强”变得更大，则是靠“减法”。

万科集团起家时靠的是“加法”，最红火的时期大约是在 1992 年前后。1993 年后，逐渐成熟起来的万科开始收缩战线，做起了“减法”：第一，1993 年，在涉足的多个领域中，万科提出以房地产为主业，从而改变了过去的摊子平铺、主业不突出的局面；第二，在房地产的经营品种上，1994 年，万科提出以城市中档民居为主业，从而改变了过去的公寓、别墅、商场、写字楼什么都干的做法；第三，在房地产的投资地域上，1995 年底，万科提出回师深圳，由全国的 13 个城市转为重点经营京、津、沪，特别是深圳四个城市；第四，在股权投资上，从 1994 年起，万科对在全国 30 多家企业持有的股份，开始分期转让。

万科从 1984 年成立，到 1993 年的 10 年间，从一个单一的摄像器材贸易商，发展到经营进出口、零售、房地产、投资、影视、广告、饮料等 13 大类，参股 30 多家企业，战线一度广布 38 个城市的综合经营商。对于大多数企业来说，加法是容易的，因为在中国经济的大发展中，机会是非常多的，换句话说，诱惑是非常多的。但在 1992 年底，万科却走上了“减法”之路。正是这种“先加后减”，使万科成为中国房地产业的龙头老大。

佛教中有个词汇叫“舍得”，正印证了减法思维的要义：有舍才有得。有时小舍会有小得，大舍会有大得，不舍则不得，这是经过了生活验证的，是普遍适用的。

增长学识，登上成功的顶峰

生活的过程就像是在攀登一座高峰，在这期间，知识成为一块块垫脚石，我们只有运用加法思维，不断增加自己的学识，才能在这个日新月异的世界立足，才能有望攀上成功的顶峰。

英国唯物主义哲学家弗兰西斯·培根在其《新工具》一书中提出了“知识

就是力量”的著名论断，他写道：“任何人有了科学知识，才可能驾驭自然、改造自然，没有知识是不可能有所作为的。”

随着社会的发展，知识的作用愈加重要，特别是知识经济已经来临的今天，可以说，知识不仅是力量，而且是最核心的力量，是终极力量。

对此，李嘉诚先生曾深有体会地说，在知识经济的时代里，如果你有资金，但是缺乏知识，没有新的信息，无论何种行业，你越拼搏，失败的可能性越大；若你有知识，没有资金，小小的付出都能够有回报，并且很可能获得成功。

所以说，人没有钱财不算贫穷，没有学问才是真正的贫穷。加法思维在这里的正确运用就是想方设法增加学识，而不是一味地增加钱财。只有增加了学识，才能更顺利地登上成功的顶峰。

有这样一则小故事：

一次，德国戴姆勒·克莱斯勒公司里一台大型电机发生故障，几位工程师找不出毛病到底在哪儿，只得请来权威克莱姆·道尔顿。这位权威人士在现场看了一会儿，随手用粉笔在机器的一个部位画了个圆圈，表示问题就出在这里。一试，果然如此。在付报酬时，克莱姆·道尔顿开出的账单是 1 万美元。人们都认为要价太高了，因为他只画了一个圆圈呀。但是克莱姆·道尔顿在付款单上写道：“画一个圆圈 1 美元，知道在哪里画圆圈值 9999 美元。”

多么巧妙的回答。画一个圆圈是每个人都会的，然而并不是谁都知道该画在什么地方。这正显示了知识的价值和力量。

有了知识积累，有了一定的学识，命运便会为你开启一扇幸运之门，使你一步步走向成功。

当年，华罗庚虽然辍学，但凭借对数学的热爱，他一直没有放弃学习，积累了许多数学知识，为他以后的发展和成功打下了坚实的基础。

一次，华罗庚在一本名叫《学艺》的杂志上读到一篇《代数的五次方程式之解法》的文章，惊讶得差点儿叫出声来：“这篇文章写错了！”于是，这个只有初中文化程度的 19 岁青年，居然写出了批评大学教授的文章：《苏家驹之代数的五次方程式解法不能成立之理由》，投寄给上海《科学》杂志。

华罗庚的论文发表后，引起了清华大学数学系主任熊庆来教授的注意。这位数学前辈以他敏锐的洞察力和准确的判断力认为：华罗庚将是中国数学领域的一颗希望之星！

当得知华罗庚竟是小镇上一名失学青年时，熊庆来教授大为震惊！熊庆来教授爱才心切，想方设法把华罗庚调到了清华大学当助理员。进入这所蜚声海内外的高等学府，华罗庚如鱼得水。他一边工作，一边学习、旁听，熊庆来教授还亲自指导他学习数学。

命运再一次对这位努力不懈者展现了应有的青睐。到清华大学的 4 年中，华罗庚接连发表了十几篇论文，自学了英文、德文、法文，最后被清华大学破格提升为讲师、教授。

华罗庚的事迹说明了，要增加学识，最直接、最有效的途径就是学习。学习，是对加法思维的创造性运用。如果将我们一生的成就比做一幢大厦，学习的过程就是逐渐添砖加瓦的过程。

学习已经越来越具有主动创造、超前领导、生产财富和社会整合的功能。面对信息的裂变、知识的浪潮，用加法思维进行“终身学习”是每个现代人生存和发展的基础。

放弃何尝不是明智的选择

放弃是智者面对生活的明智选择，是减法思维在生活中的应用，只有懂得何时放弃的人，才会事事如鱼得水。

选择与放弃，这几乎是每个人每一天都会在自己的生活中遇到的问题，如果你能够看破其中的奥秘，做到明智选择，轻松放弃，就能让自己的生活变得简单。

放弃，意味着重新获得。明智的放弃胜过盲目的坚持。生活中我们应当学会适时地放弃。放弃一些无谓的执着，你就会收获一种简单的生活。

日本著名的禅师南隐说过，不能学会适当放弃的人，将永远背着沉重的负担。生活中有舍才有得，如果我们想抓住所有的东西不放，结果就可能什么也得不到。

艾德 11 岁那年，一有机会便去湖心岛钓鱼。在鳟鱼钓猎开禁前的一天傍晚，他和妈妈早早又来钓鱼。安好诱饵后，他将鱼线一次次甩向湖心，在落日余晖下泛起一圈圈的涟漪。

忽然钓竿的另一头沉重起来。他知道一定有大家伙上钩，急忙收起鱼线。终于，孩子小心翼翼地把一条竭力挣扎的鱼拉出水面。好大的鱼啊！它是一条鳟鱼。

月光下，鱼鳃一吐一纳地翕动着。妈妈打亮小电筒看看表，已是晚上 10 点——但距允许钓猎鳟鱼的时间还差两个小时。

“你得把它放回去，儿子。”母亲说。

“妈妈！”孩子哭了。

“还会有别的鱼的。”母亲安慰他。

“再没有这么大的鱼了。”孩子伤感不已。

他环视四周，已看不到渔艇或钓鱼的人，但他从母亲坚决的脸上知道无可更改。暗夜中，那鳟鱼抖动着笨大的身躯慢慢游向湖水深处，渐渐消失了。

这是很多年前的事了，后来艾德成为纽约市著名的建筑师。他确实没再钓到那么大的鱼，但他却为此终生感谢母亲。因为他通过自己的诚实、勤奋、守法，猎取到了生活中的大鱼——事业上成绩斐然。

放弃，意味着重新获得。要想让自己的生活过得简单一些，你就有必要放弃一些功利、应酬，以及工作上的一些成就。只有放弃一些生活中不必要的牵绊，才能够让你的生活真正简单起来。

中国有句老话：有所不为才能有所为。去除那些对你是负担的东西，停止做那些你已觉得无味的事情。只有这样，你才能更好地把握自己的生活。

杰克见到房东正在挖屋前的草地，有点儿不相信自己的眼睛：“这些草你要挖掉吗？它们是那么漂亮，而你又花了多少心血呀！”“是的，问题就在这里。”他说，“每年春天我要为它施肥、透气，夏天又要浇水、剪割，秋天要再播种。这草地一年要花去我几百个小时，谁会用得着呢？”

现在，房东在原先的草地种上了一棵棵柿子树，秋天里挂满了一只只红彤彤的小灯笼，可爱极了。这柿子树不需要花什么精力来管理，使他可以空出时间干些他真正乐意干的事情。

选择总在放弃之后。明智之人在做出一项选择之前总会先把自己要放弃的找出来，并果断地将之放弃。例如，当你决定要健康的时候，你就要放弃睡懒觉，放弃巧克力糖，放弃美食……当你要享受更轻松的生活的时候，你就要放弃一些工作上的琐事和无休止的加班，等等。总之，真正的智者，懂得何时该放弃，他们懂得放弃之中蕴藏的机会，放弃了才能再做新的，才有机会获得成功。这样的放弃其实是为了得到，是在放弃中开始新一轮的进取，绝不是低层次的三心二意。拿得起，也要放得下；反过来，放得下，才能拿得起。荒漠中的行者知道什么情况下必须扔掉过重的行囊，以减轻负担、保存体力，努力走出困境而求生。该扔的就得扔，连生存都不能保证的坚持是没有意义的。

放弃也是一种选择，有放弃才能有所得。人不仅要知道进取，也要学会认输、知道放弃，进取和放弃同样重要。

第五章

逆向思维

——答案可能就在事物的另一面

逆向思维是一种重要的思考能力

逆向思维法又称反向思维法，是指为实现某一创新或解决某一用常规思路难以解决的问题，而采用反向思维寻求解决问题的方法。它主要包括反转型逆向思维法、转换型逆向思维法、缺点逆用法和反推因果法。

逆向思维法的魅力之一，就是对某些事物或东西，从反面进行利用。运用逆向思维是一种创造能力。

逆向思维就是大违常理，从反面进行探索问题和解决问题的思维。

南唐后主李煜派博学善辩的徐铉到大宋进贡。按照惯例，大宋朝廷要派一名官员与其使者入朝。朝中大臣都认为自己辞令比不上徐铉，谁都不敢应战，最后反映到宋太祖那里。

太祖的做法大大出乎众人意料，命人找 10 名不识字的侍卫，把他们的名字写上送进宫，太祖用笔随便圈了个名字，说："这人可以。"在场的人都很吃惊，但也不敢提出异议，只好让这个还未明白是怎么回事的侍卫前去。

徐铉见了侍卫，滔滔不绝地讲了起来，侍卫根本搭不上话，只好连连点头。徐铉见来人只知点头，猜不出他到底有多大能耐，只好硬着头皮讲。一连几天，侍卫还是不说话，徐铉也讲累了，于是也不再吭声。

这就是历史上有名的宋太祖以愚困智解难题之举。

照一般的做法：对付善辩的人，应该是找一个更善辩的人，但宋太祖偏偏找一个不认识字的人去应对。这样一来，反倒引起了善辩高手的猜疑：认为陪伴自己的人，是代表宋朝“国家级水平”的人，既猜不透，又不敢放肆。

以愚困智，只因智之长处，根本无法发挥，这实际上是一种“化废为宝”的逆向思维方式。逆向思维对经营或者技术发明同样具有很大的创新意义。

1820年，丹麦哥本哈根大学物理学教授奥斯特，通过多次实验证实存在电流的磁效应。这一发现传到欧洲大陆后，吸引了许多人参加电磁学的研究。英国物理学家法拉第怀着极大的兴趣重复了奥斯特的实验。果然，只要导线通上电流，导线附近的磁针立即会发生偏转，他深深地被这种奇异现象所吸引。当时，德国古典哲学中的辩证思想已传入英国，法拉第受其影响，认为电和磁之间必然存在联系并且能相互转化。他想既然电能产生磁场，那么磁场也能产生电。

为了使这种设想能够实现，他从1821年开始做磁产生电的实验。几次实验都失败了，但他坚信，从反向思考问题的方法是正确的，并继续坚持这一思维方式。

10年后，法拉第设计了一种新的实验，他把一块条形磁铁插入一只缠着导线的空心圆筒里，结果导线两端连接的电流计上的指针发生了微弱的转动，电流产生了！随后，他又完成了各种各样的实验，如两个线圈相对运动，磁作用力的变化同样也能产生电流。

法拉第10年不懈的努力并没有白费，1831年他提出了著名的电磁感应定律，并根据这一定律发明了世界上第一台发电装置。

如今，他的定律正深刻地改变着我们的生活。

法拉第成功地发现电磁感应定律，是运用逆向思维方法的一次重大胜利。传统观念和思维习惯常常阻碍着人们的创造性思维活动的展开，逆向思维就是要冲破框框，从现有的思路返回，从与它相反的方向寻找解决难题的办法。常见的方法是就事物的结果倒过来思维，就事物的某个条件倒过来思维，就事物所处的位置倒过来思维，就事物起作用的过程或方式倒过来思维。

生活实践也证明，逆向思维是一种重要的思考能力，它对于人才的创造能力及解决问题能力的培养具有相当重要的意义。

做一条反向游泳的鱼

当你面对一个史无前例的难题，沿着某一固定方向思考而不得其解时，灵活地调整一下思维的方向，从不同角度展开思考，甚至把事情整个反过来想一下，那么就有可能反中求胜，摘得成功的果实。

宋神宗熙宁年间，越州（今浙江绍兴）闹蝗灾。成片的蝗虫像乌云一样，遮天蔽日。所到之处，禾苗全无，树木无叶，一片肃杀景象。当然，这年的庄稼颗粒无收。

当时，新到任的越州知州赵汴，就面临着整治蝗灾的艰巨任务。越州不乏大户之家，他们有积年存粮。老百姓在青黄不接时，大都过着半饥半饱的日子，而一旦遭灾，便缺大半年的口粮。灾荒之年，粮食比金银还贵重，哪家不想存粮活命？一时间，越州米价飞涨。

面对此种情景，僚属们都沉不住气了，纷纷来找赵汴，求他拿出办法来。借此机会，赵汴召集僚属们来商议救灾对策。

大家议论纷纷，但有一条是肯定的，就是依照惯例，由官府出告示，压制米价，以救百姓之命。僚属们七嘴八舌，说附近某州某县已经出告示压米价了，我们倘若还不行动，米价天天上涨，老百姓将不堪其苦，甚至会起事造反的。

赵汴听了大家的讨论后，沉吟良久，才不紧不慢地说：“今次救灾，我想反其道而行之，不出告示压米价，而出告示宣布米价可自由上涨。”“啊？”众僚属一听，都目瞪口呆，先是怀疑知州大人在开玩笑，而后看知州大人蛮认真的样子，又怀疑这位大人是否吃错了药，在胡言乱语。赵汴见大家不理解，笑了笑，胸有成竹地说：“就这么办。起草文书吧！”

官令如山倒，大人说怎么办就怎么办。不过，大家心里都直犯嘀咕：这次救灾肯定会失败，越州将饿殍遍野，越州百姓要遭殃了！这时，附近州县都纷纷贴出告示，严禁私增米价。若有违犯者，一经查出，严惩不贷。揭发检举私增米价者，官府予以奖励。而越州则贴出不限米价的告示，于是，四面八方的米商纷纷闻讯而至。头几天，米价确实增了不少，但买米者看到米上市的太多，都观望不买。然而过了几天，米价开始下跌，并且一天比一天跌得快。

米商们想不卖再运回去，但一则运费太贵，增加成本，二则别处又限米价，于是只好忍痛降价出售。这样一来，越州的米价虽然比别的州县略高点儿，但百姓有钱可买到米；而别的州县米价虽然压下来了，但百姓排半天队，却很难买到米。所以，这次大灾，越州饿死的人最少，受到朝廷的嘉奖。

僚属们这才佩服了赵汴的计谋，纷纷来请教其中原因。赵汴说：“市场之常性，物多则贱，物少则贵。我们这样一反常态，告示米商们可随意加价，米商们都蜂拥而来。吃米的还是那么多人，米价怎能涨上去呢？”原来奥妙在于此。

很多时候，对问题只从一个角度去想，很可能进入死胡同，因为事实也许存在完全相反的可能。有时，问题实在很棘手，从正面无法解决，这时，假如探寻逆向可能，反倒会有出乎意料的结果。

反转你的大脑

人一旦形成了某种认知，就会习惯地顺着这种思维定式去思考问题，习惯性地按老办法想当然地处理问题，不愿也不会转个方向解决问题，这是很多人都有的一种愚顽的“难治之症”。这种人的共同特点是习惯于守旧、迷信盲从，所思所行都是唯上、唯书、唯经验，不敢越雷池一步。而要使问题真正得以解决，往往要废除这种认知，将大脑“反转”过来。

美国的一个城市有座著名的高层大厦，因客人不断增多，很多人常常被堵在电梯口。大厦主人决定增建一座电梯。电梯工程师和建筑师为此反复勘察了现场，研究再三，决定在各楼层凿洞，再安装一部新电梯。不久，图纸设计好了，施工也已准备就绪。这时，一个清洁工人听说要把各层地板凿开装电梯，便说：

“这可要搞得天翻地覆喽！”

“是啊！”工程师回答说。

“那么，这个大厦也要停止营业了？”

“不错，但是没有别的办法。如果再不安装一部电梯，情况比这更糟。”

“要是我呀，就把新电梯安装在大楼外边。”清洁工不以为然地说。

没料到，这个“不以为然”的想法，竟成为世界上把电梯安装在大楼外边的“首创”者。

有人也许会问，论知识水平，工程师比清洁工高得多，可为什么想不到这一点呢？说来也不奇怪。原来在这两位工程师的心目中，楼梯不管是木制的、混凝土的还是电动的，都是建在楼内之梯。如今要新增电梯，理所当然也只能建在楼内、楼外，他们连想也没想过。

清洁工人却根本没有这个框框。她所想的是实际问题：怎样才能不影响公司正常营业，她本人也不至于失去工作？于是她便很自然地提出把新电梯建在楼外的想法。

言者无意，听者有心。清洁工的一句话打破了两位工程师的思维习惯，开通了他们的创新思路。世界上第一部大楼外安装的电梯就这样诞生了。

事实表明，一个人只要陷入思维定式，他的思维便会自我封闭。要想突破束缚和禁锢，提高自己的思维能力，就必须时刻注意反转你的大脑。

试着“倒过来想”

很多时候，你只从一个角度去想事情，很可能让自己的想法进入死胡同，无法寻求到解决问题的有效方法。甚至有些时候，问题非常棘手，从正面或侧面根本没法解决。这个时候，如果你试着倒过来想，没准就会有出乎意料的惊喜！

有这样一个故事：

古时候，一位老农得罪了当地的一个富商，被其陷害关入了大牢。当地有这样一项法律：当一个人被判死刑，还可以有一次拈阄的机会，只有生死两签，要么判处死刑，要么救下一命，改为流放。

陷害老农的富商，怕这个老农运气好，抓了个生签，便决定买通制阄人，要两签均为“死”。老农的女儿探知这一消息，大为震惊，认为父亲必死无疑。但老农一听此事，反倒喜形于色：“我有救了。”执行之日，老农果然轻易得活，让家人和陷害者大惊失色。

他用的是什么方法呢？原来，当要拈阄时，老农随便抓一个往口里一丢，说：“我认命了，看余下的是什么吧？”结果打开一看，确实是“死”。制阄人自然不敢说自己造了假，于是断定其所抓之阄是“生”。老农死里逃生。

这就是“倒过来想”的魅力！在遇到问题时，多从对立面想一想，既能把坏事变好事，又能发现许多创造的良机。

20 世纪 60 年代中期，全世界都在研究制造晶体管的原料——锗，大家认为最大的问题是如何将锗提炼得更纯。

索尼公司的江崎研究所，也全力投入了一种新型的电子管研究。为了研究出高灵敏度的电子管，人们一直在提高锗的纯度上下功夫。当时，锗的纯度已达到了 99.9999999%，要想再提高一步，真是比登天还难。

后来，有一个刚出校门的黑田由子小姐，被分配到江崎研究所工作，担任提高锗纯度的助理研究员。这位小姐比较粗心，在实验中老是出错，免不了受到江崎博士的批评。后来，黑田小姐发牢骚说：“看来，我难以胜任这提纯的工作，如果让我往里掺杂质，我一定会干得很好。”

不料，黑田小姐的话突然触动了江崎的思绪，如果反过来会如何呢？于是，他真的让黑田小姐一点儿一点儿地向纯锗里掺杂质，看会有什么结果。

于是，黑田小姐每天都朝相反的方向做实验，当黑田把杂质增加到1000倍的时候(锗的纯度降到了原来的一半)，测定仪器上出现了一个大弧度的局限，几乎使她认为是仪器出了故障。黑田小姐马上向江崎报告了这一结果。江崎又重复多次这样的试验，终于发现了一种理想的晶体。接着，他们又发明出自动电子技术领域的新型元件，使用这种电子晶体技术，电子计算机的体积缩小到原来的1/4，运行速度提高了十多倍。此项发明一举轰动世界，江崎博士和黑田小姐分别获得了诺贝尔物理学奖和民间诺贝尔奖。

倒过来想就是如此神奇，看似难以解决的问题，从它的反面来考虑，立刻迎刃而解了。这种方法不只适用于科学研究，在企业经营中也能催生出一些好的策略。

北京某制药企业刚刚生产一种特效药，价钱比较高，企业又没有很多预算做广告和促销，所以销量一直不是很高。有一天，企业在运货过程中无意将一箱药品丢失，面临几万元的损失。面对这样一个突发事件，企业的领导层没有简单地惩罚当事人了事，而是将问题倒过来想，试图从问题的反方向来解决，并迅速形成了一个意在营销的决策：马上在各个媒体上发表声明，告诉公众自己丢失了一箱某种品牌的特效药，价值名贵，疗效显著，但是需要在医生指导下服用，因此企业本着对消费者负责的态度，希望拾到者能将药品送回或妥善处理而不要擅自服用。企业最终并没有找到丢失的药品，但是声明过后，通过媒体、读者茶余饭后的口口相传，消费者对该药品、品牌和企业的认识度与信赖感明显提高。很快，药品的知名度和销量迅速上升，这个创意为企业创造的效益已经远远高于丢失药品导致的损失了。

“倒过来想”的方法可以拓展我们的思维广度，为问题的解决提供一个新的视角。我们已经习惯了“正着想问题”的思维模式，偶尔尝试着“倒过来想”，也许你会收到“柳暗花明又一村”的效果。

反转型逆向思维法

反转型逆向思维法是指从已知事物的相反方向进行思考，寻找发明构思的途径。

“事物的相反方向”常常从事物的功能、结构、因果关系等三个方面做反向思维。

火箭首先是以“往上发射”的方式出现的，后来，苏联工程师米海依却运用此方法，终于设计、研究成功了“往下发射”的钻井火箭、穿冰层火箭、穿岩石火箭等，统称为钻地火箭。

科技界把钻地火箭的发明视为引起了一场“穿地手段”的革命。

原来的破冰船起作用的方式都是由上向下压，后来有人运用反转型逆向思维法，研制出了潜水破冰船。这种破冰船将“由上向下压”改为“从下往上顶”，既减少了动力消耗，又提高了破冰效率。

隧道挖掘的传统的方法是：先挖洞，挖过一段距离后，便开始打木桩，用以支撑洞壁，然后再继续往前挖；有了一段距离后，再用木桩支撑洞壁，这样一段一段连接起来，便成了隧道。

这样的挖法，要是碰上坚硬的岩石算是走运，一旦碰上土质疏松的地段，麻烦就大了。有时还会造成塌方而把已经挖好的隧道堵死，甚至会有人员伤亡。

美国有一位工程师解决了这一难题。他对原有的挖掘方法采取了“倒过来想”的思考方式，对挖掘隧道的过程采取颠倒的做法：先按照隧道的形状和大小，挖出一系列的小隧道，然后往这些小隧道内灌注混凝土，使它们围拢成一个大管子，形成隧道的洞壁。

洞壁确定以后，接下来再用打竖井的方法挖洞。实践证明，这种先筑洞壁、后挖洞的新方法，不仅可以避免洞壁倒塌，而且可以从隧道的两头同时挖掘，既省工又省时，效果非常显著，世界上许多国家都采纳了这一方法。

反转型逆向思维法针对事物的内部结构和功能从相反的方向进行思考，对于事物结构与功能的再造有着突出的作用。它的应用范围很广泛，商业办公中常用的防影印纸便是这种思维方法下的产物。

格德纳是加拿大一家公司的普通职员。一天，他不小心碰翻了一个瓶子，瓶子里装的液体浸湿了桌上一份正待复印的文件。文件非常重要。格德纳很着急，心想这下可闯祸了，文件上的文字可能看不清了。他赶紧抓起文件来仔细察看，令他感到奇怪的是，文件上被液体浸染的部分，其字迹依然清晰可见。

当他拿去复印时，又一个意外情况出现了，复印出来的文件，被液体污染后很清晰的那部分，竟变成了一团黑斑，这又使他转喜为忧。为了消除文件上的黑斑，他绞尽脑汁，但一筹莫展。突然，他头脑中冒出一个针对“液体”与“黑斑”倒过来想的念头。自从复印机发明以来，人们不是为文件被盗印而大伤脑筋吗？为什么不以这种“液体”为基础，化其不利为有利，而研制一种能防止盗印的特殊液体呢？

格德纳利用这种逆向思维，经过长时间艰苦努力，最终把这种产品研制成功。但他最后推向市场的不是液体，而是一种深红的影印纸，并且销路很好。

从上述案例可知，反转型逆向思维法在发明应用实践中，有的是方向颠倒，有的则是结构倒装，或者功能逆用。运用这种思维方法时，首要的是找准“正”与“反”两个对立统一的思维点，然后再寻找突破点。像大与小、高与低、热与冷、长与短、白与黑、歪与正、好与坏、是与非、古与今、粗与细、多与少等，都可以构成逆向思维。大胆想象，反中求胜，也许会有意想不到的收获。

转换型逆向思维法

转换型逆向思维法是指在研究一个问题时，由于解决某一问题的手段受阻，而转换成另一种手段，或转换思考角度，以使问题顺利解决的思维方法。

有这样一则故事：

一位大富豪走进一家银行。

“请问先生，您有什么事情需要我们效劳吗？”贷款部营业员一边小心地询问，一边打量着来人的穿着：名贵的西服、高档的皮鞋、昂贵的手表，还有镶宝石的领带夹……“我想借点儿钱。”“完全可以，您想借多少呢？”“1美元。”“只借1美元？”贷款部的营业员惊愕地张大了嘴巴。“我只需要1美元。可以吗？”贷款部营业员的大脑立刻高速运转起来，这人穿戴如此阔气，为什么只借1美元？他是在试探我们的工作质量和服务效率吧？他装出高兴的样子说：“当然，只要有担保，无论借多少，我们都可以照办。”

“好吧。”只见大富豪从豪华的皮包里取出一大堆股票、债券等放在柜台上，“这些做担保可以吗？”

营业员清点了一下：“先生，总共50万美元，做担保足够了，不过先生，您真的只借1美元吗？”

“是的，我只需要1美元。有问题吗？”

“好吧，请办理手续，年息为6%，只要您付6%的利息，且在一年后归还贷款，我们就把这些做担保的股票和证券还给您……”

大富豪办完手续正要走，一直在一边旁观的银行经理怎么也弄不明白，一个拥有50万美元的人，怎么会跑到银行来借1美元呢？

他追了上去：“先生，对不起，能问您一个问题吗？”

“当然可以。”

“我是这家银行的经理，我实在弄不懂，您拥有 50 万美元的家当，为什么只借 1 美元呢？”

“好吧！我不妨把实情告诉你。我来这里办一件事，随身携带这些票券很不方便，问过几家金库，要租他们的保险箱租金都很昂贵。所以我就到贵行将这些东西以担保的形式寄存了，由你们替我保管，况且利息很低，存一年才不过 6 美分……”

经理如梦方醒，但他也十分钦佩这位先生，他的做法实在太高明了。

这位大富豪巧妙地运用了转换型逆向思维法，为了规避昂贵的租金，他转换另一种手段，从反方向思考，将随身财物作为贷款抵押，每年只需付极少的利息，就轻松地解决了问题。

这是一种非同寻常的智慧，需要我们的思路保持灵活，不受传统观念或习惯所拘束。据说，鞋子的产生也源于转换型逆向思维法的运用。

很久以前，还没有发明鞋子，所以人们都赤着脚，即使是冰天雪地也不例外。有一个国家的国王喜欢打猎，他经常出去打猎，但是他进出都骑马，从来不徒步行走。

有一回他在打猎时偶尔走了一段路，可是真倒霉，他的脚让一根刺扎了。他痛得“哇哇”直叫，把身边的侍从大骂了一顿。第二天，他向一个大臣下令：一星期之内，必须把城里大街小巷统统铺上毛皮。如果不能如期完工，就要把大臣绞死。一听到国王的命令，那个大臣十分惊讶。可是国王的命令怎么能不执行呢？他只得全力照办。大臣向自己的下属官吏下达命令，官吏们又向下面的工匠下达命令。很快，往街上铺毛皮的工作就开始了，声势十分浩大。

铺着铺着就出现了问题，所有的毛皮很快就用完了。于是，不得不每天宰杀牲口。一连杀了成千上万的牲口，可是铺好的街还不到百分之一。

离限期只有两天了，急得大臣消瘦了许多。大臣有一个女儿，非常聪明。她对父亲说：“这件事由我来办。”

大臣苦笑了几声，没有说话。可是姑娘坚持要帮父亲解决难题。她向父亲讨了两块皮，按照脚的模样做了两只皮口袋。

第二天，姑娘让父亲带她去见国王。来到王宫，姑娘先向国王请安，然后说：“大王，您下达的任务，我们都完成了。您把这两只皮口袋穿在脚上，走到哪儿去都行。别说小刺，就是钉子也扎不到您的脚！”

国王把两只皮口袋穿在脚上，然后在地上走了走。他为姑娘的聪明而感到惊奇，穿上这两只皮口袋走路舒服极了。

国王下令把铺在街上的毛皮全部揭起来。很快，揭起来的毛皮堆成了一座山，人们用它们做了成千上万双鞋子，而且想出了许多不同的样式。

许多人遇到问题便为其所困，找不到解决的办法，实际上，如果能换个角度看问题，有时一个看似很困难的问题也可以用巧妙的方法轻松解决。这就需要我们在生活中培养这种多角度看问题的能力。

缺点逆用思维法

缺点逆用思维法是一种利用事物的缺点，将缺点变为可利用的东西，化被动为主动，化不利为有利的思维方法。

美国的“饭桶演唱队”就是运用缺点逆用思维法，“炒作”自己的缺点，从而一举成名的。

“饭桶演唱队”的前身是“三人迪斯科演唱队”，由三名肥胖得出奇的小伙子组成，演唱的题材大多是关于食品、吃喝和胖子等笑料，很受市民欢迎。有一次在欧洲演出，有家旅店的经理见他们个个又肥又胖，穿上又宽又大的演出服，简直与三只大桶一般无二，于是嘲笑他们，建议他们创作一首“饭桶歌”唱唱，说这会相得益彰。经理本是奚落嘲弄，三个胖小伙也着实又恼又怒，但恼怒之后便兴高采烈了。对，肥胖就肥胖，干脆将“三人迪斯科演唱队”改为“三人饭桶演唱队”，而且即兴创作了《饭桶歌》。第一天演唱便赢得了观众如雷的掌声。三人录制的《三个大饭桶》唱片，一上市便是10万张，几天即被抢购一空。

从这个故事可以看出来，缺点固然有其不足的一面，但发现缺点、认定缺点、剖析缺点并积极地寻求克服或者利用它的方法往往能创造一个契机，找到一个出发点。俗话说得好，有一弊必有一利，利弊关系的这种统一属性，正是新事物不断产生的理论和实践基础。

法国有一名商人，在航海时发现，海员十分珍惜随船携带的淡水，自然知道了浩渺无垠的辽阔大海尽管气象万千，但大海的水却可望而不可喝。应当说，这是海水的缺点，几乎所有的人都了解这一点。商人却认真地注意起这个大海的缺点来，它咸，它苦，与清甜的山泉相比，简直不能相提并论，难道它当真只能被人们所厌恶？想着想着，他突发奇想，如果将苦咸的海水当作辽阔而深沉的大海奉献给从未见过大海的人们，又会怎样呢？于是他用精巧的器皿盛满海水，作为“大海”出售，而且在说明书中宣称：烹调美味佳肴时，滴几滴海水进去，美食将更添特殊风味。反响是异乎寻常的强烈，家庭主妇们将“大海”买去，尽情观赏之后，让它一点一滴地走上餐桌，她们为此乐不可支。

这种在缺点上做文章、由缺点激发创意的方法越来越广泛地被应用，也取得了较好的结果。在运用此方法时，我们还应注意对缺点保持一种积极而审慎的态度，还可以尝试使事物的缺点更加明显，也许会收到物极必反的效果。

曾有个纺纱厂因设备老化，造成织出的纱线粗细不均，眼看就要产生一批残品，遭受到重大的损失，老板很是头痛。

这时，一位职员提出，不如“将错就错”，将纱线制成衣服，因为纱线有粗有细，衣服的纹路也不同寻常，也许会受到消费者的欢迎。

老板觉得有道理，便听从了职员的建议。果然，这样制成的衣服具有古朴的风格，相当有个性，很受大众的欢迎，推出不久便销售一空。就这样，本会赔本的“残品”却卖出了好价钱，获得了更多的利润。

其实，任何事物都没有绝对的好与坏，从一个角度看是缺点，换一个角度看也许就变成了优点，对这一“缺点”加以合理利用，就可以收到化不利为有利的效果。

反面求证：反推因果创造

某些事物是互为因果的，从这一方面，可以探究到另一与其对立的方面。

据说爱因斯坦设计过一个智力测验的题目：

有一个商人，想要雇用一名得力的助手，他想到了一个测试方法，由前来应聘的两位应聘者之中，选择一位最聪明的人作为助手。

他让A和B同时进入一间没有窗户，而且除了地上的一个盒子外，空无一物的房间内。商人指着盒子对两个人说：“这里有五顶帽子，有两顶是红色的，三顶是黑色的，现在我把电灯关上，我们三个人从盒子里每人摸出一顶帽子戴在头上，戴好帽子打开灯后，你们要迅速地说出自己所戴帽子的颜色。”

灯关了后，两人都看到商人的头上是一顶红帽子，又对望了一会儿，都迟疑地不敢说出自己头上的帽子是什么颜色。

忽然，B叫一声：“我戴的是黑帽子！”

为什么呢?

商人的头上是顶红帽子，那么就还剩下一顶红帽子和三顶黑帽子。B见A

迟疑着无法立刻说出答案，所以就认定了自己头上是顶黑帽子。因为如果B头上是顶红帽子，那么A就会马上说他头上戴的是黑帽子，怎么会迟疑呢？

B假定自己头上戴的是红帽子，但是发现对方在迟疑，于是得到了答案。

这个推理就是由结果向前推的逆向思维，这种方法在发明创造方面也发挥着重要的作用。

1877年8月的一天，美国大发明家爱迪生为了调试电话的送话器，在用一根短针检验传话膜的振动情况时，意外地发现了一个奇特的现象：手里的针一接触到传话膜，随着电话所传来声音的强弱变化，传话膜产生了一种有规律的颤动。这个奇特的现象引起了他的思考，他想：如果倒过来，使针发生同样的颤动，不就可以将声音复原出来，不也就可以把人的声音贮存起来吗？

循着这样的思路，爱迪生着手试验。经过四天四夜的苦战，他完成了留声机的设计。爱迪生将设计好的图纸交给机械师克鲁西后不久，一台结构简单的留声机便制造出来了。爱迪生还拿它去当众做过演示，他一边用手摇动铁柄，一边对着话筒唱道："玛丽有一只小羊，它的绒毛白如霜……"然后，爱迪生停下来，让一个人用耳朵对着受话器，他又把针头放回原来的位置，再摇动手柄，这时，刚才的歌声又在这个人的耳边响了起来。

留声机的发明，使人们惊叹不已。报刊纷纷发表文章，称赞这是继贝尔发明电话之后的又一伟大创造，是19世纪的又一个奇迹。

爱迪生的成功，就在于他有了这样一种互为因果的思路：声音的强弱变化使传话膜产生了一种有规律的颤动，如果倒过来，使针发生同样的颤动，就可以将声音复原出来，因而也就可以把声音贮存起来！

这实际上是一种互为因果的反面求证法。当我们遇到同样情况的时候，就可以尝试从反面来推其因果，说不定也会有类似的创造成果产生。

如果找不到解决办法，那就改变问题

一件事情如果找不到解决的办法怎么办？一般的人也许会告诉你："那只能放弃了。"但善于运用逆向思维的杰出人士却会这样说："找不到办法，那就改变问题！"

在19世纪30年代的欧洲大陆，一种方便、价廉的圆珠笔在书记员、银行职员甚至是富商中流行起来。制笔工厂开始大量生产圆珠笔。但不久却发现圆珠笔市场严重萎缩，原因是圆珠笔前端的钢珠在长时间的书写后，因摩擦而变小，继而脱落，导致笔芯内的油泄漏出来，弄得满纸油渍，给书写工作带来了极大的不便。人们开始厌烦圆珠笔，不再用它了。

一些科学家和工厂的设计师们为了改变“笔筒漏油”这种状况，做了大量的实验。他们都从圆珠笔的珠子入手，实验了上千种不同的材料来做笔前端的“圆珠”，以求找到寿命最长的“圆珠”，最后找到了钻石这种材料。钻石确实很坚硬，不会漏油，但是钻石价格太贵，而且当油墨用完时，这些空笔芯怎么办？

为此，解决圆珠笔笔芯漏油的问题一度搁浅。后来，一个叫马塞尔·比希的人却很好地将圆珠笔做了改进，解决了漏油的问题。他的成功是得益于一个想法：既然不能延长“圆珠”的寿命，那为什么不主动控制油墨的总量呢？于是，他所做的工作只是在实验中找到一颗“钢珠”在书写中的“最大用油量”，然后每支笔芯所装的“油”都不超过这个“最大用油量”。经过反复的试验，他发现圆珠笔在写到两万个字左右时开始漏油，于是就把油的总量控制在能写一万五六千个字。超出这个范围，笔芯内就没有油了，也就不会漏油了，结果解决了这个大难题。这样，方便、价廉又“卫生”的圆珠笔又成了人们最喜爱的书写工具之一。

马塞尔·比希发现解决足够结实又廉价的“圆珠”这个问题比较困难，便将问题转换为控制“最大用油量”，运用逆向思维使原本棘手的问题得到了巧妙的规避，并且不需要耗费多大的精力和财力。

某楼房自出租后，房主不断地接到房客的投诉。房客说，电梯上下速度太慢，等待时间太长，要求房主迅速更换电梯，否则他们将搬走。

已经装修一新的楼房，如果再更换电梯，成本显然太高；如果不换，万一房子租不出去，更是损失惨重。房主想出了一个好办法。

几天后，房主并没有更换电梯，可有关电梯的投诉再也没有接到过，剩下的空房子也很快租出去了。

为什么呢？原来，房主在每一层的电梯间外的墙上都安装了很大的穿衣镜，大家的注意力都集中到自己的仪表上，自然感觉不出电梯的上下速度是快还是慢了。

更换电梯显然不是最佳的解决方案，但问题该怎么解决呢？房主也运用逆向思维改变了问题，将视角从“换不换电梯”这一问题转换到了“该如何让房客不再觉得电梯慢”，问题变了，方案也就产生了，转移大家的注意力就可以了。

无论你做了多少研究和准备，有时事情就是不能如你所愿。如果尽了一切努力，还是找不到一种有效的解决办法，那就试着改变这个问题。

彼得·蒂尔在离开华尔街重返硅谷的时候学到了这一课。

当时，互联网正飞速发展，无线行业也即将蓬勃发展，于是，彼得与马克斯·莱夫钦一起创办了一家叫 FieldLink 的新公司。

这两位创业者相信，无线设备加密技术会是一个成长型市场。但是，他们老早就碰到了问题，最大的障碍是无线运营商的抵制。尽管运营商知道移动设备加密的必要性，但是 FieldLink 是一个名不见经传的新企业，没有定价权，也没有讨价还价的砝码，而且还有许多其他公司试图做这一行，所以 FieldLink 对运营商的需要超过了运营商对它的需要。

另一个问题是可用性。早期的无线浏览器很难使用，彼得和马克斯在这上面无法找到他们认为顾客需要的那种功能。这些挫折将他们引入了一个新的方向。他们不再试图在他们无法控制的两件事，即困难的无线界面和无线运营商的集权上抗争，转而致力于一个更简单的领域——通过 E-mail 进行支付。

当时，美国有 1.4 亿人有 E-mail，但是只有 200 万人有能联网的无线设备。除了提供更大的潜在市场外，E-mail 方案还消除了与大公司合作的必要性。同样重要的是，E-mail 使他们能够以一种直观而容易的形式呈现他们的支付方案，而用无线设备上的小屏幕无法做到这一点。

他们将公司的名字改成 PayPal，推出了一项基于 E-mail 的支付服务。为了启动这项服务，彼得决定，只要顾客签约使用 PayPal，就给顾客 10 美元的报酬；每推荐一个朋友参加，再给他 10 美元。“当时这样做看起来简直是疯了，但这是拥有顾客的一个便宜法子。”他解释说，“而且我们拥有的这类顾客其实价值更大，因为他们在频繁使用这个系统。这要比通过广告宣传得到 100 万随机顾客要好”。

PayPal 迅速取得了成功。在头 6 个月里，有 100 多万人签约使用这项新的支付服务。由于容易使用，界面友好，PayPal 迅速成为 eBay 上的支付系统，急剧发展起来。一年后当他们决定关掉无线业务的时候，有 400 万顾客在使用 PayPal，而只有 1 万顾客在使用其无线产品。尽管 eBay 内部有一个名为 Billpoint 的支付服务，但是 PayPal 仍然是在线支付领域无可争议的领袖。PayPal 后来上市了，eBay 最终以 15 亿美元买下了 PayPal。如果彼得和马克斯坚持他们最初的计划，故事的结局就会截然不同了。

为问题寻找到合适的解决办法是通常所用的正向思维思考方式，但是，当难以找到解决途径时，实际上，也许最好的解决办法就是将问题改变，改变成我们能够驾驭的、善于解决的，这也是逆向思维的巧妙运用。

人生的倒后推理

每个人在儿时都会种下美好的梦想的种子，然而有的梦想能够生根、发芽、开花、结果，而有的梦想却真的成了儿时的一个梦，一个永远也实现不了的梦。

为什么会有这样的区别呢？我们抛开成功的其他因素，会发现，有没有一个合理的计划是决定成败的一个关键因素。

也许有人会说，梦想是遥远的，我又怎能知道自己具体要做什么来能达到目标呢？那么，不妨使用逆向思维，将你的目标倒挂，对理想进行倒向推理。

曾经创下台湾空前的震撼与模仿热潮的歌手李恕权，是唯一获得格莱美音乐大奖提名的华裔流行歌手，同时也是“公告牌杂志排行榜”上的第一位亚洲歌手。他在《挑战你的信仰》一书中，详细讲述了自己成功历程中的一个关键情节。

1976 年的冬天，19 岁的李恕权在休斯敦太空总署的实验室里工作，同时也在休斯敦大学主修电脑。纵然学校、睡眠与工作几乎占据了他大部分时间，但只要稍微有多余的时间，他总是会把所有的精力放在音乐创作上。

一位名叫凡内芮的朋友在他事业起步时给了他最大的鼓励。凡内芮在得州的诗词比赛中不知得过多少奖牌。她的写作总是让他爱不释手，他们合写了许多很好的作品。

一个星期六的早上，凡内芮又热情地邀请李恕权到她家的牧场烤肉。凡内芮知道李对音乐的执着。然而，面对那遥远的音乐界及整个美国陌生的唱片市场，他们一点儿门路都没有。他们两个人坐在牧场的草地上，不知道下一步该如何走。突然间，她冒出了一句话：

“想想你 5 年后在做什么。”

她转过身来说：“嘿！告诉我，你心目中‘最希望’5 年后的你在做什么，你那个时候的生活是一个什么样子？”他还来不及回答，她又抢着说：“别急，你先仔细想想，完全想好，确定后再说出来。”李恕权沉思了几分钟，告诉她说：“第一，5 年后，我希望能有一张唱片在市场上，而这张唱片很受欢迎，可以得到许多人的肯定。第二，我住在一个有很多很多音乐的地方，能天天与一些世界一流的乐师一起工作。”凡内芮说：“你确定了吗？”他十分坚定地回答，而且是拉了一个很长的“确定——”！

凡内芮接着说：“好，既然你确定了，我们就从这个目标倒算回来。如果第五年，你有一张唱片在市场上，那么你的第四年一定是要跟一家唱片公司签上合约。那么你的第三年一定是要有一个完整的作品，可以拿给很多很多的唱片公司听，对不对？那么你的第二年，一定要有很棒的作品开始录音了。那么你的第一年，就一定要把你所有要准备录音的作品全部编曲，排练就位准备好。那么你的第六个月，就是要把那些没有完成的作品修饰好，然后让你自己可以逐一筛选。那么你的第一个月就是要有几首曲子完工。那么你的第一个礼拜就是要先列出一整个清单，排出哪些曲子需要完工。”

最后，凡内芮笑着说：“好了，我们现在不就已经知道你下个星期一要做什么了吗？”

她补充说：“哦，对了。你还说你5年后，要生活在一个有很多音乐的地方，然后与许多一流的乐师一起工作，对吗？如果你的第五年已经在与这些人一起工作，那么你的第四年照道理应该有你自己的一个工作室或录音室。那么你的第三年，可能是先跟这个圈子里的人在一起工作。那么你的第二年，应该不是住在得州，而是已经住在纽约或是洛杉矶了。”

1977年，李恕权辞掉了太空总署的工作，离开了休斯敦，搬到洛杉矶。说来也奇怪，虽然不是恰好5年，但大约可说是第六年的1982年，他的唱片在台湾及亚洲地区开始畅销起来，他一天24小时几乎全都忙着与一些顶尖的音乐高手一起工作。他的第一张唱片专辑《回》首次在台湾由宝丽金和滚石联合发行，并且连续两年蝉联排行榜第一名。

这就是一个5年期限的倒后推理过程。实际上还可以延长或缩短时间跨度，但思路是一样的。

当你在为手头的工作而焦头烂额的时候，一定要停下手来，静静地问一下自己：5年后你最希望得到什么？哪些工作能够帮助你达到目标？你现在所做的工作有助于你达到这个目标吗？如果不能，你为什么要做？如果能，你又应该怎样安排？想想为达到这个目标你在第四年、第三年、第二年应做到何种程度？那么，你今年要取得什么成绩？最近半年应该怎样安排？一直推算到这个月、这个星期你应该做什么。当你的目标足够明确，按照倒后推理设置出的计划行事，相信你距离实现梦想已不再遥远。

第六章

平面思维
——试着从另一扇门进入

换个地方打井

小娟在一家青年报任科学编辑，工作很出色。然而，单位人才济济，她在工作中很难取得更突出的成绩。在处理读者来信时，她发现有不少青年读者，当工作和生活遇到了问题时，却没有地方表达和交流。于是她建议报社开办一条专门针对青年人的心理热线。

这个想法虽然十分新颖，但是在报社里反应平平。多数人认为自己的工作主要是写作和发表新闻稿件，要花时间干这样的事，未必值得，但领导还是同意了她的想法。热线很快开通了，在社会上产生了极大的反响，热线电话几乎打爆。众多青少年的心声，通过一条简单的电话线汇集到了一起，也为小娟提供了很多十分新颖、十分深刻的素材。

后来，报社顺应读者要求在报纸上开辟了一个新的版面，名叫《青春热线》，每周以 4 个整版的篇幅反映这些读者的心声。《青春热线》逐渐成了该报社最受欢迎的栏目，小娟也获得了新闻界的许多奖项。

小娟之所以能够取得这样的成功，是因为她在工作中具有自动自发的精神。具有这种精神的人，往往能创造别人无法创造的机会和价值。另外，在智慧的层面上，小娟还有十分突出的一点——“换地方打井”。

“换地方打井”就是要学会开拓新思路。

“换地方打井”是“创新思维之父”、著名思维学家德·波诺提出的概念，用来形容他提出的平面思维法。

对于平面思维法，德·波诺的解释是："平面"是针对"纵向"而言的。纵向思维主要依托逻辑，只是沿着一条固定的思路走下去，而平面思维则是偏向多思路地进行思考。

德·波诺打比方说："在一个地方打井，老打不出水来。具有纵向思维方式的人，只会嫌自己打得不够深，而增加努力程度。而具有平面思维方式的人，则考虑很可能是选择打井的地方不对，或者根本就没有水，所以与其在这样一个地方努力，不如另外寻找一个更容易出水的地方打井。"

纵向思维总是使人们放弃其他的可能性，大大局限了创造力。而平面思维则不断探索其他的可能性，所以更有创造力。

佛勒是一个靠卖 8 美分一把小刷子起家的刷子大王。后来，大家看到做刷子有利可图，纷纷生产，结果给他的公司造成了很大的压力。感到竞争激烈的佛勒开始将目光从一般百姓身上移到了军人身上。

当时正是第二次世界大战期间。佛勒精心设计了一种擦枪的刷子，并找到军队的有关人士说："这种特制的刷子，可以将枪刷得又快又好。"军队接受了他的建议，与他的公司签订了 3400 万把刷子的合同。这种"换地方打井"的策略，使他赚了一大笔钱，更加奠定了他"刷子王国"的地位，让其他还在百姓那里争夺消费者的人望尘莫及。

任何事物都是由各种不同的要素构成的。我们在遇到某些难以解决的问题时，不妨采取一些措施，来改变事物所包含的某一或某些要素，让事物发生符合"落实"需要的变化，以达到换地方打井的效果。

在第二次世界大战期间，一艘满载军用物资的轮船，秘密地从日本某港口开出。这艘货轮要经由上海、福州、广州，再经过马六甲海峡，驶向泰国，然后去缅甸，给那里的日军提供给养。

这艘货轮装的是从我国东北三省掠夺去的大豆。我抗日组织得知情报，立即指示我方特工人员要想方设法将这艘货轮在大海中炸沉。

我方特工人员接到指示，想办法混进了日本货轮。结果，他们没费一枪一弹，就将日本货轮给"炸沉"了。

原来，他们运用换地方打井的思维方式，在大豆的性质上做文章。他们偷偷地向装满大豆的货仓里灌水，让大豆膨胀，从而改变了大豆的性质要素：原来存放的是干燥的大豆，现在存放的是浸泡的大豆，这些大豆就成了沉船的"枪炮"了。

维生素对人体是必不可少的，但很少有人知道，维生素最早是从米糠中提取出来的，后来，科学家又从新鲜的白菜、萝卜、柠檬等植物中找到了另外的一些维生素。

如果依照通常的观点，米糠除了当饲料外还有什么用？白菜、萝卜除了可以吃还有什么用？但它的提取物偏偏可以用来改善生命，甚至以此挽救无数人的生命，这就是平面思维和横向思维的结果。

树皮、破布看来毫无用处，但蔡伦用树皮、麻头甚至破布造纸，正是将这些毫不起眼的东西利用，促使人类文明的进程跨出了一大步。

浓烟和热空气是每个人都习以为常的事物，蒙哥尔费兄弟利用浓烟和热空气灌满巨型气球，使热气球成功地载着人在天空中飞翔……

正是不断挖掘这些事物性能的多样性，才使得人类历史不断发展。

平面思维助你打开另一扇成功之门

在这个世界上，有许多事情是我们难以预料的，我们不能控制际遇，却可以掌握自己；我们无法预知未来，却可以把握现在；我们左右不了变化无常的天气，却可以调整自己的心情；我们无法改变生活的悲喜，却可以把握看待事物的思维。就像幸运女神不会始终眷顾一个人，生活的苦难也并非不能远离你，只要尝试转换自己的思维，尝试从另一扇门进入，也许可以看到一片不一样的天空。

记得有这样一个故事：

一家有父子两人。一天早晨，父亲派儿子去城里打酒。儿子走到城门口，跟正要出城门的人相遇了。两个人互不相让，一直站到中午。

家中的父亲见儿子迟迟不归，便前去寻找。他到了城门口，了解了情况后，便对儿子说："你先回去吃午饭，让我来替你站着。"

故事中的父子两人真够执着的，执着得连退后一步都不肯。让人既觉得好笑，又觉得好气。

事实上，生活中也不乏这样的人，思维一根筋，碰到南墙也不知道转向。这种一根筋的思维方式对问题的解决和工作任务的完成是有制约作用的。

在解决问题的过程中，人们遇到困难，应该坚持不懈，有韧劲，不达目的绝不罢休。但有韧劲，并非是要在一棵树上吊死，而应该学会转换思路、转向思考。

所谓转向思考，就是思考问题时，在一个方向上受阻时，换一个路径来思考问题。这就是“打得赢就打，打不赢就走”，是平面思维法的一种表现。

生活中发生的许多改变都源于平面思维的运用。它就像为我们的思路打开了另一扇门，本来棘手的问题立刻变得迎刃而解了。

在美国西北某地，一到冬天，电影院里就常有戴帽子的女观众。她们的帽子很影响后面观众的视线。为此，放映员多次打出“影片放映时请勿戴帽”的字幕，但始终无人理睬。

后来，放映员经人指点，打出了一则通告，通告说：“本院为了照顾衰老高龄的女观众，允许她们照常戴帽子，不必摘下。”

这个通告一出，所有戴帽子的女观众都摘下了帽子。因为她们谁都不愿意被看作是“衰老高龄”的女人。

这则通告的成功，就源于适合女性心理特点的思维转向。如果放映员仍在“让大家摘帽子”上下功夫，恐怕问题还是难以得到解决的。

其实，运用平面思维获得成功的例子在我们的生活中随处可见，而且，平面思维的运用并不是一件特别困难的事情，是我们稍加留心、稍加思考就可以做到的。

有一位姓马的老板，他就是因为灵活地运用了平面思维，才获得了生意的成功。

有位杨老板在国道边上开了个饭馆，生意很不景气，眼看着众多的车辆从门前开过，很少有人光顾。他用打折、送汤等吸引顾客的办法，都没有起什么作用，最后只好关门大吉，把饭馆盘给这位姓马的老板。这位马老板别出心裁地在饭馆旁边修建了一个很漂亮的公共厕所，并做了一个不收费的醒目牌子。许多班车司机路过这儿总要停下车，先让旅客们方便方便，顺便再让大家去饭馆就餐。从此饭馆的生意一天比一天红火，吃饭的人越来越多，不到两年，马老板把小饭馆扩建成三层楼的大饭庄。

杨老板用传统的思维经营饭馆失败了，马老板用平面思维，打开了另一扇成功之门。思维说难也难，要说容易也容易。说它难是因为人的思维存在着惯性，在思考问题时，常常受各种因素的约束，只能采用一种答案，不愿或者根本就想不到去寻找更多的解决方案，这样就容易走入误区，陷入失败的怪圈。马老板在经营饭店时，他不先考虑“大家都怎么经营”，而先考虑“大家都不做什么”或者“大家还有什么没有做”，然后寻找大家都不做的去做。

不要只钟爱一种方案

平面思维告诉我们，寻找新方案最好的方法，是尝试大量不同的方案，绝不要在刚找到第一种方案时就止步，而要继续寻找其他的方案。辩证思维不会只钟爱一种方案，因为这千变万化的世界无奇不有，而理想的方案永远不可能只有一个。

如果你只钟爱一种方案，你就看不到其他方案的长处，这不利于平面思维的锻炼，也会失去许多机会。生活的最大乐趣之一，就是能够不断地从过去珍爱的思维中走出来，这样，你才有可能非常自由地寻找到新的天地。

高考作文题几乎年年都引人注目。有一年的题目是：在一个创新会议上，一位科学家画了圆形、三角形、半圆形和弯月形四种图形，要求从中找出一个最有特点的。最后的答案是：选择其中任何一个图形都是正确的，因为相对于其他三个，它们之中的每一个都“最有特点”。考生要根据这段材料，结合自己的理想、经历，以“答案是丰富多彩的”为题写一篇文章。高考作文谜底一揭开，美籍华人、教育家黄全愈博士立即成为全国众多媒体关注的焦点，原因是6月份黄博士在南京以《素质教育在美国》为主题的演讲中，曾多次以《事物的正确答案不止一个》为内容组织现场讨论，只不过举例中四种不同的图形变成了四种不同的动物。黄博士认为，与高考撞题纯属巧合，但巧合的背后说明素质教育观念已逐渐深入人心。他说，之所以要告诉人们事物的正确答案往往不止一个，其目的在于要培养学生拥有自己的观点。

正如黄博士所说，正确的答案不止一个，它告诉我们每个人培养平面思维，不断挖掘新的答案有多么重要。正确的答案不止一个，永远不要只钟爱一个方案，这个世界络绎缤纷、五彩斑斓，每个人都有不同的价值，每个事物都有不同的属性，从不同的角度去看待，才会创造出缤纷的世界。

说到这里，我们不得不提起奥莱斯特·平托中校，他是第二次世界大战中美军情报部的官员，也是一个善于探求多种方案的英雄人物。

一次，一个狡猾的纳粹间谍就栽在他的五套方案之中。

有一天，平托抓住一个自称布朗格尔的可疑分子，凭直觉他认为此人是纳粹间谍，但布朗格尔声称自己是深受德军之害的比利时北部的农民。

平托皱起眉头，问：

“会数数不？”

布朗格尔瞪大了眼睛：

“当然会。”

于是布朗格尔用比利时北部农民惯用的古法文数数，而不是用德语。

平托出了第二道“试题”：他把布朗格尔关在一间屋中，屋门上了锁。到了晚上，平托让几个士兵在屋外点燃几捆草，然后用德语大声喊叫：

“着火了！着火了！”

但是布朗格尔没有求救。

平托用法语呼喊：

“着火了！”

布朗格尔立即跳起来去开门，门开不开，他就又喊又撞，布朗格尔又“及格”了。

第二天，平托与一个军官走到布朗格尔身边，先用法语跟布朗格尔打了招呼，然后扭头用德语对身旁的军官说：

“真可怜！他还不知道今天上午就要被绞死。他是纳粹间谍，我们只能这样。”

布朗格尔无动于衷，他再闯一关。

很多人都觉得平托这次弄错了，可是平托并不这样认为。

于是，他又实施了他的第四套方案：他找来一个农民与布朗格尔交谈。事后，农民告诉平托：“没错！他是个农民，很在行。”

最后，平托决定释放布朗格尔。

平托让人把布朗格尔带进他的办公室，递给他一个文件。布朗格尔平静地注视着平托的手在文件上签了字。

这时，平托对布朗格尔说：“好了！你自由了，你现在可以走了！”

布朗格尔的眼睛中闪现出一道喜悦的光，但他的脸瞬间就垮了下来，因为平托中校说的是德语。

原来这是平托的第五套方案。既然传统的方法不行，那么就只好换个新的，利用人的得意忘形的心理。

几天后，纳粹间谍布朗格尔被处决了。

盟军最高统帅艾森豪威尔将军对平托中校的评价是：“当今世界上首屈一指的反间谍专家！”

可能对很多人来说“事不过三”，当三种方法都不能够解决问题的时候，他们想到的是放弃，但是平托却为了搞清一个问题想出了五种解决方法，也因此获得了成功。

多寻找一种解决方案，起初也许你会感觉到“多此一举”，而从平面思维中受益的人会告诉你：那是必需的，也是卓有成效的。同时，这也是成功人士所必须具备的素质和能力。

换一条路通向成功

通往成功的道路并不只有一条。有时，当我们在一条路上受阻时，可以尝试运用平面思维法，独辟蹊径，以达到我们的目标。

凯瑟琳从父亲那里明白了这个道理，也是这个理念使她获得了最后的成功。

凯瑟琳的理想是成为时装设计师。当小凯瑟琳在这方面初露身手并获得小胜后，她发现在高手如云的服装界，要想成为出类拔萃的时装设计师真是太困难了。摆在她面前的只有两条路，要么承认此路不通，败下阵来；要么运用自己的智慧和创造力去另辟蹊径。

凯瑟琳不愿认输，但是，却没有人对她这个无名小辈的设计图纸感兴趣。

有一天，凯瑟琳遇到一位朋友，她穿了件漂亮的毛衣，色调朴素，但毛衣的织法不同一般。她从朋友处得知，这是维迪安太太从亚美尼亚的农妇那儿学会的。

猛然间，凯瑟琳脑中闪过一个大胆的想法：我可以把这种图案织在线衫上，而且我干吗不自己办一家时装店呢？

凯瑟琳画了一幅粗线条黑白两色的蝴蝶图交给这位维迪安太太，让她把这图案织成一件线衫。线衫织出来漂亮极了，凯瑟琳穿上它来到一个时装设计师们常常聚集的餐馆。效果果然不同凡响，一家颇具规模的商场经理当场就订了40件，并让凯瑟琳两周内交货，她万分兴奋地签了约。

没想到一盆冷水当头浇来，当凯瑟琳找到维迪安太太，她说："织你那件线衫用了我一星期时间，你想让我两周织出40件？那不是天大的笑话！"

凯瑟琳眼看唾手可得的成功却又走进了死胡同。她丧气地离开了维迪安太太那儿，突然，凯瑟琳停住了脚步，一定还有别的路子。虽说这种织法是一种特殊技法，但是巴黎肯定还住着一些懂得这样技法的亚美尼亚妇女。

凯瑟琳又回到维迪安太太那儿，向她讲明自己的打算。她实在不敢认可，但还是答应帮忙。

凯瑟琳和维迪安太太都成了"侦探"，在巴黎的茫茫人海中追踪亚美尼亚人，对于每一个亚美尼亚人，她们都穷追不舍，往往认识一个人便能挖出一群人。终于她们找到了20位妇女。这20位妇女都很精通这种技法。两周后这批线衫完工了。凯瑟琳新开张的时装店的首批货物踏上了运往美国的航程。

最终，凯瑟琳成了国际著名的服装设计师。

在这样的时候，当你面对困难，无法运用常规的办法或思路来解决问题时，你是否想过尝试其他的解决之道呢？

无论是生活还是工作，通往目的地的路都不止一条。如果顺着一条路无法到你想去的地方，你就尝试走另外一条路吧！

无独有偶，日本的一家商店也是因为走了另外一条路取得了经营的成功。

川美子是日本一家内衣公司的职员，她在工作中发现了这样一个问题：顾客在试穿内衣时先要脱外衣，如果试一件不合身接着再试时，是很麻烦的事情，而且多少有些尴尬。并且有不少顾客反映试衣室过小，换衣服不方便等问题。

川美子想，如果能在自己家里邀集三五位邻居或女友，一起挑选公司送来的内衣，有中意的式样当场试穿，这种场合气氛亲切，最适宜妇女购买内衣。她把这个建议告诉了经理。经理觉得很好，便决定采取这种方式来销售内衣，并配合这种销售方式做出了一些规定：凡是在家庭联欢会上一次购买 1 万日元以上的顾客，就能获得该公司“会员”资格，今后购买内衣可享受七五折的优惠；会员如在 3 个月内发起家庭联欢会 20 次以上，销售金额超过 40 万日元，就能成为本公司的特约店，可享受 6 折优惠。如果在 6 个月内举办家庭联欢会 40 次以上，销售金额超过 300 万日元，就能成为本公司的代理店，享受零售价一半的批发优惠。

采取这种销售方式以后，这家内衣公司获得了迅速的发展。10 年以后，该公司年销售额达200亿日元以上，成为日本内衣业的后起之秀，被舆论界称为“席卷内衣业的一股旋风”。

如果你是内衣店的职员或是负责人，你会怎么想？是将试衣室扩大？在店堂里布置更舒适的试衣环境？还是其他？相信大多数人都会围绕着内衣店里的试衣环境做文章，寻找让顾客更满意的方案。让顾客感到舒适自在，愿意购买内衣是内衣店的目的，但是扩大试衣室将会压缩销售区的面积，而改善试衣环境也同样不能让所有顾客满意，这都对内衣销售没有很大的促进。而川美子想到的却是另一种完全不同的销售方式。

还有哪里比自己家里更自在舒适？为什么我们不能将销售从店铺向消费者家中转移？这样会让顾客更加满意，比在店铺内改善试衣室更有效果，同样提高了内衣的销售量和销售额。

这个故事再次向我们证明了：通向成功的道路不止一条，当所采取的措施并不能收到良好的效果时，不妨运用平面思维法，从其他的层面和其他的视角入手，“换个地方打井”，往往能够更顺利地推进项目的进程，取得更大的成功。

给自己多一点儿选择

澳大利亚有个红色电话公司，在过去，红色电话保持着很高的营业额纪录，但最近却遇到了困难：在澳大利亚本地电话是不计时的，只要支付了起始价，用户就可以长时间地通话。这种长时间通话大大减少了红色电话公司的收入，因为长时间占线的电话阻碍了其他想短时间通话的用户。而红色电话公司只能按电话的次数来收取费用，却不计每次通话时间的长短。有人想过对通话时间进行限制，也有人提出加收长时间通话的费用，但是这些方案都会使红色电话公司在与其他公司的竞争中处于劣势，最终，该公司的创始人想到了一种新方法。他安排红色电话听筒的制造商们在听筒内加入了很多铅，使听筒变得比原来重，因而让客户感到长时间通话比较累。显然，这个方法奏效了，直到今天，红色电话公司的听筒都比一般听筒要重。

生活中的许多问题都与红色电话公司的遭遇类似，在我们考虑解决方案时，也绝不能抓住一个方案不放手，准备多种方案，从中寻找出最佳的一个。

这一点，牛仔裤的发明者李维·施特劳斯为我们做了表率。

1850 年，一则令人惊喜的消息为人们带来了无穷的希望和幻想：美国西部发现了大片金矿。于是，无数个想一夜致富的人们带着各自的淘金梦如潮水一般涌向那曾经是人迹罕至、荒凉萧条的西部不毛之地。

李维·施特劳斯当时很年轻，他渴望冒险，渴望大干一场，他想通过自己的劳动、运气赌一把，于是他放弃了原来那个安稳但是无味的文员工作，加入到浩浩荡荡的淘金人群之中。

但当李维经过漫长的路程，来到美国旧金山之后，他才发现自己的错误。这并不是一个遍地黄金的地方，他也并不是第一个去淘金的人，几天过后，原来的激情与梦想就被失望与迷茫所替代了。

李维用他看到的、体验到的，来思考自己的出路，他发现，淘金的人越来越多，他们需要很多帐篷和工具，而这里离生活中心很远，买东西十分不方便。为什么不开一家日用品小店呢？李维毅然放弃了淘金梦，而是从淘金者身上开始自己新的梦想。

小店开张了，生意很不错，来光顾的人总是络绎不绝，甚至有的产品还会脱销。很快，李维的最初成本就赚回来了，开始真正赚钱了。

但是，过了一段时间，李维发现搭帐篷帆布不如其他商品卖得快了，这是为什么呢？有一天，他向一位来买工具的淘金者问原因。

那人告诉他说："我已经有一个帐篷了，没必要再搭一个。我需要的是像帐篷一样坚硬耐磨的裤子，你有吗？我每天都要跪在地上去分拣矿砾，工作很艰苦，衣裤经常要与石头、沙土摩擦，棉布做的裤子不耐穿，几天就磨破了。所以我需要一条耐磨的裤子，不至于几天就要重新买裤子。"

李维·施特劳斯感到很惊奇，他从来都没有想到过这个问题。这位淘金者的话无疑给了他启发。如果用这些厚厚的帆布做成裤子，肯定结实又耐磨，说不定会大受欢迎呢！反正这些帆布也卖不出去，何不试试做成裤子呢？

于是，他灵机一动，用带来的厚帆布效仿美国西部的一位矿工杰恩所特制的一条式样新奇而又特别结实耐用的棕色工作裤，向矿工们出售。1853 年，第一条日后被称为"牛仔裤"的帆布工装裤在李维·施特劳斯手中诞生了。一开始仅有几人向他购买，但不久，裤子耐穿、耐磨的性能凸显出来，大量的淘金者都购买了这种当时被工人们叫作"李维牌工装裤"的裤子。

"李维牌工装裤"以其坚固、耐磨、穿着舒适获得了当时西部牛仔和淘金者的喜爱。大量的订货单纷至沓来。李维·施特劳斯不再开自己的那家日用品店。李维正式成立了自己的公司，开始了"Levi' s"（李维斯）这个著名品牌的漫漫长路。

但李维·施特劳斯的思路并没有停止，他不满足于牛仔裤目前的式样，而是希望能用一种既软又耐磨的布料来代替。

他开始寻找新的面料，注意搜罗市场上的信息。终于有一天，他发现欧洲市场上畅销的一种布料，它是法国人涅曼发明的，是一种蓝白相间的斜纹粗棉布，兼有结实和柔软的优点。

李维·施特劳斯看了样布，他当机立断决定从法国进口这种名为"尼姆靛蓝斜纹棉哔叽"的面料，专门用于制作工装裤。结果，用这种新式面料制作出来的裤子，既结实柔软，又样式美观、穿着舒适，再次受到淘金工人的欢迎。

这次换用新的布料，在牛仔裤发展史上具有重要意义。此后，这种用靛蓝色斜纹棉哔叽做成的工装裤在美国西部的淘金工、农机工和牛仔中间广为流传，靛蓝色也成为李维牌工装裤的标准颜色。渐渐地，牛仔裤也受到了欧洲人的喜爱，并在欧洲大陆广泛流行。

虽然初步获得了成功，但李维并不就此满足，他还在继续寻找机会，对牛仔裤进行改进。他想到了用黄铜铆钉钉在裤袋上方的两个角上，这样就可以固定住裤袋。同时他还在裤袋周围镶上了皮革边，这样既美观、又实用，有的工人的裤子并没有磨破，但为了美观而去镶边。

李维一直面临着多重的选择，从选择自己是继续做小职员还是去美国淘金，到是淘金还是干别的，再到放弃自己的杂货店开牛仔裤公司，然后对牛仔裤一次次改进，可以说，李维始终都不满足于自己的生活，当选择摆在他面前时，他总是开创出多条路，供自己选择。而当自己有一条路走的时候，他也愿意再开辟一条新的路，尝试那是不是更好的一条道路。所以，他成功了。

许多问题，我们可以解决，但是采用的方法不一定是最佳的，或许损害了一部分的利益，得到的并非是最好的结果。如果是这样，何不多列出几种方法，给自己多一些选择呢？多重的尝试或许能给你一个最好的方法。

捏合不相关的要素

运用平面思维，要求我们将由外部世界观察到的刺激，创造性地与正在考虑中的问题建立起联系，使其相合，也就是将多种多样的或不相关的要素捏合在一起，以期获得对问题的不同创见。

捏合不相关的要素，就要求我们将视角扩展到多个问题领域。如果眼睛只盯着一个问题领域，这往往会阻碍自己发现更新鲜、更充分、更漂亮的材料，因为思维的惯性很容易使自己在一个特定的问题领域中做循环思索。这个时候，就需要跳出来，看一看其他领域，从别的地方寻找一些材料以启发自己。

很多富有创造性的设想都源于广泛涉猎多个领域，并将这些看似不相关的要素捏合在一起，应用于自己的问题领域。计算机专家布里克林受到会计学“流水账”的启发，创造了微型计算机的软件工业。数学家冯·诺伊曼通过分析一般人玩扑克牌的行为，创立了博弈论经济模式。第一次世界大战的武器设计家从毕加索和布拉克的立体派艺术中寻找灵感，结果成功地改进了大炮和坦克的伪装。在第二次世界大战中美国人以一种独特的印第安语言为基础，设计了被称为不可破译的电报密码。爱迪生也曾经这样劝导他的同事：“留意别人的新颖有趣的设想，只要把它们用在你现在正要解决的问题上，你的设想就是创造性的。”

创造性的洞见，常常需要人们了解不同领域事物之间的间接关系。这些关系起初看起来似乎是不搭边的。我们可以有意识地进行平面思维，由外部世界观察到的刺激牵强性地与正在考虑中的问题建立起联系，使其相合，也就是将多种多样的或不相关要素捏合在一起，以期获得对问题的不同创见。

1948 年瑞士人发明的尼龙搭扣就是一个很好的例子。

一天，工程师梅斯塔尔打猎回家，他发现在其衣服上挂着一些牛蒡草的籽实。在显微镜下，他发现每一个籽实都环绕着许多小钩。正是这些小钩使牛蒡籽实挂在衣服上掉不下去。

受此启发，他突发奇想：如果在布条上也安上相似的小钩，不就可以用作扣带了吗！他花了 8 年的时间把这个设想变成原始的产品：两条尼龙带，一条上布满成千上万个小钩，而另一条则是更为细小的丝绒。当两条尼龙带合在一起的，就迅速成为一条实用的扣带。这项发明之所以叫尼龙搭（Velcm），是因为它取自两个法语单词，一个是天鹅绒（Velour），一个是钩针编织品（Crochet）。

平面思维还可以理解为，把两个或多个并列的事物交叉起来思考，从而把二者的特点结合起来，使之成为一个新事物。

下面用一个土木工程的问题来说明这种方法的实际应用过程：现在需新建一条穿越沼泽地的汽车道。为解决建路过程中的一些技术问题，请来了一位鸟类专家。他对鸟在沼泽地筑巢的过程了如指掌。也许他对道路问题一无所知，但他却依其对鸟类在沼泽地筑巢的了解提供了如下建议，即可以造一些人工漂流性小岛，这样可以让汽车道以漂流的形式穿过沼泽地。

我们也可以把两个以上的产品强行联系在一起，从而产生独特性的设想。把看来毫无关系的两个产品联系起来，跳跃较大，能克服经验的束缚，产生新设想，开发出新产品。

如将暖水瓶与杯子联系在一起，开发出保温杯；将圆珠笔与电子表联系在一起，开发出带有电子表的圆珠笔；将圆珠笔与收音机联系在一起，开发出带收音机的圆珠笔，等等。

将问题转移到利己的一面

生活中我们会遇到许多问题，这些问题的某个方面是对我们不利的，如某人对我们本人或我们的产品持有不好的评价，这时我们所应采取的策略不是消极逃避，也不是围绕问题的这个方面转来转去，而应该是将对方的视线引到问题的另外一个利己的方面，从这个方面进行阐释，往往可以起到扬长避短的作用，这是平面思维在生活中的又一应用。

下面这两个故事的主人公都是运用平面思维法的高手，让我们来看看他们的做法吧。

商人马库斯在华盛顿开了一个家具店，一天，有一位客户到家具店想购买一把办公椅。马库斯带客户看了一圈后，客户问："那两把椅子怎么卖？"

"这一把是 600 美元，而那个较大的是 250 美元。"马库斯说。

"为什么这一把那么贵，我觉得这一把应该更便宜才对！"客户说。

"先生，请您过来坐在它们上面比较一下。"马库斯说。

客户依照他的话，在两把椅子上都坐了一下，一把较软，而另一把稍微硬一些，不过坐起来都挺舒服的。

等客户试坐完两把椅子后，马库斯接着说："250 美元的这把椅子坐起来较软，觉得非常舒服，而 600 美元的椅子您坐起来感觉不是那么软，因为椅子内的弹簧数不一样。600 美元的椅子由于弹簧数较多，绝对不会因变形而影响到坐姿。不良的坐姿会让人的脊椎骨侧弯，这样就会引起腰痛，光是多出弹簧的成本就要多出将近 100 美元。同时这把椅子旋转的支架是纯钢的，它比一般非纯钢椅子寿命要长一倍，不会因为长期的旋转或过重的体重而磨损、松脱，因此，这把椅子的平均使用年限要比那把多一倍。

"另外，这把椅子看起来没有那把那么豪华，但它完全是依人体科学设计的，坐起来虽然不是软软的，但却能让您坐很长的时间都不会感到疲倦。一把好的椅子对于一个长期坐在椅子上办公的人来说，确实是很重要的。这把椅子虽然不是那么显眼，但却是一把精心设计的椅子。老实说，那把 250 美元的椅子中看不中用，是卖给那些喜欢便宜货的客户的。"

"还好只贵 350 美元，为了保护我的脊椎，就是贵 1000 美元我也会购买这把较贵的椅子。"客户听了马库斯的说明后说道。

杰拉德是一家笔记本电脑公司的推销员。一次，他去拜访一位工程师，这位工程师想买一批重量比较轻的电脑好出差用，在与杰拉德面谈时，这位顾客说出了他的抱怨："我觉得你们的笔记本有点儿重。"

"您为什么会觉得重呢？"杰拉德问。

"你看，你的笔记本有 2.6 千克，而有一家公司的笔记本重量只有 2 千克。"

"重量为什么对您这么重要呢？"

"因为使用电脑的工程师经常在外面出差，他们希望重量能够轻一些，尺寸小一些。”

“我知道了。笔记本电脑是工程师的工作工具，这对于他们在外面工作是非常重要的。对于这些工程师来讲，您觉得还有什么指标比较重要呢？”

“除了重量，还有配置，例如 CPU 速度、内存和硬盘的容量，当然还有可靠性和耐用性。”

“您觉得哪一点最重要呢？”

“当然是配置最重要，其次是可靠性和耐用性，再后来是重量。但是重量也是很重要的指标。”

“每个公司在设计产品的时候，都会平衡其性能的各个方面。如果重量轻了，一些可靠性设计可能就要牺牲掉。例如，如果装笔记本的皮包轻一些，皮包对电脑的保护性就会弱一些。根据我们的了解，我们发现客户最关心的是可靠性和配置，这样不免牺牲了重量方面的指标。事实上，我们的笔记本电脑采用的是铝镁合金，虽然铝镁合金重一些，但是更坚固。而有的笔记本为了轻薄，采用飞行碳纤维，坚固性就差一些。”

“有道理。”

“根据这种设计思路，我们笔记本的配置和坚固性一直是业界最好的。您对于这一点有疑问吗？”

“鱼与熊掌不能兼得了。”

“您的比喻十分形象。我们在设计产品的时候更重视可靠性和配置，而这一点却增加了它的重量。但这个初衷也符合您的要求，您也同意可靠性和配置的重要性。再说只是重 0.6 千克而已，不是个大数字，是吗？”

“对，你说得不错。”

在杰拉德的劝说下，客户订购了 15 台手提电脑。

不可否认，马库斯与杰拉德都是优秀的推销员。他们的共同点就是善于转移问题的焦点，让客户的视线从产品的缺点转移到产品的优点，而且让客户自己认识到，有这样的优点，缺点已经无足轻重了，巧妙地运用平面思维法将问题转移到了利己的一面。

由此可见，平面思维法的运用并非一件难事，有时要做的只是让对方的视线从 A 转到 B 即可，也许 A 是对己不利的，但经过目光转移，B 就是对己有利的一面了。只要在生活中稍稍用心，我们也可以做到。

第七章

纵向思维

——从链条的一端开始解决问题

预见趋势的纵向思维

将思考对象从纵的发展方向上，依照其各个发展阶段进行思考，从而设想、推断出进一步的发展趋向的思维，叫作纵向思维法。

纵向思维过程一般表现为向纵深发展的特点，即：能从一般人认为不值一谈的小事，或无须做进一步探讨的定论中，发现更深一层的被现象掩盖着的事物本质，其思维形式的特点为，从现象入手，从一般定论入手，做纵深发展式的剖析。

比如，轮胎的发明就经历了这样一个过程：最先的车轮是木制的，特别容易损坏。于是，人们又以铁制的车轮代替木轮，尽管铁制车轮坚固，但它的震动太大。最后，人们又发明轮胎，利用压缩气体的弹性减小震动，到目前为止，很多交通工具都是使用轮胎的。

由此可见，纵向思维是纵观事物的发展历史，立足于事物现有的弊端，研究事物发展的完美方向，是人们对事物当前形态的不满足和新的要求。纵向思维的结果是引起事物的质变，从而在事物发展史上呈现不同的发展阶段。

如果将纵向思维放到时间的维度上，便可产生“由昨天看到今天或明天”的效果，也就是说纵向思维可以使我们具有某种程度的预见性。

用纵向思维思考问题而对事物发展有预见性，这一点在洛克菲勒身上有较为明显的体现。

第二次世界大战结束后不久，战胜国决定成立一个处理世界事务的联合国。可是在什么地方建立这个总部，一时间颇费思量。地点理应选在一座繁华都市，可在任何一座繁华都市购买可以建设联合国总部庞大楼宇的土地，都是需要很大一笔资金的，而刚刚起步的联合国总部的每一分钱都肩负着重任。就在各国首脑们商量来商量去，不知如何是好的时候，洛克菲勒家族听说了这件事，立刻出资 870 万美元在纽约买下了一块地皮，在人们的惊诧声中无条件地捐赠给了联合国。

联合国大楼建起来后，四周的地价立即飙升起来，洛克菲勒家族在买下捐赠给联合国的那块地皮时，也买下了与这块地皮毗连的全部地皮。没有人能够计算出洛克菲勒家族凭借毗连联合国的地皮获得了多少个 870 万美元。

事后有人赞赏洛克菲勒有远见，其实，远见是纵向思维的产物，是深入思考问题的必然。

第二次世界大战期间，美国许多企业由于受战争影响都处于半停滞、半瘫痪状态，除了军火工业，大多数行业都不景气。

杰克是一家面临倒闭的缝纫机厂厂长，他经过深思熟虑，果断决定改行。但是，应该转向哪个行业呢？他发现战争产生了很多的伤兵和伤残的百姓，他运用纵向思维进行思考，认为如果能开发出给这些人带来便利的产品，一定会受到人们的欢迎。于是他们设计和改造部分设备，开发出残疾人用的轮椅。当世界大战即将结束时，那些受伤的人们纷纷购买轮椅，轮椅一时间成了热销货，而这种产品当时只有杰克一家有大批现货。这样，轮椅不但在美国销得快，还远销到国外。

日本索尼的老总盛田昭夫具有非凡的纵向思维。最早，美国贝尔实验室的研究人员在 1947 年 12 月用两根针压在一小块锗片上，成功地研制出世界上第一个晶体管放大装置，可以将音频信号放大上百倍。科学家肖克利在对这种早期晶体管的工作机理进行分析的基础上，推出 PN 结型晶体管，美国西方电器公司将其用于助听器，仅此而已。然而，具有远见卓识的索尼公司老总盛田和井深，却超越当下的功用，用未来的眼光敏锐地预见到晶体管的意义重大，将会给世界微电子工业带来一场革命。他们力排众议，在 1953 年以 2.5 万美元买下生产晶体管的专利。经过多次试验，索尼公司于 1957 年成功地研制出世界上第一台能装在衣袋里的袖珍式晶体管收音机，首批生产的 200 万台“索尼”收音机，一投放市场，就出现爆炸性的销售效果。索尼公司由此而名扬全球，甚至就此带动了日本的微电子工业在世界上独领风骚数十年。

显而易见，纵向思维法是纵观事物的历史，立足于事物目前的状态，展望事物发展的思维方法，纵向思维常常能够化虚为实，导致事物的质变，进而在事物发展史上呈现出不同的发展阶段。加强纵深思维的训练，有助于思维能力的提高，有助于养成“深入分析问题”“透过现象看本质”的良好思维习惯。

解决问题的连环法

纵向思维有着不同的表现形式，其中的一种称为连环法，这是一种互为原因、互为结果、因果连锁的思维方式。原因后面有原因，结果后面有结果，事物发展过程中的上一个结果又是下一个发展的原因。

问题构成一环又一环的链条，要将整个问题链解开，必须从链条的一端一个问题接着一个问题地步步深入，用已知推知未知，使过去、现在、未来贯穿一条信息与认识的长链，沿着这条闪光的思路去创造新的发现与成果。

在浩瀚无际的大沙漠里，有人不用任何仪器设备就能迅速准确地找到水源。首先把一系列与水源富有内在联系的事物和信息要素串联起来，一环一环地推进，步步逼近目标，最后在十分缺水的沙漠里找到了水源。一开始先设法在当地诱捕一只狒狒→给狒狒喂盐→狒狒口渴→放走狒狒→狒狒急需饮水解渴→狒狒奔向水源→人们跟踪观察→找到了水源。利用狒狒做向导，弥补了自己的盲目和无知，达到了自我超越、自我突破的目的。

事物发展总是一环套一环的，忽略对互有联系的各个方面进行连环思考是不行的。

连环法是一种比较严谨的方法，它要求问题中的各要素可以串联成环，两环之间存在着必然联系，前一环的结果成为解开后一环的原因，所以，这种方法在学习中有十分重要的作用。

在学习几何证明题时，我们经常有这样的体会，常用的一种解题方法是：根据已知因素 A，可以推导出结果 B；根据 B，又可以推导出结果 C；根据 C，可以推导出 D，这样一步步地推导，最终得以证明题目的要求。在这个推导的过程中，就是我们的纵向思维在起主导作用，A、B、C、D……各个因素都是环环相扣的，要想最终解决问题，就要将 A、B、C、D……一步步地解决。

在具体运用这种方法时，要经历 4 个步骤：

（1）确定最后要达到的理想成果是什么，即按照理想，希望得到什么样的东西。

（2）确定妨碍成果实现的障碍是什么。

（3）找出障碍的因素，即障碍的直接原因是什么。

（4）找出消除障碍的条件，即在哪种条件下障碍不再存在。

这是一种较为严密的方法，用这种方法进行思考，虽说比较费时，但不至于思考不周，发生遗漏。这种思考法把问题一步步推演下去，像链条一样，最终找到解决问题的方式，它对于那些不喜欢直观而喜欢按逻辑思考问题的人，是一种非常适用的方法。

深入一步，就是思维的突破

当美国西部掀起淘金大潮时，家住马里兰州的达比和他叔叔一起到遥远的西部去淘金，他们手握鹤嘴镐和铁锹不停地挖掘，几个星期后，终于惊喜地发现了金灿灿的矿石。于是，他们悄悄将矿井掩盖起来，回到家乡的威廉堡，筹集大笔资金购买采矿设备。

不久，淘金的事业便如火如荼地开始了。当采掘的首批矿石运往冶炼厂时，专家们断定，他们遇到的可能是美国西部罗拉地区藏量最大的金矿之一。达比仅仅用了几车矿石，便很快将所有的投资全部收回。

让达比万万没有料到的是，正当他们的希望在不断膨胀的时候，奇怪的事发生了：金矿的矿脉突然消失！尽管他们继续拼命地钻探，试图重新找到金矿石，但一切终归徒劳，好像上帝有意要和达比开一个巨大的玩笑，让他的美梦成为泡影。万般无奈之际，他们不得不忍痛放弃了几乎要使他们成为新一代富豪的矿井。

接着，他们将全套机器设备卖给了当地一个收购废旧品的商人，带着满腹遗憾回到了家乡威廉堡。

就在他们刚刚离开后的几天里，收废品的商人突发奇想，决计去那口废弃的矿井碰碰运气，为此，他还专门请来一名采矿工程师，只做了一番简单的测算。工程师便指出，前一轮工程失败的原因，是由于业主不熟悉金矿的断层线。考察结果表明，更大的矿脉距离达比停止钻探的地方只有3英寸！故事的结果是，达比终其一生只是一名收入仅够养家的小农场主，而这位从事废品收购的小商人，最终成为西部巨富。

达比虽然付出了极大的努力，但他获取的却是罗拉地区最大金矿的一个小小支脉；收废品的商人虽然只花费了很小的代价，却通过一口废弃的矿井而成功地拥有了最大金矿的全部。达比的失败就在于他没有将自己的努力再深入一步，在与成功尚未谋面时便停步了。

在追求财富与成功的道路上，“深入”有着不可替代的作用，在思考问题方面，深入也是不可多得的好习惯。

在每个人的一生中，思考无时无刻不在左右人的行为，影响人的人生轨迹。一个不善于进行理性思考的人，往往会在行动中失去方向，走上歧途；而只有在深入思考的基础上，我们才能拥有思考带来的益处。思考，成为人类最有力的武器之一。

下面的这个例子便可以说明深入思考的妙处：

有一天，美国通用汽车公司收到一位客户的抱怨信：“这是我为了同一件事第二次写信给你，这的确是一个事实。”

原来，这位用户家里有一个习惯：每天饭后由全家投票决定吃哪一种口味的冰激凌。他家最近买了一部通用轿车后，只要他每次买的冰激凌是香草口味，他从店里出来时车子就发动不起来。但如果买的是其他口味，车子发动就很顺利。

太奇怪了！这可能吗？难道车对特定口味的冰激凌过敏？公司总经理对这封信心存怀疑，但还是派了一位工程师去察看究竟。当晚，工程师随这个车主去买香草冰激凌，回到车上后，车子果然发动不起来。试了几次，每次都是这样。工程师又连续去了两个晚上。第二个晚上，车主买了巧克力冰激凌和草莓冰激凌，车能启动。第三个晚上，买了香草冰激凌，车又启动不了了。

工程师绝不相信这部车对香草冰激凌过敏。于是他努力工作以求解决问题。每次他都做记录，像日期、汽车往返的时间、汽油类型等。经过深入的思考和仔细地观察。最后他发现了线索：车主买香草冰激凌比买其他冰激凌所花的时间要短。因为香草冰激凌很受欢迎，故商店分箱摆在货架前面，很容易取到。因而问题就变成了：为什么这部车从熄火到发动的时间较短就会出问题。

当问题渐渐明确时，一个关键出现了：蒸汽锁。蒸汽锁控制汽车引擎的散热状况。当这位车主买其他口味冰激凌时，由于时间较长，引擎有足够的时间散热，重新发动就没有太大的问题。但是买香草冰激凌时，由于花的时间较短，引擎太热，以至于无法让蒸汽锁有足够的散热时间，所以造成无法发动。

汽车对香草冰激凌“过敏”，这的确有点儿离奇，或许很多人收到这样的报告都会当成一种玩笑。但是工程师却抓住问题不放，深入思考，寻找解决问题的突破口，才让事情得到完美的解决。如果缺乏了这些，恐怕即使发现了问题，也会被当成一个玩笑，或被忽略。

在现实中，我们会遇到各种各样的问题。对于简单的，可能不费吹灰之力就能找到答案，但对于较为复杂的，可能就需要花费大量的精力。此时，我们不能浅尝辄止，简单地得出“可能或不可能”的结论，而是要投入努力，深入思考，积极地寻求解决问题的方法，唯有如此，才能使问题很好地得到解决。

奥里森·马登说过，把梦想变为现实，一定要做三件事。第一，使目标具体化；第二，深入思考；第三，付诸行动。可以说深入思考是保证行动正确的必然前提，是实现目标的重点所在。深入一步就是需要人们拥有丰富的思维方法，只有这样，才能获益多多。

凡事多问几个“为什么”

拿破仑·希尔曾经说过这样一句话：“由于我们的大脑限制了我们的手脚，因此，我们掌握不了出奇制胜的方法，往往会简单地放弃。”深入一步，就能够增加思维的深度，进行有效的突破。因此，可以说深入一步就是人们获取成功的一柄利器，很多创造和办法都是在深入一步的思考中诞生的。

那么，怎样才能“深入一步”呢？这就需要我们不轻易对问题的进展表示满足，多问几个“为什么”，揭示出问题的本质，那时解决问题不仅能治标，还能治本。

丰田汽车工业公司总经理大野耐一认为，他之所以能发明“丰田生产方式”，根本原因在于他从不满足，善于“在没有问题中找出问题”。在世人看来，“不满足现状”总是不好的，但在丰田工厂里却有一个口号：“不满足是进步之母。”丰田工厂鼓励员工对现状不满。但要求把这个不满同改革结合起来，而不是和牢骚结合起来。大野本人就是个善于从不满中发现问题，加以改进的人。大野曾总结他发现问题的秘诀，在于凡事要“问 5 次‘为什么’”？

有一次，生产线上有台机器老是停转，修了多次都无效。大野就问：“为什么机器停了？”

工人答：“因为超负荷，保险丝烧断了。”

大野又问：“为什么超负荷呢？”

答：“因为轴承的润滑不够。”

大野再问：“为什么润滑不够？”

答：“因为润滑泵吸不上油来。”

大野再问：“为什么吸不上油来呢？”

答:“因为油泵轴磨损了。”这样,大野还不放过,又问:“为什么磨损了呢？”

答：“因为没有安装过滤器，混进了铁屑。”

于是，大野下令给油泵安上过滤器，终于使生产线恢复了正常。倘若不是这样打破砂锅问到底，只满足于换一个保险丝，或者换一下油泵轴，过一阵仍会出现同样的故障。大野说:“丰田生产方式就是积累并运用这种反复问5次‘为什么’的科学探索问题才创造出来的。”

所以，当你就一个问题探寻其原因时，一定要追根溯源，深入探查问题的核心，而不要满足于停留在问题的表面。

多问几个“为什么”的纵向思维方法在科研方面也起着主要的作用。

我们这里举一个典型的例子：

爱迪生是人类历史上最伟大的发明家，他一生的发明有1600多种，有人不无夸张地说：“如果人类没有了爱迪生的发明，人类文明史至少要往后推迟200年。”那么，爱迪生发明天赋从何而来呢？对他一生进行长期研究的专家指出，爱迪生的发明很多来自提问。平时爱迪生会对常人熟视无睹的问题提出无数个“为什么”。虽然他没有将自己所问的问题都求出答案来，然而他已得出来的答案却多得惊人。

有一天，他在路上碰见一个朋友，看见他手指关节肿了。便问：

“为什么会肿呢？”

“我不知道确切的原因是什么。”

“为什么你不知道呢？医生知道吗？”

“唉！去了很多家医院，每个医生说的都不同，不过多半的医生认为是痛风症。”

“什么是痛风症呢？”

“他们告诉我说是尿酸淤积在骨节里。”

“既然如此，医生为什么不从你骨节中取出尿酸来呢？”

“医生不知道如何取法。”病者回答。

“为什么他们不知道如何取法呢？”爱迪生生气地问道。

“医生说，因为尿酸是不能溶解的。”

“我不相信。”爱迪生说。

爱迪生回到实验室里，立刻开始尿酸到底是否能溶解的实验。他排好一列试管，每支管内都灌入1/4不同的化学溶液。每种溶液中都放入数颗尿酸结晶。两天之后，他看见有两种液体中的尿酸结晶已经溶化了。于是，这位发明家有了新的发现，一种医治痛风症的新方法问世了。

爱迪生这种凡事都爱问个“为什么”的思维方式，为他以后的各种发明创造开辟了一个广阔的天地。

纵向思维就是要问“为什么”，实际上“为什么”这三个字表达了一种深入开掘的欲望。很多时候，对那些寻常的事物，我们自认为很熟悉，想不起要问个“为什么”。殊不知，事物的真实本质和改变创新的机遇，往往就隐藏于对寻常事物再问一个“为什么”的后面。

因此，我们主张进行积极的思维活动，不管遇到什么问题，都要多问几个为什么。当你恰到好处地利用纵向思维这把开启脑力的钥匙后，整个世界也就为你敞开了大门。

坚持自己

纵向思维就如一把钻头，深入探究到问题本源。它给我们的另一个启示是：在做事情时，必须坚持自己的主张，坚定不移地贯彻自己的想法不能被外物或其他人左右，也许就能实现最终的成功。

20世纪70年代，世界拳王阿里因体重超过正常体重20多磅，速度和耐力大不如前，他也因此面临告别拳坛的厄运。

1975年9月，4年未登上拳台的33岁的阿里与另一拳坛猛将弗雷泽进行第三次较量。在进行到第十四回合时，阿里已筋疲力尽，处于崩溃的边缘。他随时都可能倒下，几乎再没有力气迎战第十五回合了。

然而，阿里并没有倒下，而是拼命坚持着，不肯放弃。他心里清楚，对方也和自己一样，也筋疲力尽了。比到这个时候，与其说在比气力，不如说在比毅力，最后的胜利就看谁能比对方多坚持一会儿了。他知道此时如果在精神上压倒对方，就有胜出的可能，于是他竭力保持着坚毅的表情和誓不低头的气势，双目如电。弗雷泽不寒而栗，以为阿里仍存着体力。阿里从弗雷泽的眼神中察觉了这一微妙的变化，他精神为之一振，更加顽强地坚持着。果然，弗雷泽表示甘拜下风。裁判当即高举阿里的臂膀，宣布阿里获胜。这时，保住了拳王称号的阿里还未走到台中央便眼前一片漆黑，双腿无力地跪在地上。弗雷泽见此情景，追悔莫及，并为此抱憾终生。

阿里的胜利胜在他在最后时刻的坚持，而弗雷泽的失败就败在他关键时刻的放弃。

世界上最令人遗憾的事，恐怕莫过于功亏一篑了。若自身条件不满足“再坚持”的要求，此可谓无奈。但是很多时候我们却是主动放弃自己的信念，致使自己与成功失之交臂。若能坚持到底，结果就会大不一样。

贝尔发明电话，是在爱迪生等著名科学家经历了几年的研究，决定放弃，并向世界宣布电话不会产生后，将螺钉拧动 1/4 周，而使电话起死回生。于是爆发了一个著名的官司，最后以贝尔为电话的发明人而结束。爱迪生是一个伟大的发明家，可惜他未在电话的研究上再坚持一下，结果留下了终生遗憾。

我们通常并不缺少坚持下去的能力，而是缺少坚持下去的信心和耐心，这就可能使我们遭遇令人扼腕叹息的事情。

胜利往往产生于再坚持的努力。当成功离我们只有一步之遥时，放弃者就是失败者，而坚持下来的人就是成功者。

在实现目标的过程中，需要克服两种障碍：一是事情本身的难度；二是他人的偏见和异议。很多人半途而废，就是被这两大障碍打败。

18 世纪末，欧洲政坛上出现了一位最没有规矩，并且已近乎偏执的态度坚持自己的人，他就是拿破仑。

他的从政经历很独特：一个没有贵族血统，没有门第背景的人，却靠娶了一个有钱的寡妇，挤进了法国政坛。

他坚持自己的战斗策略：别人都是列着队敲着鼓走到跟前了再放枪，可他打仗是先用大炮轰，然后再让骑兵冲上去一顿乱砍。拿破仑曾下达过一条著名的指令：“让驴子和学者走在队伍中间。”在拿破仑的远征军中，除了 2000 门大炮外，还带了 175 名各个行业的学者以及成百箱的书籍和研究设备。

他有独特的用人方式：除了法国，当时没有任何一个欧洲国家的元帅是鞋匠木工小摊贩，可他的 26 位元帅中，有 24 位出身于此类平民。

他甚至连加冕都按自己的想法来：别的皇帝都是跪下让教皇把王冠给他戴上，他竟然是站起来抓过王冠，自己给自己戴上的！

总之，如同当时欧洲的贵族们怒斥的那样：拿破仑这个土匪是世界上最没有规矩的人！

但是他们又不得不臣服于拿破仑，并且按照拿破仑给他们制定的规矩生活，因为按照他们自己的规矩，他们打不过拿破仑。拿破仑的铁蹄踏遍了整个欧洲，欧洲历史上所有的军事强国全都一一败在他的手上……

只有被苹果撞头，想到万有引力的牛顿；看到太阳，质疑天圆地方的哥白尼这样敢于质疑的人，才是社会发展的推动者。他们忍受着不被人理解的困扰和庸碌者无知的嘲笑，以孜孜不倦的科研热情证实了自己的猜想，奠定了自己不可撼动的地位，并为后来者指明了一条创新、创业的发展之路。唯有这些敢于打破陋俗，勇于质疑陈规，对自己的信念坚信不疑的人，才能在历史中脱颖而出，成为时代进步的先锋。

走出别人的脚印，另辟一条蹊径，你的人生也许因此不同。

每一个人的成功总是受环境因素的制约，你所做的一切都正确，你也不一定会成功，你还需要满足许多条件。所以说，人生还需要战胜挫折、失败，需要坚持，需要不达目的不罢休的意志。

第八章

侧向思维

——另辟蹊径，跳出原来的圈子

认识侧向思维法

如果你是一家电影公司的职员，现在，公司要在另外一个城市开一家新的电影院，于是安排你做一件事情：在 1 ~ 2 天的时间里，帮公司寻找一个最适合开电影院的地方。你有把握在这么短的时间内找到吗？

众所周知，开电影院和开商店的经验是一样的：最重要的莫过于位置。因为，商店和电影院生意要兴隆，首先得人气旺。而人气要旺，就必须将位置选择在人流量多、消费能力强的地方。

很多人面对这样的问题，很容易根据常规思维，用测算人流量的方法去解决，其中最直接的方法，就是每天派人到各处实地考察，但这样需要耗费大量的时间和精力，短时间内得出结果根本不可能。还有一种办法就是请专门的调查公司去做调查，那花费肯定不会少。除这两种方法外，还有没有更好的方法？

日本一家电影公司的一位高级管理者，就遇到过这样的问题。但他只采用了一个非常简单的方法，就轻而易举地将问题解决了。

他是怎么做的呢？——带领自己的下属，到将要开设电影院的城市的所有派出所进行调查。调查的目标十分简单：哪个地方平时丢钱包最多，然后就选择丢钱包最多的地方开电影院。

结果证明，这个选择简直太对了，这家电影院成了电影公司开设的众多电影院中最火的一家。

做出这种选择的理由是什么？因为钱包丢失最多的地方，就是人流量最大、消费活动最旺盛的地方。

这位主管所采用的方法，就是侧向思维法。它的具体做法是：思考问题时，不从“正面”角度，而是通过出人意料的侧面来思考和解决问题。

生活中需要解决的某些问题，如果从正面来找突破口，往往比较困难，这时，就可以考虑从侧面去寻找。

让我们来看看上面开电影院找派出所调查的例子所用的思路：

（1）目标：最理想的地方——人最多的地方。

（2）人最多的地方表现：①人头攒动；②拥挤；③吵吵嚷嚷；④容易丢东西；⑤其他……

（3）去掉其他方面的表现，仅选一个重要的侧面：容易丢东西。

（4）从哪里才能知道什么地方最容易丢东西——派出所。

这样从侧面顺藤摸瓜地摸下去，问题很快就有解决的方法了。

生活中还有许多类似的例子，某些情况较难在短时间内摸清状况，便可以采取这种侧向思维法来考察。

下面就是一个巧用侧向思维法的故事：

美国加州的可布尔饮料开发有限公司需要招聘新员工，有一个叫马克尔的年轻人到公司去面试。他在一间空旷的会议室里忐忑不安地等待着。

过了一会儿，一位相貌平常，衣着非常朴素的老者走了进来。马克尔连忙站起来去迎接他，但是，那位老者只是盯着他看，好长时间眼睛一眨也不眨。正在马克尔被看得莫名其妙、不知所措的时候，这位老人突然一把抓住了马克尔的手大声地叫道：“我可找到你了，我终于见到你了！上次要不是你，我的女儿可早就没命了！”这是怎么回事？马克尔真是丈二和尚摸不着头脑，因为他从来就没有见过这位老者。

“你不记得了吗？尊敬的先生，上一次，就是在中央公园里，是你呀，就是你把我失足落水的女儿从湖里救出来的！”老人激动得连声说道。对于这种莫名其妙的事情，马克尔自然十分纳闷。当他明白了事情的原委以后，心想原来这位老者将自己当作他女儿的救命恩人了。他马上诚实地说：“老先生，我想您是认错人了，我不是那个救您女儿的人。”“是你，是你，一定不会错的！”老人又一次肯定地说。

马克尔面对这位感动不已的老人，只能再三地解释："先生，真的不是我！你说的那个公园，我至今还没有去过呢！"听着马克尔的辩解，老人终于松开了手，失望地望着他说："难道真的是我认错人了？"马克尔安慰老者说："老先生，您别着急，慢慢地找，一定可以找到那位救您女儿的先生的！"后来，马克尔如愿以偿，被这家公司聘用了。

有一天，马克尔又遇见了那位老人，便主动上前关切地与他打招呼，并且询问道："救你女儿的人找到了吗？""没有，我一直没有找到！"这位老人表情木讷地走开了。

马克尔的心情非常沉重。有一天，他对公司的一位老员工说起了这件事，不料那位员工哈哈大笑道："你认为这位老先生可怜吗？他是我们公司的总裁！他女儿落水的故事也不知讲了多少遍了，事实上，他根本就没有女儿！"

"这是为什么？"马克尔大惑不解。那位员工接着说："我们总裁是通过这种方法和这件事情来选人才的。他说过，只有品德高尚的人才是可以塑造的人才！"

马克尔工作兢兢业业，不久就成为公司市场开发部的总经理，一年就为公司赢得了 350 万美元的利润。当那位可敬的总裁年老退休时，马克尔接替了总裁的位置。

这位老人的考题确实比较怪诞，但他却巧妙地运用这种方法选到了值得信赖的人才。在面试的那十几分钟里，应聘者展现出的都是才华横溢的一面，怎样才能在短时间内了解一个人的品质呢？直接看是得不到真实答案的，通过这样一道小小的考题却可以从侧面看清一个人的品质是否高尚，使我们不得不为老人思维的灵活而赞叹。

就像我们在走路时，正前方出现了一块巨石挡住了去路，我们不必沮丧，也不必往回走，我们可以尝试走旁边的小路，也许可以更快地到达目的地呢。侧向思维在解决问题时所起的就是那"小路"的作用。

换一个视角看问题

美国总统罗斯福再次参加竞选时，竞选办公室为他制作了一本宣传册，发放给记者和选民，为竞选造势。在这本册子里有罗斯福总统的相片和一些竞选信息。

接着成千上万本宣传册被印刷出来。

但就在这些宣传册印刷完毕，即将分发的时候，竞选办公室的一名工作人员在做最后的核对时，突然发现了一个问题：宣传册中有一张照片的版权不属于他们，而为某家照相馆所有，他们无权使用。

竞选办公室陷入了恐慌，手册分发在即，已经没有时间再重新印刷了，该怎么办？如果就这样分发出去，无视这个问题，那家照相馆很可能会因此索要一笔数额巨大的版权费，也会对罗斯福的总统竞选造成负面影响。

有人立刻提出，派一个代表去和照相馆谈判，尽快争取以一个较低的价格购买到这张照片的版权。这是大多数人遇到相同问题时最可能会采取的处理方式，也就是正面思维常会想到的方式。但竞选办公室选择的却是另一种方式。

他们通知了这家照相馆：竞选办公室将在制作的宣传册中放上一幅罗斯福总统的照片，贵照相馆的一张照片也在备选的照片之列。由于有好几家照相馆都在候选名单中，竞选办公室决定将这次宣传机会进行拍卖，出价最高的照相馆将会得到这次机会。

结果，竞选办公室在两天内就接到了该照相馆的投标书和支票。在最后，竞选办公室不但摆脱了可能侵权的不利地位，甚至还因此获得了一笔收入。

在这里我们可以发现，竞选办公室采取的方式十分特别，从侧面对该家照相馆旁敲侧击，将主动权掌握在自己手中，让照相馆反过来有求于己，这样的解决方法，比同照相馆就照片使用权问题进行谈判所获得的结果要好很多。

罗斯福竞选办公室的工作人员很善于换一个视角看问题，从面临版权问题的正面换到了侧面，总统竞选的过程也可以成为商家做宣传的过程，同时也看到了解决问题的方法。

古人说："横看成岭侧成峰，远近高低各不同。"这些区别也许就是由于看待问题的视角不同。从正面看，前方障碍重重，从侧面看，问题迎刃而解；从正面看，是一场灾难，从侧面看，却是一个商机。

南宋绍兴十年（1140）七月的一天，杭州城最繁华的街市失火，火势迅猛蔓延，数以万计的房屋商铺置于汪洋火海之中，顷刻之间化为废墟。

有一位裴姓富商，苦心经营了大半生的几间当铺和珠宝店，也恰在那条闹市中。火势越来越猛，他大半辈子的心血眼看将要毁于一旦，但是他并没有让伙计和奴仆冲进火海，舍命抢救珠宝财物，而是不慌不忙地指挥他们迅速撤离，一副听天由命的神态，令众人大惑不解。

然后他不动声色地派人从长江沿岸平价购回大量木材、毛竹、砖瓦、石灰等建筑用材。当这些材料像小山一样堆起来的时候，他又归于沉寂，整天品茶饮酒，逍遥自在，好像失火压根儿与他毫无关系一样。

大火烧了数十日之后被扑灭了，但是曾经车水马龙的杭州，大半个城已是墙倒房塌，一片狼藉。

不几日朝廷颁旨：重建杭州城，凡经营销售建筑用材者一律免税。

于是杭州城内一时大兴土木，建筑用材供不应求，价格陡涨。

裴姓商人趁机抛售建材，获利巨大。其数额远远大于被火灾焚毁的财产。

侧向思维为我们提供了一个崭新的思维视角，在我们的生活中与工作中，遇到困难或是难以跨越的“坎”时，不妨尝试一下侧向思维，你也许可以看到另外一片天地。

从侧向打开另一条路

我们常听老人对我们说：“别在一棵树上吊死。”那是在告诉我们：问题总会有解决的办法，人生总会有出口，何必执着于一点不放？正面行不通，那就转个身，从侧向打开另一条路。

一位在金融界工作的年轻人，立志要读金融研究生，三大部《中国金融史》几乎被他翻烂了，可是连考数年都未中。

然而，在这期间，不断有朋友拿一些古钱向他请教，起初他还能细心解释，不厌其烦。后来问的人实在太多了，他索性编了一册《中国历代钱币说明》，一是为了巩固所学的知识，二是为了给朋友提供方便。

这一年，他依旧没有考上研究生，但是他的那册《中国历代钱币说明》却被书商看中，第一次就印了1万册，当年销售一空。现在，这位朋友已经是“中产阶级”了。

无独有偶。一位华中师大的年轻教授，刚结婚不久，妻子就因为患类风湿性关节炎成了卧床不起的病人，生下女儿后，病情又加重了。面对长年卧床的妻子、刚刚降生的女儿和还没开头的事业，他矛盾重重。

一天，他突然想到，能不能把自己的研究方向定在儿童语言的研究上呢？从此，妻子成了最佳合作伙伴，刚出生的女儿则成了最好的研究对象。家里处处都是小纸片和铅笔头，女儿一发音，他们立刻做最原始的记载，同时每周一次用录音带录下文字难以描摹的声音。

就这样坚持了6年，到女儿上小学时，他和妻子开创了一项世界纪录：掌握了从出生到6岁半之间几百万字的儿童语言发展原始资料。而国外此项纪录，最长只到3岁。1991年，他的《汉族儿童问句系统学习的探微》出版，在国外语言学界引起了震动，被《中国语言年鉴》誉为“关于儿童语言发展的奠基之作”。

此后，硕果累累：他和妻子合著的《父母语言艺术》出版；他主编的《聋儿语言康复教程》获奖；35万字的最新论著《儿童语言发展》，又被列入出版计划……

失之东隅，收之桑榆。也许在正前方的路上你会碰上艰难险阻，甚至会伤痕累累，那么，就换另一条路，从侧面打开一片新思路。

曾有这样一个故事：

麦克近来为工作的事情很是发愁，本来他干得好好的，而且他很喜欢现在的工作，但他却在考虑换工作。

原来，麦克的上司是个很难缠的人，自己的能力不高却嫉贤妒能，一直打压属下的发展。对属下的工作要求苛刻却从来不提供任何帮助，也从来不向老板说一句员工的好话。部门的员工都不喜欢他，但是为了工作，又不得不与他共事。上个月，又有两名业务骨干跳槽走了，麦克已经是部门业务能力最强的人了，但向上发展的希望很渺茫。走，还是留？麦克陷入了矛盾中。

当妻子看到愁容满面的麦克时，询问他是否身体不舒服，麦克便将自己的苦恼告诉了妻子。

妻子听了后，笑着说：“为什么非要陷在这种痛苦的选择中呢？按照我说的方法，把自己解脱出来吧。”随后，给他出了一个主意。

几天后，麦克兴高采烈地回到家中，他给了妻子一个热烈的吻，告诉妻子，自己被提升为部门经理了！

原来，妻子给他出的主意是：将上司的材料提供给猎头公司，两天后，上司就接到了猎头公司的电话，之后，便欢欢喜喜地跳槽走了，空出的职位自然非麦克莫属了。

从侧向打开另一条路，体现的是一种智慧、一种思维方式。它告诉我们在遇到困难时不能坐以待毙，或陷入传统思维的陷阱，而应将自己的思路打开，积极地去寻找另外一条路，一条通往成功的捷径。

从侧向寻找问题的突破口

运用侧向思维法，往往可以帮助我们从侧向寻找到问题的突破口，当年法国向百姓推广土豆的种植便运用了这一方法，并取得了意想不到的好效果。

原来，当土豆引入欧洲时，并不被百姓所认同。法国国王想尽了办法来宣传土豆的优点：高产、耐旱、省肥、抗病虫害、营养丰富、便于储藏，等等，可以说使出了浑身解数，却没有收到什么效果，百姓仍对其敬而远之。

后来，有个小官向国王献计，由国王下令在一片空地上种植土豆，并且在白天派兵看守，晚上再将守兵撤去。这一下激发了百姓们浓烈的兴趣，大家都在猜测这究竟是什么好东西，竟然需要卫兵来看守？于是，几个胆子大的人晚上将土豆偷来种在自家地里。这样，偷种的农家越来越多，土豆也就在法兰西的田野上很快推广开了。

当正面的努力难以取得进展时，不妨从侧面进行旁敲侧击，找到问题的突破口。这种方法也可以用于谈判中，当双方的对话陷入尴尬境地时，便可以从侧面刺激对方与我们交流，以便掌握更多的信息，在谈判中占据优势。

下面这个推销员的做法就堪称经典。

有一个推销员上门推销化妆品。

“不好意思，我们目前没有钱，等我有钱了再买，你看行吗？”女主人客气地拒绝了。

这时，推销员突然发现她家门厅里有一只女用高尔夫球袋，推销员立刻计上心头，便话锋一转说道：“这球袋是您的吗？”

“是啊！”

“呵，您的球袋真漂亮。”

“噢，这是我去年到欧洲旅游时在巴黎买的。”

“您是高尔夫球的爱好者呀！”

“是啊，为此我花了不少钱。”

“对啊，打高尔夫球是富人们的娱乐活动。”

“你说得很对，在国外，高尔夫球是上层社会人士喜爱的高级娱乐。”

当这位太太眉飞色舞地谈论时，推销员不失时机地说：“是的，这种化妆品不是便宜货，确实是贵了一点儿，所以用它的女士都是高收入者，而且，使用这种化妆品就如打高尔夫球一样，能显示您的身份！”

这句话正好说中这位太太的心理，为了不丢掉自己的面子，她无法再说出“没钱”的借口了。

侧向思维就是这么奇妙，几句简单的话，几个简单的举动，几点小小的细节，都可以被我们所利用，旁敲侧击一番，仔细推敲几次，便可以找到问题的根源，为我们的行动提供有效的指导。

不能忽视的细节

许多人常常忽视细节的作用，殊不知，细节往往是解决问题的侧向突破口。老子说："天下难事，必做于易；天下大事，必做于细。"不起眼的事物也许会带来新的发现。

自新任老板长川上任以后，常磐百货公司营业额每年翻一番，其经营物品几乎包揽了全县所有人的日常生活用品和食品。

长川成功的秘诀是什么呢？

原来他刚刚到常磐百货公司上任时，公司只是一个很普通的生活用品商场，县城里和他们公司同样大小的百货公司还有 5 家。怎样才能在竞争中尽快地出效益呢？

如今人们买东西常集中采购，为防止丢三落四，会先写一个购物清单。有一次，长川看见一位女顾客买完一件东西要走时，把一个纸条扔到商场门口的纸篓里，他马上跑过去捡起来，发现上面写了顾客需要的另外两种东西，他们商场里也有，只是质量不如顾客点名要的品牌好。他根据这一信息，更换了该商品的品牌，果然有很好的效果。于是长川经理开始每天把废纸篓里的纸条全部捡回去，仔细研究顾客的需要。很快，他就知道了顾客对哪几类商品感兴趣，尤其青睐哪几种牌子，对某类商品的需要集中在什么季节，顾客在挑选商品时是如何进行合理搭配的，等等。在长川经理的带动下，常磐百货公司总是以最快的反应速度适应顾客，并且合理地引领顾客超前消费，一下子把顾客全部拉进了他们的店里。

巨大的机会常常就潜藏在一个微不足道的细节中。即使废纸篓里的一些废纸条，有时也预示着某些商业信息。善于利用细节，在侧向思维的指导下化平凡为神奇，你就能掌握到更多的机会，从而能多角度、多渠道地解决好问题。

细节能反映的问题是多方面的，它可以从侧面反映一个人的素质、一个人的能力、一个组织的管理状况、一家企业的经营状况，甚至是一个国家的发展前途。

大家也许都听说过这样一个关于应聘的故事：

有家招聘高级管理人才的公司，对一群应聘者进行复试。尽管应聘者都很自信地回答了考官们的简单提问，可结果却都未被录用，只得快快离去。这时，有一位应聘者，走进房间后，看到了地毯上有一个纸团。地毯很干净，那个纸团显得很不协调。这位应聘者弯腰捡起了纸团，准备将它扔到纸篓里。这时考官发话了："您好，朋友，请看看您捡起的纸团吧！"这位应聘者迟疑地打开纸团，只见上面写着："热忱欢迎您到我们公司任职。"几年以后，这位捡纸团的应聘者成了这家著名大公司的总裁。

这显然是一道考察求职者细节的试题，但它反映出的信息绝不仅仅是"这个人讲究卫生"这一点，而是透过这一点表现出了应试者的细心、责任心等一系列员工应具备的素质。

我们知道，不可能在一天内将一家公司经营成跻身国际前列的大企业，同样，一家公司也不会在瞬间落败。经营中存在的诸多细节都从侧面反映了导致落败的原因，却被我们忽略了。

也许我们对诞生于1991年的荣华鸡快餐公司还存有印象。荣华鸡给大家带来的深刻印象大致有两点：一是向肯德基叫板，号称"肯德基开到哪，我就开到哪"；二是败落的速度之快，2000年，随着荣华鸡快餐店从北京安定门撤出，荣华鸡为期6年的闯荡京城的生涯，画上了一个不太圆满的句号，在与肯德基的大战中"落荒而逃"。

荣华鸡走了，给我们留下了思考：荣华鸡为什么竞争不过肯德基?

在分析荣华鸡与肯德基大战中败走麦城的原因时，曾有各种各样的说法，但专家分析认为，包括荣华鸡在内的中式快餐与洋快餐较量落于下风的根本原因，在于细节。

肯德基曾在全球推广"CHAMPS"冠军计划，其内容为：

C：Cleanliness 保持美观整洁的餐厅；

H：Hospitality 提供真诚友善的接待；

A：Accuracy 确保准确无误的供应；

M：Maintenance 维持优良的设备；

P：Product quality 坚持高质稳定的产品；

S：Speed 注意快速迅捷的服务。

"冠军计划"有非常详尽、可操作性极强的细节，保证了肯德基在世界各地每一处餐厅都能严格执行统一规范的操作，从而保证了它的服务质量。

现代文明赋予快餐的定义是工厂化、规模化、标准化、依托现代化管理的连锁体系。肯德基就是这些要求的产物，而包括荣华鸡在内的中式快餐，还远没有达到这种要求。因为中式快餐的厨师都是手工化操作，食品没办法根据标准进行批量化生产。因为没有标准化，食品的质量难以得到保证，比如肯德基规定它的鸡只能养到7星期，一定要杀，到第八星期虽然肉长得多了，但肉太老。而包括荣华鸡在内的所有中式快餐，恐怕就没有考虑到，或者即便考虑过也没有细致到这种程度。因为没有标准化，卫生状况、服务质量也难以得到保证，例如，当年荣华鸡的店员就曾当着顾客的面在柜台内用苍蝇拍打苍蝇，而盛着炒饭、鸡腿的柜台根本就不加遮盖。这正是荣华鸡在与肯德基的较量中败走麦城的原因。

从他人观点中发现闪光点

通过学习侧向思维法，我们知道，当遇到困难时，要从侧向寻求突破，那么，你有没有思考过，通过听取他人的建议也是从侧向解决问题的一种有效方式?

我们常说："当局者迷，旁观者清。"他人站在局外往往可以为我们提供更有建设性的意见。适当地吸收他们的观点，可以帮助我们达到事半功倍的良好效果。

有一个年轻人，想独立创业，开一家服装店。母亲知道他这个创业计划后，劝他说："你叔叔以前做过好多年生意，现在不做了，经验还在，你不如去请他传授传授。"

年轻人心想，叔叔做生意都是几年前的事了，他那点儿老经验拿到网络时代来用，只怕过时得太久了。他决定按自己的思路做事。

年轻人租了一个临街的门面，这周围只有几家食品店和百货店。他想，在这儿开服装店，没有竞争对手，生意肯定错不了。没想到，开业后，他的生意十分冷清，别说买主，连进来瞧一瞧的人都很少。母亲替他请来叔叔，帮忙看看生意不景气的原因。叔叔看了一眼就说："你这地方开服装店不行，周围一家服装店也没有，不招客。"

年轻人奇怪地问："为什么？"

"你的店面小，花色品种有限，对顾客的吸引力本来就不大，加上没有竞争对手，价格没有比较，顾客怎会愿意来呢？"

年轻人心想：看来叔叔的经验还没有完全过时，说得还是有点儿道理的。既然这地方"风水不好"，那就只好关门大吉了。后来，他在叔叔的指点下，在另一个地点新开了一家服装店，这回生意做得很不错，现在已扩大成服装超市了。

俗话说："一处不到一处迷。"很多事不是凭自己的聪明能想象得到的，一定要去见识一番才能了解情况。可是全靠自己的胆量去闯，受伤的机会就比较多了，你怎么知道那个陌生的地方没有陷阱荆棘，没有毒虫猛兽？若是向过来人问一问，安全系数就大大提高了。

许多人对于向他人征求意见心存顾虑，认为对方的水平还不如自己，又怎么会提供好的观点呢？其实他不了解，好主意常常装在一个不如自己的脑袋里。

聪明人有聪明人的思考模式，他们的主意的确比较多，对大局的了解也比一般人清楚，可是对那些涉及最基层民众或最直接消费者的具体问题，就不是他们能想到的了。

所以，为了使决策更科学、更切合实际，有必要倾听来自基层的意见。别看那个员工整天坐在机床前闷头干活，像一台没有思想的机器，说不定他的脑袋里就装着一个意想不到的好主意呢！

美国"石油大王"盖蒂曾买了一块石油藏量极丰富的地。可是它太小了，夹在别人的地中间，只有一条极狭窄的通道，根本无法修一条铁路运送笨重的钻井设备。眼看别人的钻井都竖起来了，盖蒂却一筹莫展，只好去向员工讨主意。一位老工人说："也许可以定制一套小型设备，建一座小型钻井，这样可以降低运输难度。"盖蒂心里一亮：既然可以定制一套小型设备，为什么不可以修一条较窄的铁路呢？结果，这个超常规的主意解决了盖蒂的所有难题，他最终在这块地上竖起了油井，并赚得几百万美元。

正因为基层员工经常能想到高层管理人员想不到的好主意，所以，国外众多优秀公司特别重视疏通从高层到最底层的沟通渠道，使各种好主意和好建议尽快地变成公司的政策。比如，有的公司实行走动式办公，要求各级管理人员随时跟下属接触，最高首脑也经常下基层巡视，与最底层员工交流。有的公司根本不为中下级管理人员设立办公室，要求他们经常跟普通员工在一起。有的公司实行"敞门式"办公，任何一级员工都可随时走进总经理的办公室反映情况。有的公司召开决策会议时，邀请员工代表参加。无论采取什么方法，他们的目的都是：听到基层员工的意见。

从他人观点中发现闪光点，是侧向思维法在生活中的应用。每个人的思维模式都不相同，对问题都有自己独特的看法。倾听他人的观点，就能知道许多跟自己不一样的思考方法，其中一定有值得自己借鉴的东西。那些少说多听的人显得比一般人有头脑，其原因也在于此。

第九章

系统思维

——人类所掌握的最高级思维模式

由要素到整体的系统思维

系统思维也叫整体思维，是人们用系统眼光从结构与功能的角度重新审视多样化的世界。

系统是由相互作用、相互联系的若干组成部分结合而成的，它是具有特定功能的有机整体。系统思维的核心就是利用前人已有的创造成果进行综合，这种综合，如果出现了前所未有的新奇效果，当然就成了更新的创造。从某种意义上说，发明创造就是一门综合艺术。

整体思维是创造发明的基础，它大量存在于我们的生活之中，有材料组合、方法组合、功能组合、单元组合等多种形式。徐悲鸿大师的名作《奔马》，运笔狂放、栩栩如生，既有中国水墨画的写意传统，又有西洋油画的透视精髓，它是中国画和油画技法的组合。我们买来的一件件成衣，是衣料、线、扣子等的组合。钢筋混凝土是钢筋和水泥的组合体。集团公司的产生、股份制的形成、连锁店的出现，都是综合的结晶。

系统思维是“看见整体”的一项修炼，它是一种思维框架，能让我们看到相互关联的非单一的事情，看见渐渐变化的形态而非瞬间即逝的一幕。这种思维方法可以使我们敏锐地预见到事物整体的微妙变化，从而对这种变化制定出相应的对策。

美国人民航空公司在营运状况仍然良好的时候，麻省理工学院系统动力学教授约翰·史德门就预言其必然倒闭，果然不出其所料，两年后这家公司就倒闭了。史德门教授并没有很多精确的数据，他只是运用了系统思考法对人民航空公司的“内部结构”进行了观察，发现这个公司组织内部一些因果关系还未“搭配”好，而公司的发展又太快了，当系统运作得越有效率，环扣得越紧，就越容易出问题，走错一步，满盘皆输。史德门之所以能够看出问题的本质，是因为他运用了整体动态思考方法，透过现象看到了问题的本质。

系统思维法是一种将各要素之间点对点的关系整合成系统关系的方法，在一般人的眼中，也许甲和乙是没有关系的独立个体，但是，以系统思维法去考察，却能够发现，这两者是息息相关的有机整体，那么，处理问题时就要将甲和乙全部纳入考虑范畴了，就像下面的这个故事一样：

一次，“酒店大王”希尔顿在盖一座酒店时，突然出现资金困难，工程无法继续下去。在没有任何办法的情况下，他突然心生一计，找到那位卖地皮给自己的商人，告知自己没钱盖房子了。地产商漫不经心地说：“那就停工吧，等有钱时再盖。”

希尔顿回答：“这我知道。但是，假如一直拖延着不盖，恐怕受损失的不止我一个，说不定你的损失比我的还大。”

地产商十分不解。希尔顿接着说：“你知道，自从我买你的地皮盖房子以来，周围的地价已经涨了不少。如果我的房子停工不建，你的这些地皮的价格就会大受影响。如果有人宣传一下，说我这房子不往下盖，是因为地方不好，准备另迁新址，恐怕你的地皮更是卖不上价了。”

“那你想怎么办？”

“很简单，你将房子盖好再卖给我。我当然要给你钱，但不是现在给你，而是从营业后的利润中，分期返还。”

虽然地产商极不情愿，但仔细考虑，觉得他说得也在理，何况，他对希尔顿的经营才能还是很佩服的，相信他早晚会还这笔钱，便答应了他的要求。

在很多人眼里，这本来是一件完全不可能做到的事，自己买地皮建房，但是出钱建房的，却不是自己，而是卖地皮给自己的地产商，而且“买”的时候还不给钱，而是用以后的营业利润还。但是希尔顿做到了。

为何希尔顿能够创造这种常人不可思议的奇迹呢？

就在于他妙用了一种智慧——系统智慧。其中最根本的一条，是他把握了自己与对方不只是一种简单的地皮买卖关系，更是一个系统关系——他们处于一损俱损、一荣俱荣的利益共同系统中。

从上面的例子我们也可以看出：在系统思维中，整体与要素的关系是辩证统一的。整体离不开要素，但要素只有在整体中才成其为要素。从其性能、地位和作用看，整体起着主导、统帅的作用。因此，我们观察和处理问题时，必须着眼于事物的整体，把整体的功能和效益作为我们认识和解决问题的出发点和归宿。

学会从整体上去把握事物

要运用好系统思维，就要学会从全局整体把握事物及其进展情况，重视部分与整体的联系，才能很好地从整体上把握事物。

第二次世界大战期间，在伦敦英美后勤司令部的墙上，醒目地写着一首古老的歌谣：

因为一枚铁钉，毁了一只马掌；
因为一只马掌，损了一匹战马；
因为一匹战马，失去一位骑手；
因为一位骑手，输了一次战斗；
因为一次战斗，丢掉一场战役；
因为一场战役，亡了一个帝国。

这一切，全都是因为一枚马蹄铁钉引起的。

这首歌谣质朴而形象地说明了整体的重要性，精确地点出了要素与系统、部分与整体的关系。

世界上任何事物都可以看成是一个系统，系统是普遍存在的。大至渺茫的宇宙，小至微观的原子，一粒种子、一群蜜蜂、一台机器、一个工厂、一个学会团体……都是系统，整个世界就是系统的集合。

系统论的基本思想方法告诉我们，当我们面对一个问题时，必须将问题当作一个系统，从整体出发看待问题，分析系统的内部关联，研究系统、要素、环境三者的相互关系和变动的规律性。

有一年，稻田里一片金黄，稻浪随风起伏，一派丰收景象。令人奇怪的是，就在这片稻浪中，有一块地的水稻稀稀落落，黄矮瘦小，与大片齐刷刷的稻田成了鲜明的对照。

这是怎么回事呢？原来田地的主人急用钱，于是在这块面积为 2.5 亩的田地上挖去一尺深的表土，卖给了砖瓦厂，得了1万元。由于表面熟土被挖，有机质含量锐减，这年春天的麦苗长得像锈钉，夏熟麦子收成每亩还不到150斤。水稻栽上后，尽管下足了基肥，施足了化肥，可是水稻长势仍不见好。

有人给他算了一笔账，夏熟麦子少收1000多斤，损失400元，而秋熟大减产已成定局，损失更大。今后即使加倍施用有机肥，要想这块地恢复元气，至少需要5年时间，经济损失至少在2万元以上。这么一算，这块农田的主人叫苦不迭，后悔地说："早知道这样，当初真不应该赚这块良田的黑心钱。"

这位农地主人原本只是用土换钱，并没有看到表土与庄稼之间的关系，本以为是将无用的东西换成金钱，结果却让他失去更多，需要花费更多的钱来弥补自己的损失。这就是缺乏系统眼光和系统思维的结果。

与之相对比，"红崖天书"的破译却是得益于从整体上去把握事物。

所谓"红崖天书"，是位于贵州省安顺地区一处崖壁上的古代碑文；在长10米、高6米的岩石上，有一片用铁红色颜料书写的奇怪文字，字体大小不一，大者如人，小者如斗，非凿非刻，似篆非篆，神秘莫测。因此，当地的老百姓称之为"红崖天书"。近百年来，"红崖天书"引起了众多中外学者的研究兴趣，甚至有人推测这是外星人的杰作。据说，郭沫若等著名的学者也曾经尝试破译。但是一直没有定论。

直到上海江南造船集团的高级工程师林国恩发布了对"红崖天书"的全新诠释，学术界才一致认为，这一"千古之谜"终于揭开了它的神秘面纱。

那么，非科班出身的林国恩是如何破译这个"千古之谜"的呢？林国恩于1990年了解"红崖天书"以后，对它产生了浓厚的兴趣，从此把他的全部业余时间放到了破译工作上。他祖传三代中医，自幼即背诵古文，熟读四书五经。他于1965年考入上海交通大学学习造船专业，但是他业余时间钻研文史，学习绘画。由于他是造船工程师，系统学习对他有很深的影响，使他掌握了综合看待问题的方法，这为他破译"红崖天书"打下了坚实的基础。

在长达9年的研究中，他综合考察了各个因素，查阅了7部字典，把"红崖天书"中50多个字，从古到今的演变过程查得清清楚楚。在此基础上，他做了数万字的笔记，写下了几十万字的心得，还三次去贵州实地考察，为破译"红崖天书"积累了丰富的资料。

经过系统综合的考证，林国恩确认了清代瞿鸿锡摹本为真迹摹本；文字为汉字系统；全书应自右向左直排阅读；全书图文并茂，一字一图，局部如此，整体亦如此。从内容分析，"红崖天书"成书约在1406年，是明朝初年建文皇帝所颁发的一道讨伐燕王朱棣篡位的“伐燕诏檄”。全文直译为：燕反之心，迫朕逊国。叛逆残忍，金川门破。杀戮尸横，罄竹难书，大明日月无光，成囚杀之地。需降服燕魔，作阶下囚。

我们可以设想，如果不能将这些文字与其历史背景、文字结构、图像寓意结合起来，不能将它们作为一个整体去考察、去把握，恐怕“红崖天书”到现在也只是一个谜。

由此，我们可知：问题的内部不仅存在关联，与外部环境也同样产生作用。我们必须将其分开进行观察，然后再将其按照系统的模式来进行分析。

当你学会了系统思维，能够以一个整体的眼光去看问题的时候，相信你就可以更容易地把握和处理问题了。

对要素进行优化组合

系统思维法将所面对的事物或问题作为一个整体加以分析，并且在系统运作过程中，要对要素进行优化组合，让适当的要素在最佳位置上发挥出最佳的作用，往往可以产生 1+1 ＞ 2 的效果。

我国古代著名的“田忌赛马”的故事就是一个典型的例子。

孙膑是战国时期的著名军事家。齐国大臣田忌喜欢和公子王孙们打赌赛马，但总是输。于是，孙膑对田忌说：“您只管下重注，我包您一定能赢。”

赛马时，孙膑让田忌用自己的上等马跟别人的中等马比赛，用中等马与别人的下等马比赛，再用下等马对付别人的上等马。结果三场比赛，田忌胜了两场。

孙膑之所以能让田忌稳操胜券，在于他将整个赛马活动当成了一个系统来处理，而且他善于将系统要素进行优化组合。虽然以下等马和别人的上等马比，非输不可，但是另外的两场比赛，却是每场都赢。正是因为孙膑善于将系统要素进行优化组合，才能达到“反败为胜”的结局。

系统要素进行优化组合在生活的各个方面均有体现。如在农业中，农作物配合栽培方法即是其一。一块田地，什么时间应该种什么作物，玉米、大豆、棉花等不同的作物应该怎样搭配才能获得高产量？这就需要用系统思维来解决。

企业中的人对企业来说，是关乎企业成败的要素，人的分配问题也值得每一个企业深思。如果企业人员工作分配合理、人尽其才，将每个人发挥出的能量加合在一起，将会推动企业迅速地向前发展；但如果人员没有做到优化组合，不能让正确的人去做正确的事，那时，有能力的人因“英雄无用武之地”而离去，身居高位的无能者都不能够积极进取，最终，企业很有可能败落。

在系统思维中，各要素并不是割裂的独立个体，而是相互链接的一个整体，这些要素可以在最佳的协调机制下处于最理想的工作状态。

贝特茜和鲍里斯需要做三件家务：（1）用吸尘器打扫地板。他们只有一个吸尘器。这项活计需要 30 分钟。（2）用割草机修整草坪。他们只有一架割草机。这项活计也需要 30 分钟。（3）给婴儿喂食和洗澡。这项活计也需要 30 分钟。

贝特茜和鲍里斯如何合作，才能尽快做完家务？

如果不将各要素作为一个整体来进行优化组合的话，无论由谁单独完成两项任务，需要的时间都是 60 分钟。

然而，如果从系统优化组合的角度来思考，似乎还有更大的协同空间，诀窍是让贝特茜和鲍里斯两人在整个过程中都一直在工作，只要运用整体性思维对全过程进行优化组合，就会找出这一似乎不存在的空间：让贝特茜先用吸尘器完成一般的地板清扫任务（15 分钟），并让她自己单独完成照顾婴儿的任务（30 分钟）。同时，鲍里斯开始用割草机修整草坪（30 分钟），接着来清扫地板（15 分钟）——总时间为 45 分钟。

总之，系统思维要求人们用系统眼光从结构与功能的角度重新审视多样化的世界，把被形而上学分割了的世界重新整合，将单个元素和切片放在系统中实现“新的综合”，以实现“整体大于部分的简单总和”的效应。

学会将材料进行综合

系统思维从某种程度上讲是一种将材料进行综合的方法，要掌握系统思维法，就要学会如何综合材料，以达到创造的目的。

综合就是将已有的分析成果按其固有的内在联系有机结合起来，从总体上更全面、更深刻地把握研究对象的本质和规律，创立更全面、更普遍的科学理论。在自然科学发展的过程中，万有引力定律、能量守恒与转化定律以及麦克斯韦电磁理论的创立，都离不开这种综合能力。科学技术的发展由分析而进入到综合，并在综合成果的指导下进行更深入的分析，再步入更广泛的综合。

最常见的材料综合就是对信息材料的综合。将各种信息汇集到一起，也许会产生出人意料的结果。

20 世纪 30 年代，正当希特勒扩充军队，加紧准备发动第二次世界大战的关键时刻，英籍作家雅格布写的一本书出版了。在书中他详尽地介绍了希特勒军队各军区的情况。希特勒知道以后，暴跳如雷，立即命令将雅格布绑架到柏林。在审问中，雅格布说他的全部材料都是从德国公开的报纸上得来的。雅格布的回答使在场的德国人目瞪口呆，面面相觑。

雅格布究竟是怎样从报纸上得到了希特勒极其重要的军事秘密的呢？原来，他长期注意从德国报刊上搜集关于希特勒军事情况的报道，就连丧葬讣告和结婚启事之类的材料也不放过。日积月累，他把搜集的大量德军情报，做成卡片，然后，精心分析，认真综合，做出判断，终于描绘出一幅德军组织状况的图画。而这幅图画竟然与真实情况基本相符，对此，德军头目怎能不惊恐万分。

雅格布的这一工作就是把一些互不相关的材料综合在一起，创造出了新的东西——德军军事设置图。而他之所以能做到这点，就在于他处处做个有心人，处处留心德军军事情况的结果。所以，要进行综合，就应注意做有心人，这样才能收集到有关的综合材料。

有时，我们还可以利用两种完全不相干的材料，将它们综合在一起后，便可以产生令人耳目一新的创意。例如：有氧运动加上舞蹈，就成了有氧舞蹈；游泳加上芭蕾舞，就成了水上芭蕾。下面这个故事的主人公就是利用不同材料的综合，大做了一把广告。

纽约有位年轻人摩斯，在纽约市的一个热闹地区租了一家店铺，满怀希望地择了个吉日开始做起保险柜的买卖。然而生意惨淡，每天虽有成千上万的人从他店前来来去去，店里形形色色的保险柜虽然排得整整齐齐，但是却很少有人光顾。

看着店前川流不息的人群，摩斯思来想去，终于想出一个突破困境的办法。

第二天，他匆匆忙忙前往警察局借来正在被通缉中的重大罪犯的照片，并把照片放大好几倍，然后把它们贴在店铺的玻璃上，照片下面附上一张说明。

照片贴出来后，来来去去的行人都被照片吸引住了，纷纷驻足观看。人们看到了逃犯的照片，产生一种恐惧心理，本来不想买保险柜的人，此时也想买一台。因此他的生意立即有了很大的改观，门可罗雀的店铺突然变得门庭若市。就这样不费吹灰之力，保险柜头一个月卖出 48 台，第二个月卖出 72 台，以后每月都卖出七八十台。

不仅如此，因为他贴出了逃犯的照片，使警察顺利地缉拿到了案犯，因此，摩斯还荣幸地领到了警察局的表彰奖状，报纸也做了大量的报道。他也毫不客气地把表彰奖状连同报纸一并贴在店铺的玻璃窗上，由此锦上添花，他的生意更加红火。

我们学习系统思维的同时也是在培养一种能力，培养对材料的辨认能力和有效材料的综合能力。在观察事物时，就要有一种整体的视角，找出各要素的关联点，并将其进行整合。

方法综合：以人之长补己之短

1764 年哈格里夫斯发明的珍妮纺纱机，由 1 个纺锤改为 80 个纺锤，大大提高了纺纱的效率。纺出来的纱虽然均匀，但不结实。1768 年阿克顿特发明了水力纺纱机，效率提高了，纺出来的线也结实了，但纺出来的线很不均匀。1779 年青年工人克隆普敦把哈格里夫斯和阿克顿特两个纺车的技术长处，加以综合，设计出一个纺线既结实又均匀的纺纱机，有三四百支纱锭，效率也提高了。为了纪念两种纺车的结合，就起名为杂种骡子的名称，叫骡机。马克思对此评价很高："现代工业中一个最重大的发明——自动骡机。"推动了英国的纺织技术革命。

像这样各自去掉自己的短处，吸取别人的长处的思维方式，就是系统思维法中的方法综合。

日本广岛的家畜繁殖名誉教授渡边守之和中国台湾的学者一起成功地培育出比普通鸭重两倍而肉味鲜美的新型大鸭种。他们是怎样培育的呢？它们是北京鸭和南美的麝香鸭交配而成的。

他们分析北京鸭的特点是：体重轻、肉味鲜美。

麝香鸭的特点是：体重重，有四五千克，但有一种怪味。

特点分析出来以后，就取长补短，经过多次试验，终于培育出一种新型骡鸭：体格健壮、生长迅速、肉味鲜美，公、母鸭体重均在 4 千克左右，却没有繁殖力的鸭子。

以上说明，只有将两种或多种事物的要素进行系统、深入地分析，找到各自的优点和缺点，才能做到方法综合。

爱迪生发明的电影窥视箱是一种只能让一个人观看的活动电影箱，但其影像的大小和位置一致。法国路易斯·卢米埃尔发明的电影放映机能让许多人同时观看，但影像的大小和位置不一致。后来，爱迪生看到卢米埃尔的电影放映机的长处，就把个人观看的窥箱机改为大众观看的放映机。反之，卢米埃尔也吸取了爱迪生窥视箱胶片的特点，采用爱迪生每秒16张画的放映频率，35毫米宽的胶片，在胶片两边每格画幅打四个矩形齿孔，使胶片能在齿轮带动下均匀地通过机器，映出大小和位置一致的影像，这比卢米埃尔原来的画格两边只有一对圆形片孔的间歇式抓片机构要稳定得多。由于他们相互取长补短，使现代化电影工艺趋向统一，无声电影便诞生了。

综合方法要求我们在观察事物时不能孤立地看待一个个体，见“木”更要见“林”，努力从其他事物中寻找该事物不具备的优点，积极地将两者进行整合，扬长避短，从而达到最终的创造作用。

确定计划后再付诸行动

制订计划是系统思维的一种体现，如果没有对事情全局上的一种把握与规划，那么你的结局大半会是失败。

如果你不再是拥有整整二十几年的时间，而是只有二十几次机会了，那你打算如何利用剩下的这二十几次机会，让它们变得更有价值呢?

你是去听音乐会，或是和家人坐在一起，或是去度假，还是什么安排都可以？许多人心里都没有一个完整的计划，然而，没有计划本身就是一种失败的计划——你正在计划着自己的失败。没有人愿意失败，却在不自觉地把自己推向失败之路。

你并不能保证做对每一件事情，但是你永远有办法去做对最重要的事情，计划就是一个排列优先顺序的办法。成功人士都善于规划他们自己的人生，他们知道自己要实现哪些目标，并且拟订一个详细的计划，把所有要做的事按照优先顺序排列，并按这一顺序来做。当然，有的时候没有办法100%地按照计划进行。但是，有了计划，便给人提供了做事的优先顺序，让他可以在固定的时间内，完成需要做的事情。

马克·吐温说过：“行动的秘诀，在于把那些庞杂或棘手的任务，分割成一个个简单的小任务，然后从第一个开始下手。”

计划是为了提供一个整体的行动指南，从确立可行的目标，拟订计划并执行，最后确认出你达到目标之后所能得到的回报。你应该是在未做好第一件事之前，从不考虑去做第二件事，凡事要有计划，有了计划再行动，成功的概率会大幅度提升。

生命图案就是由每一天拼凑而成的，从这样一个角度来看待每一天的生活，在它来临之际，或是在前一天晚上，把自己如何度过这一天的情形在头脑中浏览一遍，然后再迎接这一天的到来。

有了一天的计划，就能将一个人的注意力集中在“现在”。只要将注意力集中在“现在”，那么未来的大目标就会更加清晰，因为未来是被“现在”创造出来的。接受“现在”并打算未来，未来就是在目标的指导下最终创造出来的东西。

这就像盖房子一样。如果有人问你：“你准备什么时候动工，开始盖一栋你想要的房子？”当你在头脑中已经勾勒出整个工程的时候，你就可以开始破土动工了。如果你还没有完成对它的规划和勾勒就草率行事，这是非常愚蠢的举动。

假设你刚刚开始砌砖，有人走上前来说：“你在盖什么呢？”你回答说：“我还没想好。我先把砖铺起来，看看最后能盖出个什么来。”人家会把你看成傻瓜。一个人只要做出一天的计划、一个月的计划，并坚持原则、按计划行事，那么在时间利用上，他已经开始占据了自己都无法想象的优势。

不论是学习、工作，还是生活，我们都要重视从整体上把握事情的进展，如果今天没有为明天做好计划，那么明天将无法拥有任何成果！

将整体目标分解为小阶段

系统思维法教给我们的智慧有两点：考察事物时将其作为一个整体，解决问题时则可以将一个整体分为小的阶段，逐个进行突破。

我们常常被一个问题的复杂和棘手所吓倒，认为解决它几乎是“不可能完成的任务”。但你是否尝试过将这个吓倒你的大问题分解成一个个小问题来解决呢？

在 1984 年的东京国际马拉松邀请赛中，名不见经传的日本选手山田本一出人意料地夺得了冠军。当记者问他凭什么取得如此惊人的成绩时，山田本一笑了笑：“凭智慧战胜对手。”记者当场蒙了，以为山田本一故弄玄虚，哪有马拉松靠智慧而不靠体力和耐力取胜的？两年后，意大利国际马拉松邀请赛在米兰举行，山田本一代表日本参赛。这一次，他又夺得了冠军。记者再次请他谈谈经验，山田本一沉默了一会儿，还是说了那句话：“凭智慧战胜对手。”记者还是迷惑不解，他到底靠的是什么智慧呢？

10 年后，这个谜底终于在他的自传中揭开。他在自传中写道：“每次比赛前，我都要乘车把比赛路线仔细看一遍，并把沿途比较醒目的标志画下来，比如第一个标志是银行，第二个标志是一棵大树，第三个……一直画到赛程终点。比赛开始后，我就以百米冲刺的速度奋力冲向第一个目标，到达第一个目标后，我休整自己，又以同样的速度向第二个目标冲去。几十公里的赛程就这样被我分解成多个小目标轻松地跑完。其实，起初我并不懂得这样的道理，我始终把我的目标定在终点线上的那面旗帜上，结果我跑到十几公里处就疲惫不堪了，我被前面那段遥远的路程给吓倒了。”

我们的生活、工作都像是一场场的马拉松比赛，许多困难乍一看遥不可及，但我们若能本着从零开始，从点滴去实现的决心，有效地将问题分解成许多板块，然后分阶段向目标前进，就能大大提升我们攻克难关的信心和解决问题的效率。

“分”是一种大智慧，它不仅能够帮助我们解决心理上的压力，也能帮助我们将难以解决的问题高效解决。

拿破仑·希尔曾举过这样一个例子：

同样是做房地产生意，杰克计划向银行贷款大约 12000 万美元，而罗比则向银行贷款 11939 万美元。

最后，银行贷款给罗比，而拒绝了杰克的贷款请求。

在银行主任看来，罗比的预算具体且考虑很周到，说明罗比办事仔细认真，成功的希望较大。

罗比是怎样做到将预算计划得如此详细呢？罗比介绍了一种将目标逐一击破的方法。利用这种方法，你可以对自己的工作进行规划：

假设你的工作计划为 5 年，让你的 5 年宏伟目标获得成功的秘诀是化整为零，每天做一点能做到的事。

1. 将你的目标分成 5 份

你把 5 年目标分成 5 份，变成 5 个一年目标，那你就可以确切地知道从现在到明年的此刻你必须完成的工作了。

2. 将每年的目标分成 12 份

祝贺你，你将进一步有了每月的目标了。如果要落实你的 5 年计划，你现在就更能清楚地了解从现在到下月的此时你应该完成什么了。

3. 将每月的目标分成 4 份

现在你可以知道下星期一早上必须着手做什么了。同时，唯有如此，你才会毫不迟疑地去做自己该做的事，然后，继续进行下一步。

4. 将每周的目标分成 5 ～ 7 份

用哪个数字划分，完全取决于你打算每周以几天从事这项工作。如果喜欢一周工作 7 天，则分成 7 份；如果认为 5 天不错，就分成 5 份。选择哪一种全靠你自己。但是，不论做何种选择，结果都是一成不变的：为了成功，我今天必须做什么？

当你从头到尾采取这种程序后，每天早晨就会胸有成竹地奔向坚定不移的目标，日复一日，年复一年，直至达到你最终的理想。

内容明晰的每周、每月和每年的目标有助于你发挥个人所长，集中精力，全力以赴地完成既定工作，从而获取个人的成功和幸福。同时，分成可行的逐日小目标可以减轻你因为茫然不知所措而产生的烦躁。

如果你对所做的事情不断怀疑，事情往往会做得很糟糕。但是，一旦你知道所做的事正好掌握了最佳时机，你就一定会做得更快、更好，而且有更大的热情和冲劲。

确立 5 年目标，并将它们划分成可以逐日完成的工作还有一个益处，即它能帮你判断你是否已真正瞄准目标。

例如：你从事销售，并决定一年内要拜访 500 个新主顾才能达到销售额，那么扣掉周末和节假日，一年大约有 250 个工作日。也就是说，每个工作日只需拜访两个人（上午、下午各一人）就可以达到目标了。

如果你真的一天拜访两个人，将来有一天，当你发现自己一年竟已拜访了 500 个后，可能就会说：“我还可以做得更好，等着瞧吧！”

或者还有另一种情况，你发现每周 5 天的计划竟只用 3 天半就完成了。因此，第二个月的月底，就已经在做第五个月的工作计划了。所以，确立逐日的 5 年目标这一做法，消除了成功遥不可及的神秘感，彻底把它化为行动。

工作中遇到的困难就是我们要攻克的目标。每个人都会有或多或少的惧难心理，如果困难太大，很容易使我们因畏惧而裹足不前。系统思维告诉我们：若将困难划分为一个阶段一个阶段的具体目标，继而有针对性地去攻破，那么，无论多大的困难都会被我们瓦解了。

第十章

类比思维
——比较是发现伟大的源泉

类比思维法的应用

类比思维法就是根据两个对象在一系列属性上相同或相似，由其中一个对象具有某种其他属性，推测另一个对象也具有这种其他属性的思维方法。它具有多种表现形式，我们常用的为直接类比法、间接类比法、形状类比法、功能类比法等。由这种方法所得出的结论，虽然不一定很可靠、精确，但富有创造性，往往能将人们带入完全陌生的领域，给予许多启发。

类比思维在创新和解决问题时，具有很大的指引作用，得到了思想家、科学家们的高度评价。

天文学家开普勒说："类比是我最可靠的老师。"

哲学家康德说："每当理智缺乏可靠论证的思路时，类比这个方法往往能指引我们前进。"

现代社会，随着日常创造的增加，类比的作用尤其得到重视。如日本学者大鹿让认为："创造联想的心理机制首先是类比……即使人们已经了解到了创造的心理过程，也不可从外面进入类似的心理状态……因此，为了给创造活动创造一个良好的心理状态，得采用一个特殊的方法，就是使用类比。"

瑞士著名的科学家阿·皮卡尔就运用类比法发明创造了世界上第一只自由行动的深潜器。

皮卡尔是位研究大气平流层的专家，他设计的平流层气球，曾飞到过 1.569

万米的高空。后来他又把兴趣转到了海洋，研究海洋深潜器。尽管海和天完全不同，但水和空气都是流体，因此，皮卡尔在研究海洋深潜器时，首先就想到利用平流层气球的原理来改进深潜器。

在这以前的深潜器，既不能自行浮出水面，又不能在海底自由行动，而且还要靠钢缆吊入水中。这样，潜水深度将受钢缆强度的限制，钢缆越长，自身重量就越大，也就容易断裂，所以过去的深潜器一直无法突破 2000 米大关。

皮卡尔由平流层气球联想到海洋深潜器。平流层气球由两部分组成：充满比空气轻的气体的气球和吊在气球下面的载人舱。利用气球的浮力，使载人舱升上高空，如果在深潜器上加一只浮筒，不也就像一只“气球”一样可以在海水中自行上浮了吗？

皮卡尔和他的儿子小皮卡尔设计了一只由钢制潜水球和外形像船一样的浮筒组成的深潜器，在浮筒中充满比海水轻的汽油，为深潜器增加浮力，同时，又在潜水球中放入铁砂作为压舱物，使深潜器沉入海底。如果深潜器要浮上来，只要将压舱的铁砂抛入海中，就可借助浮筒的浮力升至海上。再配上动力，深潜器就可以在任何深度的海洋中自由行动。这样就不需要拖上一根钢缆了。第一次试验，就下潜到 1380 米深的海底，后来又下潜到 4042 米深的海底。皮卡尔父子设计的另一艘深潜器理雅斯特号下潜到世界上最深的洋底——1.09168 万米，成为世界上潜得最深的深潜器，皮卡尔父子也因此获得了“上天入海的科学家”的美名。

类比思维法在运用时就要寻找事物的相似点，并且要对“相似性”保持敏感，以达到触类旁通的目的。

医生常用的听诊器的发明就源于类比思维的运用。

一个星期天，法国著名医生雷内克瓦带着女儿到公园玩。女儿要求爸爸跟她玩跷跷板，他答应了。玩了一会儿，医生觉得有点儿累，就将半边脸贴在跷跷板的一端，假装睡着了。女儿见父亲的样子，觉得十分开心。突然，医生听到一声清脆的响声。睁眼一看，原来是女儿用小木棒在敲跷跷板的另一端。这一现象，立即使医生联想到自己在诊察中遇到的一个问题：当时医生听诊，采用的方式是将耳朵直接贴在患者有病部位，既不方便也不科学。医生想：既然敲跷跷板的一端，另一端就能清晰听到，那么，是不是也可以通过某样东西，使病人身体某个部位的声响让医生能够清楚地听见呢？

雷内克瓦用硬纸卷了一个长喇叭筒，大的一头靠在病人胸口，小的一端塞在自己耳朵里，结果听到的心音十分清楚。世界上的第一个听诊器就这样产生了。后来，他又用木料代替了硬纸做成了单耳式的木制听诊器，后人又在此基础上研制了现代广泛应用的双耳听诊器。

类比思维法是解决问题的一种常用策略，它教我们运用已有的知识、经验将陌生的、不熟悉的问题与已经解决的熟悉问题或其他相似事物进行类比，从而解决问题。

直接类比：寻找直接相似点

直接类比是从自然界或者从已有的发明成果中，寻找与发明对象相类似的东西，通过直接类比，创造新的事物。

如谷物的扬场机是直接类比人工扬场方式而得来的，医学上用于叩击病人的胸、腹部来诊断是否有腹水的“叩诊法”，是直接类比酒店里的叩击酒桶发出的声音来判断量的多少而得来的。

运用直接类比法进行的发明创造还有：

例如：

鱼骨→针
茅草边→齿锯
鸟→飞机
照相照出照片→电影
鱼→潜水艇
蛋→薄壳仿蛋屋顶
树叶的结构→伞
梳子垫在剪子下剪头发→安全剃须刀

生活中，人们可以使自己有意识地进行类比，当要创造某一事物而又思路枯竭的时候，就可通过类比法，从自然界或人工物品中，直接寻找与创造对象、目的类似的对应物，这样便可以减少凭空想象的缺点。

美国有个叫杰福斯的牧童，他的工作是每天把羊群赶到牧场，并监视羊群不越过牧场的铁丝栅栏到相邻的菜园里吃菜就行了。

有一天，小杰福斯在牧场上不知不觉地睡着了，不知过了多久，他被一阵怒骂声惊醒了。只见老板怒目圆睁，大声吼道：“你这个没用的东西，菜园被羊群搅得一塌糊涂，你还在这里睡大觉！”

小杰福斯吓得面如土色，不敢回话。

这件事发生后，机灵的小杰福斯就想，怎样才能使羊群不再越过铁丝栅栏呢？他发现，那片有玫瑰花的地方，并没有更牢固的栅栏，但羊群从不过去，因为羊群怕玫瑰花的刺。“有了，”小杰福斯高兴地跳了起来，“如果在铁丝上加上一些刺，就可以挡住羊群了。”

于是，他先将铁丝剪成5厘米左右的小段，然后把它结在铁丝上当刺。结好之后，他再放羊的时候，发现羊群起初也试图越过铁丝栅栏去菜园，但每次被刺疼后，都惊恐地缩了回来，被多次刺疼之后，羊群再也不敢越过铁丝栅栏了。

小杰福斯成功了。

半年后，他申请了这项专利，并获批准。后来，这种带刺的铁丝栅栏便风行世界。

直接类比法是类比思维中最常运用的一种方法，也是一种比较简单的方法，但起到的创造性作用却是很大的，在各个领域均有应用。

间接类比：非同类事物间接对比

间接类比法就是用非同一类产品类比产生创造。在现实生活中，有些创造缺乏可以比较的同类对象，这就可以运用间接类比法。

如空气中存在的负离子，可以使人延年益寿、消除疲劳，还可辅助治疗哮喘、支气管炎、高血压、心血管病等，但负离子只有在高山、森林、海滩湖畔处较多。后来通过间接类比法，创造了水冲击法产生负离子，后吸取冲击原理，又成功创造了电子冲击法，这就是现在市场上销售的空气负离子发生器。

间接类比法在生活中也常常能激发出许多创造性的想法。

斐塞司博士有一天午饭后坐在门前晒太阳，看见一只猫在阳光下安详地打着盹，很是悠闲。

时间一分一分地流走，每隔一段时间，猫都会随着阳光的转移而不停地变换睡觉的场地。这一切在我们看来是那样的司空见惯，可是却唤起了斐塞司博士的好奇。

猫为什么喜欢待在阳光下呢？

猫喜欢待在阳光下，那么这说明光和热对它一定是有益的。那对人呢？对人是不是也同样有益？这个想法在斐塞司的脑子里闪了一下。

这个一闪而过的想法，成为闻名世界的“日光疗法”的触发点。之后不久，日光疗法便在世界上诞生了。斐塞司博士因此获得了诺贝尔医学奖。

如果我们家的院里也有这么一只睡懒觉的猫，我们也看到它一次次地趋近阳光，我们是不是能像斐塞司博士那样去想问题呢？

猫趋近阳光，是因为晒太阳对它的身体有益。那太阳对人的身体是否有益呢？正是这样的想法，从猫想到人，才有了今日的“日光疗法”。

间接类比法通常并不是首先明确创造的目的，而是首先发现了某事物具有很值得借鉴的特点，然后再去寻找和创造有什么东西可以与之对应。

走路时不小心踩到香蕉皮上，很容易滑倒。这是很多人司空见惯的一种现象。20 世纪 60 年代，一位美国学者却对这一现象产生了浓厚兴趣。他通过显微镜观察，发现香蕉皮是由几百个薄层构成，层与层之间很容易产生滑动。他突然想道：如果能找到与香蕉皮相似的物质，则能作为很好的润滑剂。最后，他发现二硫化钼与香蕉皮的结构十分类似。经过再三实验，一种性能优良的润滑剂被制造出来了。

采用间接类比法，可以扩大类比范围，使许多非同一性、非同类的行业，也可由此得到启发，开拓新的领域。

形状类比：根据形状进行创造

形状类比往往是由某一原型的外形结构而类推出与此结构、形象相仿的创造物。

模仿昆虫复眼结构，用许多小的光学透镜有规则地排列起来制成光学元件——复眼透镜。用它做镜头制成的“复眼照相机”，一次能照出千百张相同的照片。

1903 年，莱特兄弟制造出了飞机，但他们不知道怎样使飞机在空中拐弯时保持飞机的平稳。于是他们想道：这种现象在鸟儿那里是怎样处理的呢？于是他们仔细观察了老鹰的飞行，发现老鹰在转弯时，其羽翼可以弯折。这一下就找到了问题的症结点。他们仿照老鹰的羽翼，制造了后面可以弯折的机翼，这就是现代飞机襟翼的原型。

形状类比不但大量运用于仿生学，在其他领域也发挥着重要的作用。如果你在家仔细观察过可口可乐瓶子，是否觉得它的形状很像一位小女孩穿裙子的形象？那么，它是怎样诞生的呢？

美国有一位叫鲁托的制瓶工人，有一天他与女友约会，女友穿的裙子十分优雅。突然，鲁托灵感一闪，想到了一个好的设计：裙子因为膝盖上部分较窄，腰部显得有吸引力，如果把玻璃瓶设计成女友的裙子那样，一定也会大受欢迎的。他经过反复试验和改进，最后制造出这样一种瓶子：握上瓶颈时，没有滑落的感觉；瓶内所装的液体，看起来比实际的分量多，而且外观别致优美。

鲁托设计的玻璃瓶被可口可乐公司看中了，最后以 600 万美元买下鲁托这项设计的专利。鲁托这位穷工人因善于发现，很快成为百万富翁。而可口可乐公司自从 1923 年买下这项专利后，至今仍使用这种玻璃瓶，这有力地促进了可口可乐的销售。

无独有偶，吉列刀片的创造源于耕地用的耙子的形状类比。

“掌握全世界男人的胡子”的吉列剃须刀公司的创始人金·吉列曾是一家小公司的推销员。一天早上，吉列刮胡子时，由于刀磨得不好，刮得很费劲，脸被划了几道口子，懊丧之余，吉列盯着剃须刀，产生了创造新型剃须刀的念头。于是他对周围的男性进行调查，发现他们都希望有一种新型的剃须刀，他们的基本要求包括安全、保险、使用方便、刀片随时可换等。这样，吉列就开始了他开发剃须刀的行动。

这种新型剃须刀该是什么样的呢？吉列苦思冥想。

由于没能冲破传统习惯的束缚，新发明的基本构造总是脱不掉老式长把剃须刀的局限，怎么办呢？吉列绞尽脑汁，还是一时不得要领。

一天，他望着一片刚收割完的田地，看到一位农民正轻松自如地挥动着耙子修整田地，一个新思路出现在吉列的脑海里，他心想，对！新剃须刀的基本构造，就应该同这耙子一样，简单、方便、运用自如。

运用形状类比法，需要我们在生活中仔细观察事物的形状结构，将其构造与我们的研究对象相结合，创造出与原有事物形状相似的物品。当然，这也需要我们具有敏锐的视角，不放过任何一个可以用来效仿的对象。

功能类比：依据相似的功能进行类比

功能类比是根据人们的某种愿望或需要类比某种自然物或人工物的功能，提出创造具有近似功能的新装置的发明方案，例如各种机械等。

长颈鹿的脖子很长，从大脑到心脏有 3 米之遥。因此它的血压很高，非如此不能将心脏的血“压”上 3 米高的脑部，以保证大脑不致缺血。

但是，当长颈鹿低头喝水时，心“高”头“低”，心脏的血会猛烈冲击脑部，此时，长颈鹿却安然无恙。

原来，长颈鹿身上裹着一层厚皮。当它低头喝水时，厚皮自动收缩，箍住血管，从而限制了血液的流速，缓解了脑血管的压力。

科学家模拟长颈鹿的皮肤原理，制成“抗荷服”，用于保护飞行员。当飞机加速时，“抗荷服”可以自动压缩空气、压迫血管，从而限制飞行员的血液流速，防止其“脑失血”。

此种方法应用范围比较广，而且不只是科学专家的专利，是每一个人都能够运用的。

我国某机械厂工人廖基程在厂里劳动时看到，大部分精密零件的加工都需要用手操作。为了防止零件生锈，工人必须整天戴手套，而且手套还必须套得很紧，手指头才能灵活弯曲。这样，不但戴上、脱下相当麻烦，手套还很容易弄坏。他常想：难道只能戴这样的手套吗？能不能想个办法改进一下呢？有一天，他在帮助妹妹做纸手工艺品时，手指上沾满了糨糊。糨糊很快干了，变成了一层透明的薄膜，紧紧地裹在手指上。他当时就想：“真像个指头套，要是厂里的橡皮手套也这么方便就好了！”后来他又想起，小时候曾在雨后的泥泞路上行走，不小心滑倒了，双手沾满了泥污，干了后也像戴了泥手套似的。

过了不久，有一天清早醒来，他躺在床上，眼睛望着天花板，头脑里突然想道：可以设法把手浸在一种像糨糊一样的液体里，干了以后就让手上沾的液体成为手套。不需要它时，手浸在另外一种液体里，泡一下就让它褪掉。这不比戴橡皮手套方便得多吗？他将自己的这一设想向公司汇报后，公司成立了一个研究小组，廖基程也从生产车间调到了这个组里。经过反复研究、试制，终于发明了“液体手套”。使用这种手套，只需将手浸入一种化学药液中，就能在手上覆盖一层透明的薄膜，像真的戴上了手套一样，而且它比戴任何一种手套都更柔软、更舒适、更富有弹性。不需要它时，把手放进水里泡一下，就能完全化掉。

与此相类似，一位技术人员利用功能类比创造了使油漆易脱落的方法。

如何才能比较容易地清除掉旧家具或墙壁上的油漆？这曾经是一个不容易解决的难题。一次，一家化学公司的技术人员在一起讨论这个问题，大家查文献、找资料，先后提出了许多办法，结果或者不恰当，或者行不通。有个工程师想了一会儿，一下子思想“开小差”“走了神”，回忆起儿时的情景，他想到了小时候同小伙伴一起放鞭炮，导火绳一点燃，噼里啪啦地响上一阵，裹在鞭炮上的纸被炸得“四处飞舞”“片甲不留”。这时，他头脑里突然冒出一个想法：

是不是也可以在油漆里放点炸药，当需要油漆脱落的时候把油漆炸掉呢？他把这个想法在会上提了出来。大家听后都笑了，这不明明是小孩子天真幼稚的想法吗？这位工程师并没因为受到大家的讥笑便马上放弃自己的想法。后来他沿着这条思路不断地探索、不断地试验，终于发明了一种可以加进油漆中的添加剂。把这种添加剂加在油漆里以后，它不会引起油漆发生质的根本变化，可是当它接触到另一种添加剂时，便会马上起作用，使油漆从家具或墙壁上掉得干干净净。

放鞭炮和除油漆从表面上看是风马牛不相及的事情，但只要仔细思考，就会发现鞭炮与添加剂的功能是相通的，只要添加剂找得恰当，就能够达到预期的效果。

功能类比与其他类比方式相比，为我们的思考方式打开了另一扇门，而且，随着控制论、信息论等现代科学技术的出现，功能类比法会得到更大的发展。正如控制论发明人维纳所言："把生命机体与机器做类比的工作，可能是当代最伟大的贡献。"

警惕类比陷阱

在类比思维方法中，因为类比推理的客观依据是对象之间的同一性和对象之间的相关性，因此同一性和相关性是高还是低，必然会影响推论的可靠性程度。如果对象之间的共同属性是主要的、本质的，对象属性之间的相关性是必然的，那么，推论就是可靠的；反之，如果对象之间的共同属性是次要的，对象属性之间的相关性是偶然的，那么，所得推论就不一定可靠。这说明，类比法和其他思维方法一样，也有它的局限性，主要表现在下面两个方面：

（1）注重相同性，忽略了相异性。而实际上，重视事物的相异性也是创造性的突出特征，绝对不可偏废。假如只重视这种相同性，往往会导致成功的可能性和可靠性不高，有时还会把人引入迷途。

（2）类比具有想象成分，容易因"不完全相似"特征推出荒谬的结果。如下列的类比：

地球：星星，位于太阳系，有壳，会公转和自转，有生物。

月球：星星，位于太阳系，有壳，会自转和公转。

所以，月球上也是有生命的。

这就有明显的错误，属于机械类比的表现。

类比陷阱可以说是无处不在的，如果稍有考虑不全面，即会陷入其中，科学界就曾出现过类似的错误判断。

20世纪，人们根据火星与地球有许多相似之处，因而得出火星有生命存在的结论，这已被近年来空间探测结果所否定。又如，1846年有人根据行星摄动理论发现了海王星，解决了天王星的轨道和理论计算不符的矛盾。但在当时，水星轨道也与理论计算不符，于是有人就用类比法，假设水星与太阳之间还有一颗星——“火神星”，并用理论计算了这颗星的轨道。这以后，许多人探索了几十年，仍然不见这颗星的踪迹。直到爱因斯坦广义相对论的发表，才把谜底揭开，原来并无此星，水星轨道的极摄动是引力波所引起的，从而否定了这“错误结论”。

为了避免落入类比陷阱，增加类比的可靠性，就得特别注意如下几点：

（1）尽可能增加类比项。两个和两类对象之间所共有或共缺的属性类比项越多，可靠性越大。

（2）类比中的共有或共缺属性应该是本质属性。

（3）类比对象的共有或共缺属性与所要类比的属性之间应该有本质和必然的联系。

第十一章

联想思维

——风马牛有时也相及

举一反三的联想思维

相传古时有一位皇帝曾以“深山藏古寺”为题，召集天下画匠作画。最后选了 3 幅画。第一幅画在万木丛中显露出古寺一角，第二幅画在景色秀丽的半山腰伸出了一根幡，第三幅画只见一个老和尚从山下溪边挑水，沿着山路缓缓而上，而远处只见一片山林，根本无从寻觅寺庙踪迹。

皇帝找大臣合议后最终选了第三幅画。为什么要选第三幅画呢？因为“深山藏古寺”的画题虽然看似简单，但包含一个“深”和一个“藏”字，这就需要画家去思考，看如何将这两个意思体现出来。第一幅画太露，“万木丛中显露出古寺一角”，体现不出“深”“藏”的意思；第二幅似乎好一些，但一根幡仍然点明此处是一座庙宇，只不过给树丛包围，一下子看不到其全貌而已，仍然达不到“深”“藏”的要求；第三幅画，以老和尚挑水，体现老和尚来自“古寺”，而老和尚所要归去之处，即寺庙“只在此山中，云深不知处”，足以见此“古寺”藏在深山中。看到此画的人莫不惊叹作者巧妙的构思和奇特的想象，而这幅画也当之无愧地独占鳌头。

这个故事能给我们思想上什么启发呢？最大的启发是第三幅画的作者在构思这幅画时运用了丰富的联想，使人从“和尚”自然联想到“寺庙”，从“老和尚”再进一步联想到这座寺庙年代已经很久远了，是座“古寺”，从老和尚挑水沿着山路缓缓而上，而远处只见一片山林不见寺庙，联想到这座“古寺”被深深地藏在山中。

正因为该画的作者运用了意味无穷的联想思维，才使见到此画的人为其巧妙的构思和画的意境所折服。

那么，什么是联想思维呢?

联想思维是指人们在头脑中将一种事物的形象与另一种事物的形象联系起来，探索它们之间共同的或类似的规律，从而解决问题的思维方法。它的主要表现形式有连锁联想法、相似联想法、相关联想法、对比联想法、即时联想法等。

联想的妙处就在于使我们可以从一而知三。运用联想思维，由“速度”这个概念，我们的头脑中会闪现出呼啸而过的飞机、奔驰的列车、自由落体的重物等。

联想是心理活动的基本形式之一。联想与一般的自由想象不同，它是由表象概念之间的联系而达到想象的。因此，联想的过程有逻辑的必然性。

相传古时有人经营了一家旅馆，由于经营不善濒临倒闭。正好碰上一位智者经过这里，就向旅馆老板献策：将旅馆周围进行重新装饰。到了夏日，将墙面涂成绿色；到了冬日，再将墙面饰成粉红色。旅馆老板按智者所说的做了之后，果然很是吸引顾客，生意渐渐兴隆起来。其中的奥秘在哪儿呢?

原来，智者运用的是人们的联想思维。让一种感觉引起另一种感觉。这种心理现象实际上是感觉相互作用的结果。

上述事例就是通过改变颜色，使不同颜色产生不同的心理效果，从而起到吸引顾客的作用。一般认为绿色、青色和蓝色等颜色能使人联想到蓝天和大海，使人产生清凉的感觉，这些颜色称为冷色。而红色、橙色和黄色等颜色能使人联想到阳光和火焰而产生温暖的感觉，这些颜色称为暖色。

联想是创意产生的基础，在创意设计中起催化剂和导火索的作用，联想越广阔、越丰富，就越富有创造能力。许多的发明创造就是在联想思维的作用下产生的。

春秋时期有一位能工巧匠鲁班，有一次他上山伐木时，手被路旁的一株野草划破，鲜血直流。

为什么野草能划破皮肉呢？他仔细观察了那株野草之后，发现其叶片的两边长有许多小细齿。他想，如果用铁条做成带小齿的工具，是否也可将树划破呢?

依着这个思路往下走，锯子被发明出来了。

鲁班由草叶上的小细齿联想到砍伐工具，为建筑工程提供了便利。无独有偶，小提琴的产生也源于一个人的联想思维。

1000多年前，埃及有位音乐家名叫莫可里，一个盛夏的早晨，他在尼罗河边悠闲地散步。偶然间，他的脚踢到一个什么东西，发出一声悦耳的声响。他拾起来一看，原来是一个乌龟壳。莫可里拿着乌龟壳兴冲冲地回到家里，再三端详，反复思索，不断试验，终于根据龟壳内的空气振动而发声的原理，制出了世界上第一把小提琴。莫可里从乌龟壳发出的声音联想到了乐器。正是由于联想思维的运用，从而造就了当今世界上无数人为之陶醉与享受的西洋名乐乐器。

如果不运用联想思维，是很难从草叶、乌龟壳产生灵感创造出锯子和小提琴的。但是，联想思维能力不是天生的，它需要以知识和生活经验、工作经验为基础。基础打好了，就能“厚积而薄发”，联想也随之“思如泉涌”。

展开锁链般的连锁联想

有一种说法：“如果大风吹起来，木桶店就会赚钱。”

这两者是怎么联想起来的呢?

原来它经历了下面的思维过程：当大风吹起来的时候，沙石就会满天飞舞，这会导致瞎子的增加，从而琵琶师父也会增多，越来越多的人会以猫的毛代替琵琶弦，因而猫会减少，结果老鼠的数量就会大大增加。由于老鼠会咬破木桶，所以做木桶的店就会赚钱了。

上面的每段联想都十分合理，而获得的结论却大大出乎人们的意料。

由风想到沙石，又联想到“致瞎”，再联想到“琵琶师父”，之后联想到“猫毛”，再联想到“老鼠猖獗”，联想到“老鼠咬破木桶”，最后联想到“木桶店赚钱”。这样一环紧扣一环，如一条连接着许多环节的锁链般的联想，我们称之为连锁联想。

连锁联想法在生活中有许多应用实例，“天厨味精”的命名过程就体现了这种方法的智慧。

吴蕴初，江苏嘉定人，是我国著名的“味精大王”。当年，在为其出产的味精命名时，他颇费了一番脑筋。

在此之前，中国不能生产“味精”，占领中国市场的是日本的“味之素”。吴蕴初不想用这个名，那又取个什么名字好呢?

人们把最香的东西叫香精，把最甜的东西叫糖精，那把味道最鲜的东西就叫味精吧。他接着又想，生产的味精该叫什么牌子呢？

他由味精是植物蛋白质制成的，是素的东西，联想到吃素的人；由吃素的人，他联想到他们一般都信佛；住在天上，为佛制作珍奇美味的厨师自然是最好的，于是他决定将他的味精取名为“天厨味精”。

天厨牌味精问世后，通过声势浩大的广告宣传，“完全国货”的天厨味精不久便打开了国内市场。

天厨味精由此声名鹊起。

发明创造也是一个链条，运用“连锁联想”取得的发明成果也是一串一串的。从中我们也可以看到联想的方法和诀窍。

1493 年，哥伦布在美洲的海地岛发现当地儿童都喜欢把天然生橡胶像捏泥丸一样捏成一团，捏成弹力球。哥伦布将这种树木引入了欧洲。但是，这种生橡胶的性能不太好，受热易变形、发黏，受冷又易发脆。因此，它的功能受到了局限。后来美国的一个发明家在橡胶里加入了硫黄，这使橡胶的熔点、牢固度大大增强，后来又有人在橡胶中加入了炭黑，使之更加耐磨，橡胶的用途也日益增加。

苏格兰有一家用橡胶生产橡皮擦的工厂。一天，一个名叫马辛托斯的工人端起一大盆橡胶汁往模型里倒，一不小心，脚被绊了一下，橡胶汁淌了出来，浇到了马辛托斯的衣服上，下班后，马辛托斯穿着这件被橡胶汁涂满了一大块的衣服回家，正巧路上遇到了大雨。回家换衣服时，马辛托斯惊奇地发现，被橡胶汁浇过的地方，竟没有渗入半点儿雨水。善于联想的马辛托斯立即想到，如果把衣服全部浇上橡胶汁，那不就变成了一件防雨衣吗？雨衣也就应运而生了。

由于天然橡胶产量有限，人们又通过对橡胶成分的研究，生产出了各种各样的合成橡胶，这种橡胶为高分子合成，它具有耐腐耐磨、耐高温、耐氧化等特点，通过人们不断努力，橡胶终于从孩子手中的弹力球发展成一种具有广泛用途的高分子材料。目前，全球橡胶制品在 5 万种以上，一个国家的橡胶消耗量和生产水平，成了衡量国民经济发展特别是化工技术水平的重要指标之一。

由弹力球到雨衣，再到车轮胎、鞋等，人们的联想一环套一环，犹如步步登高，把人们引入更高的创造境界，这就是连锁联想法的奇妙之处。

千变万化的客观事物，正是由于组成了环环紧扣的彼此制约牵制的锁链，才使世界保持了相对的平衡与和谐。这也是我们进行连锁联想的一个前提依据。恰当地应用这种方法，相信会有越来越多的创造性事物产生。

根据事物相似性进行联想

相似联想思维法是指根据事物之间的形式、结构、性质、作用等某一方面或几方面的相似之处进行联想。将两种不同事物间某些相似的特征进行比较。格顿伯格看到榨汁机时，想到了印刷机；叉式升降机的发明者，是从炸面饼圈机那儿得到启发的。他们都运用了类比的方法。运用这个方法的具体做法是：看看它像什么或它让你想起了什么，还可以提出更具体的问题，如“它听上去像什么？”“它的味道像什么？”“它给人的感觉怎样？”“它的功能像什么？”

正如俄罗斯生理学家马格里奇所言：“独创性常常在于发现两个或两个以上研究对象或设想之间的联系或相似之处，而原来的这些对象或设想彼此没有关系。”

这种方法在科研创造领域有着较为广泛的应用。

航天飞机、宇宙飞船、人造卫星等太空飞行器要进入太空持续飞行，就必须摆脱地心引力，这就要求运载它的火箭必须提供强大无比的能量。同时，太空飞行器自身重量越轻，就越能减轻运载火箭的负担，也就能使太空飞行器飞得更高、更远。

因此，为了减轻太空飞行器的重量，科学家们绞尽脑汁，与太空飞行器“斤斤计较”。可是减轻太空飞行器重量，还要考虑到不能降低其容量和强度，要达到上述目的相当困难。科学家们尝试了许多办法都无济于事。最后还是蜜蜂的蜂窝结构让科学家们解决了这个难题。

大家知道，蜂窝是由一些一个挨一个，排列得整整齐齐的六角形小蜂房组成的。18 世纪初，法国学者马拉尔琪测量到蜂窝的几个角都是有一定规律的：钝角等于 109° 28′，锐角为 70° 32′。后来经过法国物理学家列奥缪拉、瑞士数学家克尼格、苏格兰数学家马克洛林先后多次的精确计算，得出一个结论：要消耗最少的材料，而制成最大的菱形容器，它的角度应该是 109° 28′和 70° 32′，也就是说，蜜蜂蜂窝结构是容积最大且最节省材料的。

但从正面观察蜂窝，它是由一些正六边形组成的，既然如此，那每一个角都应是 120°，怎么会有 109° 28′和 70° 32′呢？这是因为蜂窝不是六棱柱，而是底部由 3 个菱形拼成尖顶构成的“尖顶六棱柱”。我国数学家华罗庚准确指出：在蜜蜂身长，腰围确定的情况下，尖顶六棱柱的蜂房用料最省。

上述蜂房结构不正是太空飞行器结构所要求的吗？于是，在太空飞行器中采用了蜂房结构，先用金属制造成蜂窝，然后，再用两块金属结构，这种结构的太空飞行器容量大、强度高，且大大减轻了自重，也不易传导声音和热量。因此，今天我们见到的航天飞机、宇宙飞船、人造卫星都采用了这种蜂房结构。勤劳的蜜蜂们也许不会想到，它们的杰出构思被人类借鉴应用，使人类飞上了太空。

以上蜂房结构的应用是一个典型的相似联想的例子。运用相似联想法的一个关键点就是寻找事物之间的共同点、相似点。世界上没有两片完全相同的树叶，同样，世界上也没有两片完全不同的树叶。任何两种事物或者观念之间，都有或多或少的相似点。一旦在思维中抓住了相似点，便能够把千差万别的事物联系起来思考，从而产生新创意。

一位公司职员对刀特别感兴趣，他一直想发明一种价格低廉而又能永保锋利的刀具。他的设想非常好，但要想把它变成现实却并不容易。每次用刀时他都在认真琢磨这件事。

有一次他看到有人用玻璃片刮木板上的油漆，当玻璃片刮钝以后就敲断一节，然后又用新的玻璃片接着刮。这使他联想到刀刃：如果刀刃钝了不去磨它，而把钝的部分折断丢掉，接着用新刀刃，刀具就能永保锋利。于是他设计在薄薄的长刀片上留下刻痕，刀刃用钝了就照刻痕折下一段丢掉，这样便又有了新的锋利的刀刃。这位职员从用玻璃片刮木板联想到刀刃，从而发明了前所未有的可连续使用的刀具，后来他创立了一家专门生产这种新式刀具的工厂，从而走上了成功之路。

把爆破与治疗肾结石联想到一起，也可谓是一个伟大的创举。目前的定向爆破技术，能将一幢高层建筑炸成粉末，同时又不影响旁边的其他建筑物。医学家们由此联想到了医治病人的肾结石。他们经过精确的计算，把炸药的分量小到恰好能炸碎病人肾脏里的结石，而又不影响病人的肾脏本身。这种在医学上被称为微爆破技术的治疗手段，为众多肾结石病人解除了病痛。

找到事物的相似点，往往就能够把不同的事物组合起来。相似联想法的运用，通常使整个事物具有了新的性质和功能，也会给我们带来耳目一新的感觉。

跨越时空的相关联想法

所谓相关联想法，就是指在思考问题时，尽量根据事物之间在时间或空间等方面的联系进行联想。由于世上万物都不是孤立存在的，在空间上或时间上总是保持着一定的联系，因此灵活运用相关联想法，常常也能打开思路、做出创新。

苏东坡到杭州任地方官的时候，西湖早已名不副实了。长年累月的泥沙越淤越多，碧波荡漾的西湖成了“大泥坑”。

苏东坡对此黯然神伤。随后多次巡视西湖，反复思考如何加以疏通，使往日风光秀美的西湖重现迷人的风采。

几次巡视后，他发现最棘手的是从湖里清除的大量淤泥无处存放。有一天他忽然想到，西湖有30里长，要环湖走一圈，恐怕一天也走不完。如果把湖里挖上来的淤泥堆成一条贯通南北的长堤，既清除了淤泥，又方便了游人，不是很好的办法吗？这时他又联想到，挖掉了淤泥后，可以招募附近的农民来此种麦，种麦所获的收益，反过来作为整治西湖的资金，这样疏通西湖有了钱，挖出来的淤泥也有了去处，西湖附近的农民也增加了收益。西湖不仅有了一条贯穿南北的通道，便利了来往的游客，而且还为西湖增添了一道风景。

苏东坡修西湖运用相关联想法巧妙地解决了问题，他联想到将淤泥做成长堤，又联想到淤泥堆成的地面可以用来做农田，既解决了河道疏通的问题，又增加了农民的效益，真可谓一举两得的壮举。

我们生活中常见的许多创意或创造物，都是相关联想的产物。

在澳大利亚曾发生过这样一件事情：在收获季节里，有人发现一片甘蔗田的甘蔗产量竟提高了50%。这是怎么一回事？回想起来，在甘蔗栽种前一个月，曾有一些水泥洒落在这块田里。于是科学家们运用相关联想，发现水泥中的硅酸钙能使酸性土壤得到改良，并由此发明了改良酸性土壤的“水泥肥料”。

再如“血代”的发明也是科学家们运用相关联想的结果：当时，有一只老鼠掉进了氟化碳溶液中，但它却没有被淹死。于是，科学家们马上联想到这与氟化碳能溶解和释放氧气、二氧化碳有关，并利用氟化碳制成了“血代”。

1982年2月底至3月初，墨西哥爱尔·基琼火山喷发，亿万吨火山灰直冲云霄。就在大家为火山喷发的壮观景象惊叹时，精明的美国政府已开始调整国内政策，并借机大赚了一笔。

原来爱尔·基琼火山爆发后，美国政府联想到悬浮在空中的火山灰会将一部分从遥远的宇宙射向地球的太阳能反射回去，从而形成大面积低温多雨的天气，造成世界范围的粮食减产。于是，预见到世界各地的粮食生产将会不景气的美国政府便主动调整了国内粮食政策。

第二年，世界各国粮食产量果然大幅度下降，而美国政府由于及时采取了相关措施，成了唯一的粮食出口国，并由此在国际事务中处处占了上风。

这些都是相关联想的结果。各种事物之间都存在着或多或少的关联点，只要我们能够转换观察的视角，就可以赋予我们新的认识，带来新的看法，给事物以新的意义，而这种新的意义往往蕴含着解决问题的捷径。

对比联想：根据事物的对立性进行联想

对比联想法是指由某一事物的感知和回忆引起跟它具有相反特点的事物，从而得出创造或创见的思维方法。

例如：黑与白、大与小、水与火、黑暗与光明、温暖与寒冷。每对既有共性，又具有个性。

由于客观事物之间普遍存在着相对或相反的关系，因此运用对比联想往往也能引发新的设想。比如由实数想到虚数，由欧氏几何想到非欧氏几何，由粒子想到反粒子，由物质想到反物质，由精确数学想到模糊数学，等等，都是对比联想的结果。

鲍罗奇是一位专营中国食品的美国企业家，他的公司注册商标图案原先是一位中国“胖墩”，在第二次世界大战期间销路很好。但随着时间的推移，采用“胖墩”商标的食品销路越来越差了。

“既然‘胖’不行，那么‘瘦’怎么样？”鲍罗奇想到。

于是他将商标图案改成了“中国瘦条”，结果这一微不足道的改动，起到了立竿见影的效果。

原来在“二战”期间，肥胖象征着财富与安乐，因此“胖墩”的销路当然不会错。可随着人们生活水平的提高，减肥运动悄然兴起，这时，“中国瘦条”反而能适应减肥这一新潮流。因此，鲍罗奇运用对比联想做出的这一改动使自己公司的食品销量大增。

同样，当物理学家开尔文了解到巴斯德已经证明了细菌可以在高温下被杀死，食品经过煮沸可以保存后，他大胆地运用对比联想：既然细菌在高温下会死亡，那么在低温下是否也会停止活动？在这种思维的启发下，经过精心研究，终于发明了“冷藏”工艺，为人类的健康保健做出了重要的贡献。

在使用对比联想法的过程中，我们需要将视角放在与目前该事物的特征相对的特点上，并加以巧妙地利用。

铜的氢脆现象使铜器件产生缝隙，令人讨厌。铜发生氢脆的机理是：铜在 500℃左右处于还原性气体中时，铜中的氧化物被氢脆无疑是一个缺点，人们想方设法去克服它。可是有人却偏偏把它看成是优点加以利用，这就是制造铜粉技术的发明。用机械粉碎法制铜粉相当困难，在粉碎铜屑时，铜屑总是变成箔状。把铜置于氢气流中，加热到500℃ ~ 600℃，时间为1 ~ 2小时，使铜屑充分氢脆，再经球磨机粉碎，合格的铜粉就制成了。这里就运用了对比联想法。

18世纪，拉瓦把金刚石煅烧成CO_2的实验，证明了金刚石的成分是碳。1799年，摩尔沃成功地把金刚石转化为石墨。金刚石既然能够转变为石墨，用对比联想来考虑，那么反过来石墨能不能转变成金刚石呢？后来终于用石墨制成了金刚石。

对比联想法在学习中得到广泛的应用，它可以帮助我们从一个方面联想起另一个方面。两个相反的对象，只要想到一个，便自然而然地会想出相对的那个来。

许多学生有这样的经验和体会：在学习数、理、化知识时，可以把那些各自彼此对立的定理、公式和规律归纳到一起，以便用对比联想法帮助记忆。例如，在记忆圆锥曲线时，对于椭圆、双曲线和抛物线的定义、方程、图形、焦点、顶点、对称轴、离心率等性质，可以用对比联想法记忆。再如，正数和负数、微分和积分、乘方和开方等概念都是对立的，运用对比联想法会收到良好的效果。

即时联想法

爱因斯坦在读中学的时候，一天，看到骤雨过后的天空射下的亮丽光柱，突然想到了这么一个问题：人要是乘坐着以光速飞行的宇宙飞船去旅行将会看到何种景象？爱因斯坦由此展开了自由的联想，踏上了相对论的发现之旅。

科学需要即时联想，艺术也需要即时联想。

一位漫画家在市场上买到了1千克注水猪肉，为商人不讲诚信而愤怒，抓住这件事展开了即时联想，挥笔画出“抗旱”的漫画。漫画把注水肉与抗旱巧妙地联系在一起，农民抗旱浇水用的竟是一头注水肥猪，水流从注水肥猪大口中喷涌而出，让人忍俊不禁。

一位诗人看到篱笆墙上的红花绿叶，展开自由的联想，当场赋诗一首：“春／体面的小偷／每每被篱笆抓住／被迫交出红花绿叶／以及绿油油的鸟音。”诗人的即时联想，见常人之未见，想常人所未想，让人惊叹不已。

做一名万人敬仰的科学家、一名才华横溢的艺术家、一名造福社会的发明家……曾经是许多人的梦想，要实现梦想就要洒下汗水，其中抓住一切可能的机会培养其联想的能力是必不可少的一种准备，在生活中注意培养即时联想习惯则是成功的一条捷径。

生活中的每一天也许是普通的，倘若抓住生活的一个片段、一个瞬间，展开即时联想，生活就会无限精彩。夏天消暑吃西瓜是人人都有的经历，由吃西瓜展开即时联想，获得的创意和收获说不定完全会让你吃上一惊呢！

买西瓜的时候，摊主往往要把瓜切开一个小口，让人看看是否熟透了，由此联想开去，想到地球仪为什么不能切开，让人了解地球的内部情况呢？于是联想到能透视地球内部的地球仪。设想这种地球仪由几大板块组成，需要了解地球内部时，可随时打开，平时与一般地球仪没有什么区别。

想到西瓜的良种培养，科学家既然能培养出无子西瓜，可以提出开发培养多子西瓜的设想，供瓜子厂使用；可以培养酒味西瓜、苹果味西瓜，等等。

由此我们可以看出，即时联想不受题材、内容、时间的限制，完全可以随时随地天马行空。任何人都不缺想象力，缺的是对想象力的呼唤和培养。即时联想法就是培养想象力的一条捷径。

第十二章

简单思维

——复杂问题可以简单化

“奥卡姆剃刀”的威力

许多年前，教皇把一个神学领域的学者关进监狱，目的是不使他的思想得到传播，这个人叫奥卡姆·威廉。没想到，威廉居然逃跑了，并投靠了教皇的死敌——德国的路易皇帝。他对路易说：“你用剑保卫我，我用笔来捍卫你。”

威廉写下的大量著作都影响不大，但一句不见于著作中的格言却享有盛名。这句格言只有 8 个字——如无必要，勿增实体。其含义是，只承认一个确实存在的东西，凡干扰这一具体存在的空洞的概念都是无用的废话，应当将其取消。这一似乎偏激独断的思维方式，被称为“奥卡姆剃刀”。

“奥卡姆剃刀”原则在逻辑学中又被称为“经济原则”。根据这一原则，对任何事物准确的解释通常是那种“最简单的”，而不是那种“最复杂的”，这就像音响没有声音，我们总是会先看看是不是电源没有接好，而不会马上就将音响拆开检查是否哪个线路坏了。

许多年来，一个又一个伟大的科学家磨砺着这把“剃刀”，使之日见锋利，终于成为科学思维的出发点之一。凡善于使用这把“剃刀”的科学家，如哥白尼、牛顿、爱因斯坦等，都在“削”去理论或客观事实上的累赘之后，“剃”出了精练得无法再精练的科学结论。

“奥卡姆剃刀”体现的就是简单思维，从方法论角度出发，就是舍弃一切复杂的表象，直指问题的本质。可惜，当今有不少人，往往自以为掌握了许多知识，喜欢将一件事情往复杂处想。

多年以来，不少人一直怀有这样的困惑：埃及金字塔的底边，为什么是由365块石头组成的，这个数字，是否跟地球自转周期有关？针对上述问题，我们只需拿起“奥卡姆剃刀”说话：它用365块石头砌成底边是因为它需要那么大，顶端的那28块石头也只是因为它正好需要那些石头——因为问题可能本来就是那么简单。假如硬要从复杂的角度进行联想，任何解释都能附会，如果当时埃及金字塔的每条底边用了555块石头，那么，人们照样能够找到无数令人信服的相关联系，从而证明埃及人的其他先见之明。因此，这些解释原则上都可以“剃”掉。

美国太空总署曾向全球征求一种供太空人使用的超现代化书写工具，要求是：必须能在真空环境中使用，必要时能让笔嘴向上书写，还要几乎永远不要补充墨水或油墨，费用多少，在所不惜。

消息传出后，全世界的许多天才都为此大动脑子，各种各样的设计方案不断地由四面八方速递而来，其中有一条建议，让太空总署的官员看了后汗颜不已，那是一封从德国打来的电报，上面只有寥寥数字：试过铅笔没有？

“试过铅笔没有”这是一种智慧，更是一种对复杂思维的讽刺，为什么不使用“奥卡姆剃刀”删减掉我们思维中的许多固有模式呢？因为我们接受的知识越多，就越容易将问题向复杂的方面考虑，越难以找到简单的解题方法。而不谙世事的小孩子不会有任何复杂的顾虑，却能够带给我们出人意料却又是绝妙的结果，就像下面的这个故事一样。

英国的一家著名报社，曾经举办过一项高额奖金的有奖征答活动。题目是：在一个充气不足的热气球上，载着三位科学家。

第一位是环保专家，他的研究可拯救无数人，使人们免于因环境污染而面临死亡的厄运。

第二位是核专家，他有能力防止全球性的核战争，使地球免于遭受灭亡的绝境。

第三位是粮食专家，他能在不毛之地，运用专业知识成功地种植食物，使几千万人摆脱饥荒的命运。

此刻，热气球即将坠毁，必须丢出一个人以减轻载重，使其余的两人得以存活。请问，该丢下哪一位科学家？

问题见报后，很多热心的读者纷纷把自己的答案投给报社。回答大多集中在讨论哪一位科学家的重要程度上，有人说环保专家重要，有人说核专家重要，有人说粮食专家重要。为此，各方支持者争吵不休。

结果出来了，众多的回答都与大奖无缘。最终，偏偏是一个小男孩答对了题，中了大奖。小男孩的答案再简单不过了——丢下那个最胖的人！

“奥卡姆剃刀”是一把无比锋利的刀子，任何纷繁复杂的事物到它的面前都会删繁就简。瞬时，复杂的思维会变得简单，纷繁的世界会变得纯净，它的威力震慑着每一个人，促使我们向着简单的道路迈进。

简单的往往是最好的

在古希腊，有这样一个“戈迪阿斯之结”的故事。

外地人来到朱庇特神庙，都会被引导去看戈迪阿斯王的牛车，每个人都惊叹戈迪阿斯王把牛轭系在车辕上的技巧。

“只有了不起的人才能打出这样的结来。”有人这样说。

“你说得对。”庙里的神使说，“但是能解开这结的人，必须是更了不起的。”

“那是为什么呢？”参拜的人问。

“因为能解开这个奇妙结子的人，将把全世界变成自己的王国。”神使回答说。

自此以后，每年都有很多人来解这个结，可是绳头都看不到，他们甚至不知从何下手。

几百年之后，来了一位年轻国王，名叫亚历山大。他征服了整个希腊，曾率兵打败了波斯国王。亚历山大仔细察看了这个结，他也找不到绳头，于是，他举起剑来一砍，把绳子砍成了很多段，牛轭就落到地上了。

“整个世界属于我。”他说。

亚历山大避免了尝试用复杂的方法来解这个复杂的绳结，而且用了一个简单的动作——挥剑一砍，问题便解决了，留下众人的惊叹：原来可以这么简单！

每天我们都面对各种各样的问题，感到烦恼、困惑、焦躁。我们畏惧和厌烦问题，告诉自己问题是多么困难，几乎无法顺利解决，于是我们一次次寻找各种复杂的方法试图解决问题，但总是没找到正确的方法，所以我们更坚信问题是困难的，解决问题的方法必定是繁复而高深的。

但事实是否如此呢？

许多时候，人们习惯性地将一个问题想得复杂且高深，这不仅成为解决不了问题的借口，使自己得到心灵上的安慰，更为许多人找到了一个标榜自己的机会。因为在大多数人的认识中，“复杂且高深”的问题必定有一个与之匹配的复杂解答方法。所以在孜孜不倦追求这些复杂解题方法的时候，人们变得看不见简单的方法。

简单的未必一定是最好的，但是简单的在很多时候是最好的解决方法。随着科技的进步，人们现今追求的是什么？就是使自己的工作、生活越来越简便，让机器代替许多原本繁复的手工工作。

相信下面这个故事能够使你体会到“简单的往往是最好的”这句话的深意。

有一个制帽学徒，学成以后，他准备自开一家小店，第一件事便是要制作一个漂亮的招牌，写上合适的广告词。他拟了这样的话：制帽商约翰·汤普森，制造并收现钱出售帽子。下面画了一顶帽子。

他征求朋友们的意见，以便修改完善，让他的广告更响亮，生意能更好。

第一位朋友看了后，认为“制帽商”与后面的“制造”重复。于是，将“制帽商”删去。

第二位朋友说：“‘制造’一词也可以去掉。如果我是顾客，我才不关心帽子是谁做的。只要帽子合适、质量好，我就会购买。”于是，约翰又将“制造”二字删去。

他又请教了第三位朋友，朋友给出的建议是：“现钱”二字毫无意义，因为当地并无赊卖的习俗，这两个字又被删除了。这样，就只剩下“约翰·汤普森出售帽子”。

“出售帽子！”又一位朋友看到了这句广告说，“并没有人认为你会白送呀！肯定是出钱买帽子的，‘出售’二字没有任何意义。”于是，“出售”二字也被删去。

最后，干脆把“帽子”二字也删掉了，因为广告牌上已经画了一顶帽子，何必画蛇添足呢？结果，招牌只剩“约翰·汤普森”几个字，底下画着一顶帽子。

而这个简单的广告招牌，为这家帽店带来了许多生意。因为它的店名简单易记，许多顾客口口相传，不久就成了知名的商店，店的规模也扩大了。

因为简单，所以人们都记住了这个店名。虽然简单，但是却给人留下了深刻的印象。

在高科技的时代，人们习惯了复杂，却往往忽略了最简单、最原始的一些东西。过去我们依赖解决问题的简单方法必定也有其一定合理的地方，在某些时候，它们恰恰是解决问题最好的方法。

简单便是聪明，复杂便是愚蠢

法国昆虫学家法布尔说：“简单便是聪明，复杂便是愚蠢。”科学发展的过程，实际上也是一个不断简化的过程。

在许多发展创新的过程中，无论是一个产品、一种技术，还是一项课题，简化都是一个突破的方向。

20 世纪前 20 年，驱动汽车的新型发动机一直沿用往复活塞式内燃机，其结构的主体构件为机械原理中的曲柄滑块结构以及进、排气阀门结构。20 世纪 50 年代，德国工程师沃克尔设计出一种新式的旋转活塞式发动机，只有两个运动构件，即三角形转子和通往齿轮箱的曲轴，它只需要一个汽化器和若干个火花塞以及复杂的阀门控制机构，所以该发动机的重量比传统发动机轻 1/4，而且价格便宜。

这种旋转活塞式发动机，已经在我国得到推广应用，从发明创造的角度来说，简洁是区别平庸与天才的一个标准。化繁为简，将复杂的问题变简单，将事物中烦琐的、陈旧的和无足轻重的部件去掉，使之更加重点突出、功能鲜明、结构精悍、性能优化，是发明创造的一条捷径。

我国发明家张文海认为，补偿方法需要简化，由此发明了“旋转变压器快速最佳补偿”；多极旋转变压器机械理论角的计算需要简化，由此发明了“多极旋转变压器机械理论角的简化计算”；零点标记打点需要简化，由此发明了“旋转变压器零位标记的简易光刻”。

张文海运用简化原则，在一个领域连砍三刀，推陈出新地发明实践，就此彰显了化繁就简的无尽魅力。

科学公式越简单，其理论概括性越强，适应性越普遍。正如达尔文在《自传》中写道：我的智慧变成了一种把大量个别事实化为一般规律的机制。

不仅科学的发展如此，在我们的实际生活、学习中，简单也是避开人生繁杂忧愁的思维方法，简单便是聪明。

曾听说过这样一个故事。

一家著名的日用品公司换了一条全新的包装流水线，但是之后却连连收到用户的投诉，抱怨买来的香皂盒子里是空的，没有香皂。这立刻引起了这家公司的注意，并立即着手解决这个问题。一开始公司准备在装配线一头用人工检查，但因为效率低而且不保险而被否定了。这可难住了管理者，怎么办？不久，一个由自动化，机械、机电一体化等专业的博士组成的专业小组来解决这个问题，没多久他们在装配线的头上开发了全自动的 X 光透射检查线，透射检查所有的装配线尽头等待装箱的香皂盒，如果有空的就用机械臂取走。

这时，同样的问题发生在另一家小公司。老板吩咐流水线上小工务必想出对策解决问题。小工申请买了一台强力工业用电扇，放在装配线的头上去吹每个肥皂盒，被吹走的便是没放肥皂的空盒。

同样的问题，一个花了大力气大本钱研究了 X 光透视装备，一个却用简单的电风扇吹走空的肥皂盒，不同的方法一样解决问题。或许有人认为小工想到的用风扇吹走空肥皂盒的方法太简单，太没有技术含量，但是，它达到了目的，解决了问题。这样的方法更简单易行、更省时省力省钱，不是吗？这样的方法就是好方法！

中国有一句俗话，叫作“快刀斩乱麻”。用最简单的方法去解决最复杂的问题，有时候也是最有效的方法。这也是简单思维的一种运用。

不久前，巴黎一家现代杂志刊登了这样一个有趣的竞答题目：如果有一天罗浮宫突然起了大火，而当时的条件只允许从宫内众多艺术珍品中抢救出一件，请问：你会选择哪一件？

在数以万计的读者来信中，一位年轻画家的答案被认为是最好的：选择离门最近的那一件。

这是一个令人拍案叫绝的答案，因为罗浮宫内的收藏品每一件都是举世无双的瑰宝，所以与其浪费时间选择，不如抓紧时间抢救一件算一件。

我们在做任何事情的时候，千万不要把事情过于复杂化，“简单就是聪明，复杂就是愚蠢”，太多的顾虑反而会让我们走弯路，事情的结果也会无法和我们希望的一致。

不要将事情复杂化

简单思维要求我们简单地看待问题，然而当我们真正面对问题时，却难以做到简单处理，总是将事情人为地复杂化。

在现实生活中，有人往往把一个简单的问题想得十分复杂，结果离真实越来越远。

有一位负责公司招聘的人士说，现在的大学生不懂算术，并讲了这样一个故事。

他代表公司去招聘一些大学毕业生。面试时他出了这样一道算术题：10 减 1 等于几？

有的应试者神神秘秘地趴在他的耳边说："你想让它等于几，它就等于几。"还有的人自作聪明地说："10减1等于9，那是消费；10减1等于12，那是经营；10减1等于15，那是贸易；10减1等于20，那就是金融；10减1等于100，那是贿赂。"

只有一个应试者回答等于9，还有点儿犹犹豫豫。问他为什么？这位应试者说："我怕照实说，会显得自己智商低。"然后，他又小声地补充了一句，"对获得一份好工作来说，诚实可能是这个世界上最没用的武器。"

但这个老实人被录用了。

这个招聘者说："我们公司的宗旨就是不要把复杂的问题看得过于简单，也不要把简单的问题看得过于复杂。"

就这么简单！

本来一件简单的事，几经反复，却变得复杂起来。而复杂的事物、复杂的思路不但不利于问题的解决，反而会使解决问题的人陷入复杂的怪圈。

下面的两个故事也颇有启发意义。

怎样才能使洗衣机洗后的衣服上不沾上小棉团之类的东西？这曾经是一个令科技人员大感棘手的难题。他们提出过一些有效的办法，但大都比较复杂，需要增添不少设备。而增添设备就要既增加洗衣机的体积和使用的复杂程度，又要提高洗衣机的成本和价格，令人感到为解决这么一个问题，未免得不偿失。

可是家庭主妇却总为这一问题大伤脑筋。

日本有一位名叫笥绍喜美贺的家庭妇女也碰到了同样的情况，能不能自己想个办法解决呢？有一天，她突然想起幼年时在农村山冈上捕捉蜻蜓的情景，联想到洗衣机，小网可以网住蜻蜓，那洗衣机中放一个小网不是也可以网住小棉团一类的杂物吗？许多正规的科技人员都认为这样的想法太缺乏科学头脑了，未免把科技上的问题想得太简单。而笥绍喜美贺却没管这些，她用了3年时间不断研究试验，终于获得了满意的效果。

一个小小的网兜构造简单，使用方便，成本低廉，完全符合实用发明的一切条件，投入市场后大受欢迎。很快，世界上很多洗衣机厂商都采用了这一最简单却又最实用的发明。笥绍喜美贺发明的这种洗衣机小网兜，专利期限为15年，仅在日本她就获得了高达1亿5千万日元的专利费。

在走了许多弯路之后，人们往往发现原来最不愿意走的那条路竟是最好的路。这个世界上，最清醒的人应该是自己，而不是别人。自己不能选择自己的路，岂不是一种悲哀吗？

很多事情本来很简单，却往往被我们所忽略，不能很好地运用简单思维，反而使事情变得复杂。

绝妙常常存在于简单之中

简单的思维是一种智慧，简单的思维是一种精明，它反映出灵活和敏捷。将简单的思维贯穿于问题的处理之中，常常能起到许多意想不到的效果，而且一经人们领悟后，会由衷地叹服其绝妙。

东汉末年，7 岁的华佗到一位姓蔡的医生家去拜师。行过见面礼，华佗规规矩矩地坐在那里静听老师的吩咐。

医生医术高明，前来拜师的人很多。蔡医生觉得应该收那些智力高的孩子为徒，决定先考考他们。

他把华佗召到面前，指着家门口的一棵桑树提了一个问题：“你瞧，这棵桑树最高枝条上的叶子，人够不着，怎么能采下桑叶来？”华佗道：“用梯子呗！”“我家没梯子。”“那就爬上去采。”“不，你能想出别的方法吗？”

华佗找了根绳子，用绳子系上一块小石头，然后用力往那最高的枝条上抛。那根树枝被绳子拉了下来。华佗一伸手就把桑叶采下来了。蔡医生高兴地点点头说：“很好，很好！”

过了一会儿，庭院旁有两只山羊在打架。几个孩子去拉，可是怎么也拉不开。医生吩咐道：“你去想想办法，叫那两只羊不要打架。”

华佗在树下转了一圈，拔了一把鲜嫩嫩、绿油油的草。他把草送到两只山羊的面前。这时，山羊打累了，肚子也饿了，见了草就顾不得打架了。

“你真会动脑子，我很高兴当你的老师。”

就是这个华佗，后来成了著名的神医。

经常听到人们说这样一句话：成功其实并不难。它的意思是说：不要把事情看得那么难，那样只会使人处于自我束缚中。许多问题解决起来，既不需要太复杂的过程，也不必要有太多的顾虑，绝妙常常是存在于简单之中的。

艾柯卡和克莱斯勒汽车公司引进敞篷车的故事就是对简单思维的绝妙的运用。

克莱斯勒的总裁艾柯卡有一天在底特律郊区开车时，驶过一辆野马牌敞篷车。那正是克莱斯勒缺乏的——艾柯卡心想——一辆敞篷车。

他回到办公室以后，马上打电话向工程部的主管询问敞篷车的生产周期。“一般来说，生产周期要 5 年，”主管回答，“不过如果赶一点儿，3 年内就会有第一辆敞篷车了。”

“你不懂我的意思，”艾柯卡说，“我今天就要！叫人带一辆新车到工厂去，把车顶拿掉，换一个敞篷盖上去。”

结果艾柯卡在当天下班前看到了那辆改装的车子。一直到周末，他都开着那辆“敞篷车”上街，而且发现看到的人都很喜欢。第二个星期，一辆克莱斯勒的敞篷车就上设计图了。

对于汽车制造，工程师比艾柯卡要更为专业，然而，他们却无论如何也想不到敞篷车可以这样简单地完成。正是专业知识禁锢了他们的思想，使得他们难以用简单的方法去解决复杂的问题，更难以体会到简单思维的绝妙乐趣。

绝妙常常存在于简单之中，只有学会运用简单思维，才不会落入复杂的问题陷阱，尽情地享受简单带来的成功。

思维一转换，问题就简单

爱迪生有位助手叫阿普顿，出身名门，是大学的高材生。在那个门第观念很重的年代，阿普顿对小时候以卖报为生、自学成才的爱迪生很有些不以为然。

一天，爱迪生安排他做一个计算梨形灯泡容积的工作，他一会儿拿标尺测量、一会儿计算。几个小时后，爱迪生进来了，问阿普顿是否已计算好，满头大汗的阿普顿忙说：“快好了，就快好了。”爱迪生看到稿纸上复杂的公式明白了怎么回事。于是拿起灯泡，倒满水，递给阿普顿说：“你去把灯泡里的水倒入量杯，就会得出我们所需要的答案。”

阿普顿这才恍然大悟：哎呀，原来这样简单！从此，他对爱迪生产生深深的敬意。

爱迪生只是将思维进行了转换，用直接的方法难以测量，那么，就用间接的方法，问题就变得简单多了。

许多看似复杂的问题，其实并不复杂。之所以有许多事情显得那么复杂，或许正是缺乏简单的思维。如能将思维的砝码向简单倾斜一些，一定会使你感到轻松而又妙不可言。

1952 年，日本东芝电器公司积压了大量电扇销不出去。公司 7 万多名员工为了打开销路想尽了一切办法，仍然进展不大。最后公司董事长石坂先生宣布，谁能让公司走出困境、打开销路，就把公司 10%的股份给他。这时，一个基层的小职员向石坂先生提出，为什么我们的电扇不可以是其他颜色的呢？石坂特别重视这位小职员的建议，竟为这个建议开了董事会专门讨论，最后董事会决定采纳这个建议。第二年的夏天，东芝公司就推出了一系列的彩色电扇。这批电扇一上市，立刻在市场上掀起了一阵抢购热潮，3个月之内就卖出了几十万台。从此以后，在世界的任何地方，电扇就再也不是一副黑色的面孔了。

一个简单的建议，便扭转了极度的困境，从中你会发现，“简单地变换一下”是多么的美妙。它的确如同一束明亮的阳光，将黑暗的角落照亮。并且，简单地变换一下，常常能使险境转危为安、化险为夷。

下面便是一个经典的案例。

1988年10月27日，秘鲁的一艘潜水艇在公海上被一艘日本商船撞沉。船长及其他6人死亡，24人已脱离险境，还有22人随潜艇渐渐下沉。大家推举老船员詹特斯为临时船长，研究逃生办法。时间一分一秒地过去，有些人绝望了。詹特斯决定冒险——用发射鱼雷的方法将人一个个地发射出去。然而，这样做太危险了，人被发射后要承受巨大的压力，弄不好还要留下终生难以治愈的“沉箱病”。这时潜艇已沉入海中33米，把人射出海面需要3秒，不能再犹豫了。詹特斯告诉大家进入鱼雷弹道口前，尽量把腔内的空气排净，否则肺会像气球一样在发射中爆炸。结果，这22人中除一人脑出血外，都安全地返回了海面，死里逃生。

以上事例都足以说明简单思维的巨大威力，只要善于更新与变换思维，许多困境中的问题都会迎刃而解。

砍掉不必要的东西

铁匠打了两把宝剑。

刚刚出炉时它们一模一样，又笨又钝。

铁匠想把它们磨快一些。

其中一把宝剑想，这些钢铁都来之不易，还是不磨为妙。

它把这一想法告诉了铁匠。

铁匠答应了它。

铁匠去磨另一把剑，另一把没有拒绝。

经过长时间的磨砺，一把寒光闪闪的宝剑磨成了。

铁匠把那两把剑挂在店铺里。

不一会儿就有顾客上门，他一眼就看上了磨好的那一把，因为它锋利、轻巧、合用。

而钝的那一把。虽然钢铁多一些、重量大一些，但是无法把它当宝剑用，它充其量只是一块剑形的铁而已。

同样出自一个铁匠之手，同样的功夫打造，两把宝剑的命运却是这样的天壤之别！锋利的那把又薄又轻，而另一把则又厚又重，前者是削铁如泥的利器，后者则只是一个中看不中用的摆设、一个包袱。

其实，生活中的许多事都是这样，有一些东西是不必要存在的，应当把它“砍掉”，还原生活的简单面貌。往往，变得简单的东西更能展现出自己的特点，使其更具魅力和实用价值。

世界上最早诞生的火车车轮上套有齿圈，通过与钢轨上的齿条啮合向前运动。机车司炉工斯蒂文森望着复杂的车轮想：将齿圈和齿条去掉将会怎样呢？当时，许多专家认为：车轮必须有齿，没有齿，火车就会打滑或者脱轨。斯蒂文森按照自己的设想进行试验，他将车轮上的齿圈去掉后，发现火车不仅不打滑，不脱轨，反而在铁道上能风驰电掣般地飞奔疾驶，速度一下提高5倍以上。从此，火车摆脱了齿圈车轮的束缚，斯蒂文森的名字也随人类交通的发展而载入史册。

现在广为代步的自行车也有类似的经历。当初，人们为了防止自行车倾倒而在后轮两侧装有两个小轮。后来有人想：能不能将两个小轮去掉呢？试验结果表明，去掉两个小轮后，自行车在前进中不会左右倾倒，而且转弯更为灵活。从此，自行车只剩下轻便的两个大轮了。

一般的说，人们在做事情时，总是用尽全力使之至善至美。但是，有时会因追求全面而造成“画蛇添足”或“多此一举”的情况。此外，由于事物所处的环境发生了变化，构成事物的某些功能或性能要素变得不合时宜而成为累赘。这时，就需要简单思维法发挥威力，将无用的东西砍掉，只保留精华的部分。

在商业用途上，“砍掉不必要的东西”这一方法往往被用于某一区域市场的分割，或某一特定需求的开拓。其做法是：保留具有必要用途部分的同时，将其他部分省略。

随身听的发明，首先来自于一个员工在把收录机拆开后，只留其听的功能，在玩耍时被总经理看到。

总经理想：人们不一定要收录音，仅仅随身听音乐，不就是一个单一的市场吗？于是，他下令大力生产。

结果随身听得到广大顾客的喜爱。

货舱式销售的方式，也被认为是销售上的一场革命。

这种方式的产生，也来源于有关人士的感悟：原来的商场都要装饰漂亮，引人入胜，但是，它们并不是所有消费者都需要的。有一种消费者，只要产品便宜就最好，购物点是否漂亮并不重要。

于是，有关人士就果断地将这一功能去掉，而将压缩下来的成本用于降低商品售价，结果大获成功。

人生的道理与此也有几分相似，人生的目的不是面面俱到、多多益善，而是把已经掌握的东西得心应手地去运用，它与宝剑一样，剑刃越薄越好，重量越轻越好。做到这一点的方法，就是需要我们毫不吝惜地将不必要的东西砍掉。

成功就是简单的事情重复做

一位著名的推销大师，即将告别他的推销生涯，应行业协会和社会各界的邀请，他将在该城中最大的体育馆，做告别职业生涯的演说。

那天，会场座无虚席，人们在热切地、焦急地等待着那位当代最伟大的推销员做精彩的演讲。当大幕徐徐拉开，舞台的正中央吊着一个巨大的铁球。为了这个铁球，台上搭起了高大的铁架。

一位老者在人们热烈的掌声中走了出来，站在铁架的一边。他穿着一件红色的运动服，脚下是一双白色胶鞋。

人们惊奇地望着他，不知道他要做出什么举动。这时两位工作人员，抬着一个大铁锤，放在老者的面前。主持人这时对观众讲：请两位身体强壮的人，到台上来。好多年轻人站起来，转眼间已有两名动作快的跑到了台上。

老人告诉他们游戏规则，请他们用这个大铁锤，去敲打那个吊着的铁球，直到把它荡起来。

一个年轻人抢着拿起铁锤，拉开架势，抡起大锤，全力向那吊着的铁球砸去，一声震耳的响声，吊球动也没动。他接着用大铁锤接二连三地砸向吊球，很快他就气喘吁吁。

另一个人也不甘示弱，接过大铁锤把吊球打得叮当响，可是铁球仍旧一动不动。台下逐渐没了呐喊声，观众好像认定那是没用的，就等着老人做出解释。

会场恢复了平静，老人从上衣口袋里掏出一个小铁锤，然后认真地面对着那个巨大的铁球敲打起来。他用小锤对着铁球“咚”敲一下，然后停顿一下，再一次用小锤“咚”地敲一下。

人们奇怪地看着，老人就那样“咚”敲一下，然后停顿一下，就这样持续地做。

10分钟过去了，20分钟过去了，会场早已开始骚动，有的人干脆叫骂起来，人们用各种声音和动作发泄着他们的不满。老人仍然敲一小锤停一下地工作着，他好像根本没有听见人们在喊叫什么。人们开始愤然离去，会场上出现了大片大片的空缺。留下来的人们好像也喊累了，会场渐渐地安静下来。

大概在老人敲打了40分钟的时候，坐在前面的一个妇女突然尖叫一声："球动了！"刹那间会场鸦雀无声，人们聚精会神地看着那个铁球。那球以很小的幅度动了起来，不仔细看很难察觉。老人仍旧一小锤一小锤地敲着，吊球在老人一锤一锤的敲打中越荡越高，它拉动着那个铁架子"哐哐"作响，它的巨大威力强烈地震撼着在场的每一个人。终于场上爆发出一阵阵热烈的掌声，在掌声中老人转过身来，慢慢地把那把小锤揣进兜里。说："成功就是简单的事情重复做。"

我们没有取得成功，并不是没有获得成功的能力，而是在头脑中将成功描绘得太过复杂，使害怕失败的我们停止了向成功迈进的脚步。我们需要做的是用一副简单思维来看待成功、看待我们遇到的所有事情。

实际上，成功很简单。可以说，它就是一系列"简单"的叠加。成功需要我们持有简单的思维和视角。用简单的方法将简单的事情重复做。

复杂只会造成浪费，而效能则来自于单纯。找到关键的部分，去掉多余的活动，坚持不懈地做下去，成功，距离你已经不再遥远。

第十三章

U 形思维
——两点之间最短距离未必是直线

以退为进的迂回法

国际体育比赛中曾发生过这样一件事，在一次保加利亚队和捷克斯洛伐克队的篮球比赛中，离比赛结束还剩下 8 秒钟的时候，保队仅领先一个球。按照规定，保队在这一场球赛中，必须至少赢 3 个球才能不被淘汰。这时，保队的一个队员突然向本方的篮内投入一个球。双方的队员和场外的观众一下子都愣了，不知这是怎么回事。过了好一会儿，大家才明白过来，并报以热烈的掌声。

这位保队队员为什么要向本方的球篮投进一个球？他是怎么想的呢？

他的思考过程大致说来是这样的：保队要想不被淘汰，必须再赢两个球，要有可能再赢两个球，就得延长比赛时间，要延长比赛时间，就要在终场时把比分拉平，要在终场时把比分拉平，那就只有现在向本方篮内投进一个球。

果然，保队这个队员刚一投进这个球，裁判就宣布进行加时比赛。在随后的比赛中，保队士气高涨，轻松拿下 3 个球，赢得了比赛的胜利。

这位保加利亚队员运用的思维方式就是 U 形思维法，是一种以退为进的迂回策略。

U 形思维法指的是在解决某个问题的思考活动遇到了难以消除的障碍时，可谋求避开或越过障碍而解决问题的思维方法，这是创造者常常用到的一个方法，对于发明创新和解决问题有很强的启发作用。

1943 年 2 月，希特勒调集 4 个德国师、1 个意大利师的联合特种部队以及南斯拉夫的傀儡军队，集中围攻铁托领导的南斯拉夫西波斯尼亚和中波斯尼亚解放区，企图消灭铁托率领的这支民族解放部队。

为粉碎纳粹的阴谋，铁托率领由4个师组成的突击队，并掩护4000名伤员，向东南方向突围，转移到门的哥罗地区。全军在铁托的领导下尽力牵制德军的力量。而转移行动成功的关键，是必须安全渡过涅列特瓦河。铁托的突击部队被德军堵在河的左岸，对岸的阻击火力很猛，而且敌军部队正加紧对铁托部队进行包围。

为尽快过河，突击部队几次向桥头发起攻击，但都被德军的密集火力击退，形势十分危急。这时，铁托一反常规果断命令："炸桥！"突击队员在桥头埋下炸药，"轰"的一声巨响，大桥塌了一段。

也许你会产生疑问，铁托的部队不是要过桥吗？为什么自己反倒把桥炸了？

原来，铁托的做法是为了迷惑敌人，炸桥后，铁托命令部队迅速撤退。德军这时似乎恍然大悟，以为铁托的部队不是要过河，而是要在河的左岸进行活动，所以才炸掉大桥，以阻止德军过河进攻。德军连忙转到下游的渡口过河追赶突击队。看到德军上当后，铁托命令突击队突然神速折回桥头。这时，德军只顾追击铁托的部队，河对岸已没有一个德军把守。突击队挖好工事，建立桥头阵地，做好阻击纳粹兵的准备。同时，铁托命令突击队以最快的速度，借助原来的旧桥墩，连夜在断桥处搭起一座简便的吊桥，将坦克、大炮等重武器丢到河里，人员携带轻便武器，扶着轻伤员，抬着重伤员，闪电般地渡过涅列特瓦河，进入门的哥罗地区。当德军发现被狂轰滥炸的山谷空空如也，根本不见铁托部队踪影时，才恍然大悟：突击部队先炸桥，是为了转移视线、迷惑他们，掩盖过桥的真实意图，使德军判断失误；然后又佯装撤离，采用调虎离山之计诱敌上当，当德军中计离开大桥后，突击部队就可以从容不迫地搭桥过河。

可是，此时的醒悟已经晚了，当突击部队过河后，铁托便命令把大桥全部炸掉，彻底阻止了德军的追击。

胜敌自有妙计，强攻不如智取。将在智而不在勇。军事谋略创新始终是指挥员的第一职责。铁托的高明之处就在于他运用了U形思维，让思维来一个180度的大转弯，并以这种U形思维为基础巧施连环计：

先炸桥——后搭桥——再过桥——最后再炸桥。

U形思维中的退并不是真正的软弱、败退，而是一种迂回的策略，"退"是为了下一步的"进"，退一小步，是为了能进一大步。这才是U形思维的真谛。

两点之间最短距离未必是直线

有两只蚂蚁想翻越一段墙，寻找墙那头的食物。

一只蚂蚁来到墙脚就毫不犹豫地向上爬去，可是当它爬到大半时，就由于劳累、疲倦而跌落下来。可是它不气馁，一次次跌下来，又迅速地调整一下自己，重新开始向上爬去。另一只蚂蚁观察了一下，决定绕过墙去。很快地，这只蚂蚁绕过墙来到食物前，开始享受起来。

第一只蚂蚁仍在不停地跌落下去又重新开始。

很简单的故事，却向我们揭示了一个道理：两点之间最短距离未必是直线。在遇到问题时，我们基本会有两种方法去解决：以直线方法或以迂回的方法。通常，直线方法是我们的首选，因为我们认为两点之间直线最短。但是，许多问题的求解靠直线方法是难以如愿的，这时，采用迂回的U形思维去观察思考，或许能使问题迎刃而解。

U形思维，常常是创新者用来解决难题的一种思考手段。

全自动洗碗机是一种先进的厨房家用电器，是发明家适应生活现代化的创新杰作。然而，当美国通用电气公司率先将全自动洗碗机摆在电器商场的货架上后，却出人意料地遭到冷遇。

无论使用任何手段的广告宣传，人们对洗碗机还是敬而远之。从商业渠道传来的信息也极为不妙，新研发的洗碗机眼看就要夭折在它的投放期内。

经过市场调查发现，原来是消费者的传统观念在起作用。人们普遍认为，连十来岁的孩子都能洗碗，自动洗碗机在家中几乎没有什么用，即使用它也不见得比手工洗得好。机器洗碗先要做许多准备工作，增添了不少麻烦，还不如手工洗来得快。而且，自动洗碗机这种华而不实的“玩意儿”将损害“能干的家庭主妇”的形象。一部分人则不相信自动洗碗机真的能把所有的碗洗干净，认为机器太复杂，维护修理肯定困难。还有一些人虽然欣赏洗碗机，但认为它的价格让人不能接受。

顾客是“上帝”，他们不购买你的新产品，你总不能强迫他们购买吧。在无可奈何的情况下，公司只好请教市场营销设计专家，看他们有何金点子。智囊们经过一番分析推敲，终于想出一个新办法：建议将销售对象转向住宅建筑商。

起初，人们对该建议普遍持怀疑态度，建筑商并不是洗碗机的最终消费者，他们乐意购买吗？在通用电气公司的公关人员的说服下，建筑商同意做了一次市场实验。他们在同一地区，对居住环境、建造标准相同的一些住宅，一部分安装有自动洗碗机，一部分不装。结果，安装有洗碗机的房子很快卖出或租出去了，其出售速度比不装洗碗机的房子平均要快两个月。这一结果令住宅建筑商受到鼓舞。当所有的新建住房都希望安装自动洗碗机时，通用电气公司生产的自动洗碗机的销售便十分畅通了。

从这个故事中，我们可以发现两条思路：其一，将洗碗机直接向家庭顾客推销，效果不佳；其二，将洗碗机安装在住宅里，借助房产销售卖给了家庭用户，结果如愿以偿。前者是直线思维，后者是U形思维。

运用U形思维的基本特点就是避直就曲，通过拐个弯的方法，规避摆在正前方的障碍，走一条看似复杂的曲线，却可以尽快到达目的地。这是U形思维的智慧，也是U形思维的魅力所在。

变通思维的奇妙作用

1945年战败的德国一片荒凉，一个德国年轻人在街上发现——当时德国人处于“信息荒”，国民对信息的获得非常饥渴。于是他决定卖收音机！可是，当时在联军占领下的德国，不但禁止制造收音机，连销售收音机也是违法的。这名年轻人就将组成收音机的所有零件、线路全部配备好，附上说明书，一盒一盒以“玩具”卖出，让顾客动手组装。这一思路果然产生奇效，一年内卖掉了数十万盒，奠定了西德最大电子公司的基础，这年轻人名叫马克斯·歌兰丁。

歌兰丁所使用的方法巧妙地解决了“信息封锁”的难题，这个神奇的方法便是变通思维的运用。

变通思维是U形思维的一种表现形式，是指在思考问题时，当一条路走不通或者付出的机会成本太大时，不妨改变一下思路，从原有的思维框框中跳出来，进入到一个新的思维框架中去思考的一种思维方法。

变通思维方法的主要特征是：新的思考路子与原有的思考路子基本上没有什么联系，是一种另起炉灶，因转换角度而形成的新的思路。一般来说，变通思维用好了，就会起到一种“山重水复疑无路，柳暗花明又一村”的奇妙作用。

近年来，我国列车连续实施提速，极大地提高了铁路运能。然而列车提速受各种因素影响与制约，其中之一就是列车速度越高，左右横向晃动就越厉害，乘客会感到很不舒服。尤其是机车的剧烈晃动对车内的设备损害很大，可导致底梁开裂等灾难性事故，并加剧钢轨磨损，严重威胁行车安全。

为什么会出现这种现象呢？科技人员从建立和分析机车的动力学模型入手，

对机车的承载结构进行研究。发现主要原因是支撑车体的圆柱形二系弹簧抗弯刚度太小，横向刚度偏低，不足以抵挡机车因高速行驶而产生的横向力的威胁。

火车高速行驶不安全的原因找到了，但是问题又出来了，怎么样才能使弹簧承受住火车高速行驶而产生的横向力的冲击呢？按照传统思维考虑问题，无非是改变弹簧的材料，或者把弹簧做大做粗些，但这些都不能解决问题。此事怎么办呢？一些科技人员变通了思路终于想出了一个绝妙的方法：就是将圆柱形弹簧改换成圆锥形弹簧，再配合其他措施，就可有效解决高速列车晃动的难题。

这一由我国科技人员独创的圆锥形列车专用弹簧，抗弯、抗剪、抗扭和抗疲劳性能以及横向、纵向刚度，均比传统的圆柱形弹簧优越。而比起昂贵精密的空气弹簧，它制造容易，维修方便，成本低廉；比起橡胶堆弹簧，它使用寿命长，耐温能力强。圆锥形弹簧完全适合速度高、质量大、振动频率低的电力机车、内燃机车及高速客车等。

变通思维的关键是要学会变，路走不通时要变，路不好走的时候也要变，不能一条路走到黑，也不能做事一根筋。

变通思维不但在发明创造中有着广泛的应用，在处理日常事务中也是一个常用的思维方法。我们知道，八面玲珑的人是不会死守教条的，他们的特点就是善于变通。灵活变通已成为在人生战场上立足的必备技能。

美国辛辛那提大学的乔治·古纳教授，在他讲授秘书学时提供了这样一个案例。

有一天，一家公司的经理突然收到一封非常无礼的信，信是一位与公司交往很深的代理商写来的。

经理怒气冲冲地把秘书叫到自己的办公室，向秘书口述了这样一封信：“我没有想到你会这样给我写信，你的做法深深伤害了我的感情。尽管我们之间存在一些交易，但是按照惯例，我还是要把这件事情公布出去。”

经理叫秘书立即将信打印出来并马上寄出。

对于经理的命令，这位秘书可以采用以下 4 种方法：

第一种是“照办法”。也就是秘书按照老板的指示，遵命执行，马上回到自己的办公室把信打印出来并寄出去。

第二种是“建议法”。如果秘书认为把信寄走对公司和经理本人都非常不利，那么秘书应该想到自己是经理的助手，有责任提醒经理，为了公司的利益，哪怕是得罪了经理也值得。于是秘书可以这样对经理说：“经理，别理这封信，撕了算了。何必生这样的气呢？”

第三种是“批评法”。秘书不仅没有按照经理的意见办理，反而向经理提出批评说：“经理，请您冷静一点儿，回一封这样的信，后果会怎样呢？在这件事情上，难道我们不应该反省反省？”

第四种是“缓冲法”。就在事情发生的当天下班时，秘书把打印出来的信递给已经心平气和的经理说：“经理，您看是不是可以把信寄走了？”

乔治·古纳教授在教学中选择了“缓冲法”。

他的理由是：第一种“照办法”，对于经理的命令忠实地执行，作为秘书确实需要这种品质，但是“忠实照办”，仍然可能是失职。第二种“建议法”，这是从整个公司利益出发的；对于秘书来说，这种富于自我牺牲的精神是难能可贵的，可是，这种行为超越了秘书应有的权限。第三种“批评法”，这种方法的结果是秘书干预经理的最后决定，是一种越权行为。而第四种“缓冲法”，则是一种最折中的、于经理于该秘书都无不利的方法，这是善于变通在工作中的体现，反映了一个下属机敏灵活的处事头脑和审时度势的工作能力。

在工作、生活中，我们会遇到各种各样的困难，甚至会被一些两难问题束缚住手脚，要打破困窘的处境，首先就要将自己从“心灵之套”中解脱出来，只要有了变通的理念，就一定能够找到巧妙的方法。

此路不通绕个圈

当你走在路上，眼看就要到达目的地了，这时车前突然出现一块警示牌，上书四个大字：此路不通！这时你会怎么办？

有人选择仍走这条路过去，大有不撞南墙不回头之势。结果可想而知，已言明“此路不通”，那个人只能在碰了钉子后灰溜溜地调转车头，返回。这种人在工作中常常因“一根筋”思想而多次碰壁，消耗了时间和体能，却无法将工作效率提高一丁点儿，结果做了许多无用功。

有人选择驻足观望，不再向前走，因为“此路不通”。却也不调头，想法有二：一是认为自己已经走了这么远，再回头有不甘且尚存侥幸心理；二是想如果回头了其他的路也不通怎么办？结果驻足良久也未能前进一步。这种人在工作中常常会因懦弱和优柔寡断而丧失机会，业绩没有进展不说，还会留下无尽的遗憾。

还有另一类人，他们会毫不犹豫地调转车头，去寻找另外一条路。也许会再次碰壁，但他们仍会不断地进行尝试，直到找到那条可以到达目的地的路。这种人是生活与工作中真正的勇者与智者，他们懂得变通，直到寻找到解决问题的办法，并且往往能够取得不错的成绩。

有这样一则故事。

有一个律师得了重病，已经无药可救，而独生子此刻又远在异乡，不能及时赶回来。

当他知道自己死期将近时，怕仆人侵占财产，篡改自己的遗嘱，便立下了一份令人不解的遗嘱：我的儿子仅可从财产中选择一项，其余的皆送给我的仆人。

律师死后，仆人便高高兴兴地拿着遗嘱去寻找主人的儿子。

律师的儿子看完了遗嘱，想了一想，就对仆人说："我决定选择一样，就是你。"这样，聪明的儿子立刻得到了父亲所有的财产。

如果你是律师，你会怎么做呢？担心仆人侵占自己的财产，但说教、阻止、威胁等手段都无法起到很好的作用，这时该怎么做？其实，故事中的律师就是采取了迂回的方法，以退为进，放长线钓大鱼，先给对方尝点儿甜头，稳住对方，才能攻无不克。

面对问题、障碍时，不妨绕个圈，从另一个方向入手解决问题，也许会收到不错的效果。

有两家酒店正好开在一条街上，且对街而望，为了抢生意，拉顾客，两家的店主争相在门口贴广告来拉生意。一家店主在门口贴出广告称：本店以信誉担保，出售的散酒全是陈年佳酿，绝不掺水。他十分得意，认为另一家店不可能做出比自己更好的广告了。另一家的店主见状，思索片刻，提笔在自家门口上写下了另一则广告：本店素来出售的是掺水一成的陈年佳酿，如有不愿掺水者请预先声明，但饮后醉倒与本店无关。说自己的酒不掺水的那家店主不禁洋洋自得，他认为另一家店主实在太傻，竟然告诉别人自己的酒里掺水。谁知，路上行人到此驻足后，纷纷到"掺水一成"的酒店喝酒进餐，而不去那家"绝不掺水"的酒店买酒。

其实同样做广告，前者有些言过其实，将话说满了，反而让人无法相信。后者如果想在广告中直言自己比前者更好似乎已经不可能，于是换个方向，往后退一步，承认自己在酒中掺了水，但与此同时也巧妙地赞誉了自己的商品。

"此路不通"就绕个圈，"这个方法不行"就换个方法，应该成为每个人的生活理念。管理大师彼得斯在写出风靡全球的《追求卓越》一书之前，曾在麦肯锡顾问公司担任顾问，他属于那种有独立见解的人，因此，在公司里有段时间属于非主流派人物。后来，他改变方法，决定由外而内建立自己的信誉。其具体做法是：对一些员工不太愿意去的外地，主动去了解情况，并和有关人士接触。这样一来，不仅能够获得新资讯，而且，仅仅一句“我实地看过了，并且就在昨天”就能增加自己说话的分量，在公司里树立自己的扎实的形象与信誉。有了这样到外界去掌握第一手资料的意识，他就拥有了其他员工不具备的优势。还使他的书更有新鲜感和权威性，更能够得到别人的承认。

在煤油炉出现之前，人们生火做饭都是使用木炭和煤。

美国一家销售煤油炉和煤油的公司，为引起人们对煤油炉和煤油的消费兴趣，在报纸上大肆宣传它的好处，但收效甚微，人们继续使用木炭和煤，煤油炉和煤油仍然无人问津。

面对积压的煤油炉和煤油，公司老板决定转换策略。他吩咐下属将煤油炉免费赠送到各家各户，不取分文。就这样，收到煤油炉的住户们尝试着使用它，而没有收到的纷纷打电话向公司询问，并索要煤油炉，在很短的时间内，积压的煤油炉赠送一空。

公司员工们十分不解老板的做法，还有的人怀疑老板是不是急“疯”了。谁知过了不久，就有一些顾客上门来，询问购买煤油的事；再后来，竟有顾客要求购买煤油炉。原来，人们在使用煤油炉后，发现其优越性较之木炭和煤十分明显。家庭主妇们在炉里原有的煤油用完后，仍然希望继续使用煤油炉，但这时公司不会再白送煤油了，只好掏钱向公司购买。在循环往复中，这家公司的煤油炉自然久销不衰。

这个案例，也是U形思维“此路不通绕个圈”的体现。一个卓越的人，必是一个注重思考、思维灵活的人。当他发现一条路走不通或太挤时，就能够及时转换思路，改变方法，以退为进，寻找一条更加通畅的路。这一点思维特质，就是需要我们用心学习的。

顺应变化才能驾驭变化

生活中的小事总会给我们带来许多启示。程亮从一次垂钓中就学到了不少东西。

程亮选了一处有树荫的凉爽处，架好渔竿，上好鱼饵便抛线等待。等了好长时间，却总也不见鱼上钩。而相隔5米远处的一位老者一个上午已经钓到了

4 条大鱼。程亮便过去向老者请教，老者听明程亮来意，笑着对他说：“小伙子，钓鱼可是一门学问呀！春钓滩、夏钓湾，鱼饵鱼线要常更换。”于是，老者向他介绍了钓鱼的经验，告诉他钓什么样的鱼，就要用什么样的鱼饵、什么样的线。线多长要随水深水浅而变化，鱼饵在钩上的摆放也要根据情况而定。即使钓同一种鱼，随着季节的变化，方法也不一样，春天有春天的方法，夏天有夏天的方法，冬天有冬天的方法……

临分别时，老者说了一句让程亮终生受益的话：“小伙子！鱼是不会听从你的安排的，它不会照着你的意思上钩。你想钓上它来，就必须改变自己，让你的方式适应鱼的习性。”

钓鱼确实是一门学问。人在岸上，鱼在水里，人怎样才能让鱼上钩呢？要让鱼上钩，就必须先了解鱼的习惯，它喜欢吃什么鱼饵、喜欢怎样吃、喜欢什么时候吃……掌握了这些情况之后，我们就要改变自己，让自己的方法尽量去适应鱼的生活习惯，这样一来，鱼就会咬钩，就会被我们钓上来。

任何事情都不会按照我们的主观意志去发展变化。我们要获得成功，就得首先去认识事物的性质和特点，然后再根据实际情况来调整改变自己的思路和行为方式。只有如此，我们才能在顺应事物变化的同时，驾驭变化，走向成功。如果我们想当然地凭自己的想法去办事，这就像钓鱼不知道鱼的习性一样，注定要徒劳无功。

所以，做一切事、解决一切问题，我们都必须随着客观情况的变化而不断地调整自己，不断地采取与之相适应的方法。

几年前，有两个人在北京各自开了一家川菜馆。起初两家餐馆的生意都不错，但两位老板的思路和想法却迥然不同。一位老板总认为川菜是多年流传下来的特色菜，绝不可以更改，一改便没了特色。因此，这家餐馆总是按部就班地经营着自己的老川菜。另一位老板心眼活，他发现北京的餐饮业竞争逐渐激烈起来，喜欢老川菜的人口味也在变化。于是，他便吸收粤菜和湘菜的一些特点推出了新派川菜。这种菜肴既不失川菜的特色，又满足了人们口味的变化，因此，生意越做越火，在北京很快就有了三家连锁店。而那一位固守老川菜思路的老板仍旧维持原样，几年下来还是原地踏步，没有任何发展。

从这两位餐馆老板的故事，我们可以看出，后一位老板之所以成功，就因为他能看清川菜在当地的发展趋势，并顺应了这一趋势，改变了自己的思路和经营方式；而前一位老板之所以没有发展，就在于他没有认识到大众口味的变化，没有去顺应变化、改变自己。

U 形思维的表现就是灵活变化，要成功地驾驭变化，就要求我们能够顺应变化，并先从改变自身开始，进而达到自己的目的。

别走进思维的死胡同

生活中，许多人都为遇到的问题而困扰不已。习惯性的思维模式使他们常常抓住一种思路不放手，大有不撞南墙不回头之势。最终，将自己逼进了思维的死胡同，无论怎样努力，都是在原地打转，而不能前进一点儿。

而思维灵活的人士都会针对问题的不同性质而转变思维方法，他们的思维时常是活跃的，自然，这样的人更容易取得成功。

小刘下岗后一直找不到好的工作。一天，他在漫不经心地翻阅报纸时，一则广告闯入他的眼帘，广告上写着“英雄不问出处”六个大字。那是一家报社招聘编辑、记者的广告。

小刘心想：我是他们所说的英雄吗？虽然小刘只有初中文凭，但他在不同的报纸上发表过 30 多万字的作品，所以他信心满满的。

但是，当小刘前去应聘时，却遭遇对方索要文凭，小刘哪里有什么文凭？他不解地问：“不是英雄不问出处吗？”那位同志很奇怪地看了他一眼，然后朝他后面喊“下一位”，就再也不理睬他了，他只得扫兴而归。

虽说因为文凭的事情小刘碰了不少壁，但这一次小刘偏不信这个邪，他发誓非进那家报社不可。从那以后，小刘开始大量向那家报社投稿，丝毫不计较稿费的高低。由于这家报社开了不少副刊，小刘悉心加以研究后，专门为他们量身定做，所以他的作品几乎篇篇被采用，甚至还创造过这样的“奇迹”：有一次，他们的副刊总共只有 7 篇稿子，其中 3 篇是小刘的“大作”，只是署名不一样。

于是小刘的作品被这家报社的编辑竞相争抢，常常是刚应付完文学版的差事，杂文版的差事又来了。有时候他的创作速度稍慢一点儿，那些编辑就会心急火燎地打电话催稿。

有一天，这家报社的一个编辑找到他，透露了他们即将扩版急需人才的消息，希望他能前去应聘。小刘对他说自己没有文凭。那位编辑表示相信小刘的水平，并说只要他想去，他就跟领导提一下。

第二天，那位编辑就给小刘打来电话，向他转达了他们领导的意思：如果他愿意，现在就可以去上班。

从这个故事中我们可以看到：当你不能通过直接的方式达到目的时，为什么不选择另一条迂回曲折的道路呢？那是比钻进死胡同要强许多的。

不懂“迂回”的人就像是被关在房间里的昆虫，会拼命地飞向玻璃窗，但每次都碰到玻璃上，在上面挣扎好久恢复神志后，它会在房间里绕上一圈，然后仍然朝玻璃窗上飞去，它也许不明白那是一个永远也飞不出去的死胡同。

许多时候，我们又何尝不像那只昆虫？一直在原地转圈，却不肯尝试另外一种途径。殊不知，另外的方法可以巧妙地解除我们的困境，引领我们踏上成功的通途。

有一位退休老人，在一所学校附近买了一栋简陋的住宅，打算在那里安度晚年。

有三个无聊的年轻人，经常在闲着无事的时候用脚踢房屋周围的垃圾桶。附近的居民深受其害，对他们的恶作剧多次阻止，结果都无济于事。时间长了，只好听之任之。

这位老人受不了这种噪声，决定想办法让他们停止。

有一天，当这三个年轻人又在狠狠踢垃圾桶的时候，老人来到他们面前，对他们说：“我特别喜欢听垃圾桶发出来的声音，所以，你们能不能帮我一个忙？如果你们每天都来踢这些垃圾桶，我将天天给你们每人 50 便士的报酬。”

年轻人很高兴地同意了，于是他们更加使劲地踢垃圾桶。

过了几天，这位老人愁容满面地找到他们，说：“通货膨胀减少了我的收入，从现在起，我恐怕只能给你们每人 30 便士了。”

这三个年轻人有点儿不满意，但还是接受了老人的条件，每天下午继续踢垃圾桶，可是没有从前那么卖力了。几天以后，老人又来找他们。“瞧！”他说，“我最近没有收到养老金支票，所以每天只能给你们 10 便士了，请你们千万谅解”。

“10 便士！”一个年轻人大叫道，“你以为我们会为了区区 10 便士浪费我们的时间？不成，我们不干了！”

从此以后，老人和邻居都过上了安静的日子。

该怎样让这些血气方刚的年轻人停止踢垃圾桶，不再制造噪声呢？是冲出去将这些人训斥一顿，还是苦口婆心教育他们这样已经妨碍了他人的休息？恐怕这些通常人们所想到的办法都没什么效果，甚至强制性的命令只会让他们变本加厉、适得其反。

但是老人却出人意料地想出了一个好点子，起初奖励他们踢垃圾桶的行为，这是老人“退”的策略，之后逐渐降低奖励额度，也降低了年轻人的热情，从而达到了使年轻人主动放弃这一行为的结果。

U 形思维从其根本特征上讲，就要求我们的思路会转弯。我们都知道，在 U 形管中，是不存在死胡同的，所以，我们在学习运用 U 形思维为人处世时，切忌将自己的思维禁锢在死胡同中，而应开拓自己的思路，思路打开了，前面的路也变得广阔了。

放弃小利益，赢得大收获

一个年轻人非常羡慕一位富翁一生中在生意场上取得的成就，于是他跑到富翁那里询问他成功的诀窍。

当年轻人把来意对富翁讲了以后，富翁什么也没说，转身到起居室拿来了一个大西瓜。青年迷惑不解地看着，只见富翁把西瓜切成了大小不等的三块。富翁把西瓜放在青年面前说："如果每块西瓜代表一定程度的利益，你会如何选择呢？"说完，就指着切好的西瓜让青年随手挑一块。

青年眼睛盯着最大的那块说："当然是最大的那块了。"

"那好，请用吧。"富翁笑了笑说，然后顺便把最大的那块西瓜递给青年，自己却拿起了最小的那块。在青年还在享用最大的那一块西瓜的时候，富翁已经吃完了最小的那块。接着，富翁微笑着拿起剩下的一块，还故意在青年眼前晃了晃，大口吃了起来。

其实那块最小的和最后一块加起来要比最大的那一块大得多。

青年明白了富翁的意思，虽然富翁吃的西瓜没有自己的大，却比自己吃的要多。

富翁这种"放弃小利益，赢得大收获"的做法正是巧妙运用 U 形思维的结果，暂时的退只是为了下一步的进，而且是更大步伐的前进。

日本丰田汽车公司曾为了确保在日本的销售市场，深谋远虑，从解决城市的汽车与道路的矛盾入手，先后成立了"丰田交通环境保护委员会"，在东京车站和品川车站首次修建"人行道天桥"；还投资 3 亿日元在东京设立了 120 处电子计算机交通信号系统，使交通拥挤现象得到缓解；另外还投资创立了汽车学校培养更多人学会开车；还为儿童修建了汽车游戏场，从小培养他们的驾驶本领。良苦用心最终如愿以偿，汽车销量日益增多，公司效益也相当可观。

这个事例告诉我们，在利益面前切不可"近视"，只看到眼前的小利，而丢掉长远的利益。短期的投入，看似与收入不成正比，但时机成熟时，必会获得回报。

美国有一家经营新型剃须刀的公司，曾答应经营客户通过新闻等媒体为新剃须刀大力促销。然而，后来这家公司由于内部亏损即将倒闭而被另一公司买下，由于当时审查广告的机构对剃须刀是否是医疗用品争论不休，宣传活动被迫取消。为此客户声明要退回剃须刀。收回剃须刀，对一个刚刚收买来的毫无经济实力的公司来说，无疑是一个沉重的打击，这意味着将危害到公司的贷款合约，被银行抽回资金；然而不收回剃须刀，则与客户建立的关系将毁于一旦。在进退两难之际，公司新的负责人为了不失掉最大潜在客户，只好采取“退”的决策，同意收回剃须刀，同时积极与银行交涉，力争把损失减到最低限度。按正常发展速度估计，同意退回后，还需经过大致两个月的文书往返，到那时回来的退货已经少了很多，再加上退货之后，还有一个月才需要退还货款，到 3 个月后，公司一切都已走上了正轨，有能力消化这些损失。和银行方面达成协议之后，结果如预料的那样。3 年后，公司业务蒸蒸日上，良好的信誉使这家客户占公司业务的 50%，而不是原来的 20%。这就是退一步虽失小利，终获大利。

运用 U 形思维，它的要领在于不计当前利益，着重长远利益，吃小亏，占大便宜。所有的退却都是为将来更大的发展做铺垫。生活中有些人只顾眼前收获而没有长远打算，这是一种不明智的行为。有时，一些弯路是必走的，迂回而行比盲目向前要可靠得多。

把自己的位置放低一点儿

俗话讲：退一步路更宽。事实上，退是另一种进。

工作中，应该学会把自己的位置放低一点儿，从基本工作做起，增强业务能力，积累经验，为自己的事业成功创造条件，一鸣惊人。

刚刚大学毕业的乔治想要进入一家大型的机械公司，但是该公司对人才的要求很高，没有经验的大学生很难被录用。

他先找到公司人事部，提出愿意为该公司无偿提供劳动力，请求公司分派给他任何工作，他愿意不计任何报酬来完成。公司起初觉得这简直不可思议，但考虑到不用任何花费，也用不着操心，于是便分派他去打扫车间里的废铁屑。之后的一年时间里，乔治勤勤恳恳地重复着这种简单但是劳累的工作。为了糊口，下班后他还要去酒吧打工。这样虽然得到老板及工人们的好感，但仍然没有一个人提到录用他的问题。

有一段时间，公司的许多订单纷纷被退回，理由均是产品质量有问题，为此公司将蒙受巨大的损失。公司董事会为了挽救危机，紧急召开会议商议解决，当会议进行一大半还未见眉目时，乔治进入会议室。

在会上，乔治把这一问题出现的原因做了令人信服的解释，并且就工程技术上的问题提出了自己的看法，随后拿出了自己对产品的改造设计图。这个设计恰到好处地保留了原来机械的优点，同时克服了已出现的弊病。

总经理及董事们见到这个编外清洁工如此精明在行，便询问他的背景以及现状。乔治将自己的意图和盘托出，董事们一致决定，聘请乔治为公司负责生产技术问题的副总经理。

原来，乔治在做清扫工时，利用清扫工到处走动的特点，细心察看了整个公司各部门的生产情况，并一一做了详细记录，发现了存在的技术性问题并设计了解决办法。为此，他花了近一年的时间搞设计，做了大量的统计数据，为最后的一展才华奠定了基础。

只有志向远大，才可能成为杰出人物。但要成为杰出人物，光是心高气盛还远远不够，还必须从最基础的事情做起。在你默默无闻不被人重视的时候，不妨试着暂时降低一下自己的物质目标、经济利益或事业野心，做好一个普通人的普通事，这样你的视野将更开阔，或许会发现许多意想不到的机会。

一位留美计算机博士学成后在美国找工作。因为有个吓人的博士头衔，求职的标准当然不能低。结果他连连碰壁，很多公司都没聘他。想来想去，他决定收起所有的学位证明，以一种最低的身份去求职。

不久他就被一家公司录用为程序输入员。这对他来说是大材小用，但他仍然干得认认真真，一点儿也不马虎。不久老板发现他能看出程序中的错误，不是一般的程序输入员可比的。这时他亮出了学士证，老板给他换了个与大学毕业生相称的工作。

过了一段时间，老板发现他时常提出一些独到的有价值的建议，远比一般大学生要强，这时他亮出了他的硕士证书，老板见后又提升了他。

再过一段时间，老板觉得他还是与别人不一样，就对他“质询”，此时他才拿出了博士证书。这时老板对他的水平已有了全面的认识，毫不犹豫地重用了他。这位博士最后的职位，也就是他最初理想的目标。

很多刚走上工作岗位的人，不懂得这种心理，往往希望从一开始就引人注目，夸耀自己的学历、本事、才能，即使别人相信你，在形成心理定式之后，如果你工作稍有差错或失误，往往就被人瞧不起。所以，有“心机”的人，刚走上工作岗位时不会过早地暴露自己，当他默默无闻的时候，会因一点儿成绩一鸣惊人，这就是U形思维以退为进的妙处。

阳光比狂风更有效

深秋的一个早上，狂风与太阳闲来无事，便谈论起各自的力量，它们都对自己的力量感到满意，彼此不服，都认为自己的力量比对方大。它们争来争去也没有什么结果，最后它们决定让事实来说话：谁能把行人的衣服脱下来，谁就胜利了。太阳一口答应，狂风自以为威力无比，便要求先让自己展示，太阳微微一笑，便躲进了云层。

狂风先是大吸一口气，然后迅猛喷出。只见天昏地暗，飞沙走石，连秋后枝头的残叶也被席卷一空，一片片飞向高空久久不能落下。它看到自己的威力如此之大，不禁有些洋洋得意，觉得脱下行人的衣服应该绰绰有余。不料，路上的行人却紧紧裹住了自己的衣服。狂风见状，刮得更加猛烈，还直往行人的脖子里钻，企图把衣服也给吹坏。行人冷得发抖，围上了围巾，又添加了更多的衣服。狂风一会儿就吹疲倦了，但却未见一个行人的衣服被自己脱下来，无奈只好让位给了太阳。

太阳不紧不慢从云端露出了笑脸，它开始把温暖的阳光洒向大地，气温渐渐升高起来，行人感觉有些热，便脱掉了添加的衣服；接着太阳又把强烈的光直射向众人，行人们开始汗流浃背，渐渐地忍受不了，于是脱光了衣服，纷纷跳到旁边的河里洗澡去了。狂风见状，只好羞愧地向太阳认输。

这个故事向我们讲述了这样一个道理：在与别人的交往中，如果想让对方认同自己的观点，就不要采取过于强硬的态度，采用U形思维，退一步，用柔和的策略，得到的效果会更好。

工程师李强嫌房租太高了，要求减低一点儿，但是他晓得房东是一个极固执的人。他说："我写给房东一封信说，等房子合同期满我就不继续住了，但实际上我并不想搬家，假如房租能减低一点儿我就继续租下去。但恐怕很难，别的住户也曾经交涉过都没成功。许多人对我说房东是一位很难对付的人。可是我对自己说：'我正在学习如何待人这一课，所以我将要在他身上试一下，看看有无效果。'

"结果，房东接到我的信后，便带着他的租赁契约来找我，我在家亲切招待他。一开始并不说房租太贵，我先说如何喜欢他的房子，请相信我，我确实是‘真诚的赞美’。我表示佩服他管理这些房产的本领，并且说我真想再续住一年，但是我负担不起房租。

“他好像从来不曾听见过房客对他这样说话。他简直不知道该怎样处置。随后他对我讲了他的难处，以前有一位房客给他写过40封信，有些话简直等于侮辱，又有一位房客恐吓他说，假如他不能让楼上住的一个房客在夜间停止打鼾，就要把房租契约撕碎。他对我说：‘有一位像你这样的房客，心里是多么舒服。’继之不等我开口，他就替我减去一点儿房租。我想能多减点儿，我说出所能负担的房租数目来，他二话不说就答应了。

“临走的时候，他又转身问我房子有没有应该装修的地方。假如我也用其他房客的方法要求他减房租，我敢说肯定也会像别人一样遭到失败。我之所以胜利，全赖于这种友好、同情、赞赏的方法。”

阳光比狂风更有效，这一点在企业管理中也是适用的。如何让员工全心全意地为自己做事，是每一个企业管理者都在思索的事情。此时，委婉的柔和策略比直接的严加管束要有效得多。如狂风一样严酷，只会让员工更加警戒和反感；如太阳般的温暖，则会让员工丢掉所有的“装甲”，一心一意地为公司做事。

第十四章

灵感思维
——阿基米德定律就是这样发明的

引发自己的灵感

所谓灵感，指的是当人们研究某个问题的时候，并没有像通常那样运用逻辑推理，一步一步地由未知达到已知，而是一步到位，一眼看穿事物现象的本质。至于这个想法是怎样来到的，谁也说不清楚，“反正是一下子想到的！”

灵感是一位不速之客。我们可以在任意时刻有意识地运用其他思维方法，但是却不能规定自己在哪一天哪一时刻产生灵感。当你翘首企盼时，它杳如黄鹤；在你毫无准备时，它却可能翩然而临。

灵感常常不期而遇，“众里寻他千百度，蓦然回首，那人却在，灯火阑珊处”。

灵感的产生往往伴随着激情，它会使创造者欣喜若狂，使他们的思维空前活跃，进入一种如痴如醉的状态。

2000 多年前，古希腊希洛王请人制造了一顶皇冠，他怀疑制造者掺了白银，但由于皇冠重量与原先国王交给的黄金重量相等，因此拿不出证据，于是便请阿基米德鉴定。

由于皇冠的形状极不规则，阿基米德在接受这个任务后，冥思苦想，不得要领。

有一天，阿基米德躺入澡盆洗澡时，由于澡盆中水加得太满，溢出了一些。

为皇冠问题困扰多日的阿基米德豁然开朗：因为一定重量银的体积比同重

量的黄金要大，如果皇冠中掺了白银，那么它排出的水肯定比同重量的黄金多！

想到这里，阿基米德跳出澡盆，向王宫奔去，边跑边喊：“找到了！我找到了……”

于是，科学界又多了个阿基米德定律。

灵感是在人们头脑中普遍存在的一种思维现象，同时它也是一种人人都能够自觉加以利用的思维方法。有些人说自己从未出现过灵感，这主要是因为还不了解什么是灵感，因而即使头脑中已经出现了灵感，也往往会感觉不深，把握不住。其实，只要对灵感现象的机制、特点，及其出现的某些规律有所了解，并且有一定的捕捉和利用灵感的精神准备与敏感，那么每一个人都可能会惊喜地发现：自己已经或正在品尝到灵感的甘露。

灵感是科学发现和发明的“助产士”

灵感思维方法在科学研究和发明中的作用是人所皆知的，有关这方面的事例不胜枚举。因此，灵感思维对于科学发现和发明来说，有如火花、催化剂、助产士一样，不断地催生一批又一批的发明成果。

下面，我们来看看灵感思维是怎么帮助发明大王诺贝尔发明安全炸药的。

早在诺贝尔之前，意大利一位著名的教授就在 1847 年发明了制造炸药的原料硝化甘油。但是，因为它的稳定性实在差，稍微受到震动就发生爆炸，因此很难应用到实际生活和生产当中。

诺贝尔年轻的时候就表现出了化学的才能，他继续研究液体炸药硝化甘油，希望把它应用在矿山和隧道的施工中。但是硝化甘油爆炸性太强，在试验中多次发生爆炸，他最小的弟弟埃米尔和另外 4 个人都被炸死了。瑞典政府禁止他重建被炸毁的工厂。他被迫到湖面上一艘驳船上进行试验，以寻求减少硝化甘油因为震动而发生爆炸的方法。

偶然有一天，在他从火车上搬下装有硝化甘油的铁桶时，发现滴落在沙地上的硝化甘油立即被沙子吸收了。他感到很奇怪，于是用脚去踩那吸附了硝化甘油的沙子，发现了硝化甘油凝固在沙子里，而未见其爆炸。于是，他欣喜若狂地喊：“我找到了！”后来，他继续研究，以硅藻土做吸附剂，使这种混合物得以安全运输。在此基础上，他又发明了改进的黄色炸药和雷管。

灵感可以促使新发现与发明的产生，而且能助人成功，因而成为大家欢迎的贵客。但是，它却只喜欢拜访勤奋的主人。

伟大的音乐家柴可夫斯基也说："毫无疑问，甚至最伟大的音乐天才，有时也会被缺乏灵感所苦恼。它是一个客人，不是一请就到的。在这当中，就必须要工作，一个诚实的艺术家绝不能交叉着手坐在那里……必须抓得很紧，有信心，那么灵感一定会来。"这里说得很清楚，你要获得灵感就必须勤学苦练，绝对不能坐在那里消极等待。

别以为灵感只属于学识渊博的科学家和艺术家。其实只要努力，普通人也同样能得到它。

我国有一位五年级的小学生方黎，看到普通的篮球架只有一个球篮，而且高度是固定的，使用起来很不方便。她想设计一种"多用升降篮球架"：一个球架上安装四个篮圈，并且可以升高降低，使更多的同学，包括低年级的同学能够同时练习投篮。在这项发明中，她就是看到妈妈调节落地风扇的高度，突然受到启发，想出了使篮球架随意升降的办法。

灵感对我们来说并不陌生，是每一个人的头脑中都会产生的。但并非每一个人都能够及时地把握住突发的灵感，这除却需要我们有创造的激情与勤奋努力外，还需要高度集中的注意力，只有专注才能抓住转瞬即逝的灵感，并将它运用到创造之中。

灵感是长期思索酝酿的爆发

灵感，具有瞬时突发性与偶然巧合性的特征。诗人、文学家的"神来之笔"，军事指挥家的"出奇制胜"，思想战略家的"豁然贯通"，科学家、发明家的"茅塞顿开"等，都说明了灵感的这一特点。而实际上，它也是长时间思索的结果。也许问题一直没有得到解决，但头脑却一直没有停止思索，只不过将其转到了潜意识中。当突然受到某一事物的启发，问题就一下子解决了。

法国著名数学家彭加勒曾用很长的时间来研究一个艰难的数学难题，百思不得其解。于是他决定到乡间去休息一下。当他上车的时候，后脚还没踏上汽车，脑海突然涌现出一个设想——非欧几何学的变换方法，这与他所研究的那个难题是一样的。真应了"踏破铁鞋无觅处，得来全不费工夫"。

灵感的珍贵之处突出地表现在高能高效、创新性和创造性上。我们常常会有这样的体验：我们经常遇到一些百思不得其解的疑难问题或长期悬而未决的棘手问题，在灵感突然爆发的瞬间变得迎刃而解，使我们有一种茅塞顿开、豁然开朗之感，那些苦苦思索、求之不得的答案瞬间展现在人们面前。灵感的闪现既激动人心又扣人心弦，因为灵感所提供的答案往往是我们经过长期思索、有时是花费数十年思考的心血在瞬间爆发而得到的，潜意识在激活知识和信息等素材的过程中，长期蓄积起来的思维能量终于冲破各种思维阻力而使“灵感火山”得以爆发，灵感火山在爆发时往往伴随着精神振奋、情绪亢奋，带给人们创造成功的极大快乐。

灵感的瞬间爆发是以长期的艰苦探索、长期的思考酝酿为基础的。从灵感产生的过程来看，灵感的酝酿往往有一个因人而异、长短不一的潜伏期，它的出现以飞跃性顿悟——灵感突现为标志，即：在百思不得其解之后突然悟出一个问题的绝妙答案或解决方案。一般来说，从对难题开始思考到产生飞跃性顿悟之间，显意识思维经历了“思考”和“思考中断”两个阶段，逻辑思考的中断实际上仅仅是显意识思维的“休眠”，实际上潜意识思维仍然在悄悄地工作，这种以潜意识思维孕育灵感的时间段可以是数日、数月，也可能长达数年甚至更长时间。

世界上很多伟大的发明、优秀的文艺作品都是创造者顽强的、坚韧的创新性劳动的结晶。没有巨大的劳动做准备，根本不可能有任何灵感的产生。灵感是在创造性劳动中出现的心理、意识的运动和发展的飞跃现象，这种飞跃现象是心理、意识由量变到质变的转化的结果。所以说：灵感思维就是善于把自己的内部世界导入创造性活动的心理状态。

曾有一个记者问门捷列夫：“您是怎么发现元素周期律的？”他回答道：“这个问题我考虑了近20年，而你却认为，坐着不动，突然成功了！事情并不是这样的！”

由此可见，灵感的瞬间爆发是以长期的艰苦探索、长期的思考酝酿为基础的，而并非真的是“突发奇想”的“神来之笔”，而是长期思考的结果，就像一位有着诸多发明创造经历的创新者被问到为何能有如此成就时，他的回答是：“只因我时刻在准备创造。”就因为有着“十个月的”努力准备，才会迎来“一朝分娩”的喜悦，而这种准备既包括实际的物质研究，也包括创造者的心理准备。

因他人点化突发灵感

我们常常在阅读或与他人的交谈中，因一句话的启发而茅塞顿开，思路如泉涌，这种类型的灵感称为点化型灵感。

这种类型的灵感在发明创造方面有着重要的应用价值。

苏联火箭专家库佐廖夫为解决火箭上天的推力问题而苦恼万分，食不甘味，夜不能寐，当他的妻子得知原因后，说："此有何难呢，像吃面包一样，一个不够再加一个，还不够，继续增加。"他一听，茅塞顿开，采用三节火箭捆绑在一起进行接力的办法，终于解决了火箭上天的推力难题。

桑拜恩是著名的瑞士化学家。他在发明烈性火药时没有实验场所，只好用自己家里的厨房，因为这样做很危险，所以遭到妻子的一再反对。一次桑拜恩在妻子外出时偷偷在厨房做实验，正当他在炉子上加热硫酸和硝酸混合液的时候，听到妻子由远而近的脚步声，他赶紧把实验器皿收起来。情急之中，把一只装酸的坩埚打破了，酸液流淌满地。为了不让妻子发现，他顺手拿起妻子的棉布围裙，把炉子和地板上的酸迹揩尽。后来，他用水洗了围裙，打算挂在炉子上烘干，这时，却只听"噗"的一声，围裙着火，烧得一干二净，却没有一丝烟雾。桑拜恩见此大受启发，脑子豁然开朗，于是发明了"火药棉"。

相传我国著名书法家郑板桥，未成名时，成天琢磨前辈书法大家的体势，总想写得与前辈书法家一模一样。一天晚上睡觉，手指先在自己身上练字，朦胧之中手指写到妻子身上，妻子被惊醒，生气地说："我有我体，你有你体，你为何写我体！"他从妻子的话中马上得到启示——应该写自己的一体，不能一味学人。在这个思想作用下，他刻苦用功，朝夕揣摩，终于成了自成一家的一代名书法家。

思想家罗素曾经说过："机遇偏爱那些有准备的人。"在科学史上，经常有一些偶然事件的出现从而导致了一些重大的发现，了解这些对我们思维的提升是大有益处的。

下面这个故事中的主人翁也是因为一个偶然事件的启发而使工作走上了通畅的轨道。

晓兰在一家广告公司做了快两年，可是觉得有些泄气，凭着著名大学本科的学历进入这家公司，她很希望能好好表现一番，可是始终拿不出可以让她扬眉吐气的成绩来。

最近，一位比她资历还浅的学妹，竟然因为一个很有创意的方案，不但让客户十分满意地和公司签下了长期合约，而且还得了广告创意大奖。晓兰觉得颜面有些挂不住了，心灰意冷地打算辞职另找其他性质的工作。

"我太笨了！可能不适合干这行。"因为心情不好影响到身体，晓兰擤着鼻涕坐在医院的候诊室里，心中还不住地嘀咕。

“广告学的理论我都背得滚瓜烂熟，技术也不输人家，可是为什么做出来的东西都是那么死板？”想着想着，晓兰不由自主地叹了口气。

她使劲儿擤着鼻涕，两眼无神地望着前方。医生迟到了，匆匆进入了诊疗室。忽然，晓兰捏皱了口袋中拟好的辞职信，站起来就往外走。

过了几个星期，晓兰的广告公司推出了这样一个电视广告。

一位身穿手术衣帽并戴着口罩的大夫，正紧皱眉头专心动手术，四周的气氛紧张而凝重。护士不停地为医生擦拭额头上的汗。只见他伸手接过一把剪刀，再一伸手接过一把刀子，过了一会儿又一伸手接过一个瓶子往下倒……医生手持瓶子，拉下口罩，注视着自己的杰作，满意地笑了。

镜头一转，他的杰作竟然是一锅让人垂涎三尺的螃蟹。

这时唯一的一句旁白响起：“只有 ×× 牌调味料，才能让你大显身手！”

这个佳作可是晓兰在诊室的那一刻受到启发想出来的点子呢！

点化型灵感，重在“点化”二字，如何得到点化也成了获得点化型灵感的关键。这从侧面要求我们得养成良好的习惯，如读书。人们都说“书中自有黄金屋”，往往书中的一句话、一个理念便可以给我们带来很大的触动，激发出创意之光。与人交谈同样是获取灵感的途径，我们常说“听人一席话，胜读十年书”，他人的观点也许并不系统，他人的话语也许并非有所指，而往往正是无心之语，被有心人听到，也可以引发一场创意的革命。获得灵感还要求我们善于观察、认真思考，保持思维的敏感度和灵活度，将看到的、听到的偶然之事、偶然之言与自己关注的领域相结合，促使我们得出不一般的创见。

恍然大悟中的灵感

我们常常有这样的体验：当一个问题长久难以解决被搁置后，在某一时刻，也许与此时我们所思考的问题无关，却会突然间对之前的那个问题有了全面透彻的理解。我们把突然的、意想不到的感觉或理解叫作顿悟型灵感。

顿悟型灵感是由疑难而转化为顿悟（恍然大悟）的一种特殊的心理状态。一闪而过，稍纵即逝。

灵感不能确定预期，难以寻觅，它的降临往往是突如其来的。

达尔文回忆说：“我能记得那个地方，因为，当时我坐在马车里，突然想到了一个问题的答案。”数学家高斯也曾说过，他求证很多年，一直没有解决的难题，终于在两天内成功了……一下解开了，他也说不清这是什么原因。

顿悟型灵感往往就是一刹那的，有时我们甚至说不出它源于何处，但抓住它，也许就能成功，错过它，也许就成了永远的遗憾了。许多发明创造者都有过神奇的“顿悟”经历。

有一天，正为如何显示高能粒子运动轨迹发愁的美国核物理学家格拉肖在餐厅喝啤酒时，不小心将手中的鸡骨掉到啤酒杯里，随着鸡骨逐渐下沉，周围不断冒出啤酒的气泡，因而显示出了鸡骨的运动轨迹。格拉肖见此情景，灵机一动，他想：若用高能粒子所能穿透的介质来代替啤酒，再用高能粒子来代替鸡骨，是否就能显示高能粒子的运动轨迹呢？格拉肖带着这种设想积极地投入到研究中去，终于发现带电高能粒子在穿越液态氢时，同样会出现气泡，从而清晰地显示出粒子的飞行轨迹，发明了液态气泡室。

以发明袖珍电脑和袖珍电视闻名的英国发明家辛克莱在谈到怎样设计出袖珍电视时，曾这样写道：我多年来一直在想，怎样才能把显像管的“长尾巴”去掉。有一天，我突然来了灵感，巧妙地将“尾巴”做成了 90 度弯曲，使它从侧面而不是后面发射电子，结果就设计出了厚度只有 3 厘米的袖珍电视机。

或许每个人都曾经有过虽然萌发了良好的构思，却没有进一步发展的经历。在这种情况下，不妨将它搁置十多天，甚至一个月，在这段时间内，这些构思会在头脑的潜意识中得到酝酿，然后豁然开朗地找到解决之道。

如果你百思不得其解，这就代表所面临的问题超出了大脑的理论处理能力。此时，你最好对大脑中所储存的记忆，即过去的经验等各种概念、印象加以总动员。

如果在这种时候仍是一味地思考，不但无法发挥大脑的功能，而且只会浪费时间、徒增疲劳而已。其实，你不妨干脆将这些构思搁置一段时间，在此期间，大脑会在潜意识中追溯、寻找潜在的和以往的情报（概念或印象），持续进行与你的构思相结合的工作。虽然你可能以为自己渐渐远离了原先的构思，但其实你的大脑却是拼命地在思索着。这段持续期间就称为“酝酿”。此时，如果潜在性地储存在你的大脑中的过去的情报能够与现在面对的课题相结合，你就会在此瞬间内爆发出灵感。

由此，我们可以知道，顿悟型灵感的产生是基于长时间的思考的。将问题暂时搁置并不意味着停止思考，而是在潜意识中一直在努力寻找突破口，思考成熟之时，也正是创意产生之时。

来自梦幻的启发

有一种灵感叫创造性梦幻，即是从梦中情景获得有益的“答案”，推动创造的进程。

在汉朝，传说司马相如要给汉武帝献赋，可是不知献什么好。夜里他梦见一位黄胡须的老者对他说：“可为《大人赋》。”司马相如醒后，真的按梦中所示，献上《大人赋》，结果受到了汉武帝的赏赐。

宋朝诗人陆游，以《记梦》《梦中作》为题的诗稿，在其全集中多达90余首。其中有一首诗的题目是：《五月十一日夜且半，梦从大驾亲征，尽复汉唐故地，见城邑人物繁丽，云西凉府也喜甚，马上作长句，未终篇而觉，乃足成之》。从这首诗的题目中，我们便可以看出他是如何在梦中吟诗作赋，进行文学创作的。

苏东坡在梦中也多有佳作产生，仅《东坡志林》一书，就记载着他在梦中作诗作文的许多材料。例如：“苏轼梦见参寥诗”，“苏轼梦赋《裙带词》”，“苏轼梦中作祭文”，“苏轼梦中作靴铭”，等等。

宋朝许彦周在《诗话》中曾说：“梦中赋诗，往往有之。”我国古代的许多诗人、文学家都有梦中赋诗、改诗、作文、评句的记载。其实不仅是文学创作如此，其他的发明创造亦有许多是得益于梦的。

美国宾夕法尼亚大学的希尔普·雷西特是楔形文字的破译者。他在自己的自传中写道：

到了半夜，我觉得全身疲乏极了！于是，上床睡觉，不久就睡熟了。朦胧之中，我做了一个很奇异的梦——一个高高瘦瘦的、大约40来岁的人，穿着简单的袈裟，很像是古代的僧侣，将我带至寺院东南侧的一座宝物库。然后我们一起进入一间天窗开得很低的小房间。房间里，有一个很大的木箱子，和一些散放在地上的玛瑙及琉璃的碎片。

突然，这位僧侣对我说：你在22页和26页分别发表的两篇文章里，所提到的有关刻有文字的指环，实际上它并不是指环，它有着这样一段历史：某次，克里加路斯王（约公元前1300年）送了一些玛瑙、琉璃制的东西，和上面刻有文字的玛瑙奉献筒给贝鲁的寺院。不久，寺院突然接到一道命令：限时为尼尼布神像打造一对玛瑙耳环。当时，寺院中根本没有现成的材料，所以，僧侣们觉得非常困难。为了完成使命，在不得已的情况下，他们只好将奉献筒切割成三段。因此，每一段上面，各有原来文章的一部分。开始的两段，被做成了神像的耳环，而一直困扰你的那两个破片，实际上就是奉献筒上的某一部分。如果你仔细地把两个破片拼在一起，就能够证实我的话了。

僧侣说完了以后，就不见了。这个时候，我也从梦中惊醒过来。为了避免遗忘，我把梦到的细节，一五一十地说给妻子听。第二天一早，我以梦中僧侣所说的那一段话作为线索，再去检验破片，结果很惊奇地发现，梦中所见到的细节，都得到了证实。

俄国化学家门捷列夫也有类似的经历，为探求化学元素之间的规律，研究和思考了很长的时间，却未取得突破。他把一切都想好了，就是排不出周期表来。为此他连续三天三夜坐在办公桌旁苦苦思索，试图将自己的成果制成周期表，可是没有成功。大概是太劳累的缘故，他便倒在桌旁呼呼大睡，想不到睡梦中各种元素在表中都按它们应占的位置排好了。一觉醒来，门捷列夫立即将梦中得到的周期表写在一张小纸上，后来发现这个周期表只有一处需要修正。他风趣地说："让我们带着要解决的问题去做梦吧！"

为什么在清醒状态下百思不得其解，而在梦中却会得到创造性的启示呢？其实，这并非什么奇异现象。当个体处于睡眠状态时，并不等于机体的绝对静止，它的新陈代谢过程仍在缓慢进行，此时的思维活动不但在进行，而且它超越了白天清醒状态缠绕于头脑中的"可能与不可能""合理与不合理""逻辑与非逻辑"的界限，而进入一个超越理性、横跨时空的自由自在的思维状态，使我们获得了无限智慧。

因受启示而创造

一家化学实验室里，一位实验员正在向一个大玻璃水槽里注水，水流很急，不一会儿就灌得差不多了。于是，那位实验员去关水龙头，可万万没有想到的是水龙头坏了，怎么也关不住。如果再过半分钟，水就会溢出水槽，流到工作台上。水如果浸到工作台上的仪器，便会立即引起爆裂，里面正在起着化学反应的药品，一遇到空气就会突然燃烧，几秒钟之内就能让整个实验室变成一片火海。实验员们面对这一可怕情景，惊恐万分，他们知道谁也不可能从这个实验室里逃出去。那位实验员一边去堵住水嘴，一边绝望地大声叫喊起来。这时，实验室里一片沉寂，死神正一步一步地向他们靠近。

就在这时，一名女实验员突然想到这种场景与“司马光砸缸”很是相似，便将手中捣药用的瓷研杵猛地投进玻璃水槽里，“叭”的一声水槽底部砸开了一个大洞，水直泻而下，实验室里一下转危为安。

这种由于受到别人或某种事件或现象原型的启示，激发创造性思维，叫启示型灵感。

如科研人员从科幻作家儒勒·凡尔纳所描绘的“机器岛”原型得到启示，产生了研制潜水艇的设想，并获得成功。

下面这个故事也体现了启示型灵感的妙处。

19 世纪 20 年代，英国要在泰晤士河修建世界上第一条水下隧道。但在松软多水的岩层挖隧道很容易塌方。

有一次，一位工程师正为此发愁，无意中看见一只小小的昆虫在它外壳的保护下，钻进了坚硬的橡树树身。这一情景，引起了工程师的灵感：可不可以采用小虫子的办法呢？他决定改变传统的先挖掘再支护的施工办法，而先将一个空心钢柱体（构盾）打入岩层之中，然后再在这构盾下施工。

受小小昆虫的启发，工程师解决了英国水下施工历史上的一个大难题。

如果这个工程师没有在为挖隧道塌方发愁，那么，昆虫的启示再好，也是对工程师不起作用的。所以，要想启示能起作用，必须自己在进行某项技术或产品的研究和开发。这正是我们常说的外因通过内因而起作用。

能启示一个人灵感的机会很多，怎样才能抓住它们呢？唯一的办法就是不轻易放过每一个对你有用的现象。

一位在美国新泽西州卡姆典应用研究实验所工作的科学家，有一天要到河边去钓鱼。到河畔时，他看见一只青蛙静伏在石头上。这是很平常的现象，但他却像着了魔似地注意看它。他看见小昆虫飞来时，青蛙即伸出长舌巧妙地捕食小虫。

“为什么动作这样敏捷呢？”他心里想。从此以后，他整整两年时间，解剖青蛙的眼睛和脑；研究其筋肉的功能。结果发现青蛙的眼睛和人类的眼睛有很大的差异。

研究所根据他的发现，制造了相当于青蛙网膜和神经的电子工学仪器，创造了人造青蛙眼睛。

完成的人造青蛙眼睛，重量约几千克。但美国空军却以 20 万美元的价格收买了。因为它成为了比雷达更能正确地捕捉以 16000 公里时速飞来的导弹之探测装置的基础。

如果这位工程师忽略了那只青蛙捕食的现象，那么，他就不可能发明人造青蛙眼睛了。

启示型灵感总会使我们有许多创见，某一事物对我们能够有所启示，是因为我们深刻地理解了它的内涵，掌握了它的规律。这也就要求我们在学习某方面知识时认真思考，深度挖掘它的本质，也许这些知识，对目前的学习和工作没有带来大的改善，但是，也许，日后的某一天它会成为某项创造性行为的灵感源泉。

产生于一张一弛的遐想型灵感

遐想型灵感，即是紧张工作之余，大脑处于无意识的宽松休闲情况下而产生的灵感。

有人曾对821名发明家作过调查，发现在休闲场合产生灵感的比例比较高。

从科学史看，在乘车、坐船、钓鱼、散步或睡梦中都可能会涌现灵感，给人提供新的设想。

达尔文在有了进化论的基本概念之后的一天，正在阅读马尔萨斯的《人口论》作为休息，这时，他突然想到：在生存竞争的条件下，有利的变异可能被保存下来，而不利的则被淘汰。他把这个想法记了下来。后来又有一个重要问题未得解释，即由同一原种繁衍的机体在变异的过程中有趋异的倾向。而这个问题也是他在类似的情况下解决的。

德国物理学家亥姆霍兹说："在对问题做了各方面的研究以后，巧妙的设想不费吹灰之力意外地到来，犹如灵感。"

他发现的这些设想，不是在精神疲惫或是伏案工作的时候，而往往是在一夜酣睡之后的早上，或是当天气晴朗缓步攀登树木葱茏的小山之时想到的。

还有些科学家的灵感和顿悟发生在病榻之上，爱因斯坦关于时间空间的深奥概括是在病床上想出来的。生物学家华莱士关于进化论中自然选择的观点是在他发疟疾时想到的。这真是：踏破铁鞋无觅处，得来全不费工夫！

蒸汽机的改良者瓦特，发明了蒸汽机上的分离凝结器。青年时代的瓦特在英国格拉斯哥大学修一台纽可门蒸汽机时，发现它有严重的缺点，气筒外露，四周冷空气使其温度逐渐下降，蒸汽放进去，没等气筒热透，就有相当一部分变成水了，使得大约3/4的蒸汽白白浪费。

瓦特下决心要解决保持气筒温度、提高热效率的问题。他整天研究着、思索着、探讨着，时间一天天过去，解决的答案却无影无踪。在一个夏日的早晨，瓦特起床后，漫步在空气清新、花香鸟语的大学校园里，时而仰望广阔的天空，时而平视熟悉的操场。

突然，如同电光一闪，头脑中一个清晰的思想出现了：在气筒外边加一个分离凝结器。这使得瓦特豁然开朗，立即回工作室夜以继日地实验、研究，终于制成了分离凝结器，这才诞生了现代意义上的蒸汽机。

灵感的一时闪现是长久努力积累的成果在意识中的迸发。它需要我们对所研究的问题保持浓厚的兴趣，而且，很重要的一点是：要保持意念的单纯，摒除心中的杂念，在深思熟虑之余要适时让大脑休整一下，一旦产生灵感，便敏锐地捕捉到它，不要让这稍纵即逝的思想火花失之交臂。

画家达·芬奇在创作《最后的晚餐》时，会连日在画架上工作，也会一声不响就停下来休息。达·芬奇善于让工作和休息轮番上阵，酝酿出完美的艺术创作。

遐想型灵感产生于这一张一弛中，紧张的思索使注意力集中于问题的核心，闲适的放松可以使思绪天马行空，产生更多的想法和点子，这二者是相辅相成的。正如《达·芬奇7种天才》一书中所说的，“找出你的酝酿节奏，并学着信赖它们，此是通往直觉和创造力的简单秘诀”。

找出适合自己灵感诞生的氛围

灵感并非随时随地都会产生，而是需要一个特定的环境，在一个特殊的氛围下才可以触发奇思妙想像泉水一样涌出。许多艺术家在他们自己设计的工作室里面工作是最富有成效的。

外界环境的本来面貌也许并不如我们的愿，这时，就需要我们自己来创造。

先考虑一下什么样的环境能激发自己的灵感。这可能需要调整屋内的灯光，放一些背景音乐，控制室内温度，开窗，或是让你自己舒舒服服地坐在一张沙发上，穿你的幸运衣服，或者是把外界的噪声和打扰全部阻挡在门外。

同时确保你所要使用的工具，比如纸、笔、白板、电脑软件，或是一些艺术用品都已经齐备。如果为了找一支好用的笔而打断了一个富有成效的灵感是划不来的。

具有高度创造力的人，往往有各自的思考时间和空间，也就是说在某一时间，某种环境下，最容易想出好主意。享有“当代爱迪生”美称的中松义郎博士，每天都从“静屋”到“动力屋”再到“泳房”去寻求他的点子。

其他伟大的思想家、作家、发明家也都有他们自己创造的最佳时间和空间。海明威一大早就在咖啡馆里写作；艾灵顿公爵在火车上作曲；笛卡儿在床上工作；爱迪生在实验室睡觉，以便随时将灵感记录下来；贝多芬随身带着笔记本以便记录他的作曲想法。

即使是我们普通的人也懂得某些时候、某些地点特别容易闪出好主意。当你驱车在路上奔跑时，突然会闪出一个念头，只消片刻，你就解决了困扰你一天的难题。或者当你沐浴时，你也不知怎么回事，就想到一个绝妙的计划。灵感看起来好像就是被某些时刻某些地点给激发出来的。

虽然我们不能与世界上伟大的思想家相提并论，但是，学习他们的经验，建立适合自己的思考时间和思考地点，对我们依然是有好处的。

有人做了一项最佳创意时间的测试，结果位居前10位的最佳创意时间是：

（1）坐在马桶上。

（2）洗澡或刮胡子时。

（3）上下班公车上。

（4）快睡着时或刚睡醒时。

（5）参加无聊会议时。

（6）休闲阅读时。

（7）做体育锻炼时。

（8）半夜醒来时。

（9）上教堂听布道时。

（10）从事体力劳动时。

如果你对于名列第一的创意时间有所怀疑，那么看看利润位居美国企业前列的广告公司——美国第一线，你就会同意。这家总部设在休斯敦的迅速崛起的广告公司因推出“printmedium”广告而名声大噪。“printmedium”是一种分男性版和女性版的公共洗手间内的平面广告，它让那些坐在马桶上的男女不再无聊。公司的创办人在谈到这一创意的过程时说：“我是在休斯敦饭店洗手间的马桶上读着贴在墙上的报纸时才想到这个主意的。”还有，美国太空总署基地的洗手间里，就很细心地在墙上拴了8厘米 ×13厘米的空白卡片，旁边还用链子挂了一支笔，以便于人们随时记下自己的灵感。

我们也应该细察一下自己的习惯，找出最容易出灵感的时间。然后，在你需要点子的时候，尽可能地创造机会营造那些最佳创意时刻。正如爱因斯坦曾经说过的：

“和淋浴交个朋友吧。若你在淋浴时不自觉地哼起歌来，说不定歌里就有你要的好点子。”

营造最佳创意时间，或许可以说就是让自己暂时休息一下，离开办公桌去倒杯咖啡；走到别的部门；放下手头的工作，改做另一件积压已久但很容易完成的工作；翻翻杂志，或者看看窗外的景致。

一位广告公司的创意总监就说过：“我特别愿意打字，打字的动作可以让我放松，就像赛跑选手比赛前的热身运动。”

南茜·贝朵，福特汽车公司执行中心总裁，利用上下班开车时放松自己。她说她在“开车时非常有意识地让大脑浮想，漫无边际地想。我不开收音机，不去想那些还没做完的工作。时间飞逝，很难找到时间让自己完全自在；我在开车时就达到那种状态，我发现那是我最有创造力的时刻”。

灵感诞生的环境因人而异，有的人在精神放松时才会产生灵感，而有的人在紧急时刻会产生好想法，那么，就需要我们仔细地审视一下自己，掌握自己的思考规律，营造最恰当的环境，催生出最佳的创意。

捕捉“第六感”——直觉

杰出人士之所以杰出，是因为在面对别人也能遇到的启示时，他们能捕捉到灵感的火花，而别人却依旧茫然。

人们总认为只有诗人、发明家等才具有创造性的灵感，其实，在做每一件事时，我们的灵感都是创造性的。其中的原因在哪儿？历代的伟大思想家都无法解答，但他们都承认这一事实，而且能善加利用。失去了这种天赋，人类将停滞在野蛮的状态中。

灵感与人的直觉是密不可分的，直觉是人的先天能力，它是在无意识状态下，从整体上迅速发现事物本质属性的一种思维方法。它不经过渐进的、精细的逻辑推理，是一种思维的断层和跳跃，它往往可以成为创意的源泉，被人们称为“第六感”。现实生活中，很多人其实正是靠直觉处理事情的。任何时候人都会有预感，只是我们时常忽视它，或把它当作非理性的无用之物。

假如我们能够了解，直觉是人类另一个认知系统，是和逻辑推理并行的一种能力，或许我们比较能够接受直觉的存在。让直觉进入我们的生活，与思考的能力并行，就像打开车子前面的两个大灯，同时照亮我们左右两边的视野。

直觉较为丰富的人应具有以下特点：相信有超感应这回事；曾有过事前预测某事的经验；碰到重大问题，内心会有强烈的触动，所做成的事大都是凭感觉做的；早在别人发现问题前就觉得该问题存在；曾梦到问题的解决办法；总是很幸运地做成看似不可能的事；在大家都支持一个观念时，能够持反对意见而又找不到原因；等等。

在艺术创作和科学活动中，几乎处处都有直觉留下的痕迹。

马兹马尼扬曾对60名杰出的歌剧和话剧演员、音乐指挥、导演和剧作家们的创作进行了研究，结果这些人都谈到直觉思维曾在他们的创作过程中起过积极作用。

居里夫人在镭的原子量测定出来前4年就已预感到它的存在，并提议将其命名为镭，“以直觉的预感击中了正确的目标”；诺贝尔奖获得者丁肇中教授也写道：“1972年，我感到很可能存在许多具有光特性而又比较重的粒子，然而理论上并没有预言这些粒子的存在。我直觉上感到没有理由认为重光子一定要比质子轻。后来经过实验，果然发现了震动物理界的J粒子。”

1908年的一天，日本化学教授池田菊苗正坐在餐桌旁，品味着贤惠的妻子为他准备的晚餐，餐桌上摆满了各种各样的菜肴，教授吃吃这个，尝尝那个，然后拿起汤匙喝了口妻子特意为他做的海带汤。

刚喝了一口，池田菊苗教授即面露惊异之色，因为他发现海带汤太鲜美了。直觉告诉池田菊苗这种汤中肯定含有一种特殊的鲜味物质。于是，教授取来许多海带，进行了一系列化学分析，经过半年多的努力，终于从10千克海带中提炼出了2克谷氨酸钠，把它放进菜肴里，鲜味果然大大提高了。池田菊苗便将这种鲜味物质定名为“味の素”（即味之素），也就是我们所说的味精。

由于直觉在发明创造领域的重要作用，一些著名的科学家、艺术家由衷地给了直觉以最高的评价。如爱因斯坦说：“我相信直觉和第六感觉”“直觉是人性中最有价值的因素”；未来派艺术大师玛里琳·弗格森说：“如果没有直觉能力的话，人类将仍然生活在洞穴时代。”丹麦物理学家玻尔说：“实验物理的全部伟大发现都来源于一些人的直觉。”他还举例说：“卢瑟福很早就以他深邃的直觉认识到原子核的存在。”法国著名数学家彭加勒说：“教导我们瞭望的本领是直觉。没有直觉，数学家便会像这样一个作家：他只是按语法写诗，但却毫无思想。”

当然，由于直觉思维的非逻辑性，因此它的结论常常是不可靠的，但我们不能因此而否定直觉思维的创新作用。著名物理学家杨振宁教授在谈到氢弹之父泰勒博士的讲课特点时曾说过这样一句话：“泰勒的物理学的一个特点是他有许多直觉的见解，这些见解不一定都是对的，恐怕有 90%是错误的，不过没关系，只要有 10%是对的就行了。”

养成随时记录的习惯

灵感，作为人类最奇特、最具活力而又神秘莫测的高能创造性思维，它的爆发如同大自然的闪电迅雷一样稍纵即逝，能捕捉到并迅速记录下来就是幸运儿，倘若毫无准备，灵感闪电一经消失就会无影无踪，而且在短期内不会重现，有的甚至在很长时间内也难以再现。

例如，奥地利著名作曲家约翰·施特劳斯，就是一位记录灵感闪电的高手。一次，施特劳斯在一个优美的环境中休息，突然灵感火花涌现，当时他没有带纸，急中生智的施特劳斯迅速脱下衬衣，挥笔在衣袖上谱成一曲，这就是后来举世闻名的圆舞曲《蓝色多瑙河》。

创造学研究表明，所有智力和思维正常的人，随时随地都会有各种各样、大大小小的灵感在头脑中闪现，可是由于主人预先没有做好捕捉的准备，大量的灵感、创意、妙策、奇想、思想火花甚至惊人的发现，都在人们漫不经心、猝不及防、来不及捕捉与记录的情况下消失得无影无踪。数学发展史上著名的费马大定理的证明就是如此。

1621 年，大数学家费马曾突然萌发灵感，提出了一个简单而新奇的数学定理：

当整数 n>2 时，方程式 xn+yn=zn 没有正整数解。

就是说，没有一组正整数 x，y，z 能满足上面的方程式。费尔马在一本书的页边上写下了这个定理，并且自豪地说：“我得到了这个断语的惊人的证明，但这页边太窄，不容我把证明写出来。”

费马把这事放下了。但自那以后，费马自己也没有重新想起这一难得的灵感，结果害得 300 多年来许多人为它绞尽脑汁，直到 1994 年，费尔马逝世 300 多年后，英国数学家怀尔斯才证明了费马大定理。灵感一失 300 年！

许多人都会犯费马的错误，因为懒惰或其他的什么原因而搁置灵感，任它消失得无影无踪而无法补救。

为了避免再产生这样的遗憾，我们应该培养记录灵感的习惯，只要有点子出现，就该立刻记下，这些最原始的想法，经过日积月累之后，就会变成我们创意的资料库。

像台湾知名创作歌手陈升，就有随手记下自己心情的习惯，即使是几个突然想到的旋律。陈升自己还透露，他曾经为了抄下几个绝佳的和弦，差点儿在十字路口被车撞，由此可见他是多么在乎随机产生的灵感。

既然你已经注意到了灵感是这么容易消逝，也开始了灵感思考，下面该做的就是准确地把想到的灵感记录下来，否则就会像大多数人一样，还没开始执行就忘光了。你是否有这样的经历，早晨一醒来就冒出一个好点子，等你到了教室或办公室，却怎么也想不起来这点子是什么了。许多灵感是与周围环境息息相关的，一旦环境改变了，灵感也就不见了，所以要养成随手记录的好习惯。以下是一些记录创意常用的方法。

（1）在床头或厨房里放一叠便笺。

（2）在浴室里放一支笔。

（3）在车里放一部小型录音机。

（4）随时在口袋里准备着笔记本或便笺。

（5）把点子记在每日必看的电视节目单上。

（6）用增进记忆的方法——以图画表述点子的主旨。

（7）马上给自己打录音电话。

（8）一定要随身带笔，如果忘了，就要开动脑筋，例如利用沙滩上的沙、浴室镜子上的雾、仪表盘上的积灰……

给自己一双善于发现的慧眼

在我们的生活中，会有各种各样的事情发生，这些事情有时表现得很偶然，甚至有些反常。我们的头脑中也会有新奇的想法突然冒出来，这时，千万不能马虎大意，而应抓住问题的一点去细心地观察，耐心地思索，参透其中的玄机，也许就抓住了一个创造的机会。

我们需要一双善于发现的慧眼，于平常中发现不平常，于不平常中开拓创新。我们现在使用的许多东西，当初发明或发现它们的灵感就源于对生活中遇到的事情的细心观察和思考。

1928年，弗莱明医生在出外度假之前一时疏忽，使实验台上的器皿散乱地放着，9月份，天气渐凉。弗莱明回到了实验室，一进门，他习惯性地来到工作台前，看看那些盛有培养液的培养皿。望着已经发霉长毛的培养皿，他后悔在度假前没把它们收拾好，但是一只长了一团团青绿色霉花的培养皿却引起了弗莱明的注意，他觉得这只被污染了的培养皿有些不同寻常。

他走到窗前，对着亮光，发现了一个奇特的现象：在霉花的周围出现了一圈空白，原先生长旺盛的葡萄球菌不见了。会不会是这些葡萄球菌被某种霉菌杀死了呢？弗莱明抑制住内心的惊喜，急忙把这只培养皿放到显微镜下观察，发现霉花周围的葡萄球菌果然全部死掉了！

于是，弗莱明特地将这些青绿色的霉菌培养了许多，然后把过滤过的培养液滴到葡萄球菌中去。奇迹出现了：几小时内，葡萄球菌全部死亡！他又把培养液稀释10倍、100倍……直至800倍，逐一滴到葡萄球菌中，观察它们的杀菌效果，结果表明，它们均能将葡萄球菌全部杀死。

进一步的动物实验表明，这种霉菌对细菌有相当大的毒性，而对白细胞却没有丝毫影响，就是说它对动物是无害的。

一天，弗莱明的助手因手被玻璃划伤而开始化脓，肿痛得很厉害——这无疑是感染了病菌。弗莱明看着助手红肿的手背，取来一根玻璃棒，蘸了些实验用的霉菌培养液。第二天，助手兴奋地跑来告诉弗莱明："先生，您的药真灵！瞧，我的手背好了。您用的是什么灵丹妙药啊？"望着助手消尽了红肿的手背，弗莱明高兴地说："我给它命名为盘尼西林（青霉素）！"

弗莱明并没有放过这个偶然的发现，而是仔细地观察它的特性，并通过一次次的实验加以验证，最后终于掌握了这种霉菌的用途及机理，青霉素也就诞生了。

在创造性思考的快车道上，灵感思维备受瞩目，只要培养一双善于发现的慧眼，及时捕捉灵感思维的火花，创意就在一刹那。

第十五章

辩证思维

——真理就住在谬误的隔壁

简说辩证思维

有一天，苏格拉底遇到一个年轻人正在向众人宣讲“美德”。苏格拉底就向年轻人去请教：“请问，什么是美德？”

年轻人不屑地看着苏格拉底说：“不偷盗、不欺骗等品德就是美德啊！”

苏格拉底又问：“不偷盗就是美德吗？”

年轻人肯定地回答：“那当然了，偷盗肯定是一种恶德。”

苏格拉底不紧不慢地说：“我在军队当兵，有一次，接受指挥官的命令深夜潜入敌人的营地，把他们的兵力部署图偷了出来。请问，我这种行为是美德还是恶德？”

年轻人犹豫了一下，辩解道：“偷盗敌人的东西当然是美德，我说的不偷盗是指不偷盗朋友的东西。偷盗朋友的东西就是恶德！”

苏格拉底又问：“又有一次，我一个好朋友遭到了天灾人祸的双重打击，对生活失去了希望。他买了一把尖刀藏在枕头底下，准备在夜里用它结束自己的生命。我知道后，便在傍晚时分溜进他的卧室，把他的尖刀偷了出来，使他免于一死。请问，我这种行为是美德还是恶德啊？”

年轻人仔细想了想，觉得这也不是恶德。这时候，年轻人很惭愧，他恭恭敬敬地向苏格拉底请教什么是美德。

苏格拉底对年轻人的反驳运用的就是辩证思维。辩证思维是指以变化发展视角认识事物的思维方式，通常被认为是与逻辑思维相对立的一种思维方式。在逻辑思维中，事物一般是“非此即彼”“非真即假”，而在辩证思维中，事物可以在同一时间里“亦此亦彼”“亦真亦假”而无碍思维活动的正常进行。

谈到辩证思维，我们不能不提到矛盾。正因为矛盾的普遍存在，才需要我们以变化、发展、联系的眼光看问题。就像苏格拉底能从年轻人给出的美德的定义中找到诸多矛盾，就是因为年轻人忽视了辩证思维，或者他并不懂得应该辩证地看待事物。

我们的生活无处不存在矛盾，也就无处不需要辩证思维的运用。

从下面的故事中你也许可以体会出矛盾的普遍性，以及辩证思维的奇妙之处。

从前有一个老和尚，在房中无事闲坐着，身后站着一个小和尚。门外有甲、乙两个和尚争论一个问题，双方争执不下。一会儿甲和尚气冲冲地跑进房来，对老和尚说：“师傅，我说的这个道理，是应该如此这般的，可是乙却说我说得不对，您看我说得对还是他说得对？”老和尚对甲和尚说：“你说得对！”甲和尚很高兴地出去了。过了几分钟，乙和尚气愤愤地跑进房来，他质问老和尚说：“师傅，刚才甲和我辩论，他的见解根本错误，我是根据佛经上说的，我的意思是如此这般，您说是我说得对呢？还是他说得对？”老和尚说：“你说得对！”乙和尚也欢天喜地的出去了。乙走后，站在老和尚身后的小和尚，悄悄地在老和尚耳边说：“师傅，他俩争论一个问题，要么就是甲对，要么就是乙对，甲如对，乙就不对；乙如对，甲就肯定错啦！您怎么可以向两个人都说你对呢？”老和尚掉过头来，对小和尚望了一望，说：“你也对！”

故事中的主人公并非是非不分，而是两位小和尚从不同角度对问题的理解都是正确的。这也说明了我们的生活中许多事物并不只存在一个正确答案，若尝试用辩证思维去思考，往往会看到问题的不同维度，也就会得到许多不同的见解，而不致视角产生偏颇。

对立统一的法则

在生活中，我们找不到两片完全相同的树叶，同样，也不存在绝对的对与错。所有的判断都是以一个参照物为标准的，参照物变化了，结论也就变化了。这使得事物本身存在着矛盾，而这个对立统一的法则，是唯物辩证法的最根本的法则。

著名的寓言作家伊索，年轻时曾经当过奴隶。有一天他的主人要他准备最好的酒菜，来款待一些哲学家。当菜都端上来时，主人发现满桌都是各种动物的舌头，简直就是一桌舌头宴。客人们议论纷纷，气急败坏的主人将伊索叫了进来问道："我不是叫你准备一桌最好的菜吗？"

只见伊索谦恭有礼地回答："在座的贵客都是知识渊博的哲学家，需要靠着舌头来讲述他们高深的学问。对于他们来说，我实在想不出还有什么比舌头更好的东西了。"

哲学家们听了他的陈述都开怀大笑。第二天，主人又要伊索准备一桌最不好的菜，招待别的客人。宴会开始后，没想到端上来的还是一桌舌头，主人不禁火冒三丈，气冲冲地跑进厨房质问伊索："你昨天不是说舌头是最好的菜，怎么这会儿又变成了最不好的菜了？"

伊索镇静地回答："祸从口出，舌头会为我们带来不幸，所以它也是最不好的东西。"

一句话让主人哑口无言。

在不同的时间、不同的地点，对不同的对象，最好的可以变成最坏的，最坏的亦可变成最好的。这就是辩证的统一。

还有一个故事，可以让我们领会到应如何运用对立统一法则。

二十年前，一种被称之为 M1A2 型坦克开始装备美军。这种坦克的防护装甲是当时世界上最坚固的，它可抵抗时速超过 4500 千米、单位破坏力超过 13500 千克的打击力量。那么，这种品质优异的防护装甲是如何研制成功的呢？

乔治·巴顿中校是美国陆军最优秀的坦克防护装甲专家之一。他接受研制 M1A2 型坦克装甲的任务后，立即拽来了一位"冤家"作为搭档——著名破坏力专家迈克·舒马茨工程师。两人各带一个研究小组开始工作。所不同的是，巴顿所带的研制小组，负责研制防护装甲；舒马茨带的则是破坏小组，专门负责摧毁巴顿研制出来的防护装甲。

刚开始，舒马茨总是能轻而易举地把巴顿研制的坦克炸个稀巴烂。但随着时间的推移，巴顿一次次地更换材料，修改设计方案，终于有一天，舒马茨使尽浑身解数也未能破坏这种新式装甲。于是，世界上最坚固的坦克在这种近乎疯狂的"破坏"与"反破坏"试验后诞生了。巴顿与舒马茨也因此而同时荣膺了紫心勋章。

利用"破坏"与"反破坏"的矛盾关系制造坦克装甲的过程，也就是利用辩证思维中对立统一法则，巧妙处理事物的矛盾的过程。这也是在告诉我们，当事物的一个方面对我们不利时，可以考虑将它的两方面特性统一起来，使其互相补充、互相促进。

真理就住在谬误隔壁

西方有一则寓言。

“砰！砰！砰！”一个匆匆而过的路人急切地敲打着一扇神秘的门。

不久门开了。

“你找谁？”门里的人问。

“我找真理。”路人答。

“你找错了，我是谬误。”门里的人“砰”的一声把门关上了。

路人只好继续寻找。

他蹚过了很多条河流，翻过了很多座高山，风餐露宿，历尽艰难，可就是迟迟找不到真理。后来，他想，既然真理和谬误是一对冤家，那说不定谬误知道真理在哪儿。

于是他重新找到谬误，谬误却说：“我也正要找真理呢。”说毕又关上了门。

路人不死心，继续寻找真理，他再一次跋山涉水，再一次风餐露宿，依然找不到真理。

于是，路人又敲开了谬误的门，可谬误仍给他一副冰冷的面孔。

就在路人近乎绝望地在谬误门口徘徊的时候，不断的敲门声吵醒了谬误的邻居。随着“吱呀”一声轻响，路人回头一看，天哪，这不正是真理吗？

原来，真理就住在谬误的隔壁。

有人说：“真理和谬误只有一步之遥。”培根说：“只要人接触到真理，就不能不被真理所征服。因为真理既是衡量谬误的尺度，又是衡量自身的尺度。”

寻找真理，就要摒弃谬误的干扰。谬误有时就体现在事物的矛盾之中，而我们常常陷于自己的种种设想而忽略矛盾，也就会一次次地靠近谬误而得不到真理。

我们知道“自相矛盾”的故事，讲的是有个楚国商人在市场上出卖自制的长矛和盾牌。他先把盾牌举起来，一面拍着一面吹嘘说：“我卖的盾牌，最牢最牢，再坚固不过了。不管对方使的长矛怎样锋利，也别想刺透我的盾牌！”停了一会儿，他又举起长矛向围观的人们夸耀：“我做的长矛，最快最快，再锋利不过了。不管对方抵挡的盾牌怎样坚固，我的长矛一刺就透！”围观的人群中有人问道：“如果用你做的长矛来刺你的盾牌，是刺得透还是刺不透呢？”楚国商人涨红着脸，半天回答不上来。

楚国商人的错误就在于他的说法是互相矛盾的，我们在生活中应当善于找出事物中的矛盾，辨别什么东西是可行的，什么东西是不可行的，以利于对矛盾进行规避或加以利用。

“日心说”的创立即是哥白尼分析事物矛盾，摆脱谬误，寻求真理的过程。

在“日心说”诞生之前，由托勒密创建的“地心说”统治着西方人们的思想长达 1000 年之久。“地心说”认为地球是宇宙的中心，并认为天分九层，分别是：月球、水星、金星、太阳、火星、木星、土星、恒星与“最高天”，其中第九层是上帝的居所，这一说法迎合了宗教的观点，更成为了不可冒犯的天条。

1473 年 2 月 19 日，哥白尼诞生于波兰托伦城。10 岁时，父亲去世，他便跟着舅父路加斯·瓦兹洛德生活。他的舅父是一位学识渊博的主教，哥白尼深受影响，爱上了天文学和数学。哥白尼 18 岁时，进入克拉科夫大学艺术系学习。他白天上课，夜间观测星星。

后来，哥白尼又到意大利波伦亚大学攻读天文学。哥白尼成人以后，回到波兰，在弗伦堡天主教会当牧师。哥白尼在教会的一角，找到了一间小屋，建立了一个小小的观测台。他自己动手制造了四分仪、三角仪、测高仪等观测仪器。

哥白尼经过长期的观测，算出太阳的体积大约相当于 161 个地球（实际上比这个数字还大）。他想，这么一个庞然大物，会绕着地球旋转吗？他开始对流传了 1000 多年的托勒密的“地心说”产生了怀疑。

哥白尼天天观测着，计算着，于是他终于创立了以太阳为中心的“日心说”。

从 1510 年开始，哥白尼动手写作，整整花了 20 多年的时间，终于写成了 6 卷巨著《天体运行论》。

哥白尼之所以有如此重大发现，主要是他善于思考和分析，在人们习以为常的谬误中寻找真理。

思考的过程，就是找出事物的矛盾的过程。真理常常与谬误相伴而生，揭示了谬误，意味着在奔向真理的道路上又前进了一步。对于我们而言，锻炼自己的辩证思维，就要善于找出和分析漏洞或破绽，从中发现真理。

永远不变的是变化

一只鲷鱼和一只蝾螺在海中，蝾螺有着坚硬无比的外壳，鲷鱼在一旁赞叹着说："蝾螺啊！你真是了不起呀！一身坚硬的外壳一定没人伤得了你。"

蝾螺也觉得鲷鱼所言甚是，正洋洋得意的时候，突然发现敌人来了，鲷鱼说："你有坚硬的外壳，我没有，我只能用眼睛看个清楚，确知危险从哪个方向来，然后，决定要怎么逃走。"说完，鲷鱼便"咻"的一声游走了。

此刻，蝾螺心里想：我有这么一身坚固的防卫系统，没人伤得了我！便关上大门，等待危险的过去。

蝾螺等呀等，等了好长一段时间，心里想：危险应该已经过去了吧！

当它把头冒出来透气时，不禁扯破了喉咙大叫："救命呀！救命呀！"

原来，此时它正在水族箱里，面对的是大街，而水族箱上贴着的是：蝾螺××元500克。

故事中的蝾螺认为封闭自己就可以躲避危险，却落得了成为盘中餐的悲惨结局。

这个故事也在告诉我们，我们生活在一个瞬息万变的世界里，唯一不变的东西是变化本身，所以我们要做的并不是将自己与外界隔绝，而是应积极地改变自己，辩证地看待问题，以适应变化的环境。

有时，面对外界的变化，我们唯有做出改变，才能更加接近成功。就像下面故事中的小河一样。

《大长今》第七集，长今为帮助朋友，私自出宫犯了戒律，被发配到"多栽轩"种药草。

凡被赶出宫的人，肯定再也没有机会回到宫中了，长今几乎绝望。

更让人绝望的是，"多栽轩"从长官到普通职员，整天庸庸碌碌，除了喝酒，就是睡觉，他们对生活已失去了最起码的希望。

这是一个可怕的环境，足以消磨任何人的斗志和信念，所有来这里的人都变得麻木和无所作为。

但长今一生的信念是学好厨艺，目标是当上宫中的"最高尚宫娘娘"。

现在她被赶出宫，理想应当破灭了。

可当长官告诉她有一种珍贵的药材，还从来没有人种植成功过，长今惊喜万分，马上明白了自己在"多栽轩"的使命。

从此她的生活马上有了希望和目标——立刻静下心来，在"多栽轩"安心地学习，并种植出珍贵的药材，结果她成功地种出了在朝鲜从来没有人种出过的药材。

“多栽轩”轰动了，所有的人都来帮助长今种植这种稀有的药材。

周围一群只知道喝酒睡觉的人，都成了勤劳的能工巧匠，对一切都已经麻木的长官，在关键的时候却成了拯救长今的贵人。

长今再次回到了一生追求的目标——当宫中的“最高尚宫娘娘”。

宇宙是运动着的，地球也在不停地运动，世界上千万事物每刻都在发生变化，人在变、物在变，我们周边的生活环境也在变。相应地，我们也要用变化的眼光、灵活的头脑、运动的心态，看待、分析、思索身边的万事万物。无论世界多么变幻无常，只要你能从中把握自己，肯定会处理得明明白白。

在偶然中发现必然

太阳的东升西落，地球运行的轨道，潮起潮落，月亮的阴晴圆缺，春夏秋冬的更替，一切都有自身的规律。

任何事情的发生，都有其必然的原因。有因才有果。换句话说，当你看到任何现象的时候，你不要觉得不可理解或者奇怪，因为任何事情的发生都必有其原因。

格德纳是加拿大一家公司的普通职员。一天，他不小心碰翻了一个瓶子，瓶子里装的液体浸湿了桌上一份正待复印的重要文件。

格德纳很着急，心想这下可闯祸了，文件上的字可能看不清了。

他赶紧抓起文件来仔细察看，令他感到奇怪的是，文件上被液体浸染的部分，其字迹依然清晰可见。

当他拿去复印时，又一个意外情况出现了，复印出来的文件，被液体污染后很清晰的那部分，竟变成了一团黑斑，这又使他转喜为忧。

为了消除文件上的黑斑，他绞尽脑汁，但一筹莫展。

突然，格德纳的头脑中冒出一个针对“液体”与“黑斑”倒过来想的念头。自从复印机发明以来，人们不是为文件被盗印而大伤脑筋吗？为什么不以这种“液体”为基础，化其不利为有利，研制一种能防止盗印的特殊液体呢？

格德纳利用这种逆向思维，经过长时间艰苦努力，最终把这种产品研制成功。但他最后推向市场的不是液体，而是一种深红的防影印纸，并且销路很好。

格德纳没有放过一次复印中的偶然事件，由字迹被液体浸染后变清晰，复印出的却是黑斑这一现象，联想到文件保密工作中的防止盗印，由此开发了防影印纸。不可不说他抓住了一个创新的良机。

衣物漂白剂的发明与此有异曲同工之妙，也是源于一次偶然的发现。

吉麦太太洗好衣服后，把拧干的洗涤物放到一边，疲倦地站起来伸伸腰。这时，吉麦先生下意识地挥了一下画笔，蓦地，蓝色颜料竟沾在了洗好的白衬衣上。

他太太一面嘀咕一面重洗。但雪白的衬衣因沾染蓝色颜料，任她怎么洗，仍然带有一点儿淡蓝色。

她无可奈何地只好把它晒干。结果，这件沾染蓝颜料的白衬衣，竟更鲜丽，更洁白了。

“呃！这就奇怪啦！沾染颜料竟比以前更洁白了！”

“是呀！的确比以前更白了，奇怪！”他太太也感到惊异。

翌日，他故意像昨天一样，在洗好的衣服上沾染了蓝颜料，结果晒干的衬衣还是跟上次一样，显得异常明亮、雪白。第三天，他又试验了一次，结果仍然一样。

吉麦把那种颜料称为“可使洗涤物洁白的药”，并附上“将这种药少量溶解在洗衣盆里洗涤”的使用法，开始出售。

普通新产品是不容易推销的，但也许是他具有广告的才能吧，吉麦的漂白剂竟出乎意料的畅销。

凡是使用过的人，看着雪白得几乎发亮的洗涤物，无不啧啧称奇，赞许吉麦的“漂白剂”。

一经获得好评后，这种可使洗涤物洁白的“药”——蓝颜料和水的混合液，就更受家庭主妇的欢迎。

吉麦发明这种漂白剂出于偶然，由此可见，如果能抓住偶然发现的东西，也是一种发明或创造的方法。

事物是有规律的，偶然中蕴涵着必然，对生活中的偶然现象不能轻易放过，仔细观察、善于思考，也许你会从中获得一些意外的发现。

在不满中起步

当你有不满时，不要只顾发泄情绪，要认识到这是改造现状、开发新天地的大好契机。化不满为创新，成功女神就会青睐于你。

霍华德·海德很喜欢运动，但怕滑雪。因为他在滑雪时，那种又长又笨重的滑板，使他摔了许多跤，于是他咬牙发誓：这一辈子再也不去滑雪了。

但就在回家的路上，他突然心头一动：既然我喜欢滑雪，却因为滑板不理想，导致我要放弃这一很有意思的活动，为何我不可以改善一下滑板呢？像我这样的人一定很多，假如我能够发明出来，势必也很有市场。

于是，他花了几年的时间来进行这项发明，终于一举成功。不仅自己建立了海德滑板公司销售滑板，而且还转让专利。其中一家叫 AMF 的公司，购买他的专利后生意兴隆，又赠给他 450 万美元。

还有一个故事是关于牙刷的。

加藤信三是狮王牙刷集团的员工。一天早上，他正刷牙，发觉自己的牙龈被刷出血了，这种情况已经发生好多次了，每次都气得他想把牙刷扔了。

但是他并没有这么做，也并没有像一般人那样发一顿牢骚就从此忘了。作为牙刷公司的一名职工，他想：肯定有很多人也像他一样，被牙刷刷得牙龈出血。显然，问题出在牙刷上，那么应该怎样来解决这一问题呢？

在接下来的几个月里，他就一直在想这个问题。他也着实想解决牙龈出血的问题，考虑使用软毛牙刷，但牙刷毛过于柔软，不能很好地清除牙缝中的“垃圾”。

还想到使用前把牙刷泡在温水里，让它变得柔软一些，或者多用点儿牙膏。但他都觉得不够理想，因为使用起来不是很方便。

终于有一天，他突然想起，这一问题会不会与牙刷毛的形状有关系呢？会不会是因为它们太坚硬了，而将牙龈刺出血了呢？原来，牙刷毛顶端是四角形的，正是由于这种棱角而将牙龈刺破了。

加藤针对这个缺点想出了一个好办法：把牙刷毛的顶端磨成圆形，那么用起来一定不会再出血了。

于是他就把他的新创意向公司提出来。公司对此非常感兴趣，经过试验证明他的创意可行，马上采纳了他的新创意。

后来狮王牌的牙刷毛顶端就全部改成圆形，受到消费者的普遍欢迎。这样一来，狮王牌的牙刷不仅在众多牙刷中一枝独秀，而且长盛不衰，一度占到日本牙刷销售量的 30% ~ 40%。

加藤信三的创意为百姓们解决了生活中一个常遇的小麻烦，为公司创造了巨额利润，同时也为他自己的发展创造了机会。他从一个普通的小职员一跃成为科长，后来又升为董事。

加藤的“幸运”来自于在不满中起步，在不满中改进。所以，从某种程度上来讲，不满是发现的第一步，是进步的源泉，是拥抱希望的契机。

人生之路，充满荆棘与坎坷，当然也有苦尽甘来的成功与喜悦。失败与成功相伴，坎坷与坦途并存，善于辩证地对待困境与坎坷，在不满中起步，是我们应该培养的一种正确的人生思维。

苦难是柄双刃剑

用辩证的思维来看，苦难是一柄双刃剑，它能让强者更强，练就出色而几近完美的人格，但是同时它也能够将弱者一剑刺伤，从此倒下。

曾有这样一个“倒霉蛋”，他是个农民，做过木匠，干过泥瓦工，收过破烂，卖过煤球，在感情上受到过致命的欺骗，还打过一场3年之久的麻烦官司。他曾经独自闯荡在一个又一个城市里，做着各种各样的活计，居无定所，四处漂泊，生活上也没有任何保障。看起来仍然像一个农民，但是他与乡里的农民有些不同，他虽然也日出而作，但是不日落而息——他热爱文学，写下了许多清澈纯净的诗歌。每每读到他的诗歌，都让人们为之感动，同时为之惊叹。

“你这么复杂的经历怎么会写出这么纯净的作品呢？”他的一个朋友这么问他，“有时候我读你的作品总有一种感觉，觉得只有初恋的人才能写得出。”

“那你认为我该写出什么样的作品呢？《罪与罚》吗？”他笑。

“起码应当比这些作品更沉重和黯淡些。”

他笑了，说：“我是在农村长大的，农村家家都储粪种庄稼。小时候，每当碰到别人往地里送粪时，我都会掩鼻而过。那时我觉得很奇怪，这么臭这么脏的东西，怎么就能使庄稼长得更壮实呢？后来，经历了这么多事，我却发现自己并没有学坏，也没有堕落，甚至连麻木也没有，就完全明白了粪和庄稼的关系。

“粪便是脏臭的，如果你把它一直储在粪池里，它就会一直这么脏臭下去。但是一旦它遇到土地，它就和深厚的土地结合，就成了一种有益的肥料。对于一个人，苦难也是这样。如果把苦难只视为苦难，那它真的就只是苦难。但是如果你让它与你精神世界里最广阔的那片土地去结合，它就会成为一种宝贵的营养，让你在苦难中如凤凰涅槃，体会到特别的甘甜和美好。”

土地转化了粪便的性质，人的心灵则可以转化苦难的流向。在这转化中，每一次沧桑都成了他唇间的美酒，每一道沟坎都成了他诗句的源泉。他文字里那些明亮的妩媚原来是那么深情、隽永，因为其间的一笔一画都是他踏破苦难的履痕。

苦难是把双刃剑，它会割伤你，但也会帮助你。

帕格尼尼，意大利著名小提琴家。他是一位在苦难的琴弦下把生命之歌演奏到极致的人。

4 岁时经历了一场麻疹和强直性昏厥症，7 岁患上严重肺炎，只得大量放血治疗。46 岁因牙床长满脓疮，拔掉了大部分牙齿，其后又染上了可怕的眼疾。50 岁后，关节炎、喉癌、肠道炎等疾病折磨着他的身体与心灵，后来声带也坏了。他仅活到 57 岁，就口吐鲜血而亡。

身体的创伤不仅仅是他苦难的全部。他从 13 岁起，就在世界各地过着流浪的生活。他曾一度将自己禁闭，每天疯狂地练琴，几乎忘记了饥饿和死亡。

像这样的一个人，这样一个悲惨的生命，却在琴弦上奏出了最美妙的音符。3 岁学琴，12 岁举办首场个人音乐会。他令无数人陶醉，令无数人疯狂！

乐评家称他是“操琴弓的魔术师”。歌德评价他：“在琴弦上展现了火一样的灵魂。”李斯特大喊：“天哪，在这四根琴弦中包含着多少苦难、痛苦与受到残害的生灵啊！”苦难净化心灵，悲剧使人崇高。也许上帝成就天才的方式，就是让他在苦难这所大学中进修。

弥尔顿、贝多芬、帕格尼尼，世界文艺史上的三大怪杰，最后一个成了瞎子，一个成了聋子，一个成了哑巴！这就是最好的例证。

苦难，在这些不屈的人面前，会化为一种礼物，一种人格上的成熟与伟岸，一种意志上的顽强和坚韧，一种对人生和生活的深刻认识。然而，对更多人来说，苦难是噩梦，是灾难，甚至是毁灭性的打击。

其实对于每一个人，苦难都可以成为礼物或是灾难。你无需祈求上帝保佑，菩萨显灵。选择权就在你自己手里。一个人的尊严，就是不轻易被苦难压倒，不轻易因苦难放弃希望，不轻易让苦难磨灭自己蓬勃向上的心灵。

用你的坚韧和不屈，把灾难般的苦难变成人生的礼券。

塞翁失马，焉知非福

靠近边塞的地方，住着一位老翁。老翁精通术数，善于占卜。有一次，老翁家的一匹马，无缘无故挣脱缰绳，跑走了。邻居都来安慰他，他心中有数，平静地说：“这件事难道不是福吗？”几个月后，那匹丢失的马突然又跑回家来了，还领着一匹骏马一起回来。邻居们得知，都前来向他家表示祝贺。老翁无动于衷，坦然道：“这样的事，难道不是祸吗？”老翁的儿子生性好武，喜欢骑术。有一天，他儿子骑着骏马到野外练习骑射，烈马脱缰，他儿子摔断了大腿，成了终生残疾。邻居们听说后，纷纷前来慰问。老翁不动声色，淡然道：“这件事难道不是福吗？”又过了一年，外族侵犯边境，大举入塞。四乡八邻的精壮男子都被征召入伍，拿起武器去参战，死伤不可胜计。靠近边塞的居民，十室九空，在战争中丧生。唯独老翁的儿子因残疾，没有去打仗。因而父子得以保全性命，安度残年余生。

老翁能够如此淡然地看待得与失，在于他一直在辩证地看问题，将辩证思维恰如其分地运用到了生活当中。

其实，真实的生活无处不存在着辩证法，它不会有绝对的好，也不会有绝对的坏。在此处的好到了彼处也许就变成了坏，同理，此处的坏到了彼处也许可以演化为好。就如我们的优势，在特定的环境中可以发挥得淋漓尽致，而脱离了这片土壤，也许会成为前进的绊脚石。

一个强盗正在追赶一个商人，商人逃进了山洞里。山洞极深也极黑，强盗追了上去，抓住了商人，抢了他的钱，还有他随身带的火把。山洞如同一座地下迷宫，强盗庆幸自己有一个火把。他借着火把的光在洞中行走，他能看清脚下的石头，能看清周围的石壁。因此他不会碰壁，也不会被石头碰倒。但是，他走来走去就是走不出山洞。最终，他筋疲力尽后死去。

商人失去了一切，他在黑暗中摸索行走，十分艰辛。他不时碰壁，不时被石头绊倒。但是，正因为他置身于一片黑暗中，他的眼睛能敏锐地发现洞口透进的微光，他迎着这一缕微光爬行，最终逃离了山洞。

世间本没有绝对的强与弱，这与环境的优劣、际遇的好坏等都是息息相关的。就像强盗因光亮而死去，商人因黑暗而得以存活，不正是辩证的恰当诠释吗？

我们总喜欢追求完美，认为完美才能得到快乐和幸福，稍有缺憾，便想方设法去弥补，殊不知残缺也是一种美。

从前，有一个国王，他有七个女儿，这七位美丽的公主是国王的骄傲。她们都拥有一头乌黑亮丽的头发，所以国王送给她们每人一百个漂亮的发卡。

有一天早上，大公主醒来，一如往常地用发卡整理她的秀发，却发现少了一个发卡。于是她偷偷地到了二公主的房里，拿走了一个发卡；二公主发现少了一个发卡，便到三公主房里拿走一个发卡；三公主发现少了一个发卡，也偷偷地拿走四公主的一个发卡；四公主如法炮制拿走了五公主的发卡；五公主一样拿走了六公主的发卡；六公主只好拿走七公主的发卡。

于是，七公主的发卡只剩下九十九个。

隔天，邻国英俊的王子忽然来到皇宫，他对国王说："昨天我的百灵鸟叼回了一个发卡，我想这一定是属于公主们的，这真是一种奇妙的缘分，不晓得是哪位公主掉了发卡？"

公主们听到这件事，都在心里说："是我掉的，是我掉的。"可是头上明明完整地别着一百个发卡，所以心里都懊恼得很，却说不出。只有七公主走出来说："我掉了一个发卡。"话才说完，一头漂亮的长发因为少了一个发卡，全部披散下来，王子不由得看呆了。

故事的结局，自然是王子与七公主从此一起过着幸福快乐的日子。

生活中我们总为失去的东西而懊恼，而悔恨，但是，用辩证思维来思量一番，就会发现，一时的失去也许会换得长久的拥有，一丝的缺憾也许会得到更美好的生活。世间万事万物无不如此。

把负变正的力量

假如你遭遇人生变故，全部财产只有一个又酸又涩的柠檬，你会怎样做？

有的人自暴自弃地说："我垮了。这就是我的命运，我连一点儿机会也没有了。"然后他就开始诅咒这个世界这么不公平，他只能让自己沉溺在自怜之中。当然他面临的也只能是失败了。

而善于运用辩证思维的人则会说："从这件不幸的事情中，我可以学到什么呢？我怎样才能改善我的境遇，怎样才能把这个柠檬做成一杯柠檬水？"因为他们知道事物之间的特性是可以转化的。

有一位住在佛罗里达州的农夫，甚至把一个"毒柠檬"做成了柠檬水。当时他在那里买下了一片农场，可是他买的那块地糟糕得既不能种水果，也不能做牧场，能生长的只有白杨树和响尾蛇。那时候，他觉得非常颓丧，但是他并没有就此放弃。最后他想到了一个好主意，就是把他所拥有的那一切变成一种资产。他要利用那些响尾蛇。他的做法使每一个人都很吃惊，他开始想办法加工那些响尾蛇，最后把它们做成蛇肉罐头。

另外他从全国各地引来了各种各样的白杨树种，然后吸引大批游客来参观他的响尾蛇农场和白杨林。他的生意越做越大，最后竟然以他的农场为中心形成了一个小小的开发区。为了纪念他把有“毒”的柠檬做成了甜美的柠檬水，这个村子现在已改名为佛州响尾蛇村。

每一样东西都有它的价值，都可以开发出相应的卖点。即使给你一个“毒柠檬”，也要想办法把它做成一杯柠檬水。

伟大的心理学家阿佛瑞德·安德尔花了一辈子的时间来研究人类所隐藏的保留能力之后，他说，人类最奇妙的特性之一，就是“把负的力量变成正的力量”。有一次，世界最有名的小提琴演奏家欧利·布尔在法国巴黎举行一场音乐会。演奏时，小提琴上的A弦突然断了。欧利·布尔就用另外的那三根弦演奏完了那支曲子。“这就是生活，如果你的A弦断了，就在其他三根弦上把曲子演奏完。”

如果我们能够做到，请把这句话写下来，挂在你的床头：生命中最重要的，就是不要把你的收入拿来算做资本，要从你的损失里获利，这就需要才智。

所以，我们要培养能够带给你平安和快乐的心理，“当命运交给我们一个柠檬的时候，我们就试着去把它做成一杯柠檬水”。换个角度看世界，你也许就能够把不幸变为幸福。

有一个年轻人中学毕业后没有考上大学，他感到心灰意冷，为了糊口，只好去了一个理发店学理发。没干多久，他就觉得理发没有出息，后来又去当兵，几年后复员回家，还是找不到像样的工作，只好回到理发店理发。他觉得命运对他的安排就是理发，既然这样，就把理发这件事做好，于是，他调整了自己的心态，爱上了这一工作，并立志要成为最优秀的理发师。几年之后，他真的成功了，并拥有了自己的理发店。

这位年轻人从不喜欢这一工作到喜欢这一工作，从觉得没出息到做得有出息，全在于及时进行心态的自我调整。

如果他永远抱着以前的想法，不及时自我调整，那么他的人生就永远是失败。

虽然人人都知道行行出状元这句老话，但是到了自己头上却难以接受现实。许多人失去工作后，宁可在家闲着，坚守贫困，也不愿去干那些所谓“下贱”的工作，这都是不能及时自我调整的表现。

人生需要不断进行自我角色转换，因为社会生活在不断发生变化。今天你可能在某个位置，明天也许就没有了。如果想不开，就只能是人生悲剧。运用辩证思维，及时转换，就可能“柳暗花明又一村”。

第十六章

换位思维

——站在对方位置，才能更清楚问题关键

换位思维的艺术

从前有一个老国王，他平时头脑很古怪，一天，老国王想把自己的王位传给两个儿子中的一个。他决定举行比赛，要求是这样的：谁的马跑得慢，谁就将继承王位。两个儿子都担心对方弄虚作假，使自己的马比实际跑得慢，就去请教宫廷的弄臣（中世纪宫廷内或贵族家中供人娱乐的人）。这位弄臣只用了两个字，就说出了确保比赛公正的方法。这两个字就是：对换。

所谓换位思维，就是设身处地将自己摆放在对方位置，用对方的视角看待世界。

在与他人的交往中，我们需要学会换位思维，设身处地为他人考虑，也就是我们常说的将心比心。换位思维可以使他人感受到你的爱心与关怀，同时，也许会给你自己带来意想不到的好处。

英国的一个小镇上，有一位富有但孤单的老人准备出售他漂亮的房子，搬到疗养院去。

消息一传开，立刻有许多人登门造访，提出的房价高达 30 万美元。

这些人中有一个叫罗伊的小伙子，他刚刚大学毕业，没有多少收入。但他特别喜欢这所房子。

他悄悄打听了一下别人准备给出的价格，手里拿着仅有的 3000 美元，想着该如何让老人将房子卖给他而不是别人。

这时，罗伊想起一个老师说的话——找出卖方真正想要的东西给他。

他寻思许久，终于找到问题的关键点：老人最牵挂的事就是将不能在花园中散步了。

罗伊就跟老人商量说："如果你把房子卖给我，您仍能住在您的房子里而不必搬到疗养院去，每天您都可以在花园里散步，而我则会像照顾自己的爷爷一样照顾您。一切都像平常一样。"

听了这话，老人那张皱纹纵横的老脸，绽开了灿烂的笑容，笑容中，充满爱和惊喜，当即，老人与罗伊签下了合约，罗伊首付 3000 美元，之后每月付 500 美元。

老人很开心，他把整个屋子的古董家具都作为礼物送给了罗伊，并高兴地向大家宣布这所房子已经有了新的主人。

罗伊不可思议地赢得经济上的胜利，老人则赢得了快乐和与罗伊之间的亲密关系。

由上我们可以知道，换位思维除了感人之所感外，还要知人之所感，即对他人的处境感同身受，客观理解。

换位思维是在情感的自我感觉基础上发展起来的。首先要面对自己的情感。我们自己越是坦诚，研读他人的情绪感受也就越加准确。

每个人天生都会有一定程度的体察他人情感的敏感性。人如果没有这种敏感性，就会产生情感失聪。这种失聪会使人们在社交场合不能与人和谐相处，或是误解别人的情绪，或是说话不考虑时间场合，或是对别人的感受无动于衷。所有这些，都将破坏人际关系。

换位思维不仅对保持人与人之间的和睦关系非常重要，而且对任何与人打交道的工作来说，都是至关重要的。无论是搞销售，还是从事心理咨询，或给人治病以及在各行各业中从事领导工作，体察别人内心的换位思维都是取得优秀业绩的关键因素。

换位可以使说服更有效

换位可以使说服更有效。换位思维可以洞察对方的心理需求，便于及时地调整自己，挖掘自己与对方的相同点，使谈话的氛围更轻松，在不知不觉中使对方认同自己的观点。

让我们先来看一看发生在古代的一个成功说服他人的真实故事。

赵太后刚刚执政，秦国就急忙进攻赵国。赵太后向齐国求救。齐国说：“一定要用长安君来做人质，援兵才能派出。”赵太后不肯答应，大臣们极力劝谏。太后公开对左右近臣说：“有谁敢再说让长安君去做人质，我一定唾他！”

左师公触龙愿意去见太后。太后气冲冲地等着他。触龙做出快步走的姿势，慢慢地挪动着脚步，到了太后面前谢罪说：“老臣脚有毛病，竟不能快跑，很久没来看您了。我私下原谅自己呢，又总担心太后的贵体有什么不舒适，所以想来看望您。”太后说：“我全靠坐辇车走动。”触龙问：“您每天的饮食该不会减少吧？”太后说：“吃点儿稀粥罢了。”

触龙说：“我近来很不想吃东西，自己却勉强走走，每天走上三四里，就慢慢地稍微增加点儿食欲，身上也比较舒适了。”太后说：“我做不到。”太后的怒色稍微消解了些。

左师说：“我的儿子舒祺，年龄最小，不成才；而我又老了，私下疼爱他，希望能让他递补上黑衣卫士的空额，来保卫王宫。我冒着死罪禀告太后。”太后说：“可以。年龄多大了？”触龙说：“十五岁了。虽然还小，希望趁我还没入土就托付给您。”太后说：“你们男人也疼爱小儿子吗？”触龙说：“比妇人还厉害。”太后笑着说：“妇人更厉害。”触龙回答说：“我私下认为，您疼爱燕后就超过了疼爱长安君。”太后说：“您错了！不像疼爱长安君那样厉害。”左师公说：“父母疼爱子女，就得为他们考虑长远些。您送燕后出嫁的时候，摸着她的脚后跟哭泣，这是惦念并伤心她嫁到远方，也够可怜的了。她出嫁以后，您也并不是不想念她，可您祭祀时，一定为她祷告说：‘千万不要被赶回来啊。’难道这不是为她做长远打算，希望她生育子孙，一代一代地做国君吗？”太后说：“是这样。”

左师公说：“从这一辈往上推到三代以前，一直到赵国建立的时候，赵王被封侯的子孙的后继人有还在的吗？”赵太后说：“没有。”触龙说：“不光是赵国，其他诸侯国君的被封侯的子孙，他们的后人还有在的吗？”

赵太后说：“我没听说过。”左师公说：“他们当中祸患来得早的就降临到自己头上，祸患来得晚的就降临到子孙头上。难道国君的子孙就一定不好吗？这是因为他们地位高而没有功勋，俸禄丰厚而没有功绩，占有的珍宝却太多了啊！现在您把长安君的地位提得很高，又封给他肥沃的土地，给他很多珍宝，而不趁现在这个时机让他为国立功，一旦您百年之后，长安君凭什么在赵国站住脚呢？我觉得您为长安君打算得太短了，因此我认为您疼爱他不如疼爱燕后。”太后说：“好吧，任凭您指派他吧。”

于是太后就替长安君准备了一百辆车子，送他到齐国去做人质。齐国的救兵才出动。

这的确是令人叹为观止的“移情——换位”的典范。触龙通过换位思维，成功地将赵太后说服，可谓深知换位之魅力。

现实生活中，我们经常需要说服他人。说服就是使他人认同自己的观点和想法，以成功达到自己的目的。

在销售过程中，利用换位思维与顾客建立和谐关系是很重要的，换位思维重要目的是让顾客喜欢你、信赖你，并且相信你的所作所为是为了他们的最佳利益着想，使说服工作更容易进行。

下面就是一则在工作中善用换位思维的推销员的故事。

有一次，程亮到一位客户家里推销，接待他的是这家的家庭主妇。程亮第一句话：“哟，您就是女主人啊！您真年轻，实在看不出已经有孩子了。”

女主人说：“咳，你没看见，快把我累垮了，带孩子真累人。”

程亮说：“那是，在家我妻子也老抱怨我，说我一天到晚在外面跑，一点儿也不尽当爸爸的责任，把孩子全留给她了。”

女主人深表同情地说：“就是嘛，你们男人就知道在外面混。”

程亮跟着说：“孩子几岁了？真漂亮！快上幼儿园了吧？”

“是呀，今年下半年上幼儿园。”

“挺伶俐的，怪可爱的，孩子慢慢长大，他们的教育与成长就成为我们做大人最关心的事情了，谁不望子成龙，望女成凤，我每隔一段时间就会买些这样的磁带放给他们听。”

说着，程亮就取出了他所推销的商品——幼儿音乐磁带，没想到女主人想都没多想，就问：“一共多少钱？”毫不犹豫地就买了一套。

程亮轻松地说服了客户，妙处就在于他一直站在客户的立场看待问题，很自然地引出客户所需，并适时奉上自己的商品。这时，客户并不感觉自己被推销员说服了，而是自己需要购买，交易就这样顺利达成了。

一般来说，善于说服他人的人，都是善于揣摩他人心理的人。要说服他人，就得让对方觉得自己被接受、被了解，让人觉得你将心比心，善解人意。人的内心情感可以在他的举止、言谈中流露出来，但正如浮在水面之上的冰山只占总体积的 10%一样，人的情绪的 90%是我们的肉眼看不到的。这就要求我们去深入了解对方的内心世界，加以观察体会，细心揣摩，并采取适当的行动来满足对方的需要，建立信任感，从而使说服更有成果更有效率。只有在满足别人需要的前提下，才能达到自己的目的，获得双赢。

可见，说服他人的第一关就是要进行换位思维，在了解自己的需要基础上，站在对方的立场，揣摩对方的心理，体会对方的需求。只有这样，你才知道自己能够放弃什么和不能放弃什么，所谓知己知彼，方能百战百胜。否则，被说服的对象很可能就是你自己。

进行换位思考的时候，切忌情绪化，发怒、过于激动、过于高兴、伤感的情绪都会使你不能有效地思考，从而削弱你的判断能力，使换位思维无法真正到位。

说服是鼓动而不是操纵，最好的说服是使对方认为这就是他们的想法。关键的一点就是通过换位思维，发现对方的心理需求后，及时地调整自己，挖掘自己与对方的相同点，因为人们一般都倾向于喜欢和认同与自己类似的人，这样，说服工作就可能更深入了一步。

春秋时期纵横家鬼谷子就很好地为我们总结了说服他人的道理：跟智慧的人说话，要靠渊博；跟高贵的人说话，要靠气势；跟笨拙的人说话，要靠详辩；跟善辩的人说话，要靠扼要；跟富有的人说话，要靠高雅；跟贫贱的人说话，要靠谦敬；跟勇敢的人说话，要靠勇敢；跟有过失的人说话，要靠鼓励。

而这一切的前提和关键都是必须进行换位思维，只有在揣摩清楚对方的心理后才能达到说服的目的。

固执己见是造成人生劣势的主要原因

在一个池塘边生活着两只青蛙，一绿一黄。绿青蛙经常到稻田里觅食害虫，黄青蛙却经常悠闲地躲在路边的草丛中闭目养神。

有一天黄青蛙正在草丛中睡大觉，突然听到有人叫：“老弟，老弟。”它懒洋洋地睁开眼睛，发现是田里的绿青蛙。

“你在这里太危险了，搬来跟我住吧！”田里的绿青蛙关切地说，“到田里来，每天都可以吃到昆虫，不但可以填饱肚子，而且还能为庄稼除害，况且也不会有什么危险。”

路边的青蛙不耐烦地说：“我已经习惯了，干吗要费神地搬到田里去？我懒得动！况且，路边一样也有昆虫吃。”

田里的青蛙无可奈何地走了。几天后，它又去探望路边的伙伴，却发现路边的黄青蛙已被车子轧死了，暴尸在马路上。

很多灾难与不测都是因为我们固执己见而不注意听从别人的意见造成的，

举手之劳的事情却不愿为之，就注定要为此付出沉重的代价。

固执就是思维的僵化、教条。换位思维要求我们学会从各个不同的角度全面研究问题，抛开无谓的固执，冷静地用开放的心胸做正确的抉择。

那个固执的青蛙企图仅凭一成不变的哲学，固执己见地想强度人生所有的关卡，显然是行不通的。它忘了在人生的每一次关键时刻，应随时检查自己选择的方向是否产生偏差；忘了应该适时地进行调整，更谈不上审慎地运用智慧，做出适当的抉择。可以说，生活中很多人都像那只路边的青蛙一样，不喜欢改变，喜欢固执己见，死守一成不变的思维模式，并在这种模式中不断地自我消耗、自我衰退。

当然，不要固执己见，并不意味着我们必须全盘放弃自己的执着，但并不排除在意念上做合理的修正，以做到无所偏执。

真正的改变也不只是从 A 点到 B 点，或从 B 点再到 C 点，事实上，每一个改变若不是发自内心对自我的了解，很多时候，那些改变也是徒劳无功的。所以真正尝试改变，需要的是我们对自己的了解、对内心世界那份价值的追求与渴望，有明确的认知之后再做新的调整与修正，才是真改变。而且，这一路走来，每一个工作、每一次历练、每一回合的挑战都是弥足珍贵的。

每一个人现在所处的境况，正是以往自己所保持的态度造成的。如果想改变未来的生活，使之更加顺畅，必须得先改变此时的态度。坚持错误的观念，固执不愿改变，恐怕再多的努力，也只能是枉然。

应该说，安于现状，固守己见，是造成人生劣势的主要原因之一，而勇于突破自我的思考习惯，不再让自己停留在熟悉而危险的现况中，让自我更健全，更有应对力，才能真正拯救自己，完成人生的大业。

莫要囿于己见，多听听周围不同的声音，设法接受完全和自己想法抵触的见解，看看事物在不一样的角度之下所呈现出来的不同感觉，突破自己一成不变的想法，用新的眼光来看待这个世界和这个世界里的人，以及发生的事情，给自己一个好的改变，这才是真正的换位思维，才是获取快乐的创新视角。

己所不欲，勿施于人

“己所不欲，勿施于人”是换位思维的一个核心理念，当我们能切身地领悟到这种境界时，有许多不理解的事都会豁然开朗。

当你做错了一件事，或是遇到挫折时，你是期望你的朋友说一些安慰、鼓励的话，还是希望他们泼冷水呢？也许你会说：“这不是废话吗，谁会希望别人泼冷水呢？”可是，当你对别人泼冷水时，可曾注意到别人也有同样的想法？事实上，很多人都没有注意到这一点。

美国《读者文摘》上发表过一篇名为《第六枚戒指》的故事，很形象地说明换位思考给我们心灵带来的震动。

美国经济大萧条时期，有一位姑娘好不容易找到了一份在高级珠宝店当售货员的工作。在圣诞节的前一天，店里来了一个 30 岁左右的男性顾客，他衣着破旧，满脸哀愁，用一种不可企及的目光，盯着那些高级首饰。

这时，姑娘去接电话，一不小心把一个碟子碰翻，6 枚精美绝伦的戒指落到地上。她慌忙去捡，却只捡到了 5 枚，第 6 枚戒指怎么也找不着了。这时，她看到那个 30 岁左右的男子正向门口走去，顿时意识到戒指被他拿去了。当男子的手将要触及门把手时，她柔声叫道："对不起，先生！"那男子转过身来，两人相视无言，足有几十秒。"什么事？"男人问，脸上的肌肉在抽搐，他再次问："什么事？""先生，这是我头一回工作，现在找个工作很难，想必你也深有体会，是不是？"姑娘神色黯然地说。

男子久久地审视着她，终于一丝微笑浮现在他的脸上。他说："是的，确实如此。但是我能肯定，你在这里会干得不错。我可以为你祝福吗？"他向前一步，把手伸给姑娘。"谢谢你的祝福。"姑娘也伸出手，两只手紧紧地握在一起，姑娘用十分柔和的声音说："我也祝你好运！"

男子转过身，走向门口，姑娘目送他的背影消失在门外，转身走到柜台，把手中的第 6 枚戒指放回原处。

己所不欲，勿施于人的道理更说明这样一个事实，那就是善待别人，也就是善待自己。可以说，任何一种真诚而博大的爱都会在现实中得到应有的回报。在我们运用换位思维的时候，当我们真诚地考虑到对方的感受和需求而多一分理解和委婉时，意想不到的回报便会悄然而至。

多年以前，在荷兰一个小渔村里，一个勇敢的少年以自己的实际行动使全村人懂得了为他人着想也就是为自己着想的道理。

由于全村的人都以打渔为生，为了应对突发海难，人们自发组建了一支紧急救援队。

一个漆黑的夜晚，海面上乌云翻滚，狂风怒吼，巨浪掀翻了一艘渔船，船员的生命危在旦夕。他们发出了 SOS 的求救信号。村里的紧急救援队收到求救信号后，火速召集志愿队员，乘着划艇，冲入了汹涌的海浪中。

全村人都聚集在海边，翘首眺望着云谲波诡的海面，人们都举着一盏提灯，为救援队照亮返回的路。

一个小时之后，救援队的划艇终于冲破浓雾，乘风破浪，向岸边驶来。村民们喜出望外，欢呼着跑上前去迎接。

但救援队的队长却告知：由于救援艇容量有限，无法搭载所有遇险人员，无奈只得留下其中的一个人，否则救援艇就会翻覆，那样所有的人都活不了。

刚才还欢欣鼓舞的人们顿时安静了下来，才落下的心又悬到了嗓子眼儿，人们又陷入了慌乱与不安中。这时，救援队队长开始组织另一批队员前去搭救那个最后留下来的人。16 岁的汉斯自告奋勇地报了名。

但他的母亲忙抓住了他的胳膊，用颤抖的声音说："汉斯，你不要去。10年前，你父亲就是在海难中丧生的，而一个星期前，你的哥哥保罗出了海，可是到现在连一点儿消息也没有。孩子，你现在是我唯一的依靠了，求求你千万不要去。"

看着母亲那日见憔悴的面容和近乎乞求的眼神，汉斯心头一酸，泪水在眼中直打转，但他强忍住没让它流下来。

"妈妈，我必须去！"他坚定地答道，"妈妈，你想想，如果我们每个人都说：'我不能去，让别人去吧！'那情况将会怎样呢？假如我是那个不幸的人，妈妈，你是不是也希望有人愿意来搭救我呢？妈妈，你让我去吧，这是我的责任。"汉斯张开双臂，紧紧地拥吻了一下他的母亲，然后义无反顾地登上了救援队的划艇，冲入无边无际的黑暗之中。

10 分钟过去了，20 分钟过去了……一个小时过去了。这一个小时，对忧心忡忡的汉斯的母亲来说，真是太漫长了。终于，救援艇再次冲破迷雾，出现在人们的视野中。岸上的人群再一次沸腾了。

靠近岸边时，汉斯高兴地大声喊道："我们找到他了，队长。请你告诉我妈妈，他就是我的哥哥——保罗。"

这就是人生的报偿。

"己所不欲，勿施于人"，就是将自己想要的东西给予别人，自己需要帮助，就给别人帮助，自己需要关心，就给别人以爱心，当我们真心付出时，回报也就随之而来了。

用换位思维使自己摆脱窘境

拿破仑曾用换位思维为自己解了围。

拿破仑入侵俄国期间，有一回，他的部队在一个十分荒凉的小镇上作战。

当时，拿破仑意外地与他的军队脱离，一群俄国哥萨克士兵盯上他，在弯曲的街道上追逐他。慌忙逃命之中，拿破仑潜入僻巷一个毛皮商的家。当拿破仑气喘吁吁地逃入店内时，他连连哀求那毛皮商："救救我，救救我！快把我藏起来！"

毛皮商就把拿破仑藏到了角落的一堆毛皮底下，刚安排完，哥萨克人就冲到了门口，他们大喊："他在哪里？我们看见他跑进来了！"

哥萨克士兵不顾毛皮商的抗议，把店里给翻得乱七八糟，想找到拿破仑。他们将剑刺入毛皮内，还是没有发现目标。最后，他们只好放弃搜查，悻悻离开。

过了一会儿，当拿破仑的贴身侍卫赶来时，毫发无损的拿破仑这才从那堆毛皮下钻出来，这时，毛皮商诚惶诚恐地问拿破仑："阁下，请原谅我冒昧地对您这个伟人问一个问题：刚才您躲在毛皮下时，知道可能面临最后一刻，您能否告诉我，那是什么样的感觉？"

谁都可以想象得到，方才的一幕有多么惊心动魄，但是，拿破仑作为一国首领，他无法在自己的士兵面前表现出胆怯，也就无法将自己的感受用语言告诉毛皮商。于是，拿破仑站稳身子，愤怒地回答："你，胆敢对拿破仑皇帝问这样的问题？卫兵，将这个不知好歹的家伙给我推出去，蒙住眼睛，毙了他！我，本人，将亲自下达枪决令！"

卫兵捉住那可怜的毛皮商，将他拖到外面面壁而立。

被蒙上双眼的毛皮商看不见任何东西，但是他可以听到卫兵的动静，当卫兵们排成一列，举枪准备射击时，毛皮商甚至可以听见自己的衣服在冷风中簌簌作响。他感觉到寒风正轻轻拉着他的衣襟、冷却他的脸颊，他的双腿不由自主地颤抖着，接着，他听见拿破仑清清喉咙，慢慢地喊着："预备——瞄准——"那一刻，毛皮商知道这一切无关痛痒的感伤都将永远离他而去，而眼泪流到脸颊时，一股难以形容的感觉自他身上泉涌而出。

经过一段漫长的死寂，毛皮商人忽然听到有脚步声靠近他，他的眼罩被解了下来——突如其来的阳光使得他视觉半盲，他还是感觉到拿破仑的目光深深地又故意地刺进他的眼睛，似乎想洞察他灵魂里的每一个角落，后来，他听见拿破仑轻柔地说："现在，你知道了吧？"

运用换位思维，要求我们在交际僵局出现时，把角色"互换"一下，这样，就很可能轻松打破僵局，为自己争取主动。让对方坐在自己的椅子上，对事物之间的位置关系进行互换，就能把烫手的山芋抛给别人。

为对方着想，替自己打算

换位思维的行为主旨之一就是为对方着想。在生活中，若遇到只为自己的利益着想的人，我们常常会说这个人自私，鄙视其为人，自然就会很少与其来往。

相反，若遇到的是一个能为他人着想的人，我们常常会敬佩其为人，也很乐意与他来往。思己及人，为了创建一个良好的人际交往环境，我们应该尽可能地为对方着想。

倘若期望与人缔结长久的友谊，彼此都应该为对方着想。钓不同的鱼，投放不同的饵。卡耐基说："每年夏天，我都去梅恩钓鱼。以我自己来说，我喜欢吃杨梅和奶油，可是我看出由于若干特殊的理由，鱼更爱吃小虫。所以当我去钓鱼的时候，我不想我所要的，而想鱼儿所需要的。我不以杨梅或奶油作为钓饵，而是在鱼钩上挂上一条小虫或是一只蚱蜢，放入水里，向鱼儿说：你喜欢吃吗？"

如果你希望拥有完美交际，你为什么不采用卡耐基的方法去"钓"一个个的人呢？

依特·乔琪，美国独立战争时期的一个高级将领，战后依旧宝刀不老，雄踞高位，于是有人问他："很多战时的领袖现在都退休了，你为什么还身居高位呢？"

他是这样回答的："如果希望官居高位，那么就应该学会钓鱼。钓鱼给了我很大的启示，从鱼儿的愿望出发，放对了鱼饵，鱼儿才会上钩，这是再简单不过的道理。不同的鱼要使用不同的钓饵，如果你一厢情愿，长期使用一种鱼饵去钓不同的鱼，你一定会劳而无功的。"

这的确是经验之谈，是智慧的总结。总是想着自己，不顾别人的死活，不管对方的感受，心中只有"我"，是不可能拥有完美的人际关系的。

为什么有些人总是"我"字当头呢？这是孩子的想法，不近情理的作为，是长不大的表现。你只要认真地观察一下孩子，你就会发现孩子那种"我"字当头的本性。

当然，一个人如果完全不注意自己的需要，那是不可能的，也是不实际的。因此，注意你自己的需要，这是可以理解的，可是如果你信奉"人不为己，天诛地灭"，变成了一个十足的利己主义者，那么，你就会对他人漠不关心，难道还希望他人对你关怀备至吗？

卡耐基说，世界上唯一能够影响对方的方法，就是时刻关心对方的需要，并且还要想方设法满足对方的这种需要。在与对方谈论他的需要时，你最好真诚地告诉对方如何才能达到目的。

有一次，爱默逊和他的儿子，要把一头小牛赶进牛棚里去，可是父子俩都犯了一个常识性的错误，他们只想到自己所需要的，没有想到那头小牛所需要的。爱默逊在后面推，儿子在前面拉。可是那头小牛也跟他们父子一样，也只想自己所想要的，所以挺起四腿，拒绝离开草地。

这种情形被旁边的一个爱尔兰女佣看到了。这个女佣不会写书，也不会做文章，可是至少在这次，她懂得牲口的感受和习性，她想到这头小牛所需要的。只见这个女佣人把自己的拇指放进小牛的嘴里，让小牛吮吸拇指，女佣使用很温和的方法把这头倔犟的小牛引进了牛棚里。

这些道理都是最浅显而明白的，任何人都能够获得这种技巧。可是这种“只想自己”的习惯也不是很容易改变的，因为你自从来到这个世界上，你所有的举动、出发点都是为了你自己。

亨利·福特说：“如果你想拥有一个永远成功的秘诀，那么这个秘诀就是站在对方的立场上考虑问题——这个立场是对方感觉到的，但不一定是真实的。”

这是一种能力，而这种能力就是你获得成功的技巧。

不把自己的意志强加于人

有一位牧师和一个屠夫的交情很不错。他们有空就一起聊天钓鱼。屠夫是个酒鬼，但牧师在他面前从不谈饮酒方面的事。

亲友们多次规劝屠夫戒酒，有的说：“再这样下去，会喝烂你的心肺！”还有的说：“嗜酒如命，定会自毙！”然而无论怎样劝说都没有用。于是便请牧师帮忙，可是牧师不肯，他只是和屠夫继续往来。

有一天，屠夫到牧师那里去，流着泪说：“我儿子刚才对我说，他有两样东西不喜欢——一是落水狗，二是酒鬼，因为都有一身的臭味。你肯帮助酒鬼吗？”

牧师等待这一天已经很久了，于是他和一位医生共同协助屠夫将酒戒了。“15 年来他滴酒不沾。”牧师说，“有一次我问他：‘你为什么不要别人帮助而来求助于我？’他说：‘因为只有你从来没有逼过我。’”

在人与人的相处中，总会出现各种各样的差异，此时，应该多用换位思维来思考，分析对方的态度和处境，而不应将自己的意志强加于人，那样，只会造成对方的抵触和误解。

《如何使人们变得高贵》一书中说："把你对自己事情的高度兴趣，跟你对其他事情的漠不关心做个比较。那么，你就会明白，世界上其他人也正是抱着这种态度。"这就是：要想与人相处，成功与否全在于你有无偏见，能不能以同情的心理理解别人的观点。

偏见往往会使一方伤害另一方，如果另一方耿耿于怀，那关系就无法融洽。反之，受损害的一方具有很大的度量，能从大局出发，这样会使原先持偏见者在感情上受到震动，导致他转变偏见，正确待人。

一个年轻人的妻子近来变得忧郁、沮丧，常为一些小事对他吵吵嚷嚷，甚至打骂孩子。他无可奈何之下只好躲到办公室，不想回家。

有位经验丰富的长者见他这样就问他最近是否与妻子争吵过，年轻人回答说："为装饰房间争吵过。我爱好艺术，远比妻子更懂得色彩，我们特别为卧室的颜色大吵了一架，我想漆的颜色，她就是不同意，我也不肯让步。"

长者又问："如果她说你的办公室布置得不好，把它重新布置一遍，你又如何想呢？"

"我绝不能容忍这样的事。"青年回答说。

长者却解释说："办公室是你的权力范围，而家庭以及家里的东西则是你妻子的权力范围，若按照你的想法去布置'她的'厨房，那她就会和你刚才一样感觉受到侵犯似的。在布置住房上，双方意见一致最好，不能用苛刻的标准去要求她，要商量，妻子就应有否决权。"

年轻人恍然大悟，回家对妻子说："一位长者开导了我，我百分之百地错了，我不该把我的意志强加于你。现在我想通了，你喜欢怎样布置房间就怎样布置吧，这是你的权力，随你的便吧。"妻子听后非常感动，两人言归于好。

夫妻生活也和其他人际关系一样，对那些不尽如人意的地方，只有采取换位思维，给对方理解和尊重才能有助于矛盾的解决。世界本来就很复杂，什么样的人都有，什么样的思想都有。如果你事事要求别人按你的想法去做，那只能失去朋友，自己堵住自己的路。

积极主动地适应对方

人不可能总是生活在同一个环境中，即使是生活在同一个环境中，环境也会时常发生变化，如果不会适应环境的变化或者适应新环境，就只能归于失败。

换位思维法告诉我们不仅要时刻替别人着想，还要积极主动地去适应环境，适应周围的人。

假如你想去东北开个菜馆，你可以不全卖东北菜，但最起码的东北四大炖菜你要保留，并且一定要请当地人做菜，假如你想靠徽菜或粤菜以及川菜在东北站稳脚跟，那将是比较困难的。因为东北人最爱吃的就是炖菜，哪怕是东北乱炖也比你那精工细作的佳肴更符合当地人的口味。

另外，再加上东北人炖菜实惠，而南方菜系讲究味道，分量较少，自然难以被东北人接受。而且，因为东北人豪爽、讲义气，所以你只要服务态度好，他下次肯定还会光顾你的菜馆，而假若你态度太差，即使给予他一定的打折，他也未必再来，因为他会认为你不够义气。

同样道理，你要想在四川开菜馆，假若川菜不十分拿手的话，你一定会亏得血本无归。由此可见，适应环境和适应别人多么重要。

所以，无论在社会上还是在家里，我们不能只关注自己而忽视对方。很多时候，我们应该积极主动地适应对方。

一对小夫妻常为吃梨子发生争吵。妻子怕皮上沾了农药有毒，一定要把果皮削掉，而丈夫则认为果皮有营养，把皮削掉太可惜。因为他们常吃梨子，所以也就常争吵。

有一次，这对小夫妻争吵时，被他们的老师遇上了。老师了解实际情况后对那位妻子说，“你先生这么多年都吃未削皮的梨子，身体还很健康，你担心什么？”老师又对那位丈夫说：“你太太不吃皮，你嫌她浪费，那你就把她削的果皮拿去吃了，不就没有事了？”

夫妻二人听着听着低下了头。

老师接着说：“由于不同的家庭环境以及不同成长过程的影响，每个人的生活习惯会有所不同，因此，你们不要勉强对方来认同自己的习惯，同时你们也要体谅和适应对方的习惯。”

听了这几句话，夫妻二人恍然大悟。

他们悟到了什么？自然是人与人之间要多为对方着想，互相体谅和适应。人和人之间的关系是一个从不适应到适应、从矛盾到和谐的过程，痛苦过后，你会获得进步。

适应对方要主动，不能总靠别人来提醒。如你为了让别人能够听到你的声音，刻意提高说话的音调，这时候为了避免对方的误会，以为你在生他们的气，你可以先简单地说明这么大声吼的原因，并为此事先道歉。人们可能因为你不适宜的举止而迁怒于你，但也会因为你彬彬有礼的态度而原谅你。

先天的缺陷可以在后天通过自我修养补回来。只要你愿意改变自己，你就一定做得到。

以下是换位思考的一些经验之谈：

（1）不要太执着，执着于一点往往失去全部。要把眼光放大、放远、放开，要能放得下，才能提得起。

（2）做人要谦虚，所谓“满招损，谦受益”。太自满、太傲慢会让人看不起，谦虚的人才会受到尊敬。

（3）不能只为自己而活，不要处处只为自己着想。常想想别人，才能为人所接纳。

（4）人生苦短，不要让生命充塞太多的忧郁、伤感，要让欢乐、喜悦常驻心头，并且影响他人。

对面的风景未必好

有一条河隔开了两岸，此岸住着凡夫俗子，彼岸住着僧人。凡夫俗子们看到僧人们每天无忧无虑，只是诵经撞钟，十分羡慕；僧人们看到凡夫俗子每天日出而作、日落而息，也十分向往那样的生活。日子久了，他们都各自在心中渴望着——到对岸去。

终于有一天，凡夫俗子们和僧人们达成了协议，彼此到了对岸。于是，凡夫俗子们过起了僧人的生活，僧人们过上了凡夫俗子的日子。

没过多久，成了僧人的凡夫俗子们就发现，原来僧人的日子并不好过，悠闲自在的日子只会让他们感到无所适从，便又怀念起以前当凡夫俗子的生活来。

成了凡夫俗子的僧人们也体会到，他们根本无法忍受世间的种种烦恼、辛劳、困惑，于是也想起做和尚的种种好处。

又过了一段日子，他们各自心中又开始渴望着到对岸去。

生活中，许多人都会有这样的心理——对面的风景比这里好，于是羡慕别人的快乐与幸福，甚至陷入嫉妒的苦海之中。

有一句话说得很好：白天不懂夜的黑。没有切身的感受，通常很难理解对方的处境和心理。这时，若能用换位思维来思考问题，即使不是真正地设身处地，想必也可以感同身受了。

欧洲某国一位著名的女高音歌唱家，仅仅30岁就已经红得发紫，誉满全球，而且郎君如意，家庭美满。一次，她到邻国开独唱音乐会，入场券早在一个月以前就被抢购一空。当晚的演出也受到极为热烈的欢迎。演出结束后，歌唱家和丈夫、儿子从剧场里走出来的时候，一下子被早已等候在那里的观众团团围住。

人们七嘴八舌地与歌唱家攀谈着，其中不乏赞美和羡慕之词。有的人恭维歌唱家大学刚刚毕业就开始走红，进入了国家级的歌剧院，扮演主要角色；有的人恭维歌唱家25岁时就被评为世界十大女高音歌唱家之一；也有的人恭维歌唱家有个腰缠万贯的某大公司老板做丈夫，而膝下又有个活泼可爱脸上总带着微笑的儿子。

在人们议论的时候，歌唱家只是在听，并没有表示什么。她等人们把话说完以后，才缓缓地说："我首先要谢谢大家对我和我的家人的赞美，我希望在这些方面能够和你们共享快乐。但是，你们看到的只是一方面，还有另外的一个方面没有看到。那就是你们夸奖的活泼可爱脸上总带着微笑的我的儿子是一个不会说话的哑巴，而且在我的家里他还有一个姐姐，是需要常年关在装有铁窗房间里的精神分裂症患者。"

歌唱家的一席话使人们震惊得说不出话来，你看看我，我看看你，似乎很难接受这样的事实。这时，歌唱家又心平气和地对人们说："这一切说明什么呢？恐怕只能说明一个道理，那就是上帝给谁的都不会太多。"

歌唱家说出这句话以后，人们仍然没有吭声，不过这一次不是惊讶，而是在思考，认真地思考着。是的，上帝给谁的都不会太多。当你羡慕某个人工作顺利、家庭美满时，又怎能知道他也会有难以言说的苦楚？

对面的风景未必好，凡是善于换位思维的人都会得出这样的结论。与其漫无目标地羡慕别人，不如把握自己已拥有的东西，一步一个脚印地走好自己的人生路，总有一天你会感叹：风景这边独好！

第十七章

逻辑思维
——透过现象看本质

透过现象看本质

逻辑思维又称抽象思维，是人们在认识过程中借助于概念、判断、推理反映现实的一种思维方法。在逻辑思维中，要用到概念、判断、推理等思维形式和比较、分析、综合、抽象、概括等方法。它的主要表现形式为演绎推理、回溯推理与榛合显同法。运用逻辑思维，可以帮助我们透过现象看本质。

有这样一则故事，从中我们可以体会到运用逻辑思维的力量。

美国有一位工程师和一位逻辑学家是无话不谈的好友。一次，两人相约赴埃及参观著名的金字塔。到埃及后，有一天，逻辑学家住进宾馆，仍然照常写自己的旅行日记，而工程师则独自徜徉在街头，忽然耳边传来一位老妇人的叫卖声："卖猫啦，卖猫啦！"

工程师一看，在老妇人身旁放着一只黑色的玩具猫，标价500美元。这位妇人解释说，这只玩具猫是祖传宝物，因孙子病重，不得已才出售，以换取治疗费。工程师用手一举猫，发现猫身很重，看起来似乎是用黑铁铸就的。不过，那一对猫眼则是珍珠镶的。

于是，工程师就对那位老妇人说："我给你300美元，只买下两只猫眼吧。"

老妇人一算，觉得行，就同意了。工程师高高兴兴地回到了宾馆，对逻辑学家说："我只花了300美元竟然买下两颗硕大的珍珠。"

逻辑学家一看这两颗大珍珠，少说也值上千美元，忙问朋友是怎么一回事。

当工程师讲完缘由，逻辑学家忙问：“那位妇人是否还在原处？”

工程师回答说：“她还坐在那里，想卖掉那只没有眼珠的黑铁猫。”

逻辑学家听后，忙跑到街上，给了老妇人200美元，把猫买了回来。

工程师见后，嘲笑道：“你呀，花200美元买个没眼珠的黑铁猫。”

逻辑学家却不声不响地坐下来摆弄这只铁猫。突然，他灵机一动，用小刀刮铁猫的脚，当黑漆脱落后，露出的是黄灿灿的一道金色印迹。他高兴地大叫起来：“正如我所想，这猫是纯金的。”

原来，当年铸造这只金猫的主人，怕金身暴露，便将猫身用黑漆漆过，俨然一只铁猫。对此，工程师十分后悔。

此时，逻辑学家转过来嘲笑他说：“你虽然知识很渊博，可就是缺乏一种思维的艺术，分析和判断事情不全面、不深入。你应该好好想一想，猫的眼珠既然是珍珠做成，那猫的全身会是不值钱的黑铁所铸吗？”

猫的眼珠是珍珠做成的，那么猫身就很有可能是更贵重的材料制成的。这就是逻辑思维的运用。

故事中的逻辑学家巧妙地抓住了猫眼与猫身之间存在的内在逻辑性，得到了比工程师更高的收益。

我们知道，事物之间都是有联系的，而寻求这种内在的联系，以达到透过现象看本质的目的，则需要缜密的逻辑思维来帮助。

有时，事物的真相像隐匿于汪洋之下的冰山，我们看到的只是冰山的一角。善于运用逻辑思维的人能做到察于“青苹之末”，抓住线索“顺藤摸瓜”探寻到海平面下面的冰山全貌。

由已知推及未知的演绎推理法

伽利略的“比萨斜塔试验”使人们认识了自由落体定律，从此推翻了亚里士多德关于物体自由落体运动的速度与其质量成正比的论断。

实际上，促成这个试验的是伽利略的逻辑思维能力。在实验之前，他做了一番仔细的思考。

他认为：假设物体A比B重得多，如果亚里士多德的论断是正确的话，A就应该比B先落地。现在把A与B捆在一起成为物体A+B。一方面因A+B比A重，它应比A先落地；另一方面，由于A比B落得快，B会拖A的“后腿”，因而大大减慢A的下落速度，所以A+B又应比A后落地。这样便得到了互相矛盾的结论：A+B 既应比 A 先落地，又应比 A 后落地。

两千年来的错误论断竟被如此简单的推理所揭露，伽利略运用的思维方式便是演绎推理法。

所谓的演绎推理法就是从若干已知命题出发，按照命题之间的必然逻辑联系，推导出新命题的思维方法。演绎推理法既可作为探求新知识的工具，使人们能从已有的认识推出新的认识，又可作为论证的手段，使人们能借以证明某个命题或反驳某个命题。

演绎推理法是一种解决问题的实用方法，我们可以通过演绎推理找出问题的根源，并提出可行的解决方案。

下面就是一个运用演绎推理的典型例子：

有一个工厂的存煤发生自燃，引起火灾。厂方请专家帮助设计防火方案。

专家首先要解决的问题是：一堆煤自动地燃烧起来是怎么回事？通过查找资料，可以知道，煤是由地质时期的植物埋在地下，受细菌作用而形成泥炭，再在水分减少、压力增大和温度升高的情况下逐渐形成的。

也就是说，煤是由有机物组成的。而且，燃烧要有温度和氧气，是煤慢慢氧化积累热量，温度升高，温度达到一定限度时就会自燃。那么，预防的方法就可以从产生自燃的因果关系出发来考虑了。最后，专家给出了具体的解决措施，有效地解决了存煤自燃的问题：

（1）煤炭应分开储存，每堆不宜过大。

（2）严格区分煤种存放，根据不同产地、煤种，分别采取措施。

（3）清除煤堆中诸如草包、草席、油棉纱等杂物。

（4）压实煤堆，在煤堆中部设置通风洞，防止温度升高。

（5）加强对煤堆温度的检查。

（6）堆放时间不宜过长。

对这个问题我们可从两方面进行思考：一是从原因到结果；二是从结果到原因。无论哪种思路，运用的都是演绎推理法。

通过演绎推理推出的结论，是一种必然无误的断定，因为它的结论所断定的事物情况，并没有超出前提所提供的知识范围。

下面是一则趣味数学故事，通过它我们可以看到演绎推理的这一特点。

维纳是 20 世纪最伟大的数学家之一，他是信息论的先驱，也是控制论的奠基者。3 岁就能读写，7 岁就能阅读和理解但丁和达尔文的著作，14 岁大学毕业，18 岁获得哈佛大学的科学博士学位。

在授予学位的仪式上，只见他一脸稚气，人们不知道他的年龄，于是有人好奇地问道："请问先生，今年贵庚？"

维纳十分有趣地回答道："我今年的岁数的立方是个 4 位数，它的 4 次方是 6 位数，如果把两组数字合起来，正好包含 0123456789 共 10 个数字，而且不重不漏。"

言之既出，四座皆惊，大家都被这个趣味的回答吸引住了。"他的年龄到底有多大？"一时，这个问题成了会场上人们议论的中心。

这是一个有趣的问题，虽然得出结论并不困难，但是既需要一些数学"灵感"，又需要掌握演绎思维推理的方法。

为此，我们可以假定维纳的年龄是从 17 岁到 22 岁之间，再运用演绎推理方法，看是否符合前提？

请看：17 的 4 次方是 83521，是个五位数，而不是六位数，所以小于 17 的数作底数肯定也不符合前提条件。

这样一来，维纳的年龄只能从 18、19、20 和 21 这 4 个数中去寻找。现将这 4 个数的 4 次方的乘积列出于后：104976，130321，160000 和 194481。在以上的乘积中，虽然都符合六位数的条件，但在 19、20、21 的 4 次方的乘积中，都出现了数码的重复现象，所以也不符合前提条件。剩下的唯一数字是 18，让我们验证一下，看它是否符合维纳提出的条件。

18 的三次方是 5832（符合 4 位数），18 的 4 次方是 104976（六位数）。在以上的两组数码中不仅没有重复现象，而且恰好包括了从 0 到 9 的 10 个数字。因此，维纳获得博士学位的时候是 18 岁。

从以上的介绍来看，无论是关于煤发生自燃的原因的推理，还是科学发现和发明的诞生，都说明演绎推理是一种行之有效的思维方法。因此，我们应该学习、掌握它，并正确地运用它。

由"果"推"因"的回溯推理法

回溯推理法，顾名思义，就是从事物的"果"推到事物的"因"的一种方法。这种方法最主要的特征就是因果性，在通常情况下，由事物变化的原因可知其结果；在相反的情况下，知道了事物变化的结果，又可以推断导致结果的原因。因此事物的因果是相互依存的。

在英国曾经发生过这样一个案例：

英国布雷德福刑事调查科接到一位医生打来的电话说，大概在11点半左右，有一名叫伊丽莎白·巴劳的妇女在澡盆里因虚脱而死去了。

当警察来到现场时，洗澡水已经放掉了，伊丽莎白·巴劳在空澡盆里向内侧躺着，身上各处都没有受过暴力袭击的迹象。警察发现，死者瞳孔扩散得很大。据她丈夫说，当他妻子在浴室洗澡时，他睡过去了，当他醒来来到浴室，便发现他的妻子已倒在浴盆里不省人事。此外，警察还在厨房的角落里找到了两支皮下注射器，其中一支还留有药液。据他所称这是他为自己注射药物所用。

在警察发现的细微环节和死者丈夫的口述中，警察通过回溯推理法很快找到了疑点和线索。

死者的瞳孔异常扩大；既然死者瞳孔扩大，很可能是因为被注射了某种麻醉品；又因为死者是因低血糖虚脱而死亡，则很可能是被注射过量胰岛素。经过法医的检验，在尸体中确实发现细小的针眼及被注射的残留胰岛素，因此可以断定死者死前被注射过量胰岛素。又通过对死者丈夫的检验得知，他并没有发生感染及病变，即没有注射药剂的必要，因此，死亡很可能是被其丈夫注射过量胰岛素所致。因此警察便将死因和她丈夫联系在一起，通过勘验取得其他证据，并最终破案。

回溯推理法在地质考察与考古发掘方面占有重要的地位。例如，根据对陨石的测定，用回溯推理的方法推知银河系的年龄大概为140亿~170亿年；又根据对地球上最古老岩石的测定，推知地球大概有46亿年的历史了。

在科学领域，这一方法也常被用作新事物的发明和发现。

自20世纪80年代中期以来，科学家们发现臭氧层在地球范围内有所减少，并在南极洲上空出现了大量的臭氧层空洞。此时，人们才开始领悟到人类的生存正遭受到来自太阳强紫外线辐射的威胁。大气平流层中臭氧的减少，这是科学观察的结果。那么引起这种结果的原因是什么呢？于是科学家们运用了回溯推理的思维方法，开展了由“果”索“因”的推理工作。其实，1974年化学家罗兰就认为氟氯烃将不会在大气层底层很快分解，而在平流层中氟氯烃分解臭氧分子的速度远远快于臭氧的生成过程，造成了臭氧的损耗。这就是说，氟氯烃是使大气中臭氧减少的罪魁祸首，是出现臭氧空洞的直接原因。

由“果”推“因”的回溯推理法在侦查案件上经常被用到。因为勘查现场的情况就是“果”，由此推测出作案的动机和细节，为顺利地侦破案件创造条件。

回溯推理思维方法既然是一种科学的思维方法，那么就可以通过学习来进行培养，当然就可以通过某些方式来进行自我的训练。例如，多读一些侦探小说、武侠小说，就有利于回溯推理思维能力提高。

英国著名作家阿·柯南道尔著的《福尔摩斯探案全集》就是一部十分精彩的侦探小说，可以说是一部回溯推理的好教材，不妨认真一读。该书的结构严谨，情节跌宕起伏，人物形象鲜明，逻辑性强，故事合情合理。阅读以后，人们不禁要问：福尔摩斯如何能够出奇制胜呢？原因就在于他掌握了回溯推理这个行之有效的思维方法。其他的影视作品还包括《名侦探柯南》《金田一》等，在休闲之余，这些作品能帮助我们进行回溯推理思维能力的训练。

“不完全归纳”的辏合显同法

“辏”，原是指车轮辐集于毂上，后引申为聚集。“辏合显同”就是把所感知到的有限数量的对象依据一定的标准“聚合”起来，寻找它们共同的规律，以推导出最终的结论。这是逻辑思维的一种运用。

从最基本的意义上来讲，虽然“辏合显同”基于对事物特性的“不完全归纳”，带有想象的成分，但它本身也是一种富有创造性的思维活动，因为它把诸多对象聚合起来，所“显示”出来的是一种抽象化的特征，在很多情况下，往往是一种新的特征。

“辏合显同”在科学研究中也是相当有用的。

1742 年，德国数学家哥德巴赫写信给当时著名的数学家欧拉，提出了两个猜想。其一，任何一个大于 2 的偶数，均是两个素数之和；其二，任何一个大于 5 的奇数，均是三个素数之和。这便是著名的哥德巴赫猜想。

从猜想形成的思维过程来看，主要是“辏合显同”的逻辑作用。我们以第一个猜想为例，“辏合显同”的步骤可表述为下面的过程：

4=1+3（两素数之和）

6=3+3（两素数之和）

8=3+5（两素数之和）

10=5+5（两素数之和）

12=5+7（两素数之和）

这样，通过对很多偶数分解，“两素数之和”这个共性就显示出来了。

学习辏合显同法，我们可以通过下面几个方法来训练。

1. 浏览法

这种技巧要求我们在辏合时，应将对象一个接着一个地分析。分析进行到一定时候，就会产生有关辏合对象共同特征的假设。接下去的“浏览”（分析）则是为了证实。证实之后，“显同”就实现了。例如，我们面前有一大堆卡片，每一张卡片都有三种属性：

①颜色（黄、绿、红）。

②形状（圆、角、方块）。

③边数（一条边、三条边、四条边）。

我们可先一张一张看过去，然后形成一个大致的思想：这些卡片的共同点在于都只有三条边，继而再往下分析，看一看这一设想是不是正确。不正确，推倒重来；正确，就确定了“共性”。

2. 定义法

这种方法通常是用来概括认识对象的。给对象下定义，就包括对象的形态、对象的运动过程、对象的功能，通过这样一番概括，我们就能找到事物的共性，也就锻炼了自己的辐辏思维能力。例如，我们经常在公共场所看到雕像，它是一种艺术，称为雕塑艺术。事实上我们看到的是各种不同的雕像，那么，如何能认识到它的本质呢？这就涉及我们对雕塑艺术的“定义”了。一般来说，“雕塑”可定义为：雕塑是一种造型艺术，它通过塑造形象、有立体感的空间形式以及这个种类的艺术作品本身来反映现实，具有优美动人、紧凑有力、比例匀称、轮廓清晰的特点。因此，对事物的定义过程，本身就是一种“辏合显同”过程，我们应该时常主动地、自觉地对一些事物进行定义尝试，通过这种技巧来提高自己的思维能力。

3. 剩余法

这是一种间接的“辏合”方法。它的基本原理是：如果某一复合现象是由另一复合原因所引起的，那么，把其中确认有因果联系的部分减去，则剩下的部分也必然有因果联系。

天文学史上就曾用这种方法发现了新行星。1846 年前，一些天文学家在观察天王星的运行轨道时，发现它的运行轨道和按照已知行星的引力计算出来的它应运行的轨道不同——发生了几个方面的偏离。经过观察分析，知道其他几方面的偏离是由已知的其他几颗行星的引力所引起的，而另一方面的偏离则原因不明。这时天文学家就考虑到：既然天王星运行轨道的各种偏离是由相关行星的引力所引起的，现在又知其中的几方面偏离是由另几颗行星的引力所引起的，那么，剩下的一处偏离必然是由另一个未知的行星的引力所引起的。后来有些天文学家和数学家据此推算出了这个未知行星的位置。1846 年按照这个推算的位置进行观察，果然发现了一颗新的行星——海王星。

顺藤摸瓜揭示事实真相

从前，在河北沧州城南，有一座靠近河岸的寺庙。有一年运河发大水，寺庙的山门经不住洪水的冲刷而倒塌，一对大石狮子也跟着滚到河里去了。

过了十几年，寺庙的和尚想重修山门，他们召集了许多人，要把那一对石狮子打捞上来。

可是，河水终日奔流不息，隔了这么长时间，到哪里去找呢?

一开始，人们在山门附近的河水里打捞，没有找到。于是大家推测，准是让河水冲到下游去了。于是，众人驾着小船往下游打捞，寻了十几里路，仍没有找到石狮子的踪影。

寺中的教书先生听说了此事后，对打捞的人说："你们真是不明事理，石狮子又不是碎片儿木头，怎会被冲到下游？石狮子坚固沉重，陷入泥沙中只会越沉越深，你们到下游去找，岂不是白费工夫？"

众人听了，都觉有理，准备动手在山门倒塌的地方往下挖掘。

谁知人群中闪出一个老河兵（古代专门从事河工的士兵），说道："在原地方是挖不到的，应该到上游去找。"众人都觉得不可思议，石狮子怎么会往上游跑呢?

老河兵解释道："石狮子结实沉重，水冲它不走，但上游来的水不断冲击，反会把它靠上游一边的泥沙冲出一个坑来。天长日久，坑越冲越大，石狮子就会倒转到坑里。如此再冲再滚，石狮子就会像'翻跟头'一样慢慢往上游滚去。往下游去找固然不对，往河底深处去找岂不更错？"

根据老河兵的话，寺僧果然在上游数里处找到了石狮子。

在众人都根据自己的感性认识而做出各种揣测时，老河兵凭着其对水流习性的熟识，借着事物层层发展的严密逻辑，推导出了正确的结论。如果仅仅具有感性认识，人们对事物的认识只可能停留在片面的、现象的层面上，根本无法全面把握事物的本质，做出有价值的判断。

逻辑思考是一种比较规范的、严密的分析推理方式，它依靠我们把握事物的关键点，逐层推进，深入分析，而不能靠无端的臆想和猜测。

逻辑思维与共同知识的建立

爱因斯坦曾讲过他童年的一段往事：

爱因斯坦小时候不爱学习，成天跟着一帮朋友四处游玩，不论他妈妈怎么规劝，爱因斯坦只当耳边风，根本听不进去。这种情况发生转变是在爱因斯坦16岁那年。

一个秋天的上午，爱因斯坦提着渔竿正要到河边钓鱼，爸爸把他拦住，接着给他讲了一个故事，这个故事改变了爱因斯坦的人生。

父亲对爱因斯坦说："昨天，我和隔壁的杰克大叔去给一个工厂清扫烟囱，那烟囱又高又大，要上去必须踩着里边的钢筋爬梯。杰克大叔在前面，我在后面，我们抓着扶手一阶一阶爬了上去。下来的时候也是这样，杰克大叔先下，我跟在后面。钻出烟囱后，我们发现一个奇怪的情况：杰克大叔一身上下都蹭满了黑灰，而我身上竟然干干净净。"

父亲微笑着对儿子说："当时，我看着杰克大叔的样子，心想自己肯定和他一样脏，于是跑到旁边的河里使劲洗。可是杰克大叔呢，正好相反，他看见我身上干干净净的，还以为自己一样呢，于是随便洗了洗手，就上街去了。这下可好，街上的人以为他是一个疯子，望着他哈哈大笑。"

爱因斯坦听完忍不住大笑起来，父亲笑完了，郑重地说："别人无法做你的镜子，只有自己才能照出自己的真实面目。如果拿别人做镜子，白痴或许会以为自己是天才呢。"

父亲和杰克大叔都是通过对方来判断自己的状态，这是逻辑思维的简单运用，却由于逻辑推理的基础不成立（即"两个人的状态一样"不成立），而闹出了笑话。

"别拿别人做镜子"，这是爱因斯坦从父亲的话中得到的教诲。但是，在逻辑思维的世界里，我们难道真的不能把别人当自己的镜子吗？

在回答这个问题之前，我们先来看下面这个游戏：

假定在一个房间里有三个人，三个人的脸都很脏，但是他们只能看到别人而无法看到自己。这时，有一个美女走进来，委婉地告诉他们说："你们三个人中至少有一个人的脸是脏的。"这句话说完以后，三个人各自看了一眼，没有反应。

美女又问了一句："你们知道吗？"当他们再彼此打量第二眼的时候，突然意识到自己的脸是脏的，因而三张脸一下子都红了。为什么？

下面是这个游戏中各参与者逻辑思维的活动情况：当只有一张脸是脏的时

候，一旦美女宣布至少有一张脏脸，那么脸脏的那个参与人看到两张干净的脸，他马上就会脸红。而且所有的参与人都知道，如果仅有一张脏脸，脸脏的那个人一定会脸红。

在美女第一次宣布时，三个人中没人脸红，那么每个人就知道至少有两张脏脸。如果只有两张脏脸，两个脏脸的人各自看到一张干净的脸，这两个脏脸的人就会脸红。而此时如果没有人脸红，那么所有人都知道三张脸都是脏的，因此在打量第二眼的时候所有人都会脸红。

这就是由逻辑思维衍生出的共同知识的作用。共同知识的概念最初是由逻辑学家李维斯提出的。对一个事件来说，如果所有当事人对该事件都有了解，并且所有当事人都知道其他当事人也知道这一事件，那么该事件就是共同知识。在上面这个游戏中，“三张脸都是脏的”这一事件就是共同知识。

假定一个人群由 A、B 两个人构成，A、B 均知道一件事实 f，f 是 A、B 各自的知识，而不是他们的共同知识。当 A、B 双方均知道对方知道 f，并且他们各自都知道对方知道自己知道 f，那么，f 就成了共同知识。

这其中运用了逻辑思维的分析方法，是获得决策信息的方式。但是它与一条线性的推理链不同，这是一个循环，即“假如我认为对方认为我认为……”也就是说，当“知道”变成一个可以循环绕动的车轱辘时，我们就说 f 成了 A、B 间的共同知识。因此，共同知识涉及一个群体对某个事实“知道”的结构。在上面的游戏中，美女的话所引起的唯一改变，是使一个所有参与人事先都知道的事实成为共同知识。

在生活中，没有一个人可以在行动之前得知对方的整个计划。在这种情况下，互动推理不是通过观察对方的策略进行的，而是必须通过看穿对手的策略才能展开。要想做到这一点，单单假设自己处于对手的位置会怎么做还不够。即便你那样做了，你会发现，你的对手也在做同样的事情，即他也在假设自己处于你的位置会怎么做。每一个人不得不同时担任两个角色，一个是自己，一个是对手，从而找出双方的最佳行动方式。

运用逻辑思维对信息进行提取和甄别

信息的提取和甄别，是当今社会的一个关键的问题。如果在商海中搏击，更要学会信息的收集与甄别，掌握各方面的知识。当面临抉择的最后时刻，与其如赌徒般仅靠瞬息间的意念做出轻率的判断，倒不如及早掌握信息，以资料为依据，发挥正确的推理判断能力。

亚默尔肉类加工公司的老板菲利普·亚默尔每天都有看报纸的习惯，虽然生意繁忙，但他每天早上到了办公室，就会看秘书给他送来的当天的各种报刊。

初春的一个上午，他和往常一样坐在办公室里看报纸，一条不显眼的不过百字的消息引起了他的注意：墨西哥疑有瘟疫。

亚默尔的头脑中立刻展开了独特的推理：如果瘟疫出现在墨西哥，就会很快传到加州、得州，而美国肉类的主要供应基地是加州和得州，一旦这里发生瘟疫，全国的肉类供应就会立即紧张起来，肉价肯定也会飞涨。

他马上让人去墨西哥进行实地调查。几天后，调查人员回电报，证实了这一消息的准确性。

亚默尔放下电报，马上着手筹措资金大量收购加州和得州的生猪和肉牛，运到离加州和得州较远的东部饲养。两三个星期后，西部的几个州就出现了瘟疫。联邦政府立即下令严禁从这几个州外运食品。北美市场一下子肉类奇缺、价格暴涨。

亚默尔认为时机已经成熟，马上将囤积在东部的生猪和肉牛高价出售。仅仅 3 个月时间，他就获得了 900 万美元的利润。

亚墨尔重视信息，而且，善于运用逻辑思维对接收到的信息进行提取和甄别，当他收到一则信息后，总会在头脑中进行一番推理，来判断该信息的真伪或根据该信息导出更多的未知信息，从而先人一步，争取主动。

信息是这个时代的决定性力量，面对纷繁复杂的信息，加以有效提取和甄别，经过逻辑思维的加工，挖掘出信息背后的信息，这样，才能及时地抓住机遇，抓住财富。

第十八章

形象思维

——抽象的东西可以形象化

巧用形象思维

一次，一位不知相对论为何物的年轻人向爱因斯坦请教相对论。

相对论是爱因斯坦创立的既高深又抽象的物理理论，要在几分钟内让一个门外汉弄懂什么是相对论，简直比登天还难。

然而爱因斯坦却用十分简洁、形象的话语对深奥的相对论做出了解释：

“比方说，你同最亲爱的人在一起聊天，一个钟头过去了，你只觉得过了5分钟；可如果让你一个人在大热天孤单地坐在炽热的火炉旁，5分钟就好像一个小时。这就是相对论！”

在这里，爱因斯坦所运用的就是形象思维。

形象思维又称右脑思维，主要是用直观形象和表象解决问题的思维。

当我们碰到较难说清的问题时，如能像爱因斯坦那样利用形象思维打一个比方，或画一个示意图，对方往往会豁然开朗。教师在给学生上课时，如果能借助形象化的语言、图形、演示实验、模型、标本等，往往能使抽象的科学道理、枯燥的数学公式等变得通俗易懂。甚至在政治思想教育中，我们如能借助于文学艺术等特殊手段，进行形象化教育，使简单的说教贯穿于生动活泼的文化娱乐之中，常常也能收到事半功倍的效果。

著名哲学家艾赫尔别格曾经对人类的发展速度有过一个形象生动的比喻。他认为，在到达最后1千米之前的漫长的征途中，人类一直是沿着十分艰难崎岖的道路前进的，穿过了荒野，穿过了原始森林，但对周围的世界万物茫然一无所知，只是在即将到达最后 1 千米的时候，人类才看到了原始时代的工具和史前穴居时代创作的绘画。当开始最后 1 千米的赛程时，人类才看到难以识别的文字，看到农业社会的特征，看到人类文明刚刚透过来的几缕曙光。离终点 200 米的时候，人类在铺着石板的道路上穿过了古罗马雄浑的城堡。离终点还有 100 米的时候，在跑道的一边是欧洲中世纪城市的神圣建筑，另一边是四大发明的繁荣场所。离终点 50 米的时候，人类看见了一个人，他用创造者特有的充满智慧和洞察力的眼光注视着这场赛跑——他就是达·芬奇。剩下最后 5 米了，在这最后冲刺中，人类看到了惊人的奇迹，电灯光亮照耀着夜间的大道，机器轰鸣，汽车和飞机疾驰而过，摄影记者和电视记者的聚光灯使胜利的赛跑运动员眼花缭乱……

在这里，艾赫尔别格正是运用了形象思维，将漫长的人类历史栩栩如生地展现在人们的面前。

我们都有过这样的体会：在学习几何时，往往头脑中有一个确切的形象，或是矩形，或是三角，或是圆，之后在头脑中对该形象进行各种各样的处理，就好像一切都是展现在我们的面前一样。再比如，学习物理中的电流、电阻时，头脑中显现的是水在管道中流动的景象，顿时，看不见的电流、电阻变得形象生动起来，理解起来也容易得多了。这就是形象思维在学习中应用的一个小片段。

形象思维还可以用于发明创造，使发明的过程变得简单明了。

田熊常吉原是一位木材商，文化程度很低，可他却运用丰富的形象思维改进了锅炉。

田熊首先将锅炉系统简化成“锅系统”和“炉系统”，锅系统包括集水器、循环水管、汽包等，主要功能是尽可能多地吸热，保证冷热水循环；炉系统包括燃烧炉排风机、鼓风机、烟道等，主要功能是给“锅系统”供热，减少热损失。简言之，锅炉的要素就是燃烧供热和水循环。田熊想，人体具有燃烧供热和血液循环这两大要素，人体不就是一个热效率很高的锅炉系统吗？

于是田熊马上画出了一张人体血液循环图和一张锅炉的结构模型，将两者进行比较后，田熊发现，心脏相当于汽包，瓣膜相当于集水器，动脉相当于降水管，静脉相当于水管群，毛细血管与水包相似。据此，他构思出了新型锅炉的结构方案，锅炉经过田熊的方案进行改造后，热效率果然大大提高了。

形象思维使我们的头脑充满了生动的画面，为我们展现了一个更为丰富多彩的世界，是需要我们学习、掌握的一种必备的思维方法。

展开想象的翅膀

1968年，美国内华达州一位叫伊迪丝的3岁小女孩告诉妈妈：她认识礼品盒上的字母“O”。这位妈妈非常吃惊，问她怎么认识的。伊迪丝说：“薇拉小姐教的。”

这位母亲表扬了女儿之后，一纸诉状把薇拉小姐所在的劳拉三世幼儿园告上了法庭，理由是该幼儿园剥夺了伊迪丝的想象力。因为她的女儿在认识“O”之前，能把“O”说成苹果、太阳、足球、鸟蛋之类的圆形东西，然而自从她识读了26个字母，伊迪丝便失去了这种能力。她要求该幼儿园赔偿伊迪丝精神伤残费1000万美元。

3个月后，法院审判的结果出人意料，劳拉三世幼儿园败诉，因为陪审团的23名成员被这位母亲在辩护时讲的一个故事感动了。

她说：我曾到东方某个国家旅行，在一家公园里曾见过两只天鹅，一只被剪去了左边的翅膀，一只完好无损。剪去翅膀的一只被收养在较大的一片水塘里，完好的一只被放养在一片较小的水塘里。管理人员说，这样能防止它们逃跑。剪去翅膀的那只无法保持身体的平衡，飞起来就会掉下来；在小水塘里的那只虽然没有被剪去翅膀，但起飞时会因为没有必要的滑翔距离，而老实地待在水里。今天，我感到伊迪丝变成了劳拉三世幼儿园的一只天鹅。他们剪掉了伊迪丝的一只翅膀，一只幻想的翅膀；他们早早地把她投进了那片水塘，那片只有ABC的小水塘。

想象是形象思维的高级形式，是在头脑中对已有表象进行加工、改造、重新组合形成新形象的心理过程。想象与形象思维的过程是一致的。想象力具有自由、开放、浪漫、跳跃、形象、夸张等特点。想象力使思维逍遥神驰，一泻千里，超越时空。萧伯纳认为，想象是创造之始。奥斯本说：想象力可能成为解决其他任何问题的钥匙。爱因斯坦则告诫说：想象比知识更重要，因为知识是有限的，而创造需要想象，想象是创造的前提，想象力概括着世界上的一切，没有想象就不可能有创造。

19世纪，物理学家们都知道，在一个原子里，既存在着带正电的粒子，也有带负电的粒子。而这两种粒子在原子内部究竟保持着什么样的关系，却始终弄不清楚。因为这靠逻辑推理是演绎不出来的，且在当时的条件下，也不可能通过实验来证明。

到了19世纪末20世纪初，许多物理学家曾做过各种各样的想象，并将这些想象物化为直观的“模型”。经过比较，大家一致认为英国物理学家汤姆生提出的“葡萄干面包模型”和出生于新西兰的英国物理学家卢瑟福提出的“太阳系模型”较为合理。汤姆生是这样想象并设计模型的：带负电的粒子，像葡萄干一样，镶嵌在由带正电的粒子所构成的像面包一样的没有空隙的球状实体里。卢瑟福想象的则是：带负电的电子像太阳系的行星那样，围绕着占原子质量绝大部分的带正电的原子核旋转。

这两个模型的重要区别就是原子内部有无空隙。卢瑟福的模型标出原子内部有空隙，后来的实验证明，他的判断是正确的。

实际上，这两位物理学家和别人一样，对于带正电的粒子和带负电的粒子之间到底是以一种什么关系构成原子的也弄不清楚，只是根据自己有关的知识、经验和形象积累，做出了关于它们之间关系的具体情景的想象，以填补和充实对原子内部结构认识上的不足和缺陷。

这种想象过程的进行和所起的作用，就是将人们认识事物的“认识链条”上所存在的“缺环”进行了充填和补充，使之完整地连为一体。

想象离不开模型。模型作为原型的替代物，只有展开想象的翅膀，在头脑中运用想象对其残缺的部分进行扎实填补，才能“完整”“形象”和“逼真”。

随着人们思考问题逐渐深入和涉及问题领域的日趋扩大，固有的思维方式也应随之发生变化。

对于某些未知事物的探索和研究，仅靠简单的逻辑推理已不能解决问题，常规的实验更是无从做起，这时，就需要我们充分展开想象的翅膀，以我们的形象思维为突破口，使我们的认识有一个质的飞跃，并得到长足的发展。

运用想象探索新知

想象作为形象思维的一种基本方法，不仅能构想出未曾知觉过的形象，而且还能创造出未曾存在的事物形象，因此是任何探索活动都不可缺乏的基本要素。没有想象力，一般思维就难以升华为创新思维，也就不可能做出创新。

美国的莱特兄弟在大树下玩的时候，看到一轮明月挂在树梢，便产生了上树摘月亮的幻想。结果不但没有摘到月亮，反而把衣服挂破了。

“如果有一只大鸟，我们就能骑上它，飞到天空中去摘月亮了。”两个孩子想到。

从此莱特兄弟俩废寝忘食，终于在1903年根据鸟类和风筝的飞行原理，成功地制造出了人类历史上第一架用内燃机做动力的飞机。莱特兄弟的“骑上大鸟，飞上天空”的幻想终于实现了。

当然，由于想象是脱离现实的，因此想象越大胆，所包含的错误可能也越多，不过这并没有什么关系，因为想象中所蕴含的创新价值往往是不可估量的。比如，人类有了“嫦娥奔月”的幻想，才有今天“阿波罗号”登月；有了“木牛流马”的幼稚想象，才有今天在战场上纵横驰骋的装甲战车。这些都是想象给人的启迪，人类科学史上的许多创造发明、发现都是从想象中产生的。

DNA 双螺旋结构的发现，是近代科学的最伟大成就之一。由于 DNA 是生物高分子，普通光学显微镜无法看到它的结构。在 1945 年，英国生物学家威尔金斯首先使用X光衍射技术拍摄到世界上第一张DNA结构照片，但很不清晰，照片上看到的是一片云状的斑斑点点，有点像是螺旋形，但不能断定。1951 年春，英国剑桥大学的另一位生物学家克里克利用 X 光射线拍摄到了清晰的蛋白质照片，这是一个重大的突破。美国一位年轻的生物学博士沃森当时正在做有关 DNA 如何影响遗传的实验，听到这一消息便来到克里克的实验室和克里克一起研究 DNA 结构。

这年 5 月，沃森在一次学术会议上见到威尔金斯，威尔金斯提出了 DNA 可能是螺旋形结构的猜想。回到剑桥大学后，沃森便和克里克一起仔细研究那张 DNA 照片。沃森想，DNA 的结构形状会不会是双螺旋的，就像一个扶梯，旋转而上，两边各有一个扶手？他便与克里克用 X 光衍射技术反复对多种病毒的 DNA 进行照相，并进行多次模拟实验。最后他们终于发现 DNA 的基本成分必须以一定的配对关系来结合的结构规律，从而揭示出 DNA 的分子式是“双螺旋结构”。1953 年 4 月，他们有关 DNA 结构的论文发表在英国《自然》杂志上。这篇论文只有 1000 多字，其分量却足以和达尔文的《物种起源》相比。

DNA 结构的发现，为解开一切生物（包括人类自身）的遗传和变异之谜带来了希望。1962 年，沃森、克里克和威尔金斯三人因 DNA 结构的发现而共获诺贝尔医学奖。

从 DNA 结构的发现过程中我们可以看出，想象在科学创新过程中起了决定性作用。

想象不仅能帮助人们摒弃事物的次要方面，而且能帮助人们抓住事物的重要本质特征，并在大脑中把这些特征组合成整体形象，从而探索到新的知识。知识创新需要有卓越的想象力，与计算机相比，想象力是人脑的优势。在逻辑中难以推导出新知识、新发明的地方，想象力能以超常规形式为我们提供全新的目标形象，从而为揭示事物的本质特征提供重要思路或有益线索，为我们开拓出全新的思维天地。

运用想象力探索新知识，首先要善于提出新假说。创造性想象对于提出科学假说具有重要作用。恩格斯说："只要自然科学在思维着，它的发展形式就是假说。"科学知识的一般形成法则可以表达为一个公式：问题——假说——规律（理论）。最初总是从发现问题开始的。然后，根据观察实验得来的事实材料提出科学的假说，假说经过实践检验得到确证以后，就上升为规律或者理论。

从文学角度来看，知识可以使我们明察现在，而丰富的想象力则可以使我们拥有开拓未来、探索新知识的能力。想象能开阔我们的视野，使我们洞察到前所未有的新天地。想象是直觉的延伸与深化，卓越的想象力更有助于人们揭示未知事物的本质。

开启你的右脑

大脑的左、右两个半球分别称为左脑和右脑。它们表面有一层约 3 毫米厚的大脑皮质或大脑皮层。两半球在中间部位相接。美国神经生理学家斯佩里发现了人的左脑、右脑具有不同的功能。右脑主要负责直感和创造力，或者称为司管形象思维、判定方位等。左脑主要负责语言和计算能力，或称为司管逻辑思维。一般认为，左脑是优势半球，而右脑功能普遍得不到充分发挥。

从创新思维的角度来说，开发右脑功能的意义是十分重大的。因为右脑活跃起来有助于打破各种各样的思维定式，提高想象力和形象思维能力。近年来，不少人对锻炼、开拓右脑功能产生浓厚兴趣。提倡开拓右脑，正是为了求得左、右脑平衡、沟通和互补，以期最大限度地提高人脑的效率。两个大脑半球的活动更趋协调后，将进一步提高人的智力和创新能力。

能促进右脑功能发挥的活动有许多，现讲述 8 点：

（1）画知识树，在学习活动中经常把知识点、知识的层次、方面和系统及其整体结构用图表、知识树或知识图的形式表达出来，有助于建构整体知识结构，对大脑右半球机能发展有益。

（2）培养绘画意识，经常欣赏美术图画，还要动手绘画，有助于大脑右半球的功能开发。

（3）发展空间认识，每到一地或外出旅游，都要明确方位，分清东西南北，了解地形地貌或建筑特色，培养空间认识能力。

（4）练习模式识别能力，在认识人和各种事物时，要观察其特征，将特征与整体轮廓相结合，形成独特的模式加以识别和记忆。

（5）冥想训练，经常用美好愉快的形象进行想象，如回忆愉快的往事，遐想美好的未来，想象时形象鲜明、生动，不仅使人产生良好的心理状态，还有助于右脑潜能的发挥。

（6）音乐训练，经常欣赏音乐或弹唱，增强音乐鉴赏能力，能促进大脑右半球功能发挥。

（7）在日常生活中尽可能多使用身体的左侧。身体左侧多活动，右侧大脑就会发达。右侧大脑的功能增强，人的灵感、想象力就会增加。比如在使用小刀和剪子的时候总用左手，拍照时用左眼，打电话时用左耳。

（8）见缝插针练左手。如果每天得在汽车上度过较长时间，可利用它锻炼身体左侧。如用左手指钩住车把手，或手扶把手，让左脚单脚支撑站立。习惯于将钱放在自己的衣服左口袋，上车后以左手取钱买票。此外，还有一些特殊的方法值得借鉴。

①在左手食指和中指上套上一根橡皮筋，使之成为“8”字形，然后用拇指把橡皮筋移套到无名指上，仍使之保持“8”字形。依此类推，再将橡皮筋套到小指上，如此反复多次，可有效地刺激右脑。

②手指刺激法。前苏联著名教育家苏霍姆林斯基说，手使脑得到发展，使它更加聪明。他又说：“儿童的智慧在手指头上。”许多人让儿童从小练习用左手弹琴、打字、珠算等，这样双手的协调运动，会把大脑皮层中相应的神经细胞的活力激发起来。

③环球刺激法。尽量活动手指，促进右脑功能，是这类方法的目的。例如：每捏一次健身环需要 10 ~ 15 千克握力，五指捏握时，又能促进对手掌各穴位的刺激、按摩，使脑部供血通畅。特别是左手捏握，对右脑起激发作用。有人数年坚持“随身带个圈（健身圈），有空就捏转；家中备副球，活动左右手”，确有健脑益智之效。此外，多用左、右手掌转捏核桃，作用也一样。

此外，开拓右脑的方法还有：非语言活动、跳舞、美术、种植花草、手工技艺、烹调、缝纫等。既利用左脑，又运用了右脑。如每天练半小时以上的健身操，打乒乓球、羽毛球等，特别需要让左手、右腿多活动，这类活动是“自外而内”地作用于大脑的。

想象中的标靶

许多人认为，只有爱因斯坦式的伟大人物才能够通过想象力创造奇迹，事实上，我们每个人都有创造类似奇迹的天赋，只是我们大多数人没有发挥出来而已。如果你怀疑这个论断，就请从下面的几个实验中选一个验证一下吧。这个论断也告诉我们，倘若我们想象着自己在做某件事，脑子里留下的印象和我们实际做那件事留下的印象几乎是一样的。通过想象力完成的实践还能够强化这种印象。有些事情，甚至单纯通过想象力就可以实现。

通过一个人为控制的实验，心理学家凡戴尔证明：让一个人每天坐在靶子前面，想象着自己正在对靶子投镖。经过一段时间后，这种心理练习几乎和实际投镖练习一样能提高准确性。

《美国研究季刊》曾报道过一项实验，证明想象练习对改进投篮技巧的效果。

第一组学生在20天内每天练习实际投篮，把第一天和最后一天的成绩记录下来。

第二组学生也记录下第一天和最后一天的成绩，但在此期间不做任何练习。

第三组学生记录下第一天的成绩，然后每天花20分钟做想象中投篮。倘若投篮不中时，他们便在想象中做出相应的纠正。

实验结果：

第一组每天实际练习20分钟，进球增加了24%。

第二组因为没有练习，也就毫无进步。

第三组每天想象练习投篮20分钟，进球增加40%。

查理·帕罗思在《每年如何推销两万五》的书中，讲到底特律的一些推销员利用一种新方法让推销额增加了100%，纽约的另一些推销员增加了150%，其他一些推销员使用同样的方法则让他们的推销额增加了400%。

推销员们使用的魔法实际上就是所谓的扮演角色。其具体做法是：想象自己完成了多少销售任务，然后找出实现的方法，这样反复想象，直到实际完成的任务量达到想象中完成的任务量。

由此可见，他们取得好成绩也就很正常了。如此，他们越来越善于处理不同的情况了。一些卓有成效的推销员，通过想象力，并结合自己实际的操作，取得了很高的工作业绩。

他们还深刻地得出以下的体会：每次你同顾客谈话时，他说的话、提的问题或反对意见，都是体现了一种特定的情境。倘若你总是能估计他要说些什么，并能马上回答他的问题、妥善处理他的反对意见，你就能把货物推销出去。

一个成功的推销员自己就可以想象推销时的情境。想象出客户怎样刁难自己，自己应该怎样对付，等等。

由于事先想象过了，不管在什么情况下，你都能够有备无患。你想象和顾客面对面地站着，他提出反对意见，给你出各种难题，而你能迅速而圆满地加以解决。

从古到今，不少成功者都曾自觉或不自觉地运用了“想象力”和“排练实践”来完善自我，获得成功。

拿破仑在带兵横扫欧洲之前，曾经在想象中“演习”了多年的战法。《充分利用人生》一书中说：“拿破仑在大学时所做的阅读笔记，复印时竟达满满400页之多。他把自己想象成一个司令，画出科西嘉岛的地图，经过精确的计算后，标出他可能布防的每一情况。”

世界旅馆业巨头康拉德·希尔顿在拥有一家旅馆之前，就想象自己在经营旅馆。当他还是一个小孩子的时候，就常常“扮演”旅馆经理的角色。

亨利·凯瑟尔说过，事业上的每一个成就实现之前，他都在想象中预先实现过了。这真是妙不可言，难怪人们过去总是把“想象”和“魔术”联系起来。“想象力”在成功学中，确实具有难以预料的魔力。

但是想象力并非“魔力”，是我们每个人大脑里生来就有的一种思维能力。如果你想看看自己的想象力到底有多大能量，不妨就上面的几个例子自己试验一下。

将你的创意视觉化

将创意视觉化是许多创造人士成功的秘密，也是各行各业高效能表现的秘诀。你也可以试试以下几种想象游戏，去开发自己的天分。

请准备一颗红苹果、一颗橘子、一颗绿色的无花果、几颗红葡萄和一把蓝莓。把这些水果放在你面前的桌上，静静坐一会儿，让自己随着呼吸的起伏放松。接着，请你仔细观看苹果，用大约30秒的时间，研究苹果的形状和色泽。

现在请你闭上眼睛，试着在心中重现苹果的形象。用同样的方式，轮流研究每一种水果。接着再重复练习一次，但这一次观察时请把水果握在手里。闻闻苹果的香味，并咬一口。把全部的注意力放在这颗苹果的味道、香味和口感上，在你吞咽下这口苹果时，闭上眼，尽情享受被引发的多重感官体验。请你继续用同样的方式，品尝上述的每一种水果，在你心灵的眼睛里，想象每一种水果的形象。接着再用你的想象力，创造出每种水果的实际形象，再放大一百倍。再把水果缩回原来的大小，再想象自己从不同的角度看水果。这个有趣的练习，能帮助你强化创意想象的逼真度与弹性。

著有《爱因斯坦成功要素》的闻杰博士发现了一种提高想象力的“影像流动法”。影像流动其实非常简单，是刺激右半脑和接触内在天才特质的好方法。

（1）先找个舒服的地方坐下来，“大吐几口气”，用轻松的吐气帮助自己放松。轻轻闭上双眼，再把心中流过的影像大声说出来。

（2）大声形容流过心中的影像，最好是说给另一个人听，或是用录音机录下来亦可。低声的叙述无法造成应有的效应。

（3）用多重感官体验丰富你的形容，五感并用。例如，如果沙滩的影像出现，别忘了描述海沙的质感、香味、口感、声音和外形。当然，形容沙滩的口感听起来很奇怪，但别忘了，这个练习可让你像最有想象力的人物一样思考。

（4）用“现在式”时态去描述影像，更具有引出灵活想象力的效果，所以在你形容一连串流过的影像时，要形容得仿佛影像“现在”正在发生。

做这个练习时，不需要主题，只要把影像流动当作是漫游于想象与合并式思考中、不拘形式而流畅的奇遇。影像流动练习通常无须意识的指示，自行找到前进的动力，表达各种主题。你也可以用这个方法向自己提出某个问题，或是深入探讨某一个特定的主题。

从兴趣中激发形象思维

兴趣，是一个人充满活力的表现。生活本身应该是赤橙黄绿青蓝紫多色调的。从兴趣中激发形象思维，生活才会有七色阳光，才会有许许多多的创造成果。

爱因斯坦把全部的兴趣和想象投入了他热爱的物理学领域。对自己不感兴趣的课程，他很少投入过多心思去学习。不管在哪儿，他的思想都在物理学中，在他研究的问题里漫游着。想象力就是驱动力，驱使着他去寻找问题的答案。

一天，他对经常辅导他数学的舅舅说：“如果我用光在真空中的速度和光一道向前跑，能不能看到空间里的电磁波呢？”舅舅用异样的目光盯着他看了许久，目光中既有赞许，又有担忧。因为他知道，爱因斯坦提出的这个问题非同一般，将会引起出人意料的震动。此后，爱因斯坦全身心地投入到了此项研究，并提出了“相对论”。

物理学问题激发了他的想象，他的想象力又帮他探索着这些物理学问题。在科学研究领域，兴趣与想象是一对无法分开的姊妹。

镭的发现也是这样一种过程。

“镭的母亲”居里夫人从小就对科学实验发生了兴趣。

在与法国年轻物理学家皮埃尔·居里相识后，她正式走入了物理学研究的大门。

居里夫人注意到法国物理学家贝克勒尔的研究工作。自从伦琴发现 X 射线之后，贝克勒尔在检查一种稀有矿物质“铀盐”时，又发现了一种“铀射线”，朋友们都叫它贝克勒尔射线。

贝克勒尔发现的射线，引起了居里夫人极大兴趣，射线放射出来的力量是从哪里来的？居里夫人看到当时欧洲所有的实验室还没有人对铀射线进行过深入研究，于是决心闯进这个领域。

居里夫人受过严格的高等化学教育，她在研究铀盐矿石时想到，没有什么理由可以证明铀是唯一能发射射线的化学元素。她根据门捷列夫的元素周期律排列的元素，逐一进行测定，结果很快发现另外一种钍元素的化合物，也能自动发出射线，与铀射线相似，强度也相像。居里夫人认识到，这种现象绝不只是铀的特性，必须给它起一个新名称。居里夫人提议叫它“放射性”，铀、钍等有这种特殊“放射”功能的物质，叫作“放射性元素”。

一天，居里夫人想到，矿物是否有放射性？在皮埃尔的帮助下，她连续几天测定能够收集到的所有矿物。她发现一种沥青铀矿的放射性强度比预计的强度大得多。

经过仔细地研究，居里夫人不得不承认，用这些沥青铀矿中铀和钍的含量，绝不能解释她观察到的放射性的强度。

这种反常的而且过强的放射性是哪里来的？只能有一种解释：这些沥青矿物中含有一种少量的比铀和钍的放射性作用强得多的新元素。居里夫人在以前所做的试验中，已经检查过当时所有已知的元素了。居里夫人断定，这是一种人类还不知道的新元素，她要找到它！

居里夫人的发现吸引了皮埃尔的注意，居里夫妇一起向未知元素进军。在潮湿的工作室里，经过居里夫妇的合力攻关，1898 年 7 月，他们宣布发现了这种新元素，它比纯铀放射性要强 400 倍。为了纪念居里夫人的祖国——波兰，新元素被命名为“钋”。

1898 年 12 月，居里夫妇又根据实验事实宣布，他们又发现了第二种放射性元素，这种新元素的放射性比钋还强。他们把这种新元素命名为“镭”。可是，当时谁也不能确认他们的发现，因为按化学界的传统，一个科学家在宣布他发现新元素的时候，必须拿到实物，并精确地测定出它的原子量。而居里夫人的报告中却没有钋和镭的原子量，手头也没有镭的样品。居里夫妇克服了人们难以想象的困难，为了提炼镭，他们辛勤地奋斗着。居里夫人每次把 20 多千克的废矿渣放入冶炼锅熔化，连续几小时不停地用一根粗大的铁棍搅动沸腾的材料，而后从中提取仅含百万分之一的微量物质。

他们从 1898 年一直工作到 1902 年，经过几万次的提炼，处理了几十吨矿石残渣，终于得到 0.1 克的镭盐，测定出了它的原子量是 225。

镭宣告诞生了！

居里夫妇证实了镭元素的存在，使全世界都开始关注放射性现象。镭的发现在科学界爆发了一次真正的革命。

有些人抱怨自己在学习和工作中发挥不出任何想象力，其中的原因也许就在于你对所从事的事情不感兴趣。这时，你需要做的就是换一件事情来做，或者培养自己对目前工作的兴趣。有了兴趣，就会激发出无限的想象力，做什么事情都会感到身心愉悦、轻松愉快，也会觉得浑身有使不完的力气，学习工作都会有持久的活力。

第十九章

质疑思维

——凡事多问几个为什么

一切从怀疑开始

人都有短视的时候，包括许多“杰出人士”，下面是几位“杰出人士”的短视笑话。

不管未来的科学如何进步，人类永远也上不了月球。

——李·佛瑞斯特博士（三极管发明者）

飞机是有趣的玩具，但没有军事价值。

——费迪南德·福煦（法国陆军元帅、军事战略家、第一次世界大战指挥官）

任何人都没有理由买台电脑摆在家里。

——肯尼斯·奥尔森（迪吉多电脑公司创办人及前任总裁）

现在我们觉得以上的武断很可笑，可是要知道，当时大多数的人们都奉之为真理呢！

要改变这些错误的观念，一定要从怀疑开始。战国时代的大思想家孟子有句名言，叫“尽信书不如无书”，意思是我们做学问要有一点儿怀疑的精神，不要随便盲从或迷信。哥白尼之所以在科学史上做出了伟大的贡献——创立日心说，就是从怀疑托勒密的地心说开始的。顾颉刚先生在《怀疑与学问》一文中精辟地论述了治学要有怀疑精神这一论断。因怀疑而思索，因思索而辨别，因辨别而创新。没有怀疑精神就没有创新意识，没有创新意识也就谈不上创新能力。人们不会相信一个因循守旧、故步自封的人会有创新能力。

古人云："学者先要会疑。""在可疑而不疑者，不曾学；学则须疑。"作为新时代的我们，更应该最大限度地锻炼自己，大胆提出疑问，敢于怀疑以前的权威性观点，敢于说出自己的独到见解。这样，我们的质疑思维将会得到有效的激发。

许多发明、发现就是从怀疑开始的。

美国科学家谢皮罗教授，他在洗澡时发现这么一个有趣的问题：每次放掉洗澡水时，水的旋涡总是向左旋转，也就是逆时针方向旋转。

这是为什么呢？谢皮罗教授百思不得其解。

但他紧紧抓住这个问题不放，为了弄清这一现象背后潜藏着的科学奥秘，谢皮罗教授开始了实验操作。他设计了一个底部有漏孔的碟形容器，先用塞子堵上，往容器中灌满水，然后重复演示这一水流现象。

谢皮罗教授注意到，每当拔掉碟底的塞子时，容器中的水总是形成逆时针旋转的旋涡。这证明：放洗澡水时，旋涡朝左旋转并非偶然现象，而是一种有规律的自然现象。

经过长期不懈地实验探索，谢皮罗教授终于揭开了水流旋涡左旋的秘密。他发表论文指出：水流的旋涡方向是一种物理现象，与地球自转有关，如果地球停止自转的话，拔掉澡盆的塞子，水流不会产生旋涡，由于人类生存的地球不停地自西向东旋转，而美国处于北半球，地球自转产生的方向力使得该地的洗澡水朝逆时针方向旋转。

谢皮罗教授还指出：北半球的台风都是逆时针方向旋转的，其原因与洗澡水的旋涡方向一样。他由此推断：如果在地球的南半球，情况则恰好相反，洗澡水将按顺时针方向形成旋涡，而在地球赤道则不会形成旋涡。

谢皮罗教授的论文发表后，引起各国科学家的极大兴趣，他们纷纷在各地进行实验，结果证实：谢皮罗教授的结论完全正确。

谢皮罗教授之所以能够从人们司空见惯、习以为常的现象中取得惊人的发现，得益于他敢于对"洗澡水旋涡的方向性现象"提出质疑——"旋涡方向背后隐藏的规律是什么？"他从这一质疑开始，对人们常见的旋涡现象进行深入探索，并由此联想到地球的自转现象，联想到台风的旋转方向，通过实验做出了合乎逻辑的推理和论证，揭开了现象背后的奥秘。

谢皮罗教授从人们司空见惯的现象中发现其隐藏的科学奥秘的实例告诉人们，要取得创新成功首先就要敢于怀疑。

一切从怀疑开始，任何事情都不例外，质疑思维为我们推开了认识世界的另一扇门，从这扇门进入，经过不懈的努力，我们会将头脑中的问号一个个拉直，变成大大的惊叹号。

学会提问是培养质疑思维的关键

提出一个问题远比解决一个问题更重要，我们要善于提问。只有提出问题，才能寻找到解决问题的方法。

史坦尼斯洛是一个犹太人，他被法西斯纳粹分子关进死亡集中营。他亲眼目睹他的家人和朋友在这个集中营里一个个死去，他决定要逃离集中营。

于是他就问其他人："有什么方法可以让我们逃出这个可怕的地方？"

但别人的回答总是："别傻了，不可能的。"

他却一直在思索这个问题。他问自己："今天，我得怎么做才能平平安安逃出这个鬼地方呢？"他每天围绕这个问题去找方法。

终于，他想到了办法，那就是借助死尸逃走。在他做工的地方就有运尸车，里面有男人、女人的尸体，个个被剥光衣服。

这时他又问自己："我得如何利用这个机会逃脱呢？"

很快，他找到了机会。大家收工忙乱之际，他趁机躲在卡车之后，以飞快的速度脱下衣服，赤条条地趴在死尸堆里，他装得跟死人一样，一动也不动。最后，他躲在尸堆里逃出了集中营。

在集中营里丧命的人不计其数，可史坦尼斯洛活下来了。原因有很多，可是最重要的是他提出了"怎样才能活下来"这个问题。

我们在赞扬某个人知识丰富的时候，总习惯于说他很有"学问"。"学问"二字，就是既要有"学"，也要有"问"。有学，便是有学识；会问，则说明他能够理清知识的线索，抓住关键，也说明他具有旺盛的求知欲，自然能够促进自己的"学"。可见"问"是学习过程中一个重要的、必不可少的环节。因此，清代学者陈献总结说："学贵有疑。小疑则小进，大疑则大进。疑者，觉悟之机也。"大科学家爱因斯坦对会提问的评价则更高："提出一个问题远比解决一个问题更重要。"

一个人在孩提时代总保持着对客观世界的好奇心，在这个丰富多彩的世界里，他们对眼前的所见所闻都会觉得新鲜，时时充满着惊奇，于是，好问成了孩子们的天性。青少年这种旺盛的求知欲和好奇心，是他们勃勃生命力的表现，是打开知识宝库的金钥匙，也是一个创造型人才必须具备的品格。

如果养成不懂、不会，也不问的习惯，就会使自己所学知识的漏洞和薄弱环节日积月累，而到了考试时，往往就感觉困难重重，无从下手。因此，学会对未知的东西打破砂锅问到底是一种学习能力，也是一种质疑思维。

善于提出问题，体现一个人的质疑思维。一个人在学习过程中能主动提出问题，首先说明他脑子里装着功课，装着知识，同时又不满足于已有的知识，总是对那些未知的领域保持高度的兴趣与警觉。这只有具备质疑思维的青少年才能做到；相反，缺少质疑思维的人，通常提不出自己的问题。因此，学会提出问题是培养质疑思维的关键。

不仅仅是学习过程中，搞科学研究也要善于提问，能够提出富有启发性的问题往往意味着发明创造的开始，这是科学研究的规律。任何问题都需要解答，解答的过程常常是提出创见的过程。一个科学问题的提出，体现出发问者运用已懂得的知识，从某个特定或新颖的角度上思考对象，探索未知的世界。瓦特发明蒸汽机，便是从他对蒸汽为什么能顶开壶盖的发问开始；牛顿的万有引力定律也起于他对苹果落地现象的追问。正因为如此，爱因斯坦才会把提问看得比解答更重要。

“问号”是打开一切科学大门的钥匙，疑而后问、问而后知，善于发问才是学习的正确态度，因此，我们要培养质疑思维，就首先要善于发问。

敢于质疑权威

质疑，是人类创新的出发点，创新常常从“问号”起步。一个个不平凡的问号，为人们画出一条条创新成功的起跑线。因此，质疑思维中孕育着创新和突破。

世上少不了权威，因为人们需要导师、顾问与教练。尊重各个领域的权威是理所当然的，但迷信权威则不可取，因为这种心态会扼杀青少年的创新精神。

我们需要有质疑权威的勇气与智慧。在科技创新的世界里，质疑权威而导致重大科学发现的例子举不胜举。

德国数学家须外卡尔特在研究中，质疑欧几里得《几何原理》中的一条定理：三角形内角之和等于180度。两千多年中，人们一直以为这是天经地义、放之四海而皆准的定理，科学家对这一定理的真理性更是深信不疑。但须外卡尔特的这一质疑推动了数学的一次突变。德国数学家黎曼从须外卡尔特的思路中得到启发，使非欧几何破土而出。黎曼指出，欧几里得几何并不是在所有空间都适用，例如在球面上，三角形的内角和就大于180度。

如果缺少对权威的质疑精神，黎曼只能默默接受欧几里得的定理，也就不会有几何学的又一次突破。而我们常常在权威面前不知所措，不敢相信自己，更谈不上对权威进行质疑。

许多经验一再告诉我们：敢于质疑权威的某些观点或理论，实乃创新者的一种可贵品质。

大发明家爱迪生发明电灯时，输电网的建设因直流电的局限而延缓了进展速度，与此同时，乔治·威斯汀豪组织了一个科研班子，专门研制新的变压器和交流输电系统。

爱迪生认为应用交流电是极其危险的，他极力反对这件事情。为了阻止威斯汀豪的创新，爱迪生花费数千美元组织了新闻、杂志和广告画，向外界宣传交流电如何可怕，使用它将会给人类带来多么大的危险。在维斯特莱金研究所，爱迪生召见新闻记者，当众用1000伏交流电进行电死猫的表演。他还为此发表了一篇题为《电击危险》的权威性文章，表达了自己反对研究和应用交流电的观点。

面对爱迪生这位权威，威斯汀豪丝毫没有气馁，对围攻交流电的宣传也不甘示弱，他竭尽全力为交流电的推广奔走努力，并且针锋相对地在杂志上发表了《回驳爱迪生》的文章，对爱迪生的观点进行了质疑。

但是，正当威斯汀豪为交流电推广奔走时，令他做梦也想不到的事情发生了，纽约州法庭下令用交流电椅代替死刑绞架，这给威斯汀豪带来致命的一击。可是，对爱迪生来说，这真是上天赐给他的最好机会，他借着电椅大做文章，再次把恐怖气氛煽动起来。而受到意外打击的威斯汀豪，在交流电的发展事业上并没有从此一蹶不振。

在这场角逐中，虽然威斯汀豪在大名鼎鼎的爱迪生面前处于劣势，但他并不气馁，始终坚信交流电的应用将给世界带来新的光明。

不久，美国在芝加哥准备举办纪念哥伦布发现美洲大陆400周年的国际博览会。作为会上的精彩展品之一就是点燃25万只电灯，为此，很多企业争相投标，以获取这名利双收的“光彩工程”。

爱迪生的通用电气公司以每盏灯出价 13.98 美元投标，并满怀希望能拿下这笔生意。

威斯汀豪闻讯赶来，以每盏灯 5.25 美元的极低标价与通用电气公司竞争，这大大出乎所有人的意料，主办博览会的负责人吃惊地问他：“你投下如此的低价，能获利吗？”

“获利对我并不重要，重要的是让人看到交流电的实力。”威斯汀豪坦然地回答。对威斯汀豪的抱负，人们将信将疑。

国际博览会隆重开幕了，人们发现数万盏电灯在夜幕下光彩夺目，非常壮观。人们也争相传颂，是威斯汀豪用交流电照亮了世界。

望着无比灿烂的灯光，爱迪生这才低头沉思，并对自己的失误深感遗憾，同时也对后来居上的创新者表示敬佩。

假如威斯汀豪迷信权威，对爱迪生的多次攻击束手无策，交流电绝不会迅速在社会上崛起，也不可能有威斯汀豪电气公司的辉煌。质疑权威的精神和创造性的思考艺术，并不是科学家们专有的素质和能力，对于我们来说，也可以解放思想，从权威的阴影中走出，大胆启动这一创新基因。

善用好奇心，探索未知世界

铺天盖地的种种常识、定理、经验、说教，把人的好奇心逼进狭小的角落里。其实，有许多东西并非如此，只要你善用自己的好奇心，对未知世界多问几个“为什么”，最终也会步入成功的大门。

有这样一则故事与大家分享。

有位母亲盼星星盼月亮，只盼自己的孩子能够成才。

一天，她带着 5 岁的孩子找到一位著名的化学家，想了解这位大人物是如何踏上成才之路的。知道来意后，化学家没有向她历数自己的奋斗经历和成才经验，而是要求她们随他一起去实验室。来到实验室，化学家将一瓶黄色的溶液放在孩子面前。

孩子好奇地看着它，显得既兴奋又不知所措，过了一会儿，终于试探性地将手伸向瓶子。这时，他的背后传来了一声急切的断喝，母亲快步走到孩子旁边，孩子吓得赶忙缩回了手。

化学家哈哈笑了起来，对孩子的母亲说：“我已经回答你的问题了。”母亲疑惑地望了望化学家。化学家漫不经心地将自己的手放入溶液里，笑着说："其实这不过是一杯染过色的水而已。你的一声呵斥虽出自本能，但也呵斥走了一个天才。"

母亲的一声断喝，使孩子的手缩了回去，使刚刚冒出头的好奇心也快速地缩了回去，同时消失的还有求知欲。求知的欲望不就是强烈的好奇心，在一个个"为什么"的疑问下驱使前进的吗？

好奇心可以引领我们去探求未知的领域，并且会给我们带来丰厚的回报。

现在的水壶盖子都有一个小孔，但是在70多年前，水壶盖上是没有小孔的。

日本横滨市居民富安宏雄患肺病躺在床上，他很想睡觉，不愿意想令人不快的事情。但因经济情况每况愈下，心情很坏，难以入眠。

床边的火炉正在烧开水。茶壶盖子上冒出白色的水汽，并且发出"咔嗒咔嗒"的声音，好像有心嘲弄他。

富安宏雄实在不耐烦了，在气恼之下，他拿起放在枕头边的锥子用力地向水壶投掷过去。锥子刺中了水壶盖子，但是并没有滑落下来。

奇怪，这样一刺，"咔嗒咔嗒"的声音反而立刻停了下来。他感到很诧异，无神的眼睛突然闪动着光芒。他的心神被这个意外震慑住了。

如果是别人的话，水壶安静下来就心满意足了，不会把这件事当作一回事，不会进一步去动脑筋。但是这位先生与别人不同，虽然他被病魔缠身，但是他有毅力，好奇心强烈，善于运用智慧，懂得制造机会。

富安宏雄这时不想睡了，觉得一切的苦恼和混乱都消失了，好奇心让他开始在床上大动脑筋。以后他又亲自试验了好几次，证实盖子有个小孔，烧开水时就不会发出声音。

生活不再乏味，身体也不再感到生病的痛苦，对生的希望又再度复苏了。他想："我要把这项新创意好好利用，尽全力让它开花结果才行！"

皇天不负苦心人，他拖着病躯奔走了一个月后，他的创意终于得见天日，明治制壶公司以2000日元买下了他的专利（当时的2000日元约等于现在的1亿日元）。

得到巨款后，富安宏雄的心胸顿感舒畅，病也不药而愈。后来他在横滨市买了一栋店铺，开创了他自己的事业。

善用好奇心其实很容易，只要记得常常问"为什么""然后呢"，在任何情况下都能派上用场。例如用水彩写生时，当蓝色和黄色的水彩颜料混合变成绿色时，就问一下自己："怎么会变成绿色呢？"只要养成习惯，就可以保持探索的意识。好奇心和创造力密不可分，对工作的热忱，可激发潜在的创造力，使我们竭尽全力达到目标。

现在很多青少年，因为喜欢看日剧，崇拜里面的偶像明星，为了要了解这些俊男美女的对话，引发了学习日文的动机，最后竟变为一个地道的日本通。有生意头脑的人，还会利用懂日文的优势与对日本的了解，做起流行资讯的生意，让自己的口袋满满。也有许多电脑游戏玩家，最后变成了精通电脑的高手，因为想玩游戏玩得顺畅，就要了解电脑的结构，想尽办法组装电脑、修理电脑。想要在战略游戏中一统天下，除了熟悉合纵连横的战术，也得兼修内政，多多研究战略思想史。一场游戏，引来一场知识的追寻，不正是好奇心的驱动吗？

宋朝皇帝宋仁宗身旁的大臣洪太尉，因为好奇而偷偷打开了数十道封皮的伏魔殿，里头一百零八个魔君，则变成百道金光冲向四面八方，成为一百零八位英雄豪杰，这正是中国四大古典名著之一——施耐庵的《水浒传》所演绎的故事。而我们也可以让自己的人生历程闪闪发光，最重要的是保护好你的好奇心，让好奇心敲开生活的大门。

质疑思维是学习的钥匙

殷商末年，周武王继位后四年，得知商纣王的商军主力远征东夷，朝歌空虚，即率兵伐商。周武王率本部及八个诸侯国部落军队，进至牧野，爆发了历史上著名的牧野之战。

商纣王惊闻周军来袭，仓促调动少量的防卫兵士和战俘，开赴牧野迎战。商军的兵力和周军相比悬殊，但忠于纣王的将士们都决心击退来犯之敌，展开了一场异常激烈的殊死搏斗。

后来，《尚书·武成》一篇上说：“受（纣王）率其旅如林，会于牧野。罔有敌于我师（没有人愿意和我为敌），前徒倒戈，攻于后以北（向后边的自己人攻击），血流漂杵。”

战国时期的孟子，有一次阅读了《尚书·武成》一篇，颇有感慨。他说：“尽信书，则不如无书。吾于《武成》取二三策而已矣。仁人无敌于天下。以至仁伐至不仁，而何其血之流杵也？”孟子认为，像周武王这样讲仁道的人，讨伐商纣王这样极为不仁的人，怎么会使血流成河呢？孟子不相信《尚书》中的这个记载，才说了这段话。意思是提醒人们，读书时应该加以分析，不能盲目地迷信书本。

质疑思维是学习的钥匙，能开启智慧的大门。求知的欲望正是不懈学习、探求的动力，而怀疑能引导自己不断获得新知识。

张载说："在可疑而不疑者，不曾学则须疑。"

可见，好的发问和好的答案一样重要。问题要是问得好的话，答案也常常是深刻的。没有质疑思维，是不会发问的。思考就是由怀疑和答案共同组成的。所以知道如何怀疑的人就是智者。

不论对于哪一本书，哪一门科目，都要经过自己的怀疑：因怀疑而思索，因思索而辨别是非；经过"怀疑""思索""辨别"三步之后，那本书才是自己的书，那种学问才是自己的学问。

人没有理由对什么事都确信无疑。怀疑一旦开始，就会出现许多的疑点，循着怀疑的线索去探索追寻，就可以得到正确的答案。

但过分的思考对自己并没有什么好处。的确，犹豫是非常危险的，人们必须在最适当的时候，果断抉择，否则就会与成功失之交臂。只有适时而大胆地行动，才会走向胜利。人不能为了学习而学习。学习是为了丰富自己的知识，使自己各方面的能力不断得到提高。在这个世界上，绝对不会重复出现相同的事情。因此，当面临一种新的状况时，谁也不能把以前所学的东西，原封不动地运用上去。学习到的东西只能给人以知性的感觉。

而为了锤炼知性，就必须学习，使知性更加敏锐。

敏锐的知性可以抓住瞬间的机会，预见未来的趋势，洞悉细微处的微妙变化，把握宏观而抽象无形的东西。学习的目的便是培养这种洞若观火的洞察力。

学习一定要学到学识渊博，始能融会贯通，而唯有质疑和思考才能做到这一点。

只有常常怀疑，常常发问的脑筋才会有想法，有想法才想求解答。在不断的发问和求解中，一切学问才会成立。

盲从是最大的无知

法国有位叫约翰·法布尔的科学家曾做过一个著名的实验，人们称之为"毛毛虫实验"。

法布尔把若干只毛毛虫放在一只花盆的边缘上，使其首尾相接围成一圈，在离花盆不远的地方，撒了一些毛毛虫喜欢吃的松叶，毛毛虫开始一个跟一个，绕着花盆，一圈又一圈地走。

一个小时过去了，一天过去了，毛毛虫还在不停地、坚韧地爬行，一连走了7天7夜，终因饥饿和筋疲力尽而死去。而这其中，只需任何一只毛毛虫稍微与众不同地改变其行走路线，就会轻而易举地吃到松叶。

毛毛虫们一味盲目地跟随着前面的同伴，毫无创造性地绕着圈子，最终没有走出由自己设定的路线。

如果说毛毛虫尚属低等，那么，人类又何尝不是这样呢？

有这样一则笑话：一位石油大亨到天堂去参加会议，一进会议室发现已经座无虚席，没有地方落座，于是他灵机一动，喊了一声："地狱里发现石油了！"这一喊不要紧，天堂里的石油大亨们纷纷向地狱跑去，很快，天堂里只剩下他自己了。这时，这位大亨心想，大家都跑了过去，莫非地狱里真的发现石油了？于是，他也急匆匆地向地狱跑去。

读罢掩卷沉思，也许我们会发出这样的感叹：盲目是最大的无知啊。

生活的旅程中，我们常常会盲从别人的观点，盲从老经验，盲从未被验证的理念，虽然听取别人的意见往往可以省掉自己探索的时间和精力，但不经过怀疑和思考的信任常常会使我们落入盲从的陷阱。

在工作或学习中，我们常常会随波逐流、人云亦云，久而久之，我们便失去了独立思考的能力，从而也失去了创造能力。

要想摆脱盲从的怪圈，就要在头脑中树立怀疑的意识，对于接收到的所有信息，先通过"质疑思维"筛选一番，留下的精华部分，才是我们可以吸收的养料。

第二十章

移植思维

——他山之石，可以攻玉

认识移植思维法

移植思维法，源于植物学。在植物栽培过程中，人们为了某种需要，常把植物从一处移植到另一处。后来，移植一词有了更广泛的含义，人们把某一事物、学科或系统已发现的原理、方法、技术有意识地转用到其他有关事物、学科或系统，为创造发明或解决问题提供启示和借鉴的创造活动称为移植。在人类的早期创造活动中曾起过重大作用，在现代科学技术和创造发明中，它仍扮演着不可或缺的角色，并向更广、更深的方向发展。英国学者贝弗里奇指出："移植是科学发展的一种主要方法……重大成果有时来自移植。"创造心理学家鲁克认为："运用解决一个问题时获得的本领去解决另外一个问题的能力极为重要。"鲁克所推崇的这种能力就是移植能力。

最初人们怎么会想到把一物移植到另一物上去呢？一般来说，移植是由联想来牵线搭桥的，没有联想就没有移植。

移植有两种：一是先见到可"移"之物，触景生情，引起联想。例如，盲文的发明就属于这一类。

许多年前，法国海军巴比尔舰长带着通信兵来到一所盲童学校，向孩子们表演夜间通讯。由于是漆黑的夜晚，所以眼睛是用不上的。于是，军事命令被传令兵译成电码，在一张硬纸上，用"戳点子"的办法，把电码记下来。而接受命令的一方的士兵，用"摸点子"的办法，再译出军事命令的内容。这一表演引起盲童布莱叶的极大兴趣。对于他来说，“戳点子”和“摸点子”就是“可移”之物。于是，他反复研究，终于发明了“点字”盲文，并一直沿用到今天。

另一种是根据移植的需要，去寻找“可移”之物，通过联想而导致移植发明的成果。压缩空气制动器的发明就是一例。

火车发明后，由于制动器的力量太小，在紧急的情况之下，常由于刹不住车而发生重大的交通事故。有一个叫作乔治的美国青年，他目睹了一次车祸的发生，于是就萌发了要发明一种力量更大的制动器，这就是移植的需要。一天，乔治从当地的报纸上看到用压缩空气的巨大压力开凿隧道的报道，于是他想：压缩空气可以劈石钻洞，为什么不可以用它来制造火车制动器呢？就这样，乔治找到了“可移”之物。反复试验之后，22 岁的乔治终于发明了世界上第一台压缩空气制动器。

移植法的应用不是随意的，而是有它自身的客观基础，即各研究对象之间的统一性和相通性；移植也不是简单的相加或拼凑，移植本身就是一个创造过程。

移植对象的选择

移植对象的选择是指移植“供体”与“受体”的确定，即将谁移植？移向何处？创造中的移植过程，就是移植对象由供体推及受体的过程。这里的供体和受体是相对的，与移植目的有关。

如果移植目的是为了推广转移科技成果，即主动地将已有的科技成果向其他领域拓展延伸，则移植的供体就是该项“科技成果”，受体为“其他领域”。

在这种移植中，首先要搞清该项科技成果的基本原理及适用范围，然后思考这一科技成果在移植受体领域能否产生新的成果。如电视制造中的“芯片改造”技术移植到手机中，同样可以开发出更多的手机功能。在这个移植过程中，电视芯片改造技术是供体，手机则是受体。

如果移植目的是为了解决某一创造问题，即为了用他山之石攻玉，则待解决的问题是移植受体，而引入的其他技术为移植供体。对于这种移植，首先要分析问题的关键所在，即搞清创造目的与创造手段之间的不协调、不适应问题，然后借助联想、类比手段，找到移植对象。如引入外来管理方法（OEC 法等）进行组织生产管理的改革，摒除效率低下的问题。在这个移植过程中，国内组织出现的问题为移植受体，引入的外来管理方法为移植供体。

进行移植创造时，要注意移植供体与受体之间的统一性、层次性和具体性。

移植不是把某一事物的原理、方法、技术等简单地搬用到另一事物上去，而是要掌握两者间的共性。移植成功的关键，正是这种统一性，否则就可能导致“机械论”和“还原论”。西方早期社会学家提出的“社会有机论”，把复杂的社会现象简单地比附为生物现象，就犯了这样的错误。移植受体与供体之间缺少必要的同一性，必然导致移植失败，或移植对象变异。

事物、理论、技术等的移植，不能在任何层次上随意进行，应注意移植供体和受体的层次性。事物、理论、技术等在同一层次上的相似点或相同点越多，移植成功的可能性越大。第二次世界大战以后，航空技术迅猛发展，喷气式发动机迅速取代螺旋桨发动机，但工程技术人员并没有轻易放弃螺旋桨发动机这一技术成果，而把它移植到高速快艇上，取得了成功。有时，移植的受体和供体似乎风马牛不相及，但它一定在某一层次或某一方面隐含着与供体的相关性，这样就可以移植。

掌握供体和受体的具体特性，是移植创新的又一关键。只有这样的受体接受移植对象后，才能为自己开辟创新的道路。“具体问题具体分析”的方法，应受到特别推崇。

运用移植思维进行创造时，要注意邻近学科的研究情况，以便发现“他山之石”。学科中的“门户之见”是影响移植的最大障碍。有的学者认为，在科学研究活动中，运用移植法的最大困难在于科学研究工作者有时不能够理解其他领域内的新发现对于自己工作的意义，这是很有见地的。

移植方式的选择

运用移植思维方法的形式和途径是多种多样的，归纳起来，不外乎有以下几种：

1. 直接移植

直接移植是把一个领域的技术、原理直接“搬”到另一个领域，如拉链的发明源于取代鞋带，后来人们将拉链直接移植到衣、帽、书包等上面；将家用吸尘器的工作原理直接移植到汽车用吸尘器的设计上；将国外企业的全面质量管理技术直接移植到我国企业的经营管理上。这类移植比较接近于类比，它的创造程度相对较低。

2. 间接移植

间接移植是把一事物的结构、方法、原理，加以改造，再扩展到其他事物或领域，以创造出新事物、开发出新领域。如有人把面包的发酵技术移植到橡胶工业中，发明出海绵橡胶。

间接移植中常见的一种方法便是推测移植。在创造的过程中，由于技术水平或其他条件的局限，人们对研究对象的认识受到一定的限制，但对它的基本原理却有一定的认识，在这种情况下，可以根据基本原理和已获得的少量信息，从其他领域的事物寻求启发，进行推测移植，以创造出新事物或新技术。

如在对引进的国外先进机电产品进行反求设计时，需要推测其中的关键技术，以开发同类新产品，这时就用到推测移植。

无论哪种方式的移植，在实施中都要对被移植的技术要素（如原理、方法、结构等）进行分析，以便在技术层面上得到充分的实施。因此，在移植技术方式中又有所谓原理移植、方法移植和结构移植等。

3. 原理移植

原理移植是将某种科学技术原理向新的研究领域类推或外延。二进制计数原理已在电子学中获得广泛应用，能否将其向机械学中移植，创造出二进制式的机械产品呢？事实上，人们已在这方面获得了许多新成果，如二进制液压油缸，二进制工位识别器，二进制凸轮转动等。这些新成果已广泛应用于各种自动化机械中。

4. 方法移植

方法移植是指具体的操作手段或工艺方面的移植。例如，将金属电镀方法移植到塑料电镀上来，将自然科学的研究方法（如定量研究）移植到社会科学里来（如计量史学），等等。

5. 结构移植

结构移植是将某种事物的结构形式或结构特征向另一事物移植。如人们将积木玩具的结构方式移植到机床领域，创造了组合机床、模块化机床。再如，常见的机床导轨为滑动摩擦导轨，如果在摩擦面间安置滚子，则得到滚动摩擦导轨。与普通滑动导轨相比，滚动导轨具有运动灵敏度高、定位精度高、牵引力小、润滑系统简单、维修方便（只需换滚动体）等优点，从创新思路上分析，可认为这种新型导轨是平面滚动轴承结构方式的一种移植。

创造性事物是具有独特性的，那么运用移植思维时也要选取适宜的移植方法，不可生搬硬套，将毫无关联的事物进行移植。而且，移植的目的是为了创造，所以，毫无创造性的机械移植也是实际操作中应规避的。

从“鲇鱼效应”中引出的竞争机制

移植思维在生活中的应用范围很广，可以将不同空间、不同地域的方法、理念等移植到其他领域，加以利用。

以鲇鱼效应为例。

在日本北海道附近有很多渔民，他们世代以捕鱼为生。他们具有高超的捕鱼技术，尤其擅长捕沙丁鱼，沙丁鱼在当地很受欢迎，市场价格很高。但是沙丁鱼被渔民从海中捕捞上来以后，无论采取什么办法，都很难保障它存活较长的时间，所以通常人们在市场上很难买到活的沙丁鱼。众所周知，鱼一旦死掉就没有了新鲜的味道，当然卖不了好价钱，渔民们为这件事伤透了脑筋。

一次偶然的机会，他们得知在欧洲北海有个渔村，那里的渔民从海里捕捞了沙丁鱼后，却能让它们活蹦乱跳地被送到集市上去卖。这一现象引起了日本渔民的兴趣。经过多方了解，他们终于揭开了这个秘密。原来，当地的渔民在捕捞沙丁鱼时，事先在鱼舱里放入几条鲇鱼，这些鲇鱼是沙丁鱼的天敌。每当渔民把捕捞上来的沙丁鱼放进鱼舱后，沙丁鱼就始终被鲇鱼追赶，处在疲于逃命的紧张状态。正是在这种紧张状态下，才使得沙丁鱼保持了应有的活力，能长时间地存活。

鲇鱼效应运用于企业，体现在企业的竞争机制与危机意识方面。

竞争是现代企业在市场中生存的一种常态，如果没有其他企业参与竞争，企业将会僵化且慢慢消亡。企业内部管理也是一样，如果不创造一种竞争的气氛，个人的积极性就不会被调动起来，工作效率将会越来越低，企业将会失去运作的活力，市场信息的敏感度也会降低，企业最终只能走向衰亡。

让组织内部时时保持活力，促使企业内部主动变革，是组织有效率的标志之一。

20世纪80年代，著名作家刘震云发表了小说《新兵连》。小说中描写了一群河南来的新兵在新兵连里展开生存竞争的故事。小说以那个特定年代、特定环境为背景，从负面写了军队。实际上，部队中的这类现象今天依然存在。如果我们从正面看，这种竞争恰恰是解放军内部具有活力的表现，表现了他们从跨入军营开始就展开的个人成长竞争。解放军内部的竞争，不仅表现在个人，更多表现在组织：班与班，排与排，连队与连队。这样产生的合力，使这个组织具有了非常自主的变革力量。

在军队中，不仅同年入伍的兵在竞争，而且班与班、连与连、团与团之间都有竞争。除去一般性、日常性的竞争，还需要设计“比武”、红蓝军对抗等科目。

部队的士气是在比赛中激发的，战斗力是在对抗性演练中提升的。

我们中国人喜欢“和为贵”“自己人不打自己人”。但从组织管理策略上说，自己人与自己人竞争有时候其实比自由市场竞争可能更符合公司利益。

一个繁荣的街区，可以同时有好几家星巴克咖啡店，基本上就是自己人与自己人竞争。北京星巴克创办人孙大伟认为，好的地段要赶快多开几家店，他非常鼓励星巴克与星巴克竞争。与自己人竞争，可以稳住自家地盘、扩大疆域，更重要的是，可以压缩外敌入侵的机会。对企业经营者来说，能够形成一个自己人与自己人竞争的战略布局，是一大乐趣。这种布局完全符合公司的整体利益，而且可以培养企业内的一种良性竞争的氛围，夯实企业的“内功”。

在成功的企业中都有内部展开竞争的办法和途径。

海尔的“赛马不相马”，是海尔人力资源战略成功的一个标志。俗话说，是骡子是马拉出来遛遛。海尔所有岗位都在参与日常竞争，岗岗是擂台，人人可升迁，而且向社会开放。竞岗没有身份的贵贱、年龄的大小、资历的长短之说，只有技能、活力、创造精神、奉献精神之比。在海尔升迁不是梦，通过拼搏竞争，普通而有能力的员工可升迁为管理人员，平凡而有才华的农民可以走上领导岗位。海尔“赛马不相马”的用人机制，改革了传统的用人方法，坚持用竞争上岗的办法选人才，在赛马场上挑骏马，实现了能者上、庸者下、平者让，人尽其才、才尽其用的现代用人新境界。

如果一个企业长期听不到不同的声音、反对的意见，就有必要去挖掘和提升内部“鲇鱼型”员工，或通过从外界招聘方式引进背景、价值观、态度或管理风格与当前群体成员不相同的个体，引导其直接与原有企业员工产生良性冲突。

生活中还有许多现象和道理可以移植到管理、教育、科研等各种领域，并能够取得突破性的成绩。这也需要我们在生活中多观察、多思考、多总结。

“边际效应”理论的多领域应用

生活中，我们常常遇到这样的情形：某一个理论产生于一个领域，但应用时并不局限于该领域，而是可以移植到多种领域中的。这是移植思维在生活中的又一应用实例。下面我们结合“边际效用递减规律”的应用来体会移植思维的妙处。

许多中国人孩提时代就知道这样一个故事：有一个饥肠辘辘的人，一口气吃了三张大饼，当吃完第三张饼后感到饱了，并心满意足。但仔细思量，他发现自己犯了一个“愚蠢”的错误，那就是，早知第三张饼就能吃饱，前两张饼实在不该吃。听了这个故事的人都会哈哈大笑，笑那个人的愚蠢。然而，如果从经济学的角度来看，那个吃大饼的人却发现了西方经济学的一个重要原理，即“边际效用递减规律”。

“边际效用递减规律”是西方效用价值论者用来解释消费者购买行为的一个理论。该理论认为：

同一物品对同一个消费者来说，因占有的时机不同，所带来的满足程度或效用也不同，从而价格不同。在效用尚未达到饱和的程度内，随着所占有的物品数量的增加，总效用是增加的，然而边际效用，即最后增加的那一单位物品所带来的效用是递减的；当总效用达到极大值时，边际效用等于零；超过极大值继续消费时，边际效用为负，而总效用绝对减少。

如果用“边际效用递减规律”来说明上述吃大饼的故事，其可笑结论产生的原因就可以找到理论上的依据了。无疑，对于一个饥肠辘辘的人来说，第一张饼的效用最大，或者说在十分饥饿的状态下，他会以较高的价格去购买一张在平时看来价格昂贵得多的饼。然而，当第一张饼下肚后，即使没有填饱肚子，对饼需求的迫切程度也会远远低于第一张饼。以此类推，每增加一张饼所带来的满足程度，都会低于前一张饼所带来的满足程度；当吃得很饱时，总的满足程度最大，然而最后增加的那一张饼的效用，即带来的满足程度，几乎等于零。这时，如果那个饿怕了的吃饼人眼大肚子小地再继续吃下去，并且导致胃痛或呕吐时，那么这最后吃下去的一张饼，即“边际饼”的效用就是负，因此也会带来总效用水平的下降。

边际效用递减规律不仅存在于消费领域，也存在于生产领域。例如，在同一块庄稼地里，施一点儿肥要比不施肥能产出更多的粮食。如果继续施肥，或许还能使产量有所增加，但增加的产量不会像先前那么多。如果施肥过量，不仅不会增产，还会导致总产量下降。在庄稼地里增加劳动力也是如此。刚开始增加一些人能增加产量，但如果增加的人越来越多，到最后连这块地都挤满了人，增加的产出就会变为负数。

生产领域的边际效用递减规律又叫边际收益（产出）递减规律。18 ~ 19

世纪英国著名的经济学家马尔萨斯说："如果没有收益递减，在一个花盆里就可以种出养活全世界人口的粮食。"因为只需要不停地往里面添加肥料和劳动力就行了。事实上这是不可能的。

在其他行业的生产中也存在边际收益递减。例如，有一个蛋糕店，它的蛋糕是烤制的，但只有一个烤炉。在只有一个人工作的时候，他既要烤蛋糕，又要接电话、招待顾客、清理桌子等，他每小时可以生产 10 个蛋糕。如果增加第二个人，他可以专心地烤蛋糕，每个小时能增加生产 15 个蛋糕。

但如果再增加第三个人，烤炉前面就会出现拥挤，每个小时很难再增产 15 个蛋糕。如果再继续增加工人，每增加一个工人，增产的蛋糕会越来越少，直到增加到某一个人的时候，不可能再增加产出，这时候边际收益下降为零。

上面说的生产活动有空间或设备的限制。我们再来看，如果没有这种限制，是否存在边际收益递减规律。

比如一个独立会计师，他的工作是为私人纳税人准备报税单，这种工作可以说不受空间和设备的限制。但我们可以想象，如果他连续工作 8 小时甚至更多的时间，他的工作效率会越来越低。在靠后的时间里，他每个小时能完成的报税单一定会比前面的数量要少。到某个时候，他必须休息，停止工作，边际产出下降为零。可见由于人的头脑和体力的限制，边际收益递减是不可避免的。

要注意，边际收益递减的前提是其他条件不变，增加某种生产要素的投入。在这个前提下，生产过程中迟早会出现边际收益递减，即投入的生产要素越多，边际产出越少。在上面的例子中，如果蛋糕店扩大了营业面积、增加烤炉的数量，或者会计师聘请了助手，或是改用了先进的电脑系统，就不能用边际收益递减规律来描述。

更广泛地看，边际收益递减规律存在于人类生活的各个方面。有人说，初恋是最难忘的。其实这是因为从趋势上看，"二恋""三恋"带来的效用是递减的。再比如大街上流行染金头发，最先开始染发的人非常引人注目。但如果染的人越来越多，就不觉得新鲜了。如果满大街的人都染金头发，就会让人看着难受。

第二十一章

博弈思维
——根据对方的选择确定自己的最优选择

下棋与博弈思维

“博弈”这个词听起来高深莫测，其实它就是“游戏”的意思。更准确点说，是可以分出胜负的游戏。博弈思维就是“游戏理论”，或者说，是一种通过如何在“玩游戏”中获胜而采取的一系列的策略。

下棋，是人们非常熟悉也非常擅长的事情，也是生活中常见的博弈场景。几乎每个人都下过棋，且都希望取胜。为此，在下棋过程中常常为一着棋冥思苦想，最后做出决策。但是，很少有人知道，就在这“苦想”中实际包含“博弈思维法”，即我们在大脑中设计了许多方案，并以极快的思维操作比较了它们的优劣，从中挑选出一种最好、最理想的方案付诸实际。这就是我们每一步的实际下法。下棋如此，对任何问题的认识也是如此。目前，博弈思维方法已成为一种科学思维方法，广泛应用于各类实践活动之中，尤其是在领导活动、军事活动、体育活动、生产经营活动、人际关系等社会生活中的各种情景中。

博弈思维最早产生于古代的军事活动和游戏活动中。在体育游戏中，经常会出现这种情况，即甲乙双方各出三个人进行摔跤比赛。甲乙双方的领头人不是让自己的队员随意地同对方某一队员较量，而是先了解清楚对方三名成员的实力，并把对方三名成员的实力同己方成员的实力进行客观对比，然后做出决定：谁打头阵，谁在中间，谁压轴，以自己的弱者去对付对方的最强者，以自己的最强者对付对方的次强者，以自己的次强者对付对方的最弱者，保证二比一稳赢对方。

博弈中，双方各自希望获胜，都在进行数学推算和心理揣摩。有时，推测正确，赢得胜利；有时，推测错误，就会失败。所以，博弈不是单方面的想法和行动，而是对立双方之间的互动，是双方各自做出科学、巧妙策略或对策的数学推演。

例如，“囚徒困境”中的甲和乙进行的就是一场策略和较量。

甲、乙两个人一起携枪准备作案，被警察发现抓了起来。警方怀疑，这两个人可能还犯有一起纵火罪，但没有充分的证据，于是分别进行审讯。为了分化瓦解对方，警方告诉他们：如果主动坦白，可以减轻处罚；如果顽抗到底，一旦同伙招供，就要受到严惩。

如果两人都不坦白，警察会以非法携带枪支罪而将二人各判刑 1 年；如果其中一人招供而另一人不招，坦白者作为证人将不会被起诉，另一人将会被重判 15 年；如果两人都招供，则两人都会因纵火罪各判 10 年。

甲、乙两个嫌疑犯在各自的房间里算起了小九九。

甲想：假如乙不招，我只要一招供，马上可以获得自由，而不招却要坐牢 1 年，显然招比不招好；假如乙招了，我若不招，则要坐牢 15 年，招了只坐 10 年，显然还是以招认为好。无论乙招与不招，我的最佳选择都是招认。还是招了吧。

乙想：假如甲不招，我只要一招供，马上可以获得自由，而不招却要坐牢 1 年，显然招比不招好；假如甲招了，我若不招，则要坐牢 15 年，招了只坐 10 年，显然还是以招为好。无论甲招与不招，我的最佳选择都是招认。还是招了吧。

结果甲、乙两个人都分别向警方坦白了自己的罪行。

甲和乙两个自认为聪明的人分别被判刑 10 年。

假如他们在接受审问之前有机会见面好好谈清楚，那该有多好，他们一定会同意拒不认罪。不过，接下来他们很快就会意识到，无论如何，那样一个协定也不见得管用。一旦他们被分开，审问开始，每个人内心深处那种企图通过出卖别人而换取一个更好判决的想法，就会变得非常强烈。这么一来，他们还是逃脱不了最终被判刑的命运。

博弈思维需要用到许多不同类型的技巧，其中一种是基本技巧，比如打篮球不能缺少的投篮能力，在法律界工作不能缺少的案例积累能力，下棋的时候需要记住大量的“定式” 等。这些技巧一旦脱离了游戏，可能就没有多大用处了。但博弈论的策略思维则是另外一种技巧，它要求从你的基本技巧出发，考虑的是怎样将这些基本技巧最大限度地发挥出来。这是具有普遍意义的原则，可以应用于生活的方方面面。

理性是博弈思维的内核

两个旅行者从一个出产细瓷花瓶的地方回来，都买了花瓶。可是提取行李的时候，发现花瓶被摔坏了。于是，他们向航空公司索赔。航空公司知道花瓶的价格总在八九十元上下浮动，但是不知道两位旅客买的确切价格是多少。于是,航空公司请两位旅客在100元以内自己写下花瓶的价格。如果两人写的一样，航空公司将认为他们讲的是真话，并按照他们写的数额赔偿；如果两人写得不一样，航空公司就认定写得低的旅客讲的是真话，并且照这个低的价格赔偿，但是对讲真话的旅客奖励 2 元钱，对讲假话的旅客罚款 2 元。

为了获取最大赔偿，甲、乙两位旅客最好的策略就是都写 100 元，这样两人都能够获赔 100 元。

可是甲很聪明，他想：如果我少写 1 元变成 99 元，而乙会写 100 元，这样我将得到 101 元。何乐而不为？所以他准备写 99 元。可是乙更加聪明，他算计到甲要算计自己而写 99 元，“人不犯我，我不犯人，人若犯我，我必犯人”，于是他准备写 98 元。想不到甲又聪明一层，算计出乙要这样写 98 元来坑他，“来而不往非礼也”，他准备写 97 元……

最后的结果可想而知，两个人都写了 1 元。航空公司获得了最大的利益。

为什么会出现这样的场面呢？

因为博弈论的基本假设是：人都是理性的。

这个基本预设的含义是：人们在面对问题和一个个具体情境的时候，都不是盲动的、莽撞的、没头脑的，而是能够在选择策略的时候有明确的目标，就是使自己的利益最大化。

这就好比两人下棋，你出子的时候，为了赢棋，得仔细考虑对方的想法，而对方出子时也得考虑你的想法，所以你还得想到对方在想你的想法，对方当然也知道你想到了他在想你的想法。

这就是所谓的“你知道我知道，我知道你知道……”的博弈循环。

在花瓶索赔的例子中，两个人都“彻底理性”和“聪明绝顶”，都能看透十几步甚至几十步、上百步，而且都聪明地猜到了对方将要采用的策略，但遗憾的是，两个理性人“精明比赛”的结果，是每个人都只写 1 元的田地。

还有一个故事，也可以体现出理性是博弈思维的前提和基础：

两个朋友一起去深山里面游玩，结果遇到了一只熊，他们都十分害怕。其中一个人弯腰下去把鞋带系好，做好逃跑的准备，另一个人对他说："你这样是没有用的，你不可能跑得比熊快。"那个准备跑的人回答说："我不需要跑得比熊快，我只要跑得比你快就行了。"

这个故事告诉我们，在博弈中的人有时别无选择，他们必须力争让同伴成为最大的牺牲品，这样才能让自己获得可能最好的处境，这就是出卖合作者原则。在这个"朋友和熊"的故事里面，那个准备逃跑的人面临的选择有以下几个：选择 A——不逃被熊吃掉；选择 B——逃跑，被熊吃掉；选择 C——逃跑，得以生还。在这些选择里面，如果选择逃跑，会有生还的机会，而他的朋友也有同样的几个选择。对于选择逃跑的人来说，只要他选择了逃跑，就会有生还的机会，而他的朋友选择不逃跑，生还的机会自然属于他；朋友选择逃跑，就需要一个附加的条件——他跑得比自己的朋友快，这样才会生还。所以，在这一博弈过程中，无论他的朋友做出什么选择，只要他自己拼命去跑，就会有机会生还，这是一个标准的囚徒困境模式。虽然这只是一个故事，但是这种思考并且作出选择的模式则十分常见，并且不断出现。这个故事里面就有一个摆脱困境的策略——出卖合作者的原则。处于此种状况，没有什么十全十美的好办法能让自己既从困境中逃脱，又获得利益，只能尽量做到使自己不受侵害，让与自己一起的人受伤。出卖合作者从道德层面上而言是不对的，但就博弈思维来说，则是迫不得已的选择。

孔子说："人心比山川还要险恶，知人比知天还难。天还有春秋冬夏和早晚，可人呢，表面看上去一个个都好像很老实，但内心世界却包得严严实实，深藏不露，谁又能究其根底呢？"

平常的好人也会在利害关头表现出他的恶。例如，有人为了升迁，不惜设下圈套打击其他竞争对手；有人为了生存，不惜在利害关头出卖朋友；有人走投无路，狗急跳墙，于是行骗行抢……有时欺骗我们的恰恰是我们的好朋友。

于是，有人感慨，世态炎凉，其实完全没必要，因为整个世界上所有人实际上都处于一场博弈之中，博弈中的人都是理性的，每个人的行为表现必定都有他的目的，都要符合自己的利益原则，你幻想别人是好的，其实也是对自己好，因为对有的人，每个人的评价不一样，即使你身边的朋友，大家也都褒贬不一，因为从别人身上得到好处或利益的人，人们就会说他好，得不到利益或损害了自己的利益，也许因为嫉妒或伤害而贬低对方，这些都是正常的，即使出卖了合作者，甚至是自己最好的朋友，但那是为了自己的利益也是迫不得已。虽然他们的良心受到谴责，但这也是博弈规则下的无奈。

在多种备选方案中选择最佳

目标明确之后，就要围绕目标寻找各种可能的方案，并尽可能安全。因为每一种可能的方案都有可能成为最后的决策。众多的备选方案是针对实际行为中可能出现的情况而制定的，在进行对比分析、组合分析、概率分析以及心理分析之后，方可选中某一方案作为最后方案。

在对待复杂事物时，要想使可能方案完备不太可能，使最后方案达到最理想状态也不太可能。就像一个人，按医学的要求，他身上的各类元素达到一定的量才是最理想、最健康的，但这种人是不存在的，只存在于温室中。因为，一旦现实的人身上的各类要素均达到医学中最理想的要求时，他就不是一个现实的人而是各类要素的堆积。

即便如此，在探索备选方案时，仍要努力避免两种误区：一是避免以偏概全、以次充好；一是只给出一种方案，不进行选择。当在探索合适的备选方案时全力以赴，即使在博弈中因各个方面的实力都不敌对方而失败，也不致产生遗憾；而没有供选择的方案，常会因双方对局的形势的小变化而使自己处于劣势。所以，这两种做法都是不可取的。

我们从影视剧中看到警匪对峙时，警方都会准备几套行动方案，这些方案都是基于对整个事件各个环节可能出现的各种问题所设计的对策，以应对行动中的各种可能的变化。同时，对方也会设计多种方案，和警方周旋，以求脱身。然而，在警方与匪方的博弈中，因双方获取资源和信息的渠道、数量、准确度等差异，往往使警方占上风。

为了保证在双方的博弈中占据优势、取得胜利，不但要准备多种方案，还要在执行时选出最合适的方案。

大家都知道荷兰是花园之国，但由乱丢垃圾引起的城市环境卫生问题也曾让相关部门很是头疼。

政府部门动员卫生局的全体员工献计献策，很快，员工们提出了第一个解决方案：

对乱堆乱放垃圾者罚款 25 元。可是，许多居民并不在乎这些小钱，垃圾还是照样乱丢不误。

于是，当局把罚款额提高到了50元。一些人白天怕罚款，就晚上偷偷跑到街上一倒了事。

不久，员工们又提出了第二种方案：增加街道巡逻人员，采取强硬措施。但是收效甚微。

该市的卫生工作人员可谓绞尽了脑汁，他们又用了其他几种办法，结果也都不理想。

正在局长大为烦恼的时候，一个年轻的职员走进了局长的办公室：

“局长，我现在有一个更好的办法能够解决目前的垃圾问题。”

过了几天，这个年轻人的方案落实了下去，效果出奇的好。

这是为什么呢？

原来这个年轻人通过对前几种方案的观察，提出了新的方案：

设计一种电动垃圾桶，桶上装有感应器，每当垃圾丢进桶里，感应器就启动录音机，播出一则事先录制好的笑话，笑话内容经常变，不同的垃圾桶笑话也不同。

这样，市民们被这个新奇的玩意儿吸引了，开始喜欢往垃圾桶里倒垃圾了。

从另一个角度讲，各种备选方案并非都是可实行的方案，哪一个预选方案可以实行就依赖于对预选方案进行价值分析、效益分析、可行性分析、风险度（可靠性和可信度）分析等。只有通过这样的分析，方可判断出诸方案的优劣好坏来。当然，判断的标准不一样，也会得出不同的结论。

智猪博弈与借势发展

博弈中有一个经典模型——智猪博弈。

假设猪圈里有两头猪同在一个食槽里进食，一头大猪，一头小猪。我们假设它们都是有着认识和实现自身利益的充分理性的“智猪”。猪圈两头距离很远，一头安装了一只控制饲料供应的踏板，另一头是饲料的出口和食槽。猪每踩一下踏板，另一头就会有相当于10份的饲料进槽，但是踩踏板以及跑到食槽所需要付出的“劳动”，加起来要消耗相当于2份的饲料。

两头猪可以选择的策略有两个：自己去踩踏板或等待另一头猪去踩踏板。如果某一头猪做出自己去踩踏板的选择，不仅要付出劳动，消耗掉2份饲料，而且由于踏板远离饲料，它将比另一头猪后到食槽，从而减少吃到饲料的数量。我们假定：若大猪先到（即小猪踩踏板），大猪将吃到9份的饲料，小猪只能吃到1份的饲料，最后双方得益为［9，-1］；若小猪先到（即大猪踩踏板），大猪和小猪将分别吃到6份和4份的饲料，最后双方得益为［4，4］；若两头猪同时踩踏板，同时跑向食槽，大猪吃到7份的饲料，小猪吃到3份的饲料，即双方得益为［5，1］；若两头猪都选择等待，那就都吃不到饲料，即双方得益均为0。

那么这个博弈的均衡解是什么呢？这个博弈的均衡解是大猪选择踩踏板，小猪选择等待，这时，大猪和小猪的净收益水平均为4个单位。这是一个“多劳不多得，少劳不少得”的均衡。

我们知道，在博弈中，博弈双方都会选择最优策略，而且都明确知道对方的最优策略，所以，在这场博弈中，小猪所选择的策略只有一个——等待，而这一策略又是为大猪所知的，那么，大猪便毫无其他选择，尽管心不甘，也没有办法。

在生活中，智猪博弈也是无处不在的。

在一个股份公司当中，股东都承担着监督经理的职能，但是大小股东从监督中获得的收益大小不一样。在监督成本相同的情况下，大股东从监督中获得的收益明显大于小股东。因此，小股东往往不会像大股东那样去监督经理人员，而大股东也明确无误地知道不监督是小股东的优势策略，知道小股东要搭大股东的便车，但是别无选择。大股东选择监督经理的责任、独自承担监督成本，是在小股东占优选择的前提下必须选择的最优策略。这样一来，与智猪博弈一样，从每股的净收益（每股收益减去每股分担的监督成本）来看，小股东要大于大股东。

这样的客观事实就为那些“小猪”提供了一个十分有用的成长方式，那就是“借”。有一句话叫作“业成气候人成才”。仅仅依靠自身的力量而不借助外界的力量，一个人很难成就一番大事业。在市场营销中更是如此。每一位营销者要想发展，都必须学会利用市场上已经存在的舞台和力量。只有具备更高的精神境界，才能借助外界的力量，把自己托上广阔的天空。

在商业运作中也可以借助他人的力量，但要求有自己的主导产品，才能在发展中坐坐“顺风车”。

蒙牛乳业的副总裁孙先红就成功策划了一场坐“顺风车”的广告宣传。

“蒙牛”曾是个名不见经传的企业，它是如何以如此快的速度使“蒙牛”尽人皆知，又是怎样在强大的竞争对手压力之下跻身全国乳业前列？原来，蒙牛深知“借势”的作用，在自己很弱小时就站在巨人的肩膀上进行了超越。

走向1999年的蒙牛，钱少，名小，势薄。更为残酷的是，蒙牛与伊利同城而居。在狮子鼻尖下游走，在巨人脚底下起舞，在鲁班门前耍大斧，行吗？

但是，事物总有两面性。伊利既是强大的竞争对手，同时也是蒙牛学习的榜样。伊利不正为蒙牛提供了后发优势吗？

好，那就站到巨人的肩膀上。

孙子说，用兵之道，以正合，以奇胜。面对严峻的市场，蒙牛的借势之作腾空而起：创内蒙古乳业第二品牌。

内蒙古乳业的第一品牌是伊利，这是世人皆知的。可是，内蒙古乳业的第二品牌是谁？没人知道。蒙牛一出世就提出创“第二品牌”，这等于把所有其他竞争对手都甩到了身后，一起步就“加冕”到了第二名的位置。而且，伊利也是中国冰激凌第一品牌——蒙牛这光沾大了，这势借巧了。

创意出来了，如何用最少的钱最大化地把它传播出去？

有调查报告称，打知名度，第一媒体是电视，第二媒体是户外广告。经过一个月的考察，孙先红认为在呼和浩特，花同样的钱，路牌广告的效果比电视广告要好。

当时在呼市经营路牌广告的益维公司，大量资源处于闲置状态，没人认识到这一广告资源的宝贵。

孙先红就用“马太效应”策动益维负责人：你的牌子长时间没人上广告，那就会无限期地荒下去，小荒会引起大荒；如果蒙牛铺天盖地做上3个月，就会有人认识到它的价值，一人买引得百人购。所以，我们大批量用你的媒体，其实也是在为你做广告，你只收工本费就会成为大赢家。

结果，蒙牛只用成本价，就购得了300多块路牌广告的发布权。发布期限为3个月。

媒体有了，怎么发布？

用红色！因为红色代表喜庆，红色最惹眼、最醒目。

出奇兵！不能陆陆续续上，必须一觉醒来，满大街都是。不鸣则已，一鸣惊人。

1999年4月1日就是这样一个日子。一觉醒来，人们突然发现所有主街道都戴上了“红帽子”——道路两旁冒出一溜溜的红色路牌广告，上面高书金黄大字：“蒙牛乳业，创内蒙古乳业第二品牌！”并注：“发展乳品工业，振兴内蒙古经济。”

一石激起千层浪。夺目的广告牌吸引了无数探寻的眼睛，角角落落流传着不约而同的话题："蒙牛"是谁的企业？以前怎么没听说过？工厂在哪儿？声言创"第二品牌"，是吹牛，还是真有这么大的本事……

人们认识蒙牛了。

但随后，蒙牛却遇到了一件不寻常的事。1999 年 5 月 1 日，一夜之间，有 48 块服务蒙牛的路牌，被不明身份的人抡着棍棒砸得稀烂。

蒙牛再次成为关注的焦点。

内蒙古几乎所有媒体都参与了报道。5 月份是"声讨月"，《谁砸了蒙牛的招牌？》《路牌广告惨遭损毁》《"砸牌"莫如摊牌》……一篇篇报道，一张张图片，见诸报纸，飞入千家万户。

6 月份是"剖析月"，《蒙牛挑战伊利》《蒙牛在伊利门前摆擂台》《伊利、蒙牛谁将挺立潮头》……一篇篇报道，一张张图片，通过报纸，再次飞入千家万户。

蒙牛的广告牌被砸了，虽没能找到作案者，但人们了解蒙牛了，蒙牛"创内蒙古乳业第二品牌"的理念，以急风暴雨之势，已经深入人心了。

蒙牛能够做到在短时间让人认识、了解，最终认同它的理念，不但得力于强大而巧妙的广告攻势，更得力于对乳业巨人伊利的借势。如果没有伊利的"第一"，蒙牛也就无从想出"第二"。我们可以看到，蒙牛整个造势过程，都是以伊利为标杆的，无论是以蒙牛的"前辈"，还是以竞争对手的身份出现，伊利这个中国乳业的老大着实做了一把蒙牛的配角，把蒙牛"捧红"了。

兵法《三十六计》中有计为："树上开花，借局布势，力小势大。鸿渐于陆，其羽可用为仪也。"这是指利用别人的优势造成有利于自己的局面，虽然兵力不大，却能发挥极大的威力。这也是智猪博弈中，小猪的最优策略。大雁高飞横空列阵，全凭大家的长翼助长气势。

吃亏是福

博弈过程中经常会出现这样的现象：即每一次的最优策略都会带来损失，但是它最后能够赢得全局的胜利。这就像打仗，即使输掉了每一场战役，却依然能赢得整个战争。反之，即使赢得了每一场战役，也不一定能赢得整个战争。要想赢得战争，有时就要输掉战役，也就是要有长远的眼光。

美国第九届总统威廉·哈里逊小时候家里很贫穷，他沉默寡言，家乡的人们甚至认为他是个傻孩子。有一次，一个人跟他开玩笑，拿一枚 5 美分的硬币和一枚1美元的硬币放在他的面前让他挑，说挑哪个就送他哪个。哈里逊看了看，挑了5美分的硬币。这一举动逗得人们哈哈大笑，人们都以为哈里逊是个傻小孩。

这事很快在当地传开了，很多人都饶有兴致地来看这个“傻小孩”，并拿来5美分和1美元的硬币让他挑。每次，哈里逊都是拿那枚5美分的，而不拿1美元的。一位妇女看他这样可怜，就问他：“你难道真的不知道哪个更值钱吗？”哈里逊回答说：“当然知道，夫人，可是我拿了1美元的硬币，他们就再也不会把硬币摆在我面前，那么，我就连5美分也拿不到了。”

如果从某一次合作的局部看可能是吃亏的，但是这次合作对全局发展却起到极大的作用，那么这种亏是值得吃的。这正是俗语所谓“吃小亏占大便宜”，细细一想的确十分传神。

顾维钧是近代中国著名的外交家，他有一段关于吃亏的论述十分精彩。顾维钧以为中国的事情难办，尤其外交难办。他以为内政的对象是人民，外交的对象是国家。在内政上有时候可以开大价钱，可以开空头支票，反正人民无知无力，对你也无可奈何。至于外交，那就得货真价实，不能假一点，不能要大价钱，否则就会自讨没趣，自食其果。他曾经不无惋惜地说：“中国的外交，从巴黎和会以来，我经手的就很多。所犯的毛病，就是大家乱要价钱，不愿意吃明亏，结果吃暗亏；不愿意吃小亏，结果吃大亏。”

顾维钧虽然是在说国际交往，但是事实上符合生活中的许多事情，分辨明亏与暗亏，大亏与小亏，是每一个人走向成功必须具有的智慧。

有一个年轻人大学刚毕业就进入出版社做编辑，他的文笔很好，但更可贵的是他的工作态度。

那时出版社正在进行一套丛书的编辑，每个人都很忙，但老板并没有增加人手的打算。于是编辑部的人也被派到打印部、业务部帮忙，但整个编辑部只有那个年轻人接受老板的指派，其他的都是去一两次就抗议了。

他说：“吃亏就是占便宜嘛！”

事实上也看不出他有什么便宜可占，因为他要帮忙包书、送书，像个苦力工一样。他真是个可随意指挥的员工，后来他又去业务部，参与直销的工作。此外，连取稿、跑印刷厂、邮寄……只要开口要求，他都乐意帮忙！

“反正吃亏就是占便宜嘛！”他这么说。

两年过后，他自己成立了一家出版文化公司，做得还不错。原来他是在吃亏的时候，把一家出版社的编辑、发行、直销等工作都摸熟了。他真的是占了大便宜啊！

如果吃亏能让你得到比其他人更多的工作经验，更多的发展机会，那么吃亏也就是占便宜。这个年轻的大学生，在最初工作的时候，随意地被老板和其他员工指派，但就是在这个过程中，他积累了工作经验、人脉关系，在短短两年之后成功地开创了自己的事业。

在工作中，我们不要总是计较工作的轻重，比别人干多了，还是干少了，重要的是能否得到自己所需要的知识技能。尤其是年轻人，这样的吃亏实际上恰恰是输战役而赢战争的积累，因为它使你积累了工作经验，提高了自己的办事能力，扩大了人际关系网络。

“吃小亏，占大便宜”是长远博弈的一种体现，这是一种不计眼前、着眼长远的智慧。拥有这一思维的人，不会为近期的逆境所困惑，而着重于在逆境与冷落中学习、积累、升华，从而获得质的飞跃，达到“不鸣则已，一鸣惊人”的效果。

货比三家的艺术

在熙熙攘攘的集市上，我们经常会看到这样的场景：买家看中了一件东西，而卖家也看出买家对这件东西感兴趣。于是，一场讨价还价开始了。

“多少钱？”“18 元！”“你想抢钱啊，2 元！”“16 元！”“还是太贵了，4 元！”“我让一点儿，14 元！”“我加一点儿，6 元！”“最低 12 元，不然没钱赚了。”“最高 8 元，不然我到别家去买。”“算了，成本价给你，10 元！”“那就 10 元吧，让你赚就赚吧！”

看着他们的价位像钟摆一样，摆过来，摆过去，最后停在 10 元上，有人也许会想：“为何不一开始就卖 10 元？都省事。”而实际上，10 元是双方博弈后的结果，如果不通过讨价还价，谁也不知道 10 元是双方的最佳成交价。

在讨价还价的过程中，博弈当事人的利益是对立的，一方利益的增加会损害另外一方的利益。但双方为了避免两败俱伤，就会在达成协议的底线和争取较优结果中进行权衡。但如此的讨价还价始终是对卖方有利的，因双方信息的不对等性，使得卖方总是获益较大，而买方虽然少付了一些钱，但这种策略对他来说仍不是最优的。

那么，最优的策略是什么呢？货比三家！下面这个例子便可以让我们知道货比三家的艺术：

王先生想在自家别墅后面修一个游泳池，要求有温水过滤装置，并在两个月内完工。王先生在游泳池的造价及建筑质量方面是个彻头彻尾的外行，但是这并没有难倒他。他首先在报纸上登了个建造游泳池的招商广告，具体写明了建造要求。很快有 a、b、c 三位承包商前来报上了承包详细标单，里面有各项工程费用及总费用。王先生仔细地看了这三张标单，发现所提供的抽水设备、温水设备、过滤网标准和付钱条件等都不一样，总费用也有不小的差距。

于是，王先生邀请 a、b、c 三位承包商到自己家里商谈。第一个约定在上午 9：00，第二个约定在 9：15，第三个约定在 9：30。三位承包商如约准时到来，但王先生客气地说，自己有件急事要处理，一会儿再与他们商谈。三位承包商只得坐在客厅里一边彼此交谈，一边耐心等待。10：00 的时候，王先生出来请承包商 a 先生进到书房去商谈。a 先生一进门就介绍自己干的游泳池工程一向是最好的，建家庭游泳池实在是小菜一碟。同时，他还顺便告诉王先生，b 先生曾经丢下许多未完的工程，现在正处于破产的边缘。接着，王先生请 b 先生进行商谈。王先生从 b 先生那里又了解到，其他人提供的水管都是塑胶管，只有 b 先生所提供的才是真正的铜管。最后，王先生出来请 c 先生进行商谈。c 先生告诉王先生，其他人所使用的过滤网都是品质低劣的，并且往往不能彻底做完，而自己则绝对能做到保质、保量、保工期。

王先生通过耐心的倾听和旁敲侧击的提问，基本上弄清了游泳池的建筑设计要求，特别是掌握了三位承包商的基本情况：a 先生的要价最高，b 先生的建筑设计质量最好，c 先生的价格最低。经过权衡利弊，王先生最后选中了 b 先生来建造游泳池，但只给 c 先生提出的标价。经过一番讨价还价之后，谈判终于达成一致。

就这样，三个精明的商人没斗过一个建筑外行。王先生在极短的时间内，不仅自己从外行变成了内行，而且还找到了质量最好、价钱最便宜的建造者。这种所谓让卖家与卖家竞争的策略设计，其中就包含着对外部机会的巧妙算计。

第二十二章

共赢思维
——解决利益冲突难题的大智慧

大家好才是真的好

螃蟹在陆地上也可以生存，不过离开水的时间不能太久，所以它们就不停地吐泡沫来弄湿自己和伙伴。一只螃蟹吐的沫是不大可能把自己完全包裹起来的，但几只螃蟹一起吐泡沫连接起来就形成了一个大的泡沫团，它们也就营造了一个能够容纳它们的富含水分的生存空间，彼此都争取到了生存的机会，营造了一种共赢的氛围。

这已经不是一个“天下唯我独尊”的时代，今天人们更倾向于达到一种共荣共赢的状态，这时，共赢思维的培养便显得重要和迫切。

共赢思维是一种基于互敬、寻求互惠的思考框架，目的是获得更多的机会、财富及资源，而非敌对式竞争。共赢既非损人利己，亦非损己利人。我们的工作伙伴及家庭成员要从互赖式的角度来思考。共赢思维鼓励我们解决问题，并协助个人找到互惠的解决办法，是一种信息、力量、认可及报酬的分享。

共赢思维的基础是存在大量的非“零和游戏”。“零和游戏”使得人们不得不分出你我来，因为只能是“一正一负”的结果。而现实中存在大量的非“零和游戏”，也就是存在大家都得“正”的机会，而且多数情况下，我们把握得当，完全可以做到大家一直“正”下去。

下面这个故事，可以让我们更形象地认识共赢。

在美国一个农村，住着一个老头，他有 3 个儿子。大儿子、二儿子都在城里工作，小儿子和他在一起，父子相依为命。

突然有一天，一个人找到老头，对他说："尊敬的老人，我想把你的小儿子带到城里去工作。"

老头气愤地说："不行，绝对不行，你滚出去吧！"

这个人说："如果我给你儿子找的对象，也就是你未来的儿媳妇是洛克菲勒的女儿呢？"

老头想了想。终于，让儿子当上洛克菲勒女婿这件事打动了他。

过了几天，这个人找到洛克菲勒，对他说："尊敬的洛克菲勒先生，我想给你的女儿找个对象？"

洛克菲勒说："快滚出去吧！"

这个人又说："如果我给你女儿找的对象，也就是你未来的女婿是世界银行的副总裁，可以吗？"

洛克菲勒同意了。

又过了几天，这个人找到了世界银行总裁，对他说："尊敬的总裁先生，你应该马上任命一个副总裁！"

总裁先生说："不可能，这里这么多副总裁，我为什么还要任命一个副总裁呢，而且还必须是马上？"

这个人说："如果你任命的这个副总裁是洛克菲勒的女婿，可以吗？"

总裁先生同意了。

在这里，我们不去探究故事的真伪，而将目光着重放在共赢局面的打造上。故事中的人物都得到了一个"正"的结果：年轻人从一个穷小子一跃成为世界银行副总裁，而且娶到了富豪的女儿；洛克菲勒得到了一个做世界银行副总裁的女婿，对日后的商业活动大有益处；世界银行的总裁得到了洛克菲勒的女婿做副手，以后可以更好地与大财团合作，以增加自己的效益；至于中间的介绍人，故事中虽未说明他会得到怎样的好处，但我们不难想象出他也是整个事业中的大赢家。因为他，三方都拥有了难得的好收益，又怎会怠慢这位牵线人呢？

这个故事很好地体现了介绍人的共赢思维，他巧妙的举动使几个毫无关系的人紧密地联系到了一起，并打造了共赢的局面，真正地体现了共赢思维法的主旨——大家好才是真的好。

无论是在日常生活中还是商业活动中，"大家好才是真的好"一直是智者坚持奉行的理念。每一个人、每一个组织都不是孤立的个体，尤其是当今社会，人与人之间的联系更加紧密，事与事之间的关联之紧也常常超乎我们的想象。欲寻求更大的收益，越来越不能仅靠自己，而是同其他人结为利益共同体，向着共赢一起努力。李嘉诚的买卖不可谓不大，他的生意经中就有这样一条：只有自己赚钱的买卖坚决不做，钱要大家赚才好。

拥有了共赢思维，我们就可以团结更多的人，大家一起将“饼”做大，一边享受“大饼”，一边继续一起做“饼”。“饼”是可以越做越大的，不要着急分“饼”，而且，重要的不是现在摆在面前的“小饼”，而是大家如何一起尽快做出“大饼”！

我 + 我们 = 完整的我

一个精明的荷兰花草商人，千里迢迢从遥远的非洲引进了一种名贵的花卉，培育在自己的花圃里，准备到时候卖上个好价钱。对这种名贵的花卉，商人爱护备至，许多亲朋好友向他索要，一向慷慨大方的他却连一粒种子也不给。他计划培植 3 年，等拥有上万株后再开始出售和馈赠。

第一年的春天，他的花开了，花圃里万紫千红，那种名贵的花开得尤其漂亮，就像一缕缕明媚的阳光。第二年的春天，他的这种名贵的花已经有五六千株，但他和朋友们发现，今年的花没有去年开得好，花朵变小不说，还有一点点的杂色。到了第三年的春天，他的名贵的花已经培植出了上万株，令这位商人沮丧的是，那些名贵的花的花朵已经变得更小，花色也差得多了，完全没有了它在非洲时的那种雍容和高贵。当然，他也没能靠这些花赚上一大笔。

难道这些花退化了吗？可非洲人年年种养这种花，大面积、年复一年地种植，并没有见过这种花会退化呀。他百思不得其解，便去请教一位植物学家。植物学家拄着拐杖来到他的花圃看了看，问他：“你这花圃隔壁是什么？”

他说：“隔壁是别人的花圃。”

植物学家又问他：“他们种植的也是这种花吗？”

他摇摇头说：“这种花在全荷兰，甚至整个欧洲也只有我一个人有，他们的花圃里都是些郁金香、玫瑰、金盏菊之类的普通花卉。”

植物学家沉吟了半天说：“我知道你这名贵之花不再名贵的致命秘密了。”植物学家接着说：“尽管你的花圃里种满了这种名贵之花，但和你的花圃毗邻的花圃却种植着其他花卉，你的这种名贵之花被风传授了花粉后，又染上了毗邻花圃里的其他品种的花粉，所以你的名贵之花一年不如一年，越来越不雍容华贵了。”

商人问植物学家该怎么办，植物学家说：“谁能阻挡住风传授花粉呢？要想使你的名贵之花不失本色，只有一个办法，那就是让你邻居的花圃里也都种上你的这种花。”于是商人把自己的花种分给了自己的邻居。次年春天花开的时候，商人和邻居的花圃几乎成了这种名贵之花的海洋——花朵又肥又大，花色典雅，朵朵流光溢彩，雍容华贵。这些花一上市，便被抢购一空，商人和他的邻居都发了大财。

花草商人起初之所以事与愿违，是因为他不懂得这样一个简单的生活道理：人普遍都是利己的，但给予总是相互的。我们都不是孤立地存在于社会之中的，人与人之间有着各种各样的密切联系，都需要直接或间接的给予和接受，无论少了哪个环节，都必将影响到不可分割的整体，而自己也必然受到一定的影响。从哲学上讲，世界上没有绝对独立的事物，一切都是环环相扣，善与善相对，恶与恶相随的，凡事都讲究一个因果关系，当你付出了同情和友善，你也必将会收获同情与友善，这是毋庸置疑的真理。而善待别人其实也就是善待自己，帮助别人也就是帮助了自己。

对上述故事，换一个角度来看，倘若这个商人摈弃了自私心理，用共赢思维来考虑问题，那么附近的花草商就能同期种植这种名贵的花，在相连的一片土地上，也就不存在因品种不同而产生劣质花粉的可能，那么名贵的花也就不会受到影响而会继续保持名贵的品质。由此延伸开来，这些会给这个地区的花商带来集体经济效益的提高，而第一位引进名贵花卉并与大家分享的花草商人自然也会得到自己想要实现的收益，并且会获得大家的感激和尊敬。给予与不给予，差别仅仅在于能不能抛弃狭隘的心理，愿不愿意把信息及时到位地传达给他人。所以在人与人的交往中，要懂得给予，要舍得给予，目光长远，心胸开阔，这样才能获大利，成大器。

一个人是这样，一个小组织、一个企业更需如此，随着市场经济的逐步完善和进一步发展，单纯依靠自己各自为政是不可能取得最佳的发展的。一个篱笆三个桩，一个好汉三个帮，一个企业也只有与其他相关企业联合起来，通力合作，才能取得最佳的市场效果，才能保证企业的整体收益，从而实现企业自身制定的目标。这就要求企业要懂得共赢，懂得合作，而共赢理论也正在成为市场的主旋律，企业之间增强积极的合作，努力营造一个有序的市场经济环境，每个企业也就拥有了更大的发展空间。著名的心理学家荣格有这样一个公式："我+我们=完整的我"，绝对的我是不存在的，只有融入我们的"我"，才能实现真正的我。企业之间要尽量避免恶意竞争，精诚合作，实现优势互补，在竞争中求得共同发展，这才是真正的"赢"。

要实现企业之间的共赢，首先，企业要清楚地认识共赢的优越之处，树立共赢的意愿，在寻求自己利益的同时，也主动考虑别人的利益，以互利、互信、互赖、合作代替独立竞争。而且，要建立良好的企业机制，在市场上严格要求自己，对客户或伙伴诚实守信，尊重第三方企业，不恶意竞争，不欺骗、不使诈，并且在合法实现自身利益的前提下，尽可能地使对方或者第三方企业获得利益，从而获得更大范围的认可，树立良好的企业信誉，形成企业巨大的无形资产，为企业的长远发展打下牢固根基。之后，还要在尽可能的范围内同竞争者进行协商，寻求更佳的机会和方案，充分利用所掌握的有形的、无形的资产，不断创新，为实现共赢创造行之有效的途径。

从孤军奋战走向团队共赢

非洲大陆上有一种甜瓜，它是土豚的最爱。然而土豚并不是吃了之后就拍拍屁股走人，它还要把自己的粪便用泥土埋起来，因为那粪便中混有未消化的甜瓜种子。就这样，土豚"种"下了很多甜瓜，那些种子有土有肥，来年会结出更多的甜瓜，土豚就有了更多的食物。土豚和甜瓜互利互惠，彼此都得以繁衍生息下去。

淡水龙虾被捉住后放在高高的直立而光滑的桶里，但要是不盖上盖子它们还真能逃走。为什么呢？仔细观察，你就会发现，原来它们一个顶着一个组成了一架长长的"虾梯"，齐心协力地摆脱即将成为人类盘中餐的厄运。

在职业生涯的进程中，一定要牢记与人合作共赢的道理。一人为人，二人为从，三人为众，众人拾柴火焰高。看看这些自然界的例子，我们不难理解，束缚我们的并不是外界的客观因素，而是我们自己那颗不肯与人方便、不肯与人共利的心。

知识经济时代，是以合作共赢为主题的时代。科学技术的迅速发展，使得专业化分工成为必然的工作方式，专业化人才必须互相配合，才能取得最大的效益。单兵作战的方式已经不适应现代社会与经济的发展，团队协作的合力才更具有竞争性。现在，团队合作的意识和能力，已经成为所有企业和公司选人、用人的基本标准之一。

一个人要想在事业上成功，除了自己的努力之外，还需要与人合作。如果一个人只知有己，不知有人，那么，他的努力会在别人的反对或掣肘之下劳而无功。中国房地产界的巨人万科的老总王石曾在一次业界沙龙上说：“超过25% 的利润万科不做。”当场引来一片哗然。其实，万科这样做，是将利润让给合作者和客户，虽然一笔生意少赚一点儿，但会有后续的生意源源而来，这样才可以保证利润之流长久不息。

人生有“三成”，即“不成”“小成”“大成”。依赖别人、受别人控制和影响的人将终生一事无成；孤军奋战、不善合作的人，只能取得有限的成功；只有善于合作、懂得分享、利人利己的人才能成就轰轰烈烈的大事业，实现人生的大成功。

所以，我们必须转变思维，彻底打破非输即赢的陈旧思维模式，从“我”走向“我们”。“好风凭借力，送我上青云”，所以我们要从孤军作战走向团队共赢。

优势互补实现共赢

社会在变，思想观念在变，我们的生存方式也在变。现在的社会是一个充满着各种竞争的社会，同时也是一个进行优势互补才能求生存的社会。

优势互补在我们的生活中起着越来越重要的作用，只有通过优势互补才能实现最终的共赢。

曾看到一则小故事，它很好地诠释了共赢的思维力量。写在这里与大家一起分享：

从前，有两个饥饿的人得到了一位长者的恩赐：一根渔竿和一篓鲜活硕大的鱼。他们其中一个人要了鱼，另一个人要了渔竿。

得到鱼的那个饥饿的人立刻在原地用干柴搭起篝火煮起了鱼，他狼吞虎咽，还没有品出鲜鱼的肉香，转瞬间就连鱼带汤地吃了个精光。不久，他便饿死在空空的鱼篓旁。

另一个饥饿的人继续忍饥挨饿，提着渔竿一步步艰难地向海边走去。可当他已经看到不远处那片蔚蓝色的海水时，连浑身的最后一点儿力气也用完了，他也只能眼巴巴地带着无尽的遗憾撒手人寰。

后来，又有两个饥饿的人，他们同样得到了长者恩赐的一根渔竿和一篓鱼。只是，他们并没有各奔东西，而是商量共同去找寻大海，他俩每次只煮一条鱼。

他们经过遥远的跋涉，来到了海边，开始以捕鱼为生。几年后，他们盖起了房子，还有了各自的家庭，过上了幸福的生活。

同样的资源，同样的处境，后面两个人不但能活下来，而且能够过上幸福的生活，而前面两个人只能活活饿死，这其中的差别就在于互补。善于优势互补的人能够取人之长，补己之短，使有限的资源得到最大化地利用；而不善于互补的人面对困境则愁眉不展，束手无策。

生活中需要人与人之间的优势互补，来实现双方利益的最大化，商业世界中同样需要优势互补，互通有无，对双方占有的资源进行合理配置、有机组合，共同在商业大潮中获利。短信与 QQ 的结合就是其中一例。

当初开发 QQ 时，大家并不知道它的商业模式。当拥有上千万用户时，大家还有些恐慌，因为这需要大量的服务器资源，这需要投入，而大家依然不明白应该如何挣钱。移动 QQ 的出现，不仅使腾讯获得了极大收益，而且使参与其中的中国移动、网络增值服务商、有关网站也受益匪浅。短信的爆炸式增长，是中国移动始料不及的。互联网站参与之后，短信更大范围的增长更是出乎人们的意料。有消息说，短信的分成已经成为部分网站的主要收入来源。不管怎样，大家各有各的资源：电信运营商拥有大量客户、QQ 拥有大量使用者、网站吸引着上亿眼球，这些资源的整合，产生了极大的经济效益，让所有参与者都从中获得了收益。

现在，越来越多的人意识到了共赢的重要性，几乎每一个企业在招聘员工时都将是否具有共赢思维作为重点考察项目，事实也证明，只有那些具有共赢思维并能找到方法达到共赢的人才会有更好的发展。

一家世界 500 强企业在招聘高层管理人员时，有 9 名优秀应聘者经过初试，从上百人中脱颖而出，进入了由公司总裁亲自把关的复试。

总裁看过这 9 人详细的资料和初试成绩后，相当满意。但此次招聘只录取 3 个人。所以，总裁给大家出了最后一道题。

总裁把这 9 个人随机分成甲、乙、丙三组，指定甲组的 3 个人去调查本市婴儿用品市场；乙组的 3 个人调查妇女用品市场；丙组的 3 个人去调查老年人用品市场。

总裁解释说：“我们录取的人是负责开发市场的，所以，你们必须对市场有敏锐的观察力。让大家调查这些行业，是想看看大家对一个新行业的适应能力。每个小组的成员务必全力以赴！”

临走的时候，总裁补充道：“为避免大家盲目开展调查，我已经叫秘书准备了一份相关行业的资料，走的时候自己到秘书那里去取！”

两天后，9个人都把自己的市场分析报告送到了总裁那里。总裁看完后，站起来走向丙组的3个人，分别与之一一握手，并祝贺道：“恭喜三位，你们已经被本公司录取了！”然后，总裁看见大家疑惑的表情，呵呵一笑道：“请大家打开我叫秘书给你们的资料，互相看看。”

原来，每个人得到的资料都不一样，甲组的3个人得到的分别是本市婴儿用品市场过去、现在和将来的分析，其他两组也类似。

总裁说：“丙组的3个人很聪明，互相借用了对方的资料，补充了自己的分析报告。而甲、乙两组的6个人却分头行事，抛开队友，自己做自己的。我出这样一个题目，其实最主要的目的，是想看看大家是否具备共赢思维。甲、乙两组失败的原因在于，他们没有为取得更好的结果去寻找更好的方法，他们忽视了队友的存在！要知道，建立在优势互补上的共赢思维才是现代企业成功的保障！”

通过优势互补，不仅可以给自己增加机会，也可以促成他人的成功，最终实现多方的共赢，应该成为指导我们行动的指南。

树立“助人即是助己”的意识

生命像回声，你送出什么它就送回什么，你播种什么就收获什么，你给予什么就得到什么。你想要别人是你的朋友，首先你得是别人的朋友。

把别人的忧虑当成自己的忧虑的人，别人也会忧虑着他的忧虑；把别人的快乐当成自己的快乐的人，别人也会快乐着他的快乐。用利益帮助别人的人，别人也会用利益帮助他；用道德对待别人的人，别人也会用道德回报他。助人即是助己，这就是共赢思维中的人生哲理。

爱护别人的人，别人会爱护他；尊敬别人的人，别人会尊敬他。爱护别人就是爱护自己，帮助别人就是帮助自己，成就别人就是成就自己。

得到大多数人帮助的人，成功就大；得到少数人帮助的人，成功就小；得不到别人帮助的人，只有失败，没有成功。希望获得别人帮助的人，首先要帮助别人。

一年冬天，年轻的哈默随同伴来到美国南加州一个名叫沃尔逊的小镇，在那里，他认识了善良的镇长杰克逊。正是这位镇长，对哈默后来的成功影响巨大。

一天，天下着小雨，镇长门前花圃旁边的小路成了一片泥淖。于是行人就从花圃里穿过，弄得花圃一片狼藉。哈默不禁替镇长痛惜，于是不顾寒雨淋身，独自站在雨中看护花圃，让行人从泥淖中穿行。

这时出去半天的镇长满面微笑地从外面挑回一担煤渣，从容地把它铺在泥淖里。结果，再也没有人从花圃里穿过了。镇长意味深长地对哈默说：“你看，给人方便，就是给自己方便。我们这样做有什么不好？”

后来，哈默通过艰苦的奋斗成了美国石油大王。一天深夜，他在一家大酒店门口被黑人记者杰西克拦住，杰西克问了他一个最敏感的话题：“为什么前一阵子阁下对东欧国家的石油输出量减少了，而你最大的对手的石油输出量却略有增加？这似乎与阁下现在的石油大王身份不符。”

哈默听了记者这个尖锐的问题，没有立即反驳他，而是平静地回答道：“给人方便就是给自己方便。那些想在竞争中出人头地的人如果知道，关照别人需要的只是一点点的理解与大度，却能赢来意想不到的收获，那他一定会后悔不迭。给人方便，是一种最有力量的方式，也是一条最好的路。”

每个人的心都是一个花圃，每个人的人生之旅就好比花圃旁边的小路，而生活的天空不仅有风和日丽，也有风霜雪雨。那些在雨中前行的人们如果能有一条可以顺利通过的路，谁还愿意去践踏美丽的花圃，伤害善良的心灵呢？

帮助别人就是帮助自己，给别人出路的同时也为自己铺设了一条通往成功的路，这种双赢的格局应该是每一个希冀成功的人所追求的境界。那些在自己能够帮助别人时没有伸出援助之手的人，在自己需要帮助时会流下孤寂而悔恨的泪水。

1945 年，德国牧师马丁·尼莫勒说：“刚开始时，纳粹镇压共产主义者，我没说话，因为我不是共产主义者。然后，他们开始迫害犹太人，我也没说话，因为我不是犹太人。接着纳粹把矛头指向商业工会，我还是没说话，因为我不属于商业工会。当他们迫害天主教徒时，我仍然没说话，因为我是个新教教徒。后来他们开始镇压新教教徒……可那个时候，我周围的人已经被迫害得一个不剩，没有人能为新教说话了。”

福乐是每个人都想享有的，如果你处处只想到自己的利益，就会众叛亲离；若过于孤立，则成功的缘分就渐渐疏离；不该得的财富你处心积虑想拥有它，到头来你会失去更多的回报和机会。

消除“零和”与“负和”

先来说一则寓言：

甲、乙、丙住在一个村里，甲养有很多羊，长得肥壮。乙养牛，但效果不佳，挺瘦的。而丙呢，什么也不养。有一天，丙对甲说，我用一头牛换你五只羊，可以吗？甲当然高兴，欣然同意后，丙又对乙说，我以两头肥羊换你一头瘦牛，行吗？乙也欣然应允。再后来，甲养牛，乙养的是羊，而丙则既有牛又有羊。再到后来，甲没有了羊，乙没有了牛，丙有牛也有羊。

这是一个典型的“零和游戏”。零和游戏注定了游戏中有输有赢，一方所赢正是另一方所输，游戏的总成绩永远为零。就像寓言中，虽然丙获得了丰厚的回报，但甲和乙却付出了所有的财产。因此，胜利者的光荣后面往往隐藏着失败者的辛酸和苦涩。

再来看另外一则故事：

有两个重病患者同住在一间病房里。房子很小，只有一扇窗子可以看见外面的世界。其中一个病人的床靠着窗，他每天下午可以在床上坐一个小时。另外一个人则终日都得躺在床上。

靠窗的病人每次坐起来的时候，都会描绘窗外的景致给另一个人听。从窗口可以看到公园的湖，湖内有鸭子和天鹅，孩子们在那儿撒面包片，放模型船，年轻的恋人在树下携手散步，人们在绿草如茵的地方玩球嬉戏，头顶上则是美丽的天空。

另一个人倾听着，享受着每一分钟。一个孩子差点儿跌到湖里，一个美丽的女孩穿着漂亮的夏装……朋友的诉说几乎使他感觉到自己亲眼看见了外面发生的一切。

在一个晴朗的午后，他心想：为什么睡在窗边的人可以独享外面的风景呢？为什么我没有这样的机会？他觉得很不是滋味。越是这么想，他就越想换床位。

这天夜里，他盯着天花板想着自己的心事，另一个人忽然惊醒了，拼命地咳嗽，一直想用手按铃叫护士进来。但这个人只是旁观而没有帮忙——他感到同伴的呼吸渐渐停止了。

第二天早上，护士来时那人已经死去，他的尸体被静静地抬走了。

过了一段时间，这人问他是否能换到靠窗户的那张床上。护士们搬动他，将他换到了那张床上，他感到很满意。

人们走后，他用肘撑起自己，吃力地往窗外望……

窗外只有一堵空白的墙。

如果这个人不起恶念，在晚上按铃帮助另一个人，他还可以听到美妙的窗外故事。

可是现在一切都晚了，他看到的是什么呢？不仅是自己心灵的丑恶，还有窗外的白墙——一堵冷漠的心墙。

几天之后，他在自责和忧郁中死去。

这个故事说的就是一种“负和”的局面，在负和博弈中，博弈双方得到的都是最差的结果，双方的利益增加值均为负值。就像这个故事中，自私者为了看到“窗外美景”而拒绝帮助同伴，在同伴死后，他看到的只是一堵白墙，最终忧郁而亡。两个人都没有得到收益。

上述“零和”与“负和”的情况是我们在生活中应极力避免的。我们追求一种共赢的局面，也就是要进行“正和”游戏，互相合作、互相帮助，使双方的利益都有所增加。

合作与如何合作是两个不同的问题。企业里常会有一些嫉妒别人的成就与杰出表现的人，他们天天想尽办法进行破坏与打压。如果企业不把这种人辞退，长此以往，组织里就只剩下一群互相牵制、毫无生产力的“螃蟹”。

每当秋天，当你见到雁群为过冬而朝南方，沿途以“V”字队形飞行时，你也许想到某种科学论点已经可以说明它们为什么如此飞。当每一只鸟展翅拍打时，造成其他的鸟立刻跟进，整个鸟群抬升。借着“V”字队形，整个鸟群比每只鸟单飞时，至少增加了71%的飞升能力。当一只大雁脱队时，它立刻感到独自飞行时的迟缓、拖拉与吃力，所以很快又回到队形中，继续利用前一只鸟所造成的浮力。

当领队的鸟疲倦了，它会退到侧翼，另一只大雁则接替飞在队形的最前端。这些雁定期变换领导者，因为为首的雁在前头开路，能帮助它左右两边的雁造成局部的真空。科学家曾在风洞试验中发现，成群的雁以“V”字形飞行，比一只雁单独飞行能多飞12%的距离。

布莱克说过：“没有一只鸟会升得太高，如果它只用自己的翅膀飞升。”人类也是一样，如果懂得跟同伴合作而不是彼此争斗的话，往往能飞得更高、更远，而且更快。

一个没有双腿的男子，遇见了一个瞎子，就向这个瞎子提议，两人联合起来，可以给双方带来莫大的好处。他对瞎子说：“你让我趴到你的背上去，这样我可以利用你的腿，而你可以利用我的眼睛。我们两人合作，做起事来可以更快一点。”

不幸的是，许多年轻人没有这位缺腿男子的远见，他们被灌输了垃圾式的思想，那就是必须践踏别人、糟蹋别人、利用别人才能达到高峰。这些问题值得每个人、每个企业深思。

商业中的“和合双赢”之道

“和合”一词出于《国语·郑语》，周幽王八年（公元前774年），郑桓公做王室司徒，他与太史伯谈论“兴衰之故”和“生死之道”，讲到虞夏周商之所以功业赫赫，根本原因就在于“能契合五教，以保于百姓者也。”“五教”就是父义、母慈、兄友、弟恭、子孝，太史伯指出周幽王“必弊”的原因就在于“去和取同”，因为和非同也。

商道乃和合之道，不是你死我活的关系，乃是和合的双赢和多赢关系。这就是共赢思维在商业中最直接的运用。我们最常见的“和合双赢”是两个不同产品之间的合作与促进。如金龙鱼与苏泊尔的合作。

金龙鱼是嘉里粮油旗下的著名食用油品牌，最先将小包装食用油引入中国市场。多年来，金龙鱼一直致力于改变国人的食用油健康条件，并进一步研发了更健康、营养的第二代调和油和AE色拉油。

苏泊尔是中国炊具第一品牌，金龙鱼是中国食用油第一品牌，两者都倡导新的健康烹调观念。如果两者结合在一起，岂不是能将“健康”做得更大？就这样，两家企业策划了苏泊尔和金龙鱼两个行业领导品牌“好油好锅，引领健康食尚”的联合推广，在全国800家卖场掀起了一场红色风暴……

他们首先对两大品牌做了详细的分析，发现彼此品牌的内涵有着惊人的相似：“健康与烹饪的乐趣”是双方共同的主张，也是双方合作的基础。如果围绕着这个主题，双方共同推出联合品牌，在同一品牌下各自进行投入，这样双方既可避免行业差异，更好地为消费者所接受，又可以在合作时透过该品牌进行关联。由于双方都是行业领袖，强强联合使得品牌的冲击力更加强大，双方都能从投入该品牌中获益。经过双方磋商，决定将联合品牌合作分为两个阶段：第一阶段通过春节档的促销活动将双方联合的信息告知消费者；第二阶段为品牌升华期，在第一阶段的基础上共同操作联合品牌。

“好油好锅，引领健康食尚”活动在全国36个城市同步举行。活动期间，顾客凡是购买一瓶金龙鱼第二代调和油或色拉油，即可领取红运双联刮卡一张，刮开即有机会赢得新年大奖，包括丰富多样的苏泊尔高档套锅（价值600元）、小巧动人的苏泊尔14厘米奶锅、一见倾心的苏泊尔“一口煎”。同时，凭红运双联刮卡购买108元以下苏泊尔炊具，可折抵现金5元；购买108元以上苏泊尔炊具，还可获赠900mL金龙鱼第二代调和油一瓶。同时，苏泊尔和金龙鱼还联合开发了“新健康食谱”，编纂成册送给大家，并举办健康烹调讲座，告诉大家怎样选择健康的油和锅。

活动正值春节前后，人们买油买锅的欲望高涨。此次活动，不仅给消费者更多让利，让其购物更开心，更重要的是，教给了消费者健康知识，帮助消费者明确选择标准。通过优质的产品和健康的理念，提升了国人的健康生活品质。所以这一活动一经推出，立刻获得了广大消费者的欢迎，不仅苏泊尔锅、金龙鱼油的销售大幅上涨，而且其健康品牌的形象也深入人心。

在这次合作中，苏泊尔、金龙鱼在成本降低的同时，品牌和市场得到了又一次提升：金龙鱼扩大了自己的市场份额，品牌美誉度得到进一步加强；而苏泊尔，则进一步强化了中国厨具第一品牌的市场地位。这正是“和合双赢”的一个层面。

“和合双赢”的另一个层面是与同行合作、与竞争对手合作。

聚沙成塔，集腋成裘。一个人的力量总是有限的，如果能够与同行业的竞争对手精诚合作，则会弥补各自的不足，借“对手”之力，达到双赢的局面。一代奇商胡雪岩就非常注重同行间的合作，他说：“同行不妒，什么事都办得成。”

市场总是一定的。一行生意，同行之间由于经营内容相同，也就意味着要分享同一市场。对同一市场的分享，也就是利益的分享，因此同行间的竞争也是必然的和不可避免的，而为了各自利益，同行间互相忌妒，以至于由忌妒到倾轧、竞争，成了同行间的常事。在竞争中，或者一方取胜，另一方被迫称臣；或者两败俱伤，第三者得利；或者一时难分胜负，双方维持现状，酝酿新一轮的竞争，这似乎是我们都能理解的，也似乎是我们大家都能认可的市场规律。在这种循环中有没有既不损害对方利益、己方又能得利的第三条路可走呢？有！那就是在自己谋利的同时，兼顾同行的利益，既为别人留余地，也给自己开财路，保持稳定的经营，达到双赢的局面。

下 篇

700 道世界顶级思维名题

第一章

世界上很好的思维名题

001 油漆窗户

下图是一个商店的窗户，它的高和宽都是2米。这个商店的油漆工想把它的一半面积漆成蓝色，而同时要留出一个无漆的正方形。那么，他是怎么做的呢？

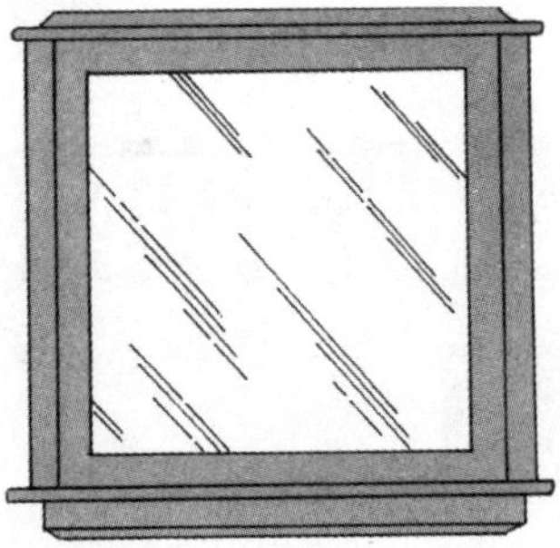

002 麦秆提苏打瓶

这里有一个考验你技术的难题。你必须把一个空苏打水瓶从桌子上拎起来，但是你只能用一只手和一个麦秆。做游戏时，要遵守以下两个规则：不能把麦秆系成结；麦秆不能和瓶子外的任何部分接触。

003 鱼缸

图中的鱼缸已经注满了水。如果不用测量杯或者测量棒，你能否把水从鱼缸中倒出并使水平面正好处于鱼缸的正中间呢？这个办法比你想得要简单！

注意：这个游戏也可以用一个玻璃杯来进行，这样溅出来的水会比较少。

004 五角星上的硬币

这里有一个很有意思的思维游戏等着你来做。将除8号硬币之外的9

枚硬币放在五角星的各个位置上。游戏的目的就是除1枚硬币外把其他硬币从五角星上拿下来。拿硬币时，必须用另一枚硬币沿着线从它的上面跳过去，这个硬币跳过去的地方必须是没有硬币的地方（这种移动硬币的方法与跳棋的跳法相同）。

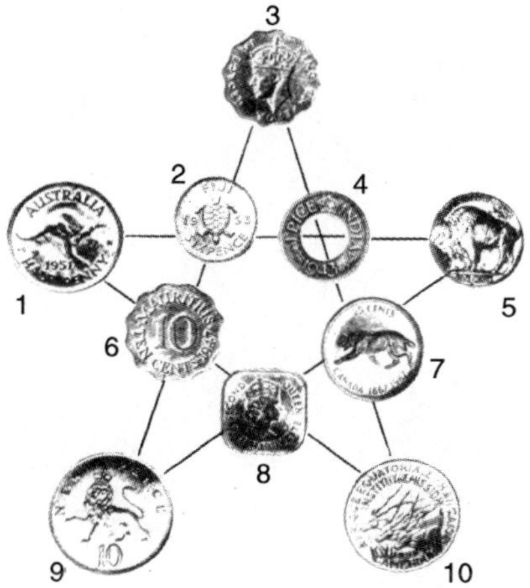

如果你可以在15分钟内做完游戏，那么，说明你的水平很高。

005 神奇的风筝

下图就是著名的“风筝思维游戏”。要做这个游戏，你得先画一个

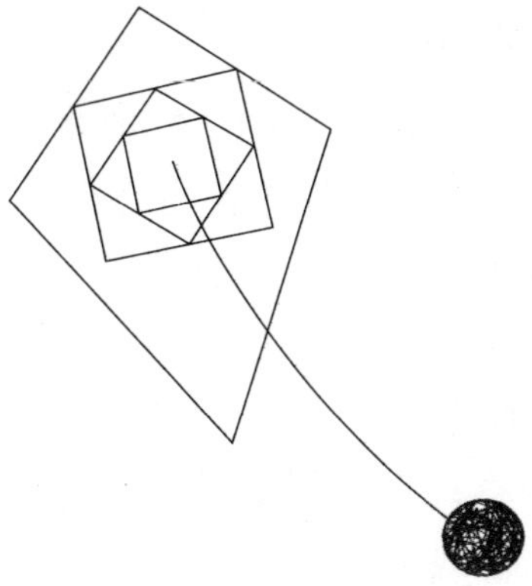

风筝。然后画一条线把风筝连接起来，但是必须一步完成（即用一条线连续画出）。线与线之间不能交叉，也不能重复出现。你必须从线团开始画，然后到风筝的正中央结束。

006 书（1）

你可以用这个思维游戏为难你的朋友们。把一根绳子在一本厚重的书（1000 ~ 1500克）上系一圈，然后将绳子的一端固定在门把手上，并使书悬挂在距地面30厘米的地方。你抓住书下面的绳子，然后对你的朋友们说，你可以随意把书上面或者下面的绳子拽断。这时，他们一定会大吃一惊的。那么，你知道这个神奇的变戏法是如何实现的吗？

007 冰激凌棒（1）

我们用4根冰激凌棒做一个带柄的高玻璃杯。杯中涂色的圆圈是一个多汁的樱桃。你要把樱桃从杯子里拿

出来，但是只能移动其中的 2 根木棒的位置。你不能把樱桃拿走，而且必须保证杯子的形状不变。

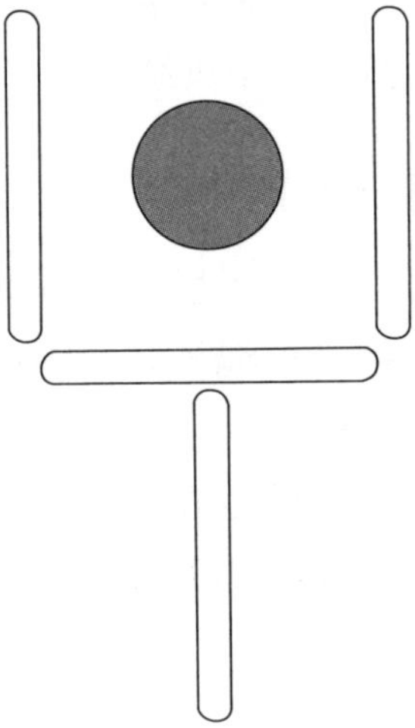

008 牙签（1）

将 8 根牙签按照图中所示的样子摆放。再把一个纽扣当作眼睛放在方框内。

这时，突然我们的“牙签”金枪鱼看见了一条鲨鱼！它必须转身逃命。你能否将 3 根牙签和纽扣移动一下位置，使金枪鱼转到左边呢？

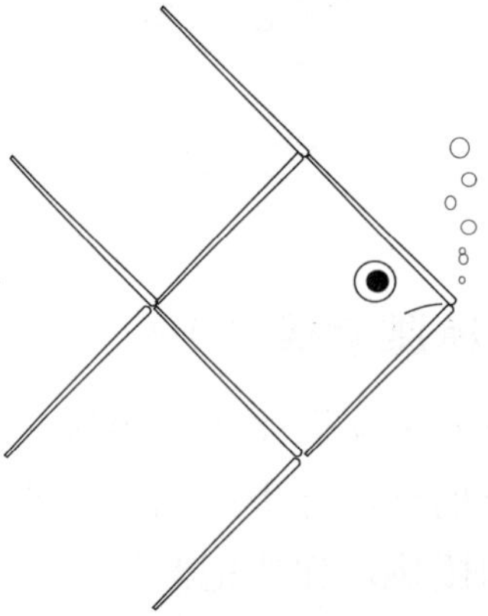

009 绳索（1）

要和一个朋友一起做这个游戏。将绳子的两端松散地分别系在两个手腕上。当然，你的朋友也是这样，同时，套在你的那根绳子上。这样，两根绳子就连接在一起（如图所示）。

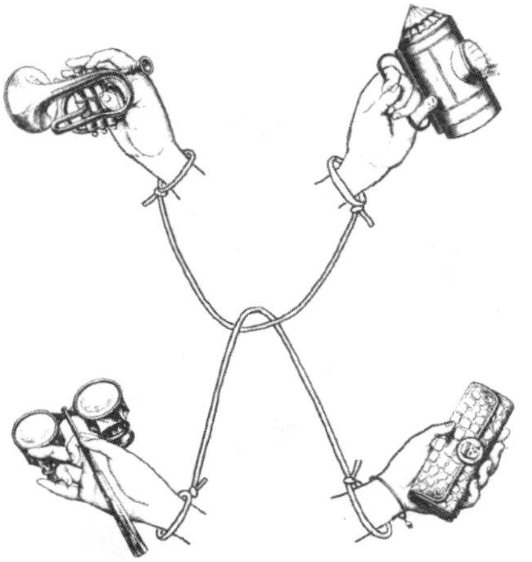

现在，你要和朋友分开，但是不能把结解开，不能割断绳子，也不能把手从绳圈内脱出。

注意：图中所示的物品都是 20 世纪初发明的。请特别注意右上方的闪光灯和左下方的观剧镜。

010 邮票

这是一个很好的“邮票难题”。下图有 6 张来自世界各国的不同邮票，问题是如何将这些邮票摆成一个十字形。但是，要保证十字架的每条线都有 4 张邮票。

提示：1 张邮票可以同时在十字架的 2 条线上。

011 五金店

下图中的 4 个人是老本宁顿五金新店的户主。上周他们搬进了他们在弗莱尔·布莱尔庄园购买的房屋里。这个庄园由 9 个单元组成，它们十分漂亮；站在这里，鱼鹰湖可以尽收眼底。户主们到五金店购买施工人员忘记在每个单元都应该安装的东西。每一个价值 1 元，而 8 也只花 1 元；16 要花 2 元；如果顾客需要 150，则一共要花 3 元；如果订购 300，顾客也只需支付 3 元。最后，顾客一共花了 4 元，并买到各自想要的东西，开开心心地离开了。

那么，这几个顾客买了什么东西呢？

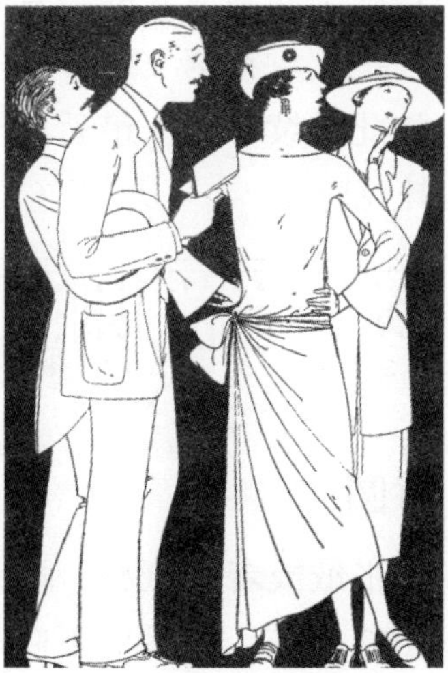

012 1 角硬币

这里有一个让你看起来“不可能”解决的思维游戏。首先，在铺好桌布的桌子上放 1 枚 1 角硬币；然后，在这枚硬币的两边各放 1 枚 1 元硬币，再将 1 个倒置的玻璃杯放在这 2 枚硬币的中间位置上。玻璃杯放好之后的样子要和上图一致。好了，现在做游戏！你必须把那枚 1 角硬币从玻璃杯底下移出来，但是不能移动玻璃杯或者那 2 枚 1 元硬币。而且，你也不能借助其他东西将 1 角硬币从玻璃杯下面推出来。该怎么做呢？

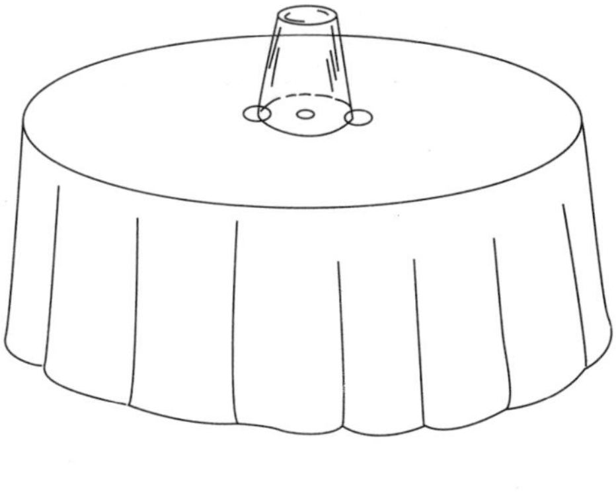

013 箭头

有一种办法可以只通过移动位置就能将这 4 支印第安箭头变成 5 支。

你有什么好办法来解决这个难题，请想一想。

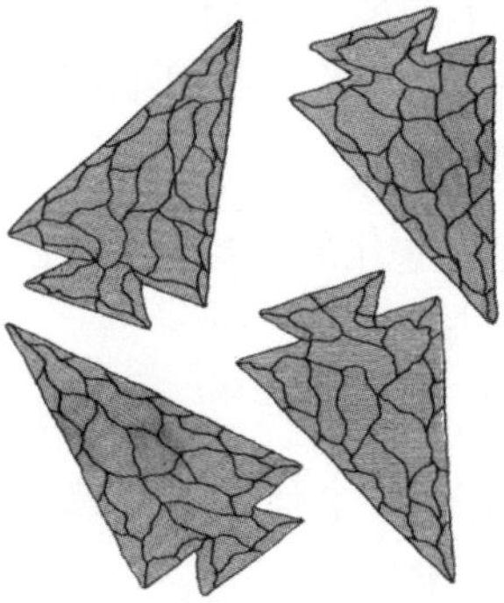

014 糖块

这个有关糖的思维游戏会让你的朋友遇到一些小麻烦。在桌子上放6块糖以及3个茶杯。做游戏者需要做的是将这6块糖按下面的方式放入茶杯中：每个茶杯内的糖块必须是奇数，而且这6块糖都必须用上，但是不能有任何损坏。

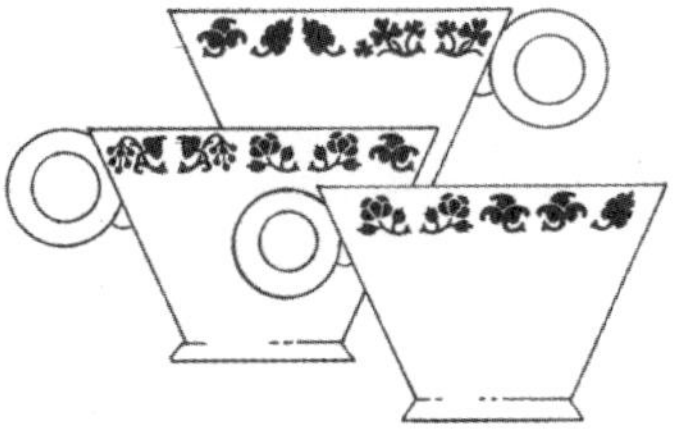

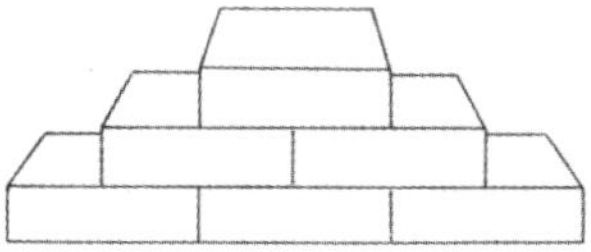

015 钞票

右手拿着1元的钞票，并与胸口平行。另一个人用拇指和食指夹在钞票的中间部位，并与钞票的距离保持在2厘米左右，他的手不能接触钱币。然后，告诉他如果你放手的话，钞票会从他的两个手指之间掉下去，而且他肯定抓不住。这个听起来是不是很简单呢？

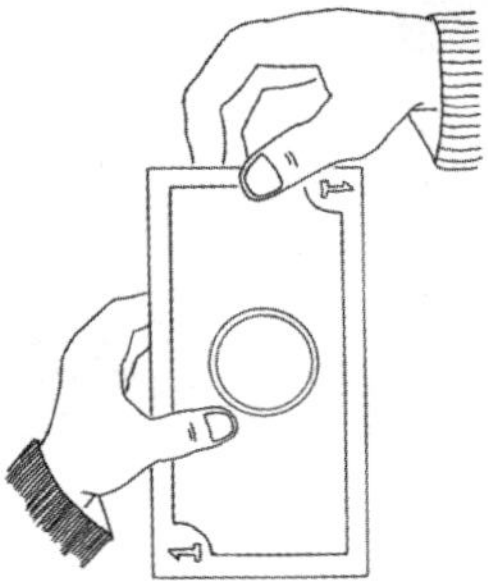

016 扑克牌

把10张扑克牌放在桌子上并且排成一排。从任意一张扑克牌开始，先拿起来然后把它向左或者向右移动，越过2张扑克牌后放在第3张扑克牌上。这样，两张扑克牌就放在一起，成为一对。接着，再拿起另外一张扑克牌，然后向左或者向右越过相邻的两张扑克牌（遇到成对的扑克牌视为一张）并把它放在第3张单独的扑克牌上。如此继续，要求最后桌子上出现5对扑克牌。

017 拼圆

用1张纸或者硬纸板，按照图中所示画出2朵花，然后剪下叶、茎秆和花瓣，你是否能把它们拼在一起，形成1个圆。

018 几何（1）

这是一个很好看的几何思维游戏，而且要比想象的简单。图中，圆圈的中心点是O，∠AOC是90°，线段AB与线段OD线平行，线段OC长12厘米，线段CD长2厘米。你要做的是计算线段AC的长度。

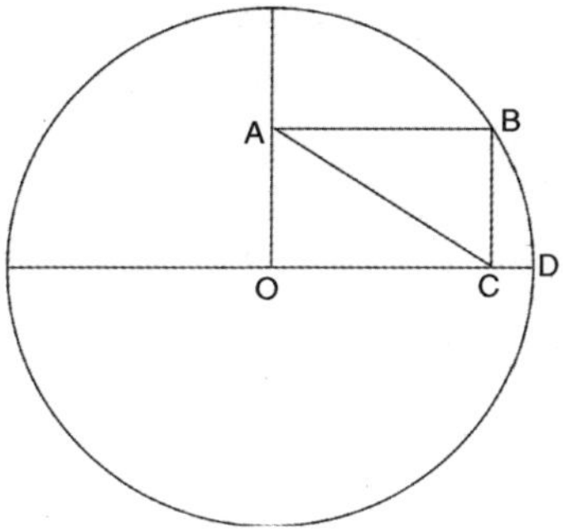

019 飞船

这艘飞船正从月球飞回地球。下图所示的就是前进舱指挥舰板的平面图。伯肯舰长每个小时都会巡视飞船。他将检查从A到M的每一个走廊，而且只检查一次。但是，通过外走廊N的次数不限。同时，进入4个指挥中心（1号、2号、3号和4号）的次数也不受限制。最后，他总是在1号指挥中心结束他的检查。请你把舰长的检查路线展示出来（起点可以从任一指挥中心开始）。

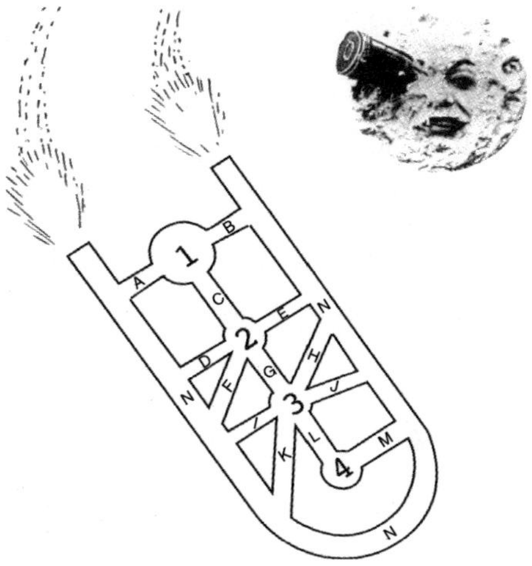

020 射箭

费尔图克曾就一道古老的射箭难题向罗宾汉挑战。他把6支箭射在靶子上，这样他的总分就刚好达到100分。看样子，费尔图克好像知道答案而且可以摘得奖牌了。

提示：有4支箭射在了相同的靶环上。

021 纽扣

这是一道非常有趣的“替代类型”的思维游戏。进行这个游戏时，你只需要准备 2 个白色的纽扣、2 个灰色的纽扣以及图中所示的游戏棋盘。现在，你必须把这些纽扣交换位置，但是只能移动 8 次。白色的纽扣要移到右边，而灰色的纽扣则移到左边。纽扣可以滑到邻近的空位置内。你也可以把一个纽扣从另一个纽扣上跳过去。但是，跳过去的位置上不能有其他的纽扣。

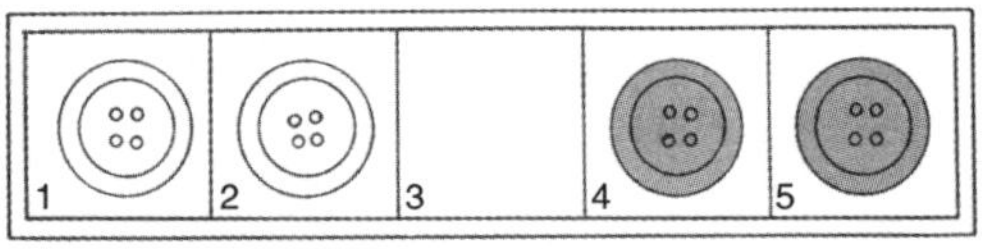

022 链子

一个人有 6 条链子，他想把它们连成一条有 29 个节的链子。他去问铁匠这个需要花费多少钱。铁匠告诉他打开一个环要花 1 元，而要把它焊接在一起则要花 5 角。请问，铁匠做这条链子最少要花多少钱？

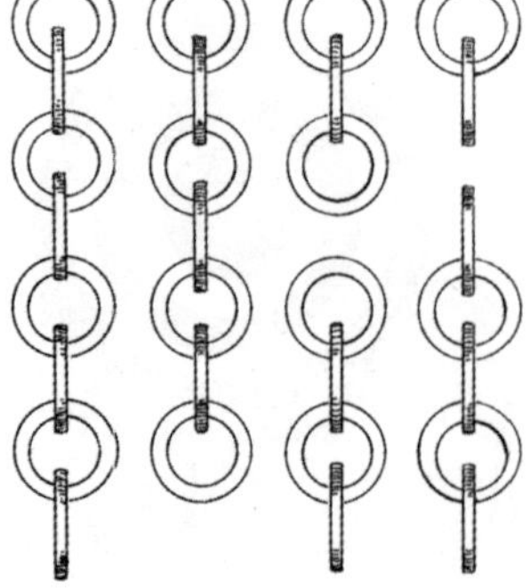

023 立方

在把立方分成 27 个小立方体之前，先把它的 6 个面涂成蓝色。然后，检测你自己能否回答出以下有关这 27 个小立方体的问题：

（1）这个立方的 3 个面上的蓝色小立方体有多少？

（2）这个立方的 2 个面上的蓝色小立方体有多少？

（3）这个立方的 1 个面上的蓝色小立方体有多少？

（4）这个立方的无色小立方体有多少？

024 动物

这是一个有关管理员的游戏，它来自非洲的肯尼亚。有个管理员决定计算一下公园里的狮子和鸵鸟的数量。出于某种原因，他是通过计算这些动物的头和腿的数目来统计动物数量的。最后，他算出一共有 35 个头和 78 条腿。那么，你知道公园里分别有多少只狮子和鸵鸟吗?

025 十字路口

假设拿破仑正站在十字路口。一天晚上，一个十字路口的路标被供给马车破坏了。拿破仑军中没有人能把路标放好并使它指向正确的方向。拿破仑沉思片刻之后，发布了命令并把路标放回到了原处。但是，拿破仑以前不曾到过这个十字路口，那么，他是如何做到的呢?

026 杯垫

按照图中的样子在桌子上放 6 个圆形的饮料杯垫。这几个杯垫必须相互紧挨。现在，你必须把它们重新排列，形成一个“完整的”圆，但是你只能移动其中的 3 个杯垫，并且每个杯垫只能移动一次。

027 圆圈（1）

如果你想找出一个圆圈的中心点，那么你只需要一支铅笔以及一张比这个圆圈大的正方形纸板。如何操作呢? 这个做起来要比看起来简单! 你有 5 分钟的时间寻找解决方法。

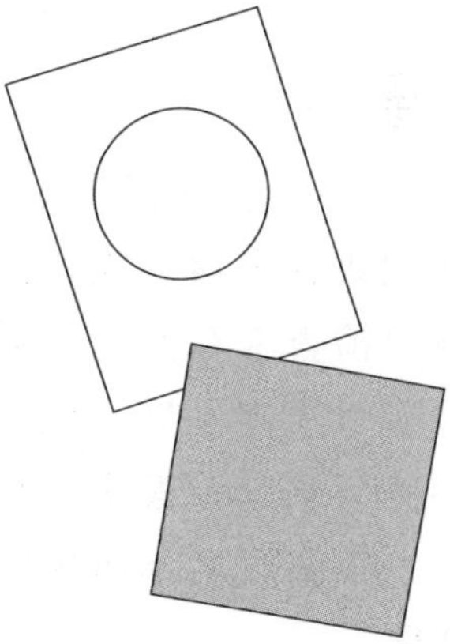

028 神谕古文石

这块“神谕古文石”是在冰岛的胡萨威克发现的，它曾经吸引很多考古学家前来研究，直到有个上学的小男孩告诉他们那不过是个赝品而已，考古学家们才恍然大悟，原来上面描述的正是一个著名的思维游戏。凿在石头上的是 9 个秘密字母。上图中的第 6 个字母（即中间那行第 3 个字母）故意没有完成。这个游戏就是要猜出来那个字母是什么。而你只有先确定其他字母所代表的事物，才能把那个字母猜出来。

提示：所有字母都有一个共性。

029 卡车

这个故事发生在很多年前。当时，有名卡车司机在警察举旗示意下停下来，警察要检查卡车是否超载。当司机把车开到量重器上后，他从驾驶室跳下来，然后拿起一根木棍敲打卡车的一边。一个旁观者不解地问他为什么要这样做。

“是这样，”他回答，“我的卡车里装了 2000 千克的金丝雀。我很清楚，卡车会超载，但是，如果我使鸟在车里飞起来的话，那么秤上就无法显示它们的重量了。”

请问，司机说得对吗？如果车内的鸟保持飞的状态，那么卡车的重量真的会比鸟栖止于卡车上时的重量小吗？

030 瓶子（1）

把一个空瓶子垂直放在桌子上。然后，剪一个 2 厘米宽、30 厘米长的纸带，按照上图的样子将纸带放在瓶口。在纸带上瓶口处放 4 枚硬币：先放 1 枚 1 元硬币，然后是 1 枚 5 角硬币，接着是 2 枚 1 角硬币。现在，大家来

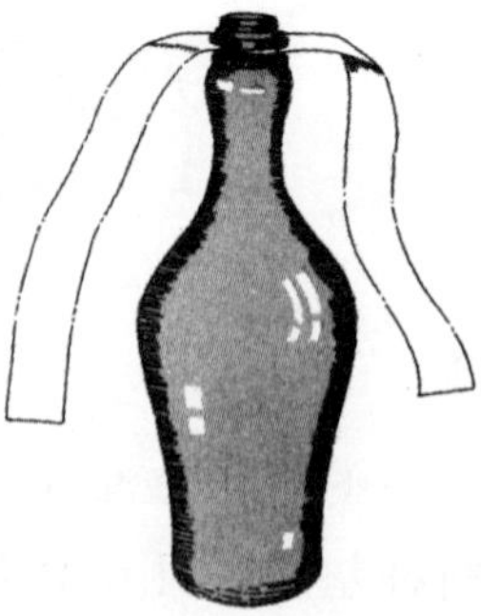

试试在保持硬币平衡的情况下把纸带移走。大家在进行游戏时，既不能接触硬币也不能触摸瓶子，唯一可以接触的就是纸带。

031 X 射线

你先转过身，然后任意请 1 个人把 1 枚硬币正面朝上放在桌子上。接着，让他将一张空白的纸放在硬币上。现在，转回身，并宣称你要运用你的超能力看穿这张不透明的纸，然后读出这枚硬币上面的日期。这枚硬币自始至终都是完全被遮盖的。如果想使游戏更有趣，你可以建议进行下面所介绍的赌注：如果你可以正确读出日期，那么，你将得到这枚硬币；如果你失败的话，那么，对方将得到这枚硬币。

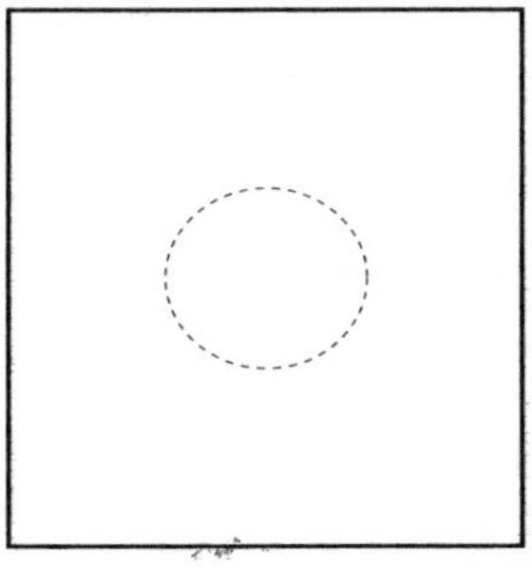

032 青蛙

一口井深 3.5 米，青蛙每天可以向上爬 1 米，当晚上休息时，就会滑落 0.6 米。那么，如果按照这个速度向上爬的话，这只青蛙需要用几天的时间才能从那口井里爬出来呢？

033 细长玻璃杯

下图中有两个细长玻璃杯。大玻璃杯的杯口直径和杯身高度正好是小玻璃杯的 2 倍。现在要做的就是把小玻璃杯当作度量器将大玻璃杯装满水。先把小玻璃杯装满水，然后把水倒进大玻璃杯。那么，我们需要多少次才能把大玻璃杯装满水？

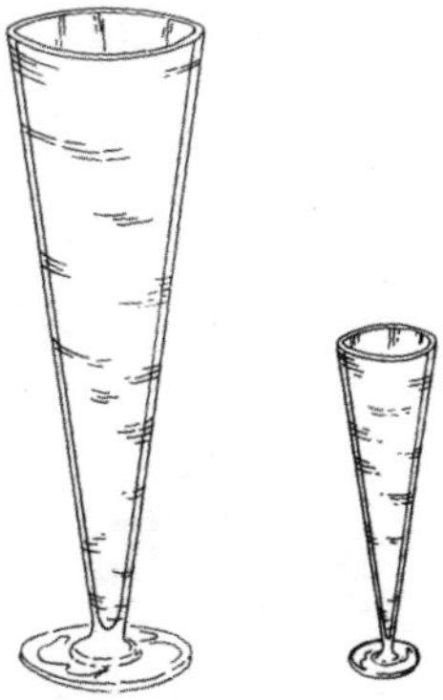

034 警察

在世纪之交，奥拉夫 · 安德森成为一名小城市的警察。他的任务是巡逻这个城市的 6 个正方形街区。作为一个尽职尽责的警察，他希望在巡逻时找出一条可以一次把所有街区都巡视完的路线。答案中已经给出了他所制定的路线，我们认为那可能是最好的路线。但是，或许也有一条更便捷的路线，所以在查看答案之前请你来试一试。

035 爱吃醋的丈夫

3 个爱吃醋的丈夫在和他们的妻子旅游时发现渡河的船只能容纳 2 个人。因为，每个丈夫都极力反对自己的妻子和其他 2 个男性成员中的任何一个人乘船渡河，除非自己也在场；同时，他们也不同意自己的妻子单独和其他男人站在河对岸。

那么，应该如何安排呢？记住，尽管船只能搭乘 2 个人，但是，其中的 1 个人必须把船划回来供其他人使用。

036 自行车（1）

这个故事发生在自行车刚刚出现的时候。一天，有 2 名年轻的骑车人，贝蒂和纳丁 · 帕克斯特准备骑车到 20 千米外的乡村看望姑妈。当走过 4 千米的时候，贝蒂的自行车出了问题，她不得不把车子用链子拴在树上。由于很着急，她们决定继续尽快向前走。她们有 2 种选择：要么 2 人都步行；要么 1 个人步行，1 个人骑车。她们都能以每小时 4 千米的速度步行或者以每小时 8 千米的速度骑车前进。她们决定制订一个计划，即在把步行保持在最短的距离的情况下，利用最短的时间同时到达姑妈家。那么，他们是如何安排步行和骑车的呢？

037 聚焦太阳光

如下图所示，平行的太阳光分别通过4个不同的透镜射到一张白纸上。

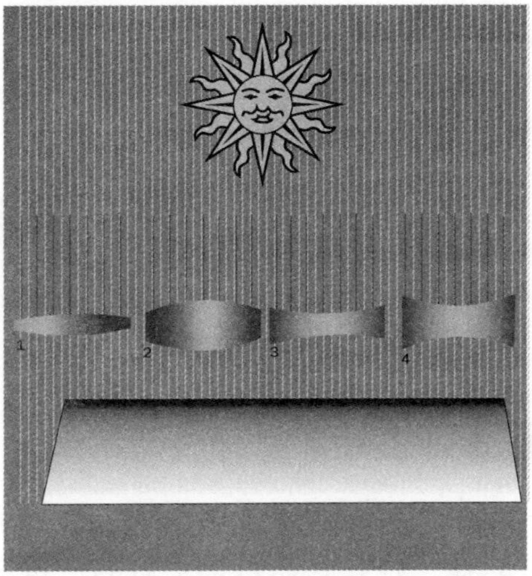

请问哪个透镜下的白纸会着火？哪个透镜下面的火着得更厉害？

038 网球（1）

很多年以前，人们在闲暇时刻乡村俱乐部举行了一场盛大的泰迪·罗斯福混双网球锦标赛。一共有128对选手报名参加这项赛事。管理员撒迪厄斯·拉肯卡特熬了半宿才把赛程拟订出来。那么，你知道在冠军产生之前会进行多少场混双比赛吗？

039 钉子（1）

这个游戏来自一位老木匠。你必须重新排列这6根钉子，并使它们彼此相接触。这个看似简单，但是要注意：也许你在放弃之前就已经"结束"自己的尝试了。

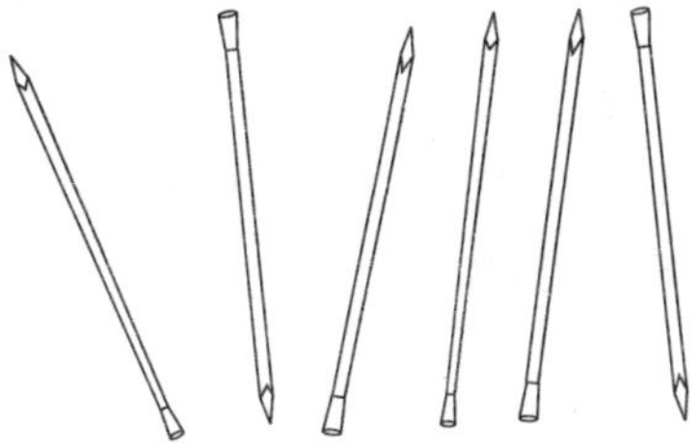

040 古董

有一天，古董商加尔文·克莱克特伯尔买了一个铸铁的喷水龙头：上面是一条鳄鱼，嘴里吞着一条鱼。他为这件绝妙的艺术品支付了90%的"账面"价值。第二天，一个收藏家看见后，说愿意支付高出他25%的费用将其买下。加尔文毫不犹豫地答应了，这样，他就从这笔交易中赚了105元。那么，你能否根据这些实际情况推算出这件诱人的古玩的账面价值吗？

041 苍蝇

那只久经沙场的苍蝇已经在很多思维游戏当中出现过，这次它又来为难我们的读者了。它发现一块大理石的底座，并想从上面飞过。它准备从图中所示的这个立方体左下角的 A 点出发，然后到达立方体对面的右上角 B 点。这个立方体的每条边都长 60 厘米。那么，你能为这只苍蝇找出一条最短的路线吗？

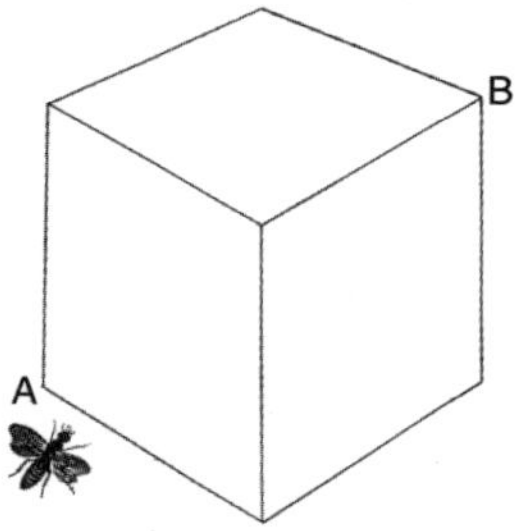

042 赛马（1）

两位喜爱运动的绅士决定进行一场赛马比赛，双方规定谁的马车先到终点线谁将输掉比赛，而第二个到达终点线的马车才是获胜者。他们抽打自己的马向前跑，当跑出 1000 米的时候，马已经通身是汗了。在离终点线不远处，他们两人都开始减速，然后在距终点线只剩 100 米的地方停下来。想到先前打的赌，两人纷纷下车去跟一个在地里观看比赛的农民商量这件事。当这个农民听完他们的故事之后，就给他们提了个建议。而他们听完之后就跳进马车里开始在路上加速行驶，好像每个人都在争着第一个穿过终点线。

那个农民给他们提的建议绝不可能改变他们打过的赌，那么，你能猜出这个建议是什么吗？

043 小甜饼

小阿里阿德涅现在很烦。今天早些时候，她收到妈妈亲手做的一包新鲜小甜饼。正当她打开礼物时，她的 4 个朋友就到了，她们提醒阿里阿德涅以前她们带的小甜饼也曾和她分享过，现在也该她反过来回赠她们了。她不情愿地把其中的一半和半个甜饼分给了她的朋友劳拉；然后把剩下的一半甜饼和半个甜饼分给了梅尔瓦；接着，她又把剩下的一半甜饼和半个甜饼分给了罗伦；最后，她把盒子里剩下的一半甜饼和半个甜饼分给了玛戈特。这样，可怜的阿里阿德涅就把盒子里的甜饼都分了出去，她真是伤心极了。

那么，你能否计算出盒子里原来有多少小甜饼吗？顺便说一下，阿里阿德涅绝对没有把盒子里的甜饼切成或者掰成两半。

044 喇叭

葛鲁丘·马克斯有一年买了一个喇叭作为弟弟哈波的生日礼物。包装好之后，他把它带到邮局邮寄。

“对不起，马克斯先生，”邮局的职员说，“但是，这个包装实在是太长了。邮局规定任何包装都不能超过 1.2 米，而这个包裹却长 1.5 米。”

无奈之下葛鲁丘把这个喇叭带回商店。店员把喇叭上的橡胶球拆掉了，可是即便如此，这个喇叭仍然长 1.35 米。这时，葛鲁丘想出来一个主意。他让他们用另一种方法把喇叭重新包装。当他再次到邮局时，喇叭的包装得到了认可，因为现在的包装符合要求。那么，他是怎么做的呢？请记住，这个喇叭既没有被截断也没有弯曲。

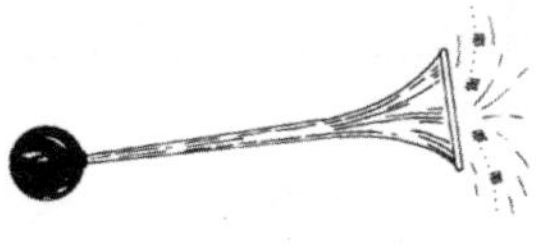

045 钱包

有一天，威拉德·古特罗克斯先生急匆匆地跑进警察局，大喊自己的钱包被盗了。

“现在要镇静，古特罗克斯先生，”安德森警察说，“有人刚刚交还了一个钱包，也许是你丢的，你能把里面的东西描述一下吗？”

“好的，”威拉德回答说，“里面有一张菲尔兹的照片以及电话卡。哦，对了，还有 320 元，共 8 张钞票，而且没有 10 元的钞票。”

“完全吻合，古特罗克斯先生。给，这是你的钱包。”

那么，你知道他钱包里有哪 8 张钞票相加之后正好是 320 元吗？

046 徽章

思维游戏起源于 3000 多年前的尼罗河流域。这里，我们关注的是那些石匠们正在抛光的智慧之神斯塔姆尤莫斯特的头像。他的头盔上的徽章就是有记载的最早的直线思维游戏。要解决这个题，你必须用一笔把这个饰有宝石的徽章画下来。在画的过程中，你既不可以把铅笔从纸上抬起来，也不可以使线条交叉在一起。

第二章

世界上奇妙的思维名题

047 火柴（1）

阿布丝诺·隆戈兹是这个游戏的改进者，现在他又开始玩这个游戏了。那么，你是否可以在可怜的贝提伯尔尼先生掏钱包之前完成这个很难的思维游戏呢？

048 盘子

图中所示的那个人正是19世纪90年代著名的盘子旋转大师约翰·马斯基林。他可以同时使6个盘子和1个脸盆旋转5分多钟。现在，他有一个关于盘子的游戏等着你。他向你提出挑战：看谁能将盘子的中心点稳稳当当地放在针尖上，而这根针插在瓶口的瓶塞上。你可以利用4个叉子和2个瓶塞来完成这个看似不可能完成的表演。如果你能够正确使用，你就

可以与马斯基林先生不相上下。把盘子平稳地放在针尖上后，就可以开始旋转这个盘子了。

049 国际象棋

下图中的米莉·赛克斯是国际象棋俱乐部的女服务员。她正在思考昨晚那个把所有人都难住的思维游戏。把皇后放在正方形棋盘上的一个角（如图所示），你能否只走4步就可以使它经过棋盘左上角的全部9个方格呢？在你移动每一步棋时，你可以穿过任意多个方格，但是只能朝着一个方向移动。现在，试试看你能否在5分钟内把这个难题解答出来。

050 老水手

比利·特里劳尼是一名老水手。一天，他带了100元去南特基特，到了晚上带了1500元回到家。

他在水手和船桅服装店为自己买了一条领带，又在宾纳克宠物旅馆为他的鹦鹉买了一些鸟食。然后，他剪了头发。他的工资在每个星期四以支票的形式支付。银行在这个时候只是在周二、周五以及周六营业，理发店每个周六休息，而宾纳克宠物旅馆在周四以及周五不营业。你能否根据上面所说的情况判断出老比利是在星期几去镇上的吗？

051 名字

一天，尼德尔瓦勒先生骑自行车外出时碰到了一个老朋友。

“打上次见到你，现在都好几年了。”他说。

“是啊，”他的朋友回答说，“自从上次我们在缅甸见面之后，我就结婚了，我和我的爱人都在仰光工作。你肯定不认识，这是我们的小女儿。”

“好漂亮的孩子，”尼德尔瓦勒先生回答说，“你叫什么名字？”

“谢谢您，先生，我和我妈妈同名。”

“哦，是吗，你和埃莉诺长得真像。这也是我很喜欢的一个名字。”尼德尔瓦勒先生回答说。

那么，尼德尔瓦勒先生是如何知道这个小女孩的名字是埃莉诺的呢？

052 家庭

爷爷汤森曾经讲过这个故事。好像是在他的一次生日宴会上，当时有10位家庭成员，此外还有许多客人。其中，有1个祖父和1个外祖父、1个祖母和1个外祖母、3个父亲和3个母亲、3个儿子和3个女儿、1个婆婆和1个岳母、1个公公和1个岳父、1个女婿、1个儿媳、2个弟兄、2个姐妹。

那么，你能否判断出参加祖父生日宴会的家庭成员的家庭关系吗？

053 保险箱

在犯罪记录上，没有哪个贼比纳库克拉斯·哈里伯顿更卑鄙的。当他到别人家里行窃时，他会毫不犹豫地去偷孩子们的存钱罐。看着他在下图中的样子，就知道他肯定是历史上最矮的小偷了。他撬开保险箱偷走了125枚硬币，一共有70元。其中没有1角的硬币。那么，你能否判断出他偷走的是哪些硬币，而每枚硬币的面值又是多少吗？

054 香烟

图中的这个人叫尼古丁·奈德，他是咖啡厅里的饭桶。他看起来十分落魄，甚至连买一盒好烟的钱都没有。他只能在著名的快速卷烟机的帮助下自己卷烟抽。至于烟草，他是从抽过的烟头里积攒下来的。他可以把3个烟头卷成一支烟。他攒了10个烟头，可是他却想卷5支烟。也许这个听起来好像是不可能的，但是奈德却卷成了。那么，你知道他是怎么做的吗？

055 扑克筹码

了不起的龚德尔斐魔镜可以看到一切、知道一切、可以说明一切……只要花25元买一张票。当他表演时，龚德尔斐在屏幕上展示了他在全世界搜集来的著名思维游戏题。下图中所放映的正是恶名昭彰的、置人于困境的拉斯维加斯扑克筹码。人们为了解答这道难题花费了许多钱。这个题是指将5个扑克筹码排成两行，其中一行有3个筹码，而另一行要有4个筹码。这个题最难的地方就是你只有60秒的时间来解决这个问题。

056 瓶塞（1）

这是一个很好的瓶塞思维游戏，你可以在你下次葡萄酒品尝会上拿它来考考你的客人。接下来，我要请19世纪最好的思维游戏出题者，霍夫曼教授介绍这个题：

“准备2个葡萄酒瓶的瓶塞，然后按照图1的样子把它们夹在手上（即：每个瓶塞都横着放在拇指的分岔处）。现在，用右手的拇指和中指抓住左手上的瓶塞（两根手指抓住瓶塞的两端），与此同时，再用左手的拇指和中指抓住右手上的瓶塞，然后，把两个瓶塞分开。”

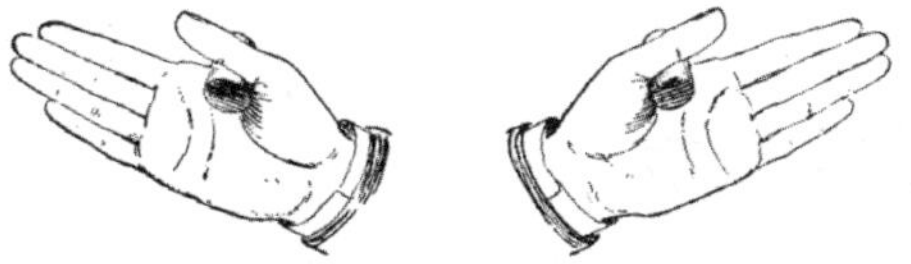

图1

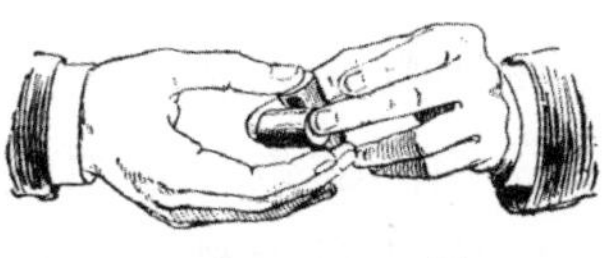

图2

上面的操作听起来很简单，但是初学者在尝试的时候会出现图2的情况。而这正是这个题要避免的，必须将2个瓶塞自然地分开。

057 长角的蜥蜴

伯沙撒是我们镇上的自然博物馆从某个地方得到的一只长角的蜥蜴，它十分神奇。工作人员特意把它放在爬行动物观赏大厅新建的一个圆形有顶的窝里。刚放下，伯沙撒就马上开始考察它的新领地了。从门口开始，它向北爬行了 4 米到达圆的边缘；然后，它急忙转身向东爬行了 3 米，这时它又到达了围栏边。那么，你能否根据这些信息计算出它这个窝的直径？

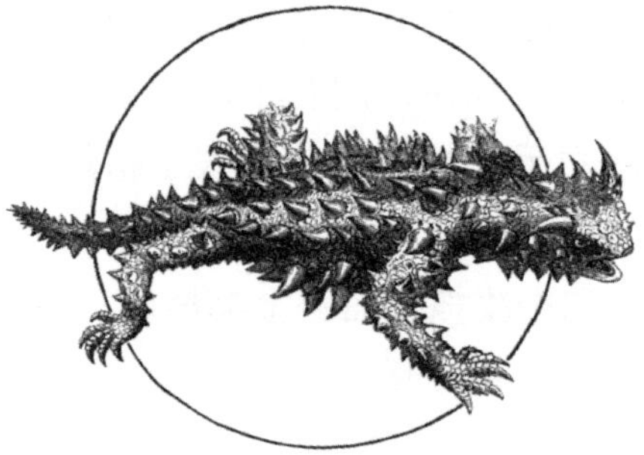

058 数字

让我们来看看你是否有资格在润滑油补给站获得这份免费赠品。你所要做的就是将下图中数学表达式里的字母用数字代替，相同的数字必须代替相同的字母。竞赛的时限是 1 个小时。祝你好运！

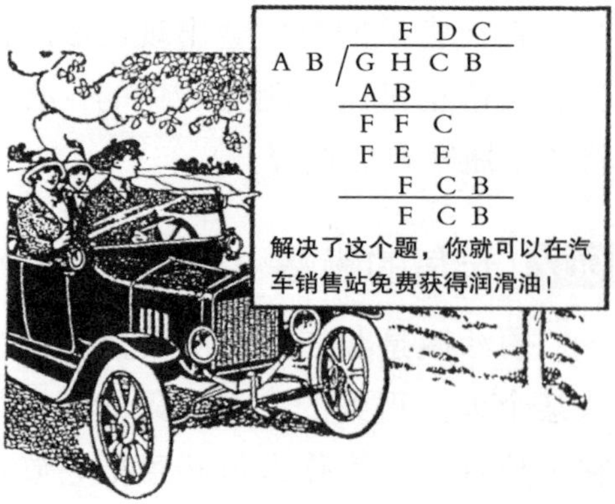

059 纸牌

在很多年以前的棒球联赛赛场上，有这样一个做法，选手在参加完每场比赛之后都会得到报酬。而在早上的不多的时间里则会进行很多纸牌游戏，场面十分火爆。其中有一场有关来自海湾秃鹰队的 4 名选手的游戏。在一场棒球比赛中，这 4 个人——马尔文、哈维、布鲁斯以及罗洛要分享 233 元。比赛结束了，马尔文分得的钱比哈维多 20 元，比布鲁斯多 53 元，比罗洛多 71 元。请问这 4 名选手在那天早晨分别获得多少钱？

060 车厢

小时候，爸爸给我买了一列玩具火车作为我的生日礼物。除了火车配备的车厢之外，他又花了 20 元买了另外 20 个车厢。乘客车厢每个 4 元，货物车厢每个 0.5 元，煤炭车厢每个 0.25 元。那么，你能否计算出这几种类型的车厢各有几个？

061 弹孔

按照过去的西部观念，卡特尔·凯特称得上是位高人。她使用6发装左轮手枪的本领堪称传奇，这里我们看到的是她如何打赌取胜的。她说她可以在扭转头的同时往墙上射12颗子弹，这12个弹孔排列成7行，每行4个弹孔；当然，某些弹孔将同时存在于多个行列。钢琴师萨姆一点儿也不担心。那么，你认为弹孔在墙上是如何排列的呢？

062 惩罚

思罗克莫顿能写出这个数字吗？彭尼帕克先生给了他一个很难的题。他只能利用1、3、5、7、9这些数字来写成这个数字。很显然，诸如333，753或者717这些数字都不是偶数。那么，你能否帮助思罗克莫顿走出这个困境呢？

063 开商店

哈丽和桃瑞斯正在做开商店游戏。哈丽花了3.1元从桃瑞斯那里买了3罐草莓酱和4罐桃酱。那么，你

能否根据上面说的情况计算出每罐草莓酱和每罐桃酱的价钱吗?

064 卖车

啊，达芙妮，今天我终于把那辆破车卖掉了。原来我标价1100元，可没有人感兴趣，于是我把价钱降到880元，还是没有人感兴趣，我又把价钱下调到704元。最后，出于绝望，我再一次降价。今天一早，奥维尔·威尼萨普把它买走了。那么，你能猜出他花了多少钱吗?

065 扑克牌与日历

下图所示的就是18世纪时的扑克牌制造商，他自然是在街上叫卖他的产品。现在有人认为扑克牌纯粹是浪费时间。然而，一副扑克牌与一本日历有着很多相似之处。事实上，一副扑克牌至少在6个方面与日历有着惊人的相似之处。你能猜出几处相似之处呢?

066 铁圈枪

铁圈枪游戏以前曾经是最棒的娱乐方式之一，同时，这个游戏也花不了多少钱。这里我们看到的是奈德·索尔索特赢得的又一场比赛，对手是她的妹妹和威姆威尔勒家的男孩子们。奈德将25个铁圈打进靶槽里，且每

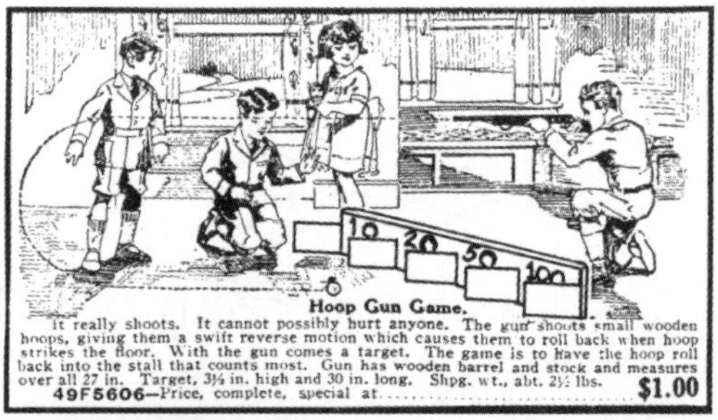

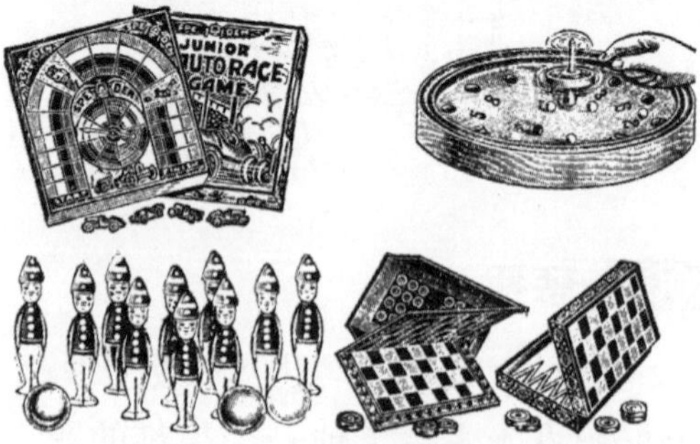

个靶槽均有得分，一共得到500分。共有4个靶槽，每个槽内的分值分别为10、20、50、100。那么，你能否算出奈德在每个靶槽内打进的铁圈数吗？

067 计算机

这道计算机题曾让有的人花费了好几个小时仍不得其解。问题是将1到9这几个数字排列成3行，并使第2行的3个数字相加的和比第1行的3个数字之和大3，而且使第3行的3个数字之和比第一行的3个数字之和大6。那么，请你试试看能否找到答案！

068 绳梯

一艘豪华巨轮于上周驶入纽约港，它的船体需要修理。一个绳梯从甲板放下，一直到达水面。绳梯的各条横档之间相距30厘米。当海水落潮时，水面上的横梯一共有50条横档。纽约港的水位每小时会上升15厘米。那么，你能否计算出6个小时过后当海水处于高潮时水面上的横档的个数吗？

069 瓶子（2）

弗朗昆教授的一个学生将一个装着写有下面语句的便条的瓶子交给了他。他向这个博学的人挑战要解读著名的航海船长在这个便条上所写的这首诗中包含了什么：

“我现在指挥着这艘巨轮，船上装载着从世界各地运来的珍贵货物，这些东西我从来没有卖过；风也助我一臂之力，不管是港口还是海港，我

最大的愿望就是能在上面自由奔跑。”

那么，你知道这位诗人船长是谁吗？

070 加法（1）

熊爸爸好像被它在佩尔特维利报上看到的一个思维游戏难住了。趁它还没有被烦透，我们来看看这个思维游戏吧：

下图中所示的一行数字相加之后正好等于45。那么，你能否在将其中一个加号改为乘号，使这行数字相加的值变成100呢？

071 魔力商店

我们现在所处的位置就是新牛津街上的布兰德魔宫，这个宫殿在维多利亚时期是个大型商场，这里也是著名的思维游戏大师霍夫曼教授经常到访的地方。我们和他约定下午1点在这里见面。那么，我们进去吧。

“你好，霍夫曼教授。我们来得很准时。您今天有没有新的思维游戏跟我们分享呢？”

“那是当然的！先坐下，那么，就试试这个3份遗产的思维游戏吧。一位绅士临死前留下遗嘱，要将自己的遗产分给自己的3个仆人。会客室的那个仆人跟随主人的时间是女佣人的3倍，而厨师跟随主人的时间又是会客室那个仆人的两倍。遗产是按照跟随主人的时间来分配的。总共分出了7000元。那么，每个人各分得了多少遗产呢？”

072 度假

故事发生在1902年7月10日加利福尼亚的帕尔玛斯。在下图中的尤沙拉·亚伯克拉斯特是位社会名流，她来自纽约的切维格伦，她此时在时髦的帕姆克利夫酒店宴请其他的度假者。席间，她与大家共同分享了有趣的思维游戏以及她世界各地朋友的故事。那么，你能否解决这位女主人的难题吗？

073 吹泡泡

爷爷以前经常说他年轻时最快乐的一件事就是参加吹泡泡派对。派对上，每个人都发一个管，谁吹的泡泡最大或者谁一次吹出来的泡泡最多谁就可以获得奖品。当我问爷爷一次最多吹出来多少个泡泡时，他是这么回答的：

“我要把这个数字放在一个思维

游戏里，年轻人！”

“如果在那个数字的基础上加上那个数，然后再加上那个数的一半，接着再加上7，我就吹出来32个泡泡。”

那么，你能否根据他所说的提示计算出他究竟一次吹出来多少个泡泡吗？

074 替换数字

当一位魔术师在装书的箱子里翻找时遇到了一个很麻烦的思维游戏，他想我们的读者或许会对这个思维游戏感兴趣。他手里拿的木板就是这个思维游戏。要解决这个思维游戏，你必须把全部圆点用1至9这几个数字代替，这样，其实就形成了一道数学题。上面没有数字0，同时，每个数字都只能使用一次。请你试一试，看能否在半个小时之内推算出这道题的答案。

075 置换（1）

罗索姆·乔治虽然努力解题但仍无法得到答案，我们来帮帮他吧。将2枚1分硬币放在1号和2号位置，然后把 2 枚 1 角硬币放在 8 号和 10 号位置。我们只能通过 18 步把这 4 枚硬币交换位置。在移动硬币时，要遵循下面的规则：你一次可以将一枚硬币移动到任意一条直线上的任何一个带数字的圆圈之内；相同的硬币不能在某条直线上移动 2 次；不允许 1 分硬币和 1 角硬币同时停止在同一条直线上。以上就是规则。你有 15 分钟的时间来解答这个题。

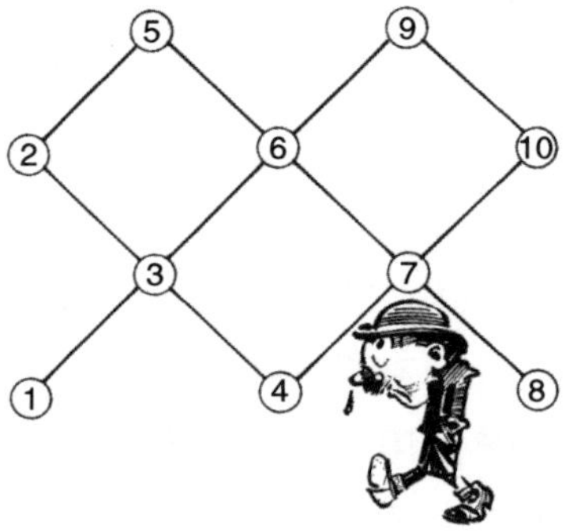

076 狂欢大转盘

狂欢小丑英勒斯说得很对。这个老板是个非常迷信的人。他总是把 1 到 11 这几个数字写在转盘上并使每条线上的 3 个数字相加后等于 18。那么，你能否把这些数字正确填写吗？

077 小费

“迈克，分摊午餐小费时，你把我骗了！”帕特抱怨说。

“为什么，我还以为你很大方呢，帕特！”迈克回答说，显得十分无辜。

事情是这样的：午餐后，当他们分摊小费时，帕特给迈克的钱与迈克已经有的钱数相同。迈克说：“这太多了！”然后又还给帕特一些钱，这些钱与帕特所剩下的钱数相同。帕特说：“别，这也多了。”然后也还给迈克一些钱，这些钱与迈克现在所剩下的钱数相同。帕特现在一分钱也没留下，而迈克共得到 80 元。那么，他们在开始交换之前各自有多少钱？

078 蜂箱

下图中的蜜蜂正在设法将蜂箱中从 1 到 14 这几个数字重新排列。它们要使相邻的两个蜂房内的数字彼此不连续；同时，排列完之后，任意一个数字都不能与可以整除它的数字相邻（数字1排除在外）。

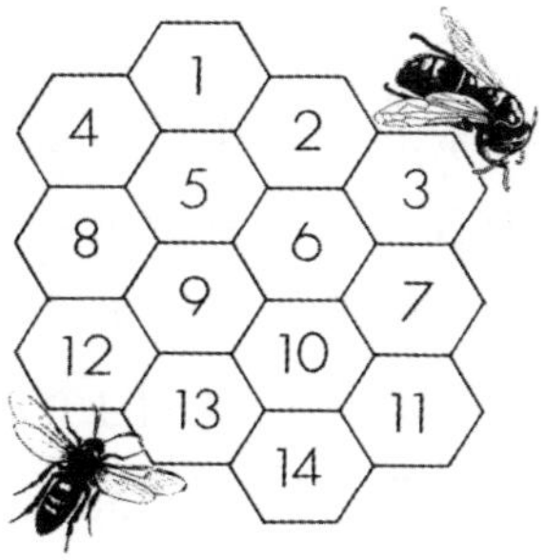

079 城堡（1）

下图是山上城堡的布局图。城堡各个岗哨都用字母标注出来了，从图中可以看出所有的岗哨都与通道相连接。如果警察想一次检查完所有的岗哨并且最终回到出发点的话，那么，应该走什么路线呢？

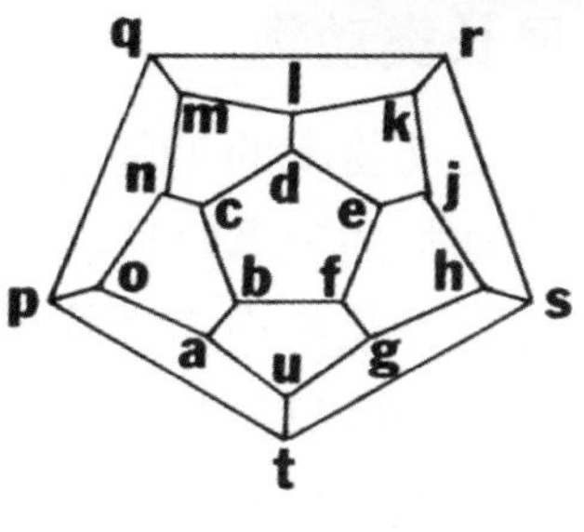

080 弹子

这两幅图所示的就是1908年夏天进行的著名北泽西对决，对阵的双方分别是“荷兰人”杜伯曼和“鹿角”卡拉汉，两个选手的弹子袋都是满满的。在奥兰治这两人的拇指功夫最高，现在终于可以一决高低了。比赛开始时，两人的弹子数都相同。第一局，“荷兰人”的弹子数增加了20个，然而，在第二局和第三局，他损失了$\frac{2}{3}$的弹子。而“鹿角”的弹子数则是“荷兰人”的4倍。那么，你能否计算出比赛过后，两人各有多少个弹子吗？

081 气球

小格温多林看上去对哥哥的这一很有创意的照看方式并不感到高兴。然而，标有数字的气球却使我们想起一个古老的思维游戏。那么，你能否将这些气球重新排列使十字线上的5

个气球的数字相加之后的和都等于 27 呢？

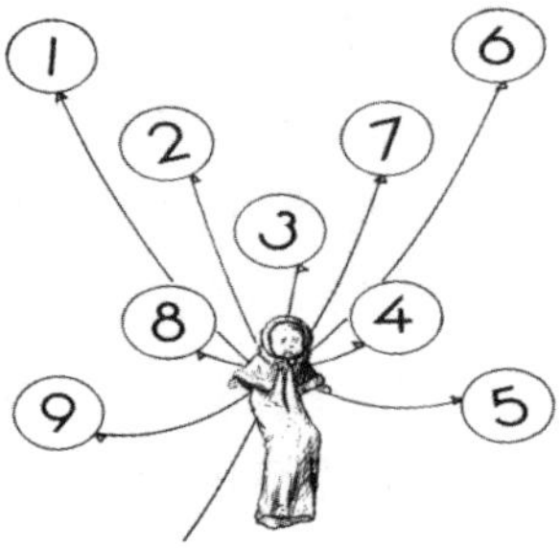

082 葡萄酒

这个思维游戏为老巴克斯所独创。你若想参加他的派对，你就必须计算出这两个酒桶中各有多少酒。这两个酒桶分别贴有字母 A 和 B，而 A 桶的酒比 B 桶的酒多。

首先，将 A 桶中的酒倒入 B 桶，倒入的酒量与 B 桶的酒相等。然后，将 B 桶中的酒倒回 A 桶，倒入的酒与 A 桶中现有的酒相等。最后，再将 A 桶中的酒倒回 B 桶，倒入的酒与 B 桶中现有的酒相等。

这个时候，两个桶内都有 48 升的葡萄酒。那么，两个酒桶原来各有多少葡萄酒呢？

083 多米诺骨牌（1）

这是为数不多的多米诺骨牌思维游戏中的一个，而且你完全可以把它做出来。下图是 4 个空白的多米诺骨牌。你要做的就是按照下面的规则将 18 个点放在多米诺骨牌上：

4 个多米诺骨牌的上半部分的点的总个数等于下半部分的个数。同时，第一个多米诺骨牌上的点数要等于最后一个牌的 2 倍。另外两个中的一个只有一个点，而另一个则有两个点（上下两部分各有一个）。有 3 个多米诺骨牌的上半部分的点数相同，有两个多米诺骨牌的下半部分的点数相同。

这听起来让人很迷惑，但是，我赌你用不了 15 分钟就可以解答这个题。

084 灵长类动物

现在是动物园的午餐时间，我们在灵长类动物的观看亭所听到的叫声是它们在抢香蕉的声音。管理员每天都会分给这 100 只灵长类动物 100 个香蕉。每只大猩猩有 3 个香蕉，每只猿有 2 个香蕉，而狐猴因为最小，只有半个香蕉。

你能否根据上面所给出的信息计算出动物园里的大猩猩、猿、狐猴各有多少只？

085 纸块

在电视机还没有出现前，晚上当人们围坐在餐桌前闲聊时，思维游戏就成了甜点之后最流行的娱乐方式。这里所说的就是“剪刀手”赛明顿向人们炫耀的三角题。他手里拿着一张等边三角形的纸，然后将它剪成 5 块；他随后把这些小块组成 4 个小的等边三角形（并不是所有的纸块在组成三角形时都会用上）。所有 5 个纸块都是三角形。你知道他是怎么剪的吗？

086 铁匠

时间要回到 1776 年，约克人蒂莫西是波士顿最好的铁匠。每次他做完一件酒杯，都会去路南边的布拉迪·马林·格罗格商店为这家店的老板解决高难度的思维游戏。后面长凳上放着一大块铁皮，蒂莫西把它切成 5 小块后组成了一个正方形。那么，你能否推断出他是如何做到的吗？

087 热狗

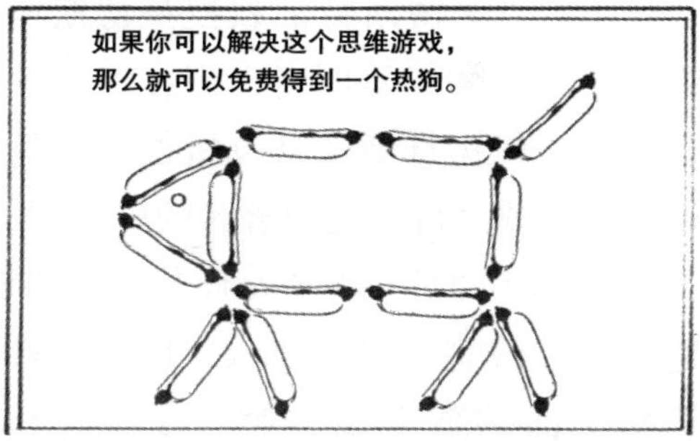

088 神奇的三角形

昨晚的作业中有一道几何难题。要求是从下图中去掉 4 条短线，这样，只剩下 5 个三角形。你如何解决这个问题呢？

089 思考帽

沃里克·博斯特伯教授是博斯特伯电子思考帽的发明者，现在退休的他接受了枫树林中学计算机俱乐部的挑战。他戴上自己这顶著名的思考帽，试图在身后的这些强大计算机之前把这道题解答出来。那么，你能否计算出下面的数字串中第 4 个数是什么吗？

5	11	23	?	95	191

090 影星

20 世纪 20 年代迪丝姐妹艾玛和苏琦曾经风光好莱坞，工作室拒绝泄露她们的年龄，而其中的一位滑稽的广告人员利用这个题嘲弄了这些记者。

“如果把她们的年龄加在一起，一共是 44 岁。艾玛的年龄曾经是苏琦的 3 倍，而艾玛现在的年龄是当艾玛还是苏琦到了 3 倍于艾玛那个年龄一半的那个年龄时苏琦年龄的两倍。根据这个你们应该可以推算出这两位女士的年龄了。”

091 小雕像

20 年前，当加尔文·克莱克特伯尔刚开始经营他的古董店时，他总是很骄傲地把这两尊小雕像摆放在橱窗的前面。就在上个星期，它们还放在那里。而在两天之内，他先把第一个雕像以 198 元卖掉，赚了 10%，然后又把第二个雕像以 198 元卖掉，这次赔了 10%。那么，加尔文在这两个雕像交易中是赚了还是赔了？

第三章

世界上很难的思维名题

092 胶合板（1）

杂务工人海勒姆·鲍尔皮尼刚刚参加完木匠学院的聚会回来，而在聚会上他新创作的胶合板思维游戏把每个人都给难住了。他向大家展示了一块由 5 个大小相同的正方形组成的木板。首先，你要沿直线在木板上切两下，将它分成 3 块，然后，把这几块木板拼在一起组成一个正方形。那么，海勒姆是怎么做到的呢？

093 画线

阿莫斯·埃德哈根正在自己的吊床上睡午觉，而他这时本应该在沙滩上享受自己的假期。为了解决一个画线题，他在沙子上画了一个上午。他想要一笔画出下图的图案，每一部分的线条彼此不能交叉。

094 面粉

当塞·科恩克利伯核对自己的补给品时，他在面布袋上发现了一些有趣的东西。面布袋每 3 个放在一层，共有 9 个布袋，上面分别标有从 1 到 9 这几个数字。在第一层和第三层，都是一个布袋与另外两个布袋分开放；而中间那层的 3 个布袋则被放在一起。如果他将单个布袋的数字（7）乘以与之相邻的两个布袋的数字（28），得到 196，也就是中间 3 个布袋上的数字。然而，如果他将第三层的两个数字相乘，则得到 170。

塞于是想出来一道题：你能否尽可能少的移动布袋，使得上、下两层上的每一对布袋上的数字与各自单个布袋上的数字相乘的结果都等于中间 3 个布袋上的数字呢？

095 玻璃杯

威灵顿·曼尼拜格斯是赌场中的名家，他身后就是一道“玻璃杯”难题。将一根火柴支撑在两个颠倒的玻璃杯的中间部位（如下图所示）。现在，威灵顿打赌说他即使将其中的一个玻璃杯拿走也可以使那根火柴悬在空中。你只能拿桌子上的第二根火柴与那根火柴接触。那么，谁对他的这个赌感兴趣呢？

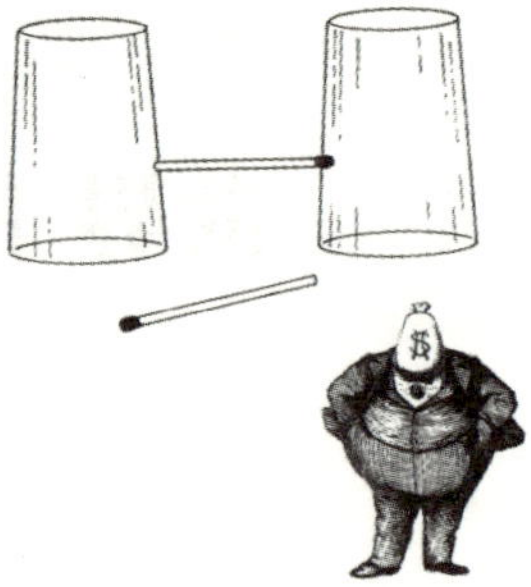

096 零件

本上周日去了托特勒尔零件铺，在那里他玩了一会儿祖父托特勒尔的天平，这个天平是他 1903 年在一个古城带回来的。玩了一会儿，本发现：

（1）3 个螺母加上 1 个螺钉等于 12 个垫圈的重量。

（2）1 个螺钉等于 1 个螺母加上 8 个垫圈的重量。

本根据这些信息，想出来一道题：多少个垫圈等于 1 个螺钉的重量？

097 年龄（1）

你能帮罗杰猜出马奇的真实年龄吗？

“罗杰，只有无赖才会问一位女士的年龄。但是，为了满足你这一病态的好奇心，我给你一个提示：

“我出生在一个大家庭。5年前，我的年龄是我最小那个妹妹维罗妮卡的5倍；而现在，我只是她年龄的3倍。我只能给你这些信息。我可知道你在数学方面的能力，所以我敢肯定你还是无法知道这个秘密的。”

“说真的，马奇，我们现在都交往一年多了。你不觉得应该告诉我你的年龄吗？”

098 古董商

亚历克斯·莫卡托是无新古董市场的所有者。上个月他出乎意料地在思维游戏大会上获胜，而他现在正在兴致勃勃地浏览这一新闻。他向比赛的裁判员提出挑战，看谁能把他带来的17件古董分4行放在地上，而且每行都有5件古董。那么，你能否完成那些著名裁判员专家都无法完成的任务吗？

099 立方体

“皮特里，这有一个柏拉图立方体。别人都说那个立方体不存在，可是我们坚持到底，现在付出终于有了回报。柏拉图说，中间的那个大型立方体是由许多小的大理石立方体组成的，而立方体所在的正方形广场也是由小的大理石立方体构成的。广场上的小立方体个数与大立方体中的小立方体个数相同。”

“很好，霍金斯，我们只有一次达成一致。另外，你看，如果正方形广场的边长是大立方体边长的2倍，那么，它就是柏拉图的题了。如果不去测量这个广场，那么你能计算出建造这个广场和大立方体一共用了多少块小立方体吗？尽管这个题的答案有好几个，我们只要找出那个最小能够满足所有条件的数。”

100 排列数字

这纯粹是一道数字题。有人向你挑战要将图表中的 17 个数字重新排列，使排列之后的每一条直线上的数字相加之和都等于 55。

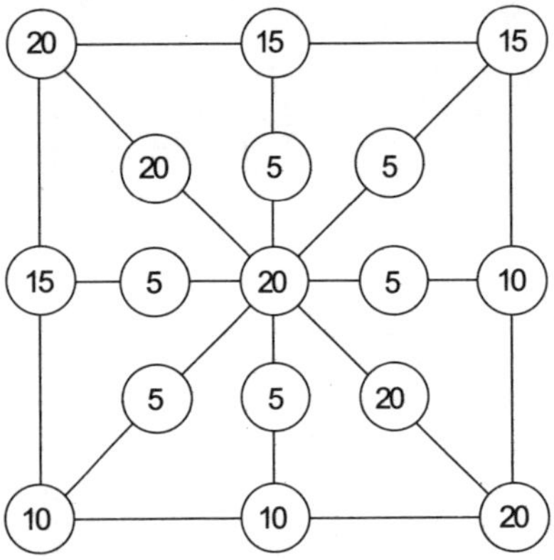

101 圆点

按下图的样子，在纸上画一个方格，分成 16 个正方形，然后在每一个正方形的中间点一个圆点。现在解答题：请设法画出 6 条直线，要求经过每一个正方形中的圆点，但是在画的过程中铅笔不可以从纸上抬起。下面有个小提示：其中有两个圆点要经过两次；而且，第一笔要从这个方格外面开始。

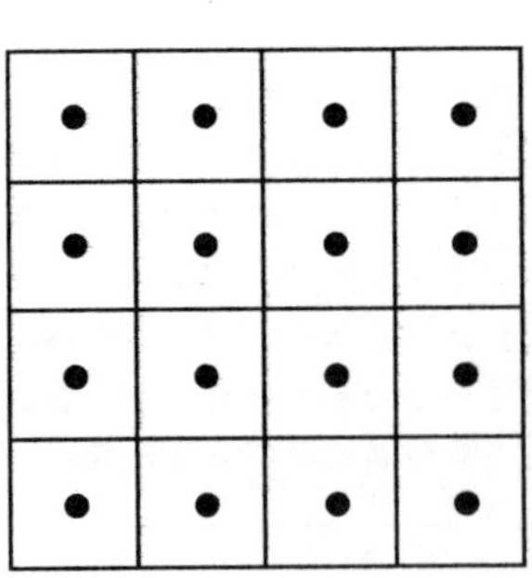

102 落纸

一次，在造纸厂的舞会上，场面很狂热。上图中的沃尔多·彭尼帕克举臂齐肩然后同时扔下两张纸。那么，哪张纸先落地呢？很多人站在他的旁边观看。你为什么断定纸张 a 比纸张 b 先落地呢？当然，每张纸上都不可以附加其他东西。

103 幻方游戏

这位绅士正在解答一道设有奖项的幻方思维游戏。要解决这道题，需要将所有方格内的 X 换成数字，并使每一列、每一行以及两条对角线的数字相加的和都等于 34。使用 1 到 16 之间的数字；同时，每个数字只能使用一次。

104 轮船

巨轮出现在蒸汽运用的鼎盛时期，而纽约港便成了它们的停泊地。一天，有 3 艘轮船驶出纽约湾海峡并驶向英国的朴次茅斯。第一艘轮船 12 天后从朴次茅斯返回，第二艘轮船用了 16 天完成了航行，而第三艘轮船用了 20 天才回到纽约港。因为轮船在港内的恢复时间是 12 个小时，所以轮船抵港的日期就是它们返航的日期。那么，需要多少天这 3 艘轮船才能再次同一天驶出纽约港，同时，在这期间每一艘轮船将会航行多少次？

105 小鸡

艾米和贝茜是邻居，她们每天都去集市上卖小鸡。贝茜每天卖 30 只，两只卖 1 元，回家时她可以卖 15 元；艾米每天也卖 30 只，3 只卖 1 元，一共可以卖 10 元。有一天，艾米生病了，于是她请贝茜帮她卖小鸡。贝茜带了 60 只小鸡去了集市，并以 5 只 2 元的价钱卖。当她回家时，她一共卖了 24 元。因此，这个要比两人分别卖所赚的钱少了 1 元。那么，为什么会少 1 元呢？是贝茜拿走了吗？

106 递进

桑迪·班克尔是闲时乡村俱乐部的高尔夫专家，那天他在高尔夫球场的表现不稳定，前 6 洞的成绩看起来就像在过山车，起伏很大。有趣的是，他的相邻两洞的成绩呈现出一定的规律性。那么，你能否计算出桑迪第 7 洞的成绩吗？

107 标志语

图中站着的那个人是余武陵，他是著名的香茶出口公司的广告经理人。他胳膊下面夹的是公司的标志——一个内有十字的正方形，表示整个世界。许多年前，余武陵根据这个标志想出来一道题。他说他可以用一把东方的喷水刷子在纸上把这个标志画出来，但是前提是笔不离纸、线不重复。那么，你知道他是如何做到的吗？

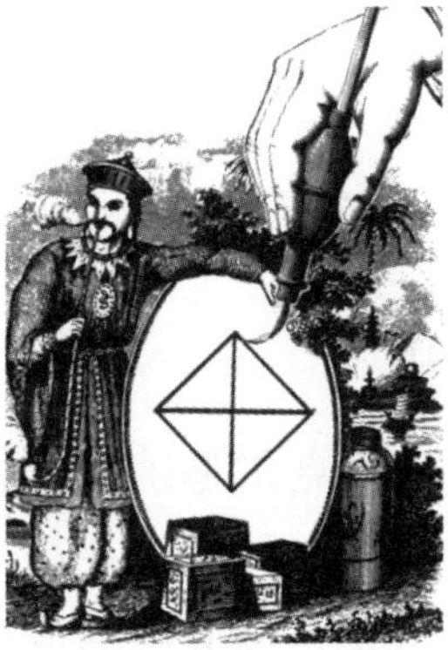

108 地毯

阿布杜是个地毯商，现在他遇到了一个大麻烦。他必须得在太阳落山之前把一个边长为 10 米的正方形地毯交给一位十分富裕的客户。他在仓库里找出一个长 12 米宽 9 米的地毯，他打算用这个地毯来做客户所要的地毯。可是，当他展开这个地毯时，发现有人在中间剪掉了一块，被剪掉的部分长 8 米宽 1 米。然而，老练的阿布杜却很快想出一个办法，他把剩下的地毯剪成了两块，然后再缝在一起，这样便做出一整块边长为 10 米的正方形地毯。那么，他是怎么做的呢？

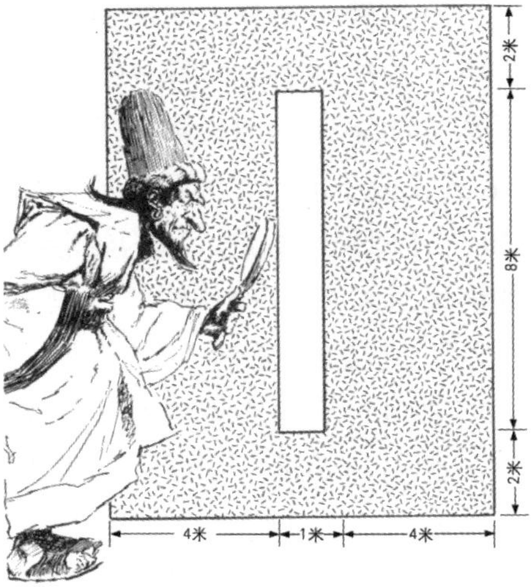

109 赛马（2）

图中戴博士帽的人是贝特萨罗特教授，他是赛马爱好者。现在他正研究有关下一场比赛的赛马新闻，他把比赛的胜者限定在 3 匹马：斯威・贝利，赔率 4∶1；杨特・萨拉，赔率 3∶1；桑

德·胡弗斯，赔率2∶1。教授想计算出应该给每一匹马下注多少钱，无论哪一匹马获胜他都可以赢13元。

比如，如果给每匹马下注5元，当斯威·贝利获胜时，他可以在它身上赢20元，而在另外两匹马身上输10元。请你试试，看能否在比赛开始之前解决教授的这个难题。

110 字母连线

这个题虽然很古老，但是很有趣。在图中的格子上有5对圆点，分别标着A至E这几个字母。请将各对字母相连：A与A，B与B，C与C，D与D，E与E。你必须沿着格子上的直线连线，彼此路线不能相交或者重叠。现在，这个难道就交给你负责了。

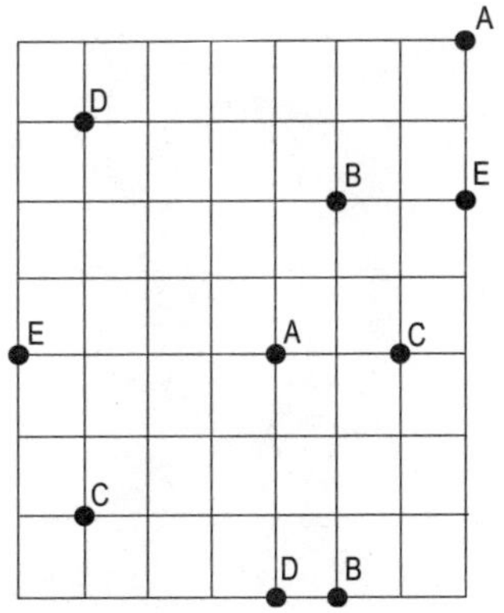

111 跳房子

下面是19世纪年轻人在消磨时间时所玩的跳房子游戏。在跳房子游戏中其中有一种是“难题型”的跳房子游戏。这个题要求你用一笔把这个跳房子的轮廓画出来，但前提是笔不离纸、线不重叠。同时，任何部分也不可以重复。在你还没有尝试之前，请不要跳到答案部分查看结果。

112 火柴杆

下图是用12根火柴拼成的一个正方形。每根火柴都长2厘米，这样，这个正方形的面积为6乘以6，即36平方厘米。现在，请你将这12根火柴重新排列，并使形成的新的图形的面积为12平方厘米。

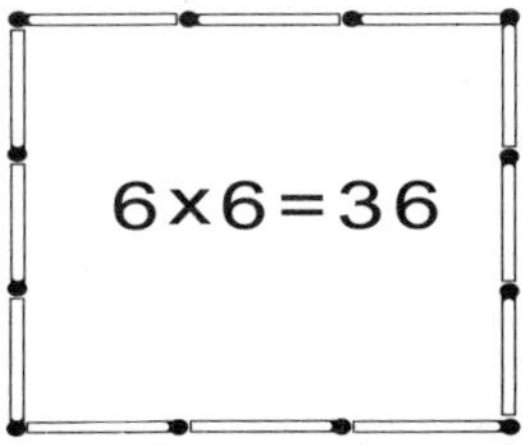

113 圆圈（2）

在解答这个题之前，你也许会发现自己在“看圆圈”。图中是7个相互交叉的圆圈，也就有14个有限区域。

现在，请你把图中的字母用数字代替，这样在图中就只剩下从1到14的数字。同时，要使每一个圆圈内的数字相加的和等于21。

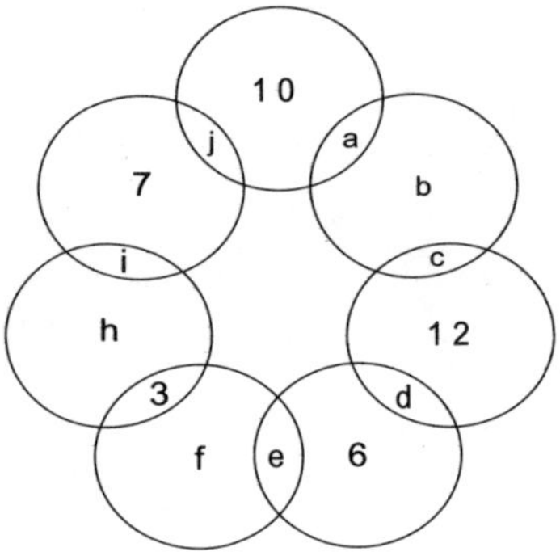

114 面包

“这是个真实的故事！是克莱夫亲口告诉我的。故事是这样的，有个叫弗西斯的年轻人在寻找基奇纳大部队时迷失了方向。在饥肠辘辘之际，他碰到了两个当地的小伙子正准备吃午餐，一个人有3块烤面包，另一个人有5块。如果弗西斯肯掏钱吃他们的面包的话，他们愿意与他共享食物。当然，他只能说愿意，这样，3个人一起把8块面包吃完了；然后，弗西斯付给他们8枚硬币。最后，他终于和大部队会合了。

“但这两个小伙子却为了钱打成一团。拿3块面包的那个人想把钱平分，但是另外那个人却认为他应该得到自己份额的5枚硬币。这样，问题成为一个难题。那么，你应该如何分配这些钱才能不失公平呢？”

115 密码

在世纪之初，那个放在大厅内的存有贵重物品的保险箱被采取了严密的保护措施。上图中的这个保险箱的主人是泰门尼·奥谢，他虽然十分富有，可记性却不怎么好。他这辈子总是记不住自己保险箱上的由3个数字组成的密码。但是，他却可以利用贴在保险箱上的线索提醒自己：

“第1个数字乘以3所得结果中的数字都是1；第2个数字乘以6所得结果中的数字都是2；第3个数字乘以9所得结果中的数字都是3。”如果下图中的保险箱窃贼上过学的话，他们很可能会将这些线索转变成现金。那么，你能将这几个数字依次呈现吗？

116 调换（1）

这纯粹是一个“换位置”的题。将3个白色的棋子分别放在1、2、3号位，把3个黑色棋子分别放在10、11、12号位。你只能通过22步将它们的位置互换。每个颜色的棋子轮流沿着直线从一个圆圈移动到另一个圆圈。任何一个棋子都不可以放在对方棋子下一步可以移动到的圆圈内；每一个棋子只能在它所在的圆圈内停留一次。

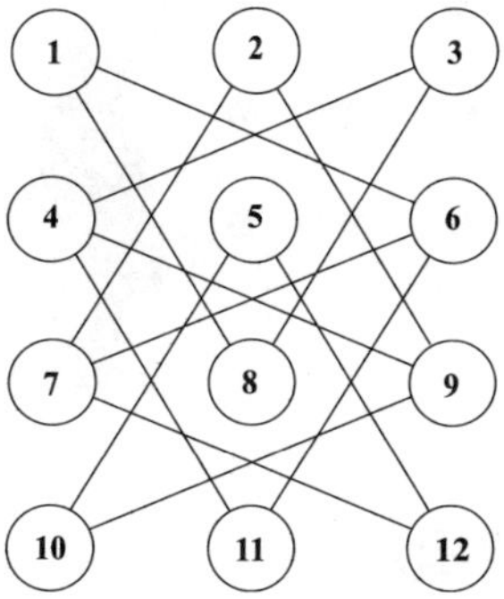

117 筹码

下次如果你碰到纸牌游戏并为此提心吊胆时，不妨用这个题使你紧张的神经放松下来。按照图中的样子，画一个有 16 个方格的棋盘，然后，将 10 个扑克筹码放在棋盘上的 10 个方格内。你的任务是将它们分布在最多行列内，并使每行的筹码个数为偶数。你可以将这些筹码水平、垂直或者沿斜线分布在行列之内。

118 死亡三角

我们看到的是杂技团的芬顿·凯奇奥尔，他正在表演自己的拿手好戏——死亡三角，芬顿对这些像剃须刀一样锋利的钢碎片毫无惧色。这些碎片和他在表演中所使用的其他小道具一样都是源自一个著名的思维游戏。如果你把这 5 个三角形中的任意一个切成两半，那么，就可以把这 6 个三角形拼成一个完整的正方形。那么，你愿不愿意试一试这个游戏呢？

119 移动

这是一个验证移动的思维游戏。做这个游戏时，你需要准备 4 根火柴杆。按照图中的样子，将其中的 3 根火柴摆成一个金字塔形状。接着，把第 4 根交给你的“受害者”。你来挑战他，看谁能只凭借第 4 根火柴杆就可以把那 3 根竖直放置的火柴杆提起来并且在保持金字塔形状的情况下把它们抬起来拿到屋子的对面并放在另一张桌子上面。

五金器具店的几个好朋友整个下午都在研究这个题。

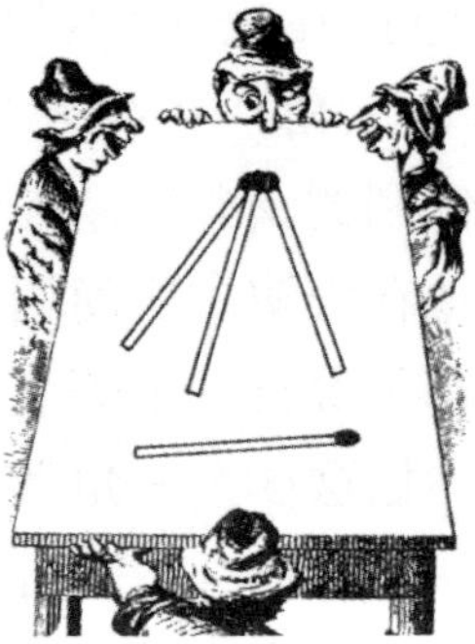

120 瓶塞（2）

“玻璃杯”题中所使用的瓶塞现在又掉进斯迈德维奇女士的玻璃杯里。一般情况下，瓶塞是不会停留在杯内水的中央，相反，它会慢慢漂到玻璃杯的一侧，并且停在那里。然而，却有一个简单的方法可以使瓶塞停留在玻璃杯的中央（使水旋转不算答案）。

121 长方形

古特罗克斯先生正在琢磨一个著名的长方形思维游戏。图中均匀地分布着 12 个黑色圆点，它们之间有间隔。如果利用任意 4 个圆点作为长方形的顶点（角），那么，你能否计算出有多少个长方形呢？记住，正方形也看作是长方形。

122 手提箱

令人称奇的福隆特纳克斯是 20 世纪最奇特的音乐节目。贝莎和莱因霍尔德所演奏的两件乐器叫作贝莎风。当他们开始演奏之前，莱因霍尔德将一个旧的手提箱放在桌子上，使这个箱子伸出桌子边大约$\frac{1}{3}$。接着便投入到经典的混成曲演奏当中。过了一会儿，这个手提箱突然翻倒在地上，演

出随即结束，这让大家很吃惊。手提箱里并没有任何钟表装置，那么，你知道福隆特纳克斯他们的演出时间是如何控制的吗？

123 从A到Z

各位思维游戏爱好者们，现在我们来处理一个很难的题。这个正方形格子每边都有6个小方格，其中，有4个A字母以及4个Z字母。现在，要将这个格子剪切成4块，每一块的大小和形状都必须一样，同时，每一块都得包括一个A字母以及一个Z字母。剪的时候，一定要沿着方格线。

A					
		Z	Z		
		Z	Z		
		A	A	A	

124 潜水艇拦截网

在世纪之交，为了抵御新式潜水艇，这个潜水艇拦截网便孕育而生。但是，相应的抵抗措施也随之出现，法国人甘默尼特先生发明了著名的潜水服。现在，你要穿上这个潜水服把下图的这个网由上而下剪成两部分，但是要用最少的次数。在你剪的过程中，不可以把网的节点剪断。请你找出最佳位置并开始剪。

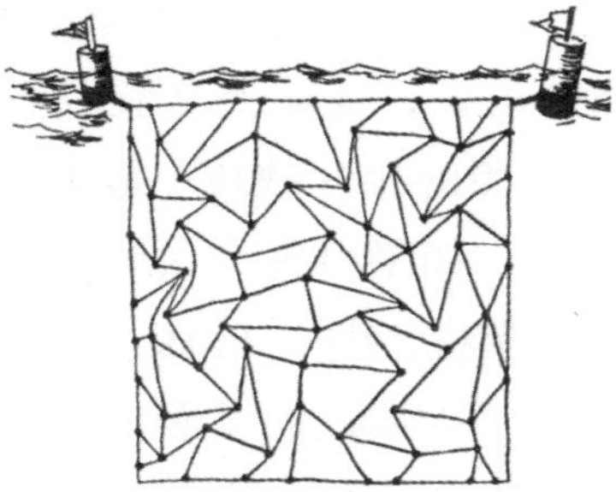

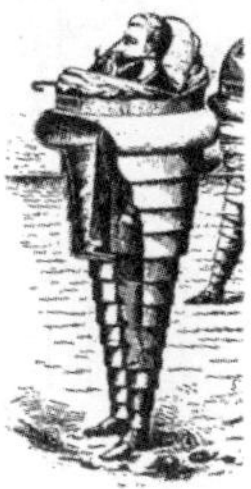

125 遗嘱

这份遗嘱是易斯特维奇伯爵在几个世纪之前留下的，内容十分生动。那么，你能否从中推断出他想要给自己的后人留下什么东西吗？

126 照相

爷爷汤森年轻时曾买过一个新款的柯达相机作为自己的圣诞礼物。这个相机配有彩虹光圈和快门，里面的胶卷容量也很大。当他把所有的亲戚都叫过来时，他发现如果给每个人照4张照片的话，他需要2卷胶卷，因为他所需照的相片数比一卷胶卷多4张；然而，如果给每个人照3张照片的话，胶卷将会剩下12张。那么，爷爷需要为多少亲戚朋友照相呢？一卷胶卷可以照出多少张照片呢？

127 撞球

波齐兹·普兰德加斯特是闲暇时刻台球社团的经理，他总是千方百计地赚取顾客的钱。图中所示的就是他使用的伎俩之一。他将8个撞球排成一条直线，一个彩色目标球和一个白色主球交替放置。他打赌说你在4步之内不可能使直线上的4个白色球移动到左边、使4个彩色球移动到右边。每次移动时，你必须将任意相邻的两个球移动到直线上的其他位置。那么，让我们看看你能否在波齐兹连续将所有的球都打入袋中之前把这个难题解答出来。

128 小狗

图1展示了组合图，它是由3块硬纸组成的。你的任务是判断出它们是如何组装起来的，但是前提是不能撕开或者损坏纸片。注意：小狗是由小纸环牢固地连接在大纸环上的；小纸环上的口太小，小狗是不可能串进去的。组成这个题的3部分纸片分别显示在图2、图3和图4。请试试，你能否找到解决的办法。

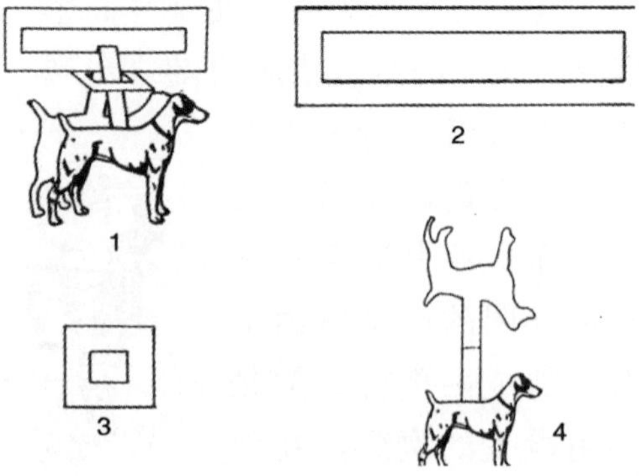

第四章

世界上令人惊奇的思维名题

129 天文

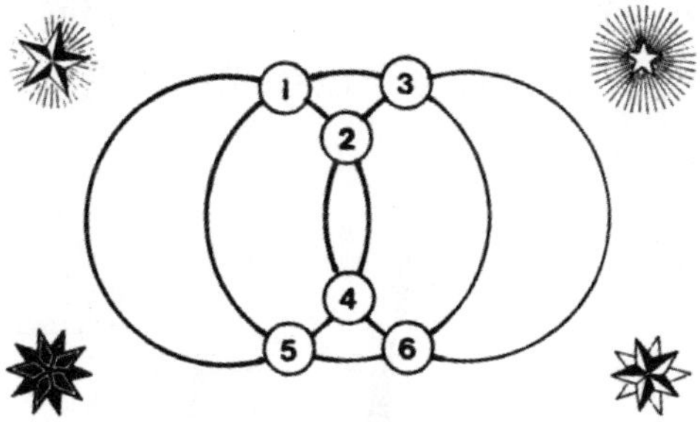

威拉德·斯达芬德在观看自己最新的发现。他发现太阳系中的6个恒星是在3个重叠的轨道上旋转的，他在它们会聚在一点产生超新星之前很快给它们起了名字。威拉德把这几个恒星从1到6标上号，这样就组成一个恒星思维游戏。那么，你能否重新给这几个恒星标号，使每个轨道上的4个恒星相加的和是14呢？

130 咒语

在神秘的东方，我们的巫师朋友为我们带来了著名的咒语金字塔思维游戏题。如果从金字塔的顶部开始，即从顶部的“A”到底部的那行字母，你能否算出拼写abracadabra的可能途径数呢？在你走下金字塔这11层的过程中，你可以向左或者向右分叉并从分叉点的字母下面的两个字母中再任选一个然后继续。

131 台球（1）

下面我们看到的是库申斯·哈利布尔顿即将打进制胜一球，他随后获得了1903年曼哈顿花式台球锦标赛的冠军。5轮之后，他用球杆打进了100个球。而每轮他都要比前一轮多打进6个球。那么，你能否计算出他5轮中的各轮进球数吗？

132 年龄（2）

奈德·诺波是廉价小说中虚构的运动英雄，他在学校的运动生涯比历史上其他任何学生都要长。他运动生涯的$\frac{1}{4}$是在从事橄榄球这个运动项目，

接下来的$\frac{1}{5}$是作为大学一年级学生，随后的$\frac{1}{3}$是作为大学二年级和三年级学生，而他的最后13年则是作为大学四年级学生。这之后，他终于退役并且毕业，但他却是班里最后一个毕业的学生。那么，当奈德获得毕业证书时，他的年龄是多少呢？

133 神庙

公元前1480年，埃及斯塔姆尤莫斯特神庙刚刚建成。在神庙入口旁边的雕刻是最早有记载的思维游戏。问题是要将这个有20条边的图形切成4块，而且每一块的大小形状都相同，同时，这4部分可以拼成一个完整的正方形。

134 铜锣

这名罗马士兵不幸落入敌人手中。如果他无法解开这个铜锣的秘密，那么，他将成为太阳神的祭品。那么，

你能否在铜锣上直切两下，把它分成至少 5 块吗？但是，在切第二下时，不可以把一块放在另一块上。

135 标志牌

“波普，你说得不对！那个标志牌才是思维游戏呢！你的任务就是把它解答出来，即把标志牌上所有的相同字母用相同的数字来代替。如果正确完成的话，那么你会得出一个正确的数学表达式。你试试，看能不能在我们到达海滩之前把它解答出来！”

136 数学题

普里西拉·孙珊女士今天是我们的代课老师，可得当心啊。

“同学们，我上次站在这里已是好几个星期之前了，这样吧，我给大家出一道题。大家需要把黑板上的这 8 个数字分成两组，每组各有 4 个数字，将每组的 4 个数字排列组合成 2 个数并相加，而两组相加后的结果必须一致。谁能把这个题解答出来呢？”

137 硬币计数器

下图是安装在一个银行的克赖顿硬币计数器。特莱梅尼先生正在用一

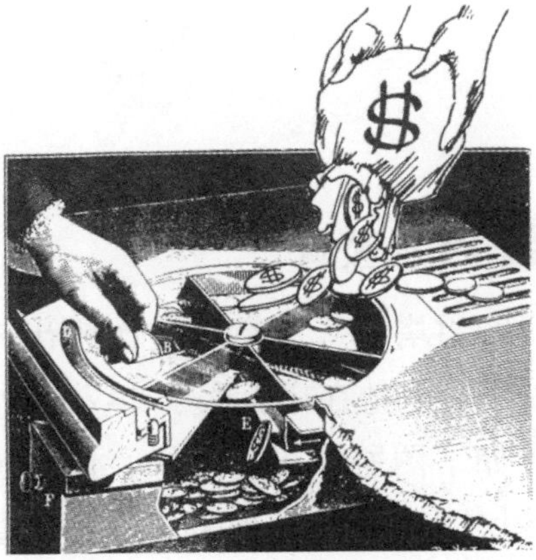

袋子硬币检测它，这个袋子里装了50枚硬币，且面值分别为1元、5角、1角、5分。经计算后，这些硬币总共20元。那么，袋子里每种硬币各有多少枚呢？

138 风筝

加尔文·博斯特伯这次真的遇到了麻烦。如果风不能平静下来的话，他那个极有“雄心”的风筝真的会把他带到某个神秘之地。这个风筝不仅因为空气动力飞得很高，而且也包含了一道题。风筝的撑木形成了形状各异、彼此相连的正方形。请试试，看你能否正确计算出风筝上大大小小的正方形有多少个。而你只能在60秒之内正确地计算出正方形的总数。

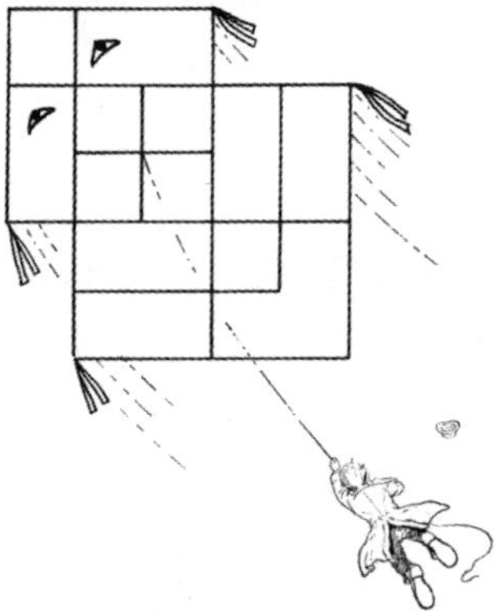

139 汽水吸管

特雷塔尔·本特利这次想出来一个好主意。他在桌上摆了24根汽水吸管（如下图所示），这样，便组成了9个小方块。首先，他拿走4根吸管，桌上剩下了5个小方块；把吸管重新放好，这次拿走6根吸管，桌上剩下5个小方块；再一次把吸管放好，这次拿走8根吸管，桌上还是剩下5个小方块！他是怎么做的呢？每个方块的每条边都要有一个吸管。

140 欢乐谷

在离开北极之前，圣诞老人停下来制定到城镇——欢乐谷的飞行计划。欢乐谷共有64个家庭，它们的分布位置如下图所示。每个家庭都在他的计划名单上。圣诞老人想从塔克家开始，到维卡家结束。在这个过程中，他的前进路线需要保持直线，按照水平或者垂直方向在家与家之间飞行；但是，不能原路返回或者重复走过的路线。那么，你能否只用21条直线就可以帮圣诞老人把飞行计划画出来呢？

141 货物箱

这里我们看到的是赫尔曼·贾泽尔，他正驾驶他那引人注目的贾泽尔管式电车穿过纽约有 100 年历史的河流，在水涨上来之前希望他可以穿过那里。当人们把他的电车用船从他在欧立斯康尼的工厂运出来时，大家就造了一个特殊的盒子把它装了起来。这个盒子有 14 个角、21 个边。那么，你能否计算出这个盒子有多少个面呢？

142 游戏天才

比利·索尔皮是一位思维游戏天才。下图中的他正在面对一个巨大的挑战。在台上表演时，他经常解答观众提出的题。最近，一家思维游戏俱乐部的老板十分肯定地认为比利不可能在 3 分钟之内把上图中的幻方题解答出来；并且他答应如果比利成功的话，他将为比利所热衷的慈善事业捐献 1 万元。在这个题中，比利需要将下图中格子内的数字重新排列，使每行、每列中的数字不能重复出现两次；同时，两条对角线上的数字也不能重复出现两次。如果排列正确的话，那么每行、每列中的数字相加的总和为 10。比利真的在 3 分钟之内把这个难题解答出来了，那么，你呢？

0	1	3	0	0
2	2	4	2	1
4	1	3	4	0
3	0	1	3	1
4	2	0	3	2

143 直线

巴罗·威盖特退休后便搬到了山区，他确信他的电视天线大得足够可以接收到他喜欢看的节目。那么，你能否用一笔将这个天线画出来？前提是直线不能在任意点交叉或者与已画直线重复。

144 十字架（1）

古代巫师梅林为你准备了一个有趣的问题。布置5行圆点，每行各有5个。现在，设法用一笔将圆点连成一个希腊十字架。完成的时候，十字架的外面应该有8个圆点，而里面则有5个圆点（十字架的架臂长度都相等）。

145 赛车

著名的佛塔纳兄弟是单轮脚踏车赛的冠军，他们总是在4个长为$\frac{1}{3}$千米的圆形轨道上进行赛前练习。兄弟4人从中午开始每人沿着一个轨道进行骑车练习，他们各自的速度分别为每小时6千米、9千米、12千米以及15千米。直到他们第4次在圆圈中央相遇时才停下来。那么，他们需要骑多长时间呢？

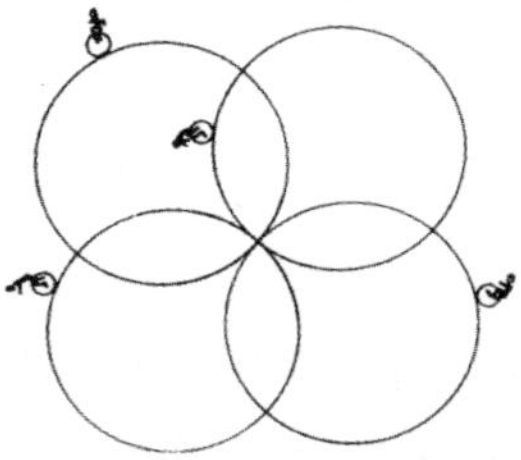

146 玩具店

卡拉培尔又迎来了思维游戏展览会，所有的商人都用思维游戏装饰自己的销售窗口。迪利·托诺尔是提沃利市迪利·托诺尔玩具店的老板，今年她想出来一个很好的题目。她用儿童玩具做了一个由9个大小相同的三角形组成的金字塔。如果你想进入最后决赛，你必须使这个金字塔在移走4根梁之后留下5个相同大小的三角形。那么，你有没有兴趣参加这个比赛呢？

147 蛇

148 鸡蛋（1）

当你下次参加派对时，就可以用这个“巨蛋”游戏为难你的朋友。由于这个游戏可能会把周围弄脏，所以最好在厨房进行。挑战在场的所有人，跟他们进行鸡蛋平衡比赛。在桌子上放1个鸡蛋、2把叉子、1个瓶塞和1个拐杖。你事先声明自己可以用2把叉子和1个瓶塞把鸡蛋稳放在拐杖的末端。先让他们来尝试。在清理干净他们遗留的痕迹之后，你再来展示这个过程——但是，你得先下一个适当的赌注。

149 测量

世纪之交时，哈姆雷在伦敦的商店销售各种各样的思维游戏盒子。右上图中的盒子里有白、绿、红3种不同颜色的罐子。绿色罐子的容量比红色罐子多3升，而白色罐子的容量则比绿色罐子多4升。现在的问题是用这3个罐子来准确量出2升的水。那么，你如何只倒9次就可以把水量出来呢？

150 亚当和夏娃

亚当从别人那里收到一封信。可是，我们发现这封关于夏娃的信却给我们留下一个很大的难题。那么，你能否用相同的数字代替相同的字母最后得出一个正确的数学表达式吗？

151 太妃糖

那个莫尔博斯太太代售各种好吃的东西，也包括糖果。近来，她的生意肯定不错。她在上面为你准备的是一个有关糖果的题。如果你想免费品尝太妃糖，你需要把21块糖排成9条直线，每条直线上有5块。当然，每块糖不止在一条直线上。

152 调换（2）

在下图的棋盘上将3枚5角硬币放在1、2、3号方格内，然后将3枚1角硬币放在5、6、7号方格内，接着再将它们的位置互换。在这个过程中，你可以将硬币移动到与之相邻的空格内或将其从与之相邻的硬币上跳

到后面的空格内，你可以沿水平或者垂直方向移动。请设法在 15 步之内将硬币相互交换位置。

153 多米诺骨牌（2）

当你下次坐下来玩多米诺游戏时，你就可以下一个不错的赌注。准备 7 个多米诺骨牌，然后把它们搭建成一个小塔（如图中所示）。再拿一个骨牌放在塔的前面，你可以在塔不塌的情况下利用这个骨牌将 A 骨牌从塔上移开吗？除了用 B 骨牌之外，你不可以用其他东西接触塔。

154 应聘

珀西瓦尔·彭布罗克丢掉了自己的高薪工作，他想再找一个也不过是小菜一碟。但是，他应聘的金融投资公司却给了他一个措手不及。公司给他出了一个能力测试题，而他没有通过！他们给了他 4 个正方形和 8 个三角形，他的任务是在 5 分钟之内把它们拼成 1 个正方形。那么，你能否通过金融公司的这个测试呢？

155 瓢虫

蝴蝶表演结束了，接下来桑蒂尼将带来精彩的瓢虫表演，这一有史以来最伟大的表演将展示昆虫如何准确前进的。在 3 分钟之内，将 7 只瓢虫排成一行，这样，它们外壳上的字母就会有很多的排列方式。那么，你能否判断出共有多少种排列方式呢？

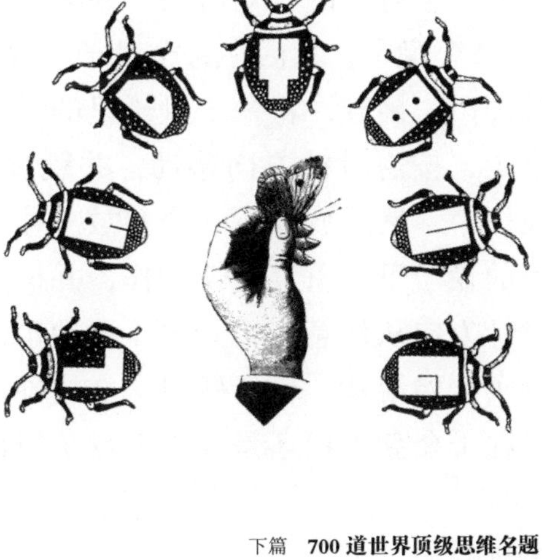

156 英雄

如果你能答出来，那么，你也是英雄。

157 派对

家庭生日派对在过去很流行。当然，他们会做很多游戏。图中就是旧时的一个有名的派对游戏。在桌子上放12个盘子，然后在每个盘子里放1枚硬币。接着，将一个盘子里的硬币拿走，按逆时针方向移动，并跳过2枚硬币，然后放在下一个只放1枚硬币的盘子里。重复这个动作，并按逆时针方向从任意一个只放1枚硬币的盘子开始游戏。你所跳过的2枚硬币是在1个盘子里还是在2个盘子里都无关紧要。移动6次之后，桌子上必须有6个空盘子以及6个各有2枚硬币的盘子。同时，在6次之后，你要回到你刚开始的盘子边。这个游戏的目的是找出绕行桌子的最少圈数。

158 雪橇

下次当你外出滑雪时，如果你想在温暖的临时营地赢得一杯热巧克力的话，这里有一个万全之策。跟你的朋友打赌，说他们不可能把6个滑雪橇组成8个完整的三角形。如果你没有外出滑雪，你也可以用汽水吸管来完成。

159 栅栏

地主查普曼准备在自己房子外边的路上围一个新栅栏。这段路长 99 米，每对栅栏柱相隔 3 米，柱子之间有 3 个横杆。西姆斯拿来 33 根栅栏柱、99 根横杆以及 99 米长的围栅栏用的铁丝，但他却不能完全围成栅栏。那么，西姆斯错在哪里了呢？

160 电池

埃尔默·拉泽罗是电池城的主人，这个电池城位于威斯康星州的拉辛市。他举办了一场比赛，也就是图中的两个人所提到的比赛。他在陈列室的地上将 36 块电池摆成了一个正方形，并答应提供给任何一个答对的人一次为期两周的费用全免的新泽西州海洋树林之旅。但是要求如下：参加比赛的人必须从上面拿走 6 块电池，使剩下的每行电池不论在水平方向还是垂直方向都保持偶数。从图中我们可以看出威拉德好像找到了解决办法。

161 泰迪玩具熊

下图中的 3 个女人在最近的教堂节日期间共同投资经营一家泰迪玩具熊店。在开业的当天上午，她们先将相同数量的玩具以 10 元出售；下午的

时候，她们更改了玩具熊的数量，但仍以 10 元出售。有趣的是，一天结束的时候，她们虽然卖了不同数量的玩具熊，但是赚的钱数却相同。那么，你能知道这是怎么回事吗？

162 时钟（1）

重达 2 吨的底特律大钟在费城举办的展览会上大放异彩。这个大钟既可以为 13 座城市报时，也可以体现季节的变迁，还可以显示太阳周围的行星运行的轨迹。这个大钟同时也引发了下面的疑问：从午夜到正午时分，大钟的时针和分针相遇（重合）了多少次？

163 机器人

世界上的许多超现实的梦想都源自这个机器人思维游戏。图中的机器人的不同部位已经用从 1 到 12 这几个数字标注。由于某种奇怪的原因，他无法离开这个超自然的行星，除非他身上的数字可以以 7 种不同的方式重新排列，并使各行各列相加的结果都是 26。其中包括水平的两行数字、垂直的两行数字、4 个中间的数字、胳膊上的 4 个数字以及脖子和腿上的 4 个数字。

164 胶合板（2）

海勒姆·鲍尔皮尼不仅是当地最好的杂务工人，而且也是一个思维游戏业余爱好者，他的作品都是自己通过切割创作的。梅尔是他忠实的助手，他买了一块胶合板，下面有 3 个正方形的洞。梅尔向海勒姆提出挑战：把它切成两块，并使它们正好可以拼成

一个没有洞的矩形。那么，你认为海勒姆会从哪里下手呢？

165 喂狗的硬饼干

我们的小狗杰姬约了它的几个朋友参加狗食饼干思维游戏派对。像往常一样，它的朋友仍在问题解答出来之前把组成思维游戏的饼干全部吃掉。派对中的问题如图所示，即要求你在铅笔不离开纸的前提下用 4 条直线将这 9 块饼干连起来。这个游戏你可要好好想一会儿。

166 竞技比武大会

这个思维游戏的创作灵感来源于在新泽西州欧文顿的古老奥林匹克公园举行的竞技比武大会。将 8 枚硬币正面朝上放在下图中各圆圈内的动物上，然后，设法用 7 步使其中的 7 枚硬币背面朝上，每一步都要从正面朝上的那枚硬币开始计数。数出 4 枚硬币，并使第 4 枚硬币背面朝上。数硬币时，不用考虑硬币是正面还是背面。

167 香水瓶

图中是一个塞有塞子的未装满的科隆香水瓶，你如何计算出瓶中液体所占瓶子的百分比（瓶塞所占空间面积不计）。你能使用的只有一把尺子，同时，你不能将瓶塞从瓶子上拿走。你有 5 分钟的时间计算出结果。

168 电车

古老的阿斯伯里·帕克电车路线共有 12 站，由 17 条 1 千米的铁轨相连接。巴顿·科鲁尔是铁轨的巡视员，他每天都要检查这 17 条铁轨。检查的时候，他总是不止一次路过某些铁轨。那么，你能否为巴顿设计出最佳的检查路线，使他每天在巡视时走最少的路程呢？

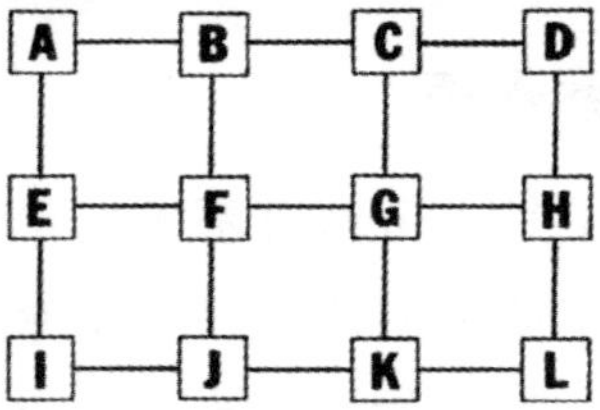

169 序列中的数字

西德尼很迷恋思维游戏，因为会

学到许多东西。请你试试，看能否在他从当地的糖果商店回来之前把这个题解答出来。

170 抢劫

当布莱克·巴特第13次袭击丹佛公共马车时，他实在是不走运。唯一的现金是他在一个推销员的旅行包里发现的，这些硬币总计5元。而这5元正好是由丹佛铸币厂铸造的100枚硬币组成。那么，你能否判断出各种硬币的面值以及包内各种硬币的个数吗？

171 竞赛（1）

克尔特林银行正在举行一年一度的思维游戏竞赛，而设立的一等奖几乎世上难寻。这里有个提示可以帮你获胜。找出最小的一个数，使它与2、3、4、5、6、7、8、9、10相除后得出的余数都是 1。

172 玩纸牌

下图是派波尔教授于 1896 年在伦敦的埃及礼堂展示的著名的幻灯片思维游戏。在这个题当中，3 张纸牌并排放置，正面朝下。下面给出了特征

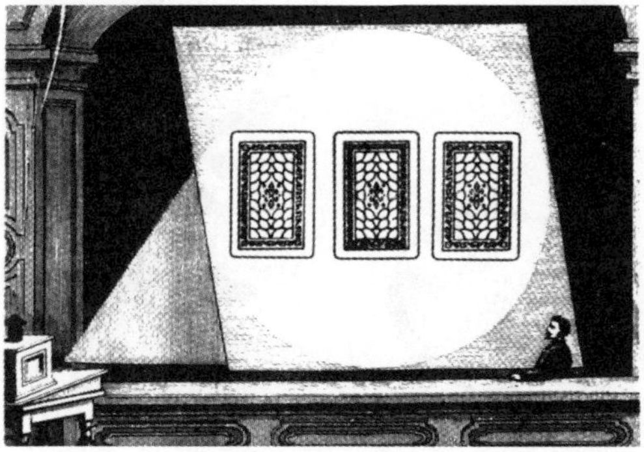

线索：有一张牌是 2，它在 K 牌的右边；一张方块牌位于一张黑桃牌的左边；一张 A 牌位于一张红桃牌的左边；红桃牌位于黑桃牌的左边。那么，你可以把每一张牌都猜出来吗？

173 理发师

法国的一个小镇有两个理发师，亨利和皮埃尔。亨利很注重外表，他的理发店总是很整洁，而皮埃尔的发型却总是很难看而且也该刮脸了。亨利经常说他宁愿为两个德国人理发也不愿意给一个美国人理发。你知道这是为什么吗？如果你拜访那个小城，你会去哪一家理发店理发呢？

第五章

世界上令人莫名其妙的思维名题

174 4个5

解决这个题只需将图中奖状里的4个5重新排列，使排列后的总数值为56。

175 装饰物

圣诞老人为你准备了一个了不起的圣诞节思维游戏。他先把装饰物固定在一条3米长的绳子的一端，然后将另一端系在一束槲寄生树枝的上面。

"我会给你两份圣诞礼物，"他说，"如果你可以将绳子从中间剪断使装饰物不会摔落在地。记住：一旦你剪断绳子，你就不能触摸绳子或者装饰物。"

那么，读者朋友，你会怎么剪呢？

176 三位数

虽然你不是魔术师但同样可以解决这个题，而你的朋友们会认为你是魔术师。告诉他们，你可以向他们展示一个快速计算的思维游戏。除去扑克牌中所有“有脸”的牌（J、Q和K），并再拿出另外10张牌，将剩下的扑克牌每3张为一组放在桌子上。然后，对你的观众说，每一组的3张牌可以组成一个三位数，并且它们都可以被11完全整除。你要以最快的速度将这些三位数排列出来。

我们下图的例子是数字231，它正好是11的21倍。那么，这一壮举是如何完成的呢？

177 十字架（2）

斯皮尔牧师又一次在教堂遇到麻烦。昨天晚上，狂风暴雨袭来，狂风将教堂尖塔上的十字架刮倒在地，并将它摔成了5块。教堂司事温斯洛宣称他知道如何将它们重新拼在一起使十字架重现天日。各部分已经全部展现在下图之中。那么，你能帮助牧师和教堂司事了解其中的神秘之处吗？

178 商业调查

从表面上看，可以说西尔威斯特的调查结果越来越让人担心了。我们先不说芥末账目的出入。火山芥末公司委托他们调查有多少人喜欢辛辣的芥末、有多少人喜欢清淡的芥末。下面是他们呈交的报告：

接受调查的人数 ....300 人

喜欢辛辣芥末的人数 ....234 人

喜欢清淡芥末的人数 ....213 人

既喜欢辛辣芥末又喜欢清淡芥末的人数 ....144 人

从来不使用芥末的人数 ....0 人

当火山芥末公司认真研究这份报告之后，公司十分生气并立刻解除与西尔威斯特调查公司的合作关系，原因是总数计算不正确。那么，你能否找出报告中的错误呢?

179 水与酒

珀西·波因德克斯特先生是著名的饭后思维游戏专家，他正设法解答一道古老的水与酒的题，但他现在已经不知所措了。这个题是这样的：有 2 个玻璃杯，里面装着相同数量的液体。一个装有水，另一个装有酒。首先，从水杯中盛一匙的水倒入酒杯。然后，搅拌均匀。接着，再盛一匙的酒水混合物，并倒入水杯。那么，水杯里的酒比酒杯里的水多还是少?

180 占卜写板

虽然你不是巫师但同样可以解决这个题，而且可以令人刮目相看！下图中的保罗和维维安正在与样子看起来像暹罗的好斗鱼进行交流。我不知道他们是怎么做的，他们告诉我这幅画是这个占卜写板用一条线画出来的，写板上的笔没有离开纸，而且线条也没有相互交叉。那么，你能按照这些规则重复以上的过程吗?

181 印度方块

喜爱思维游戏的印度王子正在去往阿格拉的路上，那里将举行思维游戏大会。这头皇家大象身上的布的上面印有一道题，而它就是由印度王子设计的。这个题需要你找出图画里大

小正方形（最大的正方形边长为8厘米）的个数。在队伍出发前，你有5分钟的时间把这个问题解答出来。

182 可可豆盒

在这个甜味题当中，你遇到的是一个密封的贝克早餐可可豆盒，里面装满了可可豆。另外，还有一把15厘米长的尺子。那么，你能否在不打开盒子的情况下，测量盒子内部的尺寸并计算出盒子主要对角线的长度呢？

比如这条从底部右侧前角（B）到顶部左侧后角（A）的直线，盒子内有4条这样的直线。盒子侧面、底顶部以及底部的厚度可以忽略不计。通过数学计算你可以得出结果，但是有一个更为简单的方法，即只利用尺子直接测量，我们要找出这个方法。

我们已经将体积因素排除在外，因为它们并不是找出这个方法的关键所在。那么，你能否找到这个题的解答方法吗？

183 棋子（1）

这个思维游戏需要准备黑、白棋子各4个，然后放在棋盘上（如图所示）。你所面临的挑战是要用10步将这8个棋子交换位置。

游戏规则很简单，即：黑棋向下移动，白棋向上移动。所有的棋子要么向前移动到空格内要么跳过一个或者两个棋子跳到空格内。你有10分钟的时间解答这个题。

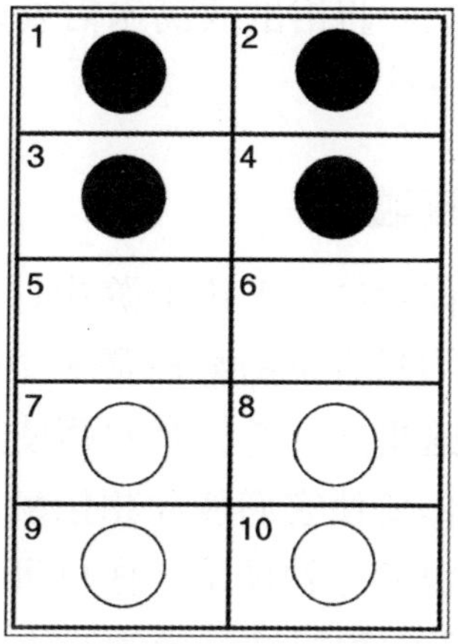

184 浴缸

威拉德·沃兹沃斯教授居住在马·巴斯卡姆的寄宿公寓里。二楼浴室有一个维多利亚燃气式浴缸，而他

观察到了一些有关它的事情：如果打开凉水的水龙头，浴缸放满水需要6分40秒；如果打开热水的水龙头，放满水需要8分钟；如果拔掉塞子，放完水需要13分20秒。

现在，威拉德的题是：如果拿开塞子，并同时打开热水和凉水的水龙头，那么，将浴缸放满水需要多长时间呢？

185 接触

当你尝试一下这个游戏时，也许你会认为只有求助某种魔术才能把它解决。这里放了5枚魔术师使用的硬币，我们要使它们彼此相接触。如果你手头没有这种硬币，你也可以使用1角硬币。我们这只爱为难人的小兔子认为解决这个题最多用10分钟。

186 磨坊

对于安格斯的讨价还价，你不能怪他。然而，他的确遇到了麻烦。如果在伊恩扣除10%之后要正好带回100千克的玉米面，他应该带来多少玉米呢？

假设磨面的过程当中没有浪费。

187 数学

普里西拉·孙珊女士就是那位出色的代课教师，又来检测你们的数学才能了。

“同学们，现在注意了！黑板上的这个题是不正确的。但是，如果你

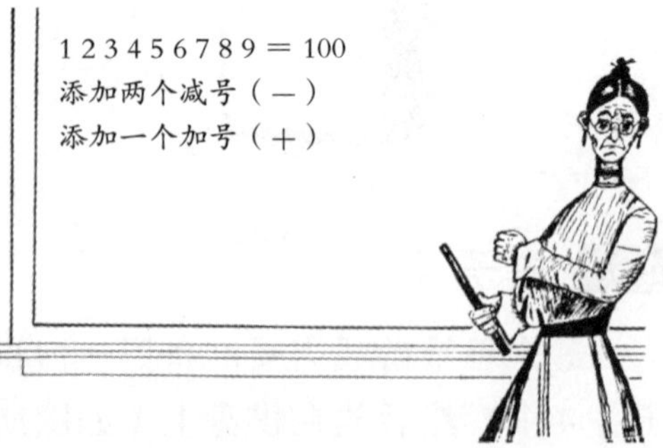

在等式左边的某些数字中间添加两个减号（-）和一个加号（+），就可以得出一个正确的数学表达式，并且可以使结果等于100。你们要在这堂课结束之前把符号放在正确的位置。”

188 重新排列（1）

我们这台著名的游戏计算机好像感染某种黑客病毒了。程序应该使计算机在水平方向、垂直方向以及对角线的数字相加结果为6。可是，却出现了上面的现象。那么，你能否重新排列显示屏上的数字使这个幻方显示正确呢？

189 雕刻品

“米利森特，你说你的花园里的那个雕刻品其实是一个很不错的思维游戏。那么，它所隐藏的题是什么呢？”

“珀西，那个题最早是由奥利弗·维尔德莱特设计的。这个题要求你找出奥利佛应该在哪里焊接3根铁条才能使它们经过雕刻品上的所有方格。希望你在下午茶之前把答案想出来！”

190 射击

慈善盛宴正在举行，巴尼·布朗德巴斯想在长廊上进行的射击比赛中赢得奖品。射击3次需要支付10元；如果击倒的3只鸟上的数字相加正好等于50，那么，你将赢得1只喂饱了的短吻鳄。但是，巴尼却把钱输光了。那么，你有没有兴趣试试呢？

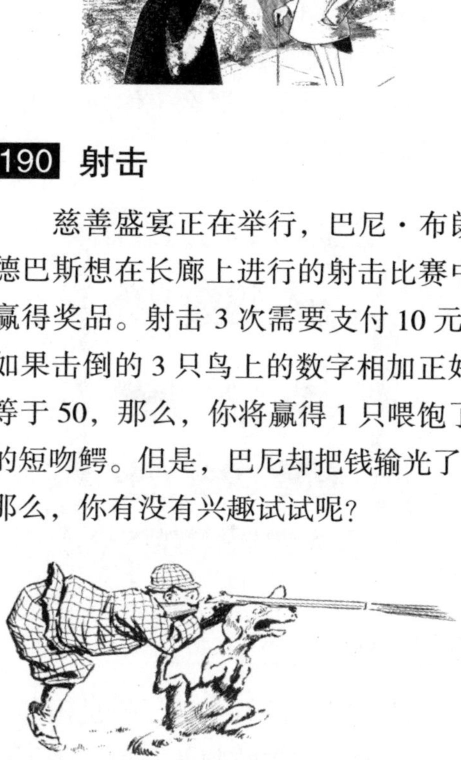

191 动物园

沃尔特·斯奈尔特拉普是当地动物园里的公园管理员，他在为一群动物划分界线时遇到了麻烦，可以说都怪狮子不安分守己。斯奈尔特拉普把9只动物混合圈在一个正方形围栏里。可是，没过多久，狮子开始咬骆驼，而大象却把狮子踩了，这让大家很是不悦。于是，斯奈尔特拉普决定把每只动物分别圈在各自的围栏里。他只在大围栏里建了两个围栏就把所有的动物各自分开了。那么，你知道他是如何修建围栏的吗？

192 时钟（2）

那天虽然没有下雨，但是雨却浇在善良的斯皮尔牧师的心里。他不但失去了教堂尖塔上的十字架，而且时钟的表面也被飞来的树枝撞成4块。

当他检查损坏的钟表时，他发现了一件不同寻常的事情。每块碎片上的罗马数字相加的结果都是20。那么，你知道时钟表面是如何断裂以致发生了这样的事情吗？

193 巨型鱼

下图中的那个渔夫上岸后肯定会把这个刻骨铭心的故事告诉给他的朋友们。好像他的祈祷真的应验了，那个庞然大物从他身边经过。那条鱼有多大呢？据他猜测，这条巨型鱼的头有60米长，它的尾巴是身体长度的一半与头的长度的总和，而它的身体又是整个长度的一半。那么，这个深水动物各部分的长度该如何计算呢？

194 骰子

这个题需要你准备3个骰子。先在桌子上放一个骰子，然后把另外2个骰子夹在拇指和食指之间。接着，与在场的人打赌，说他们不能（按照下图所示的角度）将2个骰子并排放在桌上的那个骰子的顶部。不用说，他们每次都会失败。当他们最终认输时，你可以毫不犹豫地将骰子稳稳当当地放在上面。你如何去做呢？

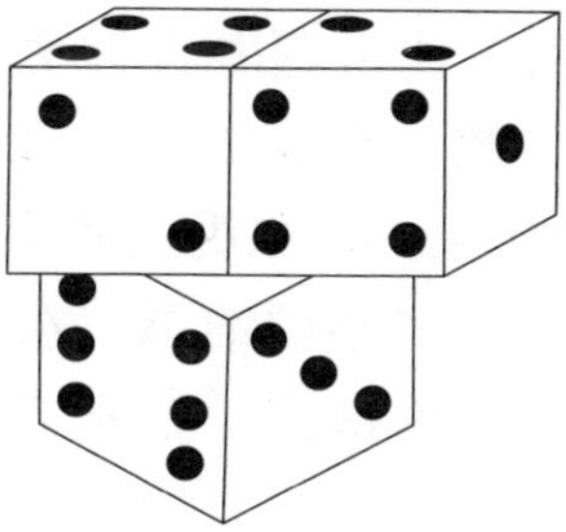

195 握手

圣诞老人学校又迎来了毕业典礼。今年，8名圣诞老人已经做好准备到城市商场履行职责。当他们离开之前，每个圣诞老人都要彼此握手。那么，他们会握手多少次呢？

196 逻辑

解决这个思维游戏，完全依靠的是你在金字塔方面的能力。下图三角形中的数字遵循某种模式排列，如果你能够发现这种模式，那么，你就可以找出三角形中5个问号所代表的数字。你要在沙漏中的沙子全部落在下面之前找出答案。

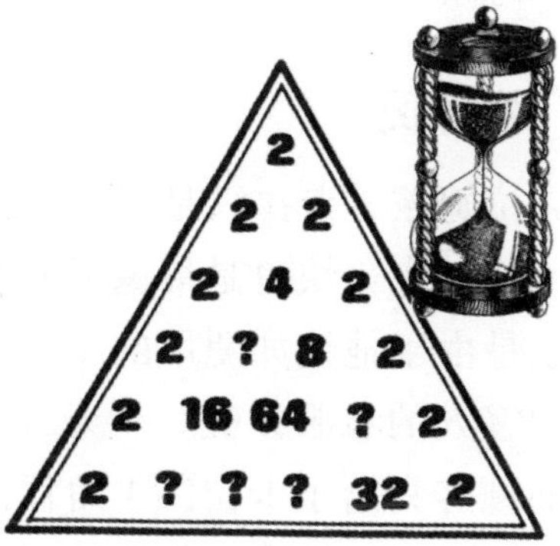

197 皇冠

哈罗德是一位城堡的护卫，他的任务是保护英王的皇冠。这个坚强的小伙子注视这些世界瑰宝已经好几个小时了。当哈罗德注视这个装有12个镶嵌了宝石的箱子时，他突然想出来

一道题，即能否用5条直线将这12个皇冠全部连起来呢？每条直线都是从前一条直线的末端开始。10分钟之后，哈罗德就找出了答案。如果你也能找出答案，我们将授予你“思维游戏王子”的称号！

198 服务员

克拉姆兹·卡拉汉是巴伐利亚花园餐厅里行走最快也是最邋遢的服务员，正是由于他快如飓风的步伐，他总是把客人的衣服弄脏。一天，一位愤慨的顾客只给了卡拉汉1角钱的小费，并说：“你把我的衣服给毁了，我就给你1角钱的小费。但是，如果你能够在不接触桌子、盘子以及硬币的情况下把硬币拿开，我就赏你25元的小费。”然而，克拉姆兹却没能解决。那么，你呢？

199 心灵感应

曼特尔·维扎德又一次看透了你的心思。他是这样做的：让一个人写下任意一个三位数，每位上的数字可以不一样。然后，让出题者把数字颠倒，并且用大的数减去小的数。最后，让出题者告诉他这个结果的末位数。在下图例子当中，这个末位数字是8。根据这些信息，他就可以猜出完整的结果。在查看答案之前，请你试试，看能否明白维扎德的计算方法。

200 H到O

许多移动硬币的思维游戏都可以使人愉快，而这就是其中之一。你要用5步将图1中的H变成图2中的O，每一步都要使一枚硬币在不打乱其他硬币位置的情况下移动一次。当这枚硬币移动到新位置后，它必须与另外2枚硬币相接触。

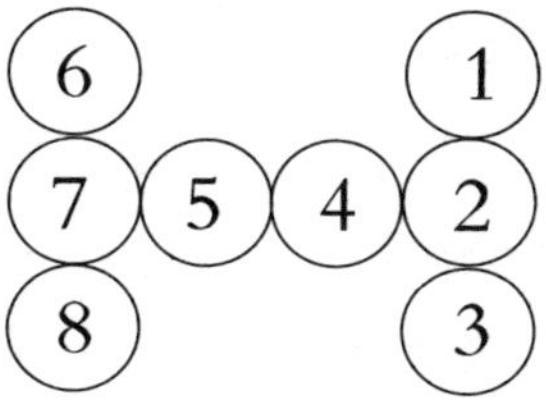

图 1

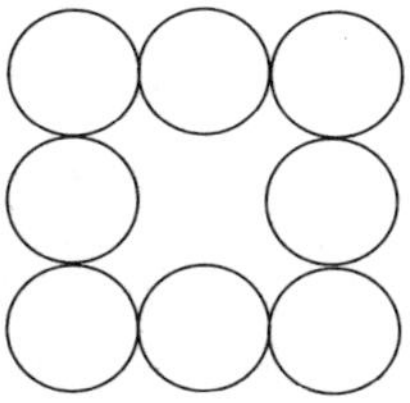

图 2

201 重新排列（2）

这里有一个很好的思维游戏，它可以考验你解答思维游戏的能力。下图的圆圈已经连接起来，它们里面包括从 1 到 8 的数字。你的任务是将这几个数字重新排列使任意一条直线上的两个数字彼此不连续。

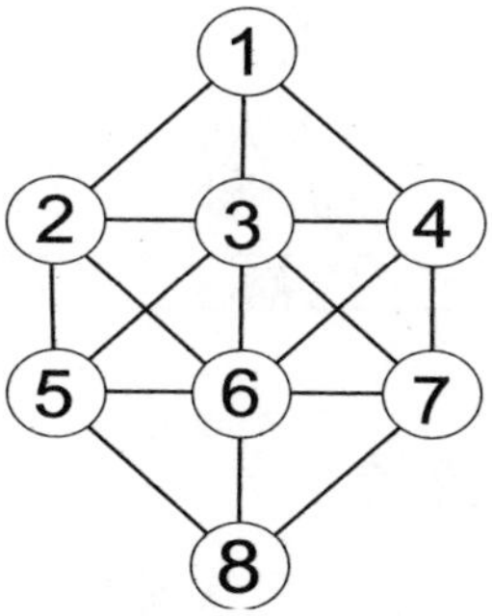

202 房产规划

西德尼是当地的一个建筑商，他把一块长方形的土地分成了 8 块建筑用地，并打算在每块地上建造一间房子。按他的计划，每一块土地的大小、形状都要一样。西德尼遇到的问题是有人把每块地上的边界碑偷走了，而且房产规划图也丢失了。他在猜测是谁做了如此卑鄙的事情。那么，你能帮助西德尼重新划定各块土地的边界线吗（图中的 H 表示每间房子所在的位置）？

203 称重量

右图中的海·哈特·路易是纽约唐人街著名的老茶商，他正站在那里想如何用一个简易秤将 20 千克的茶分放在 10 个 2 千克的袋子里。他在店里只找到两个砝码，一个是 5 千克，另一个是 9 千克。他知道称 9 次就可以完成，但是他却忘记怎么称了。那么，你能否在顾客光临之前帮助海·哈特把这个难题解决呢？

204 神秘的正方形（1）

让我们抽时间来解决另一个有趣而又神秘的正方形思维游戏吧。你所要做的就是将图中正方形里的数字重新排列，使每个水平方向、垂直方向以及对角线上的数字相加的结果为33。我希望你用大约5分钟的时间把答案推测出来。

1	2	3
10	11	12
19	20	21

205 替换

大家对苏珊女士在数学课上出的这个附加题好像都算出了答案。如果你对这种题型不熟悉的话，我会告诉你：你必须用0到9这几个数字代替图中数学表达式中的10个不同字母，最后的结果必须是一个正确的加法表达式（要把相同的数字替换成相同的字母）。

206 火车（1）

当彼得·库珀造出他那个著名的火车“大拇指汤姆”时，美国只有13千米的铁路。在巴尔的摩附近有一个岔轨，它经常引起混乱。在下面的图中，T表示火车头，A和B是岔轨上的两节车厢，C处只能容纳一个车厢或者火车头。你的任务是利用最少的步数将车厢A和车厢B交换位置，并最终使火车头位于最初的位置。

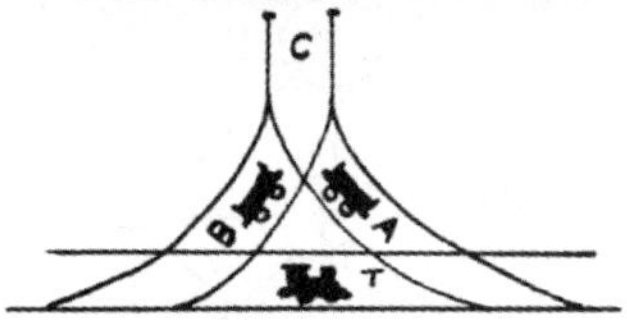

207 搅拌棍

如果你下次买饮料时，你就可以打这个赌，这很划算。在桌子上放4根搅拌棍和1枚硬币。然后，与在场的人打赌，说他们不可能只凭借第5根搅拌棍就可以把这4根搅拌棍和这枚硬币拿起来。在把它们从桌子上拿起来后，尝试者必须保证在扭转那根搅拌棍时，其他的搅拌棍或者硬币不落地，同时，也要使它们在空中逗留片刻。

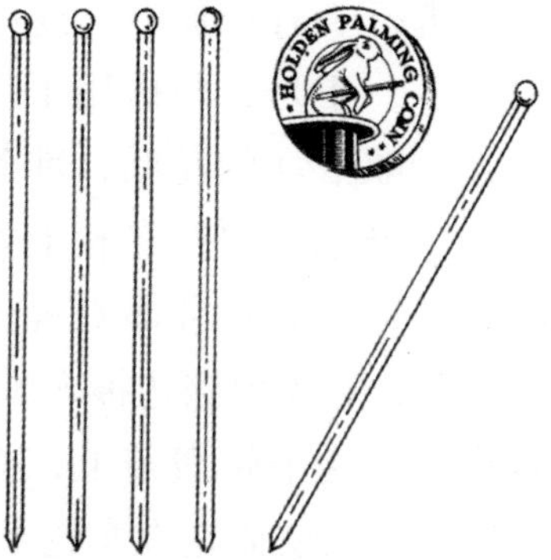

208 时间

下图的那位先生上班时听到一个题，因为这个他晚上做了噩梦，而且他花了一天的时间也没有把它解决。题是这样的：一个人家里有 2 个时钟。一个时钟不走，另一个每天总是慢 1 个小时。那么，哪个时钟在 1 周之内的正确显示时间的次数多呢？请你快速给出答案，以使这位心情烦乱的人在天亮之前能够睡会儿觉。

209 馅饼

火鸡节（即感恩节）过后便没有比馅饼思维游戏更好的游戏了。这个题实在是太古老了，许多年前，在第一个感恩节上，布拉德福总督可能在享用甜点的时候玩过这个游戏。你要判断的是：如果在馅饼上切 4 下，那么，最多可以切成多少大小不同的块呢？

210 棋盘的方格

在这个思维游戏里，西洋跳棋和多米诺骨牌有望同时进行游戏。假如我们有 32 个多米诺骨牌，每一个多米诺骨牌可以占棋盘上的 2 个方格。把所有的多米诺骨牌放在棋盘上，它们

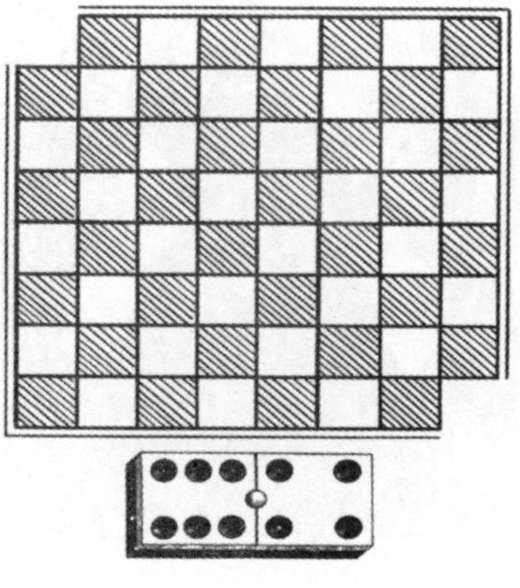

会占满所有 64 个方格。

现在，将棋盘对角上的 2 个方格切掉并去掉 1 个多米诺骨牌。那么，你能否将剩下的 31 个多米诺骨牌放在棋盘剩余的 62 个方格上呢？如果可以的话，请给予证明；如果不可以的话，请解释原因。

211 巧克力糖

很多年以前，3 个旅行者在黑眼睛客栈的同一张桌子上用餐。吃完饭后，他们点了一盘巧克力，并打算平分。可是，巧克力糖还没上来他们就都睡着了。第一个人醒来时看见了糖，于是把他那份吃了，接着又睡着了。第二个人不久也醒了，也把认为属于他自己的那份糖吃了，然后很快又睡着了。最后，第三个人醒来发现了糖，把认为属于自己的那份吃了，然后也进入梦乡。

他们在鼾声中度过了那一夜。第二天，服务员将盛有糖的碟子收走了，这时桌上剩下 8 块糖。那么，你知道桌子上原来有多少块巧克力糖吗？

212 轮胎

前不久思维游戏俱乐部出发到当地的海滩进行一日游旅行。途中我们的车爆胎了，于是，司机用千斤顶把汽车托起，取下坏的轮胎，准备换上备用轮胎。当他正要在车轮上安装备用轮胎时，他把轮毂盖踢在地上，由于用力过猛，它飞出路边掉入了悬崖，5 个螺母也在这个轮毂盖上，而没有它们，轮胎就无法固定在车轮上。

“这样吧，”他说，“我得到我们刚才经过的城镇找几个螺母的替代品。”

“小家伙，那来不及了，”贝莎阿姨说，“你这么……做就可以了！”

那么，你知道贝莎阿姨想出什么办法应对这个旅行中的不幸吗？

213 形状

事情发生在 1877 年，雷诺德教授的展示引起了轰动。其中之一就是幻灯片思维游戏，他是借助自己一个著名的发明——实用镜来完成展示的。他正在这里表演这个称作“迷惑人的形状”。下图屏幕中显示的上下两个形状分别是一个实心木块的正面图和侧面图。通过对这两幅图的研究，你能推断出这个物体的形状吗？请你仔细观察这两个图形。

214 单轮脚踏车

年轻的奥斯汀·泰特科勒每个星期天都会去姑妈家和姑妈共进晚餐（17：00）。奥斯汀住在利佛格罗夫，而他的姑妈住在市中心。教堂的茶叙时间（12：00）一过奥斯汀就马上动身出发。很久以前他就知道如果按每小时 15 千米的速度骑车，那么他会在晚餐开始前一个小时到。但是，如果以每小时 10 千米的速度骑，那么他会迟到一个小时。

如果奥斯汀想在晚餐时间正好到的话，他应该骑多快呢？他家和姑妈家相距多远呢？

215 葛鲁丘

葛鲁丘看上去没心情加入我们的俱乐部，我想知道他是否可以解决图中那个入口的题。他所要做的就是计算出最后那个数字是什么！

4	5	6	7	8	9
61	52	63	94	46	?

216 子女

这次，安德森夫妇好像动真格了。他们今天晚上聘请镇上最苛刻的保姆——塞德里克·隆诺斯来照看他们所有的孩子。安德森夫妇有一大群孩子，他们平时很难照看过来。我忘记究竟有多少孩子，但是我知道每个女孩子兄弟姐妹的人数都相等，而每个男孩子的姐妹人数是兄弟的两倍。那么，你能否根据这些信息判断出安德森夫妇有多少个孩子吗？

217 打赌（1）

威灵顿·曼尼拜格斯带着一袋子的赌金又回到镇上，这次他打算把当地贵族的钱统统赢光。这天晚上，我们在马嚼子和玉米咖啡店围坐在一起，这时，威灵顿在桌子上放了一张纸和一支铅笔，然后说：“我敢跟任何一个人打100元的赌，从4去掉4之后将得到8，而我要证明你们都可以做得到。”

我们都知道，这里肯定有蹊跷，但是埃尔莫·沃姆伍德最终在桌子上放了1元，说：“曼尼拜格斯，我要看看你能不能把它拿走。我的钱会说，‘你无法证明’。”

当然，毫无疑问，威灵顿把钱拿走了，并向大家展示了从4去掉4之后得出8，而我们的确也可以做得到。那么，他是怎么做的呢？

218 漂浮

洛伦佐叔叔是一个十分喜欢餐后娱乐的人。虽然与威灵顿不是一个级别，但是他偶尔也有好的表现。他毫不夸张地说他可以让一个钢针漂浮在水上。在看参考答案之前，看你能否想出这是怎么实现的？

219 猴子

托尼很不幸，他的身体不听使唤了，但是他却还能长时间的站立。图中的人们绞尽脑汁不但无法使他停止唠叨，也无法使他离开去另寻他处。

现在他的“观众”已经屈服了，那么，你能否为那只拿着小罐的猴子找出最短的路线，使他从每个窗户处收到钱呢？这只猴子必须从图中的位置出发，并且最后停在主人的肩膀上。

220 箭

这是一个很巧妙的手段，每次都会把别人迷惑住。在一小张硬纸板上画一支箭，越别致越好。然后，把这幅画对准桌上的某个物体，使箭头正好指向它（如图所示）。现在，跟任何一个人打赌，说你可以在不接触这张纸板或者移动桌子的情况下使这支箭改变方向转向左边。这听起来不可能完成，但是……

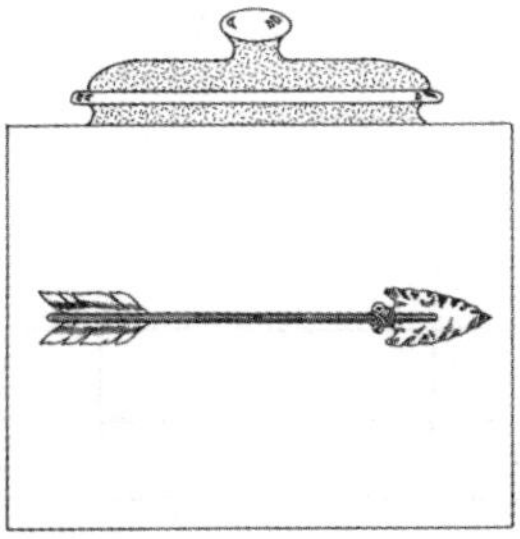

221 三角形

尼罗河下游的人们经常就金字塔和三角形进行思考。图中的年轻女子正在计算图中所示的三角形的个数，那个图形里有许多形状各异的三角形。我们要看看你能在 60 秒之内找出多少个三角形。

222 几何（2）

教授现在陷入了困境。他忘记了下图中题的答案，离上课只剩下 5 分钟了！线段 BD 和 GD 已经画在虚构的立方体的两个面上。两条线段相交于 D 点。那么，你能否帮教授计算出这两条对角线之间的角度呢？

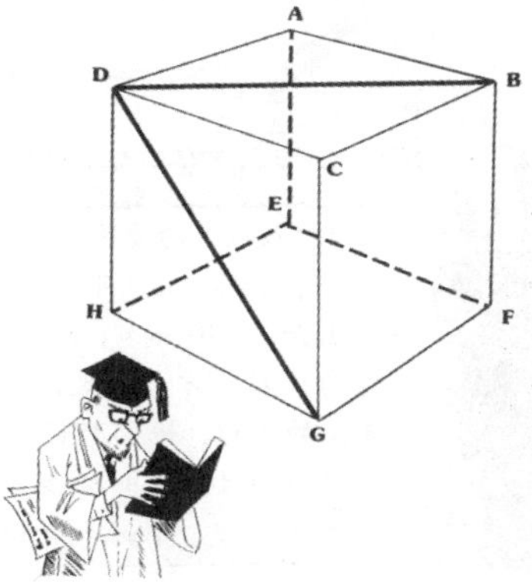

第六章

世界上很具挑战性的思维名题

223 碑铭

斯皮尔牧师在去做晚祷的路上碰到了图中的墓碑。而碑铭中的某些东西让他很烦恼。他思考了一会儿发现里面有个错误。那么，你能否找出牧师发现的那个错误呢？

224 神秘的正方形（2）

可以用一种新方法构建一个有趣的正方形。在一副扑克当中抽出10张牌，要求从A到10，A可以看作1；然后，把它们拼成一个正方形，而且要使正方形的每条边上的数字相加都等于18。如果按图中的样子把牌放好，那么，顶部和底部的各3张牌相加等于18，两列的各4张牌相加等于18。

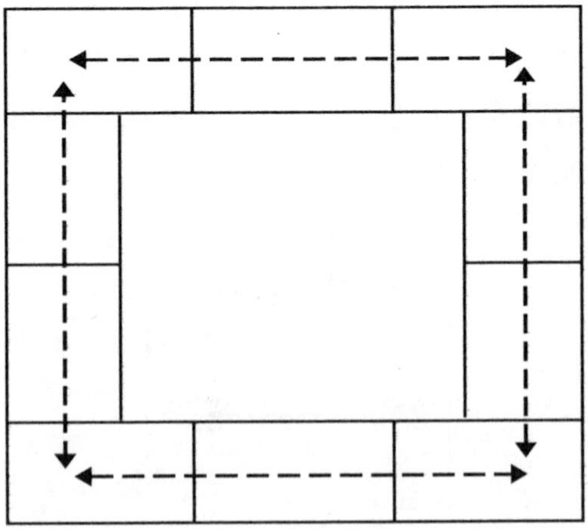

225 网球（2）

哈里特在闲暇时刻乡村俱乐部的网球场上发现了一个黄鼠洞，她的网球掉在里面，这个洞太深了，她够不到。而且由于洞到了中间就拐弯了，所以即便用木棍也无法把球拿出来。但是她并没有气馁，她很快就想出来一个好办法，并在2分钟之内把球拿了出来。那么，她是如何没有把球场挖开就拿到球的呢？

226 顶针

托马斯·萨克利是顶针奇术的大师，他出了下面这个难题：把7个顶针放在下图星星中的7个点上，每一个顶针在放到一个点时应滑向对面另一个空点上。从如图所示的位置开始，顶针最后可以停在X点或者Y点。千万不要被这个题难住。

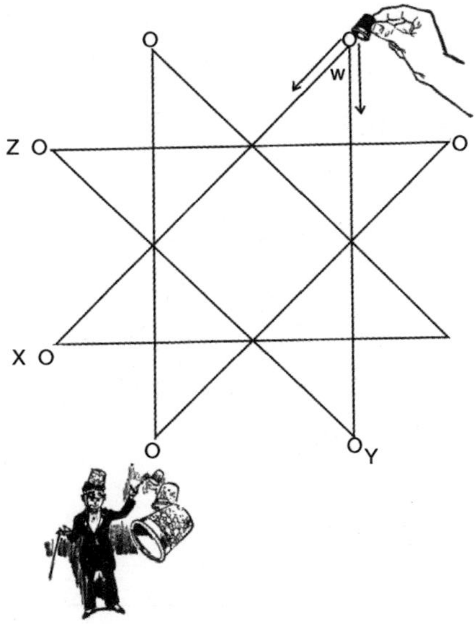

227 面包店

这是一个有关螺旋状的思维游戏。奥拉夫刚刚从烤箱里取出热腾腾的面包，他的这种管状面包非常有名。当他的顾客走过来时，他就问他们：“如果我拿刀子从任意地方将面包切开，那么，我最多可以把它分成多少份呢？”你知道答案吗？

228 自行车（2）

亚特兰大市以数千米的木板路著称。每年夏天威兰·阿姆斯特朗都会推着妈妈在木板路上散步，一直走到钢铁码头才返回。威兰的行车速度保持不变：当逆风而行时，他 4 分钟可以走 1 千米；当顺风而行时，他 3 分钟就可以走 1 千米。根据这些信息，你能否计算出他在没有风的时候走 1 千米用多长时间吗？

229 硬币的移动

230 磁铁

思维游戏俱乐部每个月都会举行的集会就要开始了。如果想进去的话，你必须回答警察所提出的问题：“给你两个大小相同的铁条，一个是磁铁，另一个是普通的铁条。你要把它们以某种方式放在一起，以此来确定哪个是磁铁。你只能试一次，而且不可以使用其他东西。”那么，你准备怎么解决这个难题呢？

231 扑克牌点

这次，我们的英雄智穷力竭了，我们来帮帮他吧。题是这样说的：从一副牌中挑出 4 张 5，然后，把它们正面放在桌上，你如何使 20 个牌点只显示出 16 个。你有 10 分钟的时间来解答这个题。

232 绳索（2）

下图中的我们这位大师让大家完成他自己的“印度绳索戏法”。在他的平台上有一根普通的绳子，把这根绳子的两端分别放在两只手上，然后在绳子中间系一个结。但是，你在系结时不能使绳子的两端从手上松开。

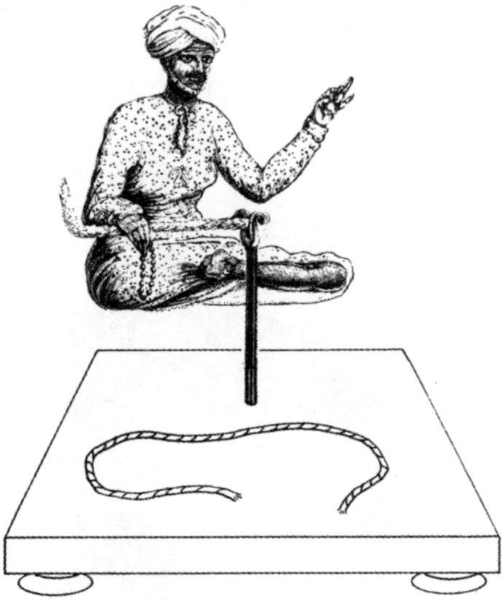

233 面积

这是一个很巧妙的几何题。图中有两个正方形，小正方形的边长为3厘米，大正方形的边长为4厘米，大正方形的左上角正好位于小正方形的中心点X，大正方形绕X点旋转直到它的顶边与线段ac相交于b点。那么，你能否根据以上的提示信息计算出阴影部分的面积呢？

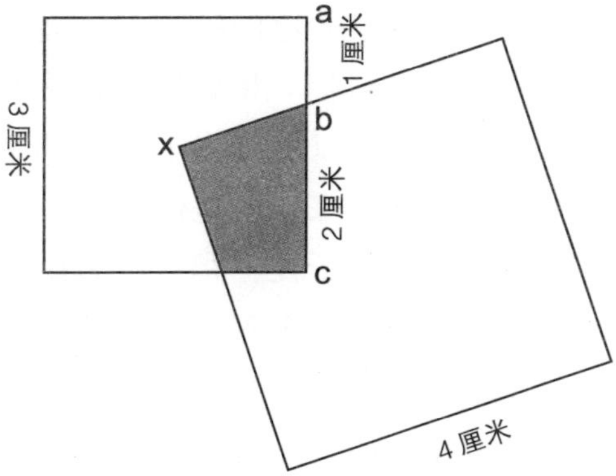

234 矩形

这是一个伟大的“陷阱”思维游戏。在桌子上放4个矩形硬纸板，然后请几个朋友来重新将它们排列，使

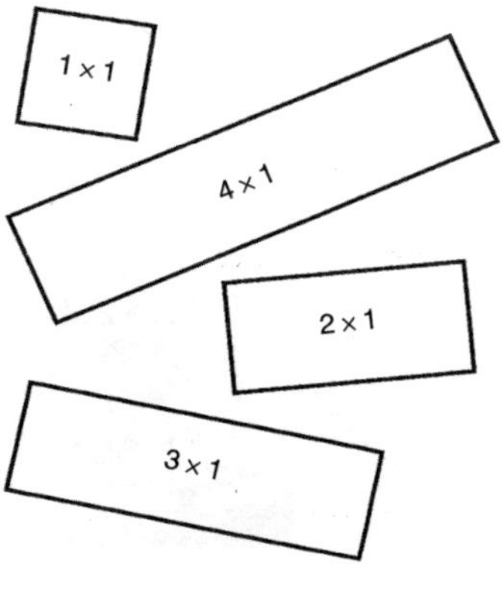

它们拼成一个完整的正方形，图中的数字表明了各自的尺寸数。当他们屡次失败后，你再得意地告诉他们你可以向他们展示这个过程。当然，你在看答案部分之前，要先自己尝试一下。

235 吊绳

在一次战争中，好奇的将士遇到了寓言中的苏莱曼黄金绳索。这两根绳子相距 0.5 米，且一端已经固定在他所占领的城堡大厅的拱顶上，而它们距离地面 0.8 米。由于时间紧迫而且没有梯子，所以这位将士无法利用梯子把它们剪下来，于是他只能用手拽着绳子仗着胆子往上爬，然后用匕首尽可能将两根绳子多切掉一些。但是，天花板离地面很高，任何人摔下来都会致命。那么，这位将士如何将城堡中的这两根黄金绳子带走的呢？

236 猜数字

很久以前，有个先生叫霍华德·迪斯丁，他是一个乐器制作商。图中的他正在击鼓召唤大家来参加一个数字竞赛。在今年的乐器集会上，为了增加大家的兴趣，他把题印在了鼓膜上。那么，你知道数字串里的下一个数字是什么吗？

237 盐和胡椒粉

格温多林又一次看到她的老板在玩这个把戏。赫伯特很喜欢用这个游戏，它总是令朋友很吃惊。他先在桌子上放一些盐，然后在盐上撒一些胡

椒粉。接着，他让客人把胡椒粉从盐里分离出去，但是不能接触盐或胡椒粉。尽管这个听起来好像是不可能的，但是聪明的赫伯特很快就把胡椒粉分离出来。那么，你能发现其中的奥妙吗？

238 铅笔

这是我们所喜欢的“一笔连线”题当中的一个。手里拿着一支铅笔，然后按照下图再重新画一个。画的时候必须用一笔画完，线条不能彼此交叉，也不能重复，从图中那位年轻的艺术家手中铅笔的笔尖所指的位置开始。

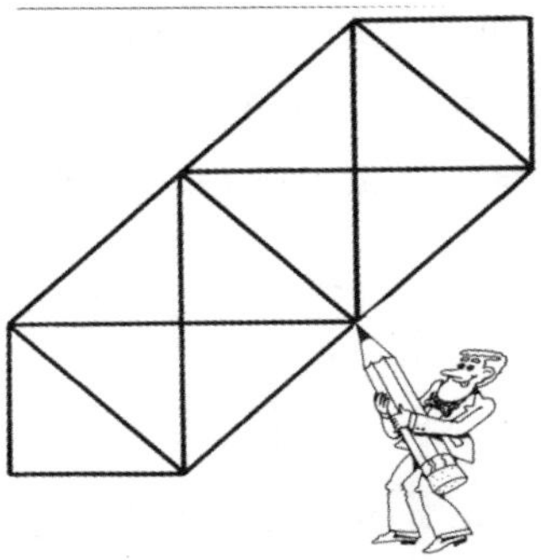

239 剧场

故事发生在1905年著名的斯芬克司魔术剧场，当时它正在迎接热情的观众。这个剧场有100个座位，第一天剧场卖出了所有门票，并赚了整整100元。票价为：男士每位5元，女士每位2元，儿童每位1角。那么，你能否根据这些信息计算出参加首演的男士、女士以及儿童各有多少人吗？

240 硬币（1）

桌上有9枚硬币，总共有7元。你会发现正面的硬币（H）有2元5角，而反面的硬币（T）有4元5角。这个题是要求你翻转1枚价值1元的硬币，使正面的硬币为3元。

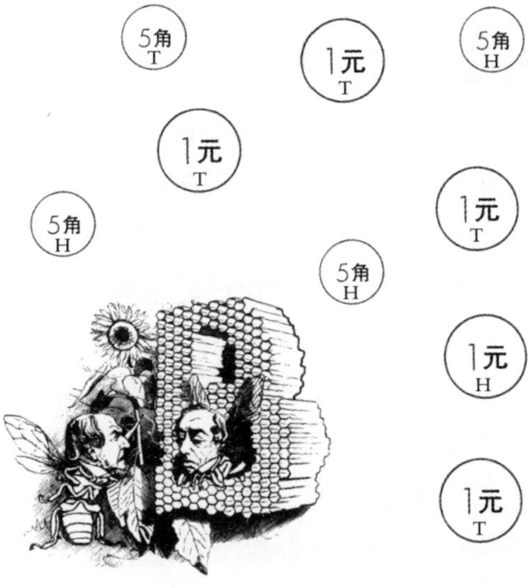

241 鱼

在世界上的机械思维游戏当中，持续时间最长的莫过于七巧板。它已经持续了大约100年。

下图是一个长方形的七巧板，在它的上面是一条东方好斗鱼的轮廓。这个游戏就是要把这7块七巧板重新排列成鱼的形状。那么，你能否展示这个过程呢？但是，你不能大意，因为它看似简单实则很难。

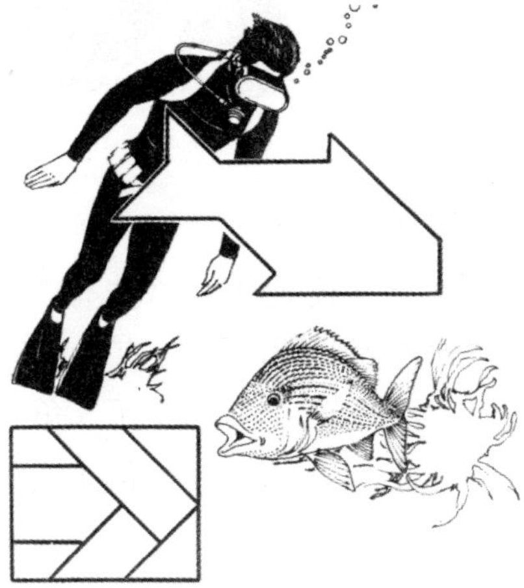

242 巴兹·索

巴兹·索·贝利路过马嚼子和玉米咖啡店，在那里，他把刚从木材推销员那听到的一个思维游戏告诉了大家。那个推销员拿出一块钻着小洞的木板让贝利看，小洞位于偏离中心的位置。“问题是，”他对贝利说，“如果将木板锯开，那么最少锯成多少块可以在重新拼组之后使这个洞位于中间位置。”你能否找出答案呢？

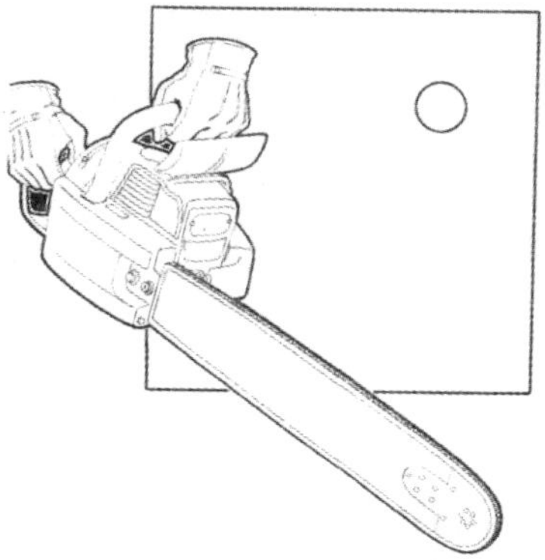

243 蜘蛛

你不能被这个问题难倒。下图的那个玻璃圆柱体高4厘米、周长为6厘米。圆柱体外面有一只蜘蛛，距离圆柱底部1厘米；里面有一只苍蝇，距离圆柱顶部1厘米。蜘蛛看到苍蝇后，找出了到圆柱最近的路线，然后猛扑向苍蝇。那么，蜘蛛的行走路线是什么？同时，它走的路程有几厘米呢？

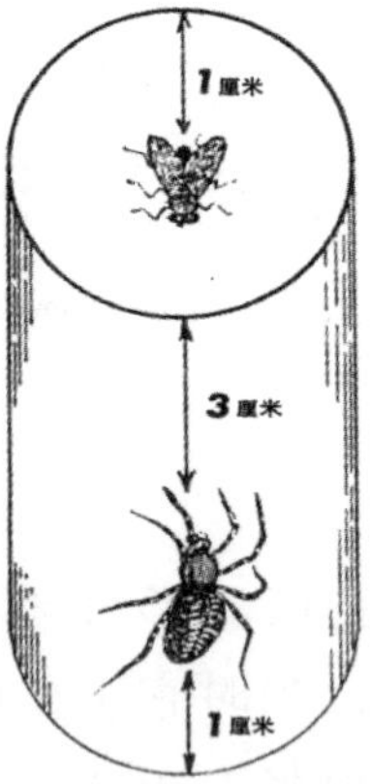

244 小丑

有3个小丑，约翰、迪克和罗杰，他们每个人在冬季都扮演两个不同的角色。这6个角色分别是：卡车司机、作家、喇叭手、高尔夫球手、计算机技术员和理发师。请根据以下6条线索确定这3个小丑各自的角色。

（1）卡车司机喜欢高尔夫球手的妹妹。

（2）喇叭手和计算机技术员在和约翰骑马。

（3）卡车司机嘲笑喇叭手脚大。

（4）迪克从计算机技术员那里收到一盒巧克力。

（5）高尔夫球手从作家那里买了一辆二手汽车。

（6）罗杰吃比萨饼比迪克和高尔夫球手都要快。

245 计算

我们这位勇敢的海盗正坐在那里摇晃，他在打发这段萧条时期。这样他就可以完成他的新“风筝游戏”。这个风筝需要你计算出各种不同形状的正方形和三角形的个数。但是你只有一次机会，要争取利用这次机会计算出正确结果。

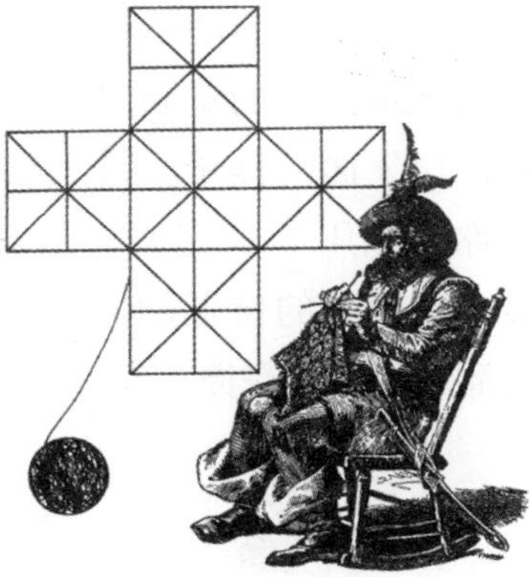

246 婚礼

这两个人很显然是一对情侣。这位年轻的女士问她的未婚夫星期几结婚。虽然他的话不多，但却说得含糊不清。那么，你能确定他想在星期几结婚吗？

247 金字塔

这个古老而珍贵的问题来自尼罗河谷。下图祭坛上的图示中有6个金字塔，问题是把它们重新排列，使它们摆成祭坛下面的样子。排列的规则如下：你只能用3步完成；每一步都要使金字塔两端的位置颠倒；每一个金字塔都必须保持在原位置。

248 大学男生

“请多寄些钱过来。”这个大学生已经把钱花完了，他在向家要钱——

而他的请求只有当他的爸爸解读之后才能得到回复。信中的每一个字母代表一个数位上的数字——数字是从0到9，其中的一些数字被重复使用。那么，这个大三学生想要多少钱呢？

249 盛汤的碗

埃德娜阿姨总是在家存放大笔钱以备急用。仅有的问题就是她从来不相信纸币，所以她存放的都是硬币。同时，她把自己的存款藏在窃贼最不可能想到的地方——盛汤的碗里。当她数钱时，她发现了一个极巧的事：她的1500枚硬币正好是800元，硬币分为1元硬币、5角硬币以及1角硬币。那么，你能说出这些硬币各有多少个吗？

250 钟

为了把你难住，牧师斯皮尔在做最后一次尝试。好像牧师为自己的教堂买了一口新钟，不知为何，他叫多朗格·基德来帮忙。这口钟的重量和基德的体重相同。当基德开始拽绳子时，令人吃惊的事情发生了。那么，请你猜猜看：

（1）如果基德保持原地不动，钟会不会升上去呢？

（2）如果钟保持原地不动，基德会不会升上去呢？

（3）基德和钟会不会一起升上去呢？

251 城堡（2）

很多年以前，格力姆斯力城堡的高塔顶内关押着 3 个人：一个老国王、他的儿子以及女儿，他们的体重分别是 97.5 千克、52.5 千克以及 45 千克。他们与地面唯一的交流工具就是一根绳子，绳子绕在滑轮上，绳子两端各系着一个篮子。一个篮子落地时，另一个篮子刚好到他们窗户的对面。如果一个篮子比另一个篮子重，那么很自然，重的那个篮子就会下降；但是，如果两边的重量差超过 7.5 千克，那么它在下降时就会很危险，因为速度太快的话，哪个犯人都无法控制，他们只能在这个塔里找到一颗重量为 37.5 千克的炮弹。如果他们想逃走，那么，他们应该怎么做呢？

252 螺旋

你可以用这个题迷惑你的朋友。将 35 支铅笔呈螺旋状摆放（如下图所示）。现在，向任何人挑战，看谁能把 4 支铅笔移动到新位置可使所有的铅笔形成 3 个完整的正方形。

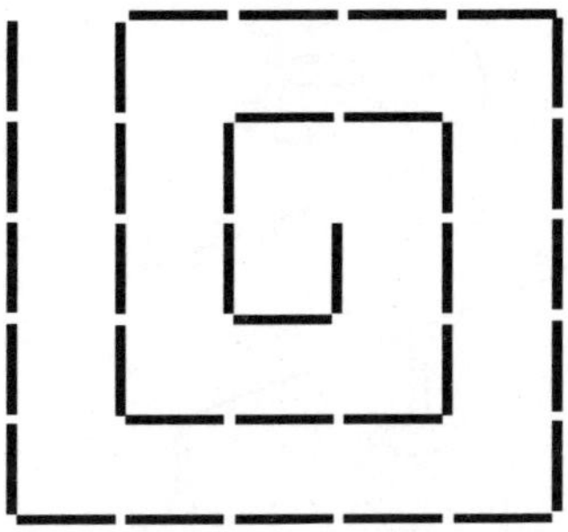

253 蜘蛛网

有一个雕像存放在格力姆斯力城堡的阴暗凹室里。凹室的部分入口被一张巨大的蜘蛛网挡住了，拱状的网的弧正好是圆周长的$\frac{1}{4}$，长 20 厘米。那么，你能否根据这些实际情况计算出蜘蛛网遮盖部分的面积是多少平方厘米吗？

254 桥

如果下次你和朋友外出，这里有个好办法让你白吃一顿饭。在桌子上放两个玻璃杯，它们之间的距离不要太远，然后，将一块较硬的纸放在两个杯口上面。接着，你就说如果在纸的中间再放一个杯子，你可以使这张纸具有支撑第三个杯子的力量。这是个很好的难题，但是在你去餐厅吃饭之前要好好练习一下。

255 瓶子和钥匙

下图是以前的一份充满魅力的魔术杂志的封面，封面上有一个十分迷人的古老思维游戏。在一根绳子的一端系一个钥匙，然后使绳子的另一端从瓶塞钻的洞内穿过并系好。接着，把钥匙放到瓶子里，并且把瓶颈上的瓶塞固定。如果你愿意接受挑战的话，你就得把钥匙从绳子上取下来，但是你不能接触瓶塞、绳子、瓶子或者瓶子所在的桌子。

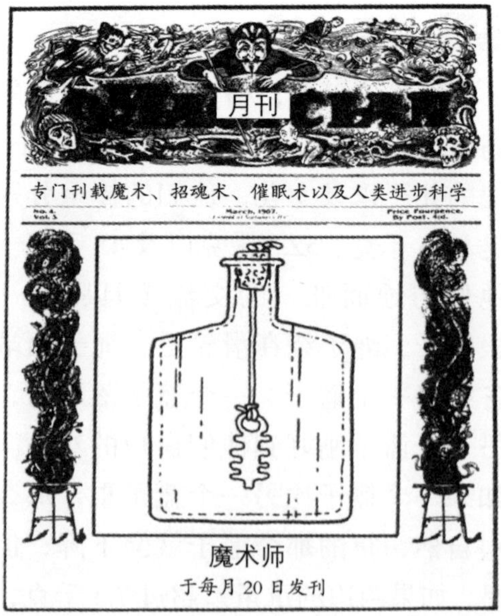

256 马

泰赫俱乐部每年都会举办猎装早餐聚会，下面这个故事在这期间曾被人们议论纷纷：

当地主特拉洛尼去世时，他在遗嘱上把自己最好的马按下面的方式留给了他的3个儿子：大儿子约翰获得了一半的马，詹姆士获得了$\frac{1}{3}$的马，威廉获得马厩里$\frac{1}{9}$的马。然而，在他过世之后，马厩里却发现有17匹马，而这个数字不能被2、3和9整除。在混乱的情况下，兄弟三人向一位聪明的律师请教，他制订了一个计划，而这个计划既遵从了地主的意愿，也使3个人都得到了满足。那么，这个计划是什么呢？

257 伪造币

一年一度的思维游戏俱乐部淘汰赛曾经选用过这个题。

桌子上有10顶帽子，它们标有1到10这几个数字，每顶帽子里都有10枚金币，虽然看起来很逼真，但它们中的一个帽子里面的硬币都是伪造的，真正的硬币每个重10克。为了帮助参加比赛者，组委会提供了以克为单位的秤。但是，比赛者只能使用一次。然而，他们可以利用这次机会将他们所希望称的金币的数量放在秤上。

那么，你能否根据这些情况判断出哪个帽子里装了伪造的金币呢？

258 盾牌

我们下面这个思维游戏来自巴比伦。下图的那个盾牌周围有12个黑点，现在的问题是按照下面的规则将11枚硬币放在11个黑点上。可以从任何一个点开始，接下来数6个点并把一枚

硬币放在第 6 个点上；总是按顺时针方向进行；从另一个空点开始，绕圆圈计数，并把另一个硬币放在一个空点上；依此类推，直到把所有的硬币都放在不同的点上；计数的时候，将放有硬币的点看作是空点，并且把这个点计算在内。记住，你必须总是从一个空点开始计数。

259 单词

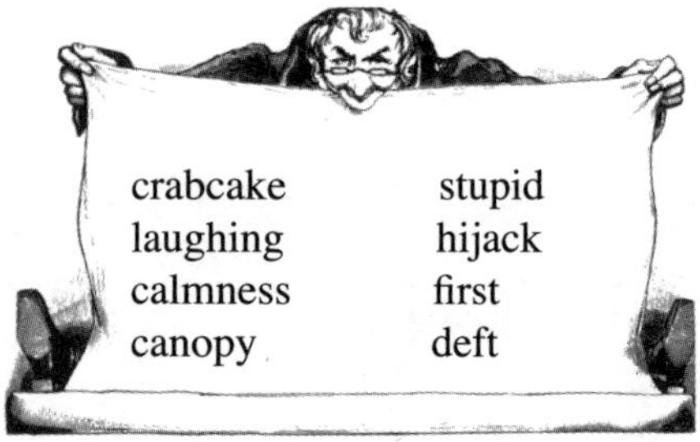

上图中的 8 个单词有什么共同点呢？

260 心算

潘奇在思考这个题时想把它清楚地表达出来。他必须在心里把从 1 到 100 的数字加起来，但是，他尝试了 10 分钟就宣布放弃，他抱怨说自己总是忘记前面加的那些数字。然而，潘奇却不知道有一个简单的方法可以让他快速解答这个题。那么，你知道这个方法是什么吗？

261 手

把一张扑克牌水平放在你的右手拇指上，然后，把一枚硬币（1 元硬币或者 5 角硬币）放在牌上，使它们保持平衡。接下来的这个就很难了。请不要接触硬币把这张扑克牌拿走。如果你一次就可以完成，那么你将得到热烈的掌声。

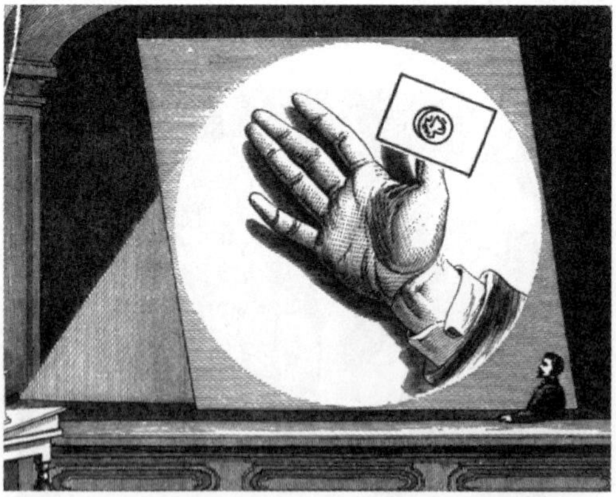

第七章

世界上难以置信的思维名题

262 木匠活

有一天，老木匠海勒姆·鲍尔皮尼在木场把所有人都给难住了。他拿出来一块不规则的胶合板，然后向工厂工人提出了挑战，看谁能把它切成3块并把它们拼成一个边长为1米的正方形。

263 房地产

西德尼是当地房地产的内行，这次，他又把自己圈在了一个角里。他买了一处不规则的地产，现在他想把它分割成8块尺寸、形状相同的建筑用地。那么，你能否告诉他应该把分界线布置在地产的哪些地方，以便他把这些精选品展示给可能的买家呢？

264 火柴（2）

很多年以前，抽烟是社交上的常事，每个人都随身带着火柴并知道至少6个有关火柴的游戏。下图中的12根火柴拼成了一个正方形。这个正方形的面积是9个平方单位，而这个单位的长度就是火柴的长度。那么，你能否将这12根火柴重新排列，使它们的面积为4个平方单位呢？当然，所有的火柴都不能重叠在一起。

265 石碑

“皮特里，我们的这个发现会载入史册的。寓言中的底比斯人的瓦石碑终于被挖掘出来了！”

“是啊，霍金斯！值得庆贺。现在我们来把这个题解答出来。根据纸草上的记载，‘只有找出瓦碑上大、

小正方形的个数才能达到完美。’”

那么，读者朋友们，你们能找出多少个正方形呢？

266 小正方形

为了娱乐，苏珊今天把费尔韦瑟尔市长带到了思维游戏俱乐部。茶、三明治和牙签的题好像是菜单上的主要项目，可以容纳多人的房间总是在下午的时间开放。所以，你何不拉把椅子坐下，并且给市长一些帮助呢？在这种比赛上，他总能在很短的时间内把答案想出来。

267 财宝

戴佛尔·邓肯在一艘失事船里检查时，找到了一个保险库，而就在那一天，他赚了大钱。他先提出来4袋钱，里面各有60枚、30枚、20枚和10枚金币。当他数完剩下2个袋子里的钱时，他发现这6个袋子硬币的个数形成一个特殊的递进关系。那么，

你能否根据这个情况计算出第 5 袋和第 6 袋里的硬币个数呢？

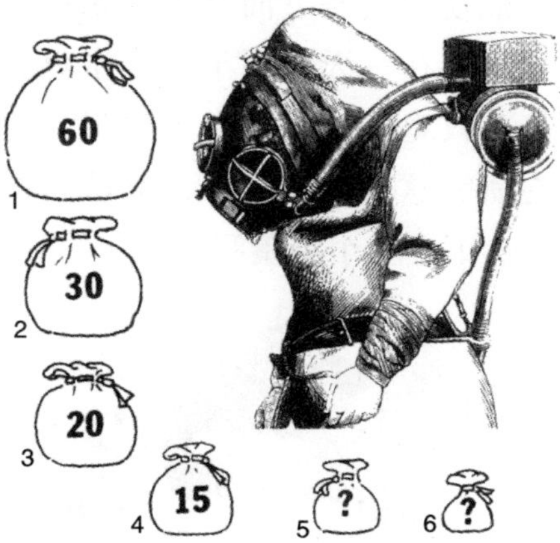

268 中世纪

在城堡里长大的孩子不只会格斗和打仗，他们也会做相当数量的学校作业。这里我们看到的是令人尊敬的兄长正在让这些孩子解答一个数字替换题。在这个乘法算式里，有些数字已经被星号所代替。那么，请你试试，看能否把这个算式还原回来。

269 神奇的“Z”

埃及的奇迹制造家——乔德·赫拉比正准备表演“神奇的‘Z’”。他在大家的面前，把这个图形劈成了 3 块，然后使它们在空中旋转后返回，并拼成了一个完整的正方形。那么，你知道这 3 块如何重组才能拼成一个正方形吗？

270 玩具

有一天，加尔文·克莱克特伯尔碰到了一些铁制的机械玩具收藏品，他因此大花了一笔。其中，包括自动倾卸卡车、蒸汽挖土机以及农用拖拉机，我们把他的发现编成了一个题。他买了下面 4 堆玩具：

第 1 堆有 1 辆拖拉机、3 辆挖土机以及 7 辆卡车，它们花了 140 元。

第 2 堆有 1 辆拖拉机、4 辆挖土机以及 10 辆卡车，它们花了 170 元。

第 3 堆有 10 辆拖拉机、15 辆挖土机以及 25 辆卡车。

第 4 堆有 1 辆拖拉机、1 辆挖土

机以及 1 辆卡车。

问题就是计算出加尔文为第 3 堆和第 4 堆玩具花了多少钱。

271 魔法硬币

魔术师已经摆出来 6 枚魔法硬币。前 3 枚硬币背面朝上，后 3 枚是兔子朝上。你要用 3 步将它们的顺序改为：背面、兔子、背面、兔子、背面、兔子。每次移动你都必须将相邻的两枚硬币翻面。

272 鸡蛋（2）

从它们出现在思维游戏中的次数就可以断定鸡是圈养动物里最聪明的动物。有一天，塞·科恩克利伯又在西洋跳棋比赛中输给了波普·本特利，于是他就问波普下面这个问题：如果一只半鸡在一天半下了一个半鸡蛋，那么 6 只鸡 6 天下多少个鸡蛋？波普现在研究这个题。那么，你认为这几只鸡会下多少个鸡蛋呢？

273 重量

你想听听哈肯布什先生回来时巴斯卡姆还记着哪些吗？同时，你能否计算出每一个盒子的重量呢？

274 第一

我们战胜了无敌舰队，这是一场伟大的胜利，请大家原谅我的措辞，这场胜利使我们成为欧洲的老大，大家在庆祝，为了纪念它，我以我的名义创作了下面的这个题：找出由同一个数字组成的两个数，这两个数不论相加还是相乘，结果都相同。

275 加法（2）

这里我们看到的是查理·秦，他是一位著名的杂耍大师，他此刻正在解决由某位观众提出的一个加法题。查理必须将下图中 5 个三位数中的 6 个数位上的数字删去并使删除后的数相加的结果等于 1111（当一个数位上的数字被删去后，这个数位的数字用零代替）。查理可以在 30 秒内把问题解决。那么，你呢？

276 正方形

好像沃尔多·奎勒已经把那个著名的直线和正方形游戏解决了。这个题要求用最少的直线画一个图形，这个图形要有 100 个正方形。在下图的例子里，你会找出 20 个正方形。如果你能解答这个题，那么你就有资格参加正方形比赛月。

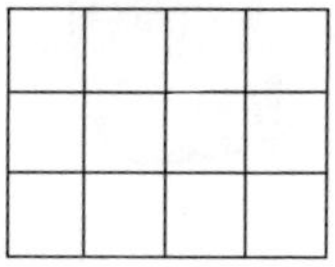

277 女巫

在万圣节前夕，有个醉意蒙胧的农民十分倒霉，他被一个恶毒的女巫抓住并被带到破烂的教堂里。“如果你想活命，你只能说一句话！”她咆哮说，“如果你说对了，我会把你榨成油；如果说错了，我会把你喂蝙蝠！”这时，那个农民立刻清醒过来，然后说了一句话，而这句话却让女巫诅咒了他并且把他释放了。那么，那个农民说了什么呢？

278 路线

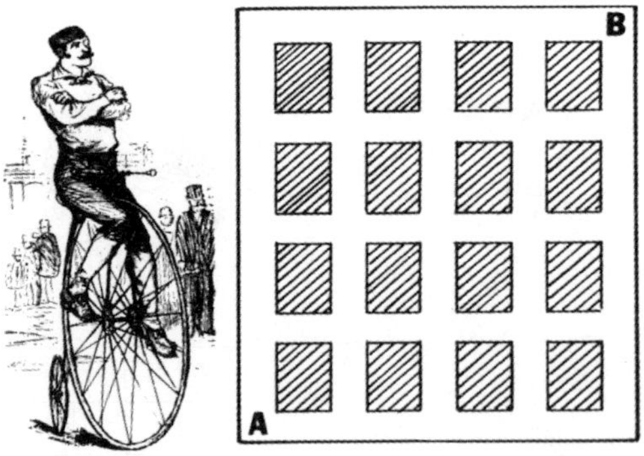

上图中的奥托·凡·斯普洛奇特是位怪才，在自行车的鼎盛时期，奥托是高飞自行车厂的首席工程师。每天早晨，奥托骑车从图中A点出门到B点的自行车厂，奥托喜欢每天从不同的路线走。那么，你能否计算出在他家与工厂之间有多少不同的路线吗？他骑车总是先向上，再向右。

279 桥牌

下图中有3个男人，他们是克劳德、贺瑞斯和塞尔温，他们分别与迪尔德丽、爱利卡和伊莫金结婚，尽管他们未必是按下图中的顺序就座，但他们都喜欢在俱乐部度过节日的夜晚。请你猜猜他们谁跟谁是一对儿。

克劳德的妻子和爱利卡的丈夫是桥牌的搭档，他们的对手是迪尔德丽和伊莫金的丈夫，所有的男人都不是和自己妻子的搭档，贺瑞斯根本就不玩桥牌。

280 迷信

对那些在万圣节前夕迷信的人来说，这是一个很好的思维游戏。南瓜先生给你13个3，让你把这些数排列成一个等式并使结果等于100。

281 生日

古特洛克斯先生突然忧虑起来。你能否根据他所说的话判断出他的生日是哪一天呢？

282 禁酒时期

在禁酒时期，斯威夫特·奥布莱恩是芝加哥北部最聪明的烈酒走私者。现在我们看到斯威夫特正把班尼最好的20箱烈酒送到他选出的4个客户那里。他是这样分配的：

汉拉迪的酒吧获得的酒比荷兰人的咖啡厅多2箱。

埃德娜的海德威酒吧比萨尔的酒吧少6箱。

萨尔的酒吧比汉拉迪的酒吧多2箱。

荷兰人的咖啡厅比埃德娜的海德威酒吧多2箱。

那么，这几个酒吧各自获得几箱酒呢？

283 讨论会

随着神圣一天的日益临近，参加圣诞老人讨论会的动物助手也开展了圣诞前的动员会。现在我们看到的是他们正在解答一个很难的数学题。要解决它，你必须用从1到9这9个数字替换数学表达式中的字母，同时，必须使最后得出的减法表达正确，相同的数字要替换相同的字母。

284 新式计算机

285 啤酒

很显然，这是发生在巴伐利亚的婚姻生活片段。但是，下面的对话中又出现一个有趣的问题。假如奥托没有跟他在一起，那么布伦希尔德自己喝光一桶啤酒要用多长时间呢？

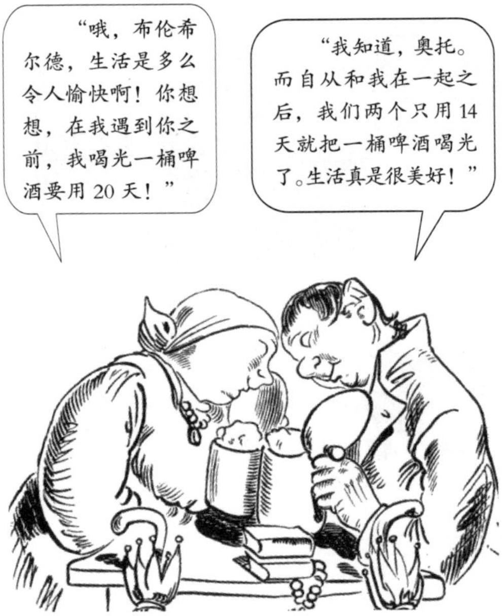

286 设计图

上图的那个艺术家遇到了一大堆麻烦。他画的那个五角星上有5条直线路和10个金字塔，每条路上各有4

个金字塔，每一个金字塔都可以直接通往沙漠。虽然这个设计图也符合法老所要求的 5 条直线路、每条路上各有 4 个金字塔，但是除此之外，他还要求设计图内要有两个金字塔，这样，任何一个从沙漠来的人只有通过外线的一条路才能进入金字塔内。那么，他应该设计什么样的设计图呢？

287 黑白筹码

在 20 世纪 20 年代，有许多令人愉快的书，它们价钱虽然很低，但却能带来无限的乐趣。一本 5 角的书本就可以让你学到有关魔术、思维游戏、国际象棋以及拳击的知识。这里就有一个从这些书当中找出来的有趣的题。

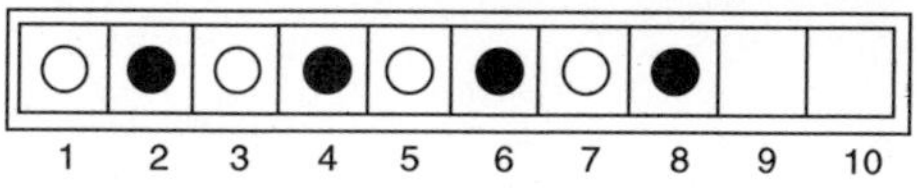

在一大张纸上画出 10 个表格（如上图所示）。然后，把 4 个白色扑克筹码和 4 个黑色扑克筹码放在前 8 个方格内，按照图中的样子，将各颜色的筹码交替放置。现在，要把筹码变成下图的顺序，在这个过程当中，每一次要将相邻的两个筹码移动到 2 个空方格内。而你只能通过 4 步来完成。

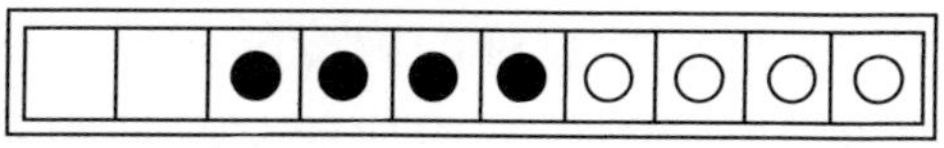

288 剪正方形

下图中的那位先生正设法找出那幅画可以剪成的最少正方形个数。如果沿着所有直线剪，那么可以剪成 169 个正方形，这是最多的正方形。这幅画可以剪成，比如，一个 6×6 的正方形（即 36 个小正方形）、一个 4×4 的正方形（即 16 个小正方形），或者一个 2×2 的正方形（即 4 个小正方形）。相同尺寸的正方形可以重复出现，但是所有的正方形的尺寸不能都相同。

提示：我们的答案中的不同尺寸正方形的个数少于 20。

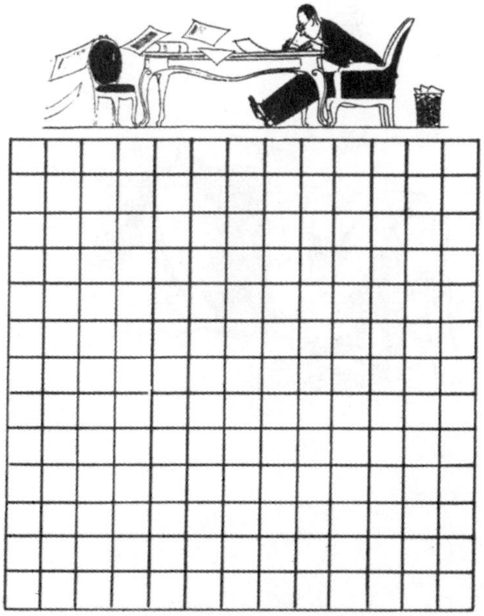

289 打赌（2）

“这副扑克牌的确冷酷无情，而你也没有胜算，我想你此刻心情很不好。但是，这个赌你用不着去怀疑，就看你手头的钱能不能多起来！”

一个好的赌注很难找，但是如果对方从来没见过下面这个赌的话，那么它就是必打的赌。把一副扑克分成两堆，确保其中一堆扑克全是红色，另一堆扑克全是黑色。然后，把这两堆扑克放在一起，彻底进行洗牌，最后把整副扑克牌放好。接下来，你宣布说你将一次从顶部拿走 2 张牌，并打赌：如果这 2 张扑克牌的颜色相同，你要输 2 元；如果这 2 张扑克的颜色不一样，那么，你要赢 1 元。

如果打这个赌，那么，这副扑克在每次玩完之后你至少会赚多少钱呢？

290 啤酒搅拌器

沃尔夫冈的豪斯啤酒店里最聪明的服务员是阿达尔伯特孪生兄弟——艾克和迈克，除了端送啤酒和土豆，他们还用一些思维游戏招待喝酒的客人。下面这个啤酒搅拌器游戏展示的是一个由罗马数字组成的等式。这个等式是错误的，但是如果你只移动其中的一个搅拌器，将它放到另外一个地方，那么这个等式就是对的。请你试试，看能否成功过关。

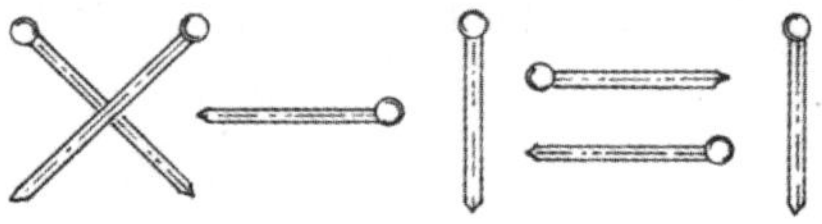

第八章

世界上很复杂的思维名题

291 数学符号

法雷现在已经智穷力竭了，他解决不了这个古老的难题：将 1 至 9 按顺序写下来，将两个减号和一个加号插在某些数位之间，使数学表达式的结果等于 100。

123456789

292 螺钉

在伯灵顿螺钉和螺母厂，如果哪个学徒不能回答这个著名的螺钉思维游戏，那么他就不能成为一个合格的铸造工人！每个学徒都必须拿两个相似的大螺钉，然后把它们放在一起，使螺纹相啮合，步骤如下：学徒必须按图中所指的方向将螺钉 A 沿着螺钉

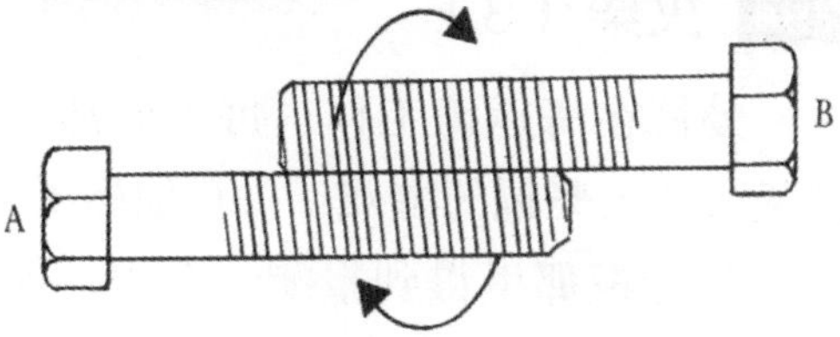

B 移动。在这个过程当中，两个螺钉要抓紧，这样它们才不会旋转。现在要回答的问题就是：两个螺钉头究竟是越离越紧、越离越远还是彼此之间距离保持不变?

293 巧克力

萨尔兹堡方块思维游戏是要把由 20 个边长为 2 厘米的正方形组成的大巧克力板分成 9 份，而这 9 份巧克力在重新排列之后可以拼成 4 个大小相同的完整正方形。

294 火柴（3）

爱德在海运湾工作，每天他都与老板玩赌火柴棍的游戏，一旦他赢了，就会从老板那里得到报酬。上周，他按下图中的样子摆出了 24 根火柴棍，与老板赌上了。火柴围成了 9 个正方形，所要做的就是移走其中的 8 根火柴，使其成为 3 个正方形。

295 连线

女士们、先生们，约翰是莎士比亚风格的画猿高手也是出色的肖像画家！他的吟游诗人画像很受欢迎。这

幅神奇的画是约翰一笔画下来的，线条无一重叠。你能做到吗？

296 幻方

那位优秀的代课老师——普里西拉·孙珊女士今天给我们上数学课。大家注意听啊！

“你们的老师——特雷西先生告诉我你们需要在解答幻方上面多加练习。现在，我把 9 到 16 这几个数放在黑板上这个正方形的边的周围，同时，各边上的 3 个数字相加的结果都是 36。你们的任务是将其中的 8 个数字重新排列，使各边上 3 个数字相加的结果都等于 37。”

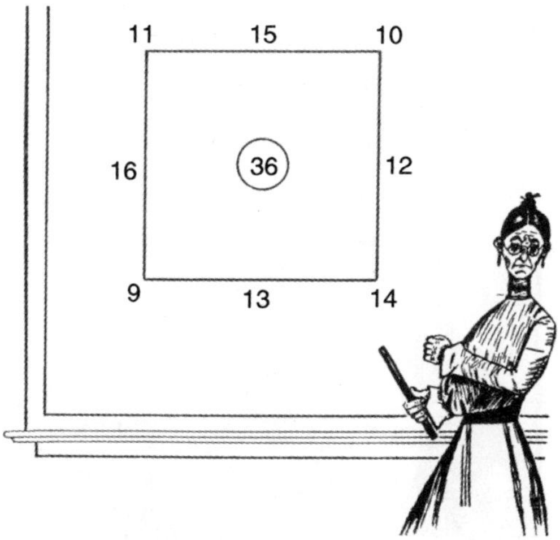

297 A 和 K

“牌王”奈德·费尔班克斯向我们的读者提出了一个有趣的挑战。我们来看看你能否在牌落下之前找出其中的秘密所在。

298 书（2）

第 1 个学者：“亨利·德朗普斯所著的《自然力奇术解密》的未删节版本上说如果你吸足气就完全可以把很重的物体吹倒（比如，他举了魔术师派尼蒂的例子：这位魔术师在一本字典的顶部放了一大本书，然后只用了几口气就把两本书都吹翻了）。”

第 2 个学者：“他肯定不只是用气吹的，也许他还用了托盘呢！”

那么，你能帮这两位学者找出这个秘密的奥妙所在吗？

299 打赌（3）

300 千禧年

第二个千禧年时人们用一个特殊的“千禧年幻方”思维游戏庆祝了一下。建立的这个幻方里的数字无论在水平方向、垂直方向还是对角线上相加的结果都是 2000。现在，我们已经为你填出了其中的 4 个数字，而剩下的 12 个范围在 492 到 503 之间的三位数要由你来填。你能解答这道题吗？

X	X	507	X
506	X	X	X
X	509	X	X
X	X	X	508

301 三明治

“卡米拉，那些三明治还没有做好吗？现在做了几个？最后一个四人组正在打第 18 个果岭。作为锦标赛的东道主，我的声誉要保不住了！”

“诺伯特，你要有耐心。你要是一开始帮我做芦笋三明治的话，1 个小时之前我就做完了。你要是想知道我要做多少个三明治的话，我可以给你一个提示。如果用三明治的总数除以 2、3、4、5 或者 6，你会发现所有的余数都一样；但是，如果除以 11 的话，将不会有余数。你要找出符合以上条件的那个最小值。现在他们来了，开始把菠菜倒进去。”

302 赛马（3）

在 1903 年的夏天，豪赌的赌客们正忙着为下轮比赛的马匹下注。在第

6站比赛里，这6匹马在长200米的赛道上赛跑，最后的结果显示在下图的揭示牌上。一位十分喜爱马匹思维游戏的改良者发现一个有趣的题：如果将上面各栏中的数字改变位置，那么就可以使每一行、每一列中从1到6这6个数字只出现一次，从而形成一个数字幻方。你能在10分钟内解决问题吗？

亚特兰大市——第6站比赛

马匹	第1站	第2站	第3站	第4站	第5站	第6站
八号	6	2	3	5	4	1
干草燃烧炉	3	6	1	4	5	2
慢速启动	5	1	6	2	4	3
不走运	5	6	1	2	3	4
凹背	4	1	3	6	2	5
倒数第一	2	5	3	1	4	6

在海洋酒店为赛马下注

303 手表（1）

克兰西三兄弟是纽约市古老的熨斗大楼里最出色的清洁工，为了对他们的准时表示感谢，业主们送给他们每人一块卡兰德手表。但是，麻烦也随之而来。布莱恩那块表很准时，巴里那块表每天都慢1分钟，而帕特里克的表则每天都快1分钟。如果兄弟三人在收到手表的那天中午同时把手表调到准确时间并且此后不再调整手表的话，那么这3块手表需要过多少天才能再次在中午显示正确时间呢？

304 装饰品

“罗莎琳德，那边塔顶上的奇怪装饰品究竟是从哪里弄来的呢？”

“怎么了，这个结构由18根棍子焊接而成，里面有9个三角形。有一个关于它的思维游戏，如果去掉其中的3根，那么可以剩下7个三角形。

如果你能完成的话，我就让你在明天格斗的时候带着我的手帕。”

那么，你能不能帮这个年轻人完成呢？

305 圣诞节

以前过圣诞节是多么美好！妈妈和孩子们围在圣诞树周围，爸爸在他喜爱的椅子上打盹儿，而对其中的3个孩子来说，这一天不同寻常，因为圣诞节是他们的生日。我们来看看你能否判断出他们的年龄。今天巴顿的年龄是温德尔和苏珊年龄相加的总和。去年圣诞节时，温德尔的年龄是苏珊的2倍。如果从现在算，那么两年后，巴顿的年龄将是苏珊的2倍。

那么，你能否在火鸡和菜肴摆在桌子上之前猜出他们的年龄呢？

306 狗窝

在下图中，我们的狗——杰姬在向她的朋友炫耀她的新家。我们用10根火柴杆把她家的轮廓拼了出来，她的朋友很喜欢她的新家，只是觉得它应该转90度，这样它就可以面对路这边了。那么，你能否将两根火柴移到别的位置使她的家面对路呢？

307 魔力壶

图中是维多利亚时期著名的艺术家——魔术大师帕兹林·普兰德加斯特和他会说话的茶壶。普兰德加斯特

是如何使茶壶说话虽然不得而知，但是可以看出这是口技。然而，最重要的是它说的问题。那么，你能否解决上面茶壶提出的问题呢？

308 圣诞老人

这个很棒的思维游戏你可以等到下次圣诞派对时再使用。图中的正方形里有 2 个圣诞老人，把这个正方形打印 12 份，然后交给你的客人。告诉他们这个圣诞老人思维游戏要求把这个正方形切成 4 份，然后把它们重新拼成 2 个独立的正方形，而且每个正方形里各包括一个完整的圣诞老人。你能解决这个问题吗？

309 五角星游戏

19 世纪初的表演者当然也有五花八门的表演。但是，他那个极瘦的助手看起来却对他的能力表示怀疑。下图的毕达哥拉斯之星思维游戏要求玩家把圆圈中的数字重新排列，使五角星内任意一条线上的 4 个数字相加的结果等于 24。那么，你准备怎么排列呢？

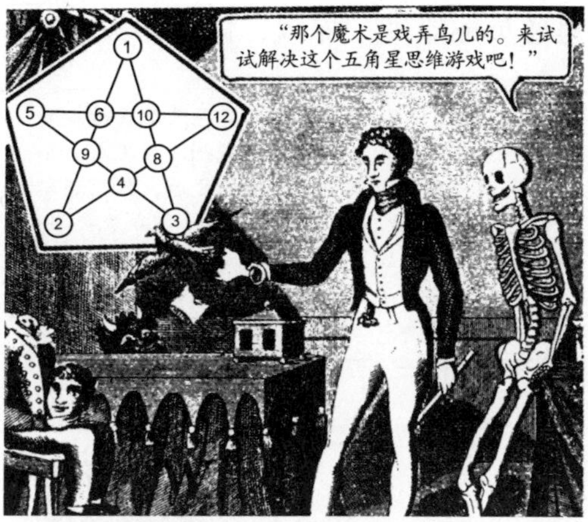

310 塞巴斯蒂安多面体

你们有 60 秒的时间来完成这个测试。

311 苹果

有了足够的时间和她的霍洛威阅读书架，就没有哪个题能把莫德·马里恩贝丽难倒。那么，你认为呢？

312 画像

回顾历史，我们会找到世界上第一个伟大的思维游戏大师——斯塔姆尤莫斯特二世。他创作了全新的题，名叫“斯芬克司第二个思维游戏”，并用它来为难他的朝臣。答题人必须将图中抽象的斯芬克司画像分成形状相同的4部分。同时，这4部分必须与原图形状相同。

313 跳跃（1）

比赛路线从起跑线到老橡树长14米，所以，整个比赛路线的总长度就是28米。蚱蜢一下能跳3米，而小青蛙一下只能跳2米。蚱蜢每跳3次，青蛙可以跳5次，它们谁会首先越过终点线获胜呢？

314 圣诞节长袜

现在，大家可以发现我们今年为孩子们准备了两种尺寸的长袜。一种是“我很棒”，另一种是“我非常棒”！哦，我的天哪！我注意到一个思维游戏。那只大的长袜里的玩具数和小的长袜里一样，都是由相同的数字组成的。同时，两个数的差是两个数相加的和的$\frac{1}{11}$。

那么，每只长袜里各有多少个玩具呢？

315 钉子（2）

年迈的查理·克罗斯卡特·卡拉威是我们当地木场的地方长官，他早上刮脸的时候遇到了一个麻烦。仓库里男孩子跟他打赌，说他不可能将图中构造中的4根钉子移到别的地方使原来的5个正方形变成6个。那么，你来试试，看能否把答案想出来。

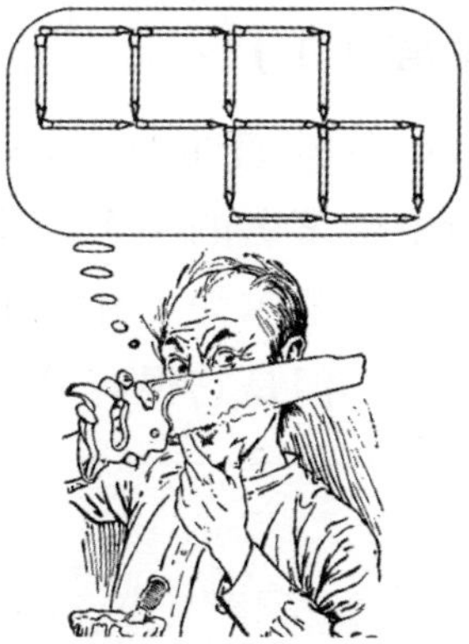

316 号角民谣口琴

卡斯卡特家的孩子们最喜欢的一个玩具就是号角民谣口琴，这19个孩子每人都有一个录音筒，里面记录了他们睡觉前的一个小故事，他们把录下的声音保存在专门的记录盒内。莫尔叔叔告诉他们记录槽被12根横木连接起来，外部有6根，另外6根作为辐条放在里面。每根横木上连接3个槽。“我给你们出一个思维游戏，”他说，“看看你们能不能将这19个标有数字的记录筒进行排列，使排列之后任意一根横木上的3个数字相加的结果等于23。”

欢迎读者朋友把记录盒拷贝下来，然后与莫尔叔叔一起玩。

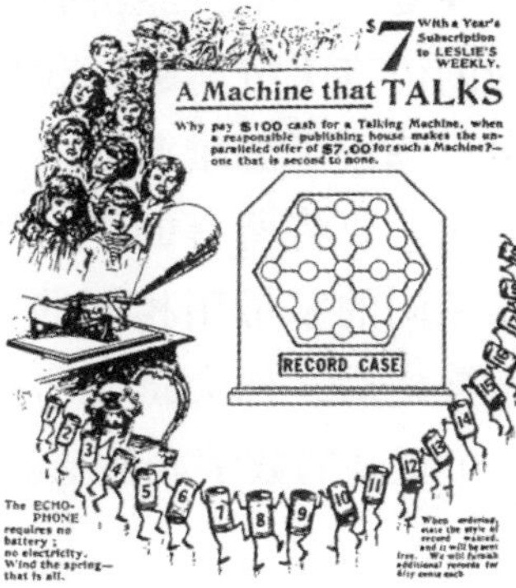

317 加法（3）

诺贝尔沃尔佛教授人如其名（他的名字意思为火箭发射器），5分钟后，伊克曼这对孪生兄弟将“升空”，教授会用独一无二的方法表达对笨蛋的

不悦。汉斯和费德尔的惊慌失措都因下面的问题而起：将一个五位数的奇数重新排列，使其数位上数字相加的结果等于 20，相同的奇数可以重新使用。你也有 5 分钟的时间解答这个问题。

318 晚宴

欢迎参加新泽西州布卢姆菲尔德镇的美味晚宴。哈里特经济餐馆点菜时所使用的语言十分有趣，我们把下图这些字母编成了思维游戏。你在解答这个题时，要将所有的字母用数字来替换，相同的字母用相同的数字替换。而替换之后，你会将她所点的东西变成一个正确的数学表达式。

319 为难人的扑克牌

在“为难人的扑克牌”当中，玩家对对方解答扑克难题的能力下注。佐伊用从 1 到 9 这 9 张方块牌在桌上摆成了一个扑克三角形，她让萨比拉把这几张扑克牌重新排列，使组成三角形的三个边上的任意 4 张扑克相加的结果都等于 23，三角形三个角上的每张扑克牌同时出现在两个边上。那么，你能解答这道题吗？

320 迷宫（1）

下图中的迷宫也许是 19 世纪思维游戏当中最著名的一个。这个迷宫是刘易斯·卡莱尔为了和兄弟姐妹娱乐而设计的，但是它很容易让人步入

歧途。里面的线路进进出出、一会儿上又一会儿下，并有许多死胡同。那么，你能否及时赶到迷宫的中央把即将落下去的矮胖人邓布迪先生解救出来呢？

321 字典

我们为那些喜欢字谜的朋友准备了一个古老的字典猜谜题。下面是从一本非常旧的字典当中挑选出来的插图。下面列出了 14 个词，其中的 9 个词描述了插图的内容。那么，你能否将它们一一对应呢？

A 母线；
B 匕首；
C 弩炮；
D 方尖石碑；
E 双人小汽车；
F 弩；
G 地下密牢；
H 商标；
I 带羽毛饰的平顶圆筒军帽；
J 四塔门；
K 甲虫；
L 印痕；
M 三孔滑轮；
N 半鹰半马怪兽。

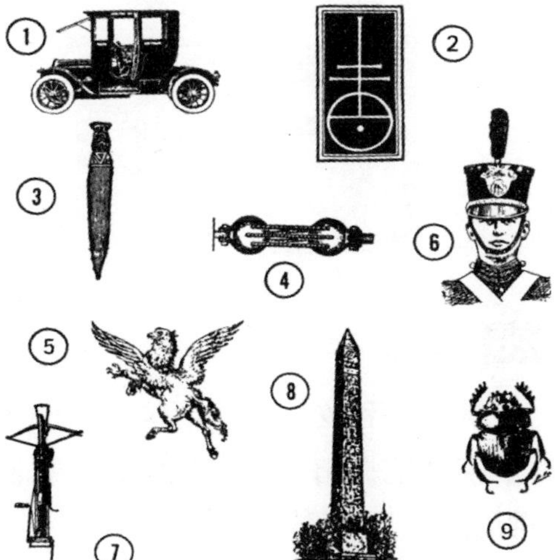

322 午餐托盘

我记得上高中的时候，“大块头”马修斯·莫兰在学习之余赚的钱都是通过把其他学生在午餐之后的托盘拿回厨房挣来的。一个托盘他收 5 分钱，他因一次能拿许多托盘而名噪一时。有一天，他两趟一共拿了 99 个托盘。当我问他每趟拿了多少个托盘时，他回答说：“第一趟所拿托盘的 2/3 等于第二趟托盘的 4/5。现在，你应该知道了吧！”

323 勘测员

一天，有一个勘测员路过马嚼子和玉米咖啡店，在那里他讲述了他刚刚完成的工作。两个农夫买了一块土地，这块土地已经分割成了农场，他们让他把买来的这块地分成相等的两部分。深思熟虑之后，这位勘测员想出了答案。但问题是他并没有在离开前把答案告诉任何人。那么，你能告诉咖啡店的人们他是如何做的吗？

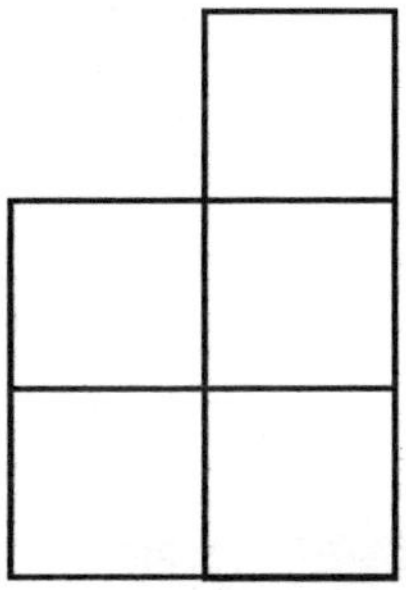

第九章

世界上很费劲的思维名题

324 硬币（2）

按照图中的样子在桌上放 12 枚硬币，6 枚硬币正面朝上、6 枚硬币背面朝上。注意，在这 4 行硬币当中，每行都同时包括正面硬币和背面硬币。现在，请移动其中的一枚硬币使水平方向的 4 行硬币或者全部是正面或者全部是背面。

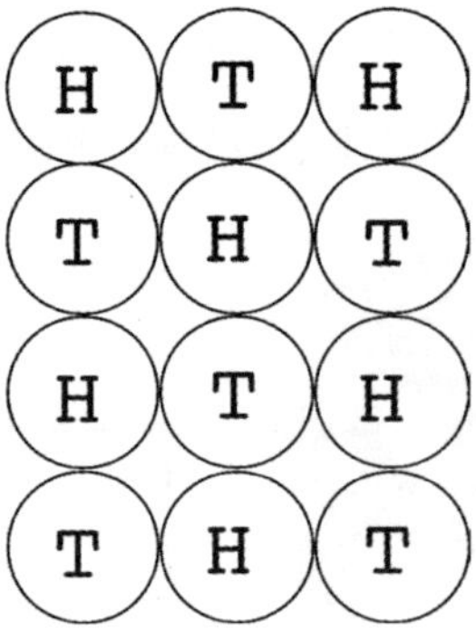

325 纸张

这个看似“不可能”的纸张思维游戏只用一张纸就完成了。“内折边”是纸的一部分，它可以向前后移动，但是它并没有被剪掉也没有被粘住。内折边的面积正好与剪掉的两个部分的面积相等。尽管从下图看，这的确是不可能的，但是这个纸张思维游戏是如何完成的呢？

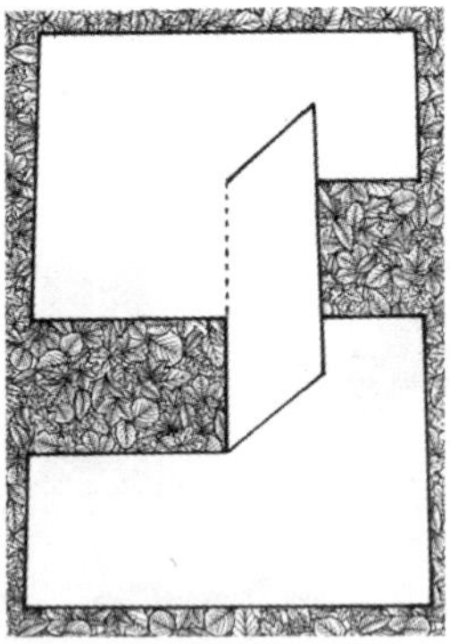

326 考古

霍金斯和皮特里这两位刚毅的考古学家又挖掘出一个古代文物。我们来听听他们说了什么：

“皮特里，我们终于发现了举世

闻名的‘斯芬克司思维游戏’墓碑，它都有3500年的历史了！”

“我们？什么意思，”皮特里语无伦次地说，“别把我也扯进去！我不相信造金字塔的思维游戏大师会把它写下来！”

这个墓碑当然是假的，但是这个思维游戏的确很好。看看你能不能在他们向别人打听之前把它解答出来。

327 撞钟人

修士塞巴斯蒂安和修士撒迪厄斯在钟楼值班，但是，从下图看我敢肯定他们这个晚上是不会很清闲的。通常情况下，钟在正常运转时，他们的工作量是稳定的。比如，5点时他们撞钟的时间是25秒。那么，你能否根据这些条件计算出10点时他们撞钟的时间是多少呢？

328 护身符

下图是有名的赌徒威灵顿·曼尼拜格斯的护身符。但不幸的是印刷工把数字排在错误的位置，以至于它失灵了。如果要恢复它的威力，你必须把1至9这9个数字重新排列，使每个边上的4个数字相加的结果等于17（三角形角上的数字同时算在相邻的两个边上）。

329 长袜

虽然罗杰爵士过分讲究衣饰，但他曾被称作是出色的剑客。虽然他的击剑决斗生涯充满波折，但他总会为决斗好好打扮一番。一天早晨，当他再次为决斗装扮自己时，他要找一双长袜。他知道衣柜底下的抽屉里有 10 双白色长袜和 10 双灰色长袜。但是，由于衣柜顶上只有一根蜡烛，光线太暗，以至于他无法辨认哪个是白色哪个是灰色。那么，你认为他最少从抽屉里拿出几只袜子便可以在外边光亮处找到并穿上颜色搭配的一双袜子呢？

330 朗姆酒

传说很久以前，有两个好朋友——比利·伯恩斯和派斯特·皮耶，他们在布奇特·奥布拉德烈酒商店大

吵起来。好像是比利拿来一个 5 升的空桶，他让派斯特往里面倒 4 升最好的朗姆酒，但是商店只有一个旧的 3 升锡铅合金的小罐，无论比利和派斯特怎么试，他们都无法用图中的这两个容器从朗姆酒桶里正好量出 4 升酒。他们屡屡受挫使他们大打出手。如果你当时在场的话，你能否解决他们之间的问题呢？

331 爱丽丝

爱丽丝在去参加麦德·哈特举办的茶会途中遇到一个岔口，她不知道该走哪条路。幸好，半斤和八两哥俩在那里帮忙。

“瓦勒斯告诉我，一条路通向麦德·哈特的家，而另一条路则通向魔兽的洞穴，我可不想去那里。他说你们知道正确的那条路应该怎么走，但同时也提醒我你们当中的一个总是说实话而另一个总是说谎。他还说我只能问你们一个问题。”然后，爱丽丝提出了她的问题，而不论问他们当中的哪个，她都能得到正确的答案。那

么，你知道她问了他们什么问题后找到了正确的路吗？

332 海马

6 只顽皮的海马排成队玩起一个小游戏。前面 3 只海马的尾巴是浅色的，而后面 3 只的尾巴则是深色的，它们要做的是用 10 步来互换位置。海马可以向前或者向后移动，它可以移到与之相邻的位置，只要那个位置是空的；它也可以从另外一只或者两只海马旁边经过，游到一个空位置上。当它们互换位置之后，原来前 3 个位置上应该是 3 只深色尾巴的海马，而后面 3 个位置上则应该是 3 只浅色尾巴的海马；同时，第 7 个位置应该是空的。

333 关系

下面这位先生很高兴，他对自己的新艺术品非常满意。但是，有一个大问题，这幅画上的人是谁呢？同时，这位艺术鉴赏家和这幅杰作上的主人公之间是什么关系呢？

334 手表（2）

这个小个子的老钟表匠过来考验你对准确性和规律的把握能力。他从自己的名贵手表当中拿出 9 块，他要求你做的是将这些手表排成 10 个组合、每个组合 3 块。你能在 15 分钟之内解决吗？

335 竞赛（2）

道廷奇教授去年参加了国际思维游戏竞赛，下图中的他正在寻找解答第 77 道题的良策。教授断定答案中的直线不会在任何地方相交。为了验证，教授在这里用一笔将图形画了出来。请你试试，但是你既不能使直线相交也不能在画的过程当中把铅笔从纸上抬起。同时，你不可以把纸任意折叠。

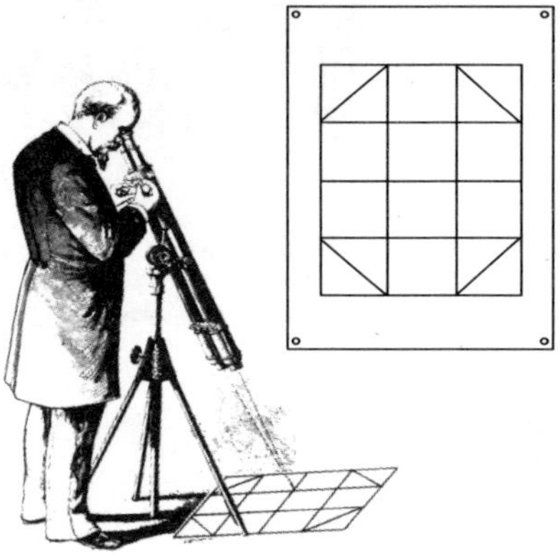

336 靶子

世纪之交的家庭娱乐节目给我们带来一个有趣的思维游戏。亚历山大和他的妹妹西比拉在靶子上打出了相同的环数，他们一共得到了 96 分。那么，你知道这些箭射在哪些环上吗？

337 欺骗

特拉斯丁·奈德·阿姆斯特朗是奈德精彩体育世界的老板。有一天，他与一个看起来很可疑的人完成了当天的第一笔交易。顾客花 12 元买了一筐高尔夫球，他支付了 20 元，奈德没有零钱，于是去隔壁的面包店换钱，然后把东西交给顾客并找给他 8 元。10 分钟后，面包师进来抱怨说那 20 元是假的，然后奈德从柜台拿出 20 元还给他。现在，奈德想的是他到底在第一笔交易当中损失了多少钱。记住，这筐高尔夫球的利润是 100%。

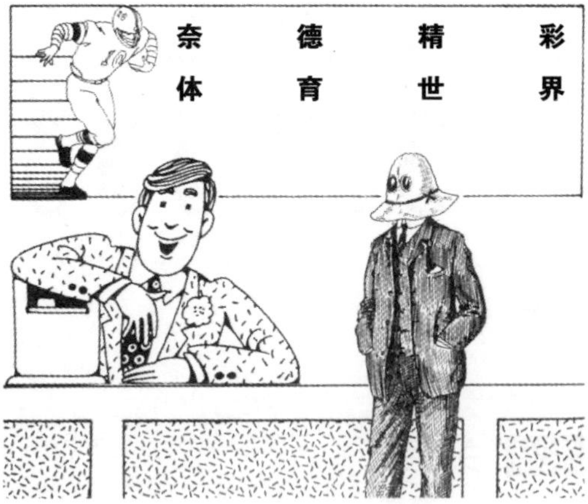

338 果园（1）

已过世的著名农学家法莫尔·布朗曾留下话，他要把他的财产平分给自己的 4 个儿子。他特别指明：他那个种有12颗珍贵果树的果园应分成大小、形状相同的4份，每份包括3颗树。那么，4个儿子应该如何按照父亲的遗愿用栅栏将果园隔开呢？

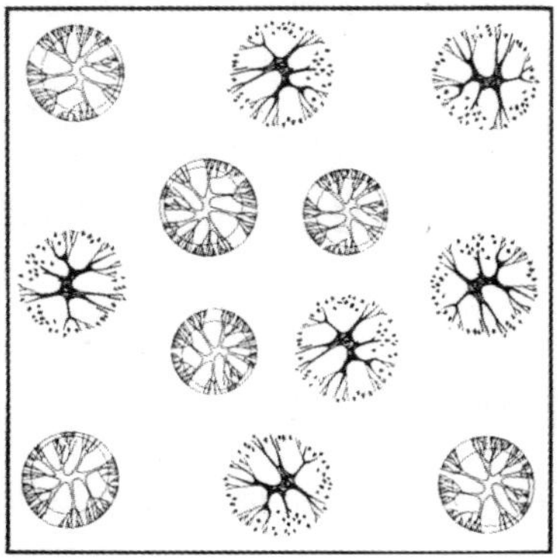

339 纽扣店

在世纪之交，没有哪个纽扣店能比巴顿的纽扣店好。下图是他们的快递货车，它正在运货的途中。尽管车已经过去了，很明显，货车一个侧面上的纽扣图形可以编成一个思维游戏。10个纽扣排成3行、每行有4个纽扣（其中，一行在水平方向、两行在垂直方向）。现在你要将2个纽扣移到新的位置使纽扣排成4行、每行有4个纽扣。看看你能不能在10分钟之内快速解答这个题。

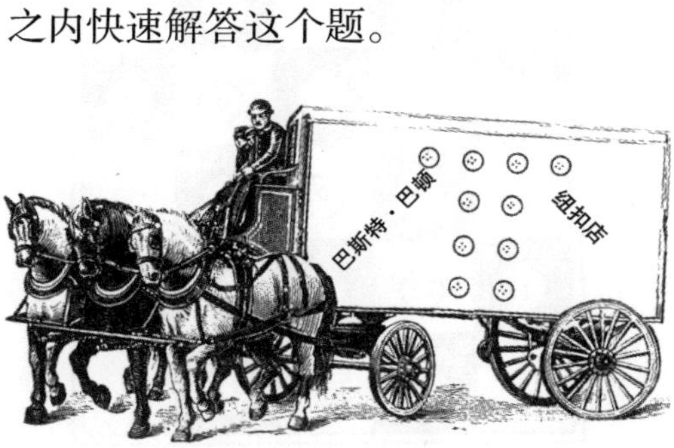

340 图形

这是一个真正的智商测试题。图中有6个随意的图形，它们由圆圈、三角形和正方形构成，这个题要求你判断接下来该是哪三个图形。各就各位，预备，开始画！

341 抢劫计划

威尔休斯·威利既是臭名昭著的保险箱窃贼，也是最吝啬的骗子。为了省钱，他买了一叠打折建筑平面图，他不打算让人看出来他将抢劫商店的哪间房子。售货员告诉他整个建筑是个正方形，主室的门朝外，商店平面

图被分成了6个正方形房间，4个小房间的门都通向主室，第5个小房间里有一个保险箱。另外，售货员还说他要完成平面图，所要做的就是在下图所示的平面图内的正方形上画4条直线。那么，直线应该怎么画呢？

342 圈地

地主默多克是附近很有声望的农场主，他极富绅士风度，同时，他也十分古怪。下图中的他正在研究平面图，他准备把他9头良种小母牛重新圈起来，他让手下的农夫必须用栅栏圈出4块地，每块地里要有奇数数量的小母牛。那么，你知道农夫是如何解决这个问题的吗？

343 河流

以斯拉·沃尔顿是湍流船队的船长，哈比·贝克维尔正搭乘他的船前往自己的新业务地区。船刚刚离开码头，哈比就睡着了。当船航行了1千米时，哈比的帽子被吹到了水里，并开始向下游漂去，而船却继续向上游前进。当哈比醒来发现自己的帽子不见时，已过了5分钟，他马上让以斯拉调转船头往下游走。他们最终找到了帽子，而帽子那时则刚刚到达他们原来出发的地方。无论上游还是下游，船航行的速度保持不变。那么，你能否根据这些信息计算出河流的漂流速度呢？

344 跳跃（2）

看看你能不能跨过这个思维游戏并取得胜利。拿出一个小棋盘（如下图所示），然后，在每一个标有数字的正方形内放一个棋子。现在的问题是：从9号正方形开始，将棋盘上其他棋子都拿走，只剩下一个；而剩下的那个棋子最后要回到从9号正方形最初跳到的地方。你可以沿任意方向（斜向、上下，或者对角线）将一个棋子从另一个棋子上跳过，所有被跳

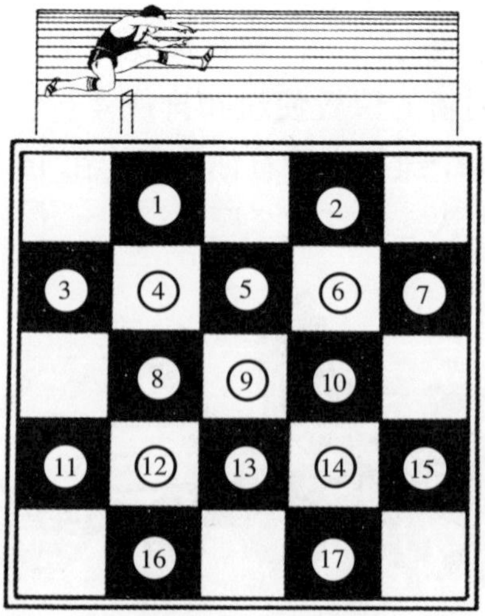

过的棋子就要从棋盘上拿走。但是，棋子在跳过去之后必须落在空的正方形内。你可以用一个棋子连续跳，连续跳跃被看作是一步。你能只用 4 步就把这个题解答出来吗？

345 圆圈（3）

墨尔本教授正在思考一个古老的思维游戏，这个题是他的一个学生带到课堂上的。这个题是这样说的：将 12 个数字放在下图的 12 个圆圈内，要求是外圈的数字相加的结果必须是内圈数字相加结果的 2 倍，而内圈的 4 个数字必须是连续的数字。

346 公寓

威廉姆斯先生、巴尼特先生和爱德华兹先生都寄宿在马·博斯科姆斯公寓。他们当中，一个是面包师，一个是出租车司机，还有一个是司炉工，你要把他们一一对应。下面的线索可以给你帮助：

（1）威廉姆斯先生和巴尼特先生每天晚上都下棋。

（2）巴尼特先生和爱德华兹先生一起去打棒球。

（3）出租车司机喜欢收集硬币，司炉工带过兵，而面包师则喜欢集邮。

（4）出租车司机从来没看过棒球比赛。

（5）爱德华兹先生从来没听说过集邮。

347 合理安排

当施工人员将下图中的 3 座房子盖好之后，他们遇到了十分麻烦的建筑法规。现在要将水、煤气和地下电线通到每座房子，但是施工人员被告知任何一条线路都不能从其他线路的下面、中间以及上面穿过。其中一个施工人员想了一个星期才想出来不触犯法规可以把任务完成的办法。那么，他是如何摆脱城市建设中的困境的呢？

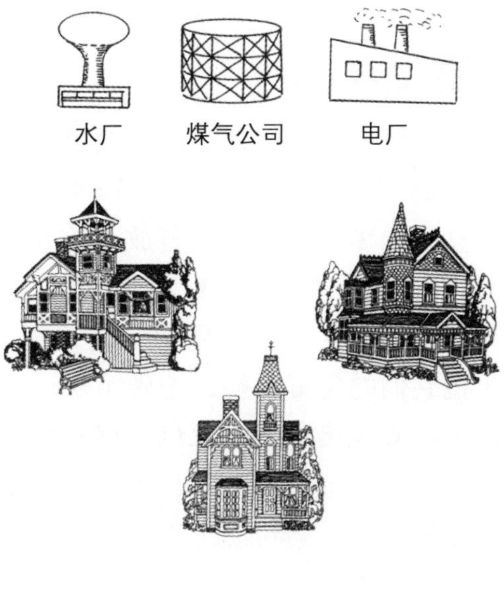

348 速度

麦德·曼·莫里提是早期的驾车兜风狂。下图中的他正从老秃山的山顶往下狂奔，崎岖的山路十分危险，幸好他的车很结实，他从自己在乎特维利的家里出来之后以每小时 10 千米的速度从老秃山的一侧爬上去，然后又以每小时 20 千米的速度从山的另一侧下来。如果这时莫里提再折回到乎特维利，那么他往返旅行的平均速度是多少呢？

349 置换（2）

下面是我们所喜欢的置换思维游戏中的一个。首先，在 2、3、4 这 3 个盒子的黑色圆点上放各放 1 枚 5 角硬币，在 5、6、7 这 3 个盒子的白色圆点上各放 1 枚 1 角硬币。然后用 7 步把它们的位置互换，把硬币从一个盒子沿着连接盒子的深色线移到另一个盒子里，每枚硬币都必须移到一个空盒子里。

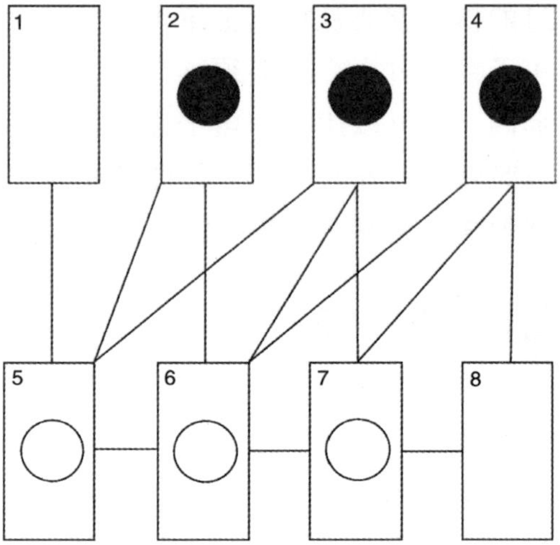

350 砖墙

有一天，矮胖人邓布迪先生叫来一个泥瓦匠，让他在自己的花园里盖两面砖墙。两面墙的高度以及长度都相等（右图中，ab 墙的长度和 cd 墙相等）。泥瓦匠说对 cd 墙的花费要大一些，因为它位于一座山上，所以需要的建筑材料会多一些。

“胡说八道，”邓布迪先生说，“它才用不了那么多呢，盖这面墙你绝对不会用太多的砖和灰泥！”

那么，你认为他们谁对谁错呢？

第十章

世界上容易让人上当的思维名题

351 餐厅

每到星期五的中午，大家都会在撒玛利亚极品俱乐部聚餐，每次到了结账的时候，本森哥俩总是借口因为公事离开。弗雷德里克让鸡汤浇了一身的那天，他们剩下的这几个人平摊了 80 元的账。他们在场的人每次都是平分花销，为了弥补本森哥俩的账，他们每个人必须多支付 2 元。那么，你知道原来有多少人在聚餐吗？

352 钓鱼

加尔文、怀利、埃米特和昆廷寄宿在马·博斯科姆斯公寓。他们一起到莫兰河钓鱼，一共钓了 10 条鱼。当他们把鱼交给玛丽，让她放在冰箱时，她注意到：

（1）加尔文钓的鱼比昆廷多。

（2） 怀利和埃米特两个人钓的鱼与加尔文和昆廷钓的鱼一样多。

（3） 加尔文和怀利两个人钓的鱼比埃米特和昆廷两个人钓的鱼少。

那么，你能否根据以上事实计算出他们每个人各钓了几条鱼吗？

353 风筝游戏

现在是思维游戏俱乐部的放松时间，沃先生是日本思维游戏的常驻专家，他在展示自己最新的设计。那么，你能否击败其他“专家”呢？在风筝架上有多少个不同大小的等边三角形呢？

354 乘雪橇

每到参加西奥伦奇速降滑雪赛的时候，哈利和哈里特都会遇到布罗迪·邦奇一家人。在1千米的赛道上，哈利的新款雪橇比布罗迪的旧款大雪橇快了两倍半，哈利和哈里特最后领先他们6分钟取得了胜利。那么，读者朋友，你能否根据这些信息判断出他们各自用了多长时间跑完了1千米呢？

355 冰激凌棒（2）

这个思维游戏一定会吸引大家的注意。你所需要的就是36个冰激凌棒以及足够的耐心。按照下图的样子将冰激凌棒摆好，这样，里面就有13个

小正方形。现在，从中拿走 8 个冰激凌棒使最后只剩下 6 个正方形。

356 高尔夫球座

纳尔达·尼伯里克是闲暇时刻乡村俱乐部业余组女子冠军，为人十分傲慢。在酒馆时，她被安德鲁·麦克戴维特的一个著名的第 19 洞赌注给难住了，使她在比赛当中受到了影响。当时，麦克戴维特跟纳尔达赌一套新的铁头球杆，他说她不可能将 24 个高尔夫球座拼成 4 个完整的正方形。那么，你能在开球之前帮她击败麦克戴维特吗？

357 布料

巴顿·伯尔特遇到了麻烦，这家商店的布料商跟他打赌，说他不可能把任意一块正方形布剪成几块然后再把它们拼成 3 个小正方形。布料商说巴顿只需要在布料上剪两下就可以完成。最后，把 2 块碎布沿着一个边缝合就可以形成其中的一个正方形。

那么，你能为巴顿想出办法吗？

358 打赌（4）

读者朋友也要在 15 秒内计算出结果。

359 假砝码

360 玩具火车

下图中有 8 个老式莱昂内尔玩具火车头和车厢，我们用 6 节铁轨将它们连接起来，这样就给大家献上一个有趣的转移车厢思维游戏。首先，在

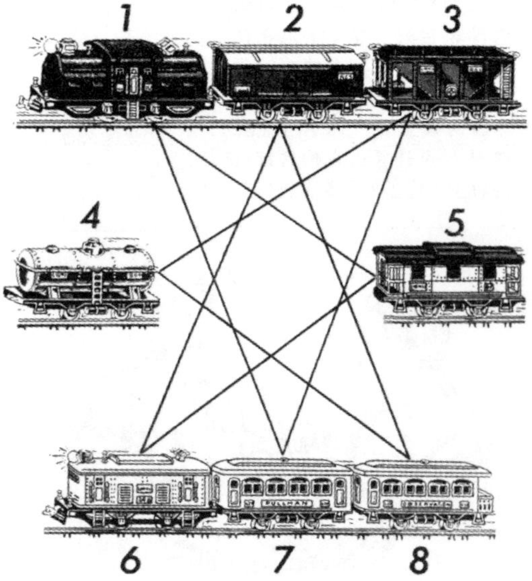

1 号和 3 号车厢上各放 1 枚 1 角硬币，然后，在 6 号和 8 号车厢上各放 1 枚 5 角硬币。现在要使硬币交换位置，一次只能在铁轨上移动 1 枚硬币。任意 2 枚硬币不能同时出现在同一个车厢上，并且你只能用 16 步解决这个思维游戏。

361 迷宫（2）

这个思维游戏虽然不难解决但却足够可以引起你的好奇心。进入迷宫后，请在 60 秒内到达"罗莎蒙德的凉亭"。

362 蜡烛

牧师斯皮尔现在身陷困境，教堂司事吃午饭时跟他打赌，如果将 12 根蜡烛摆成教堂和塔的样子的话，那么他不能把其中的 5 根蜡烛换到其他位置，使它们变成 3 个大小相同的正方形。

363 驾车兜风

哈蒂和丈夫巴斯托以及司机莫尔叔叔一起前往亚特兰大市。吃完午饭后，哈蒂问丈夫他们现在到哪里了，“那么，巴斯托，我们经过了分叉河，现在离亚特兰大市还有多远呢？”“哈蒂，我的回答还是和76千米前我们在拉里坦河时一样！”“说实话，巴斯托，如果我要是知道梅普尔伍德离亚特兰大市有这么远，我就去霍帕康湖了！”你能计算出哈蒂到亚特兰大市的旅行一共要走多少路程呢？

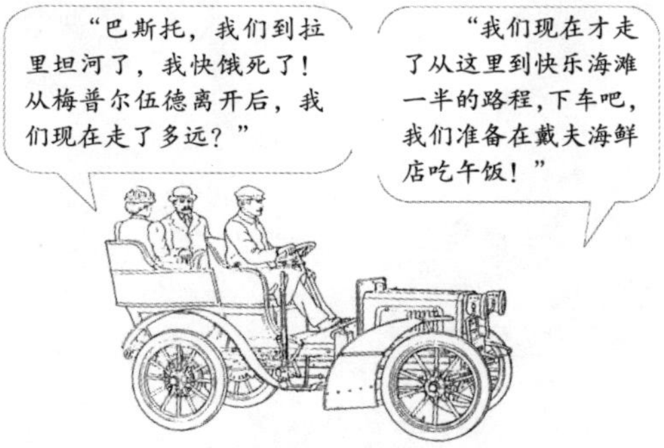

364 棋盘上的正方形

读者朋友们，给你们6分钟的时间找到答案。

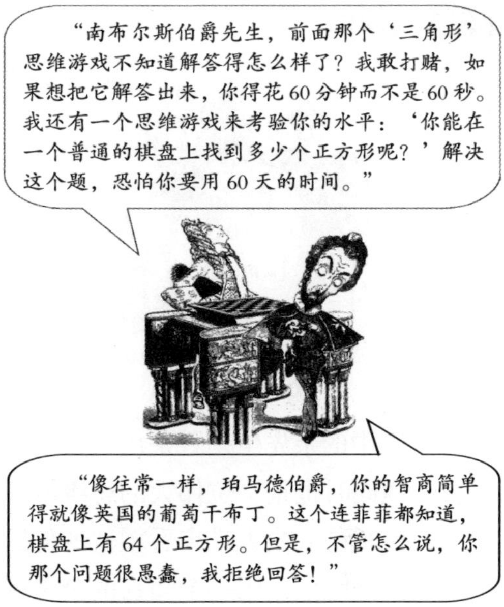

365 连线碑

读者朋友们，你们也可以尝试做一下这个测试，只要将字母a到g这7个字母来代替图中的符号就可以了。

366 茶叶

上图中的余先生是香茶出口公司的老板，他同时也是一位伟大的思维游戏大师，他总是喜欢为难来看望他的外国代理商。他说他只用一个简易的公平秤和 4 个不同分量的铁制砝码就可以称出从 1 千克到 40 千克任意整千克的茶叶。那么，你知道这 4 个砝码的分量分别是多少，同时，余先生是怎么称的吗？

367 果园（2）

欢迎读者朋友按照我们分隔果园的要求找出插放各个栅栏的方法。

368 打赌（5）

下图我们看到的是“牌王”爱丽丝·艾夫斯，她把一个来自东方的花花公子的钱赢光了。当这个花花公子对老输钱感到厌倦时，爱丽丝又跟他打了一个机会均等的赌：她拿出 13 张扑克并把它们摆成一个圆圈放在桌上，然后说她可以在“围着玫瑰丛绕圈子”游戏中击败他。在游戏时，每个人轮流从圆圈中按顺序拿走一张或者两张扑克牌，谁拿到最后一张扑克牌谁就获胜。那么，爱丽丝在这个所谓机会均等的游戏中采取了什么制胜战略呢？

369 领导人

读者朋友，你能解释这个巧事吗？

	丘吉尔	罗斯福	斯大林	希特勒	墨索里尼
出生年份	1874年	1882年	1879年	1889年	1883年
1944年时的年龄	70岁	62岁	65岁	55岁	61岁
就职年份	1940年	1933年	1924年	1933年	1922年
截至1944年的掌权时间	4年	11年	20年	11年	22年
总计	3888	3888	3888	3888	3888

370 疯狂的科学家

你能在开会之前把这个题解答出来以帮助史密斯扭转他现在的不利局面吗？

371 跨栏

欢迎参加“跨栏迷宫”大赛。为了完成比赛，选手必须找出最短的路线并且跨过偶数数量的跨栏。同时，所跨栏上的数字相加必须是最大值。下图中每个正方形盒子各代表一个跨栏。

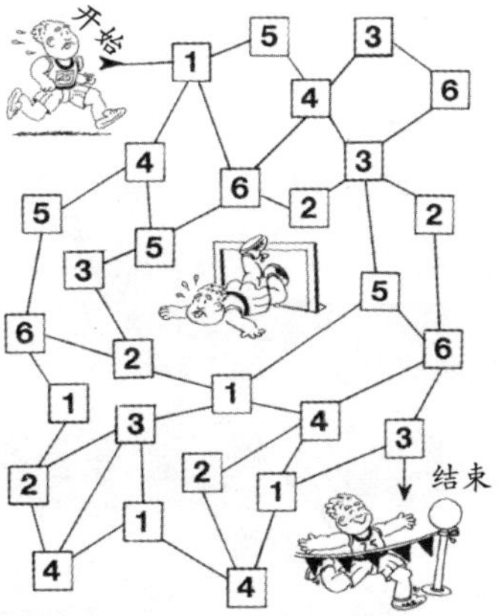

372 雕石匠

你能否根据上面的对话所给出的信息判断出石雕组一共有多少人呢？

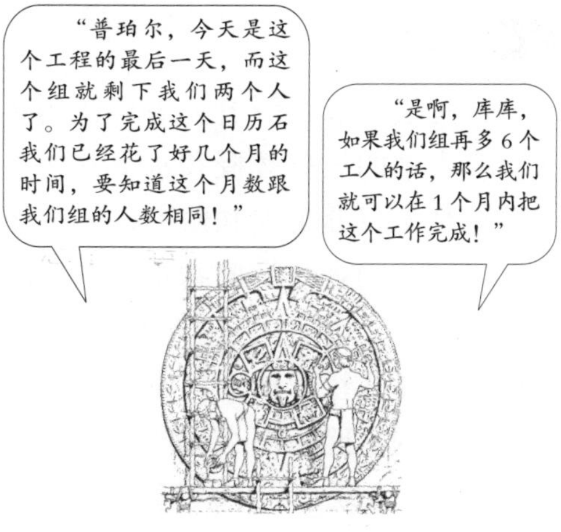

373 鸡蛋（3）

艾伯特是一个很有名的男管家，从未引起争论的他这次又成功了。他连续两年因设计烹饪决赛的思维游戏而获得尊重。他的问题是，“如果你只有 2 个沙漏——一个 11 分钟的、一个 7 分钟的，那么你如何把鸡蛋煮 15 分钟呢？”他因此得到长时间的热烈掌声并获得一瓶香槟酒。读者朋友欢迎你们加入这个宴会，并把这个题解答出来。

374 水下

这是娱乐节目历史上最奇特的表演。广告中的尼莫教授和水下答题人米兰达环游过北美洲和欧洲，他们还解答了那里的观众提出的每一个思维游戏。米兰达面对的只有问题，她别无选择，要么快速找到答案要么面临溺水而亡的危险。那么你能帮她弄清楚拜罗斯夫人现在的年龄吗？

375 五角星

下图中的巫师来自另一个时代，他正准备解答那个著名的“黄金之城五角星”思维游戏。这个题要求将硬币放在任意一个标有数字的圆圈内然后将它沿着其中的一条线跳过下一个圆圈，最后放在接下来的一个空圆圈内；依此类推，直到从 1 号到 9 号圆圈内都放有硬币。

376 双关语

迈克和他的朋友们正在思维游戏俱乐部的图书馆里研究一个问题。我们也来试试，看能不能给他们帮上忙。

377 猜纸牌

下图的迈克·米勒、琳达·凯恩和比夫·本宁顿正在思维游戏俱乐部的游戏室里玩。迈克刚刚把扑克牌正面朝下放好，现在他向他们挑战，让他们找出这些扑克牌的数值。欢迎读者朋友一起玩（为了表达清楚，假设读者看到的线索与扑克相一致）。

378 农场

听完这3个马匹交易者所说的话，你应该有足够的信息计算出他们各自有多少牲畜。

379 5个4

弗朗昆教授的学生都知道只要他们用粉笔在他研究室窗户外的墙上写一个有趣的问题，教授就会陷入其中并因此忘记自己的课。这会儿他正思考如何将 5 个 4 和一个加号重新排列使它们相加的结果等于 55。但是，如果你想出来的话，请不要告诉教授，因为他的学生会让告密者难堪的。

380 火车（2）

弗瑞德是廉价小说中的英雄，他现在急需你的帮助！弗瑞德和他的朋友们抓住了一伙火车打劫者，现在他必须解救午后乘车的旅客。他想打信号使刚刚从死人隧道中出来的火车停下，但是距离太远。正好，有辆日常

客车正从隧道另一端的入口进入，它的行驶速度是 75 千米 / 小时，隧道长 0.5 千米，火车需要 6 秒钟才能完全进入隧道。如果弗瑞德以最快的速度跑，他到达隧道的出口需要 27 秒的时间。那么，要使火车司机在看到信号后停车，他是否足够快呢？

381 商店

那是 1902 年的圣诞节，巴塞洛缪家的孩子们把家按照富兰克林杂货店的样子布置好了。既有做游戏用的钱，也有出售的商品，他们的头顶上还有送款机。内维尔负责找零钱，而巴斯卡姆在接待他的妹妹弗勒莱特。那个时候， 8 元钱可以买很多东西。那么，你知道她在上面的交易中每种线轴各买了多少吗？

第十一章

世界上的超级思维名题

382 说谎者

虽不知道谁在撒谎，不过这 3 个人当中只有 1 个人说了实话。那么，这个人是谁呢，是亨利还是西尔玛？

383 伪钞

私人侦探——"帽子"哈利·哈伯森又被称为伞人，图中的他曾经在 19 世纪 90 年代破获纽约最大的一个造假集团。从他帽子的剖面图可以看出这是个伞状的装置，既可以遮光也

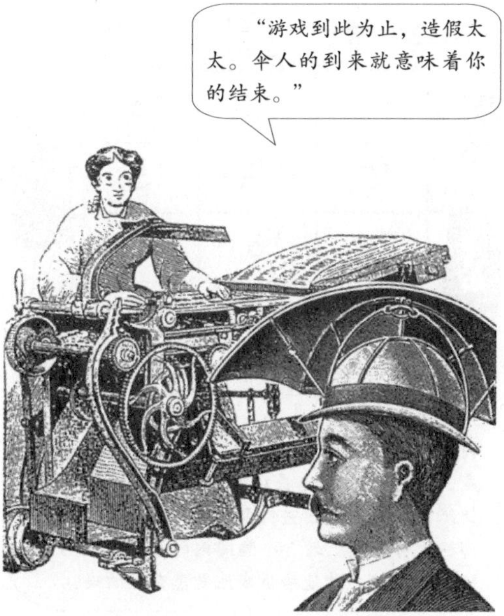

可以保证他的安全。当记者问他在房子里发现了多少伪钞时，他回答：

“为了清算，我们把造假太太印制的全部伪钞堆放在桌上。我们发现5元的伪钞数量是1元伪钞的10倍，而50元的伪钞数量是10元伪钞的2倍，一共有伪钞1500元。那么，现在，请你根据上面的信息做出判断，各种面值的伪钞分别有多少？”

384 钱

385 手表（3）

要解决这个令人难以置信的法拉比奥手表比赛，你要做的就是将六边形手表面上从1到12这几个数字重新排列，使每个边上的3个数字相加的结果等于22。如果解答出来的人不止一个，那么法拉比奥兄弟将会宣布“结束营业大减价”。

386 连线的风筝

欢迎读者朋友来解答比夫的这个获奖思维游戏。

387 选举

下面的讲话听起来好像出自以前在新泽西竞选的政客之口，他倒是给了我们一个十分有趣的思维游戏。图中有一个投票箱，箱子上画着一个“×”。你的任务就是把这个投票箱用一笔连续画出。当然，线条不可以在任何地方交叉。你要是把这个题解决，那么你就是胜者。

388 六边形

在古代埃及，每逢举行娱乐集会，人们总是在修建金字塔的闲暇时刻聚在一起做思维游戏。阿布辛贝神庙的祭司们把智慧之神斯塔姆尤莫斯特的巨大盾牌拿了出来，并把它放在拉美西斯二世雕像的对面。在这个六边形的盾牌上有 9 颗智慧之星。要想解答这个题，答题者必须在上面画出 9 条长度相同的直线并使每颗星单独享有自己的长方形。如果谁成功解答问题，那么他会受到埃及王室的邀请；但是如果失败，那么他将受邀参加鳄鱼赛跑。读者朋友们，你们有没有兴趣参加比试呢？

389 磨坊主

磨坊主蒂莫西念过一些书，他总是喜欢为难他的邻居。每到秋天，他

都会在自己的磨坊出一个思维游戏并承诺给第一个回答出来的农夫免费磨10袋粮食。问题是：如何把4袋粮食放到别的位置使所有的粮食排成5行、每行各有4袋粮食。

390 奶油刀

瓦拉顿·沃姆伍德是格雷教授镀银学院的优秀毕业生，下图中的他正在翻修马·巴斯卡姆的机器。不仅如此，瓦拉顿还是一个聪明的赌客。有一天，在凯利的绿洲糕点屋，他把4个奶油刀拼成一个十字然后放在柜台上。

“我敢跟在座的任何人打赌，我只需移动其中的一把奶油刀就可以把它们拼成一个正方形。谁敢跟我打赌？”那么，你知道瓦拉顿是如何做的吗？

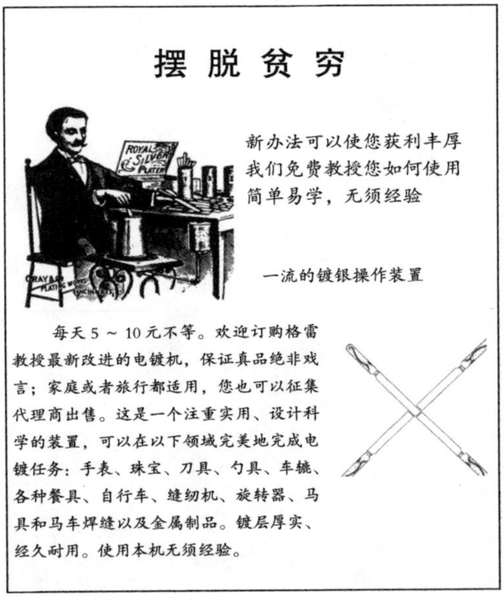

391 五行打油诗

有种思维游戏叫作五行打油诗。人们总是对这种类型的思维游戏充满期待。下面我们就来看看其中的一个，这个题要求读者把一个只包括1和3的八位数重新排列，使它们最后组成的数学表达式的结果等于100万。那么，你准备好笔和纸了吗？

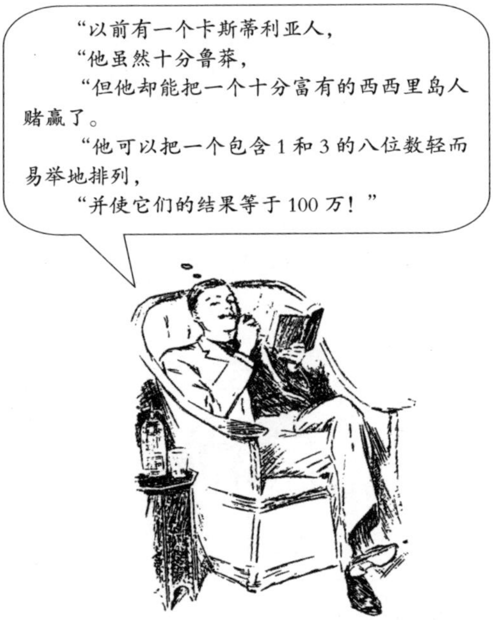

392 滚轮船

下图是著名的查普曼滚轮船，它建于1895年。这艘船通过转动两边的巨大滚轮在水中行驶，而滚轮则都是由电气机车在轨道上运行提供动力的。船在服役的第一年往返于亚马孙河上的两个港口，从A港口顺流而下，它的行驶速度可以达到20千米/小时，到达B港口后，等旅客上船并装载邮件，它开始返回上游的A港口。返航时，它的行驶速度只能达到15千米/小时，就是说相同的距离船要多走5个小时。那么，你能计算出A港口距离B港口有多远吗？

393 市议员

当尼德斯沃斯先生为格拉德汉德尔定做新衣服时，读者朋友你可以计算一下这4位候选人各获得了多少张选票吗？

394 书法

行走满天下，羽翼丰满时！这是20世纪的一位自由速记员——内尔·库克的座右铭。库克女士随时做好记录任何听写任务的准备，为了磨炼自己的书写技巧，她每天都会进行她自己十分熟练的练习。其中就包括用一笔连续画出图中所示的4个完整的圆圈，而且它们不会在任何地方交叉。手法稳健、思维敏锐是解决这个书法思维游戏所必需的条件。

395 汽车

事情发生在1948年，斯威夫特·阿姆特维斯特正在跟慕洛格先生通电话，他可真会给人出难题。那么，当他与慕洛格先生通话时，你能否从他的话语中判断出每辆古董车各自的年龄呢？

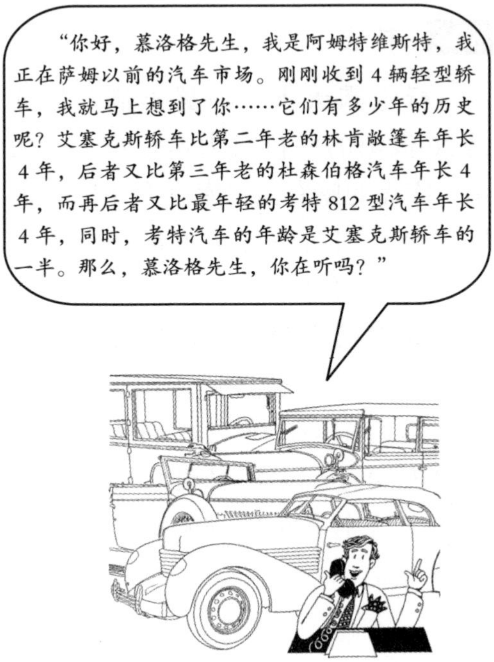

396 拍卖

加尔文·克莱克特伯尔是有名的古董商，这次他花了 1800 元买回来一个长靠椅。经过深思熟虑后，他对自己说，“用买长靠椅的钱我可以买 1 个留声机、3 个酱油壶和 3 个人形水罐；或者也可以买 2 个留声机和 6 个人形水罐；或者可以买 4 个酱油壶和 6 个人形水罐。看来我是疯了，我怎么买了件招蛀虫的古老家具呢。我得想想，看怎么把它卖给马·巴斯卡姆。”

那么，读者朋友，你能否根据题中的信息判断出每个留声机、酱油壶和人形水罐的价钱呢？

397 棋子（2）

读者朋友请你也要把时间限制在 5 分钟内，看看能不能把这道思维游戏答出来。

398 花园

时间：20 世纪 20 年代；事件：国际思维游戏大赛；地点：后湾区波士顿名流花园内威尼斯风格的宫殿。下图中有 3 名思维游戏鉴赏家，他们在思考大厅中央地板上的题：如何用 6 条直线将 16 个黑圆圈连接起来，而且，每个圆圈不能同时出现在 2 条直线上。

399 游戏者

这个游戏者的运气并不总是很好。但是，他的问题也没什么不好。欢迎读者朋友积极解答这个题。

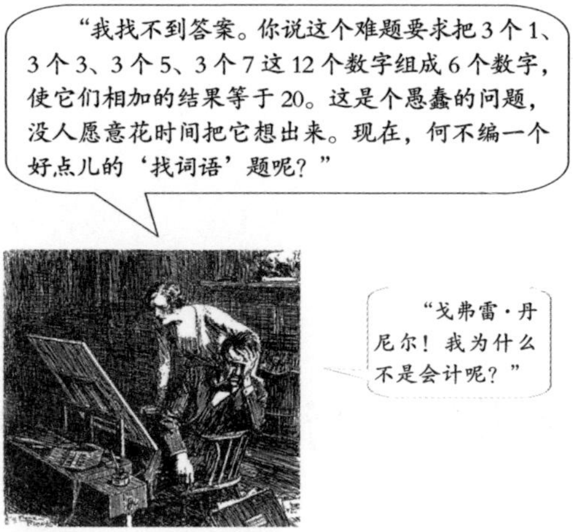

400 黄金产权

这几个 49 岁的人是如何完成他们父亲的遗愿的呢？

第十二章

哈佛、牛津等世界名校给学生做的思维名题

401 数字棋子排列

将编号从 1 ~ 9 的棋子按一定的方式填入图中的 9 个小格中，使得每一行、每一列以及每条对角线上的和都分别相等。

402 小正方形填数字

仔细算一算，空着的小正方形中应该填上哪些数字？

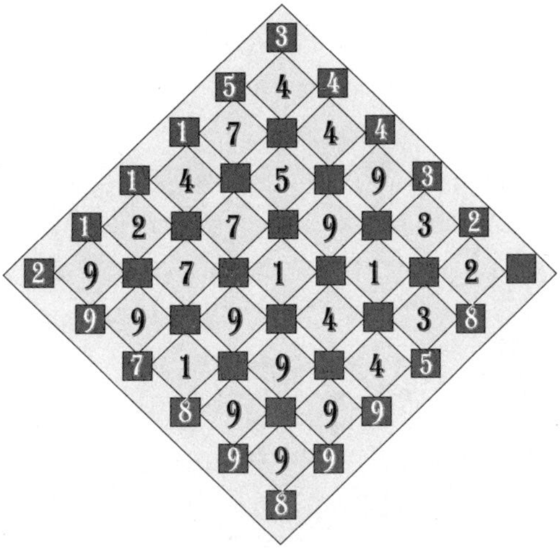

403 点数和

图中并排放着 3 粒色子，有 7 面是可见的，那么其他 11 面的点数和是多少呢？

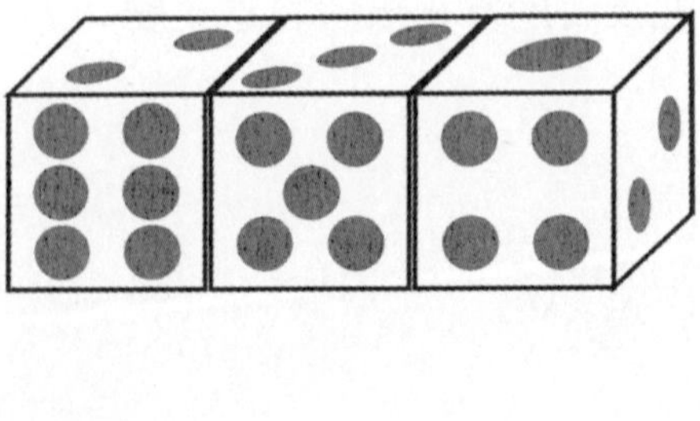

404 男女排列

5个人排成1行，5个人中有男孩也有女孩，但是男孩和女孩各自的人数不确定，问有多少种排列方法可以使每个女孩旁边至少有1个女孩？

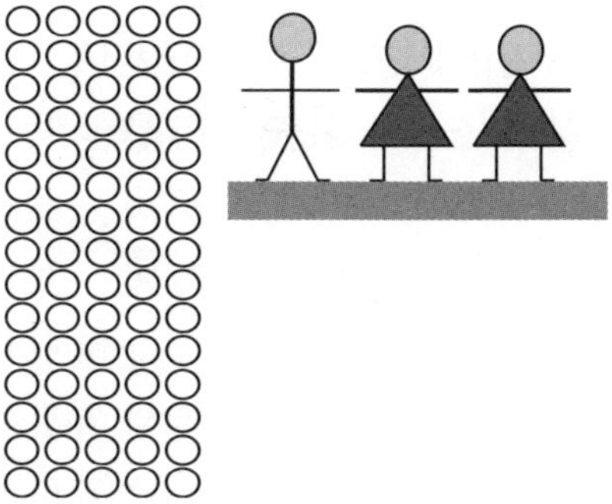

405 清理仓库游戏

试试这个日本清理仓库的游戏。在这个游戏中，作为一个“索克板”（日语音译，仓管员），你要把所有的“板条箱”都从出口转移出去。

规则如下：

1. 可以横向或纵向推动1个板条箱；2. 不可以同时推动2个板条箱；3. 不可以往回拉动板条箱。X处为起始点。

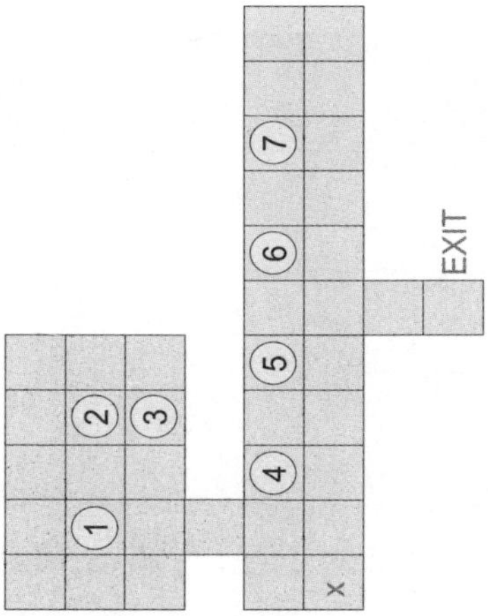

406 正方形排列

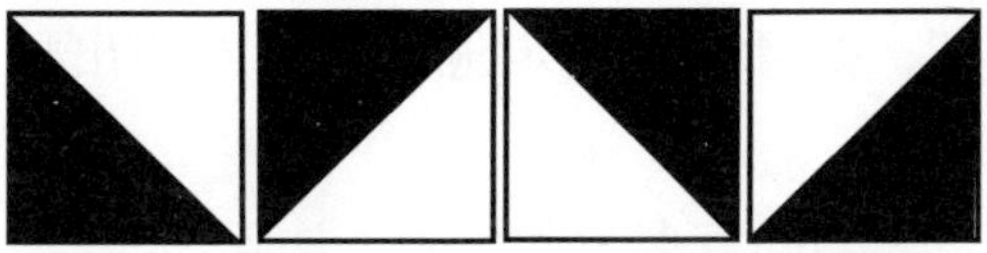

已知图形是1个被对角线分成2个三角形的正方形，这2个三角形分别为黑色和白色，而且这个正方形可以通过旋转得到4种不同的图案，如上图所示。

现在把3个这样的正方形排成1行，请问一共有多少种排列方法？

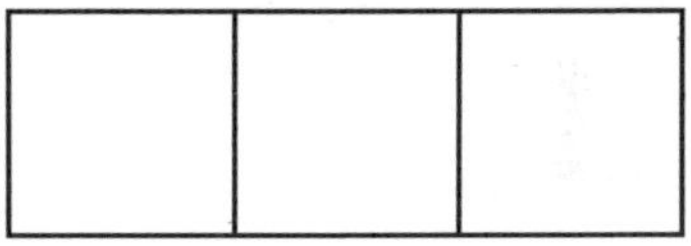

407 棋盘方块

观察棋盘的浅色和暗色方格。阴影里的浅色方块和阴影外的暗色方块灰度值一样吗？

408 保龄球队员

保龄球队一共有 6 个队员，队长需要从这 6 个人中选出 4 个人来打比赛，并且还要决定他们 4 个人的出场顺序。

请问有多少种排列方法？

409 最重的西瓜

7 个大西瓜的重量（以整千克计算）是依次递增的，平均重量是 7 千克。最重的西瓜有多少千克？

410 数字方片

沿着铰链翻动标有数字的方片会覆盖某些数字并翻出其他数字：每个方片背面的数字是和正面一样的，而在每个方片下面（即第 2 层魔方）的数字则是该方片原始数字的 2 倍。

8	3	2	13
9	5	11	8
18	6	14	12
4	15	7	1

如果要得到一个使得所有水平方向的行、垂直方向的列以及 2 条对角线上的和分别都等于总魔数的魔方，需要翻动多少方片和哪些方片？

411 鱼的长度

小明上周末捉到一条大鱼。他想量一量这条鱼有多长，可是他发现自己的尺子太短。他先量鱼头，发现鱼头是 9 厘米。然后又量鱼尾，发现鱼尾的长度是鱼头的长度加上鱼身长度的一半。如果鱼身的长度是鱼头的长度加上鱼尾的长度，那么这条鱼的全长是多少？

412 猫和老鼠游戏（1）

下边的游戏界面上放了 3 只猫和 2 只老鼠，每只猫都看不见老鼠，同样老鼠也都看不见猫（猫和老鼠都只能看见横向、纵向和斜向直线上的物体）。

现在要求再放 1 只猫和 2 只老鼠

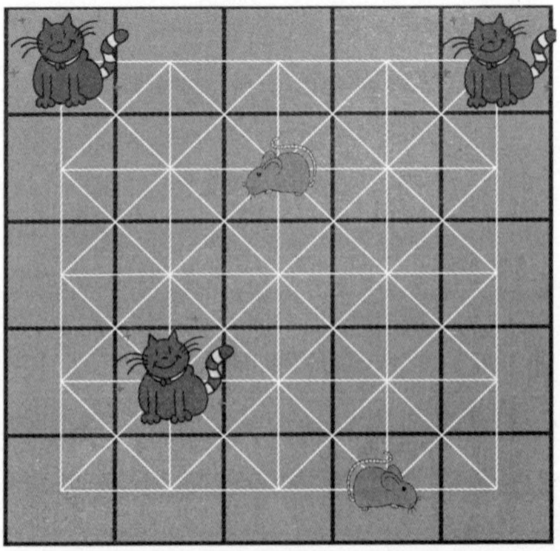

在该游戏界面上，并且使上面的条件仍然成立，你可以做到吗？不能改变游戏界面上原有的猫和老鼠的位置。

413 砖的重量

要掉在砌砖工头上的砖有多重？假设它的重量是 1 千克再加上半块砖的重量。

414 猫和老鼠游戏（2）

请你在下边的游戏界面上放 4 只猫和 4 只老鼠，使猫和老鼠互相看不见对方（条件同 412 题）。

每个灰色的格子里只能放 1 只猫或者 1 只老鼠。

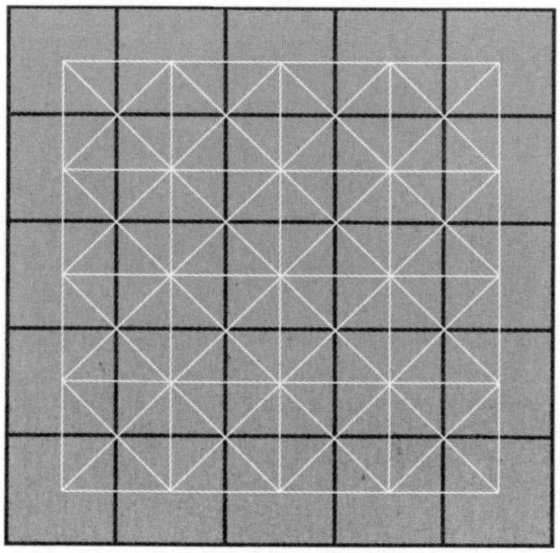

415 数字游戏板

如图所示，把数字 1 ～ 4、1 ～ 9、1 ～ 16、1 ～ 25 分别放进 4 个游戏板中，使每个圆中的数字都大于其右侧与正下方相邻的数字，你能做到吗？

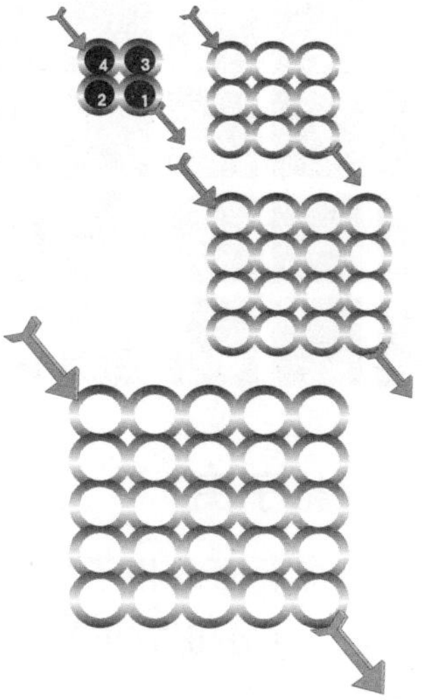

416 金字塔演员

现在我们想象一下，这个金字塔最下面的一排由 20 个杂技演员组成。

不用计算，你能用最简单的方法求出这个金字塔演员的总人数吗？

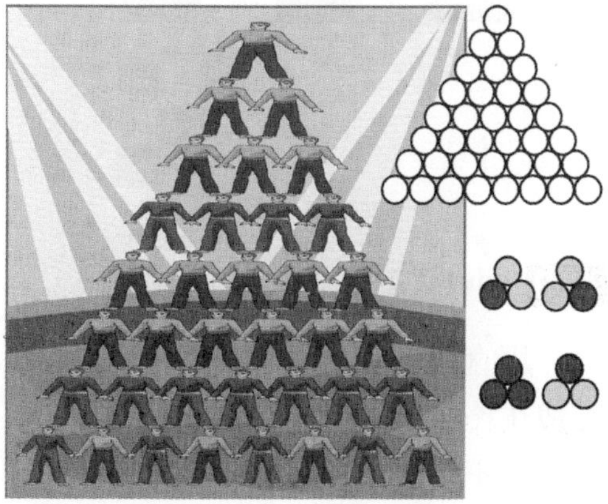

417 模糊的灰点

看到交叉处的灰点了吗？仔细看它并不存在。你能解释这个原因吗？

418 数字格子图

你能否将下面的格子图划分成8组，每组由3个小正方形组成，并且每组中3个数字的和相等？

9	5	1	6	8
1	3	5	4	8
5	7		3	4
8	2	7	6	2
5	6	4	2	9

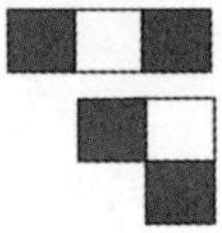

419 小球变十字架

用直线连接这些小球中的12个，形成1个完美的十字架，要求有5个小球在十字架里面，8个在外面。

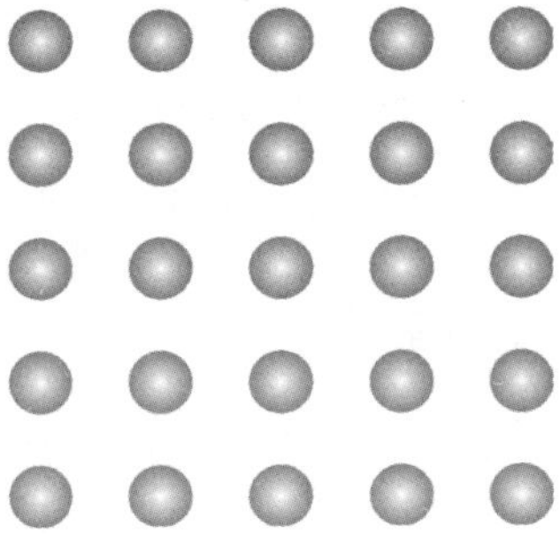

420 方格填数字

用数字1 ~ 36填入缺失数字的方格中，使得每行、每列及每条对角线上的6个数之和分别都等于111。

28		3		35	
	18		24		1
7		12		22	
	13		19		29
5		15		25	
	33		6		9

421 闪烁栅格

在这幅闪烁栅格的变化中，当转动眼球观察图片时，会有什么变化？如果你注视圆心，又会有什么变化呢？

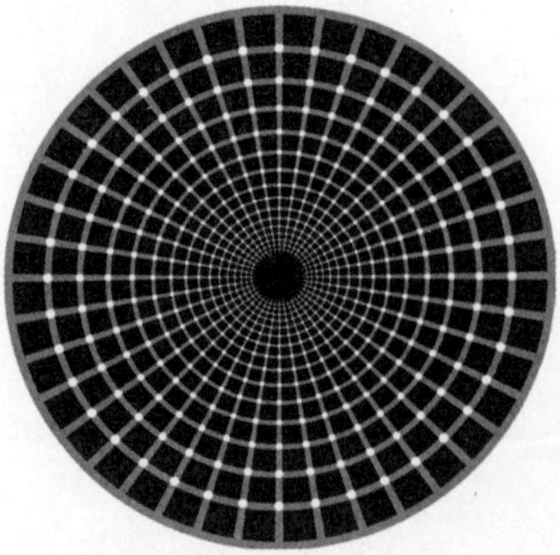

422 箭头排列顺序

从格栅的左上角开始，每个箭头都是按照一定的逻辑顺序排列的。那么，空格处的箭头应朝哪个方向，同时，这个排列顺序是什么？

←	↑	←	↑	
↓	↑	↓	↑	↓
→	→	→	→	→
↑	↓	↑	↓	↑
↑	←	↑	←	↑

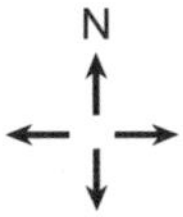

423 天平问题（1）

第 1 步：

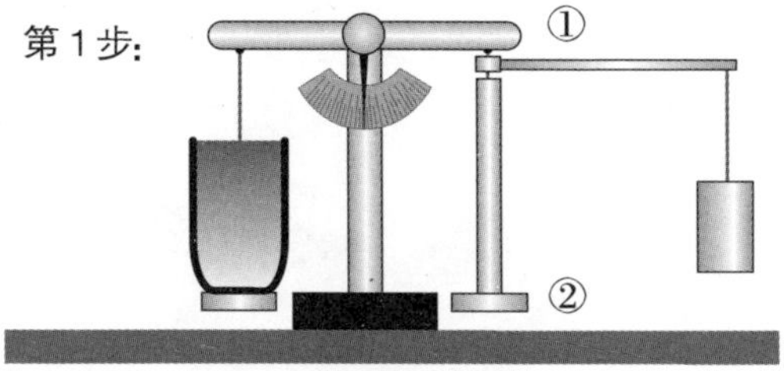

第 2 步：

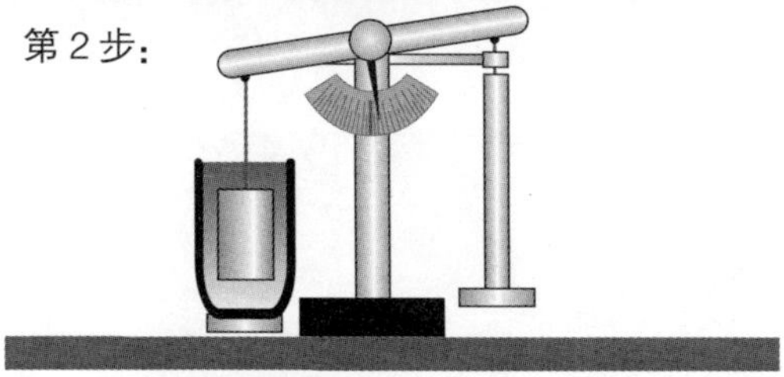

上图①：天平是平衡的。天平左端是一个装满水的容器，而右端是一个重物。

上图②：重物从天平的右端被移到左端，而且该重物完全浸入容器中的水里面。

很明显现在左端要比右端重。

请问：为了继续保持天平的平衡，现在天平的右端应该放上多重的物体？

424 正方形剪辑

将一张正方形的纸进行折叠，然后如图所示，在完成折叠的最后一个步骤之后，用剪刀剪下所折成图形的一角。如果将纸张打开，所得到的正方形将会与哪一个选项相类似呢？

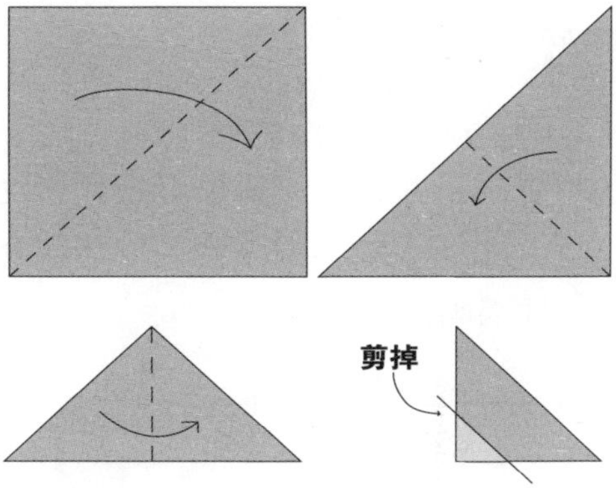

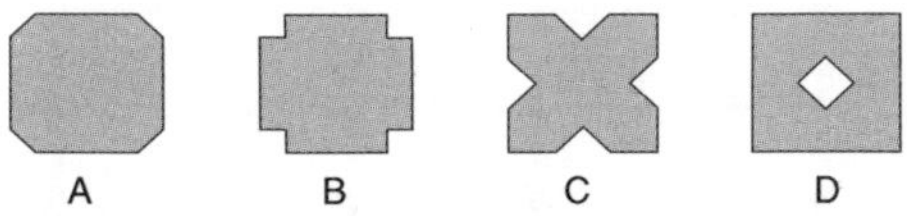

425 本杰明·富兰克林的八阶魔方

本杰明·富兰克林的八阶魔方诞生于 1750 年，包含了从 1 ~ 64 的所有数字，并以每行、每列的和为 260 的方式进行排列。

你能填出缺失的数字吗？

52		4		20		36	
14	3	62	51	46	35	30	19
53		5		21		37	
11	6	59	54	43	38	27	22
55		7		23		39	
9	8	57	56	41	40	25	24
50		2		18		34	
16	1	64	49	48	33	32	17

426 闪烁方格

转动眼球，联结处会闪烁，闪烁的位置也不断改变。如果凝视任何交叉点，那个点就不再闪烁。你能解释这个原因吗？

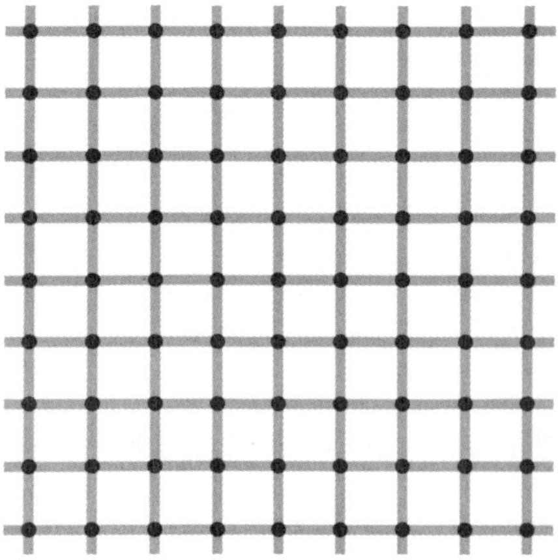

427 计算符号的值

如果叶子的值是 6，你能计算出其他符号的值吗？

428 多米诺骨牌（3）

有人在砌一堵墙。你能替他完成这项工作，把剩下的 7 张多米诺骨牌插入相应的位置吗？但是要记住，每行中要包括 6 组不同的点数，而且这些点数相加的和要与每行右侧的数值相等；每列也要包括 3 组不同的点数，且这些点数相加的和也要与底部的数值相等。

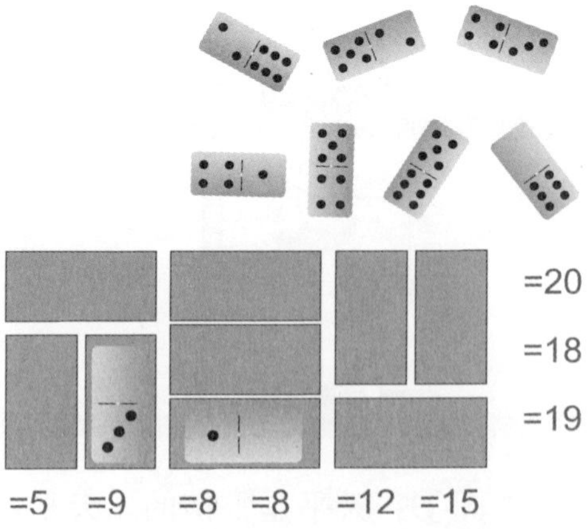

429 圆圈填数字

利用 0 ~ 5 这 6 个数字，在每个小圆上各填 1 个数字，使围绕每个大圆的数值加起来都等于 10。

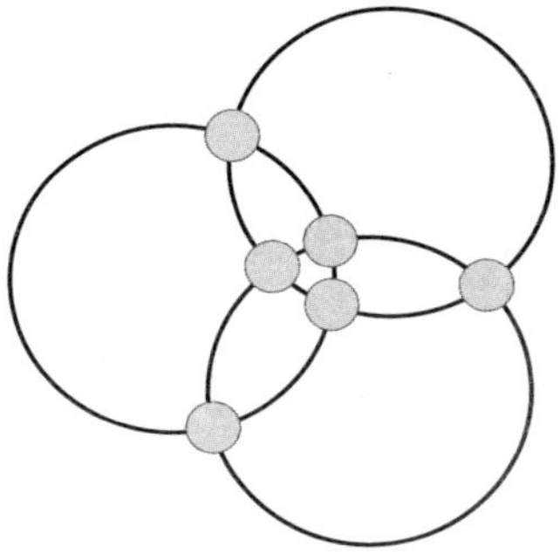

430 阿基米德的镜子

伟大的希腊数学家阿基米德富于想象力地将镜子用于许多创造发明中。根据古代著作，他最杰出的功绩就是在公元前 214 年罗马舰队围攻西西里岛城市叙拉古时，他用镜子将太阳光集中反射到罗马船只上并使其着火。

我们可能永远都无法得知阿基米德是否成功地用镜子保卫叙拉古免受侵略。但是，他有可能办到这件事吗？

431 水池

如下图所示，水池的边上有一个铅球，这个铅球有可能直接掉到水池里，也有可能掉到水池中的汽船里。

问掉到水池里和掉到汽船里哪一种情况下水池的水面会上升得更高一些？

432 寻找不规则图形

如下图所示，标号为 1A 到 3C 的图形分别是由标号为 1、2、3 和标号为 A、B、C 的图形叠加起来的。例如，图形 2B 就是由图形 2 和图形 B 叠加构成的，图形 2B 必须包含图形 2 和图形 B 里所有的图案和符号。图形 1A 到 3C 中有一个图形是不符合这一规律的，请把它找出来。

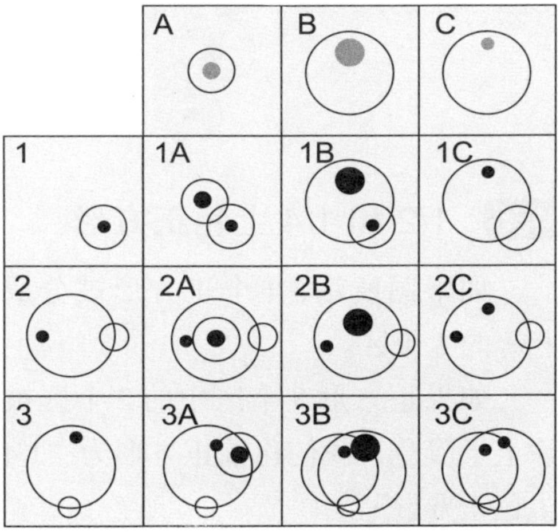

433 镜子迷宫

下图镜子迷宫里的黑线条都是双面镜。

通过哪个缺口能指引一束激光穿过这个镜子迷宫？

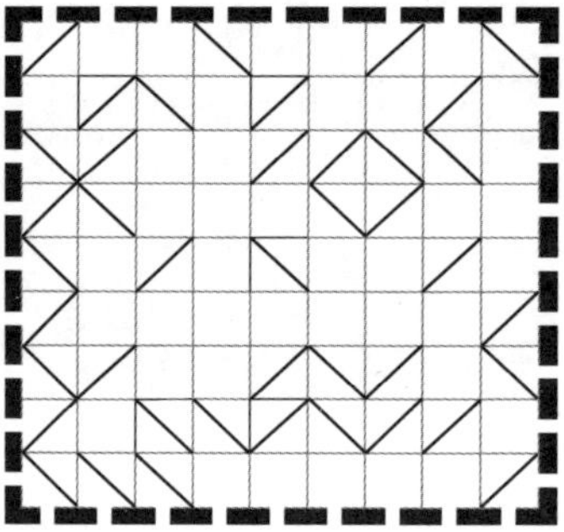

434 旗子的升降

如果最下面的齿轮按逆时针方向旋转，那么最上方的旗子是会上升还是会下降呢？

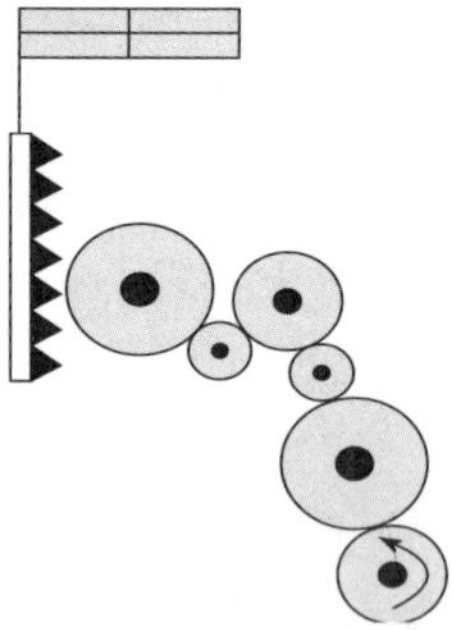

435 1/2 和 1/4 上色正方形

如下图所示，1 个正方形被分成相等的 8 个区。

如果正方形 8 个区中的 2 个区被涂上了颜色，我们称该正方形为“1/4 上色正方形”。

如果正方形 8 个区中的 4 个区被涂上了颜色，我们称之为“1/2 上色正方形”。

请问：

1. 你能够画出 6 种不同的“1/4 上色正方形”吗？

2. 你能够画出 13 种不同的“1/2 上色正方形”吗？

图形的映像和旋转不算做新的图形。

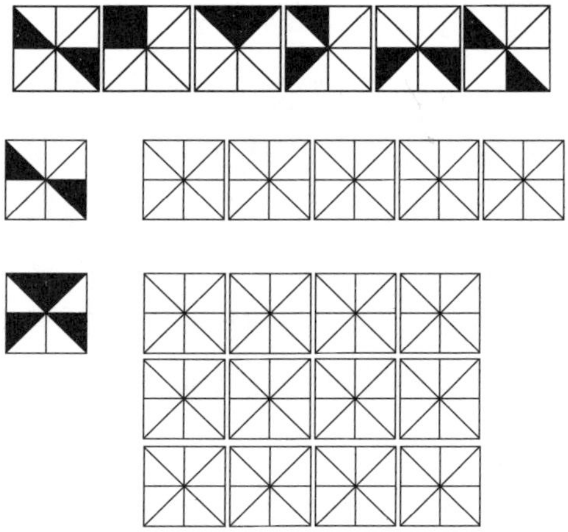

436 选菜

点餐时从下面 3 份菜单中各选出 1 道菜，即一共要选出 3 道菜，请问一共有多少种选择？

437 火柴游戏（1）

16 根火柴组成了 8 个相同的三角形。你能拿掉 4 根火柴，使这些三角形只剩下 4 个吗？注意，不允许有 2 个三角形共用 1 条边的情况出现。

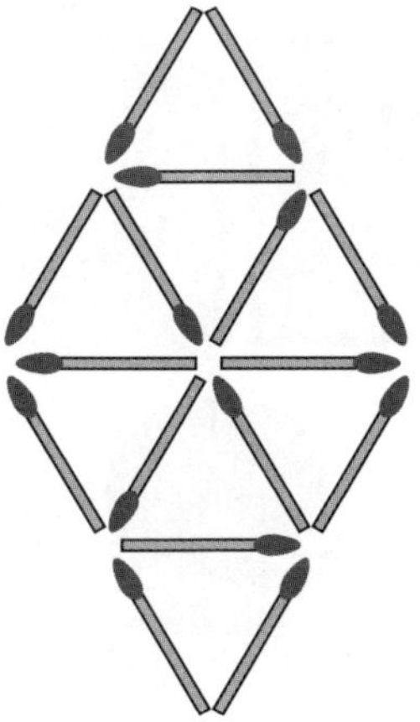

438 黑房间

想象这 3 个房间的墙上（包括地板和房顶）都铺满了镜子。房间里一片漆黑。

某个人在最上面的房间里划了一根火柴。那么，右边房间里抽烟斗的人能看到火柴燃烧的映像吗？

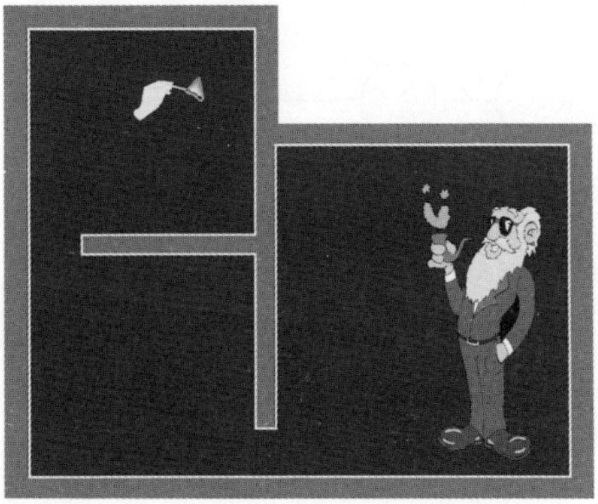

439 火柴游戏（2）

这是 1 个 4×3 的图形，用 12 根火柴确定了 1 个三角形，这个三角形占用了一半的面积。试一试，只移动 4 根火柴，能不能把现在的面积减少一半。

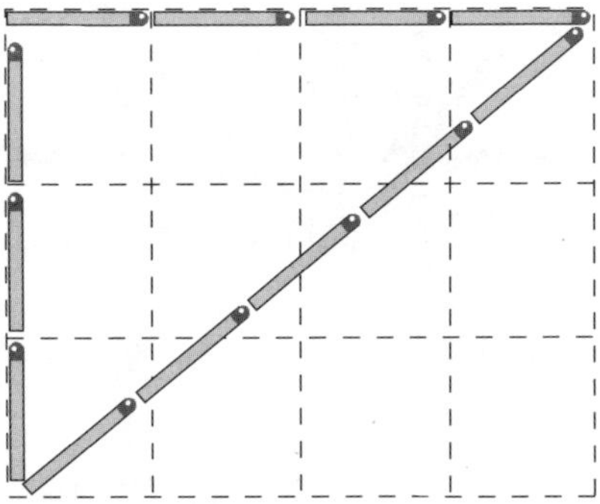

440 正方形涂色

如下图所示，4×4 的正方形分别被涂上了黑色和白色。

你每次可以选择任一横行或者竖行，将该行的所有格子都变色（全部变成黑色格子或全部变成白色格子），不限次数。

请问用这种方法将所有黑色格子全部变成白色格子最少需要变多少次？

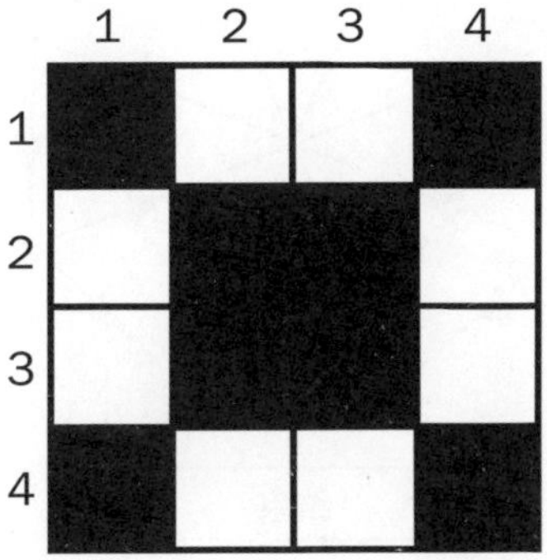

441 第 12 根木棍

木棍摆成如下图案，按怎样的顺序将它们拿开才能最终“解放”第 12 根棍子？记住：每根木棍被拿掉时上面不能压着别的木棍。

442 八角形迷宫

从起点到终点，你只能沿箭头所指的方向前进。能够带你穿越这座八角形迷宫的路线一共有多少条呢？

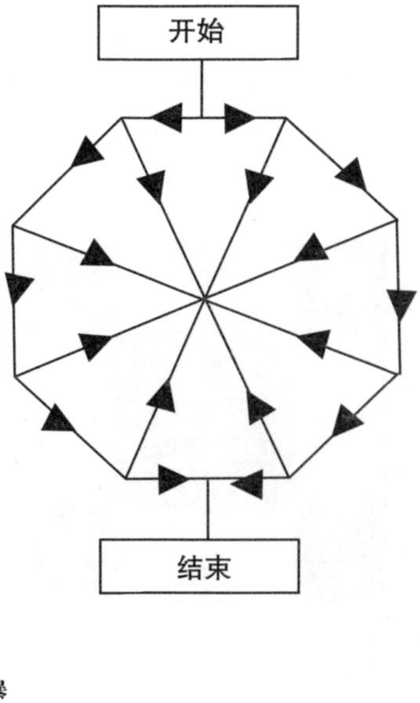

443 镜像

一个男孩分别从一面平面镜和两面以 90° 角相接的镜子中观察自己。

男孩的脸在两种镜子中所成的像是一样的吗？

444 数字谜题

在这道谜题中，你必须运用从 1 ~ 12 的数字，每个圆圈中只能放入 1 个数字，而且所有的数字都要用上。将数字全部安放正确，使得各行 4 个数字的总和都等于 26。

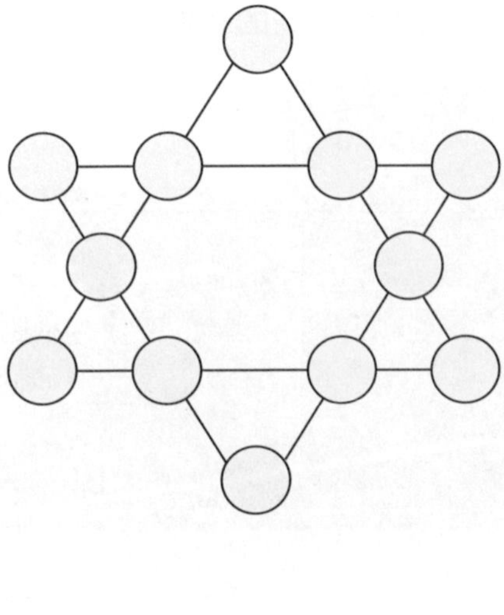

445 夫妻的座位

有 3 对夫妻围坐在圆桌边，他们的座位顺序需满足下面的条件：

1. 男人必须和女人坐在一起；

2. 每个男人都不能跟自己的妻子坐在一起。

请问满足上面条件的座位方法一共有多少种？

446 日本数独

这是流行于日本的一种游戏——数独。它的规则比较简单：从 1 ~ 9 这些数字中选择 1 个，放入每个空格中，使每一横排、纵列和 3 × 3 的格子中都包含了 1 ~ 9 这些数字。

	8				1			
6							2	7
	3	4			6			
					8			1
	2	6	5		9	4	3	
3			2					
			9			3	5	
4	9							6
			1				8	

447 骑士圆桌

让 8 个骑士围坐在圆桌边，每个人每次都不能有 2 个相同的邻桌，满足这一条件的座位顺序一共有 21 种。上面已经给出了 1 种，8 个骑士分别用 1 ~ 8 标注。请你在下图中画出其他的 20 种座位顺序。

448 问号数字（1）

在问号的位置上填上合适的数字就可以完成这道谜题。

9			
3	4		
1	5	16	
?	14	7	23

449 凸面镜

男孩看左边的凸面镜发现自己是上下颠倒的。然后将镜子翻转 90°，即右边的凸面镜。这时候男孩看到的自己是什么样子的呢？

450 直线与六边形

如果将直线部分连接起来的话，能形成 1 个完美的六边形吗？

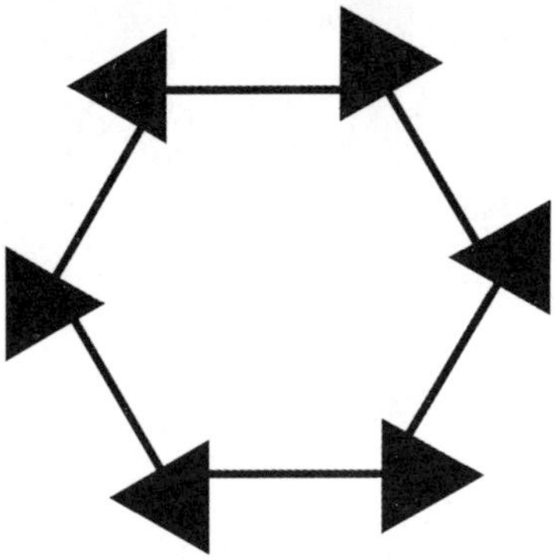

451 回形变正方形

打开你的绘画盒，拿出 35 支铅笔，按下图中所示摆成回形。现在，移动其中的 4 支铅笔，组成 3 个正方形。如果手边没有足够的铅笔，你也可以用牙签或者其他一些合适的物体代替。

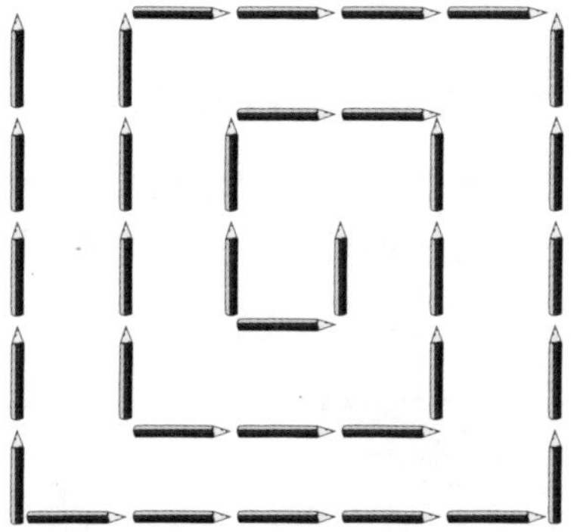

452 音符

现在来一道关于音乐的题目让你放松一下。下边哪一个音符与其他音符不同呢？

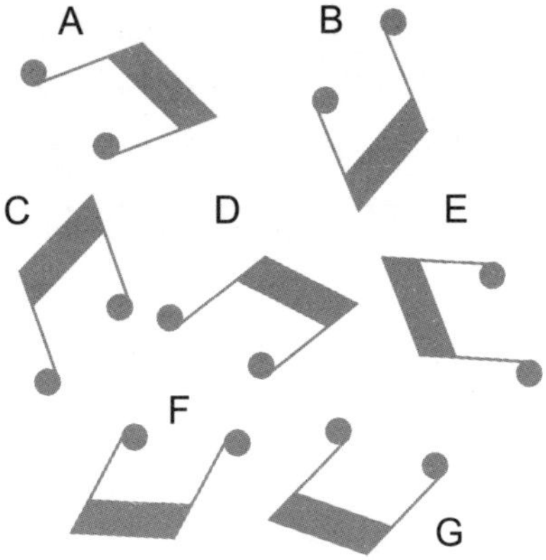

453 问号数字（2）

以下图框是按照一定的逻辑排列的，你能找出问号部分应该使用的数字吗？

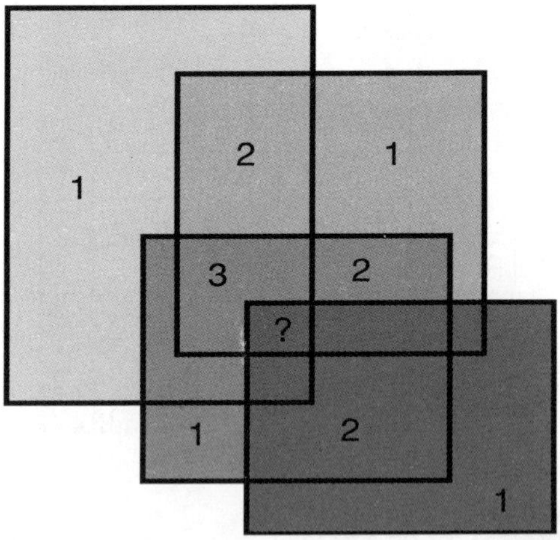

454 用管子通话

下图中的两个小孩之间离得很远，而且他们中间还隔着一堵厚厚的墙。他们试着通过两根长长的管子来通话，如图所示。请问在哪种情况下他们能够通过管子听到对方讲话？

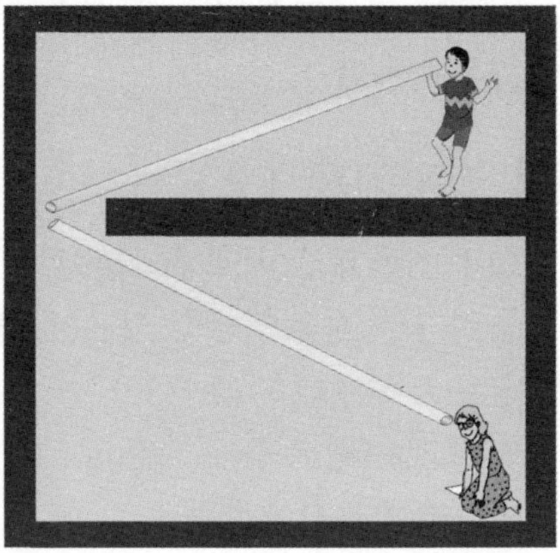

455 用直角三角形拼五角星

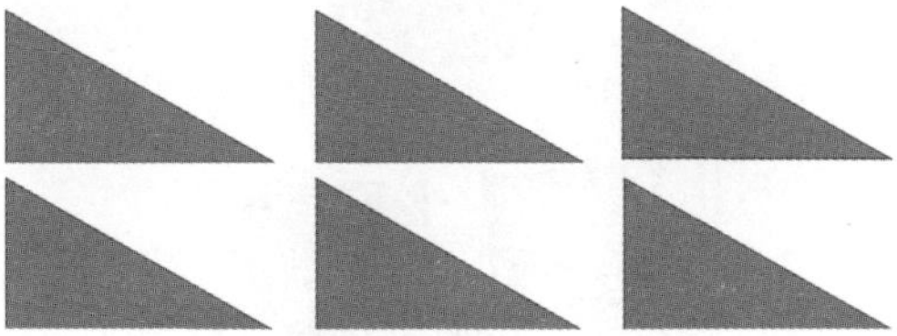

你能用上面的6个直角三角形拼出下面的五角星吗？

456 液压机活塞

下图是液压机的一个模型，从中我们可以清楚地看到它的机械利益（一台机器产生的输出力和应用的投入力之间的比率）。这个液压机有两个汽缸，每个汽缸有一个活塞。

这个模型中：

小活塞的面积是3平方厘米；大活塞的面积是21平方厘米；机械利益为$21 \div 3 = 7$。

请问小活塞上面需要加上多少力，才能将大活塞向上举起1个单位的距离？

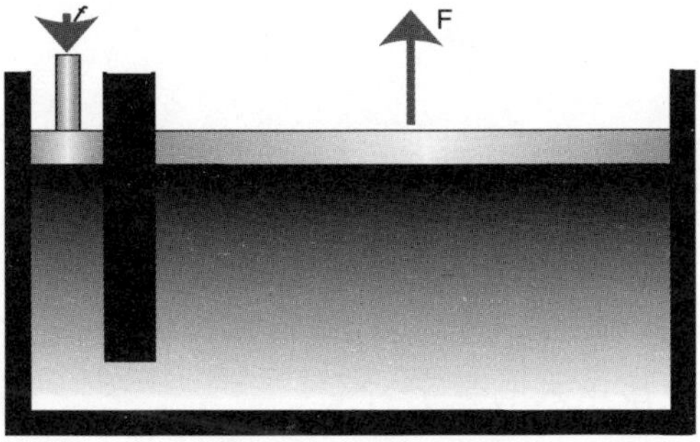

457 隐藏的萨拉和内德

你能找到一张女人的脸和一个萨克斯演奏家吗？萨拉是一个女人的名字，内德是吹萨克斯的男人。

458 火柴游戏（3）

用4根火柴组成1个头朝下的玻璃杯，并且在旁边放1枚硬币。你能够只移 2 根火柴就把硬币放在玻璃杯内吗?

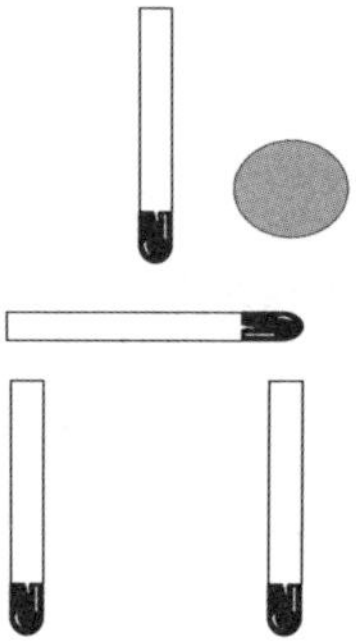

459 问号数字（3）

你能发现各个三角形中的数字之间的相互关系吗？然后找出问号部分应该填入的数字。

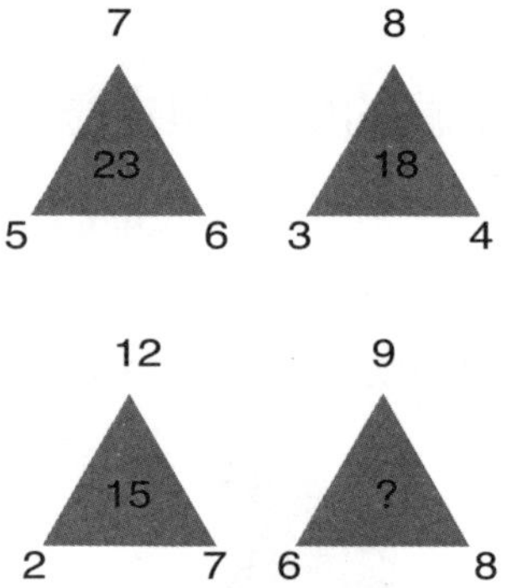

460 方框中填数字

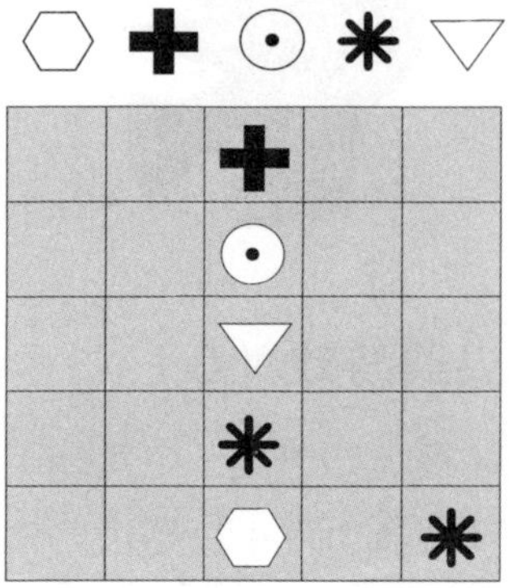

每个方框中都放进这些符号中的 1 个，使每行、每列和每条对角线包含的符号每种各 1 个。

461 天平问题（2）

如下图所示，天平右端的盘里装了一条链子，这条链子绕过一个滑轮被固定在天平左端的盘子上。

如果现在把天平左端翘起的空盘往下压，会出现什么情况?

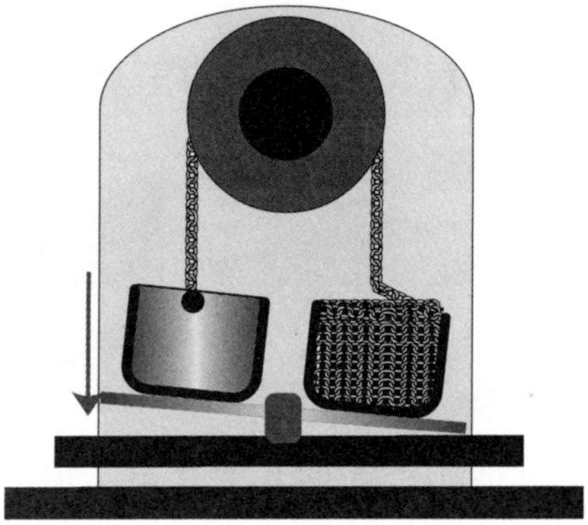

462 多边形解法

请用 6 条线画 1 个闭合的多边形，使多边形的每一条边都跟另一条边相交（交点不是顶点）。下图是 1 种解法，你还能找到另外的解法吗?

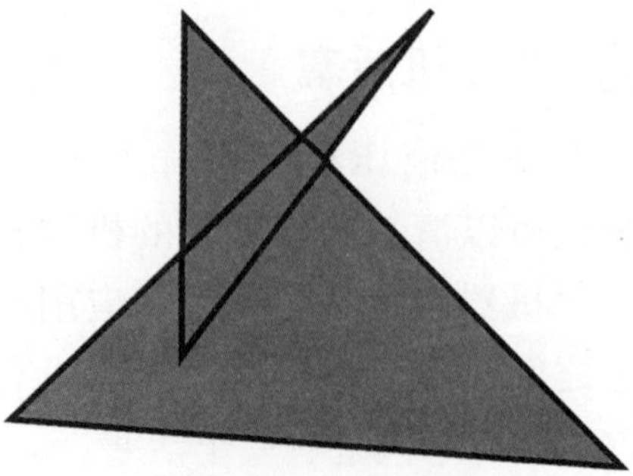

463 电脑密码

我的电脑桌旁边的一面墙上有一些小的木柜子，平时可以放一些小东西，我就把自己的收藏分别放在这些柜子里。放的时候我按照了英文字母的排列顺序，如图所示，这个顺序能够提示我记住密码。

你能猜出我的密码是什么吗？

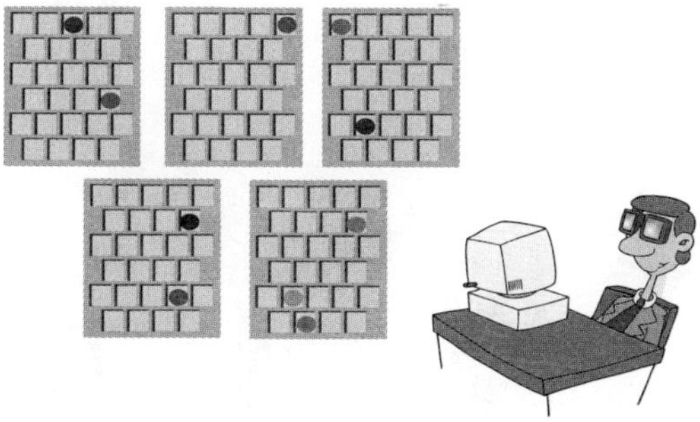

464 间谍密码数字

每个地方的间谍需要 2 个密码数字来与指挥部联系。缺少的密码数字是多少？

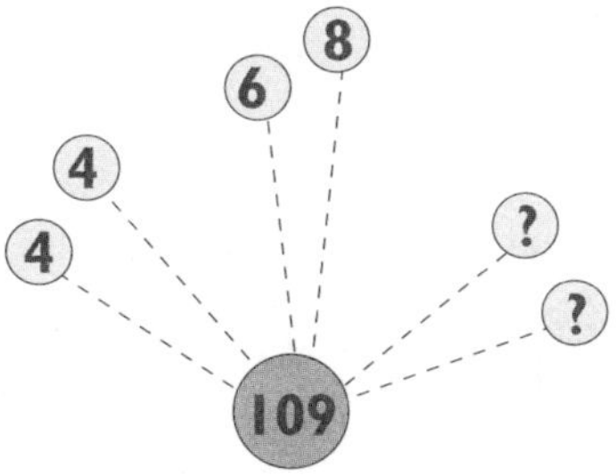

465 拓扑图

这两个图形是拓扑等价的吗？

也就是说，假想这两个图形是用橡皮做成的，你可以任意地弯曲或拉伸，但是不能够将曲面撕裂或割破，那么可以将左边的图形变成右边的图形吗？这个问题看起来似乎不可能，但是事实上是可以做到的。

那么应该怎样变呢？

466 传送带（1）

传送带和滚轴上的货物需要运到 20 个单位距离的地方。如果每个滚轴的周长为 0.8 个单位长度，那么它们需要转多少圈才能将货物运到指定的地点？

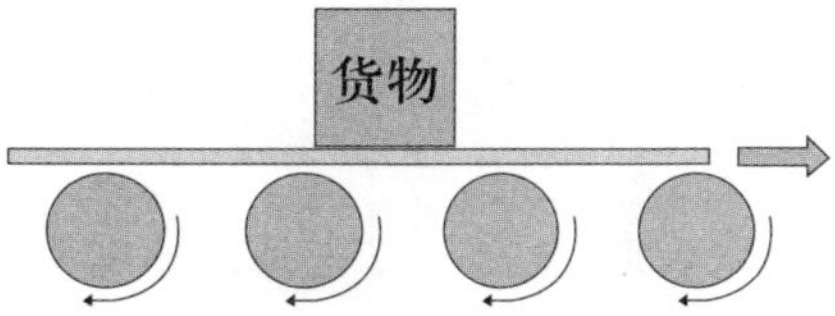

467 划分表格

将这个表格分成 4 个相同的形状，并保证每部分中的数字之和为 50。

8	8	3	6	5	5
8	4	4	7	7	4
5	5	5	8	3	5
9	8	3	4	7	3
7	5	9	3	5	8
6	4	4	8	3	4

468 公司年利润表

下图是 4 家公司的年利润表。根据图中的信息，找出从 2001 年 – 2005 年哪一家公司的总利润最高？

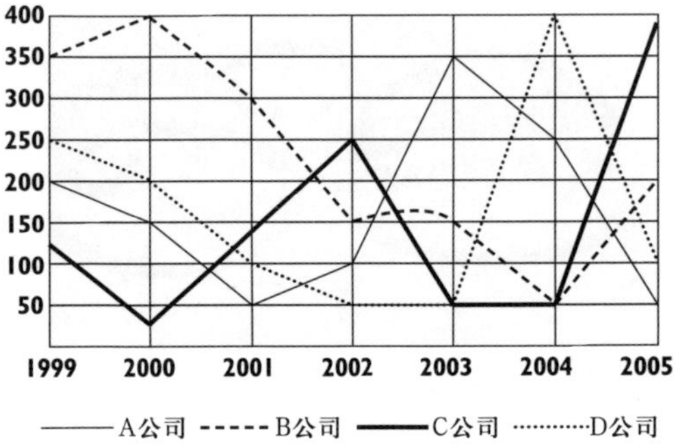

469 空格填数字

在空格中填入正确的数字，使所有上下、左右方向的运算等式均成立。

	+		=	6
−		×		+
	+	4	=	
=		=		=
3	+		=	

470 天平问题（3）

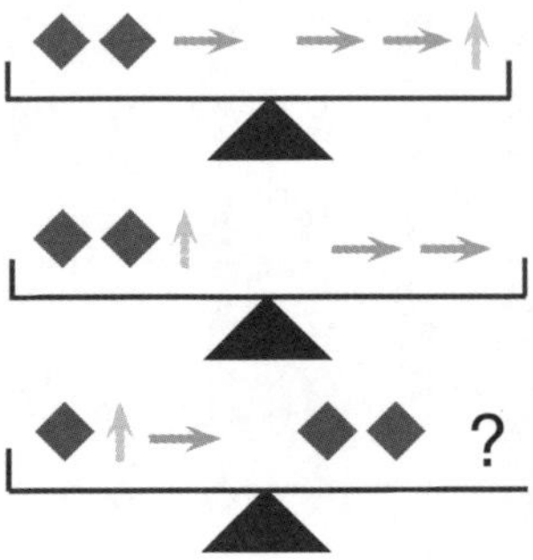

根据规律，找出可以使第 3 个天平保持平衡的图形。

471 多出来的图片

除了 1 块图片，所有其他图片如果正确摆放，它们将组成 1 个正方形。你能找出这块多出来的图片吗？

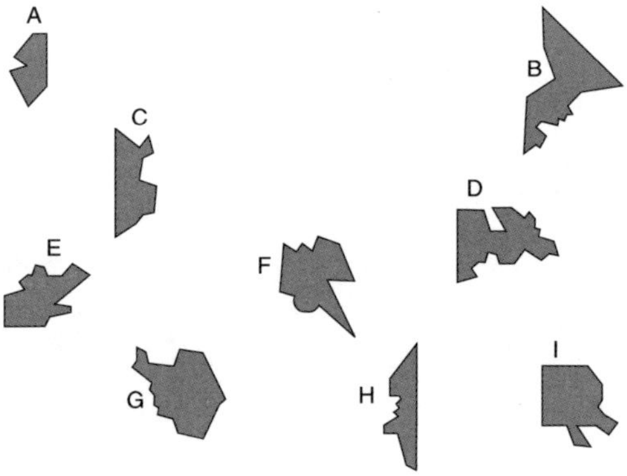

472 拼圆形

下图中只有 2 幅能够恰好拼成 1 个整圆，是哪 2 幅呢？

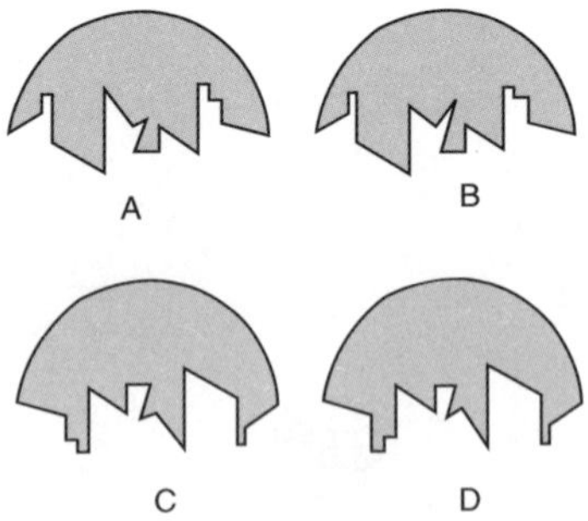

473 风铃

这个风铃重 144 克（假设绳子和棒子的重量为 0）。

你能计算出每个装饰物的重量吗？

474 洪水警告

根据安装在漂浮物上的这组齿轮，你能推断出洪水警告正确吗？

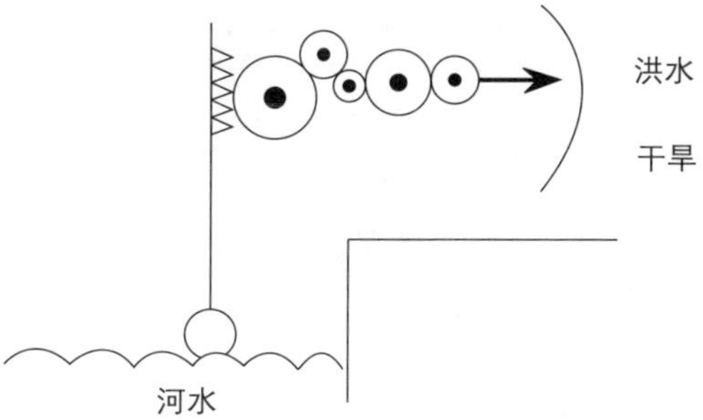

475 4个力的合力

这4个力是作用在同一个点上的（黑点）。力的大小以千克为单位。

你可以算出它们合力的大小吗？

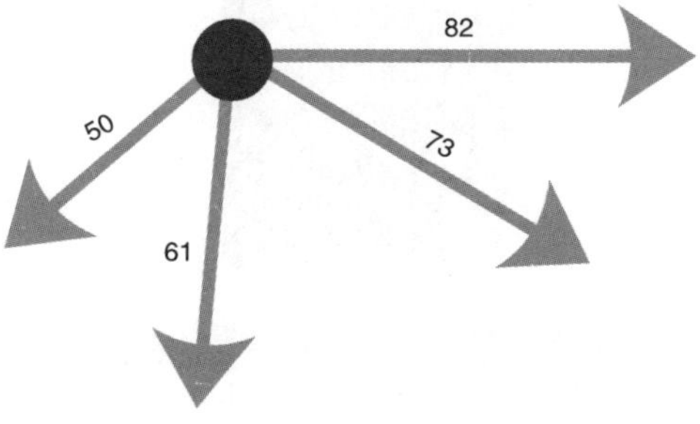

476 二阶蜂巢六边形魔方

要创造出满足以下条件的二阶蜂巢六边形魔方是不可能的：将数字1～7排列到右边的蜂巢中，使得每一直行的和相等。

你能证明它为什么不可能存在吗？

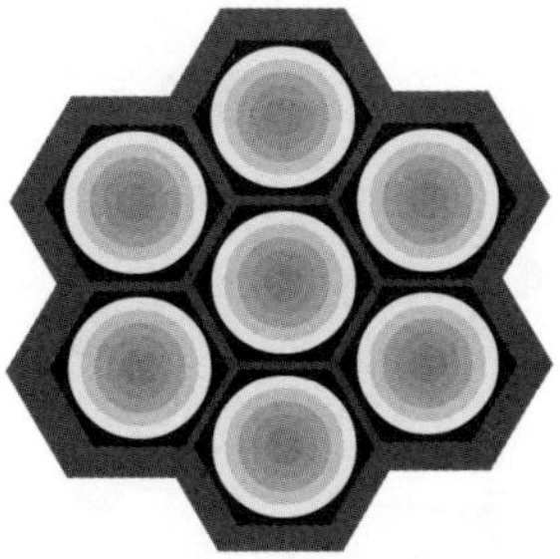

477 天平问题（4）

你有3个形状相同、重量不同的盒子。用一架天平称它们的重量，你需要称几次就可以把它们由轻到重排列？

478 游戏板（1）

将8个棋子连续放入游戏板的8个圆中，但必须遵守下面的简单规则：

每个棋子必须放入空着的圆中，从那里沿着与圆相连的直线滑动到相邻的另一个空位上，那里就是它的定居点，不再移动，直到游戏结束。

无论你从哪里开始，要完成这个游戏都会有一个简单的策略。你能想出来吗？

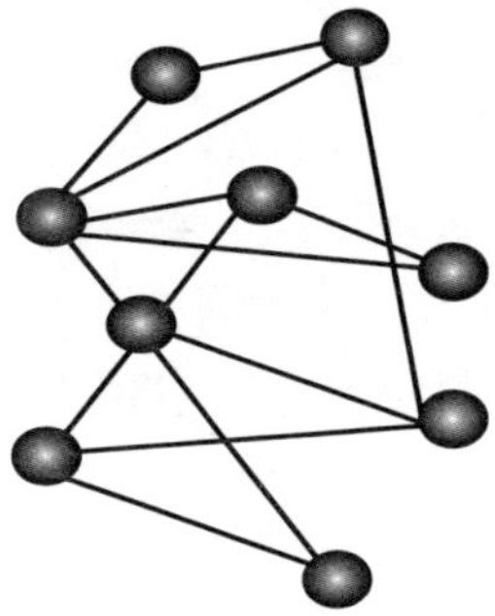

479 图形排列

如下图所示，各个图形是按一定顺序排列的，按照这一顺序，接下来的一幅图应该是 A，B，C，D，E 中的哪一个？

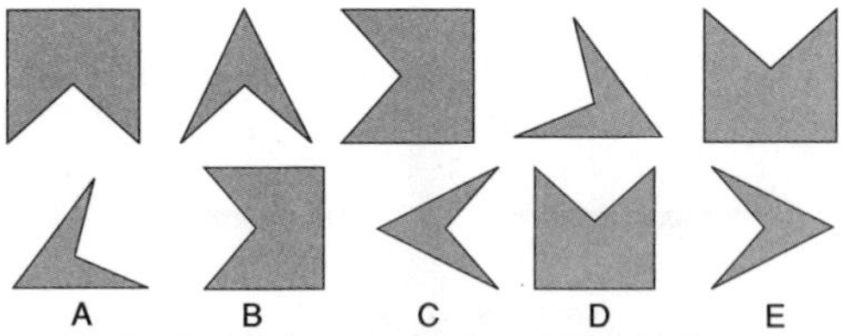

480 共有多少个正方形

通过将 4 个点进行连接，在下边的图形中你总共能制造出多少个正方形呢？（注意：正方形的角必须位于点上。）

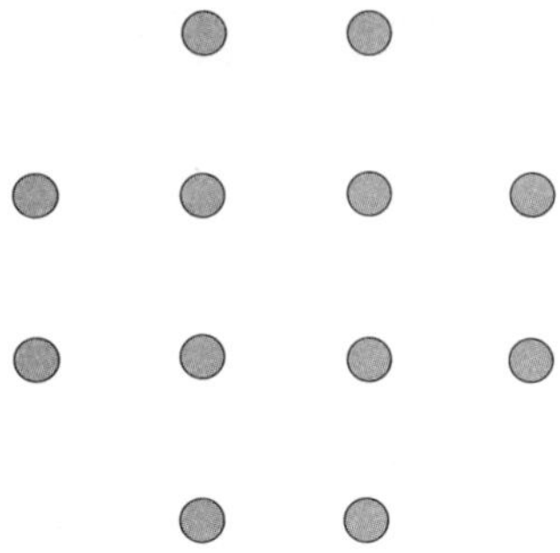

481 游戏板（2）

将数字 1 ~ 8 填入下图的圆圈内，使游戏板上任何一处相邻的数字都不是连续的？

482 数字路线

如下图所示，沿着相邻的数字从图形的左上角到右上角可以走出多种路线。把每条路线上的数字分别相加得到多个和，找出这些和中的最大的一个。

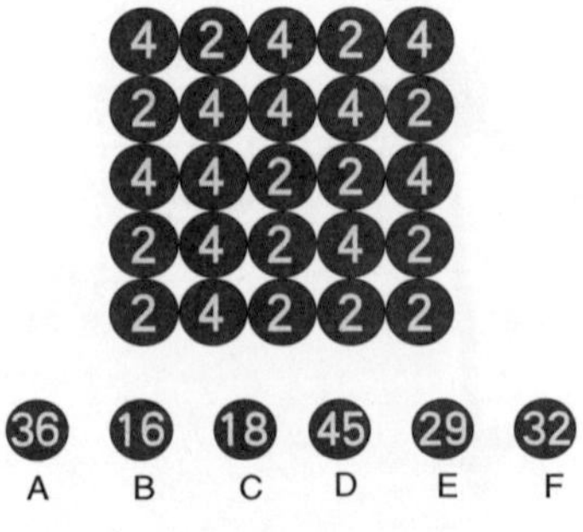

483 日本星形门

在日本，这种星形物称为“门”，经常用于诸如家族盾徽之类的物品上。乍一看，你可能会说要 8 张正方形纸张才能做成这种“门”，但是也许有点多。到底需要几张正方形纸呢？

484 去电影院的路线

现在让我们抛开那些谜题休息一下，看场电影吧。下面的地图显示的是从你家（H 点）到电影院（M 点）的各种路线。如果你只能向北、东或东北方向行进，那么从你家到电影院有多少种可能的路线？

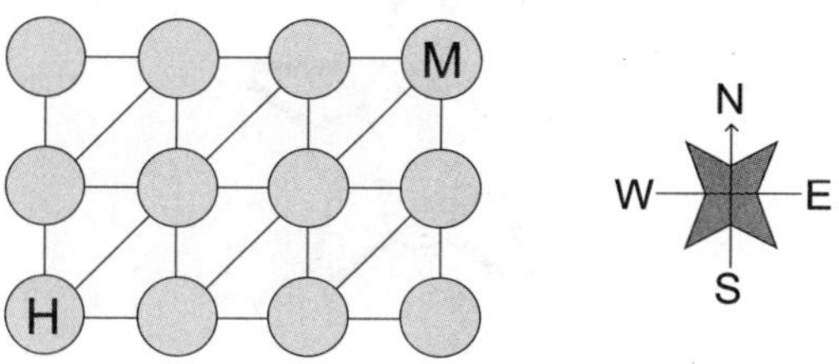

485 滑动链接谜题

在滑动链接谜题中，你需要从纵向或者横向连接相邻的圆点，形成一个独立的没有交叉或分支的环。每个数字代表围绕它的线段的数量，没有标数字的点可以被任意几条线段围绕。

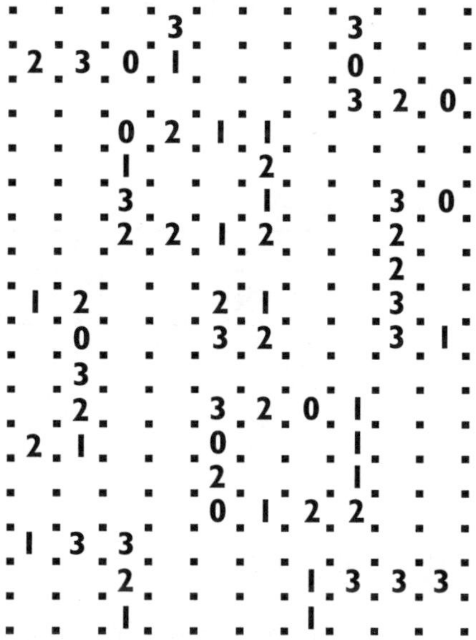

486 多边形变不规则星形

按照下面的规律可以把多边形变成不规则的星形：

从多边形的任何一个顶点出发，将这个顶点与另外任一顶点相连，再与下一个顶点相连，直到包括所有的顶点，然后再回到出发的那个顶点，这样可以形成 1 个对称的图形。

可以用来画星形的线段用黑色线段标注出来了。三角形是唯一一个不能在里面画出星形的多边形；而其他的多边形都有可能按照这一规律画出各种不同的星形。比如，正方形就有 2 种画法，而五边形的画法就更多。

不考虑图形的旋转和映像。

问：按照上面所讲的这一规律，正五边形可以形成多少个对称的星形？

提示：正五边形一共有 3 种画法，下图已经画出了其中 1 种，请问你能否画出另外 2 种？

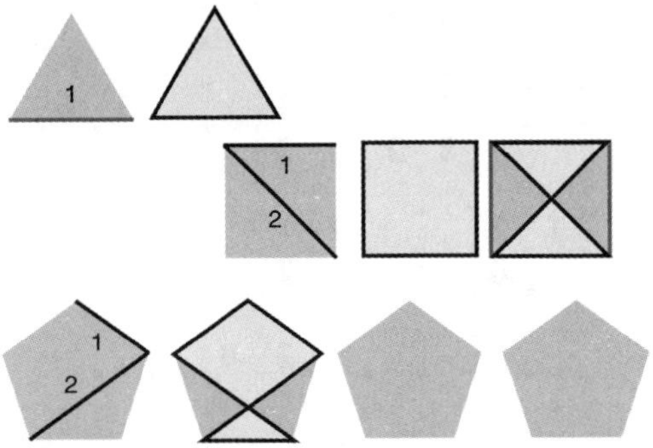

487 伦敦塔谜题

汤米·莱德斯给谜题国的国王帕泽尔佩特出了一道著名的“伦敦塔”问题。图中的 A、B、C、D、E 分别代表伦敦塔的 5 名守卫。每当日落的时候，A、B、C、D 各守卫都会迅即走出 A、B、C、D 出口，鸣枪示意，唯有 E 会从起始点走到 F 位置。问题是如何给这 5 名守卫找到 5 条路线，让他们行走时均不经过其他人所走的路线。图中已标出 A、B、C、D、E 各守卫的位置以及他们需要通过的 4 道门的位置。汤米说，当你知道怎么走之后，这道题其实很简单。

汤米的第 2 个问题比第 1 个更好。

每到午夜，1 名守卫就会从图中的 W 入口处进入塔内，然后迈着庄严的行军步伐走遍所有的 64 个房间，最后走到图中的白色格子处。由于有长期的经验，守卫们都知道如何在尽可能少拐弯的情况下走完所有的房间，并且不重复经过任何房间。你能找到这条路线吗？

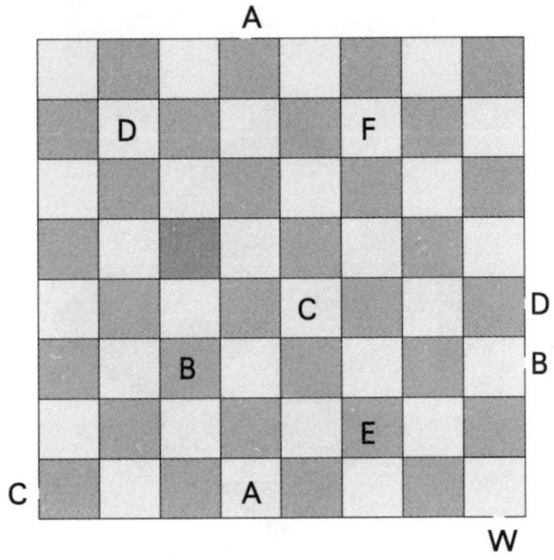

488 五角星圆圈数字

你能将数字 1 ~ 12（除去 7 和 11）填入五角星上的 10 个圆圈上，并使任何一条直线上的数字之和等于 24 吗？

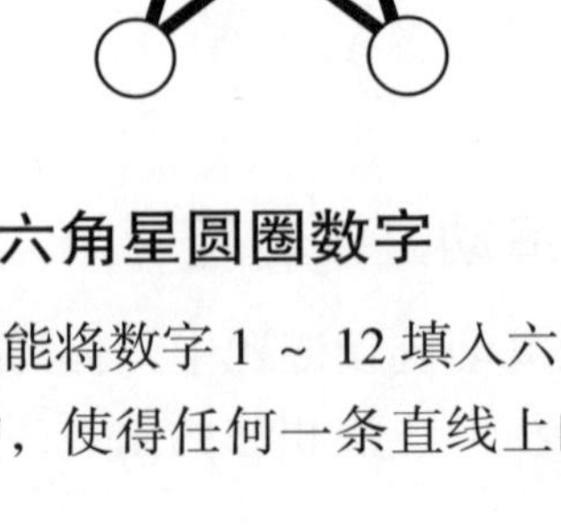

489 六角星圆圈数字

你能将数字 1 ~ 12 填入六角星的圆圈中，使得任何一条直线上的数字之和为 26 吗？

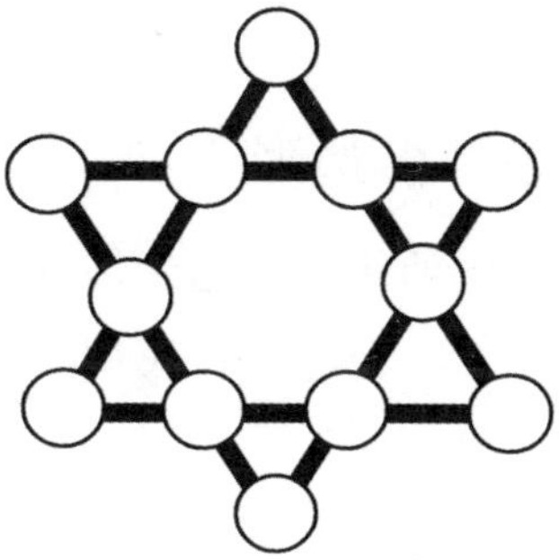

490 手、眼睛、墙

把双手放在与眼睛同一水平线的位置上，伸出食指也保持在同一水平线，盯着离手指几厘米远的墙看，你会看到什么？将手逐渐移近自己，发生了什么？

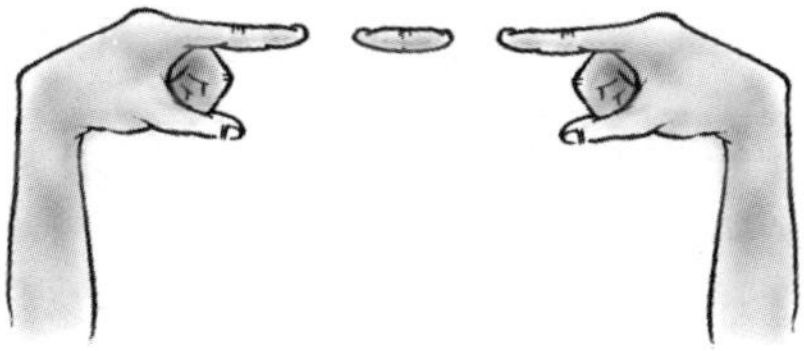

491 圆筒

在眼前举起一个圆筒，看 5 米外的某物（其中一只眼睛透过圆筒看）。然后把另一只手举起放于圆筒外的眼睛前。你就能透过手掌上的圆洞看到物体。你能解释其中的原因吗？

492 七角星圆圈数字

你能将数字 1 ~ 14 填入下图的七角星圆圈内，使得每条直线上数字之和为 30 吗？

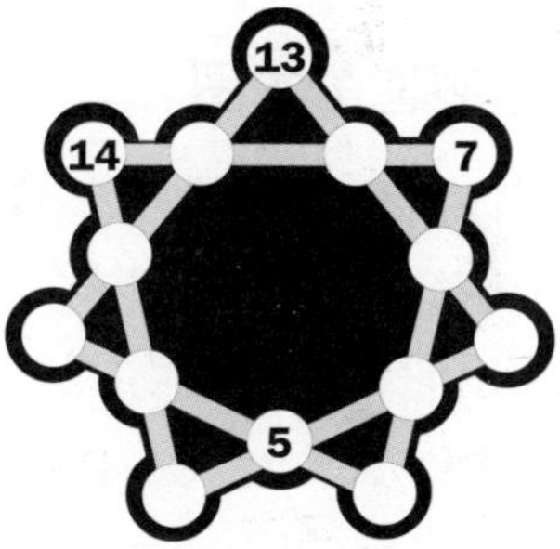

493 序列图

A、B、C、D、E、F 选项中，哪一个可以完成这组序列图？

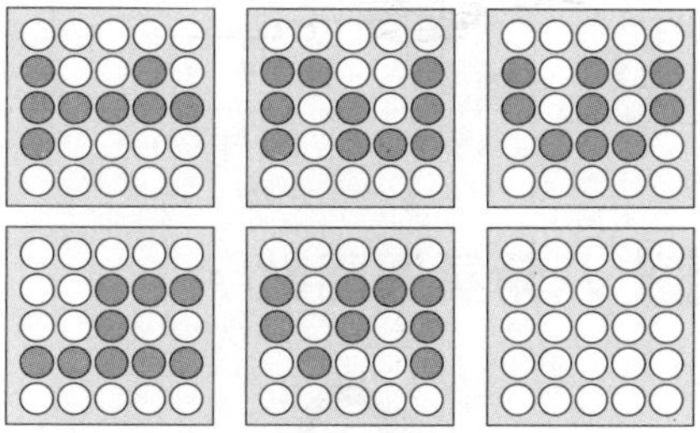

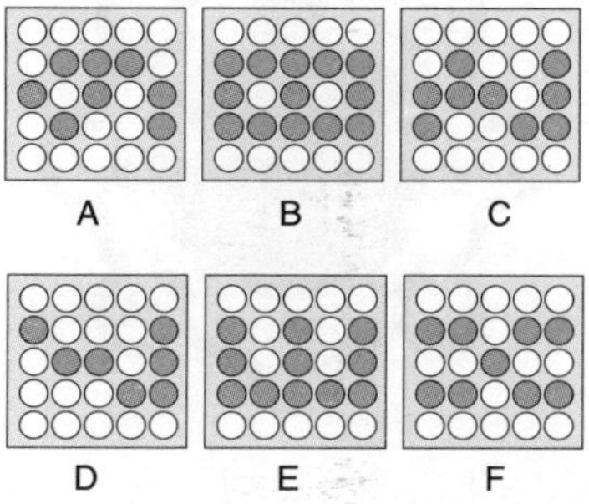

494 问号数字（4）

在最后那个星星上填上合适的数字，就可以解开这道题，算算看是哪个数字？

495 不规则立体图

即使你无法看到这个不规则立体图形的全貌，你也依然能够在心中精确地勾画出它的外观。如果从不同方向进行观察，A、B、C、D 剖面哪一个是不可能出现的呢？

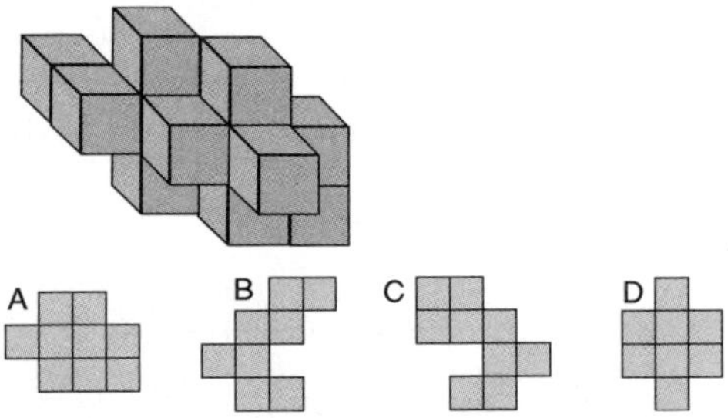

496 八角星圆圈数字

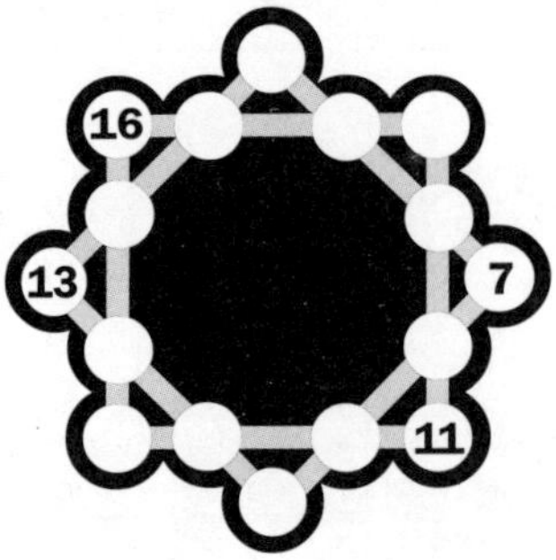

你能将数字 1 ～ 16 填入下边的八角星圆圈内，使得每条直线上数字之和为 34 吗？

497 填补多边形

如下图所示，多边形缺少了一角。从 A，B，C，D，E 中找出正确的答案把它补充完整。

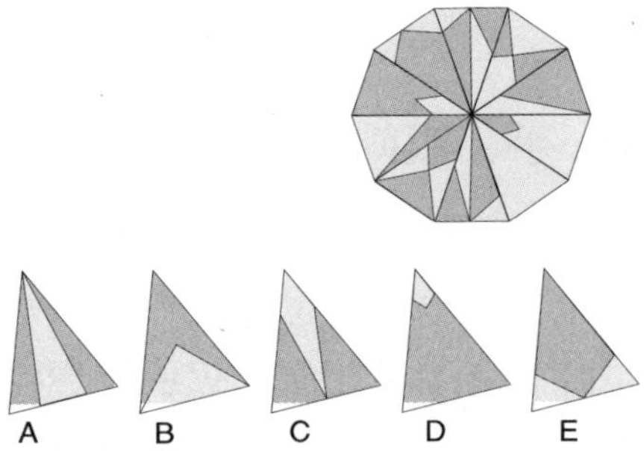

498 砝码

算一算，问号的地方放几千克的砝码可以使天平平衡？

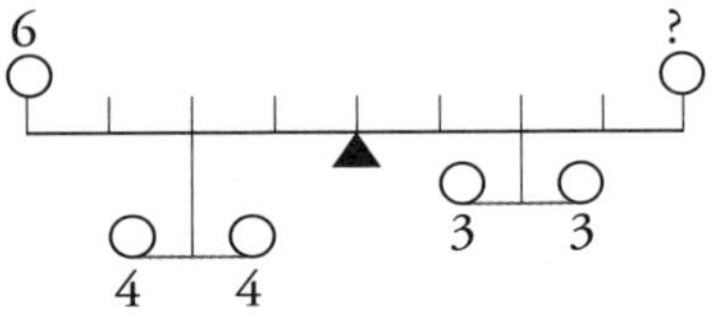

499 火柴人

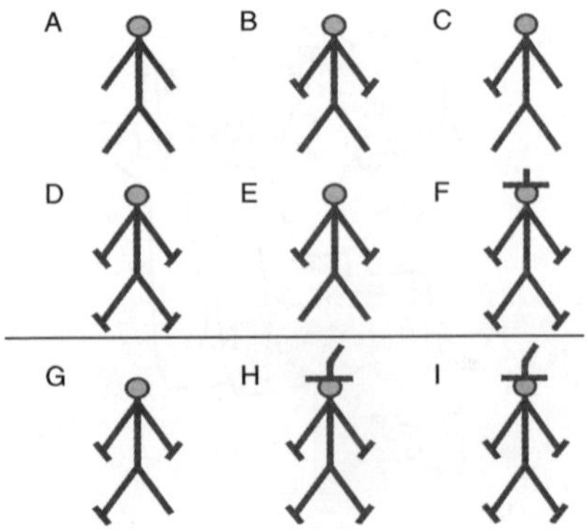

根据 A ~ F 这几个火柴人的排列规律，接下来应该排列的是 G，H，I 中的哪一个？

500 多边形填数字

你能否将数字 1 ~ 12 填入多边形的 12 个三角形中，使得多边形中的 6 行（由 5 个三角形组成的三角形组）中，每行（每组）的和均为 33？

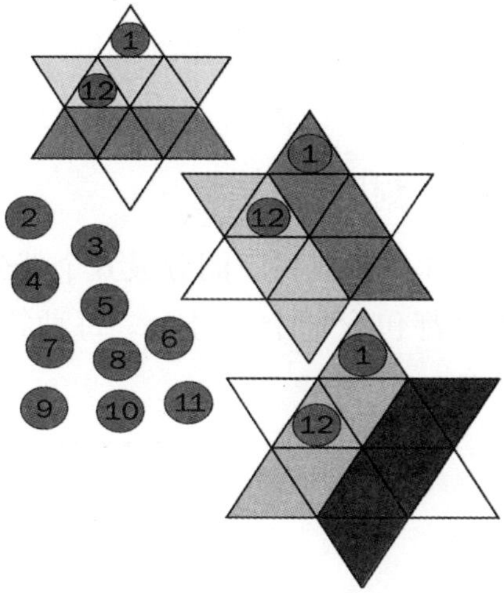

501 时钟的时间（1）

这些钟上的指针排列是有一定规律的，请问第 4 个钟上应该显示什么时间？

502 建造桥梁

这是风靡日本的游戏之一——建造桥梁。在这个游戏中，每个含有数字的圆圈代表一个小岛。你需要用纵向或横向的桥梁连接每个小岛，形成一条连接所有小岛的通道。桥的数量必须和岛内的数字相等。在两座小岛之间，可能会有两座桥梁连接，但这些桥梁不能横穿小岛或者与其他的桥相交。

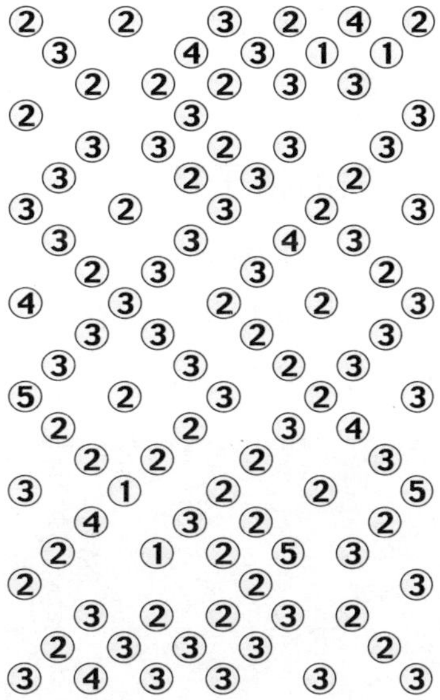

503 贪婪的书蛀虫

“贪婪的书蛀虫”游戏很早就有了，而且非常有意思。书架上有一套智力游戏书，共 3 册。每册书的封面和封底各厚 1/8 厘米；不算封面和封底，每册书厚 2 厘米。现在，假如书虫从第 1 册的第 1 页开始沿直线吃，那么，到第 3 册的最后那页需要走多远?

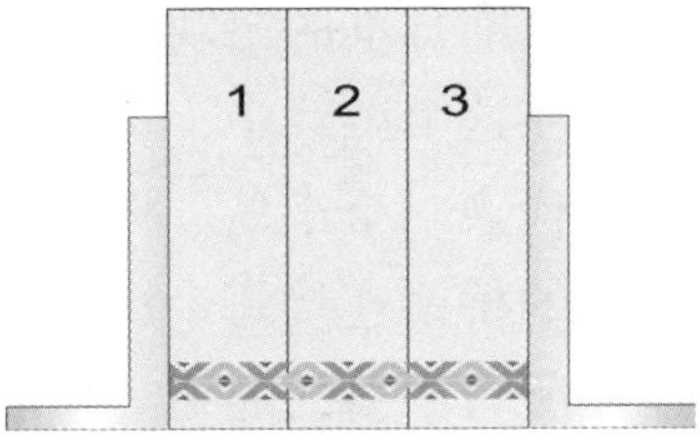

504 最重的盒子

你有 21 个相同的盒子，它们中的一个比其他的稍微重一点儿。用一架天平，你需要称几次就可以找出那个比较重的盒子?

505 缺失的格子标志

以下格子中的标志是按照一定规律排列的。你能找出其规律，并指出缺失部分应当填入的标志吗?

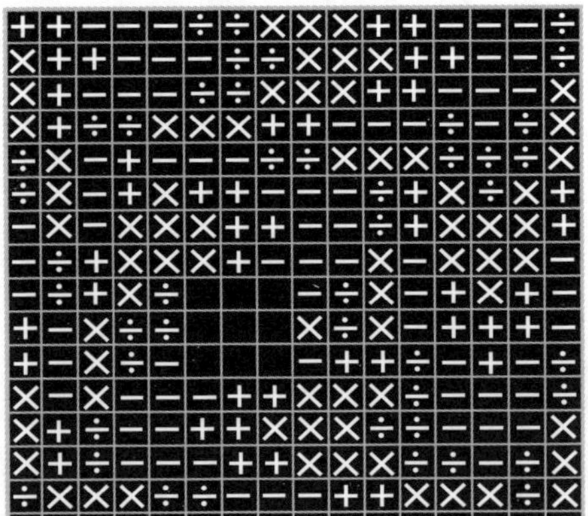

506 拇指结

拇指结一共只有 3 个相交之处，是最简单的结（如图 1 所示），也是其他很多种复杂的结的基础。

在我们的题目中，拇指结的末端在绳子上再次绕了 2 下（如图 2 所示）。请问：现在拉一下绳子的末端，这个结会被打开吗?

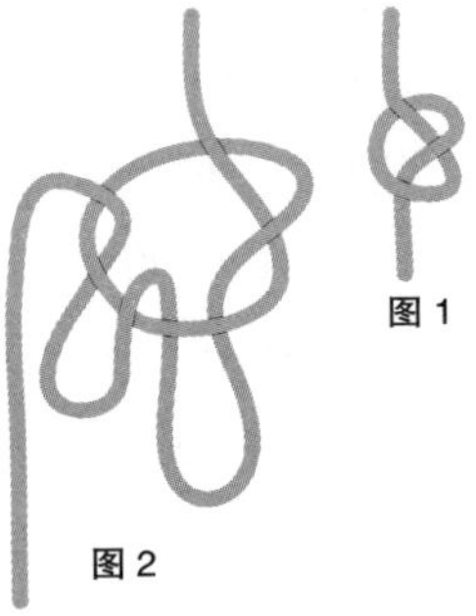

507 分割图形

画 3 条直线将下图分成 6 个部分，每部分都包含 6 个符号——每种符号各 2 个。

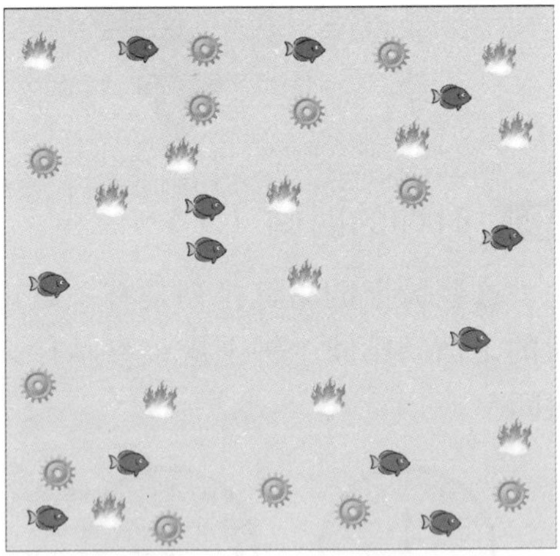

508 同住一条街上的 10 个朋友

我有 10 个朋友住在同一条街上，如图所示。现在我想在这条街上找出某个地点，使这一点到 10 个朋友家的距离最近。请问这个点应该在哪里呢?

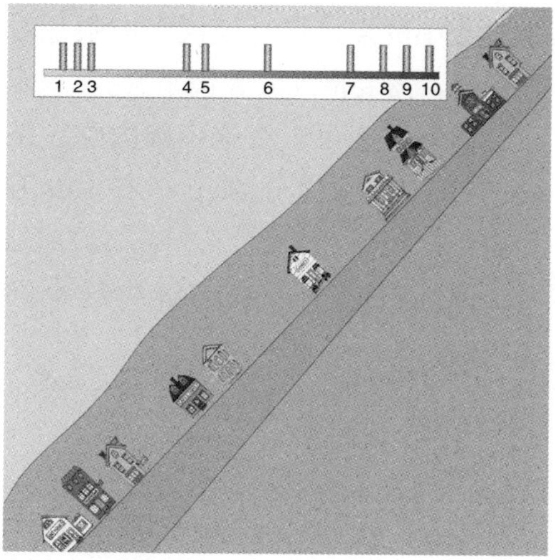

509 铁丝环

如下图所示，一根垂直的铁丝上绑了两个相互平行的铁丝环。

请问：如果将这个结构放进肥皂水中，附着在这个结构上的肥皂膜的最小表面积的表面是什么样子的?

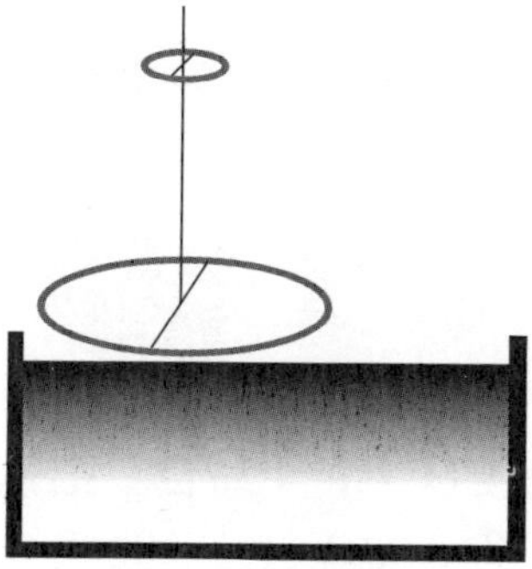

510 北极到南极的洞

如果你从北极打一个洞一直通到南极，然后让一个很重的球从这个洞里落下去，会发生什么（忽视摩擦力和空气阻力）?

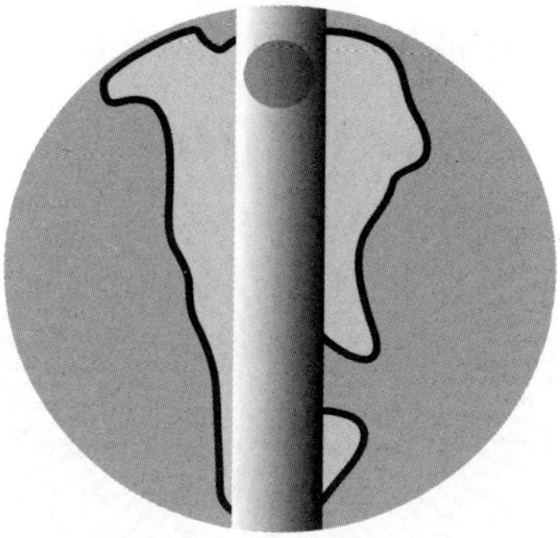

511 纸环

下边的图形分别都是由 2 个纸环黏合而成的，其中一个是水平的，另一个是垂直的，2 个圆环成 90° 黏合，3 组图形分别有以下特点：

第 1 组：2 个简单纸环相黏；

第 2 组：1 个简单纸环和 1 个麦比乌斯圈相黏；

第 3 组：2 个麦比乌斯圈相黏。

请问如果沿着图中黑色的线将 3 组图形分别剪开，会得到什么样的图形?

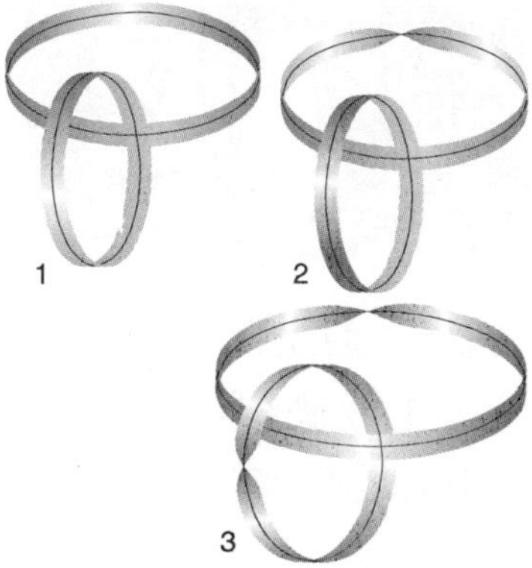

512 神奇的变化圆

将此图按同一方向快速转动，你会发现中间那个圆有什么变化呢?

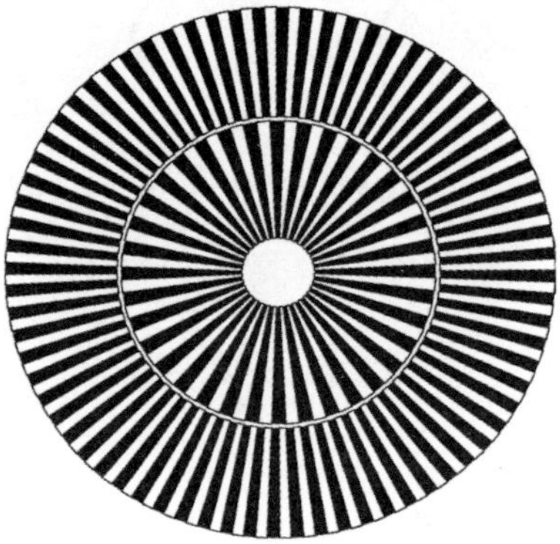

513 左撇子、右撇子学生

一个班级里的学生有左撇子、右撇子，还有既不是左撇子也不是右撇子的学生。在这道题目里，我们把那些既不是左撇子也不是右撇子的学生看作既是左撇子又是右撇子。

班上 1/7 的左撇子同时也是右撇子，而 1/9 的右撇子同时也是左撇子。

问班上是不是有一半以上的人都是右撇子?

514 200 万个圆点

假设这个白色的圆里面有 200 万个非常小的点，但是仅仅靠肉眼是看不到的，需要借助放大镜来看。

请问可不可以在这个圆内画一条线，使线的两边分别正好有 100 万个点?

你能够想个办法来解决这个问题吗?

515 剪纸条

拿出一个纸条，把它剪成如下图所示的样子，那么纸条的每一段就分别有 3 个接口处。

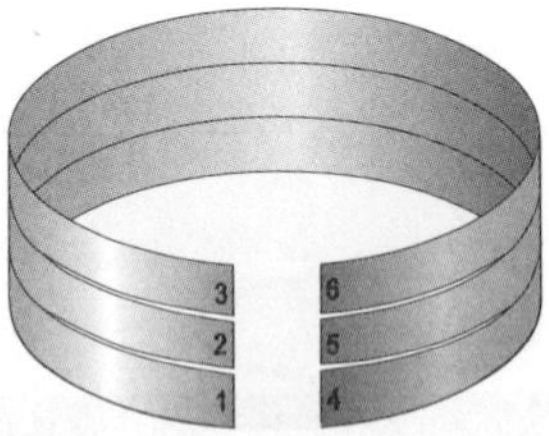

把接口 1 和 4 黏合。把接口 2 从接口 1 的下面绕过去，接口 5 从接口 4 的上面绕过去，然后把接口 2 与接口 5 黏合。把接口 6 从接口 5 的上面绕过去，然后从接口 4 的下面绕过去，然后把接口 6 和接口 3 黏合。

请问现在沿着图中黑色的线把纸条剪开，会得到一个什么样的图形？

516 变化的圆心

盯着圆心，头缓慢移动观察图片，当向后移动时，圆圈有什么变化？头靠近圆圈时，圆圈又会发生什么变化？

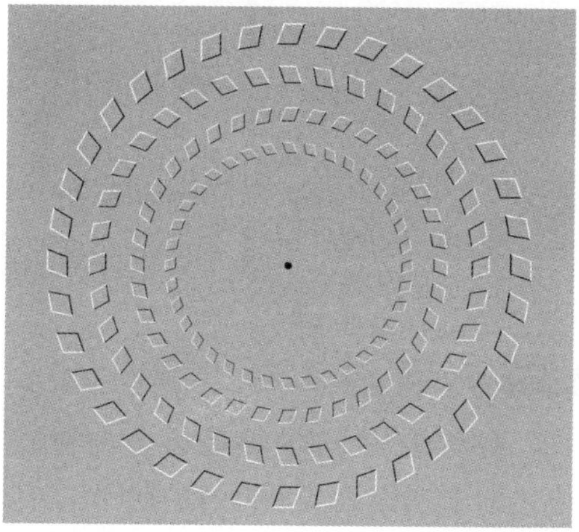

517 墨迹算式

哎呀！墨迹遮盖了一些数字。此题中，从1～9每个数字各使用了一次。你能重新写出这个加法算式吗？

518 完全有向图

如果给一个图形的每一条线段都加上一个箭头，即给每条线段加上一个方向，那么这个图形就成了一个有向图形。

而一个完全图是这样的一个图，即该图里的每两个顶点之间都有连线。（下图即是一个有7个顶点的完全图）。而给一个完全图的每条线段都加上一个方向，那么这个图就成了完全有向图。

我们这个题目就是要你根据下面的条件把这个图形变成一个完全有向图：给每条线段都加上一个箭头，使对于每两个顶点，都有另外一个顶点与这两点连线的箭头是分别指向这两个点的。例如下图中，对于点1和点2，从点7到点1和点2的线段箭头就是分别指向这两个点的。

根据上面的条件你能够把其余的线段都加上箭头吗？

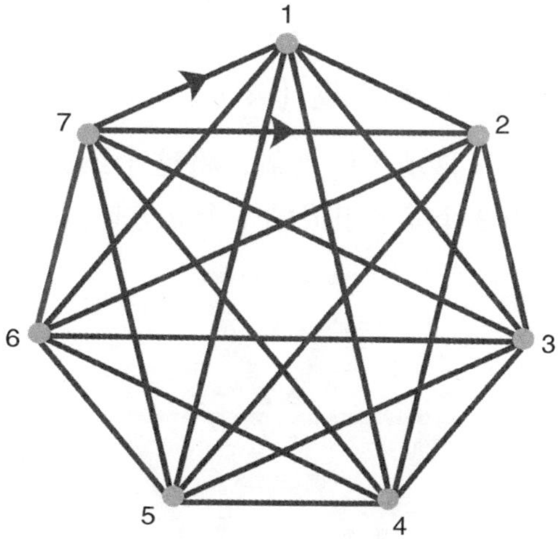

519 传送带（2）

在皮带传送作业机上皮带被安在3个圆柱形的滚轴上，工作时由最顶上的滚轴带动工作，如下图所示。

请问这个皮带是个简单的圆环，或是麦比乌斯圈，或者其他什么形状？

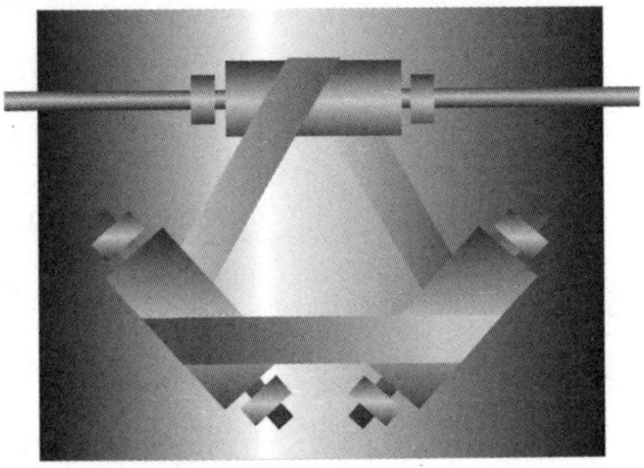

520 装有苍蝇的瓶子

科学家仔细地称量了一个广口瓶的重量，同时瓶中还装有一些处于酣睡状态的苍蝇。然后，科学家摇动瓶子弄醒了苍蝇。苍蝇们在瓶中飞动，科学家再次称量了广口瓶的重量。那么在苍蝇飞动的情况下，这个装满苍蝇的瓶子重量会变轻吗？

521 火柴游戏（4）

只移动3根火柴，将这个图案变成由3个菱形组成的1个立方体。

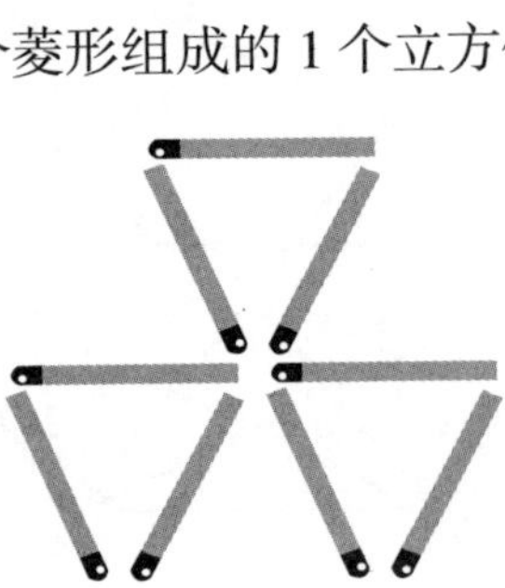

522 问号字母（1）

你能找出这个排列方式中所利用的逻辑关系吗？如果你能够找得出，利用同样的逻辑关系确定出问号处应该是哪个字母。

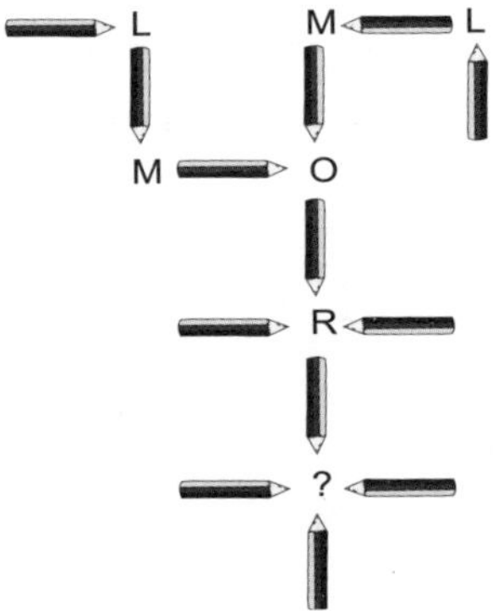

523 台球（2）

台球击中了球台边的缓冲橡皮垫，即下图中箭头所标示的点位。如果这枚台球仍有动力继续滚动，那么最后它将落入哪个球袋呢？

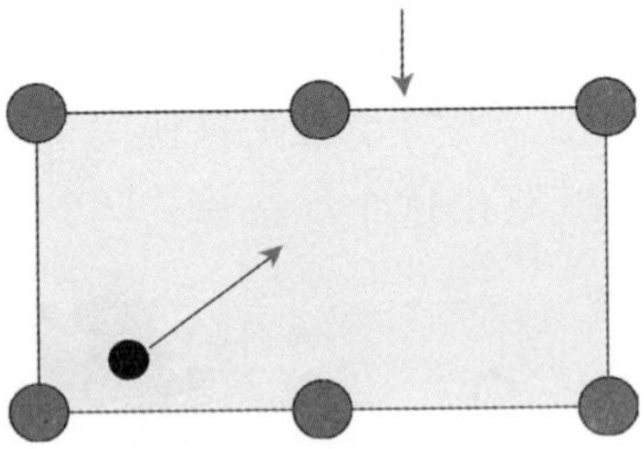

524 麦比乌斯圈

密苏里州欧罗拉的约西亚·曼宁把下面这个图形寄给马丁·加德纳，然后加德纳拿着这个图形问他的读者：该图形是否与一个麦比乌斯圈拓扑等价。

现在请你沿着图中黑色的线将这个图形剪开，并告诉我们它与一个麦比乌斯圈是否等价。

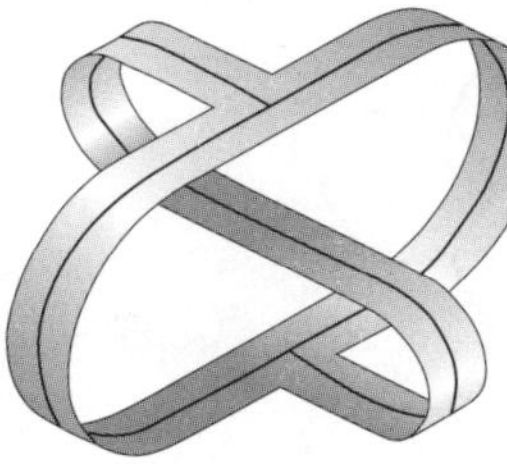

525 踩石头过河

这次，你要到丛林里执行任务。当你路过一条河时，你必须小心翼翼地踩着这些石头才能到达河对面，如踩错了石头你就会跌进河里，要知道河里到处都是鳄鱼。

从 A 开始，每排里只能踩一个石头，你会选择踩哪些石头呢？

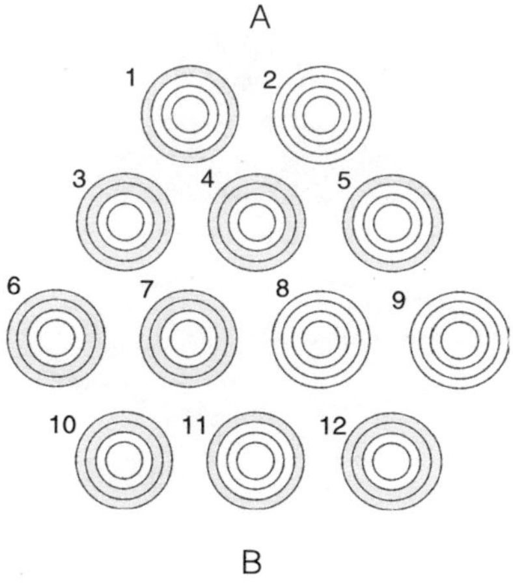

526 问号数字（5）

你能找出房顶处所缺的数值为多少吗？门窗上的那些数字只能使用 1 次，并且不能颠倒。

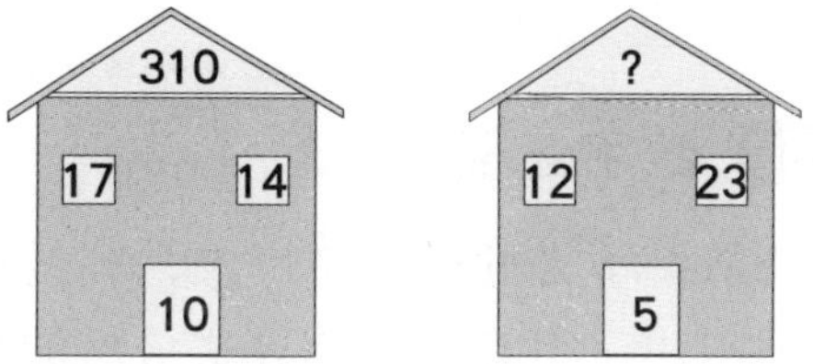

527 天平问题（5）

这个天平是平衡的。请问问号处箱子（杠杆作用忽略不计）的重量为多少？

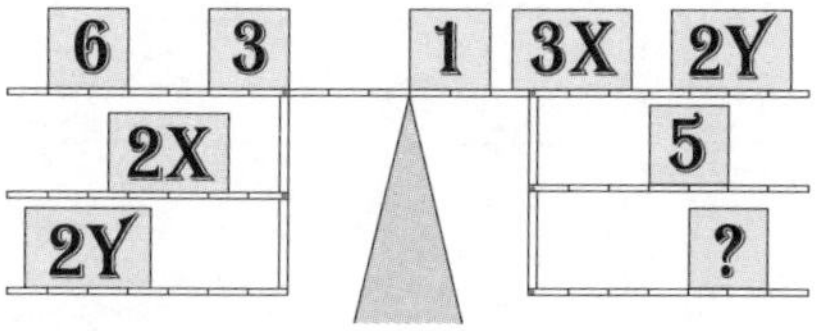

528 黑色、深灰色、浅灰色面积

如下图所示，大圆半径是小圆半径的 2 倍，请问黑色、深灰色和浅灰色部分的面积之间有什么关系？

529 小狗吃饼干

有条小狗长得真快。在它被收养的前 5 天，这条狗就吃掉了 100 块狗饼干。如果它每天比前一天多吃 6 块狗饼干，那么这条小狗第 1 天共吃掉多少块饼干呢？

530 数字迷宫（1）

从图下方的数字 7 出发，穿过迷宫并得出一个算式，使算式最后的得数仍然是 7。不可以连续经过同一排的 2 个数字或运算符号，也不可以两次经过同一条路线。

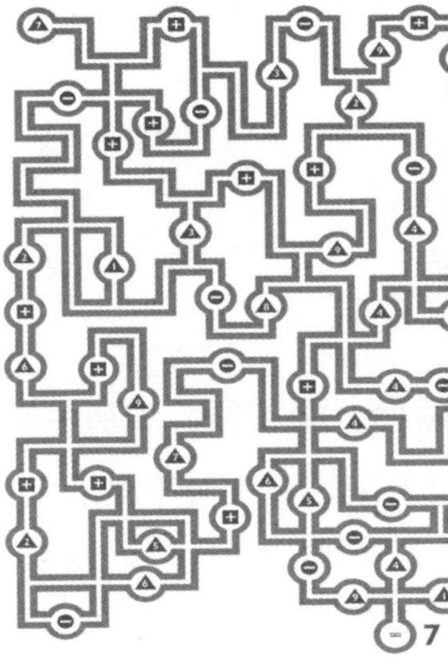

531 正方形剪辑

如果剪掉正方形角上1/4的部分，你能在剩下的部分剪出 4 个大小形状完全相同的图形吗？

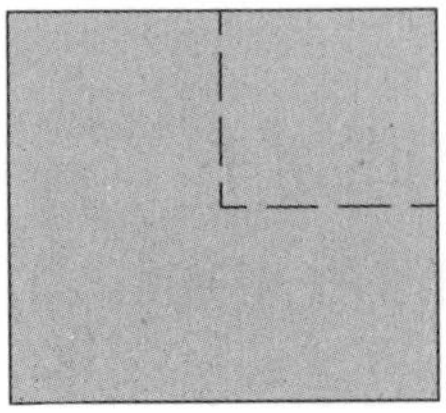

532 拼灰色图案

在下面的图案中，有唯一的一对图案可以拼成这个白色图案的灰色版本，是哪两个图案呢？

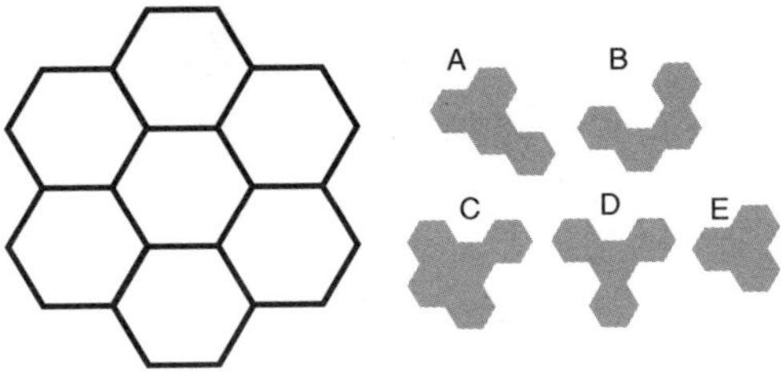

533 海市蜃楼之碗

你可能见过用两面凹面镜组成的“海市蜃楼之碗”。

放在“碗”的底部的 1 枚硬币或者其他小物体会被反射，并且如图所示被观察到在顶部漂浮。

这个令人难忘的视错觉是由反射产生的，那么有几次反射呢？

534 奥斯卡・路透斯沃德

这是奥斯卡・路透斯沃德的一幅三角形精简图。这个三角形有可能存在吗？

535 不可能的三叉戟

这是一幅经典的图像——不可能的三叉戟。你能数出几根尖齿？仔细看中间那根齿，发现什么了吗？

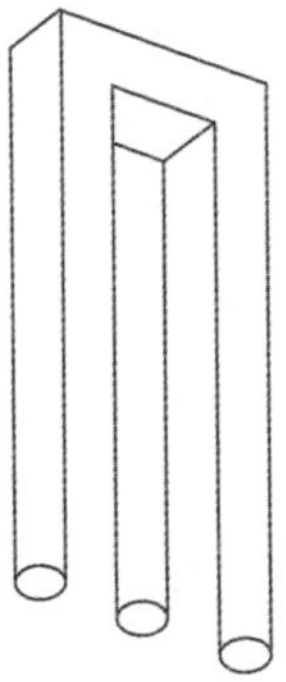

536 账户密码

一位男士在银行新开了一个账户，他需要为这个账户设定一组密码。按照银行的规定，密码一共有5位，前3位由字母组成，后2位由数字组成。

问：按照下面的条件，密码的设定分别有多少种可能性？

1. 可以使用所有的字母和所有的数字。

2. 字母和数字都不能重复。

3. 密码的开头字母必须是T，其他条件同条件2。

537 正十二面体路线

是否有一条路线能够走遍正十二面体上所有20个点，而且不重复经过任一条边，最后回到起始点。注意，某些边可以不用经过。你能够找到几种解答方法？

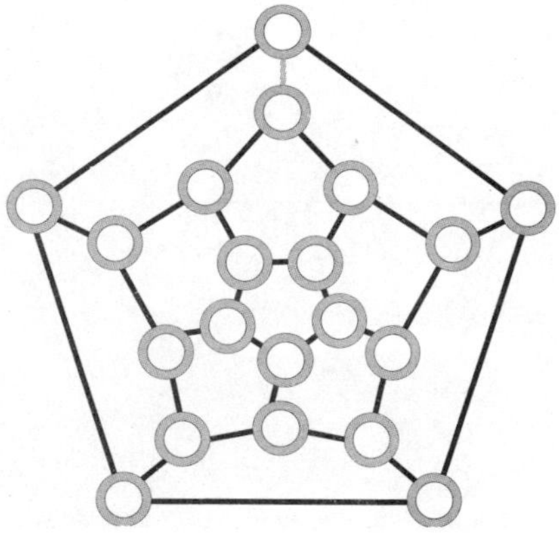

538 字母F放在什么位置

在下图中，每个数字代表一个字母。如果A只能和B、C和D相连，

C 只能与 A、E 相连，那么 F 应该放在哪里？

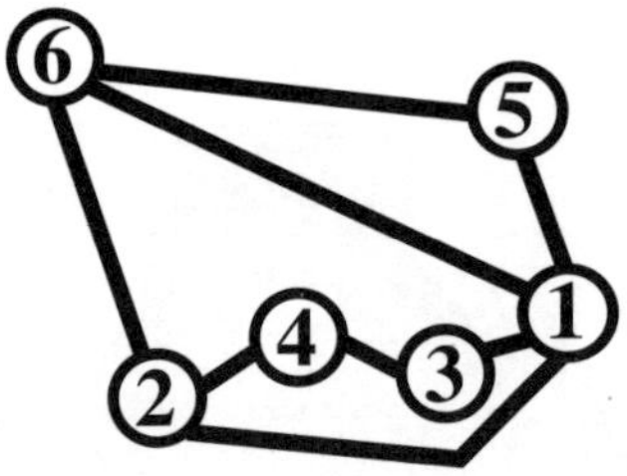

539 森林埋伏

8 个士兵必须埋伏在森林中，并且他们每个人都不能看到其他的人。

如下图，每个人都可以埋伏在网格中的白色小圆处，通过夜视镜只能看到横向、竖向或斜向直线上的东西。

请你在图中把这 8 个士兵的埋伏地点标出来。

540 瓷砖排列

下边的瓷砖，如果按照正确顺序排列，可以组成 1 个方形，横向第 1 排的数字等同于纵向第 1 列的数字，依次类推。你能成功地组合吗？

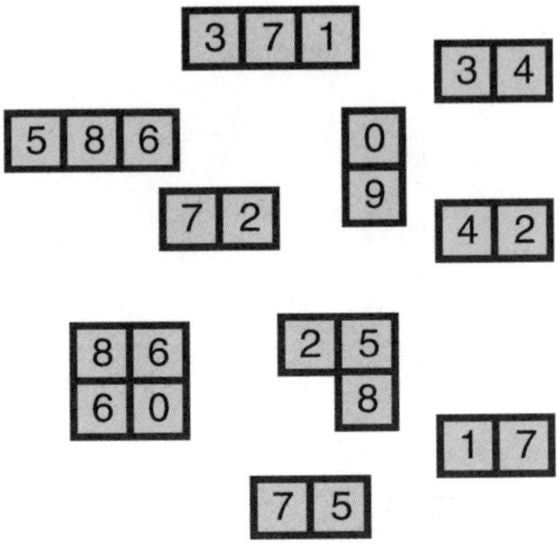

541 约翰·库比克的正方形纸板

谜题大师约翰·P. 库比克为了对自己的能力加以证明，他向人们展示了一张正方形的纸板，在纸板上偏离中心的位置上有一个洞。“通过将这张纸板剪成两半，而且只有两半，并且将这两部分重新拼接，我就能把这个洞移到正方形中心的位置上。”你能想出他是怎么做的吗？

542 小钉板（1）

小钉板可以帮助我们学习和理解多边形的面积关系，在板上用线把各个钉子连起来可以得到不同的多边形。

这里要求在正方形的小钉板上用线连成1个闭合的，并且每两条边都不在同一条直线上的多边形。多边形的每个顶点都必须在板上的钉子上，并且每个钉子只能使用1次。

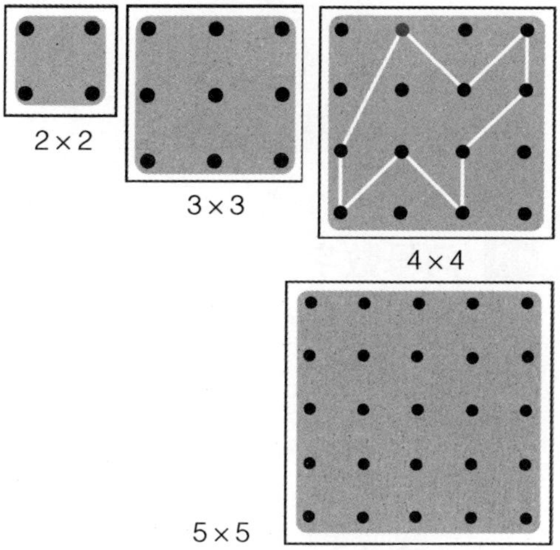

1. 如图所示的是在1个4×4的小钉板上连成的有9个顶点的多边形，请问你能否在这个板上用线连成1个有16个顶点的多边形，即板上的每个钉子都使用1次，并且满足上面所讲的要求？

2. 请你在从2×2到5×5的小钉板上，用上尽可能多的钉子连成符合要求的多边形。

543 找出例外的图

除了一幅图以外，其余图片都是按照一定的逻辑排列的。你能找出哪幅图是例外吗？

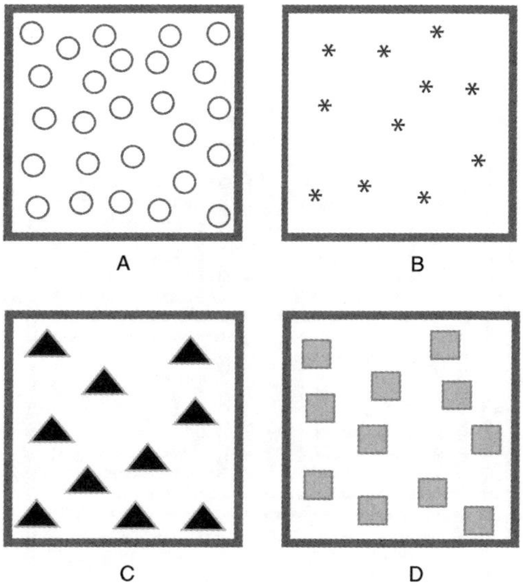

544 问号数字（6）

方格中的每种标志代表1个数字，你能算出问号所在处的数字吗？

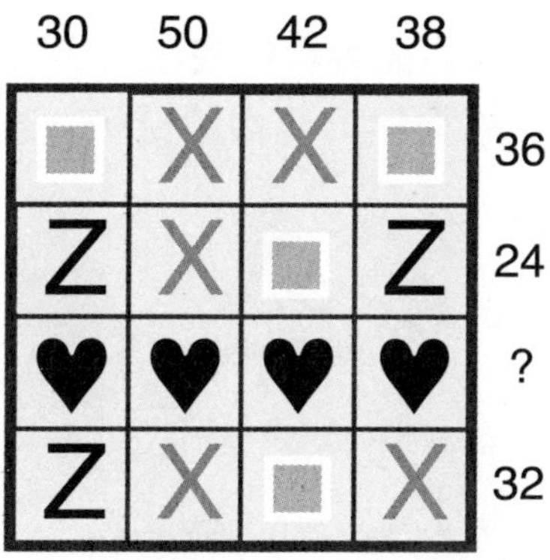

545 数字迷宫（2）

从顶端的入口进入迷宫，然后按顺序走遍从A到F。每走到1个字母时，你所经过的数字相加必须正好等于10（不可以相减）。从离开字母F到走出迷宫时，所经过的数字的和也要等于 10。

546 小钉板（2）

请问你能否在这些三角形的小钉板上，用上尽可能多的钉子，连成 1 个闭合的，且每个顶点都在钉子上的多边形（每个钉子只能使用 1 次）？

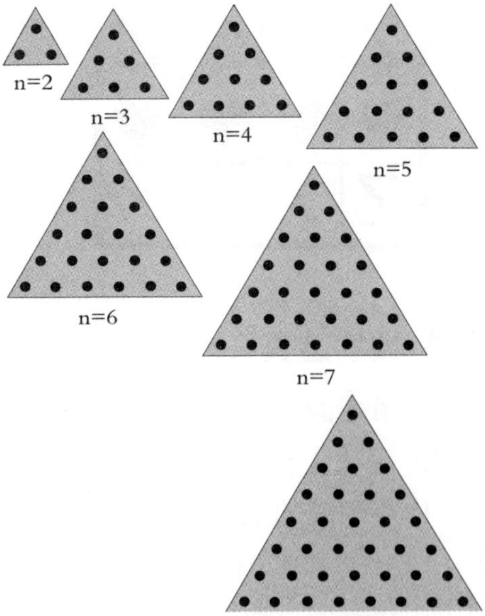

547 问号数字（7）

让我们看看这道题，最后那个正方形中缺少什么呢？

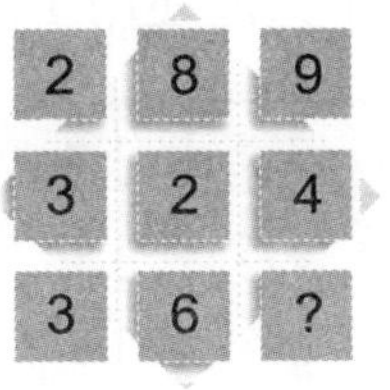

548 问号数字（8）

要完成这道题，你觉得问号部分应该替换成什么数字？

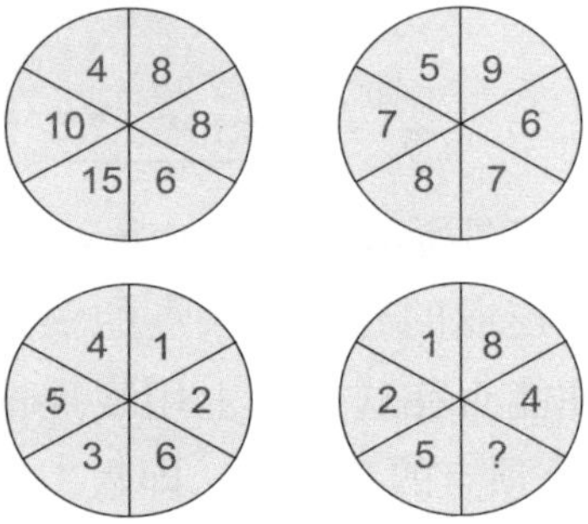

549 游戏板

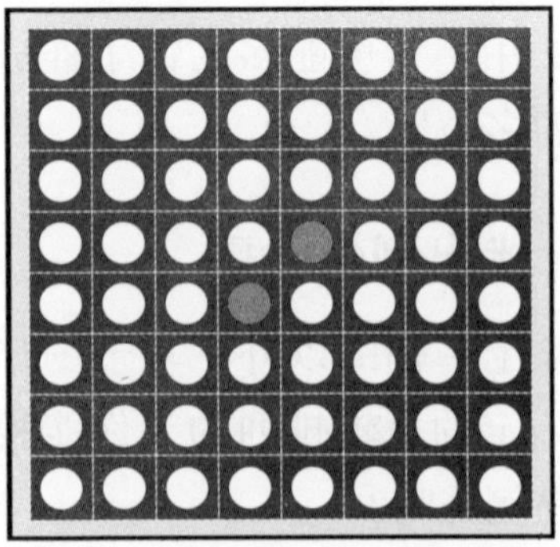

将 16 枚棋子放入游戏板中，使水平、竖直和斜向上均没有 3 枚棋子能连成直线，你能做到吗？

550 黑夜穿越大桥

一座桥将在 17 分钟内崩坍。4 个徒步旅行者必须在黑夜里穿过这座桥。他们只有一把手电筒，一次最多两人可以穿越此桥，但是必须把手电筒带回来。

每个旅行者走路速度不同，第 1 位只要 1 分钟，第 2 位 2 分钟，第 3 位 5 分钟，第 4 位要花 10 分钟。任何一对旅行者穿越此桥，必须以最慢的那位速度来计算，举例来说，第 1 位旅行者与第 3 位同时过桥则需要 5 分钟。

你能找到解决方案吗？

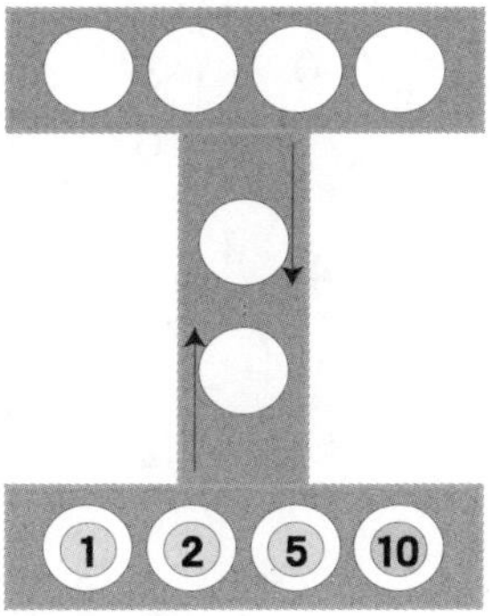

551 小狗菲多

小狗菲多被人用一条长绳拴在了一棵直径 2 米的树上。拴它的绳子可以到达距离树 10 米远的地方。

它的骨头离它所在的地方有 22 米。当它饿了，就可以轻松地吃到骨头。

它是怎么做到的？

552 天平问题（6）

前两组天平是平衡的。为了使第 3 个天平也平衡，应当再加上什么图案呢？

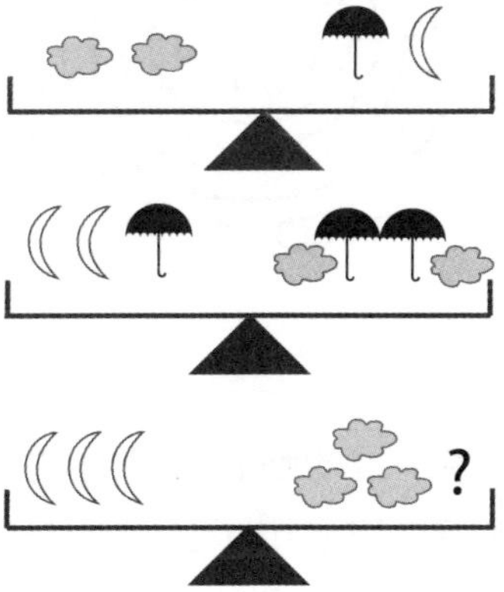

553 数字纸牌折叠

将这幅图复印或者临摹下来，沿着虚线折叠，要求数字按正确顺序排列（即 1，2，3，4，5，6，7，8），一个压着一个，“1”排最前，“8”排最后。数字朝上、朝下或在纸的下面都可以。

1	8	7	4
2	3	6	5

554 绳圈管道

一条管道坐落于一段奇特的绳圈的中央。假设从开放的两端拉动这条绳子，那么这条绳子究竟是会和管道彻底分离，还是会和管道连在一起呢？

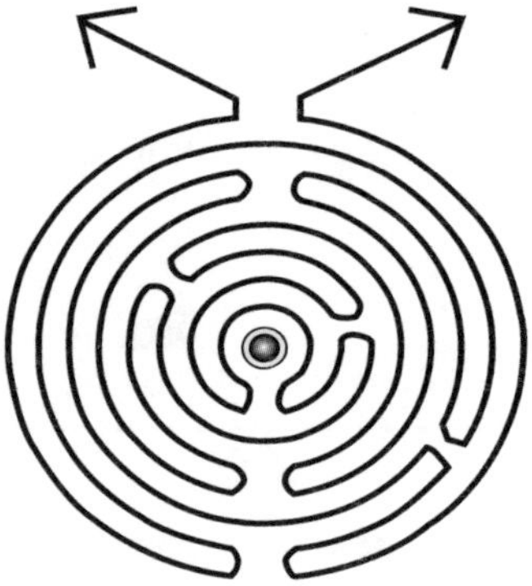

555 蛇环

这些饥饿的蛇正在互相吞食着对方。由于它们采用了这种怪异的进餐方式，它们所组成的圆环正在逐渐缩小。如果它们仍旧继续吞食对方的话，最后这个由蛇构成的圆环会出现什么情况呢？

556 正透镜

凸透镜和会聚透镜都被称为正透镜，因为它们都能把平行的光线会聚于焦点。那么如果让平行的光线通过两个厚度不同的正透镜，如图所示，结果与只通过1个正透镜是相同的吗？如果不同，结果又应该是怎样的呢？

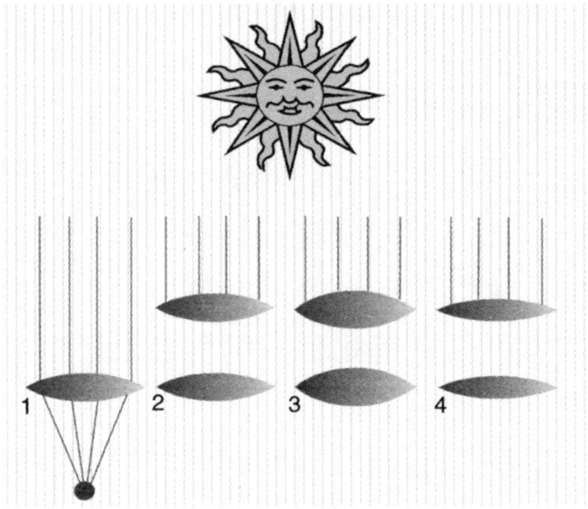

557 正方形数字游戏

用3条直线将这个正方形分成5部分，使得每部分所包含的总值都等于60。

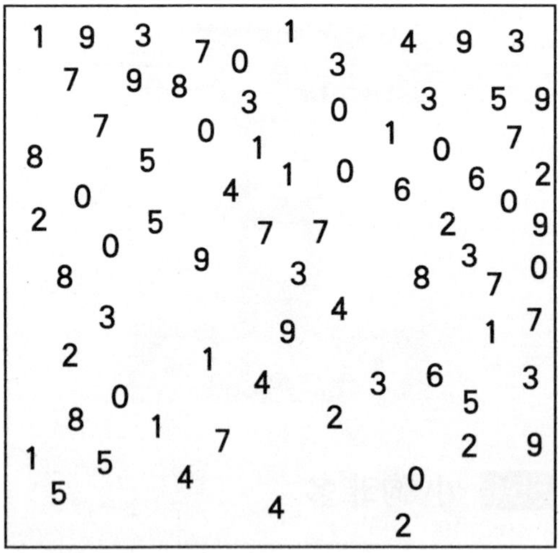

558 表格数字

表格1的数字按某种规则移动后得到表格2。请问表格2中所缺的数字应该怎样填写？

1

22	15	34
12		14
23	21	19

2

14		12
19		23

559 问号数字（9）

问号部分应当分别用什么数学符号替代才能使两个部分的值相同且大于1？你可以在“÷”和“×”之间选择。

560 斐波纳契数列反射现象

我们来研究光的反射现象。如果把 2 种不同的透镜正面相贴地放在一起，那么可能反射光线的表面一共有 4 个，如图所示。

如果光线没有经过反射，它会直接穿过去。

如果光线经过 1 次反射，可能有 2 种不同的情况。

如果光线经过 2 次反射，可能有 3 种不同的情况。

不同的反射次数所出现的情况的种数分别为：1，2，3，5，8，13，21，…这是一个斐波纳契数列，即数列中后一个数字等于前两个数字之和。

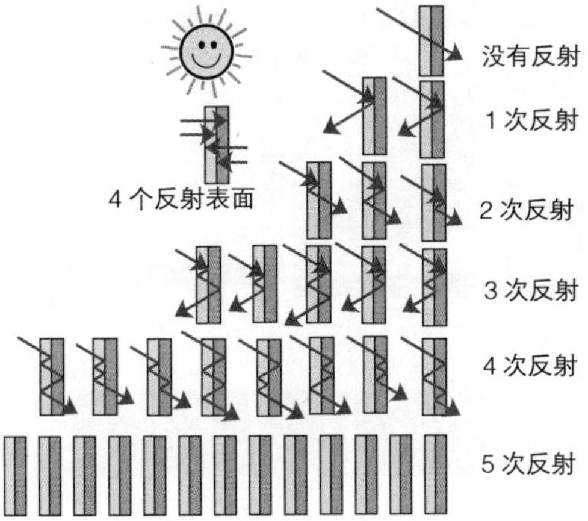

那么你能够画出光线经过 5 次反射的 13 种情况吗？

561 驱动轮

这组轮子通过驱动带连在一起。如果左上角的轮子顺时针方向旋转，所有的轮子都能自由转动吗？

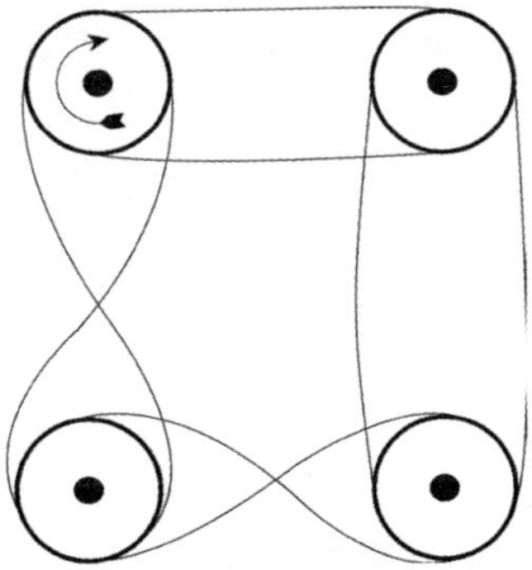

562 正方形拼图

如图 1 所示，将 5 个边长为 1 个单位的正方形拼入 1 个正方形，此正方形的边长是 2.828 个单位。你可以把这 5 个小正方形重新拼入 1 个如图

2 所示的小一点儿的正方形内吗？

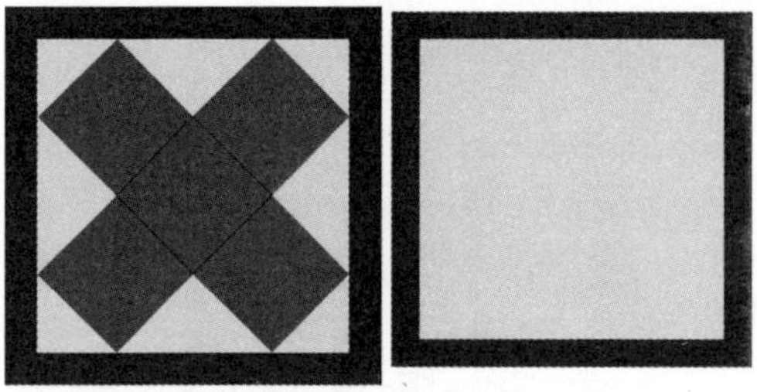

图 1　　　　图 2

563 火车乘客

火车正沿着 AB 方向前行。一位乘客在火车车厢的一侧沿着 AC 方向往前走。以地面为参照物，这位乘客正沿着哪个方向往前走呢，1，2，3 还是 4？

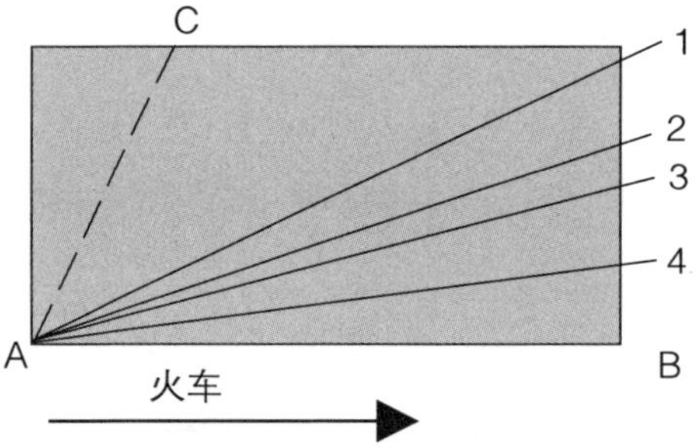

564 火柴游戏（5）

只移动 2 根火柴，拼出 4 个三角形和 3 个平行四边形。

565 小钉板（3）

把 3 × 3 的小钉板分成面积相等的 4 块，请你至少找出 10 种分法。图像的旋转和镜像不算做新的分法。

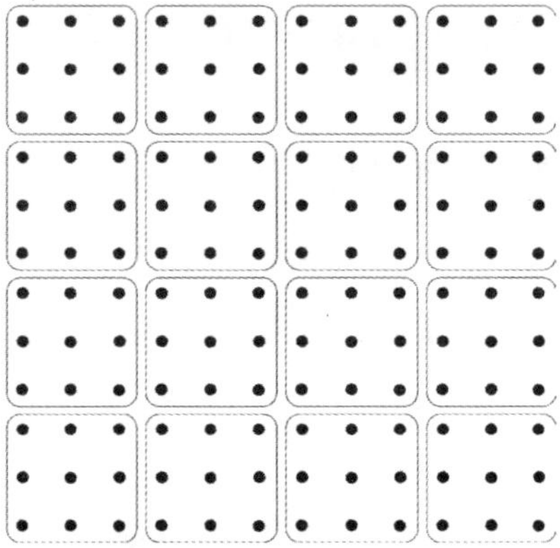

566 鱼缸里的金鱼

你从鱼缸的上面向下看，所看到的金鱼位置和金鱼在鱼缸里的实际位置是一致的吗？

567 问号数字（10）

格子中的每种符号各代表 1 个数字，你能算出问号部分应该填入的数字吗？

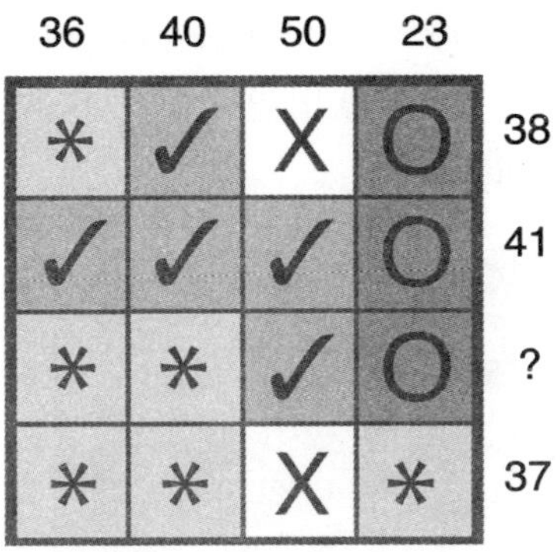

568 问号数字（11）

四边形中有 3 个数学符号没有填入。从顶部开始顺时针计算，你能算出问号部分应当填入什么数学符号吗？

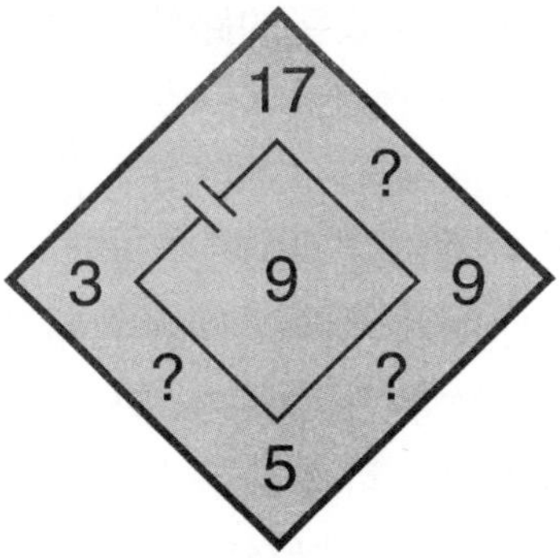

569 立方体侧面线条

细看立方体侧面的那 3 条线，哪条线是与竖线垂直的，哪条线是斜着的？

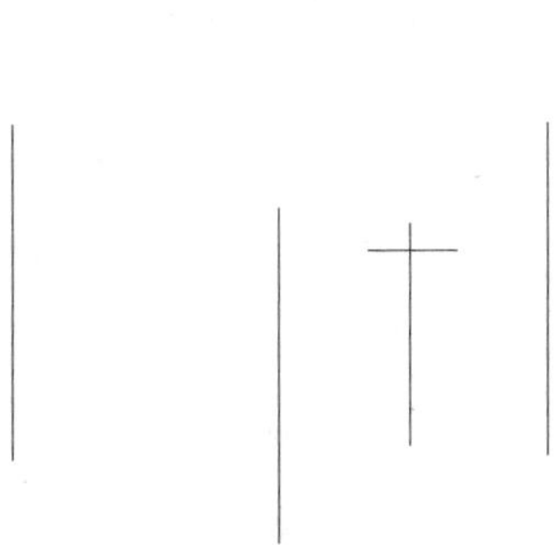

570 画三角形的规则

画 1 个三角形根本不成问题，但是，A，B 和 C 必须落在每条边的中间。记住规则了吗？

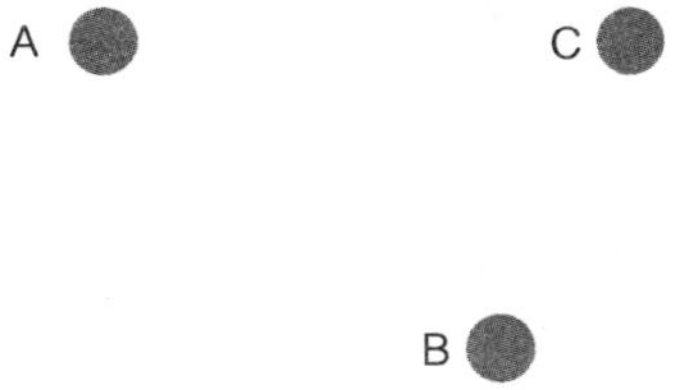

571 硬币游戏

将 8 枚硬币按下图中所示摆放。你能只变更 1 枚硬币的位置，使得每个方向上的每一排都有 5 枚硬币吗？

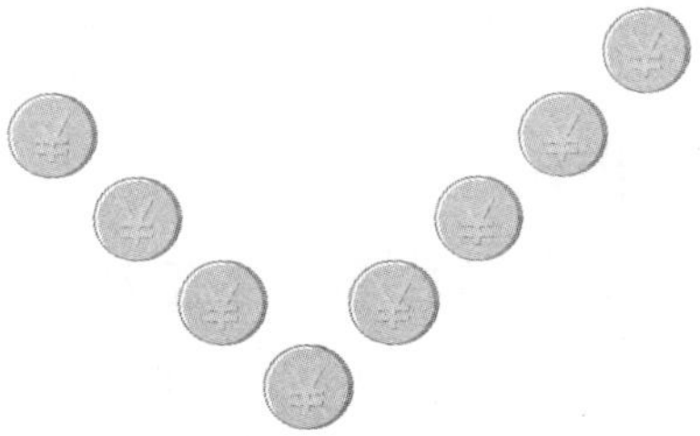

572 棋盘

在下图规格的棋盘中，你能否摆放 4 个黑的皇后和 6 个灰色的皇后，

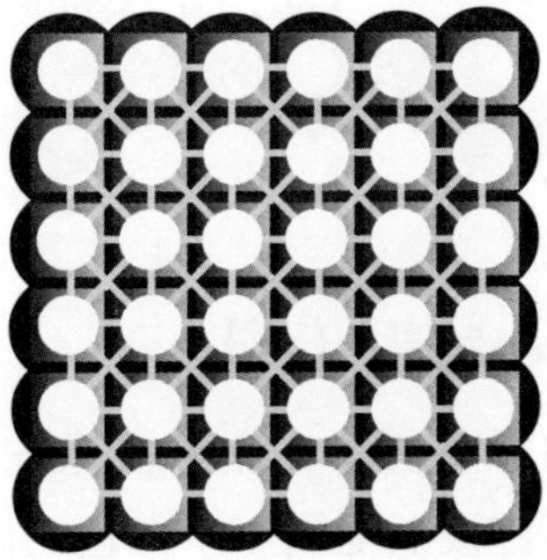

使2种颜色的皇后之间不能互吃？也就是说，2种颜色的皇后中任意2个不能在同一行、同一列或是同一对角线上。

573 火柴游戏（6）

你能不能移走6根火柴使得最后只剩下3个正方形呢？

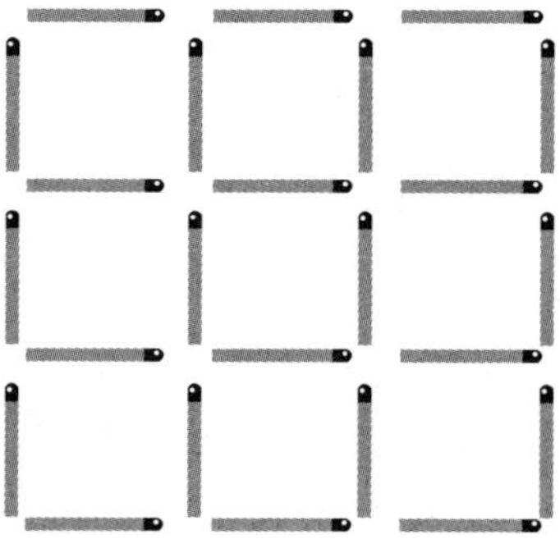

574 齿轮（1）

假设A齿轮和D齿轮都各有60个齿，B齿轮有30个齿，而C齿轮有10个齿。如果B齿轮每分钟进行20次完整的转动，那么哪一个齿轮的旋转会快一些呢，是A齿轮还是D齿轮？

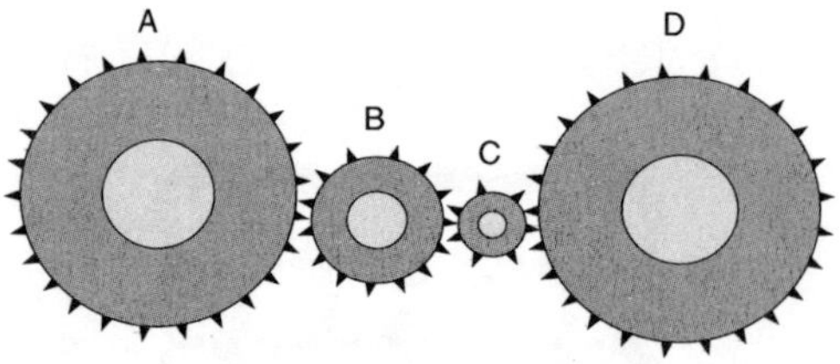

575 小钉板（4）

如下图所示，用1根橡皮筋在下边的小钉板上围出1个白色的四边形，假设图中每一个小正方形的边长为1个单位，你能算出这个白色的四边形的面积吗？

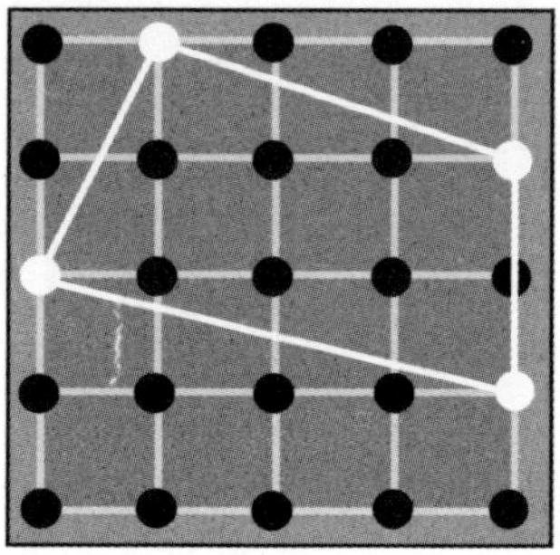

576 路线数字

从最顶端的数字开始，找出一条向下到达底部数字的路线，每次只能移一步。

1. 你能找出一条路线，使路线上所有数字之和为130吗？

2. 你能找出两条分开的路线，使路线上的数字之和为131吗？

3. 路线上可能的最大值是多少，你走的是哪条/些路线？

4. 路线上可能的最小值是多少，你走的是哪条/些路线？

5. 有多少种方式可以使值为136，你走的是哪条/些路线？

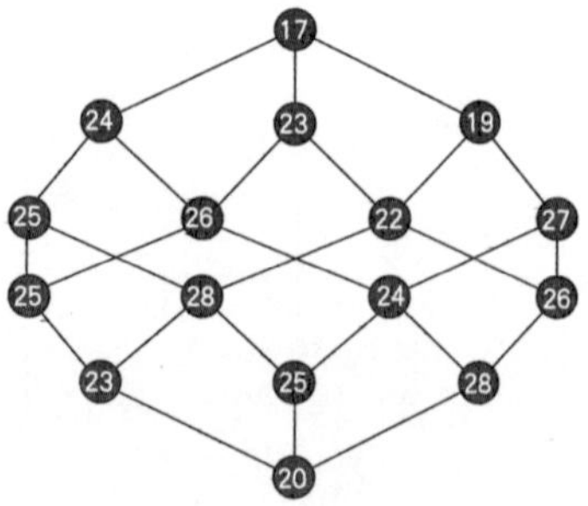

577 矩阵分割

你能沿着这些线条把这个矩阵分成4个部分，每部分里都必须包含1个三角形和1个五角星吗？每部分的形状和尺寸都必须相同，但三角形和五角星的位置可以不同。

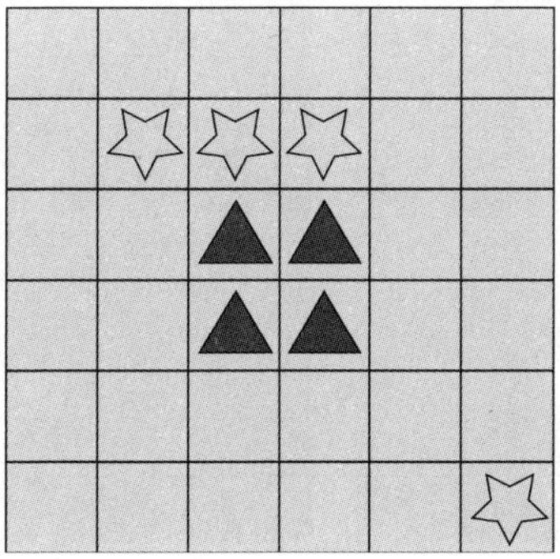

578 正方形嵌图

如下图所示，假设每个小正方形的边长为1个单位，你能够算出下边4个图形的面积吗？

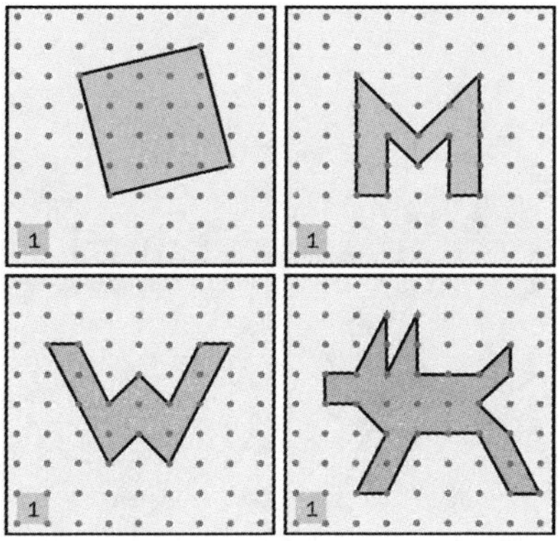

579 齿轮（2）

如果齿轮A按照顺时针方向旋转，那么滑轮E将按什么方向旋转呢？

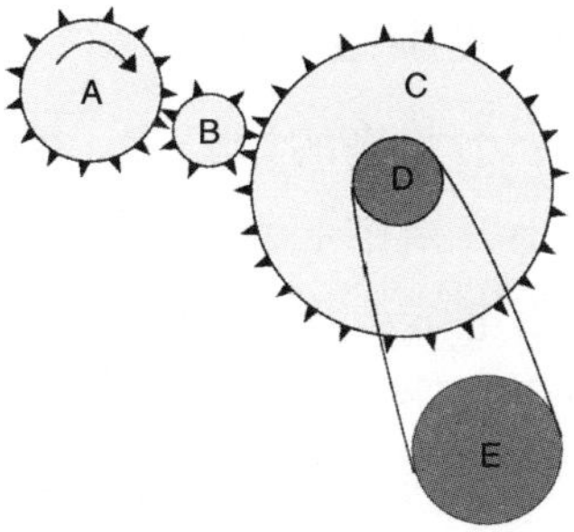

580 最小正方形边长（1）

可以放入7个等边三角形（边长为1个单位长度）的最小正方形的边长是多少？

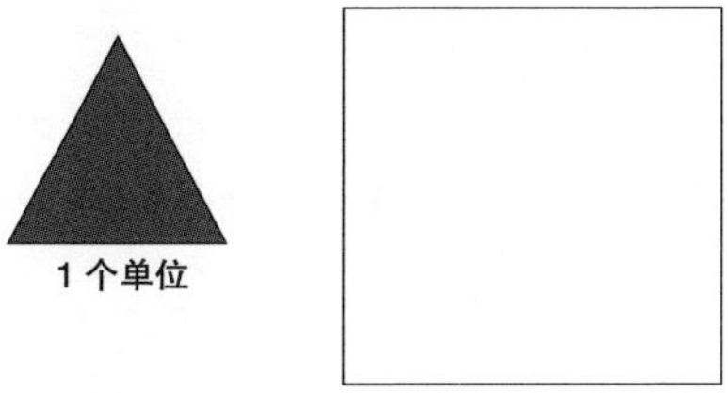

581 天平问题（7）

找出规律，判断应当在第2个天平中放入几个太阳才能使其保持平衡。

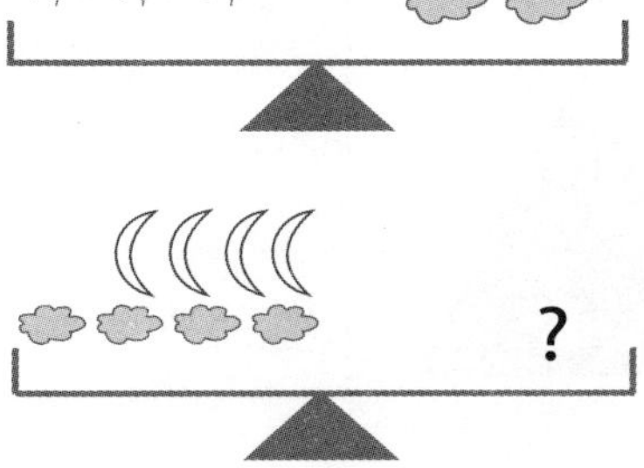

582 最短接线长度

每个小方格的边长为1厘米，两个相邻小方格中心点的距离等于3厘米。每当电线改变方向时，必须在小方格的角上绕一圈，而这道工序需要耗费2厘米的电线。不准沿对角线进行连接。假设B点与最近的小方格中心点连接时要耗用2厘米电线，你能不能算出始于B点，通过所有64个小方格的中心点，最后接到A点的电线的最短接线长度。

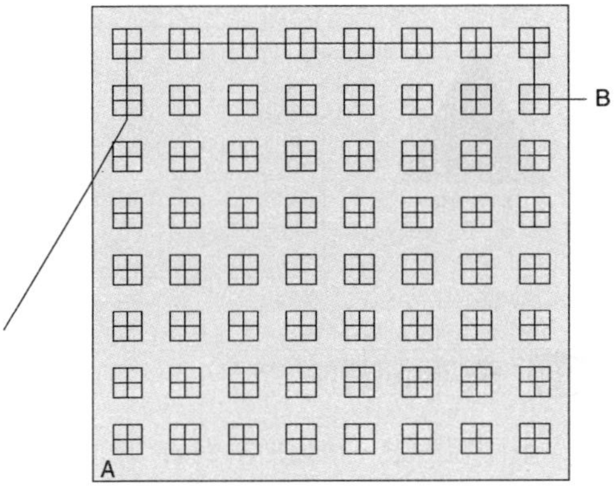

583 最小正方形（2）

可以放入8个等边三角形（边长为1个单位长度）的最小正方形的边长是多少？

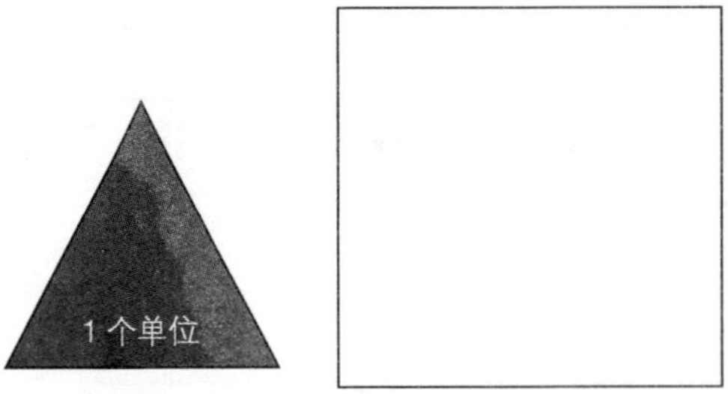

584 纽约翡翠乐大厦阳台

如果从某一边看纽约的翡翠乐大厦，阳台似乎向上倾斜；如果从另一边看，同样的阳台却向下倾斜。这是什么原因造成的呢？

585 舞伴舞姿

在一次大赛中一对舞伴被拍照8次。

在多少张照片中显示的是他们在改变跳舞姿势呢？

586 问号数字（12）

金字塔每一格中的数字都是下面两格中的数字之和。用哪一个数字来替换问号呢?

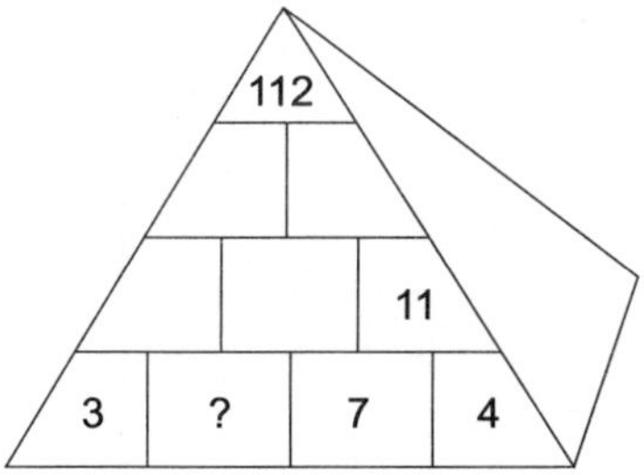

587 墙壁纸

已经给出墙壁纸的形状，在可供选择的墙壁纸中，哪两幅适合挂在它的两边?

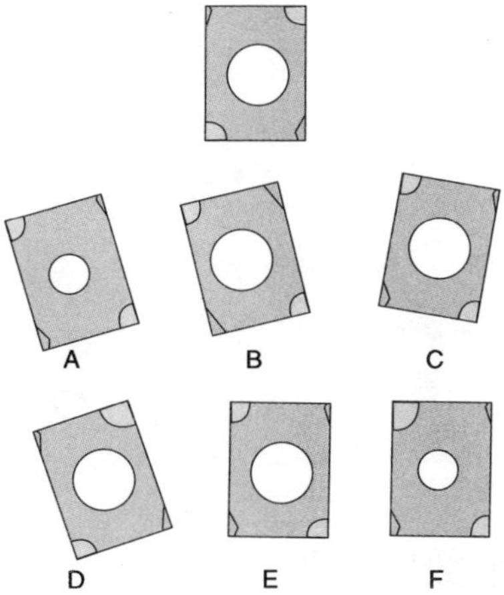

588 美术馆监视器

这个形状奇怪的美术馆里一共有24堵墙，在美术馆里的任何一个角落都可以安放监视器。在下图中，一共安放了11台监视器。

但是，监视器的安装和维护都非常昂贵，因此美术馆希望安放最少的监视器，同时它们的监视范围必须覆盖到美术馆的每一个角落。问最少需要安放几台?

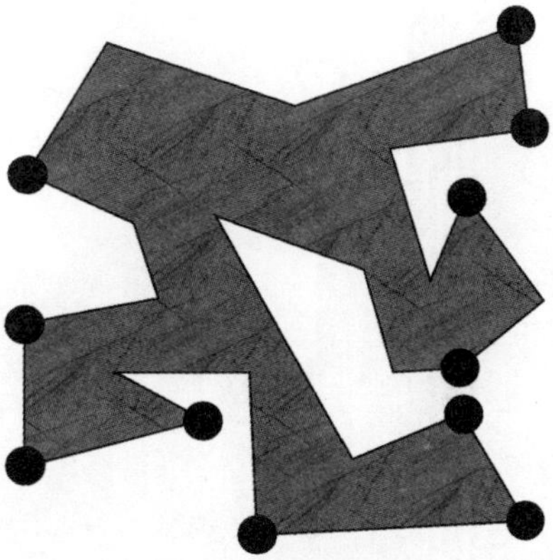

589 椭圆里的数字

在这两个椭圆里，你能找出哪些数字不同于其他的吗?

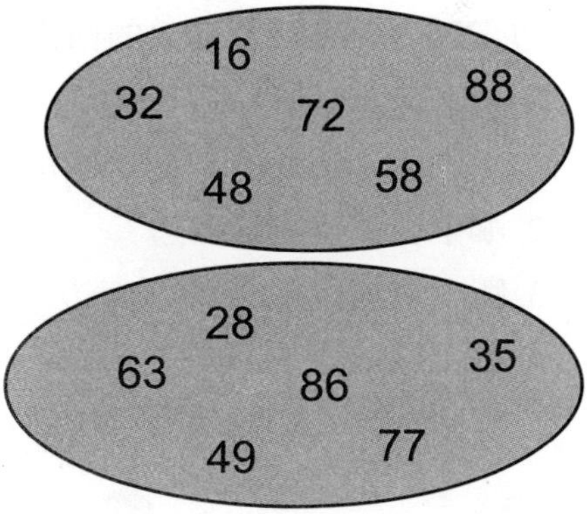

590 街道大厦

街道上的大厦从1开始按顺序编号，直到街尾，然后从对面街上的大厦开始往回继续编号，到编号为1的大厦对面结束。每栋大厦都与对面的大厦恰好相对。

若编号为121的大厦在编号为294的大厦对面，这条街两边共有多少栋大厦？

591 6个城镇

在如下图所示的地图中，A，B，C，D，E，F分别代表6个城镇。C在A的南边、E的东南边，B在F的西南边、E的西北边。

1. 图中标注1处的是哪个城镇？
2. 哪个城镇位于最西边？
3. 哪个城镇位于A的西南边？
4. 哪个城镇位于D的北边？
5. 图中标注6处的是哪个城镇？

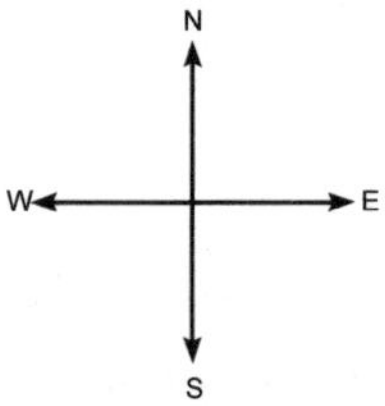

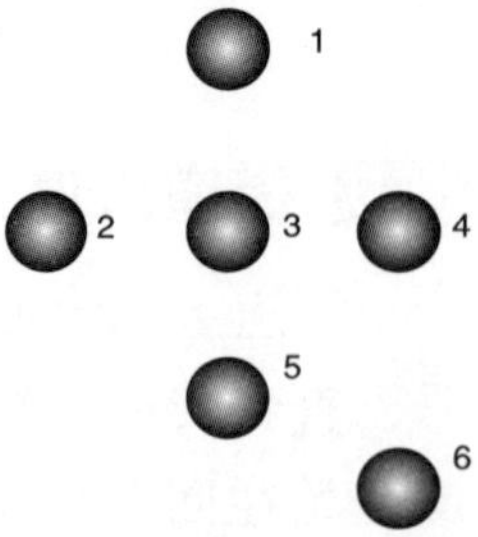

592 问号数字（13）

格子中的每种符号都代表1个数值，你能算出它们分别代表的数值以及问号部分应当填入的数字吗？

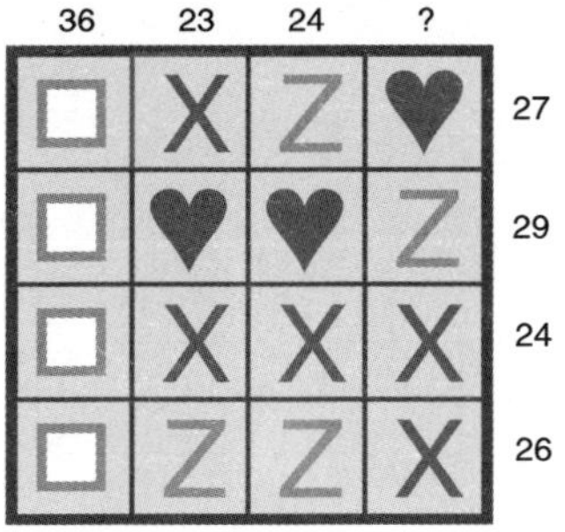

593 空缺的图形

这一组图是按照一定的逻辑规律排列的，那么空缺的图形是什么呢？

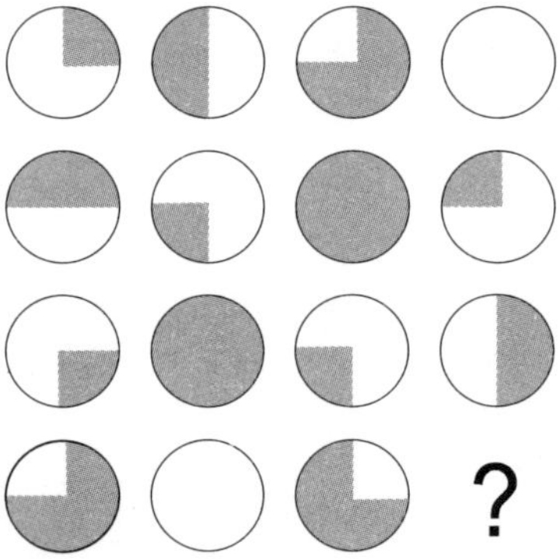

594 数字序列

用给出的数字组成1个连续数序列。你只需使用10个数字中的9个。

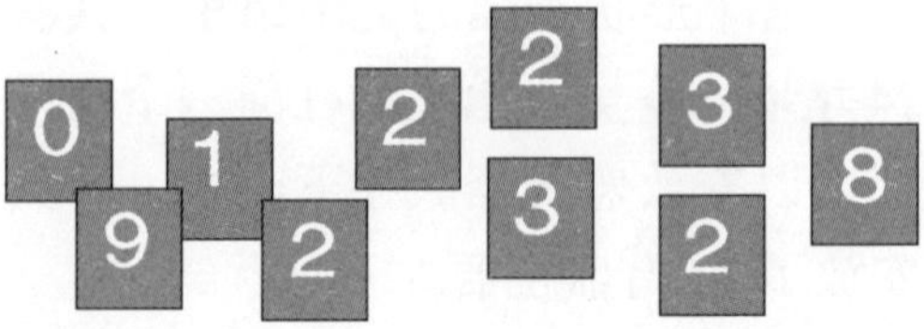

595 十二边形与 12 个四边形

1 个十二边形可以被分割成 12 个相同的四边形，每个四边形都是由 1 个等边三角形和 1 个正方形的一半组成。

你能用这 12 个四边形重新组成 1 个十二边形吗？

596 问号数字（14）

在问号的位置填上合适的数字就可以完成这道谜题，猜猜看应该是哪个数字？

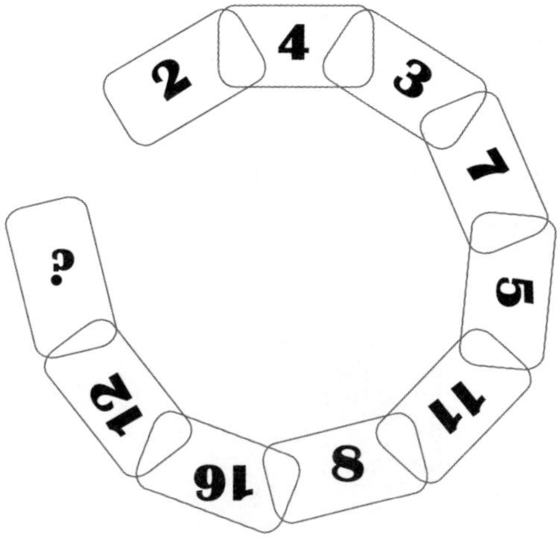

597 问号数字（15）

方格中的每种标志代表 1 个数字，你能算出问号所在处的数字吗？

44	46	44	44	
X	*	✓	O	?
X	X	X	X	56
✓	X	✓	✓	38
✓	O	X	O	44

598 数字迷宫（3）

从中央的数字“4”开始，按你喜欢的方向走 4 步，横走、竖走或对角走。到达 1 个标有数字的方框后，再次按照你喜欢的方向，根据方框内数字所指示的步数走。通过这种方式，你可以找到走出迷宫的路。但是，最后 1 次移动时，你只能走 1 步离开迷宫。你的任务就是找到只移动 3 次就可以走出迷宫的捷径。

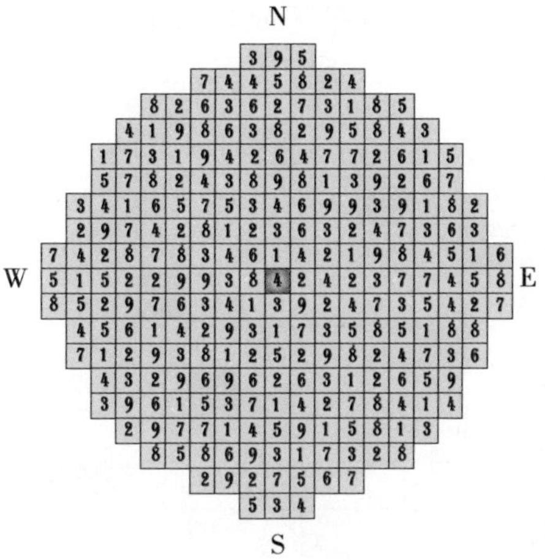

599 瓢虫

一共有 19 个不同大小的瓢虫，其中 17 个已经被分别放入了下面的图形中，每个瓢虫均在不同的空间里。

现在要求你改变一下图形的摆放方式，使整个图中多出两个空间，从而能够把 19 个瓢虫全部放进去，并且每个瓢虫都在不同的空间里。

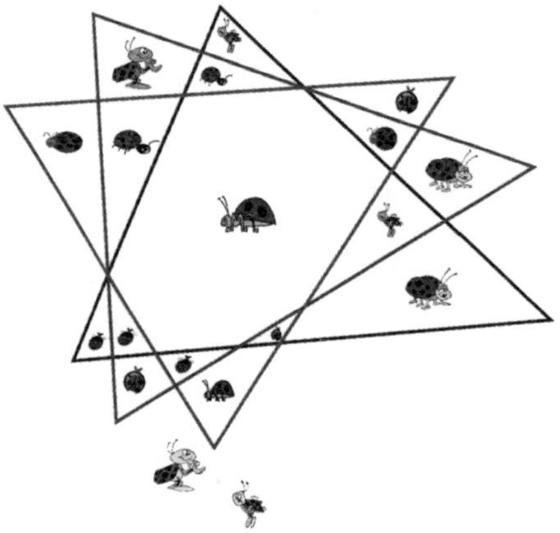

600 游戏板数字排列

你能在游戏板上的 9 个竖栏中放置 1 ~ 9 这 9 个数字，使它们形成 3 个数字的降列排序或升列排序吗？

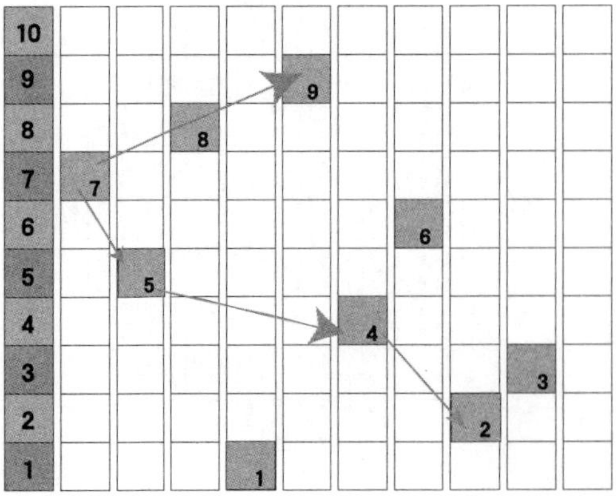

注意：排列中包含或者不包含相邻的数字均可，如图 1 所示的排列中，连续 3 个的升序排列符合规则，但是连续 4 个降序排列就是错的。

601 问号字母（2）

下图中外围圆圈里出现的每个图形和符号，都将按照下面的规则转移到中间的圆圈里面——如果某种图形或是符号在外围的圆圈里出现 1 次：转移；出现 2 次：可能转移；出现 3 次：转移；出现 4 次：不转移。A，B，C，D 和 E 中哪一个应该放入问号处呢？

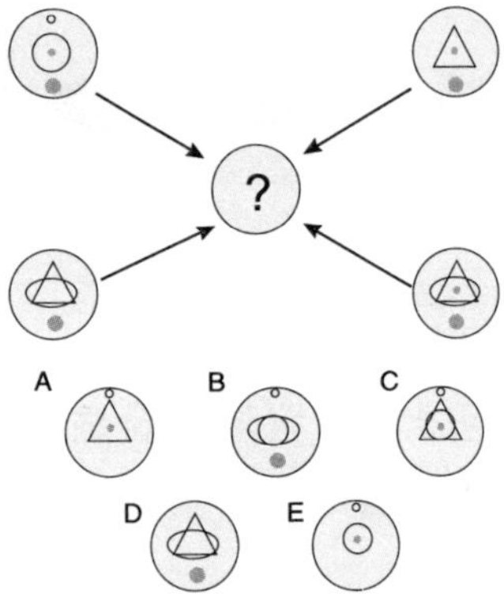

602 问号数字（16）

数字和图是根据一定的规律组合的。你能算出问号部分应当填入什么数字吗？

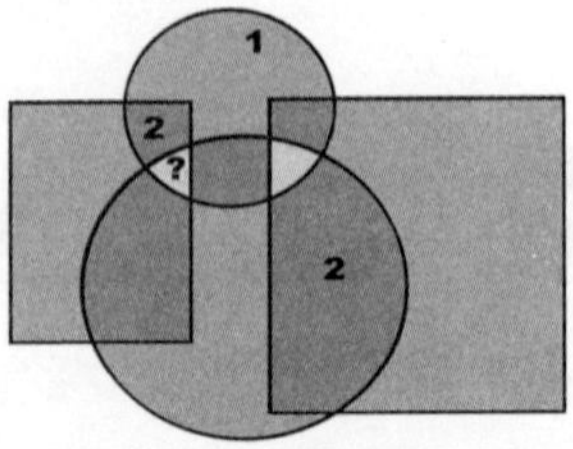

603 图形面积比值

已知下图中的两块黑色区域面积相等，请问其他两块区域的面积比值是多少？

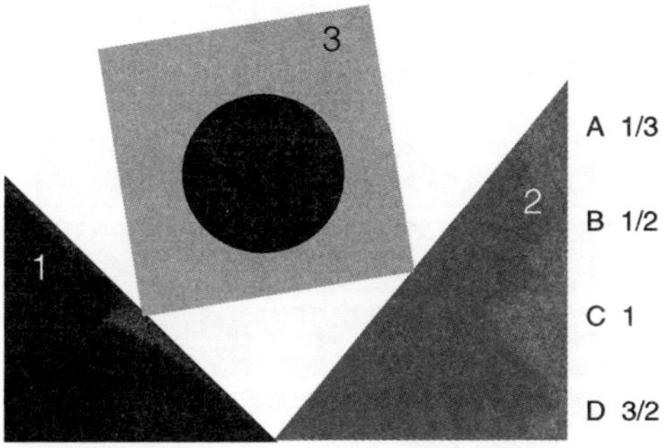

604 希腊老绅士有多大年纪

据说，曾有一位希腊人，孩童时期占据了他生命中 1/4 的时间，青年时期占据了 1/5，在生命中 1/3 的时间里他是成人，而在生命的最后 13 年里，他成了一位老绅士。那么他在去世时年纪有多大呢？

605 螺钉、灯泡

当你按顺时针方向旋拧一枚螺帽的时候，螺帽就会逐渐进入螺母内里的纹路之中。而当你逆时针旋转螺帽的时候，螺母和螺帽就会分开。

假设你有两枚纹路相互排成一线的螺钉。如果将两枚螺钉都按顺时针方向旋转，那它们是会拧到一起、分开又或是在二者之间继续保持一样的距离呢？

还有些其他问题值得思考。在许多大城市里，在诸如地铁车站内等地方安装的灯泡十分独特。这些灯泡并非是按照顺时针方向被旋入灯泡接口，而是需要按逆时针方向拧转。那么这种与大多数其他灯泡不同的设计究竟有何特殊意义呢？

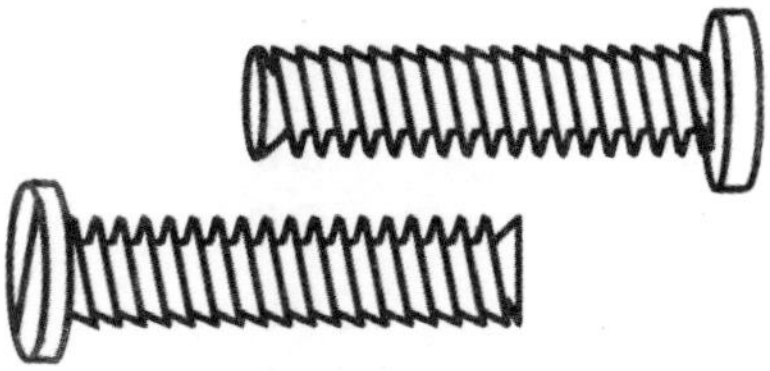

606 火柴游戏（7）

如你所见，由火柴拼出的每行内容都是个错误的等式。现在你所面临的挑战就是在每行里只挪动 1 根火柴，使得原来错误的等式变成正确的。

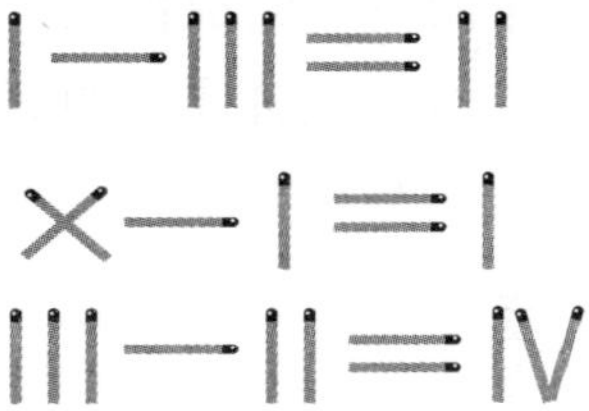

607 表 C 的值

五角星等于格子所代表的值，圆圈等于格子所代表值的 2 倍。表 A 和表 B 的值已经给出，请问表 C 的值为多少？

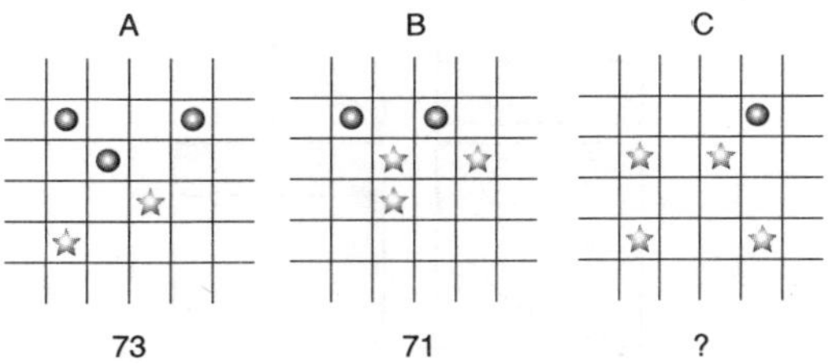

608 让人迷惑的加法运算

下图中简单的加法运算有时会让人迷惑！你大声地把这组数字连加起来，答案是什么？给你的朋友试试，看看会不会有五花八门的结果。

$$\begin{array}{r} 1000 \\ 20 \\ 30 \\ 1000 \\ 1030 \\ 1000 \\ +\quad 20 \\ \hline ???? \end{array}$$

609 数值曲线

将一定的数值绘成曲线，形成了曲线 1 和曲线 2，如果把曲线 1 和曲线 2 所代表的数值加在一起，那么 4 个选项中哪一个将会是图表组合之后所形成的样子呢？

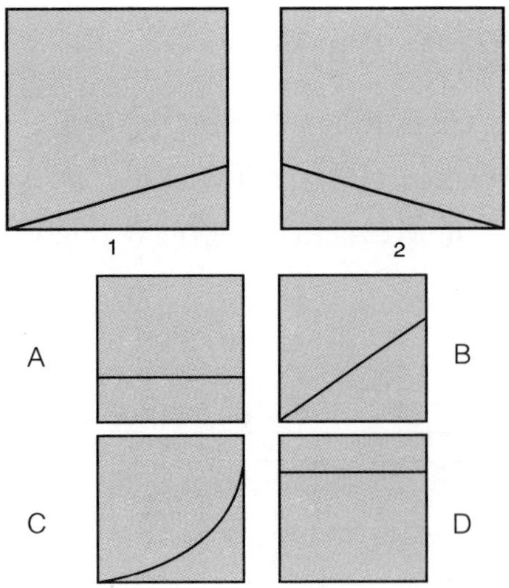

610 数字排列

准备 7 张纸条，写下数字 1 ~ 7，按照如图所示排列。现在，将其中的 6 张每张剪一下，重新排列时，还是 7 行 7 列，且每行、每列和每条对角线上的数字总和为同一个数。很难哦！

1	2	3	4	5	6	7
1	2	3	4	5	6	7
1	2	3	4	5	6	7
1	2	3	4	5	6	7
1	2	3	4	5	6	7
1	2	3	4	5	6	7
1	2	3	4	5	6	7

611 车的巡游

车的巡游是指车走遍棋盘上所有的格子，但每个格子只能进入 1 次。

车可以横走和竖走，格数不限，不能斜走。

在下面的这几种情况下请问车最少走几步或最多走几步才能完成巡游？

题 1 和题 2：图中从 A1 到 H7 车走了 30 步。请问最少走几步和最多走几步才能完成这次巡游？

题 3 和题 4：图中从 A1 到 A8 车走了 31 步。请问最少走几步和最多走几步才能完成这次巡游？

题 5 和题 6：图中车用 20 步完成

了 1 次回到起点的巡游。请问最少走几步和最多走几步才能完成这次巡游？

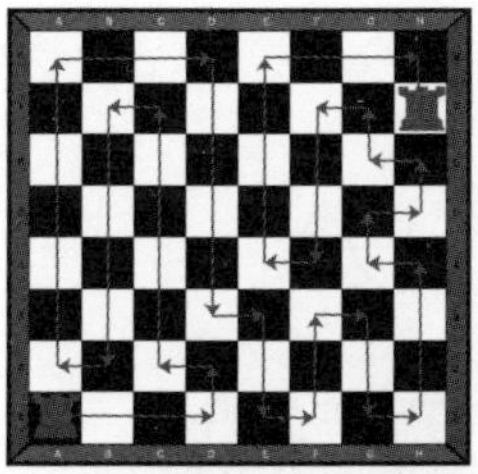

题 1 和题 2

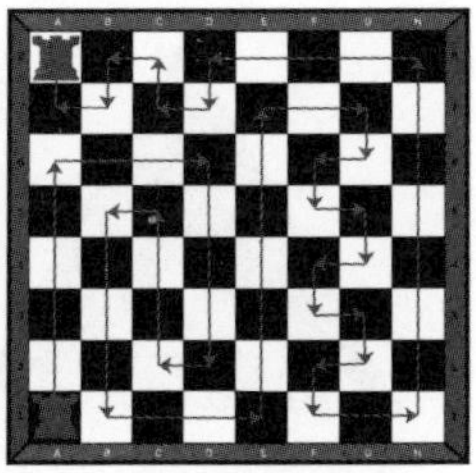

题 3 和题 4

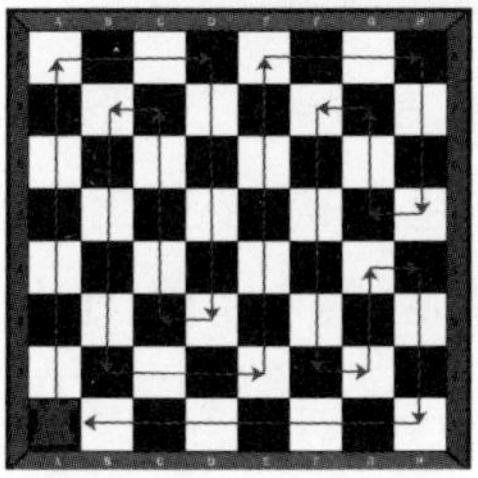

题 5 和题 6

612 男女头像

下图中的一系列头像在逐渐变化，从男人的头变成了跪着的女人。从最左边的男人的头开始，依次观察每个头像，决定在哪个点你的感知发生了质的变化，即开始感觉到了跪着的女人；然后反过来，从跪着的女人开始，看看在哪里发生了质的变化，即看到了男人的头。

613 天平问题（8）

要使天平 C 平衡，右边需要放什么图形？应该放几个呢？

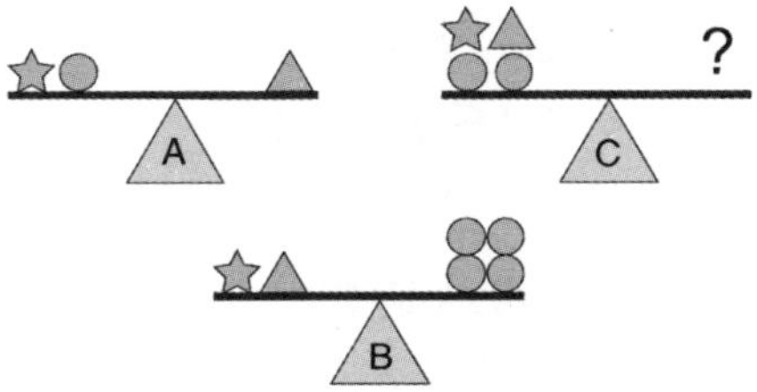

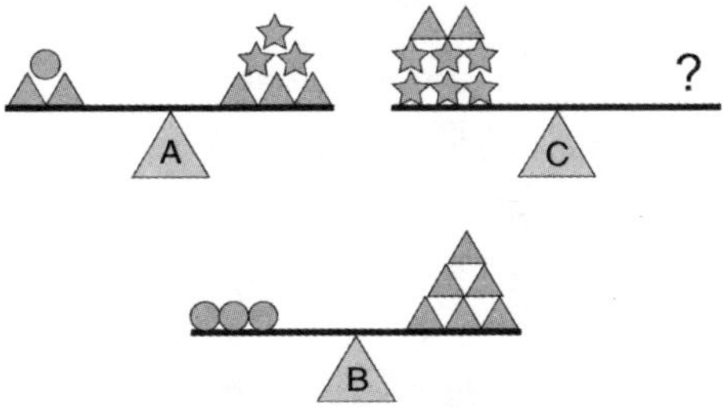

614 找出图形 1 和图形 2

请问在下图中你能够找到几个图形 1 和图形 2？其中图形 1 和 2 上面可以允许有其他的线段穿过。

1　2

615 第 2 组的数字和

如果第 1 组 2 个数字之和为 9825，那么第 2 组 2 个数字之和为多少？

6128+9091
8159+1912

616 多变的八边形

拿一张纸，在上面描绘出这个八边形。然后想一想怎样将这个图形分成 8 个相同的三角形，同时这些三角形还必须能组成 1 个星形。组成的星形要有 8 个尖，中间还有 1 个八角形的孔。

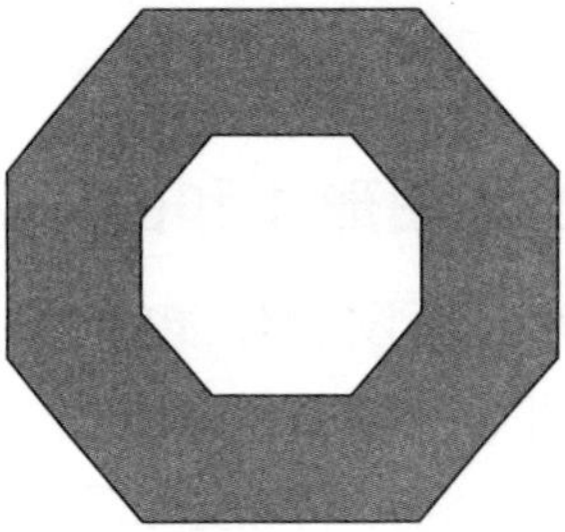

617 珠宝链条

在收拾一盒链子时，珠宝匠发现了如下图所示的 3 根相连的链条，并决定把这链条分开。经过观察，珠宝匠找到了只需打开 1 根链子就能分开整个链条的方法。你找出来了吗？

618 三角形剪辑

如下图所示，要把 1 个正三角形三等分非常简单。

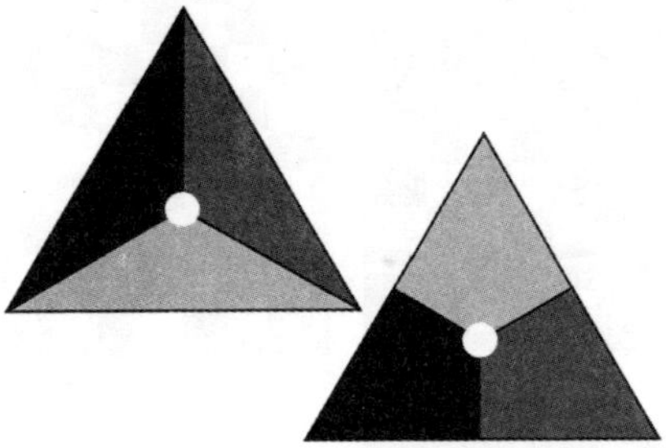

现在的要求是沿直线将三角形剪成几片，使各片拼起来能够正好拼成 3 个一模一样的形状。且剪刀不能通过该三角形的中心。请问应该怎样剪？

619 小狗拉绳

如果这两只狗向着相反的方向拉这根绳子，绳子将会被拉直。

问拉直后的绳子上面有没有结，如果有的话，有几个？

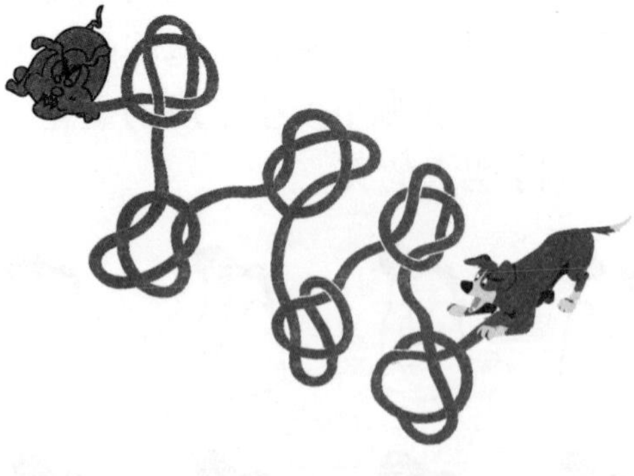

620 找出不同的三角形

4 个三角形之间是通过 1 个简单

的数学公式联系在一起的。你能找出其中不同的1个吗？

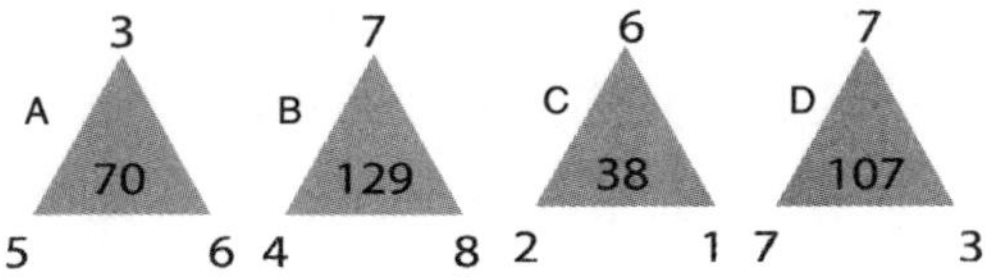

621 链长正方形拼图

你要做的就是把这些图片组成1个正方形，且链条不允许中断。

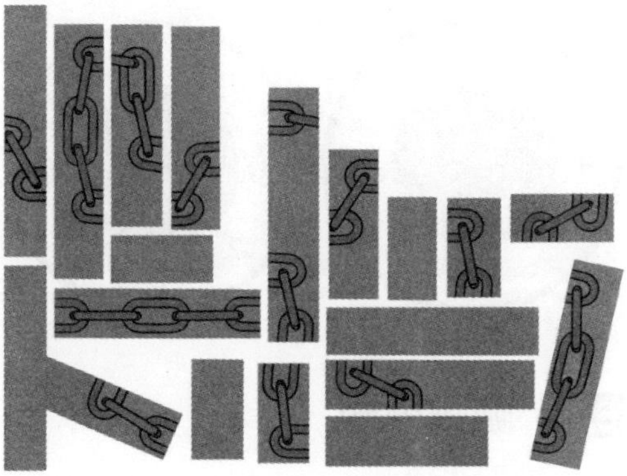

622 立方体对角线的度数

这个立方体有两面已经画出了对角线。请问对角线AB和AC之间的角的度数。

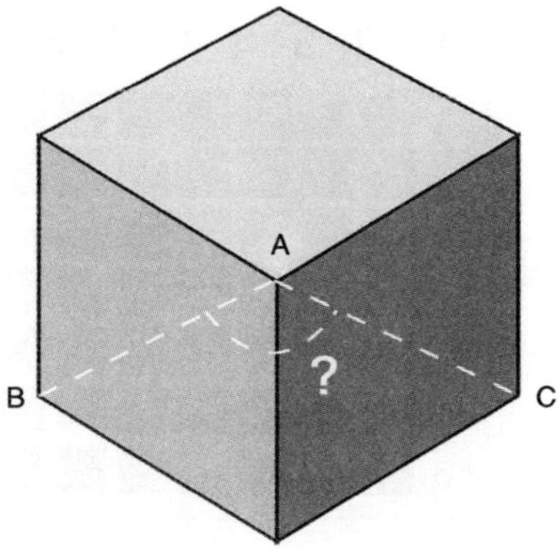

623 巧克力分块

要把这块巧克力分成64块相同的部分，你最少需要切几次？

注意：你可以把已经切好的部分放在没有切的巧克力上面。

624 问号数字（17）

你能找出数字与图形之间的组合规律吗？然后指出问号部分应当填入的数字。

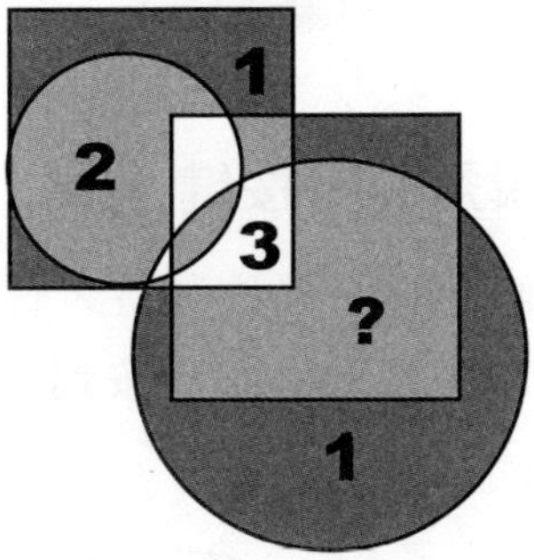

625 时钟的时间（2）

这个钟是为某个行星设计的，它每16个小时自转1次。每个小时为64分钟，每分钟为64秒。现在钟上所显示的时间为差15分钟到8点。请问指针下次最快相遇的时间是什么时候?

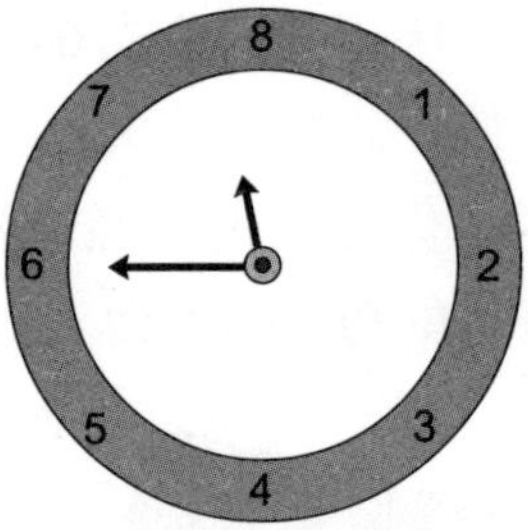

626 十二边形拼图

将下图复制并剪下来，分成15个部分，把它们重新排列拼成1个十二边形，使十二边形表面上形成1条闭合的、曲折的线。

627 爆炸装置按键

要解除这个爆炸装置，你必须按正确的顺序按键，一直按到"按键"这个钮。

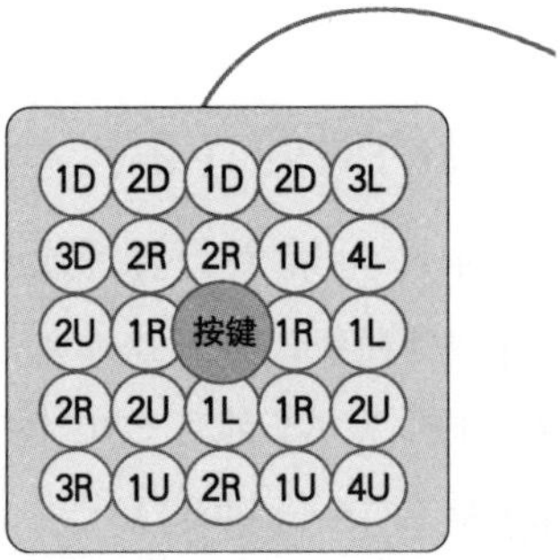

每个键你只能按1次，标着"U"字母的代表向上，"D"代表向下，"L"表示向左，"R"表示向右。键上所标明的数字是你需要迈的步数。

请问你第1个按的应该是哪个键?

628 问号符号

在问号部分填入"×"或"÷"，使两个图表中所得的值相等。

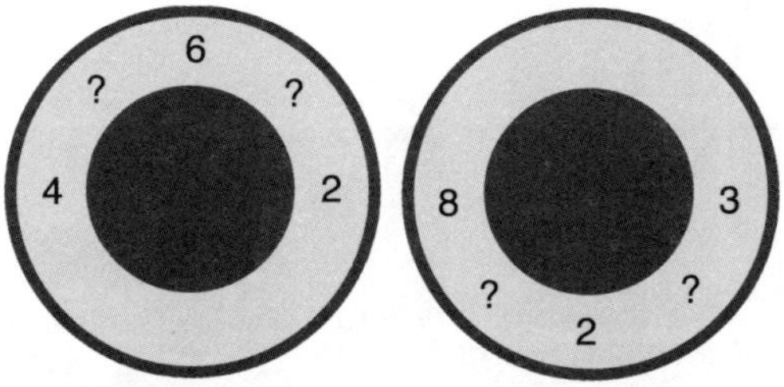

629 咖啡聚会

有7个好朋友住在7个不同的地方（以圆点为标志）。他们准备聚在一起喝咖啡，为了最大限度地减少各自的行走路程，他们应该在哪个地方见面呢?

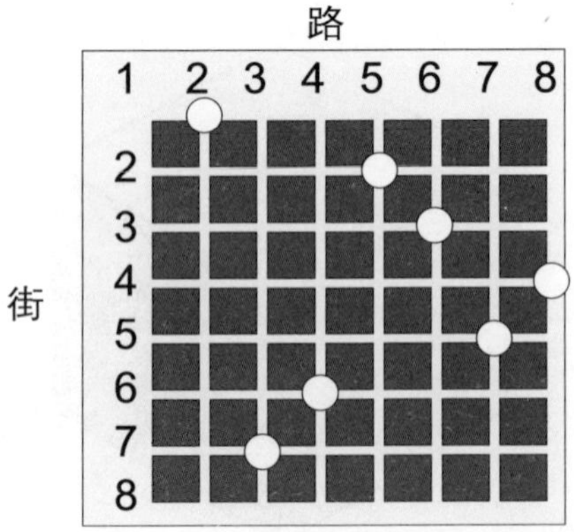

630 最大面积的内接正方形（1）

在等腰直角三角形的内接正方形中，面积最大的是多少？最大面积的内接正方形在该等腰直角三角形中的摆放位置有几种？

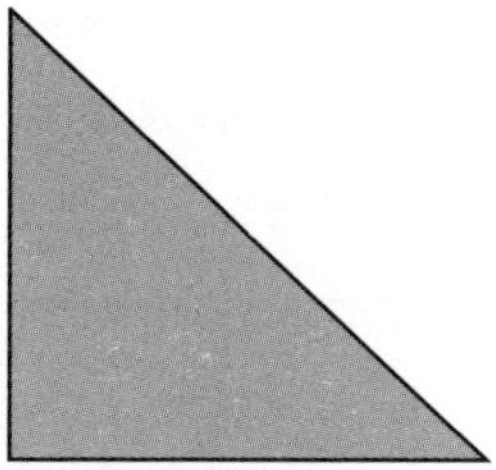

631 长方形排列规则

这些长方形由 1 个单位正方形开始，并且按照一定的逻辑规则无限增长变化。

这一系列的长方形中的前 11 个已经给出了。

你能找到用这 11 个长方形可以拼成的最小的正方形吗？

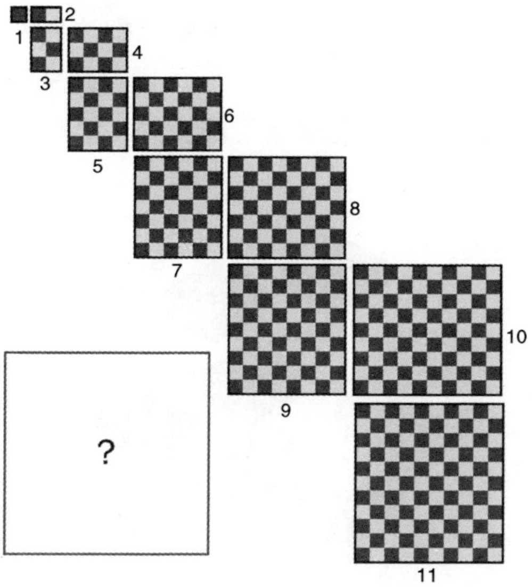

632 超级立方体

将数字 0 ~ 15 填入“超级立方体”中，使如图所示的每个立方体上的 8 个数字相加之和等于 60。超级立方体是四维的立方体，这里用相近的二维平面图来表示。

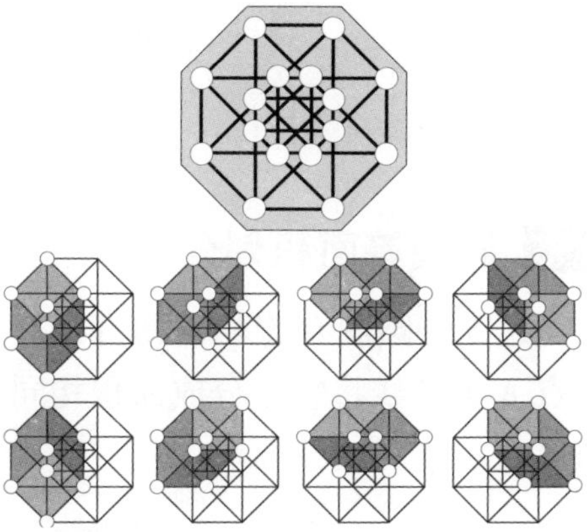

633 天平问题（9）

下图中每个标志都代表了 1 个数值。你认为在最后那个天平上应当再加入什么标志才能使其保持平衡？

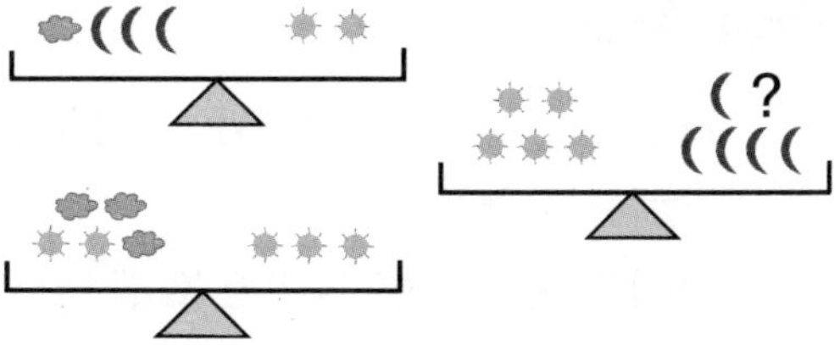

634 数字方块图形

观察这 3 组由标有数字的方块组成的图形。你能否通过把每组中的 1 个（且只能是 1 个）数字方块与别组进行交换将整个图形重新排列，从而使得每组数字的总和都与其他各组中数字的总和相同呢？

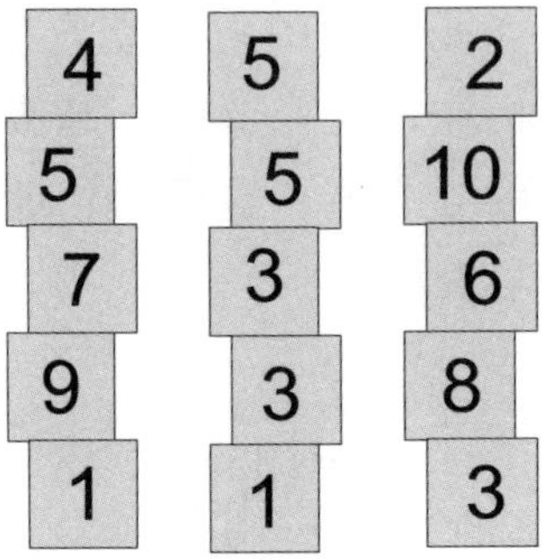

635 圆圈等面积划分

这5个圆圈有着相同的直径，穿过点A画条线将它们分成面积相同的两部分。

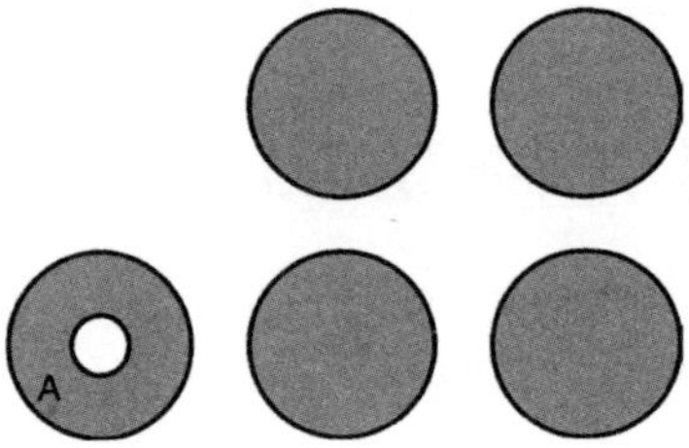

636 绳结

如下图，一条绳子的两个不同方向上分别有两个结。

请问这两个结能够相互抵消吗？还有，你能否将这两个结互换位置？

637 错误的方块

格子里有15个方块，从A1到C3这9个方块中，每个方块都在其上边和左边有与之相同字母和数字标号的方块相对应，方块里的图形由这两个方块叠加而成。例如，B2是2和B中所有线条和图形的叠加。这9个方块中哪一个是错的呢？

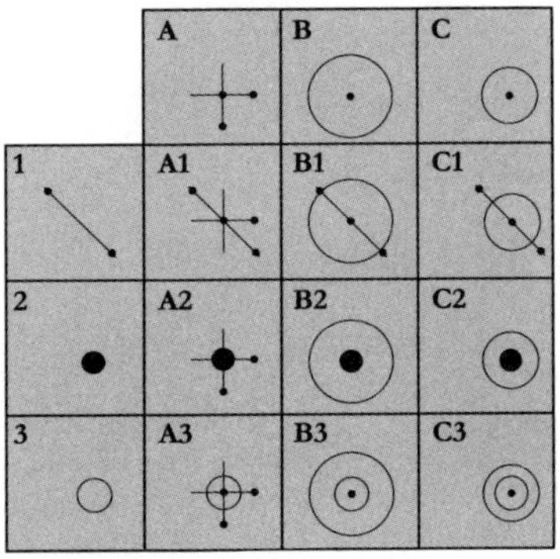

638 积木拼图

有许多关于三维空间的难题：把相同的积木放进指定的空间内。

如下图所示，现在要求把这些积木拼成1个3×3立方体。这看起来简单，但是答案却是很难找的，会使你有挫败感。

639 数字路线

不要使用指示物，只用眼睛看，标有数字的路线中，哪一条能够到达标有字母的目的地？

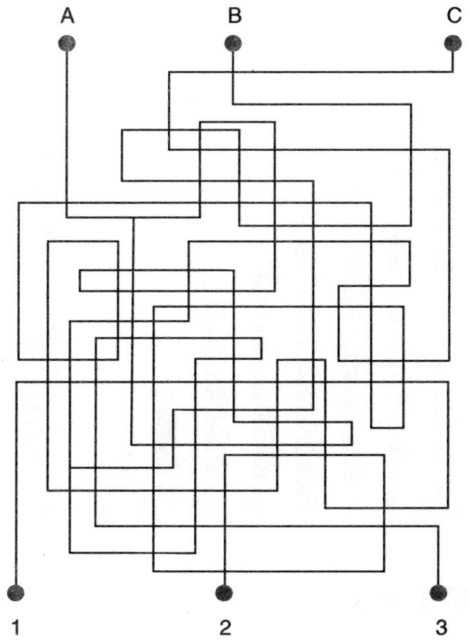

640 A 路到 B 路的路线

某些城市比如曼哈顿、纽约都会在两条主路——A 路和 B 路之间建起居民区，如图方格所示。请问有多少种不同的路线可以到达 B 处？

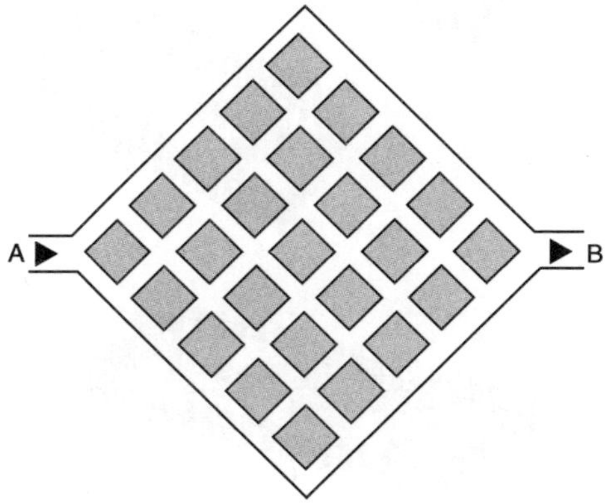

641 最大面积的内接正方形（2）

在边长为 1 的等边三角形的内接正方形中，面积最大的是多少？最大面积的内接正方形在该等边三角形中的摆放位置有几种？

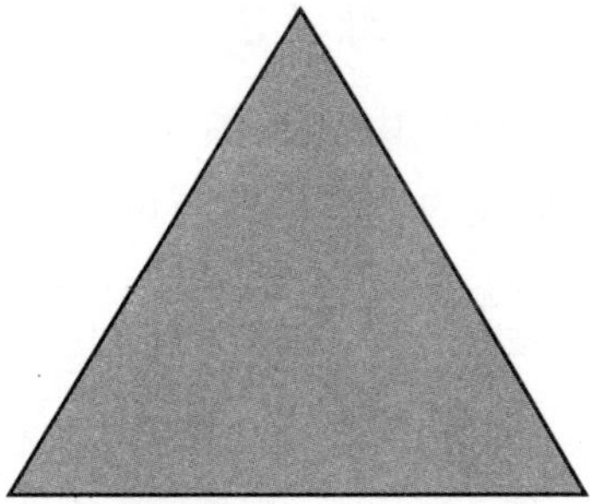

642 鸠尾接合

请问你能将下图这个看上去不可能得到的鸠尾接合分开吗？

与普通的鸠尾接合不同，这个模型四面都是一样的。

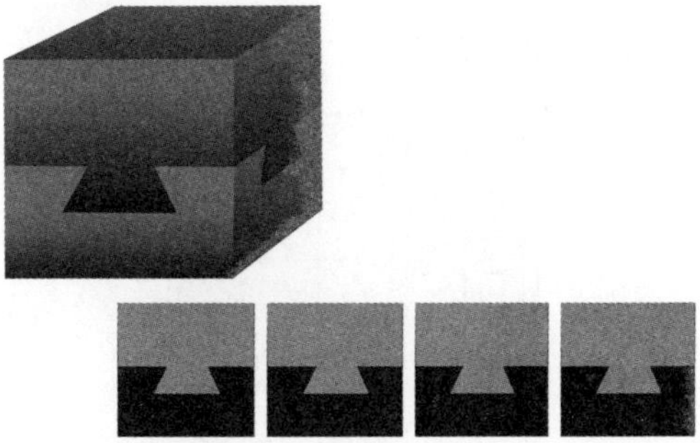

这个鸠尾接合的四面

643 特工密码

下图中每个地面上的特工都需要 1 个数字密码才能与指挥中心联系。

请问图中所缺的两位数密码是多少？

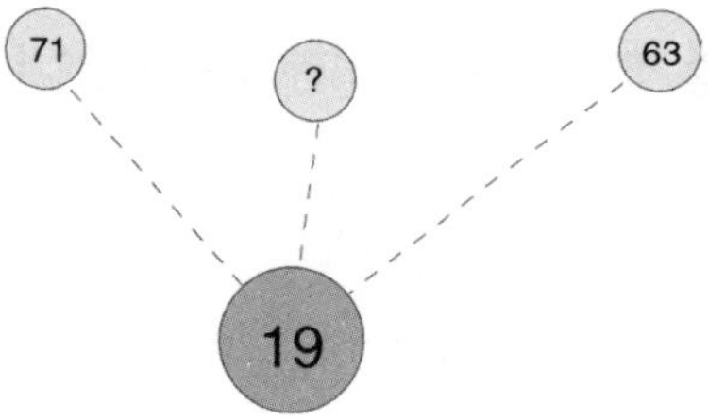

644 问号字母（3）

序列格是由一些顺序相互关联的内容所组成的。这里就有两个范例。

512	256	128
64	32	16
8	4	2

A	C	E
G	I	K
M	O	Q

在第 1 个正方形中，所遵循的顺序是将格子里的数字依次一分为二。而第 2 个正方形中列举的是 1 个字母序列，这些字母之间都隔着 1 个本应存在于二者之间的字母（但该字母并未出现）。请问第 3 个正方形中问号处所缺失的是什么？

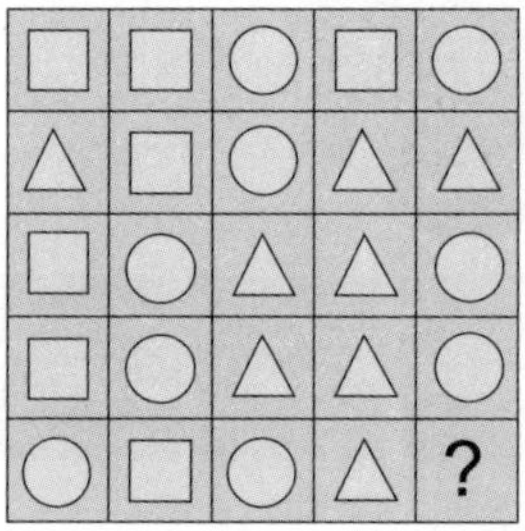

645 木板组合

现在有许多不同长度（毫米）的厚木板，如图所示，我们的目的是选择一些木板并把它们组合成一根连续长度尽可能接近某一个特定长度的木板——在这道题目里为 3154 毫米，如果可能，不要砍断任何木板。你能得到的最好结果是多少？

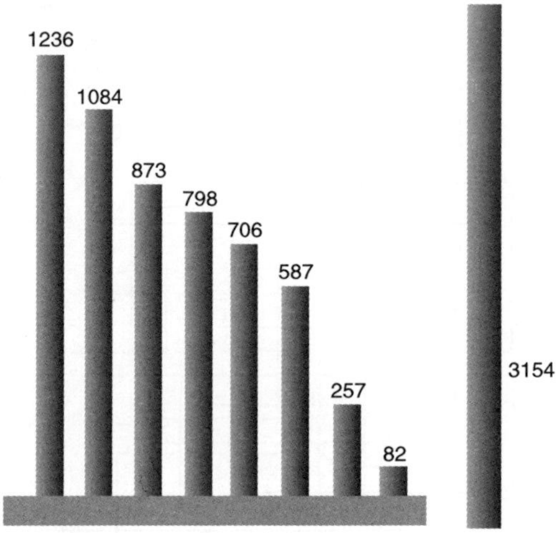

646 围栏（1）

这 3 个围栏的面积相同，请问制作哪个围栏所用的材料最少？

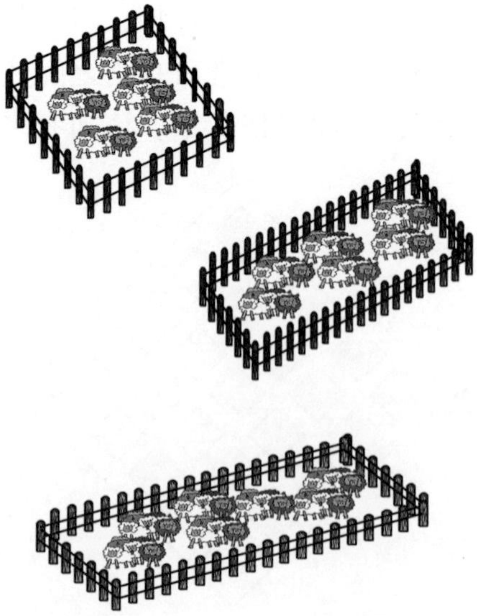

647 爆炸装置按键（2）

要解除这个爆炸装置，你得按照正确的顺序依次按键，直到按下“按键”这个键。键上注有U的表示向上，D表示向下，L表示向左，R表示向右。而每次该走几步键上也都做了指示。注意每个键只能按1次。请问首先应该按哪个键？

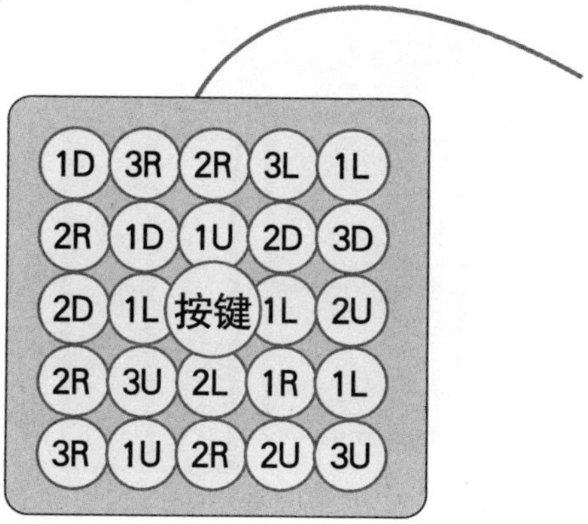

648 分割铜块

在加工厂里，毛坯是不能直接进行加工的，首先要送到画线工人那里画线和打孔。

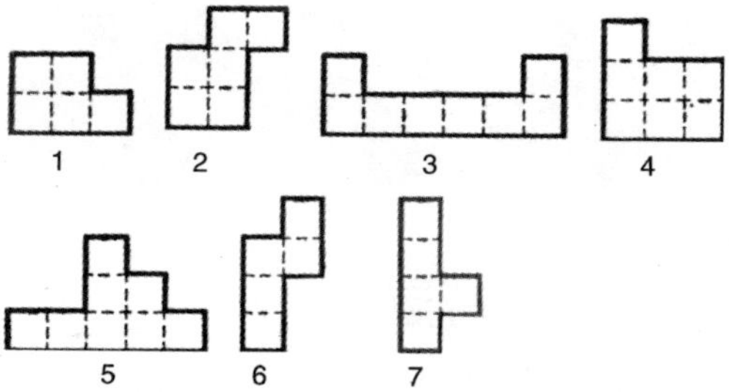

一家加工厂里需要大量的7种形状的多边形铜块，如上图所示。画线工人注意到如果用某种形状的铜块6块就可以拼出1个矩形。是哪种形状上图的铜块？画线工人还发现下图中的6种形状可以被分割成形状相同上图的几部分。请把分隔线画出来。

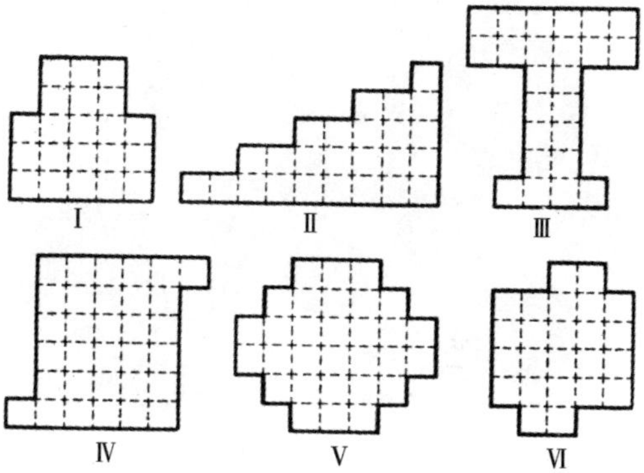

649 盒子里的物品

下边这个盒子里应放入多重的物品才能保持平衡？注意：衡量所划分的部分是相等的，每个盒子的重量是从盒子下方的中点开始计算的。

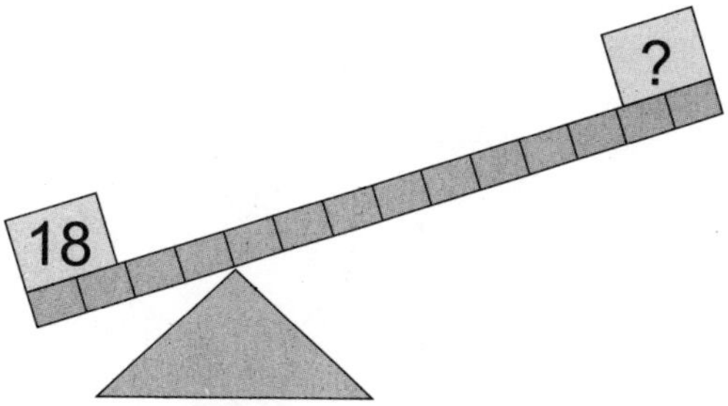

650 绳子杂技

图中右下角的小丑正在拉绳子。对于挂在绳子上的7个杂技演员来说，会发生什么事？他们当中哪些会上升，哪些会下降？

651 问号圆圈

下图四周圆圈里的每个线条和图形都按以下规则移动到中间的圆圈里——如果某个线条或图形在周围的圆圈里出现了1次：移动；2次：可能移动；3次：移动；4次：不移动。A，B，C，D或E，哪个圆圈应该放在问号处呢？

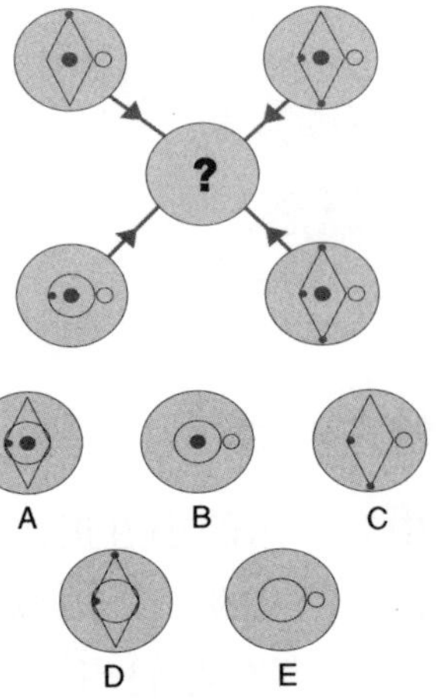

652 围栏（2）

2个矩形围栏全等，并且有1条边重合，这种情况下怎样才能使制造围栏所用的材料最少呢？

如图所示，3种围栏中哪种所用材料最少？3幅图都是按照相同的比例尺画的，并且面积都相等。

653 问号数字（18）

找出数字盘中的数字排列规律，然后指出第3个数字盘中的问号部分应当填入的数字？

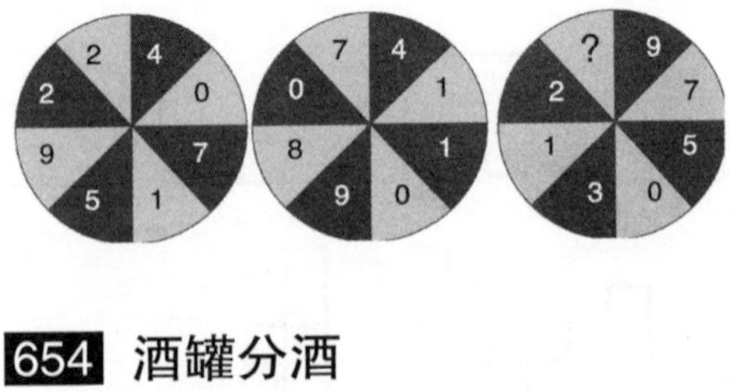

654 酒罐分酒

最开始的时候，9升罐是满的，5、4和2升罐都是空的。

游戏目的是将酒平均分成3份（这将使最小的罐留空）。

因为这些罐都没有标明计量刻度，倒酒只能以如下方式进行：使1个罐完全留空或者完全注满。如果我们将酒从1个罐倒入2个较小的罐中，或者从2个罐倒入第3个罐，这两种方式的每种都算做2次倒酒。

达到目的的最少倒酒次数是多少？

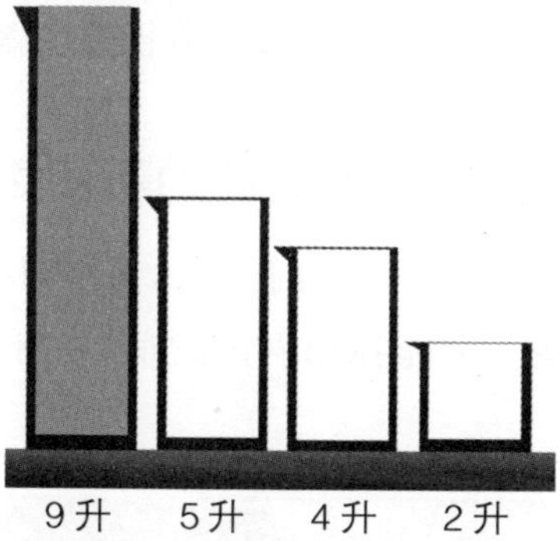

655 围栏（3）

用这9块木板做成1个等边三角形的围栏，它们的长度用米表示。（9块木板都必须用上。）

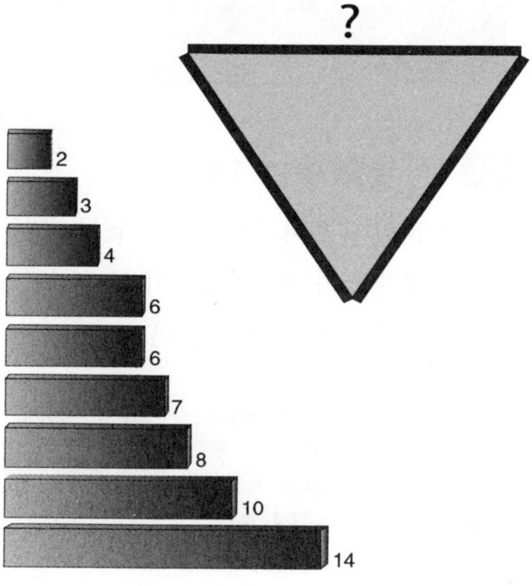

656 颠倒图像

我们不知道谁最先发明了颠倒图像，但是这些刻在硬币上的颠倒图像在16世纪已开始流行。这枚稍晚于1530年的硬币是我们所知道的最早的例子。它描述的是当时主教的形象，如果颠倒一下，你会看到什么呢？

657 四边形数学谜题

在这个四边形中，从顶部开始顺时针填入4个数学符号（+、－、×、÷），使位于中间的答案成立。

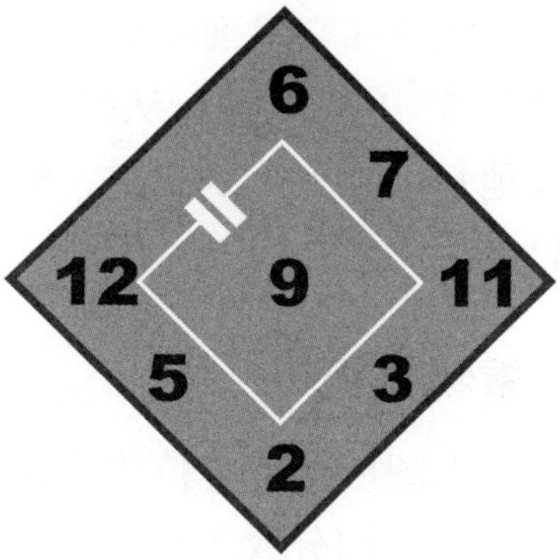

658 哈密尔顿循环

在完全有向的图里每2个顶点之间都有连线，且每条线段都有1个箭头。

对于完全有向的图有个著名的定理，即完全有向图各线段的箭头不论怎么加，总有 1 条路线——从某个顶点出发，沿着箭头方向通过每个顶点，且每个顶点只经过 1 次。这样的路线被称为哈密尔顿路线。而如果这条路线能够正好回到起点，那么这条路线就被称为哈密尔顿循环。

根据完全有向定理，哈密尔顿路线在任意完全有向图上都是一定存在的，而哈密尔顿循环则不一定。

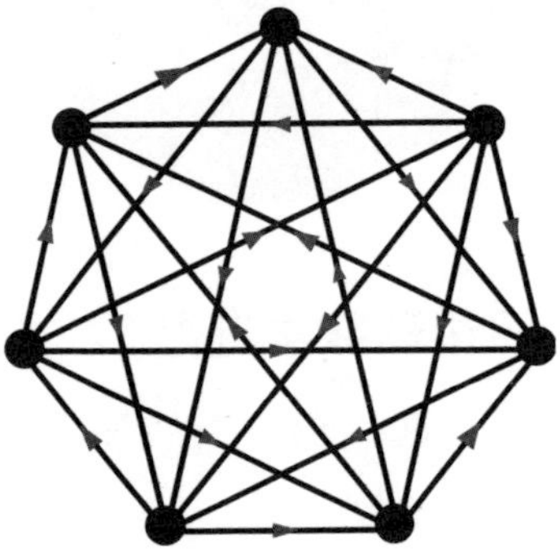

上面是 1 个有 7 个顶点的完全有向图。你能够在它里面找到 1 个哈密尔顿循环吗？也就是说，从起点开始，到达其他每个顶点分别 1 次，然后再回到起点？

659 重物分组

给如下图所示的单位为千克的重物分组，把它们分成 3 组，使它们的总重量尽可能相等。

如果是 3 个 2 千克重的物体和 2 个 3 千克重的物体，答案就简单了。但是有 9 个物体，问题就麻烦了。你可以完成吗？

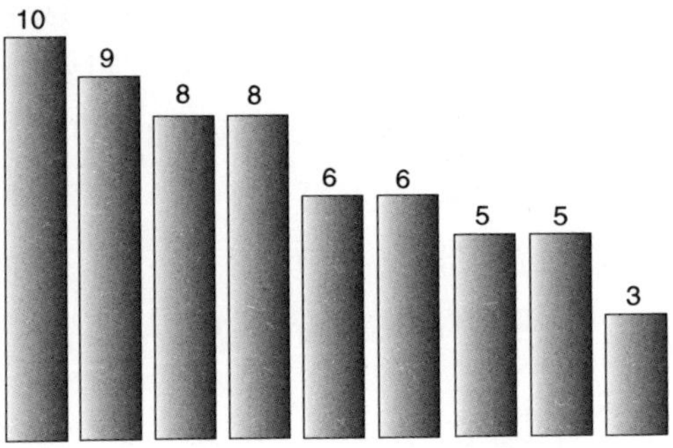

660 找出两图之间的不同之处

以下两图非常相像，但并不是完全相同。你能找出两图之间的 11 处不同吗？

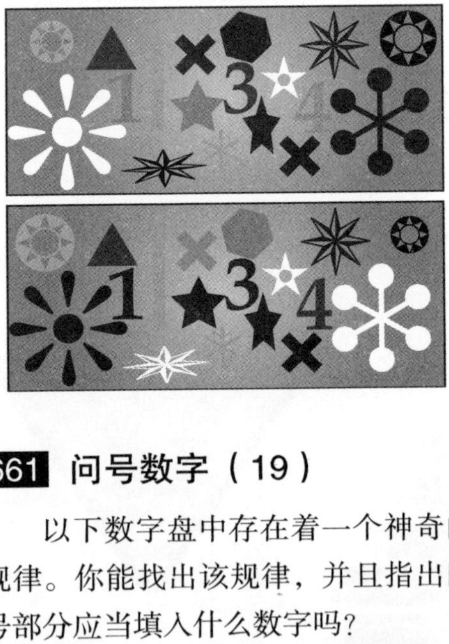

661 问号数字（19）

以下数字盘中存在着一个神奇的规律。你能找出该规律，并且指出问号部分应当填入什么数字吗？

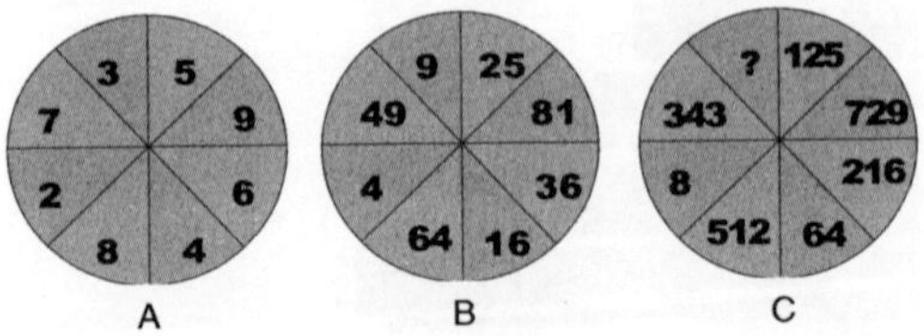

662 天平问题（10）

你能找出最后那个天平中应当加入什么图标才能使其保持平衡吗？

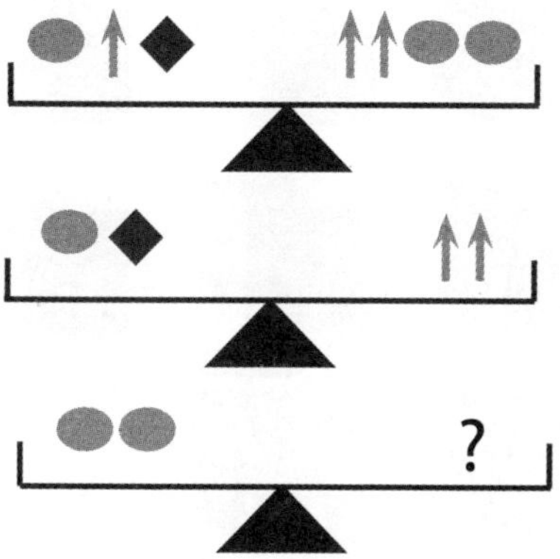

663 计算线段长度

下图中，圆圈的中心点是 O，角 AOC 是 90°；AB 与 OD 平行。线段 OC 长 5 厘米，线段 CD 长 1 厘米。你要做的是计算线段 AC 的长度。

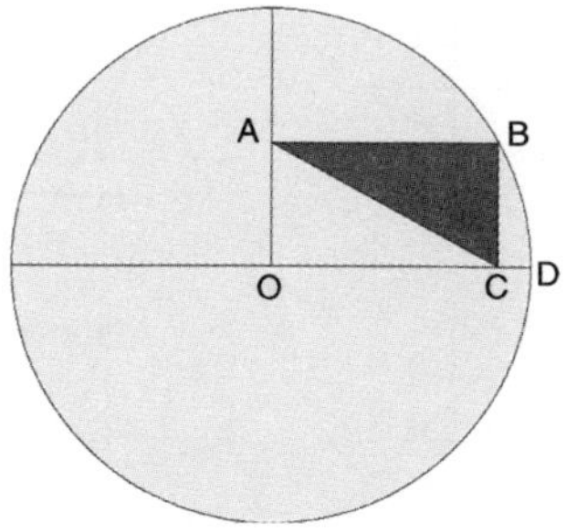

664 卡利颂糖果包装盒

卡利颂是一种著名的法国糖果，它的形状是 2 个正三角形所组成的菱形，卡利颂通常用漂亮的纸盒包装起来。

我们下面的题目就与它的包装有关。

我们用三角形格子的纸盒来装卡利颂，由于每个卡利颂要占 2 个三角形的位置，那么一般说来纸盒三角形的格子数必须是偶数。

但是是不是这样就够了呢？是不是所有含三角形的格子数为偶数的纸盒都可以装满卡利颂，而没有 1 个格子被剩下来呢？

如下图所示，你能够用 3 种颜色的卡利颂糖果填满这个星形的包装盒吗？

665 图表分割

将图表分成 4 个相同的形状，并且每部分所包含的数字之和要等于 134。

5	7	8	15	4	7	5	6
11	6	9	8	16	12	10	10
7	12	10	12	3	11	6	8
6	7	2	5	7	7	15	10
12	15	10	8	5	12	8	7
6	7	11	13	9	6	9	6
9	8	10	6	8	8	1	2
3	6	4	10	10	10	15	15

666 问号数字（20）

你能算出每种图标代表的数值，并指出问号部分应当填入什么数字吗？

35	47	38	24	
X	*	*	*	?
✓	X	X	✓	40
✓	O	✓	✓	21
O	O	O	O	48

667 折叠立方体

将图A折叠成1个立方体，B，C，D，E，F选项中哪个是正确的呢？

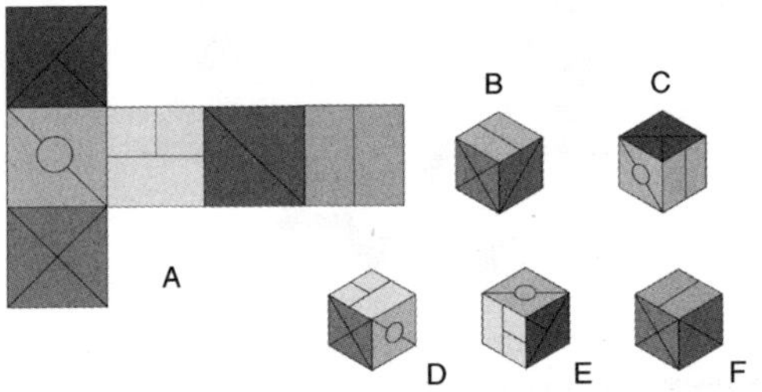

668 暗箱中的激光束路径

在全息摄影环境中，一束激光从左上方发出，并在右下方被吸收。它穿越过8个“暗箱”。

在每个暗箱中激光都被两面成45°角的棱镜反射，如图中两个被剖开的箱子所示。

激光的路线已在图中标出。

通过对激光束可见部分的观察以及你的推演能力，你能重新构建出激光束在暗箱中的连续路径吗？

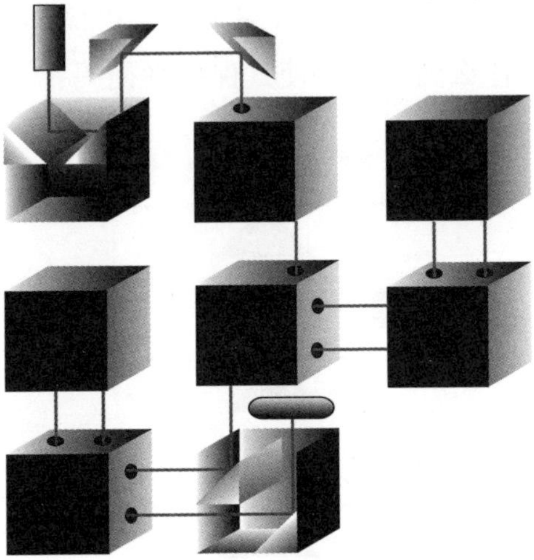

669 一笔画图形

如果有的话，在4个图形中，哪个不需要横穿或者重复其他线条，一笔就能在纸上画出来。

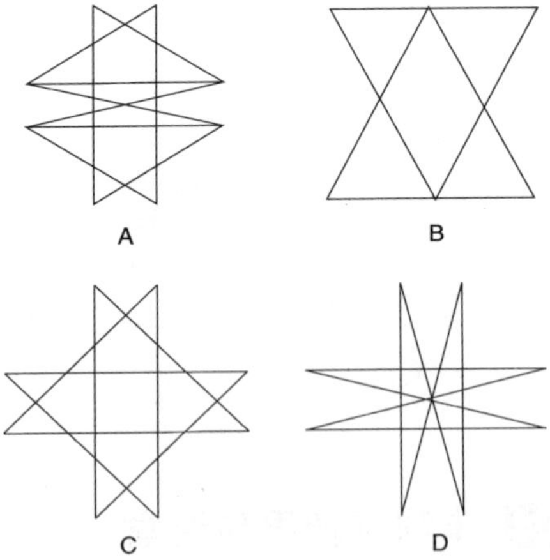

670 单人跳棋游戏

单人跳棋除了在标准棋盘上可以进行之外，还可以在其他形状的棋盘上进行。俄亥俄州的一个工程师就此提出了下面这个问题：

如果在正方形板上玩单人跳棋游戏，怎样从开始的满板（即所有小洞上都有钉子，只留下1个没有钉子的小洞，这个小洞可以在板上的任意一个地方）通过一系列的跳跃使最后板上只剩下1个钉子，而这个钉子所在的位置正好是游戏开始时上面没有钉子的小洞？

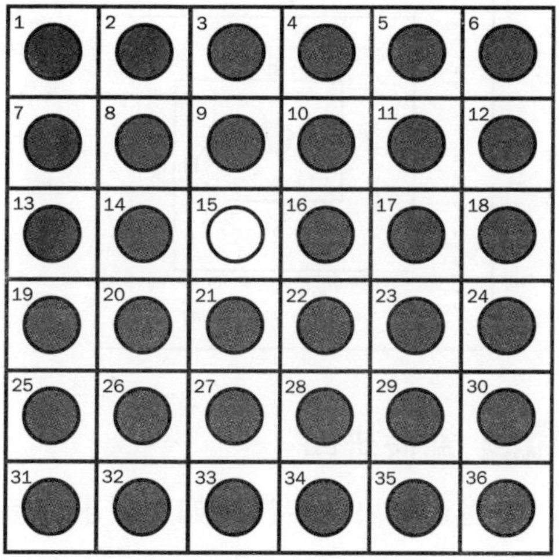

无数试验证明只有在边长为3的倍数的正方形上进行这个游戏才是有解的，而3×3的正方形除外。因此最小的游戏板也就应该是6×6的正方形，这可不是一件容易的事。

在题中6×6的正方形棋盘上，你需要多少步才能达到要求？如图所示，开始时15号的小洞是没有钉子的。

671 吉他弦

如图所示，一根吉他弦两端分别固定在1和7两处，从1～7每两点之间的距离相等。

在4，5，6处分别放上3个折叠的小纸片。

用手捏住琴弦的3处，然后拨动2处。

纸片会有什么反应？

672 为星星分配空间

下图中显示了11颗星的分布位置。你能只利用5条直线将图案进行分割，使得每颗星星都有属于它们自己的空间吗？各部分空间不必相等。

673 圆圈问号

下图四周圆圈里的每个线条和图形都按以下规则移动到中间的圆圈里——如果某个线条或图形在周围的圆圈里出现了1次：移动；2次：可能移动；3次：移动；4次：不移动。A，B，C，D或E，你认为哪个选项应该放在问号处？

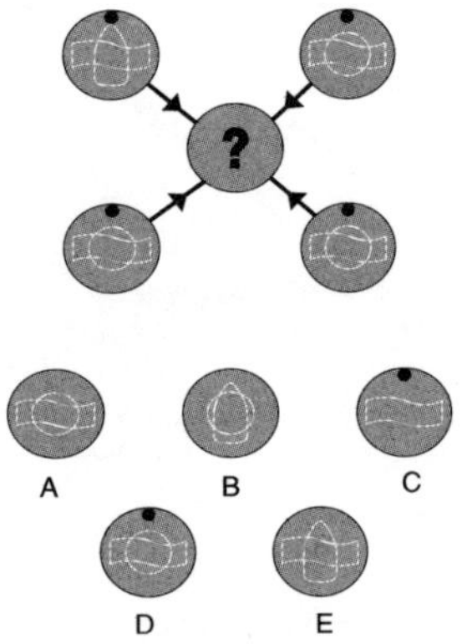

674 六边形数字游戏

每个六边形底部3个球对应的数之和减去六边形顶端的3个球所对应的数之和，等于六边形中间相对应的这个数。请填出空白处对应的数字。

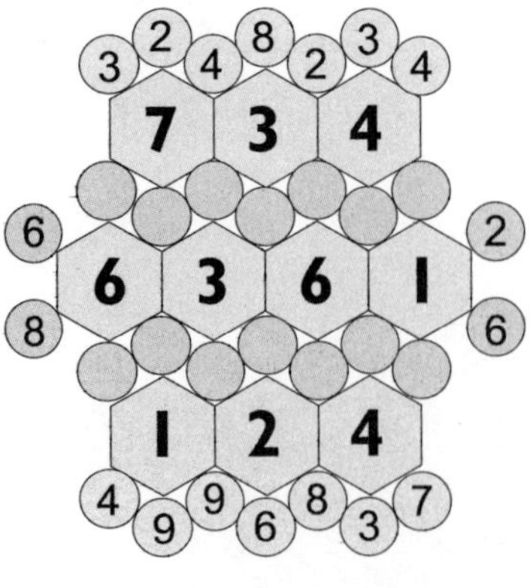

675 花园回形小道

有位女士，她的花园小道有2米宽，道路一边都有篱笆。小道呈回形，直至花园中心。有一天，这位女士步行丈量小道到花园中心的长度，并忽略篱笆的宽度，假设她一直走在小道的中间，请问她走了多远？

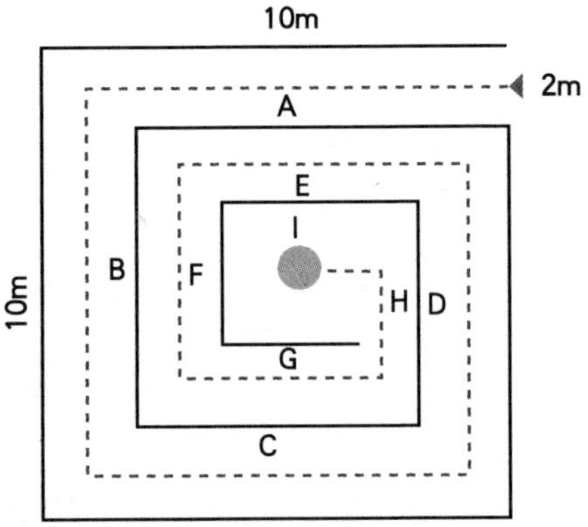

676 瓷砖拼图

将这7块瓷砖按照如下要求拼接起来：

1. 每两个图形任意相邻的两部分颜色不同。

2. 最后拼成的图形必须是轴对称图形。

677 火柴游戏（8）

你能否任意移动 4 根火柴棒，使剩下的火柴棒在顶部、底部两行及左、右两列的总数依旧是 9 吗？

第 2 种方法不限制移动火柴的数目，但只有最会曲折思考的横向思维者才能完成。你能吗？

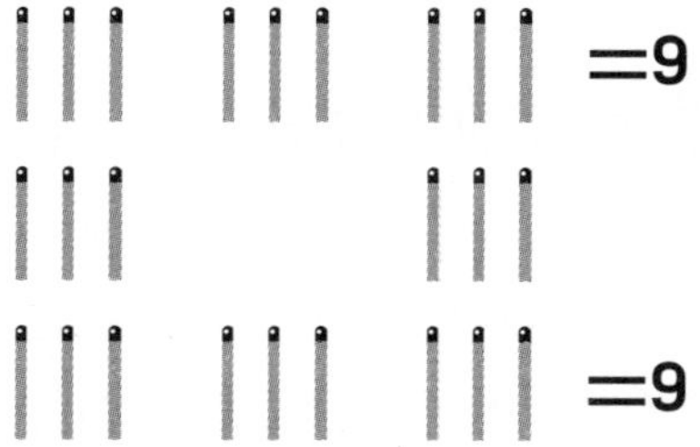

678 旗杆长度

某天下午 3 点，有根旗杆和测量杆在地上的投影如图所示。请问旗杆的长度为多少？

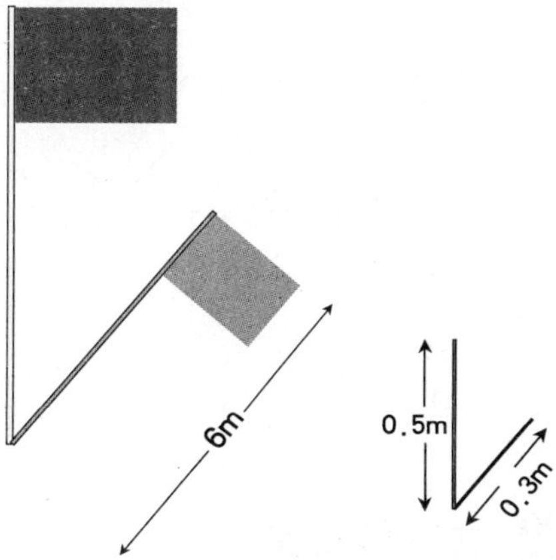

679 正五边形、正六边形分割

要把这些正五边形和正六边形分割成三角形，要求分割线只能是连接 2 个顶点的线段，而且这些分割线之间不能相交，问你能想出多少种分割方法？

在该题中，同一个图形的旋转和镜像被认为是不同的图形。

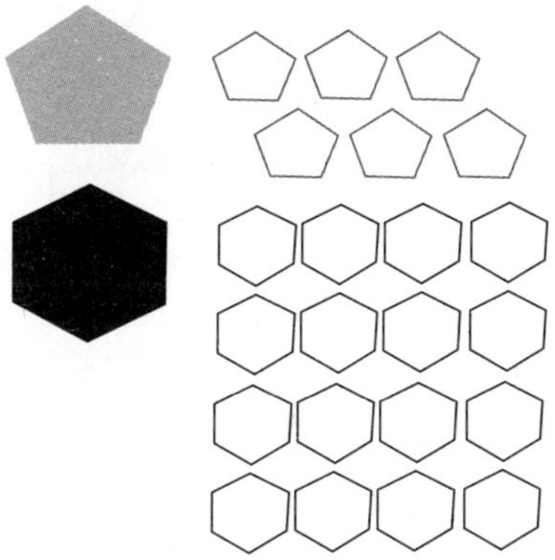

680 过山车轨道和护栏框架

唉，游乐场关门了。过山车的列车部分已经被卖掉了，现在剩下的只是这一段轨道和护栏框架了。要想把它们移走，必须将右边的图形分成相同的两部分。你能做得到吗？

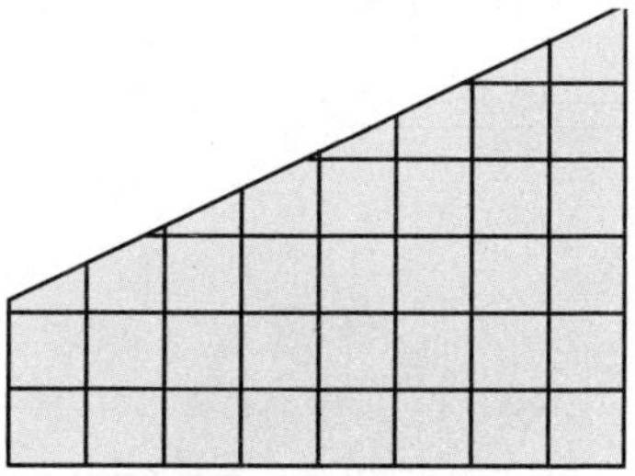

681 一根线描图

你能仅仅利用一根连续的线就把下边的图形整个描画下来吗？将你的铅笔放置于图形的任意一点，然后描画出整个图形，铅笔不得离开纸面。

注意：这条线既不能自行交叉也不能重复路线中的任何部分。

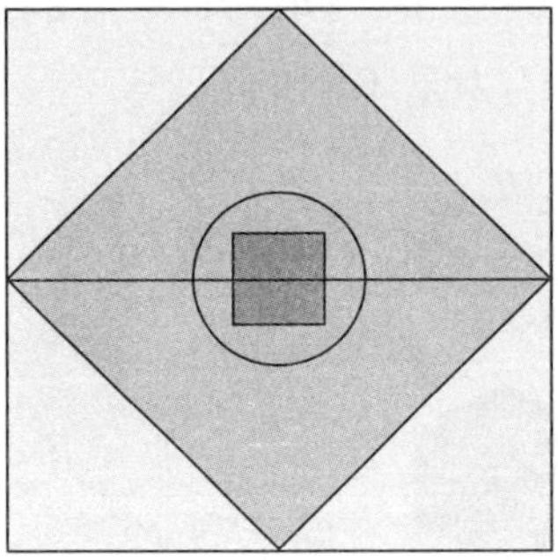

682 正方形阴影面积

从绕地球轨道运行的人造卫星上可以看到任何种类的事物。例如，间谍卫星上配备有功能强大的镜头，足以“读取”到地球上汽车牌照上的数字。而其他类型的人造卫星则可以“看透”地球表面。所获取的这些影像能为人类的研究工作带来帮助——其中有些影像被用于那些已在滚滚黄沙中埋葬千年的失落文明的探索工作。

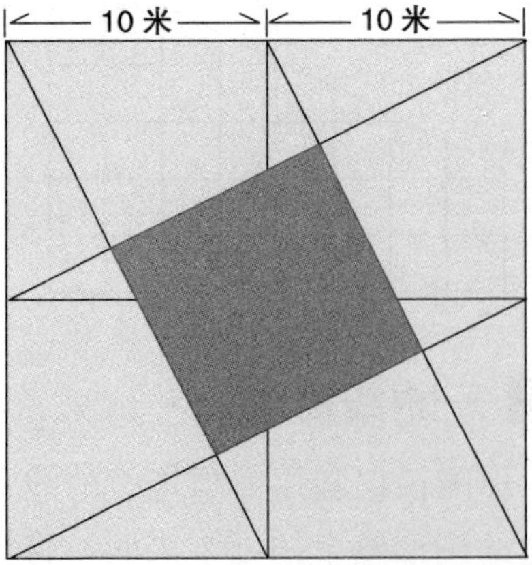

在这个问题中，我们将利用人造卫星来俯瞰一块土地进行调查。这块土地基本上呈正方形，边长为 20 米。假设将每一条边的中点都作为标记，把整块土地分割成 9 块大小、形状各不相同的土地。你能算出中间正方形阴影部分的面积是多少吗？注意：不要得意得太早，先告诉你，答案可不等于 100 平方米哦！

683 隐蔽的正方形

下图是若干个全等正方形不规则地排列在白色的桌面上，但是在这些正方形上面铺了一张有镂空图案的白色桌布，把很多正方形都部分地覆盖住了。请问你能数出桌子上正方形的个数吗？

684 立方体切割

任何立方体的表面积都等于立方体 6 个面单面面积相加的总和。例如，图中这块立方体干酪每一面的边长都是 2 厘米。因此，每一面的表面积就等于 2 厘米 ×2 厘米，即 4 平方厘米。由于总共有 6 个面，因此这个立方体的表面积就是 24 平方厘米。

现在，挑战来了。要求你将这个立方体切成若干块，使得切割后的形体的表面积之和等于原来这个 2×2 立方体表面积的 2 倍，需要几刀就切几刀。

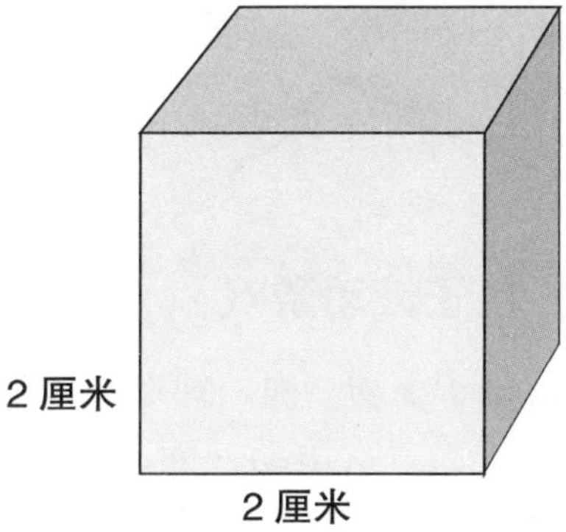

685 蜜蜂总数

蜂群总数的一半的平方根飞去了一丛茉莉花中，8/9 的蜂群也紧跟着飞去了；只有 2 只蜜蜂留下来。

你能说出整个蜂群里一共有多少只蜜蜂吗？

686 地牢

1 名囚犯被投入了一处地牢中，地牢里一共有 145 扇门。在图中共有 9 扇门（黑条块）门已被锁住，只有恰好走完 8 扇已打开的门才可以解开门锁。不必穿过所有打开的门，但是必须经过所有的房间以及 9 扇被锁住的门。如果囚犯重复进入某个房间或者重复经过某个打开的门，那么所有的门都会关上，房间就会变成陷阱。

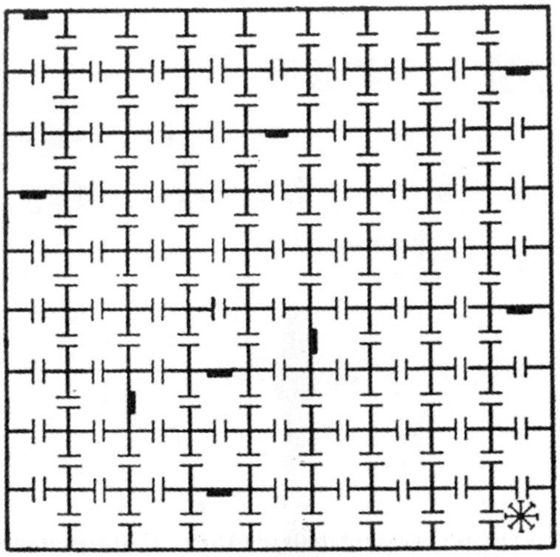

囚犯（在右下角的方块内）手里有 1 张地牢的图。思考了很长时间后，他开始出发了。终于，他经过了 9 扇锁住的门并且成功地从左上角的那扇门逃了出去。请你画出他的逃生路线。

687 泥地裂缝

下图显示的是一块泥地，泥地上有很多裂缝，你能够说出这众多裂缝中哪一条是最先出现的吗？

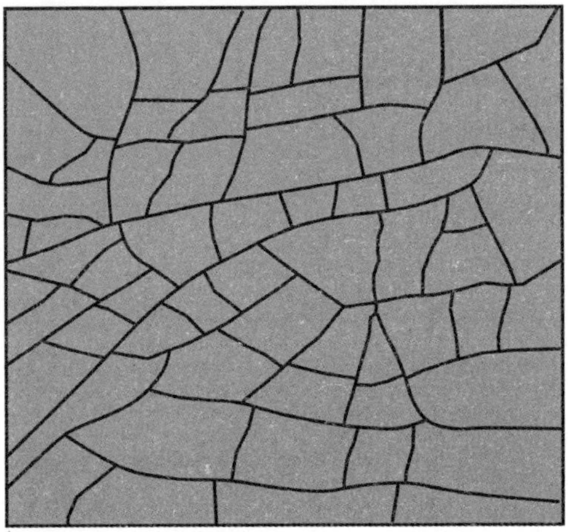

688 天平称假币

一共有 8 个金币，其中 1 个是假币。其余的 7 个重量都相等，只有假币比其他的都要轻。

请问用天平最少几步能够把假币找出来？称重量的时候只能使用这 8 个金币，不能使用其他砝码。

689 第 3 支铅笔

在这堆铅笔中，按照从下往上数的顺序，哪一支铅笔是第 3 支呢？

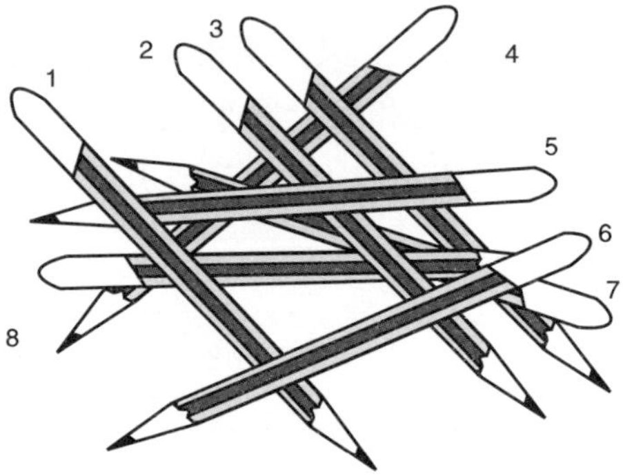

690 色子滚动游戏

让色子滚动一面，到方框 2 里面，依此类推，每次滚动一面，依次滚到方框 3，4，5，6 中。想一想，在方框 6 里面色子顶上点的数是几？

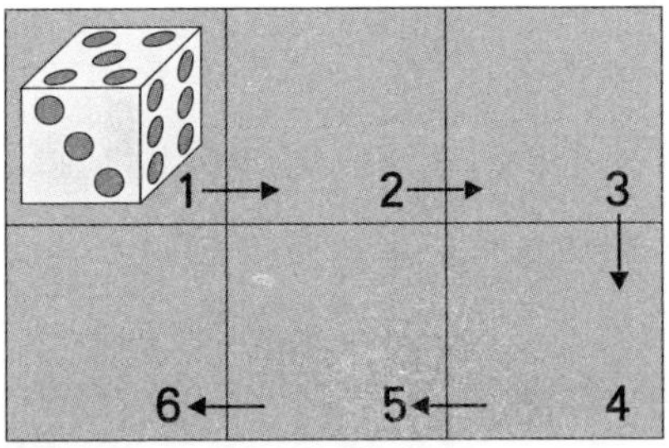

691 制作数字表格

题 1：有多少个两位的数字，它们的十位和个位上的数字不是连续数字？

题 2：有多少个两位的数字，它们的十位和个位上的数字不相同？

题 3：举个例子，一个有连续数

字的三位数，如 234，把它倒过来得到的数字是 432，用它减去原来的数字得到 198。这对于符合同样规律的三位数都成立。

把下图中的一组四位数按照同样的程序运算，并制出一个表格，你需要多长时间？

692 射箭

10 支箭射向了下图的靶子，1 支箭彻底地脱了靶，其他的箭都射中了靶子。如果总分为 100 分，那么各支箭都分别射在了箭靶的哪一环呢？

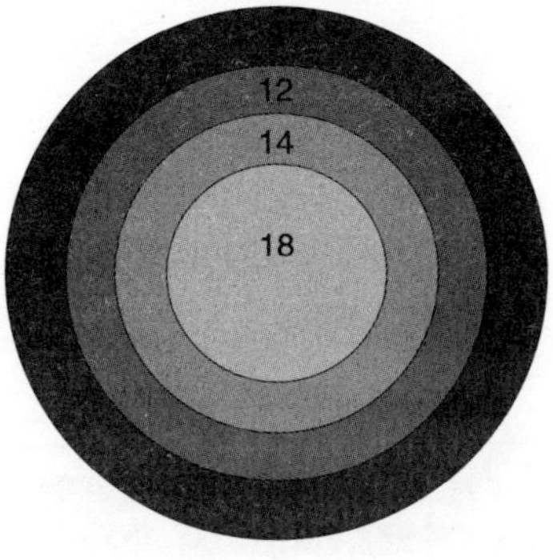

693 新镇业余戏剧表演

新镇总有精彩的业余戏剧表演。今年，“面团表演队”上演了《麦克白》。“业余戏剧队”没有表演《奥赛罗》，它的票价最低。《朱利叶斯·恺撒》是 3 月份上演的作品，虽然它是新镇上演的最好的戏剧，但是票价并不是最贵的。“真正的莎士比亚”公司的戏剧是在“面团表演队”的作品上演之后上演的。根据这些信息，你能否找出这些表演队伍分别上演了什么作品、票价以及作品上演的月份？

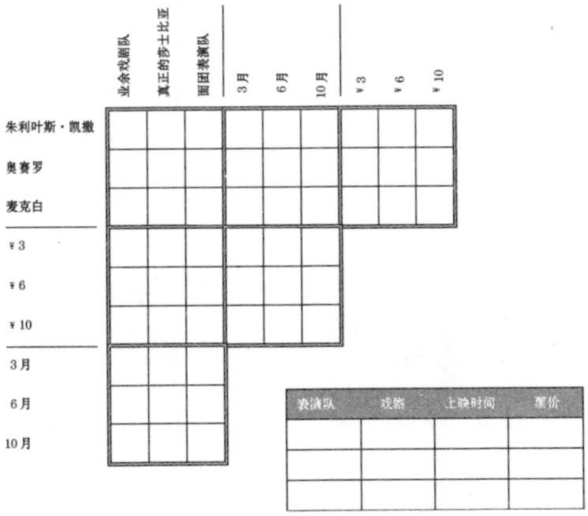

694 四边形与平行四边形

下图是 3 个任意四边形。

把图 1 中的四边形的四条边的中点联结起来，形成 1 个平行四边形。

且这个平行四边形的边分别与原四边形的 2 条对角线平行。

问这个平行四边形与原四边形的面积之间存在什么关系？平行四边形的周长与原四边形的对角线长度又有

什么关系？

其他的任意四边形四边的中点相连也会得到1个平行四边形吗？你可以在所给的另外2个任意四边形上试试。

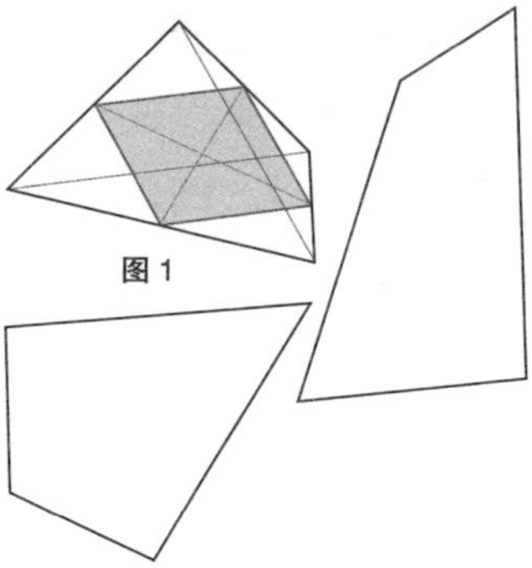

图 1

695 数字标志排列

每个标志代表1个不同的数字。你能通过重新放置代表数字的每个标志同样组成这个和吗？

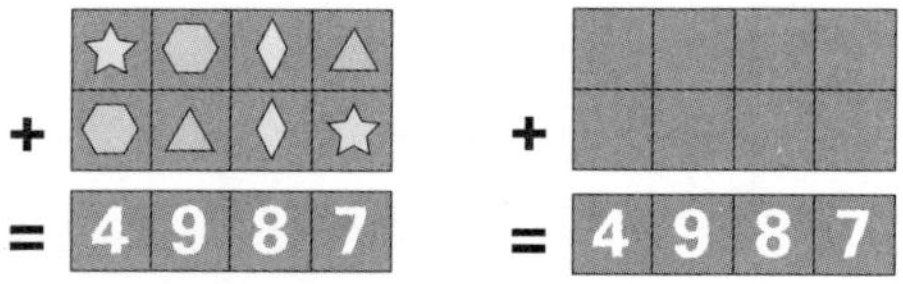

696 正五边形切割

下图是1个大的被切割的正五边形，由3组不同的形状组成——五边形和两类等腰三角形，一共17块。

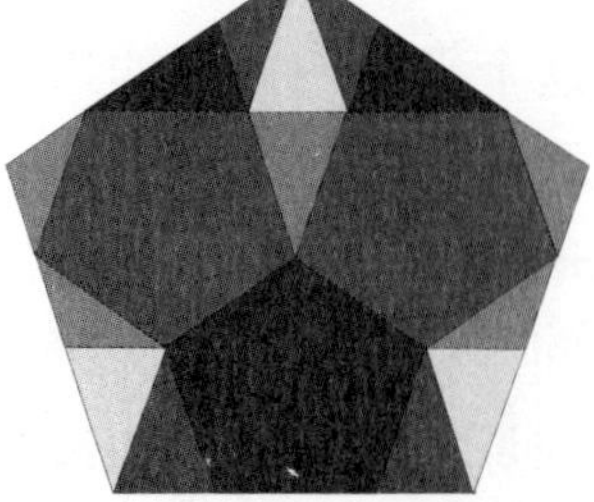

复制并裁下这17个图片，重新组成5个完全相同的小五边形。

697 陶土块

你能想象出三维空间的样子吗？如果可以的话，那就试着想象出一块被制成正立方体形状的坚固陶土块。你想象出来了吗？很好。现在，我们用塑形刀将这个陶土块进行改变。那么怎样才能只切一刀就制造出如图所示的六边形呢？

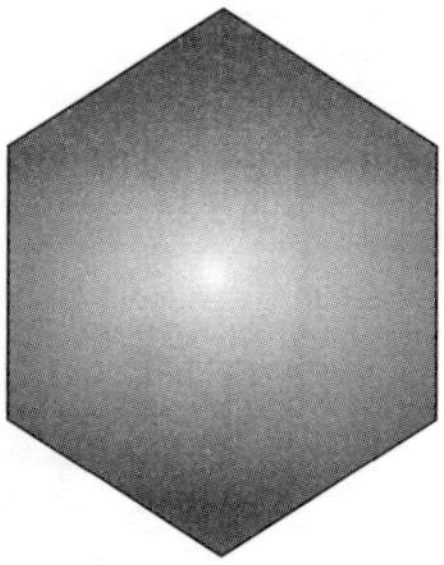

698 蜡烛实验

如下图所示，把一根点燃的蜡烛放在一个装有水的容器里，再在蜡烛上面罩上一个玻璃瓶。

你能预测一下，这个实验最终会出现什么结果吗？

699 骑士传说

欢迎踏上中世纪的单词寻宝之旅。在这个图形中，隐藏着关于骑士传说的 24 个单词。请你沿着上、下、左、右和对角线的方向仔细搜寻。在完成任务之后，把剩下的单词从左到右、从上到下拼起来。你将会发现一件很有趣的事情。

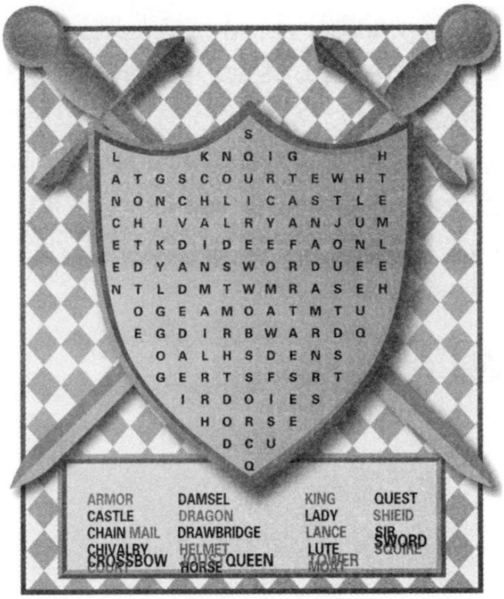

700 数字分析问题

高德弗里·哈代和锡里尼哇沙·拉玛奴江共同研究了数字分拆问题，即将正整数 n 分拆成几个正整数一共有多少种方法？

比如，数字 5 就有 7 种不同的分拆方法，如下图所示。

现在请问你：数字 6 和 10 分别有多少种分拆方法？

5	=	5								
5	=	4	+	1						
5	=	3	+	2						
5	=	3	+	1	+	1				
5	=	2	+	2	+	1				
5	=	2	+	1	+	1	+	1		
5	=	1	+	1	+	1	+	1	+	1

答案

001 油漆窗户

下图中的阴影部分就是应漆成蓝色的地方。

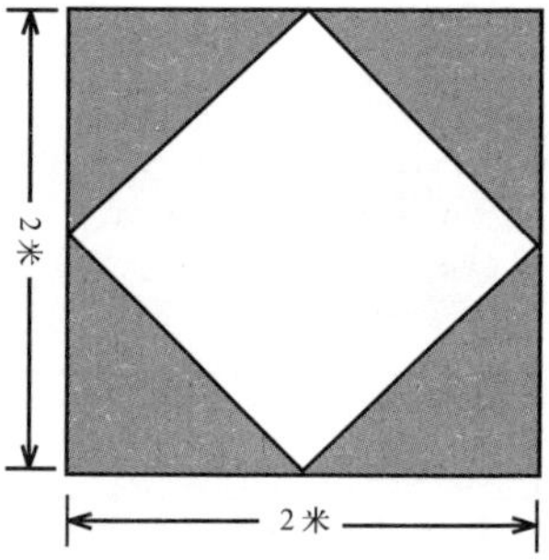

002 麦秆提苏打瓶

将麦秆从一端约3厘米的地方轻轻地折起来，使麦秆呈现“V”形。然后，把这一端插入瓶内，慢慢调整麦秆直到把它楔牢（如右图所示）。这样，你便可以把瓶子从桌子上提起来了。

003 鱼缸

把鱼缸从一边抬起，这样水就会从另一边溢出。当水平面正好处于鱼缸的一个上角到鱼缸的一个下角的对角线时，鱼缸内的水正好处于鱼缸的中间位置。

004 五角星上的硬币

移动的顺序是：（1）5号跳到8号，拿掉7号;（2)2号跳到5号,拿掉4号;（3）9号跳到2号，拿掉6号；（4）10号跳到6号，拿掉8号；（5）1号跳到4号，拿掉2号；（6）3号跳到7号，拿掉4号；（7）5号跳到8号，拿掉7号；（8）6号跳到10号，拿掉8号。

005 神奇的风筝

答案如下图：

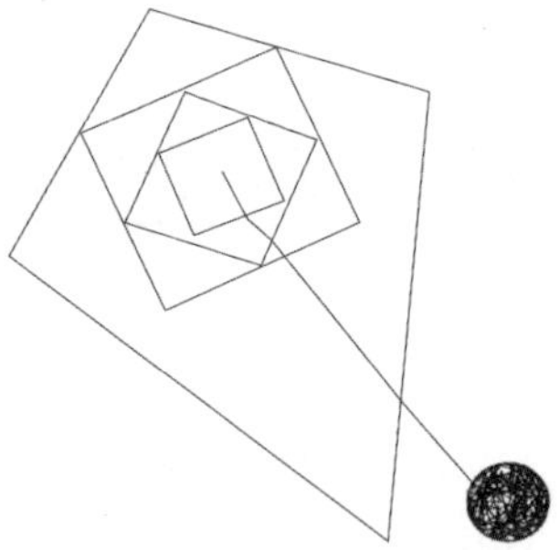

006 书（1）

如果想要拽断书下面的绳子，你可以把绳子向下猛拉。由于书的惯性，在拉力尚未传到书上面的绳子时，下面的绳子就已经拉断了。如果想要拽断这本书的上面的绳子，你可以慢慢地拉绳子，这时拉力发挥作用，再加上书的重量，书上面的绳子就会断掉。

007 冰激凌棒（1）

将玻璃杯的“底”向左滑动，紧接着把玻璃杯“右边”的木棒挪到玻璃杯的柄脚的左边（如下图所示）。这样，杯子就倒过来了，同时，樱桃也就到了杯子的外边。

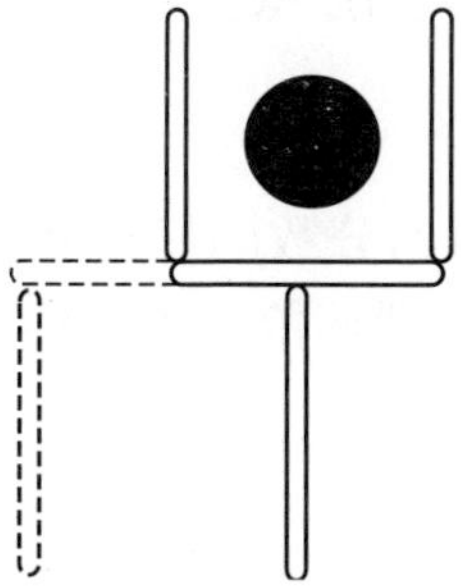

008 牙签（1）

将左图（A）中虚线上的 3 根牙签放到右图（B）虚线上的位置。

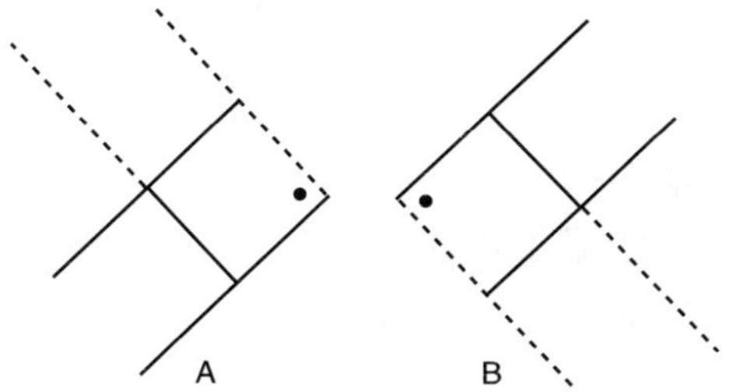

009 绳索（1）

将自己手腕上的一个绳圈从朋友的一个手腕的绳圈上穿过，然后从他的那只手上掠过去，之后再从他的那个绳圈上撤回来。这样，两根绳子就分开了。

010 邮票

将 2 枚邮票叠放在一起，放在中间的位置上。这样，在十字架的每条线上就都有 4 枚邮票。

011 五金店

房屋的施工人员忘记把门牌号安装在各个单元内的各个房间上。他们在五金店把这些号码以每个 1 元出售。因为弗莱尔·布莱尔庄园只有 9 个单元，每间房屋只需要一个号码。因此，4 个顾客买 4 个号码一共要花 4 元。

012 1 角硬币

将食指放在桌子上，方向要与这枚 1 角硬币相对。然后，轻轻地用手指抓动桌布。这样，硬币会慢慢地向相反的方向移动，不一会儿，它就可以从玻璃杯下面“走”出来。

013 箭头

按照下图的样子放置箭头，你就会“发现”在中间的位置上出现第五个箭头的轮廓。

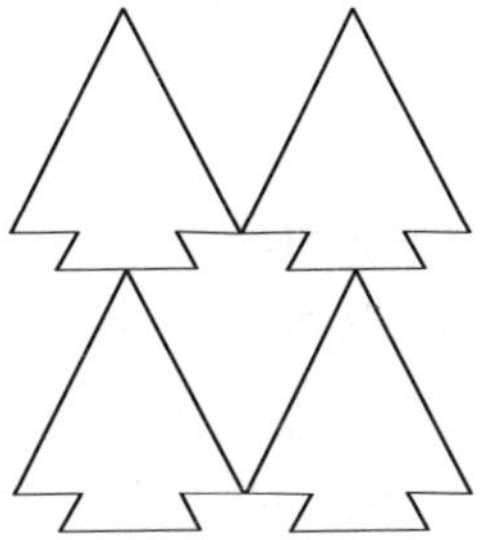

014 糖块

这是一个讲究“搭配”的思维游戏。在第1个杯子里放1个糖块，在第2个杯子里放2个糖块，在第3个杯子里放3个糖块，然后把第1个杯子和第3个杯子放到第2个杯子里。这样就能保证每个杯子里的糖块都是“奇数”。

015 钞票

尽管抓住纸币看上去是很简单的事情，但是如果没有尝试一次就想抓住它是不可能的。因为，你的反应不够快。

016 扑克牌

移动的顺序如下：（1）4号扑克牌放在1号扑克牌上；（2）6号扑克牌放在9号扑克牌上；（3）8号扑克牌放在3号扑克牌上；（4）2号扑克牌放在7号扑克牌上；（5）5号扑克牌放在10号扑克牌上。

017 拼圆

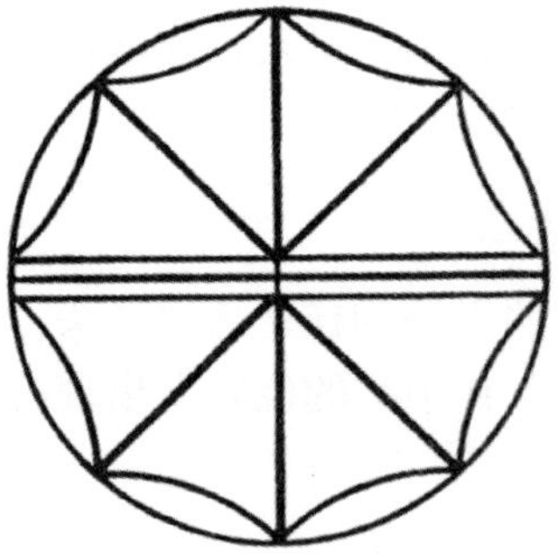

018 几何（1）

线段OD是圆的半径，它的长度是14厘米。图形ABCO是个长方形，它与圆的中心以及圆边都相交。因此，线段OB（即圆的半径）的长度为14厘米。因为长方形的两个对角线的长度都相等，所以，线段AC与线段OB的长度相等，即14厘米。

019 飞船

舰长的检查路线如下：从2号指挥中心进去，然后是E，N，H，3，J，M，4，L，3，G，2，C，1，B，N，K，3，I，N，F，2，D，N，A，1。

020 射箭

6支箭的分数刚好达到100分，那么他射中的靶环依次为：16、16、17、17、17、17。

021 纽扣

以下是移动的步骤（B表示白色，H表示灰色；以纽扣所在的棋盘位置标识）：（1）B2移到3；（2）H4移到2；（3）H5移到4；（4）B3移到5；（5）B1移到3；（6）H2移到1；（7）H4移到2；（8）B3移到4。

022 链子

把那条带4个环的链子拿出来，将上面的4个环都打开，这样会花费4元。接着，利用这4个环把剩余的5条链子连在一起；然后，把这4个环焊接在一起，这会花费2元。所以，一条29个节的链子一共会花费6元。

023 立方

答案如下：

（1）3个面蓝色的小立方体数：8个；

（2）2个面蓝色的小立方体数：12个；

（3）1个面蓝色的小立方体数：6个；

（4）无色的小立方体数：1个。

024 动物

公园里有4只狮子、31只鸵鸟。以下是解题的方法：因为他算出有35个头，所以，最少有70条腿。但是，他算出一共有78条腿，也就是比最少的数多了8条腿，因此，多出的8条腿必定是狮子的。8除以2便是四条腿的动物的数量。这样，狮子的数量是4。

025 十字路口

拿破仑将路标杆放回原处，这样，上面标有他刚刚去过的城镇的名字的牌子就指向他来的方向，同时，他也知道应该去的地方了。

026 杯垫

A图到C图向我们展示了如何将这些杯垫重新排列形成一个“完整的圆”的过程。

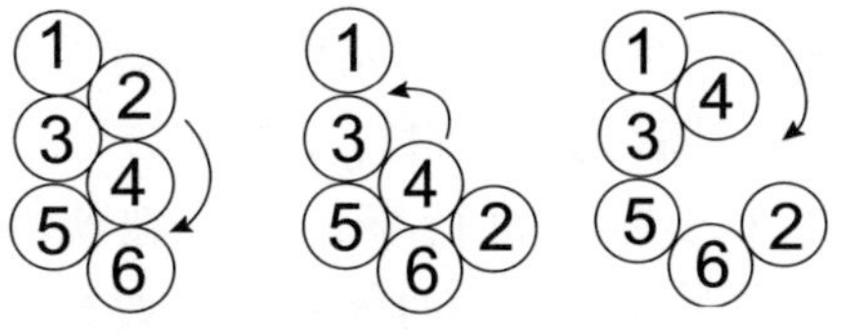

A图　　B图　　C图

027 圆圈（1）

把这个正方形的纸板的任意一个角的顶点放在这个圆圈内边的任意一点。在A点和B点（即正方形与圆圈相交的两个点）做两个标记（参见图1）。把纸板当直尺，将A、B两点连接。然后，用正方形的这个角的顶点放在这个圆圈内边的另外一点，并重复刚才的步骤，在另外的两个交点，即C、D两点做标记（参见图2）。将C、D两点连接。这样，这个圆圈的中心点就是线段AB与线段CD的交点（参见图3）。

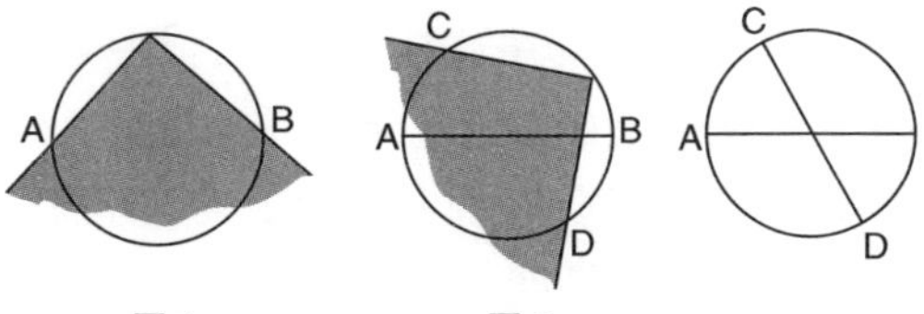

图1　　图2　　图3

028 神谕古文石

这些字母的共性在于它们都是数字。每个数字，即从1到9，都与各自的镜像刻在一起。如果你把每个字母的左半部分遮住，你就会看到真的是这样。所以，所缺的数字是6。

029 卡车

这种情况只有当卡车的平板是敞开的时候才会发生。但是，这辆卡车的车厢是封起来的，当鸟保持飞的状态时，它们必然会利用与自身体重相当的力量在空气中挥动翅膀。这样，这种力量就会通过空气施加于卡车的平板上。因此，无论鸟是静止还是保持飞的状态，卡车的重量均会保持一致。

030 瓶子（1）

尽管在解决这个难题时有人会采取将纸带猛拉出来的办法，但是，由于这个纸带太长，因而无法使用。必须先在距离硬币2厘米的地方把纸带从一边剪断或者撕掉才行。然后，抓住纸带的另一端，并且拉直使纸带与瓶子成90度。然后，伸出另一只手的食指，快速击打手与瓶子之间纸带的中间位置。这样，纸带就会快速从硬币下面脱出，同时由于速度很快，硬币会依靠惯性而不至于从瓶子的顶部掉落。

031 X射线

把这张纸放在这枚硬币上，用一支铅笔在硬币上的纸上直接涂画。这时，硬币的轮廓将会显现在纸上，当然也就看到了硬币的日期。

032 青蛙

看起来，青蛙是按照每天0.4米的速度向上爬的。第7天的时候，它将向上爬了2.8米。到了第8天的白天时候，它就会从井里爬出。所以，答案就是8天。

033 细长玻璃杯

如果用小玻璃杯的话，我们倒8次才能把大玻璃杯装满水。因为大玻璃杯在杯身直径和高度上是小玻璃杯的2倍，所以它的体积就是小玻璃杯的体积乘以8。比如，我们拿一个1厘米 ×1厘米 ×1厘米的立方体举例，它的体积为1立方厘米；那么，大玻璃杯的体积，即2厘米 ×2厘米 ×2厘米，这时它的体积就是8立方厘米。

034 警察

这名警察的巡视路线已经展示在下面的图中。

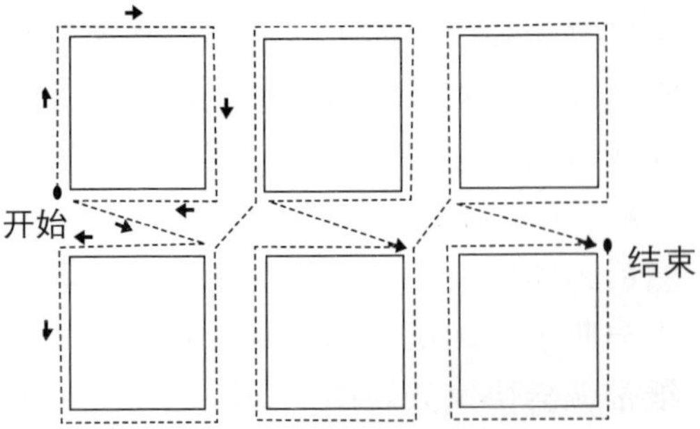

035 爱吃醋的丈夫

把3个丈夫用A、B、C来表示，他们妻子分别是a、b、c。他们可以按照下面的方法渡河：

（1）a和b先渡河，然后b把船划回来。

（2）b和c渡河，然后c把船划回来。

（3）c下船并和她的丈夫留下来，然后A和B渡河；A下船，B和b一起把船划回来。

（4）B和C渡河，把b和c留在出发点。

（5）a把船划回来，然后让c和她一起渡河。

（6）a下船，然后b把船划回来。

（7）接着，b和c渡河，这样所有人都重聚。成功抵达对岸！

036 自行车（1）

贝蒂骑1个小时的自行车后把自行车放在路边，并继续步行2个小时，行走8千米后到达她的姑妈家；纳丁步行2个小时后到达放自行车的地方，然后骑1个小时的自行车，这样她就能和贝蒂同时在最短的时间到达姑妈家。

037 聚焦太阳光

透镜2比透镜1更厚，因此经过透镜2的光线弯曲度更大，会聚太阳光也更强。如下图所示。

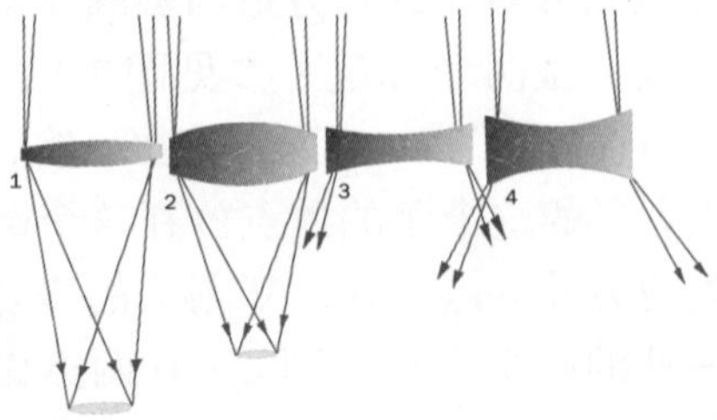

透镜 3 和透镜 4 都是凹透镜，它们根本不会会聚太阳光，因此它们下面的纸不可能燃起来。

038 网球（1）

因为每场比赛都会淘汰一对选手，既然一共有 128 对选手，那么在冠军队伍产生之前会进行 127 场淘汰赛。

039 钉子（1）

按照下图中的排列方式，你会发现，所有的钉子都会彼此相接触。

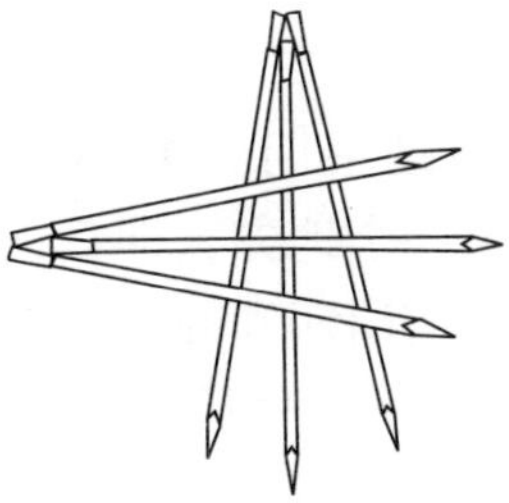

040 古董

90% 的账面价值与 125% 的账面价值之间差了 35%。因为 35% 相当于 105 元，所以 1% 就是 3 元。因此，原账面价值就等于 300 元。

041 苍蝇

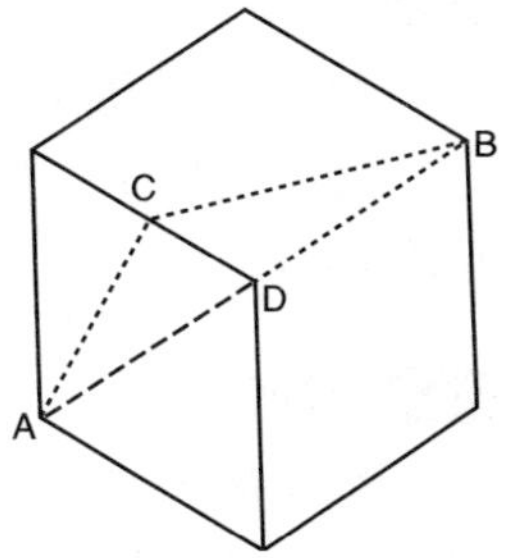

大多人都认为苍蝇飞行的最短的路线是从 A 点先到 D 点，然后沿着边飞到 B 点。运用勾股定理，线段 AD 的长度为$60\sqrt{2}$厘米（勾股定理是指直角三角形的斜边长度等于另外两条直角边的平方和的平方根）。再加上线段 DB 的长度（即 60 厘米，这样，我们得到的总长度为 $60+60\sqrt{2}$厘米。如果，我们从立方体的顶部一条边的中点 C 画出线路 AC，它的长度为$30\sqrt{5}$厘米，同时，线段 CB 的长度也是$30\sqrt{5}$厘米。这样，我们得到的总长度为$30\sqrt{5}+30\sqrt{5}$厘米，很明显这要比第一条路线要短得多。

042 赛马（1）

那个农民建议每个选手驾驶对手的马车。因为他们打的赌是说“第一个穿过终点线的马车将输掉比赛”。

043 小甜饼

可怜的阿里阿德涅一共有 15 块甜饼。劳拉得到 7.5+0.5，即 8 块甜饼，还剩下 7 块；梅尔瓦得到 3.5 + 0.5，即 4 块甜饼，还剩下 3 块；罗伦得到 1.5 + 0.5，即 2 块甜饼，还剩下 1 块；玛戈特得到 0.5 + 0.5，即 1 块甜饼，而阿里阿德涅则一块也没有。

044 喇叭

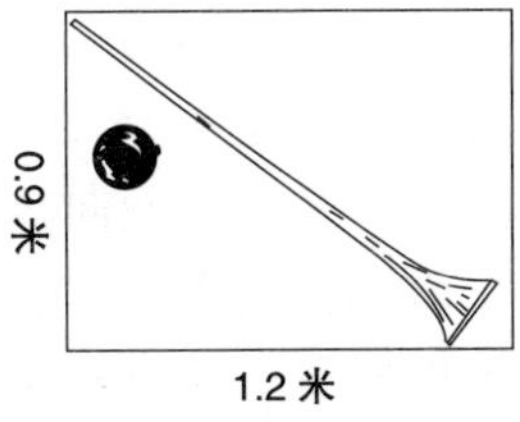

葛鲁丘想出来一个十分巧妙的方法。他让商店的包装师找出一个 0.9 米宽、1.2 米长的大盒子。他把喇叭的橡胶球拆掉，然后把喇叭放在盒子的对角线位置上（这个对角线的长度为 1.5 米）。这样，就符合邮局的标准了。

045 钱包

钱包里有 2 张 50 元的钞票、2 张 100 元的钞票、4 张 5 元的钞票。

046 徽章

答案如下图：

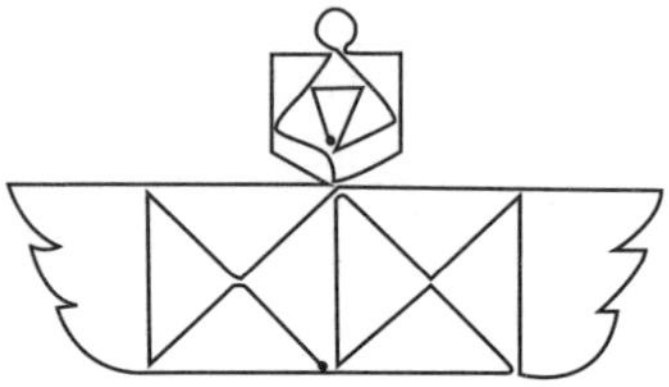

047 火柴（1）

要解决这种类型的难题实在是很困难。下图中展示了如何把 15 根火柴摆成 8 个大小相同的正方形。

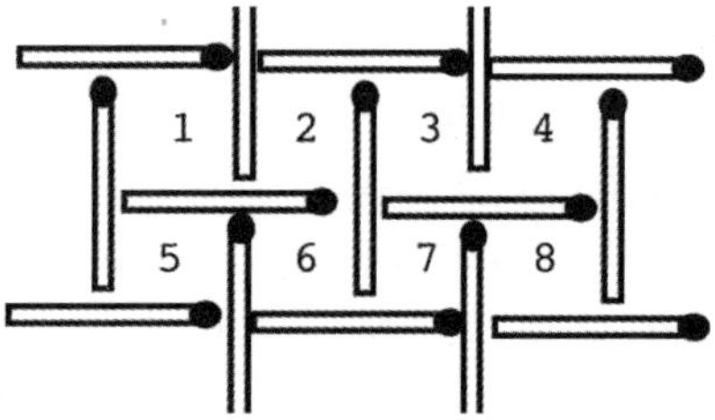

048 盘子

将两个瓶塞纵向切开，然后，把每半个瓶塞插进 4 个叉子的齿上（如下图所示）。保证叉子与齿的角度小于 90 度。现在，把这 4 个叉子放在盘子的四周；同时，叉子要面向盘子的边。这样，叉子就不会乱动。然后，你就可以轻而易举地把盘子稳稳地放在针尖上了。

049 国际象棋

要解决这个问题，你必须经过除了左上角的 9 个方格之外的方格，但是仍然不易解决。你要通过四步使“皇后”经过左上角的全部 9 个方格。在下次俱乐部会战时，你可以按照下图所示的步骤一展身手。

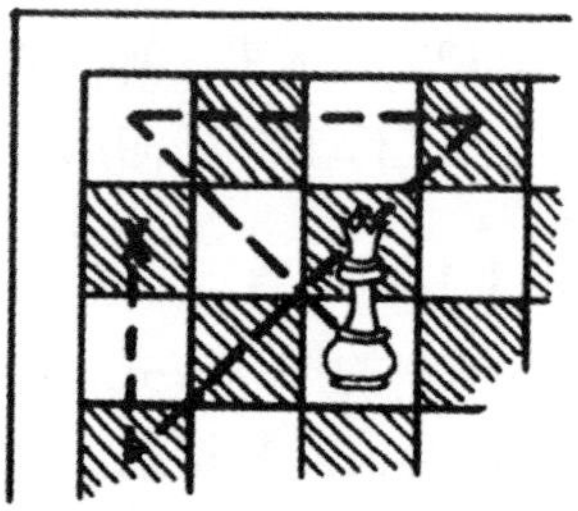

050 老水手

老比利是星期二去那个港口城镇的。先说第一个地方，即宾纳克宠物旅馆，这个旅馆周四和周五不营业，我们只能排除这两天。然后，可以排除周六，因为那天理发店休息。由于比利回家时带的钱要比去城镇时带的多，所以他兑现了支票。他是周四领工资，但是，接下来的两天都已经被排除了，因此，说他是周二去城镇的是合乎道理的，那时，银行正好营业。同时，理发店和宠物旅馆都营业。

051 名字

尼德尔瓦勒先生的那个朋友是位女士，而不是男士；她女儿的名字当然就是埃莉诺。

052 家庭

祖父的生日宴会有许多人参加。下面列出的是在场的家庭成员，其中也包括祖父：2 个弟兄、2 个姐妹，他们的父母，以及父母各自的父母——这样，对孩子而言就有 1 个祖父和 1 个外祖父，

1 个祖母和 1 个外祖母。因此，共有 10 位家庭成员。

053 保险箱

比纳库克拉斯偷走了 60 枚 1 元硬币、15 枚 5 角硬币以及 50 枚 5 分硬币。

054 香烟

奈德可以把 10 个烟头中的 9 个卷成 3 支烟。这时，他只剩下一个烟头。当他满足自己的烟瘾之后，他又有 3 个新烟头，这样，他就可以卷第四支烟了。把这支烟吸完后，再加上原来第十个烟头，奈德就剩下两个烟头。他转到和自己相邻的桌子，并且问座位上的人是否可以从他们的烟灰缸里借一个烟头，这样，他就可以卷成第五支烟了。当他抽完这最后一支烟之后，他把这个剩下的烟头还给了刚才借他烟头的人。

055 扑克筹码

两行筹码要相交在一个角。而那个角上的筹码上面又有另一个筹码，这样，一行有 3 个筹码，而另一行有 4 个筹码（如下图所示）。

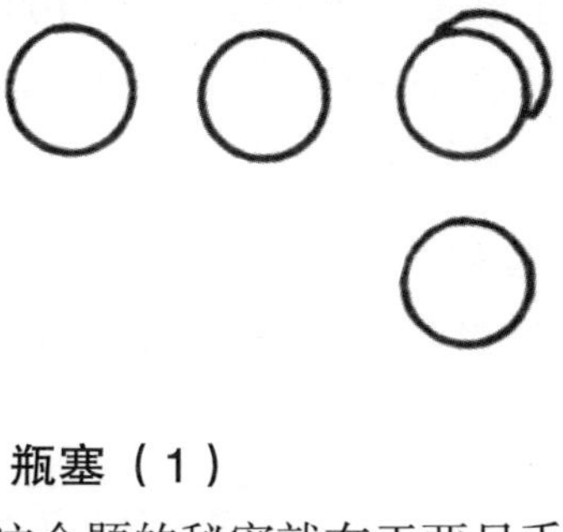

056 瓶塞（1）

这个题的秘密就在于两只手交叉时的位置。没有经验的人将两只手交叉时，手掌往往朝向身体，这样就会出现我们所描述的结果。要解决这个难题，要把右手的手掌向内转并把左手的手掌向外转，然后再抓住瓶塞。这样，两只手不仅不会相互交叉在一起反而会轻而易举地分开。

057 长角的蜥蜴

这只蜥蜴爬行时正好是一个直角三角形。如果一个直角三角形的三个点都与一个圆的边相接触，那么，这个直角三角形的长边，即斜边就等于这个圆的直径。所以，圆（窝）的直径就是 5 米（直角三角形的斜边的平方等于两条直角边的平方和（即 $4^2 + 3^2 = 25$，25 的平方根等于 5）。

058 数字

答案如下：

```
     147
25 ) 3675
     25
     ---
     117
     100
     ---
      175
      175
```

解题步骤：（1）因为第一个值与除数相同，所以，商的第一个值就是 1；（2）根据第二次减运算，可用得知字母 E 肯定是 0，因为字母 FC 原搬不动的放在了下面；（3）字母 FEE 所代表的数字就是 100，而这正是字母 AB 与第二个值的乘积，除数不可以是 0，所以当一个两位数和一个一位数相乘能够得出 100 的只有 25，因此，商的第二个值就是 4；（4）在第一次减运算中，字母 GH 与 25 的差是 11，所以，字母 GH 肯定是 36;（5）这最后一个字母 C 就是 7、8 或者 9。如果你每一个都试一试，那么，你很快就可以发现只有 7 最合适。

059 纸牌

下面就是每人分得的钱数：马尔文得到 94.25 元、哈维得到 74.25 元、布鲁斯得到 41.25 元、罗洛得到 23.25 元。

060 车厢

乘客车厢每个 4 元，买了 3 个（共 12 元）；货物车厢每个 0.5 元，买了 15 个（共 7.5 元）；煤炭车厢每个 0.25 元，买了 2 个（共 0.5 元）。这些费用加起来就是 12 + 7.5 + 0.5 = 20。

061 弹孔

答案如下图：

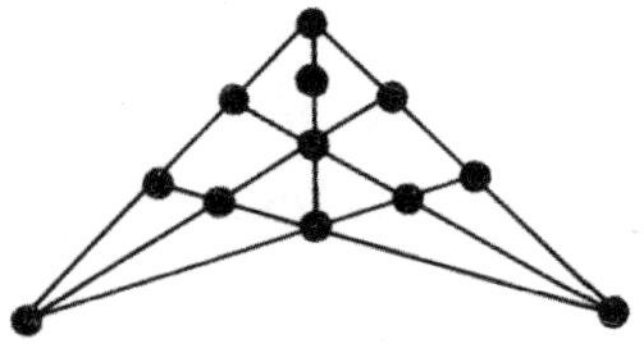

062 惩罚

这个问题的答案就是用分数来表示整数，比如$3\frac{3}{3}$，即等于偶数 4。其他例子：$9\frac{9}{9}$，即偶数 10；$7\frac{7}{7}$，即偶数 8。

063 开商店

其中的一个答案为：草莓酱每罐 0.5 元，而桃酱每罐 0.4 元。在原先的交易中，3 罐草莓酱花费 1.5 元，而 4 罐桃酱则花费 1.6 元，这样，一共花费了 3.1 元。

064 卖车

达夫妮的主人每次都在前一次的基础上降价 20%，所以，最后的售价是 563.20 元。

065 扑克牌与日历

（1）常用的扑克牌有 52 张（除两张王牌），而一年则有 52 周；（2）每一种花色的扑克牌都有 13 张，而每个季节都有 13 周;（3）扑克牌有 4 种花色，而一年有四季；（4）一副扑克牌有 12 张肖像画（J、Q、K 的总数），而一年则有 12 个月；（5）红色的扑克牌代表白天，而黑色的扑克牌则代表黑夜；（6）如果你把所有的数值都相加，其中 J 等于 11，Q 等于 12，K 等于 13，总数等于 364。再加上 1 张王牌或两张王牌（每张当作 1 看），就得到一年的天数。

066 铁圈枪

奈德的得分如下：10 分靶槽内有 14 个铁圈，共得分 140；20 分靶槽内有 8 个铁圈，共得分 160；50 分靶槽内有 2 个铁圈，共得分 100；100 分靶槽内有 1 个铁圈，得分 100。这样，140+160+100+100=500。

067 计算机

这个思维游戏至少有两种解题方法：

2	1	9
4	3	8
6	5	7

3	2	7
6	5	4
9	8	1

068 绳梯

因为船会随着潮水而上下浮动，所以潮水涨至最高点时水面上仍有 50 条横档。

069 瓶子（2）

这位船长当然就是诺亚了。他的那艘巨轮装载了来自世界各地的动物，这些动物自然不是为了出售。因为没有陆地，所以他根本无须担心风向问题，所有的港口都被水淹没，他最希望的就是找到陆地将船停泊。

070 加法（1）

答案如下：

1+2+3+4+5+6+7+8 × 9=100

071 魔力商店

因为每个人所能分得的财产与各自服务的时间长短相一致。女佣人分得了 1 份遗产，会客室那个仆人分得了 3 份遗产，厨师则分得了 6 份遗产，这样，总共有 10 份。每一份遗产为 7000 元的 $\frac{1}{10}$，即 700 元，也就是那个女佣人所得的遗产。同时，会客室那个仆人得到 2100 元，而厨师得到 4200 元。

072 度假

S、H、O、N、I、X 是字母表中颠倒后照样可以读出来的字母。因此，可以加在它们后面的就只剩下“Z”了。

073 吹泡泡

证明如下：10+10+5+7=32。

答案就是 10 个泡泡。

074 替换数字

答案如下：

$$\begin{array}{r} 17 \\ \times\ 4 \\ \hline 68 \\ +\ 25 \\ \hline 93 \end{array}$$

075 置换（1）

移动的步骤如下：从 2 号到 3 号、从 8 号到 5 号、从 10 号到 7 号、从 3 号到 9 号、从 5 号到 2 号、从 7 号到 4 号、从 9 号到 6 号、从 4 号到 10 号、从 6 号到 8 号、从 1 号到 6 号、从 2 号到 4 号、从 6 号到 5 号、从 4 号到 3 号、从 10 号到 9 号、从 5 号到 7 号、从 3 号到 2 号、从 9 号到 1 号、从 7 号到 10 号。

076 狂欢大转盘

中间数字为：6。

5+6+7

9+6+3

10+6+2

11+6+1

8+6+4

如下图所示：

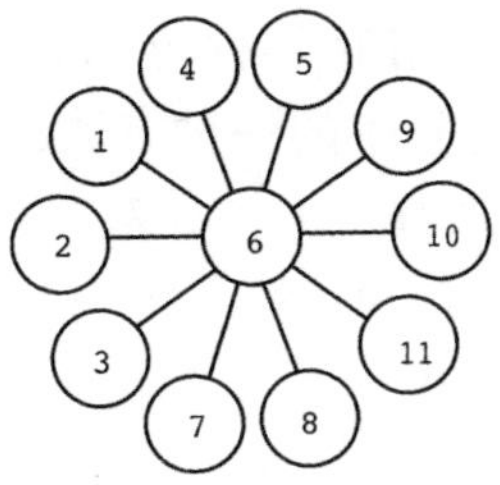

077 小费

帕特开始有 50 元，而迈克有 30 元。

078 蜂箱

这个题的解法有很多。下面是其中一个：

079 城堡（1）

有好几条路线供你选择，其中的一条是：f–b–a–u–t–p–o–n–c–d–e–j–k–l–m–q–r–s–h–g–f。

080 弹子

“荷兰人”所剩下的弹子占两人开始时弹子总数的$\frac{1}{5}$，或者占“荷兰人”原来弹子数的$\frac{2}{5}$。“荷兰人”的原弹子数在增加 20 个之后，就变成原来的$\frac{1}{5}$；20 个弹子占原来的$\frac{1}{5}$。所以，每个人在开始游戏之前，都各有 100 个弹子。而当游戏结束时，“荷兰人”有 40 个弹子，“鹿角”有 160 个弹子。

081 气球

你可以用好几种方法排列这些数字。下面是其中的一种方法：一条线上的数字为 3、6、9、7、2，另一条线的数字为 5、4、9、8、1。当然，两条线中都有数字 9。

082 葡萄酒

A 桶中原来有 66 升的葡萄酒，B 桶中原来有 30 升的葡萄酒。

083 多米诺骨牌（1）

第 1 个多米诺骨牌：上半部分有 6 个点；下半部分有 4 个点。

第 2 个多米诺骨牌：上半部分有 1 个点；下半部分有 1 个点。

第 3 个多米诺骨牌：上半部分有 1 个点。

第 4 个多米诺骨牌：上半部分有 1 个点；下半部分有 4 个点。

如下图所示：

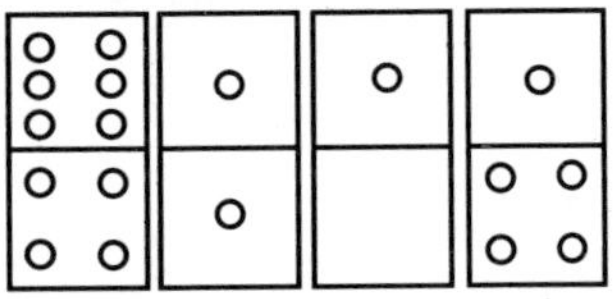

084 灵长类动物

动物园里有 5 只大猩猩、25 只猿以及 70 只狐猴。

085 纸块

如下图所示：图 A 所示的是最初的三角形，上面显示了将要被剪成的 5 个部分。纸片 1 便是这 4 个等边三角形中的一个。图 B、C、D 展示了其余 3 个三角形是如何利用这些纸片组成的。

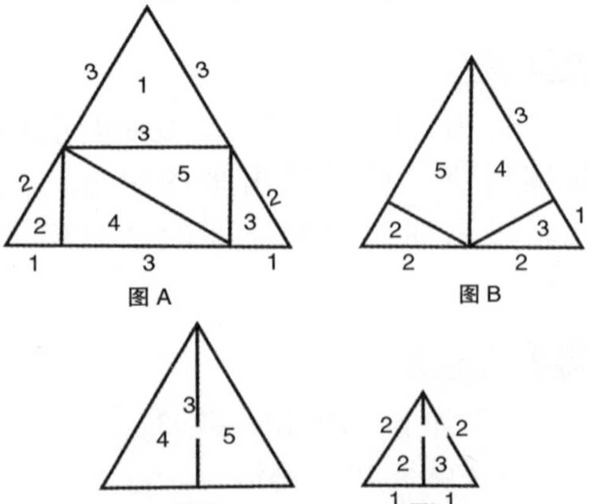

图 A　图 B　图 C　图 D

086 铁匠

答案如下图所示：

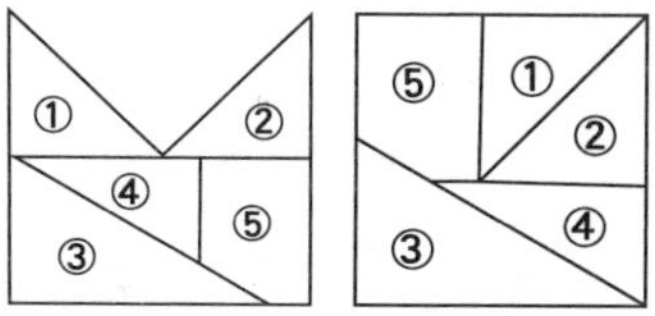

087 热狗

答案如下图所示：

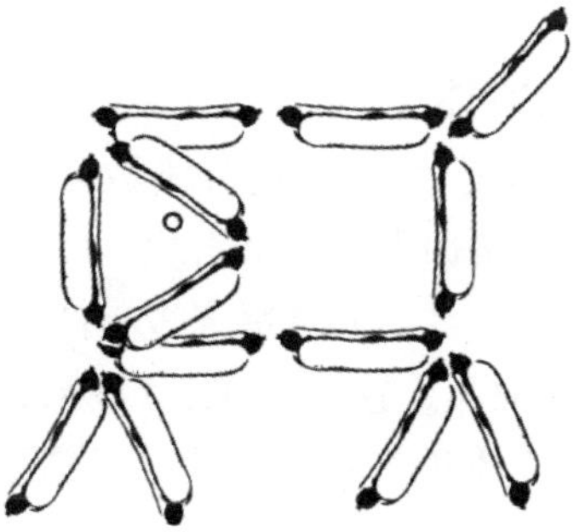

088 神奇的三角形

将图中虚线位置上的短线去掉就可以了。这样，就只剩下 4 个小三角形和 1 个大三角形。

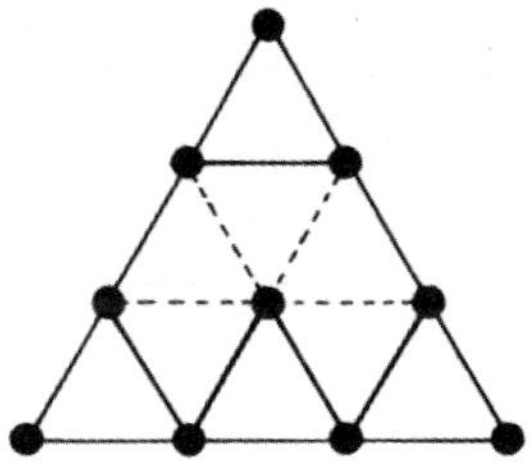

089 思考帽

这个题的关键在于了解每个数字都是前一个数字的两倍再加 1。所以，5 的两倍再加 1 等于 11，11 的两倍再加 1 等于 23, 23 的两倍再加 1 等于 47, 这样，就得出答案了。

090 影星

艾玛是 27.5 岁，苏琦是 16.5 岁。要算出这个答案，你必须得从后往前算。当苏琦 5.5 岁时，艾玛是 16.5 岁，即艾玛的年龄是苏琦的 3 倍；当苏琦到了 3 倍于艾玛的这个年龄时，她就 49.5 岁了；当艾玛还是这个年龄的一半时，即 24.75 岁，苏琦的年龄就是 13.75 岁；而艾玛现在年龄的正好是苏琦那时年龄的两倍，即 27.5 岁。

091 小雕像

加尔文赔了 4 元钱。他在第一个雕像交易中赚了 18 元（198 元除以 11 就是 10% 的利润）。然而，在第二个雕像交易中他却赔了 22 元（198 元除以 9 就是 10% 的损失）。这样，赔的 22 元减去赚的 18 元就是损失的钱。

092 胶合板（1）

沿图 1 虚线切木板，然后按图 2 中的样子排列。

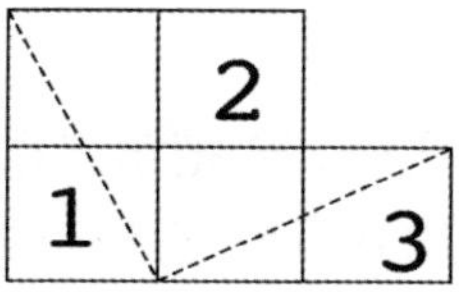

图 1

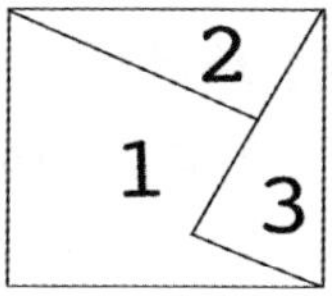

图 2

093 画线

答案如下：

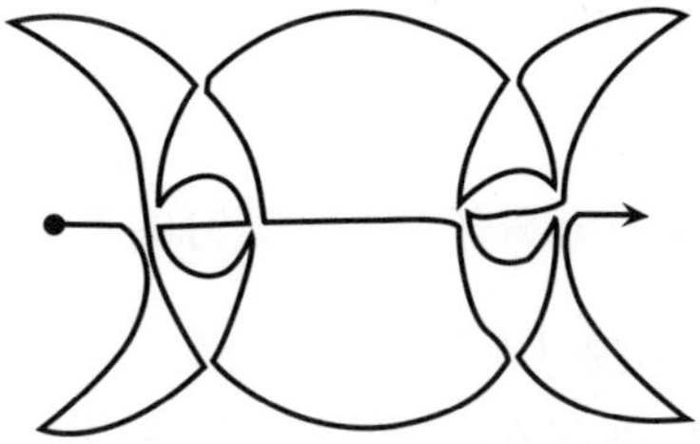

094 面粉

在第一层，将布袋（7）和（2）交换，这样就得到单个布袋数字（2）和两位数字（78），两个数相乘结果为156。接着，把第三行的单个布袋（5）与中间那行的布袋（9）交换，这样，中间那行数字就是156。然后，将布袋（9）与第三行两位数中的布袋（4）交换，这样，布袋（4）移到右边成为单个布袋。这时，第三行的数字为（39）和（4），相乘的结果为156。总共移动了5步就把这个题完成了。

095 玻璃杯

在拿走玻璃杯之前，先把第二根火柴点着。然后，再用它点着支撑在两个玻璃杯之间的那根火柴；当这根也点着时，等一两秒钟，然后吹灭。稍等片刻，这根火柴就会熔贴在玻璃杯上。然后，你可以将另一侧的玻璃杯拿走，这时，这根火柴将会悬在空中。

096 零件

9个垫圈等于1个螺钉的重量。

097 年龄（1）

马奇现在30岁，她的妹妹维罗妮卡10岁。

098 古董商

答案如下图：

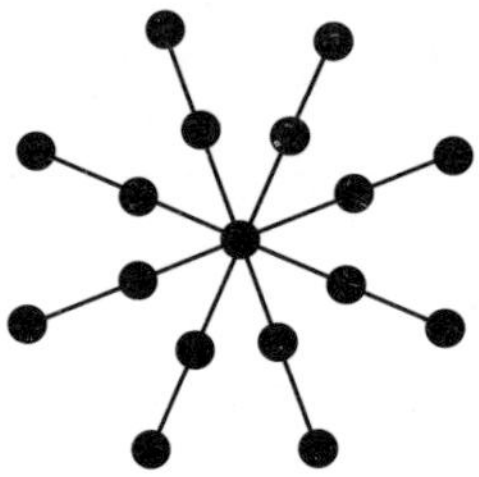

099 立方体

所需要的最少的石块数是128。立方体的每条边上有4个石块（4×4×4=64个石块）。广场的每条边有8个石块（8×8=64）。这样一来，广场边长是立方体边长的两倍的条件就可以满足了。

100 排列数字

答案如下图：

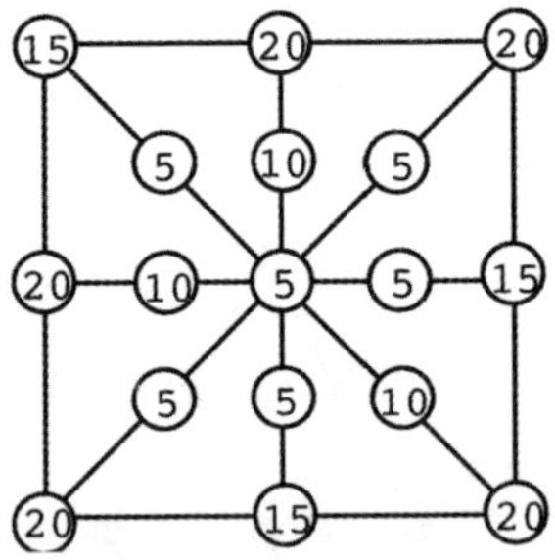

101 圆点

答案如下图：

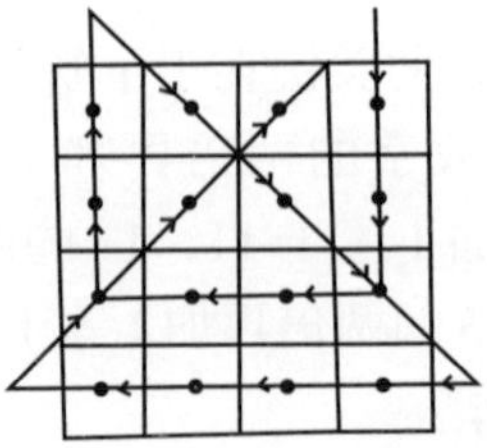

102 落纸

将纸张 a 抟成球，当同时松手时，抟成球的纸会直接落地，而纸张 b 则会缓缓落地。

103 幻方游戏

答案如下图：

16	3	2	13
5	10	11	8
9	6	7	12
4	15	14	1

104 轮船

这 3 艘轮船下次同一天驶出纽约港需要等到 240 天以后。因为 240 是 12、16、20 的最小公倍数，在这期间 3 艘轮船都可以完成航行。至于这段时间，每一艘轮船所航行的次数，可以按以下方式计算。

第一艘轮船：$240 \div 12 = 20$ 次；

第二艘轮船：$240 \div 16 = 15$ 次；

第三艘轮船：$240 \div 20 = 12$ 次。

105 小鸡

如果按照正常计算，艾米和贝茜分别会卖得 15 元和 10 元，一共是 25 元。当贝茜带 60 只小鸡去集市，每 5 只小鸡中，2 只是自己的，3 只是艾米的，这样直到把艾米的小鸡卖完；接下来，她开始卖自己剩下的 10 只小鸡。按理说，她自己的 5 只小鸡应该价值 2.5 元，但是，在最后两笔交易中她每次都损失了 5 角。所以，最终少了 1 元。

106 递进

数字 3 是这组递进数字的关键。你必须按照减去 3，除以 3，加上 3，减去 3，除以 3，加上 3 的顺序计算。我们先从第 1 洞的分数 12 中减去 3，得出 9，即第 2 洞的分数；然后让 9 除以 3，得出 3，即第 3 洞的分数；接着，再加上 3，得出 6，即第 4 洞的分数；再从 6 中减去 3，得出 3，即第 5 洞的分数；然后，再除以 3，得出 1，即第 6 洞的分数；最后，第 7 洞的分数就是 1 加上 3，得出 4，即这个题的答案。

107 标志语

首先，按照图 1 所示的样子，将纸折叠。然后，再连画三笔。现在，握住笔不动，并按照图 2 所示的样子将纸打开。接下来，你就可以按题中的要求，即笔不离纸、线不重复，将这个标志画出来了。

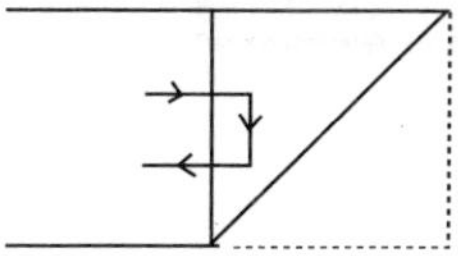

图 1

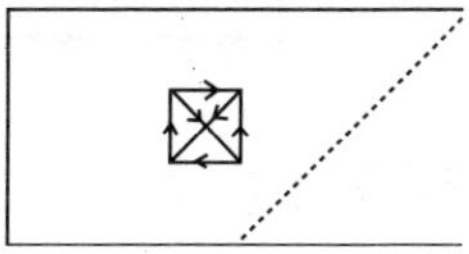

图 2

108 地毯

他先沿着图 1 中虚线把地毯剪开，然后，再把上半部分的地毯向左下方移动，这样，就正好可以与下半部分的地毯合并在一起（参见图 2）。然后，将它们缝合成一个完整的正方形地毯。

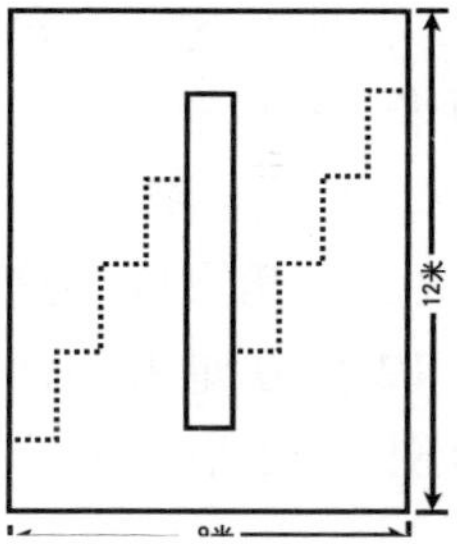

图 1

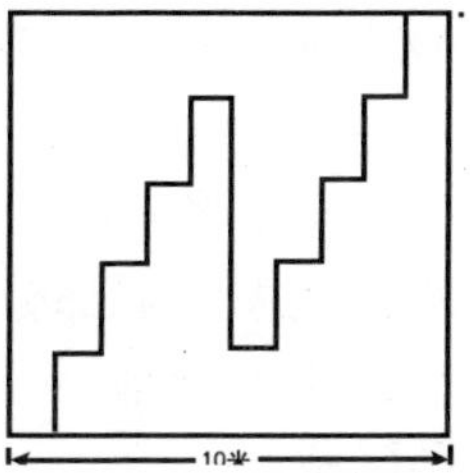

图 2

109 **赛马（2）**

贝特萨罗特教授应该按以下方式下注：斯威·贝利，12 元；杨特·萨拉，15 元；桑德·胡弗斯，20 元。当然，如果别的马获胜的话，教授就太不走运了。

110 **字母连线**

答案如下：

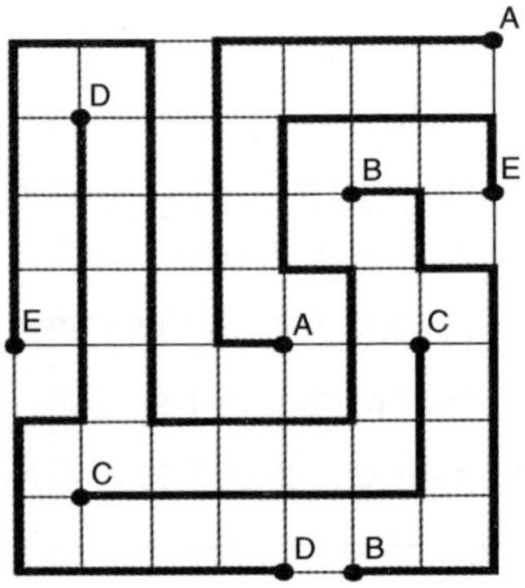

111 **跳房子**

答案如下图：

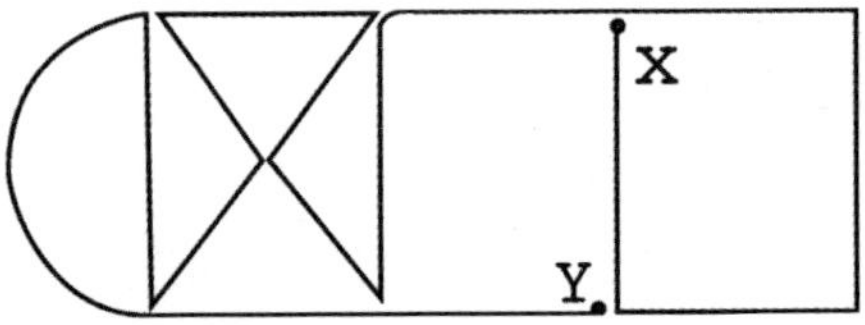

112 **火柴杆**

如果我们把这些火柴拼成一个直角三角形（如下图所示），那么这个三角形的面积为 24 平方厘米（8 厘米 ×6 厘米 ÷2=24 平方厘米）。然后，按照图中的样子将 4 根火柴放进三角形内，这样，减去阴影部分的 12 平方厘米的面积，剩下就是一个面积为 12 平方厘米的区域。

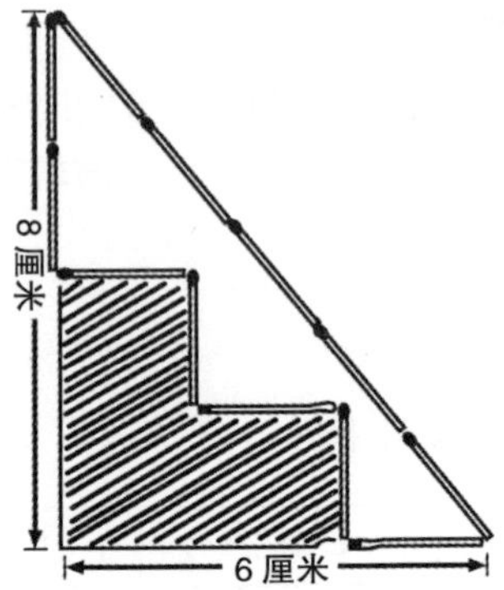

113 **圆圈（2）**

将字母用以下数字来代替：a=2，b=11，c=8，d=1，e=14，f=4，h=13，i=5，j=9。

114 **面包**

因为面包是 3 个人平分的，那么，每个人就吃了$2\frac{2}{3}$片面包。这就是说那个拿 3 片面包的人只分给了弗西斯$\frac{1}{3}$片面包，而那个拿 5 片面包的人则分给了弗西斯$2\frac{1}{3}$片面包，这样，他分出的面包是第一个人的 7 倍。因此，他有资格分得 7 枚硬币，而第一个人只能分得 1 枚硬币。这就是公平的解决办法。

115 **密码**

答案为：37—37—37。这几个数计算如下：37×3=111；37×6=222；37×9=333。

116 **调换（1）**

这 22 步依次如下：10 号到 5 号、1 号到 8 号、11 号到 6 号、2 号到 9 号、12 号到 7 号、3 号到 4 号、5 号到 12 号、8 号到 3 号、6 号到 1 号、9 号到 10 号、7 号到 6 号、4 号到 9 号、12 号到 7 号、

3 号到 4 号、1 号到 8 号、10 号到 5 号、6 号到 1 号、9 号到 10 号、7 号到 2 号、4 号到 11 号、8 号到 3 号、5 号到 12 号。

117 筹码

我们知道，可以排列的最多的偶数行列数是 16。下图就是所要画出的棋盘。你也可以把筹码放在与之不同的地方，但是结果要保持一致。

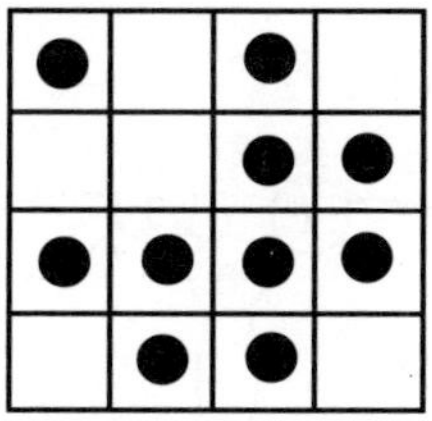

118 死亡三角

答案如下图所示：

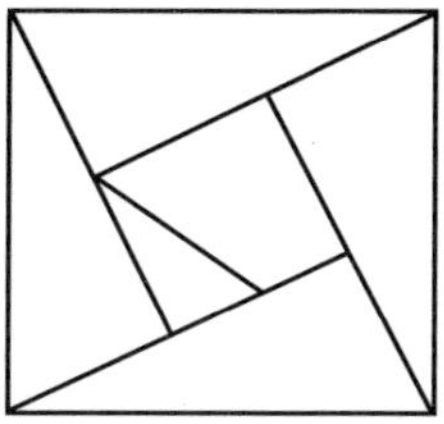

119 移动

首先，将第 4 根火柴点着，然后，用它点燃3根按金字塔形状放置的火柴。之后，快速将这 4 根火柴熄灭。这时，你会发现组成金字塔的 3 根火柴已经熔合在一起，这样，你就可以用第 4 根火柴轻而易举地把它们从桌子上抬起来。

120 瓶塞（2）

将水缓缓倒入玻璃杯，直到水平面几乎超出杯口。如果你小心操作的话，液体的表面张力会使水稍稍凸起。这样，瓶塞便会向上“漂”直到杯子的中央并停留在那里。

121 长方形

题中的 12 个黑色圆点可以画出 20 个长方形。大家可能漏掉的 2 个长方形已经在下图中画出。

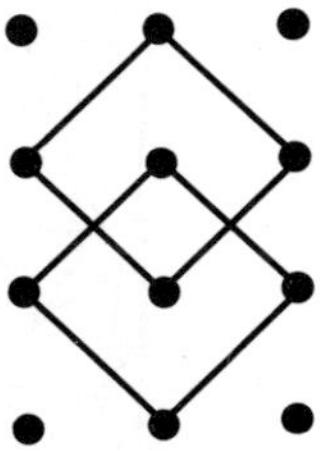

122 手提箱

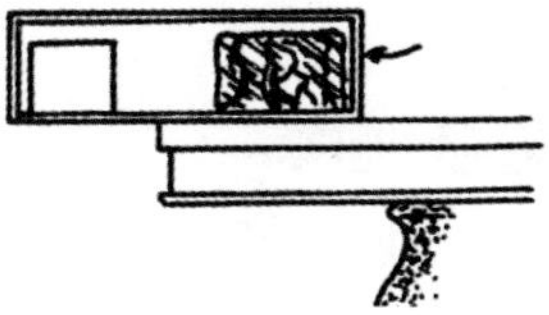

在演出开始之前，先在手提箱内放两样东西。在伸出桌子的那边放一大块铁，而在另一边放一大块冰，冰块的重量再加上手提箱这边的重量便可以抵消铁块的重量。但是，当冰块融化的时候，水就会均匀地分布在手提箱里，这样，铁块的重量足以使手提箱从桌子上掉下来。这也可以称得上是一种计时装置。

123 从 A 到 Z

答案如下图所示：

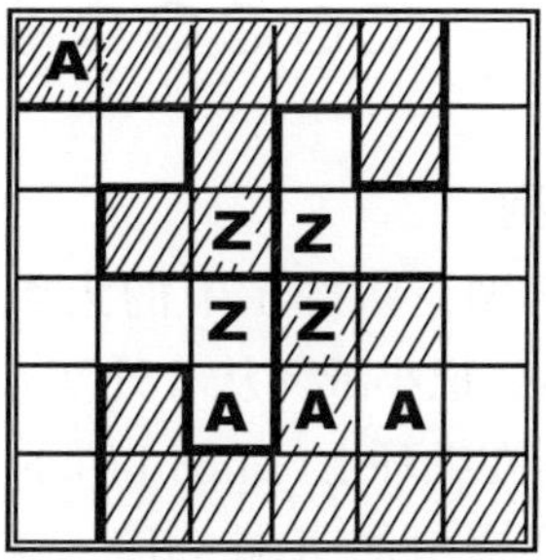

124 潜水艇拦截网

如果将这个网剪成两半，最少需要

8 步。从 A 开始，由上向下剪到 B。

125 遗嘱

他留给后人的是“一无所有”。

126 照相

爷爷一共邀请了 16 个亲戚朋友，一卷胶卷可以照出 60 张照片。

127 撞球

答案如下图所示：

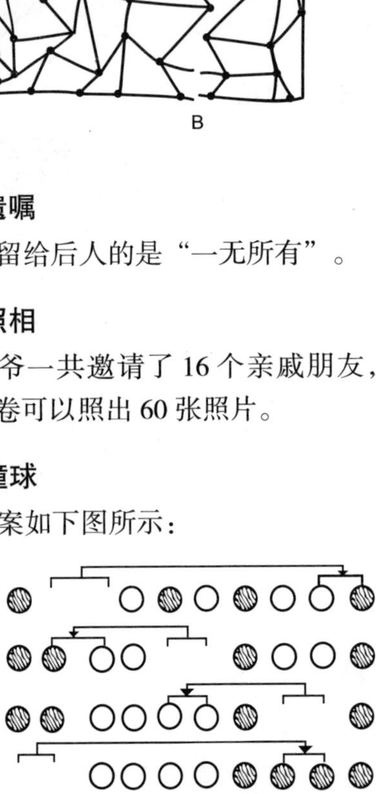

128 小狗

如下图，将图 1 中的大纸环（b）折叠，然后把小纸环从 d 处塞入。现在，将小狗挂在纸环上（如图 1 所示）。然后，把小纸环再滑回末端（d），并套在小狗上。展开大纸环，这样，便完成了（如图 2 所示）。提示：当你折叠大纸环时，只需将纸弯曲，不要把它弄皱。只有这样，你再展开纸环时就看不出它被折叠的痕迹了。

图 1　　图 2

129 天文

答案如下：

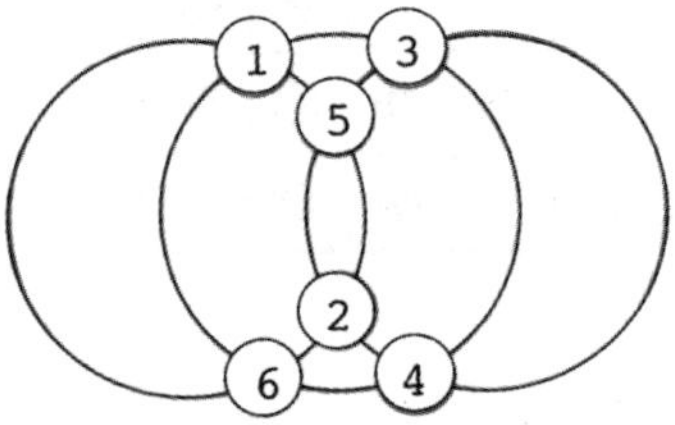

130 咒语

从顶部 A 开始，下面有两条路可以选择。而从两个 B 分别向下一行移动，那么，可以有 4 种选择到达第三行。也就是说，每到下一行可以选择的移动方法是所在行的 2 倍。从顶部 A 向下共有 10 层。所以，如果按照 1×2 来算，然后将所得结果乘以 2，接着再乘以 2，这样重复 10 次，你便得到所有可能的移动方法，即 1024 种。用数学表达式表示就是 2^{10}，或者是 $2\times2\times2\times2\times2\times2\times2\times2\times2\times2$。

131 台球（1）

他这五轮中，每轮分别打进了 8、14、20、26、32 个球。

132 年龄（2）

当奈德毕业时，他已经 60 岁了。

133 神庙

先按照图 1 的样子切开，然后按照图 2 所示将它们拼成一个正方形。

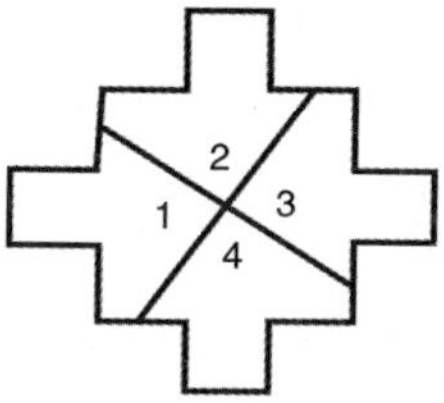

图 1

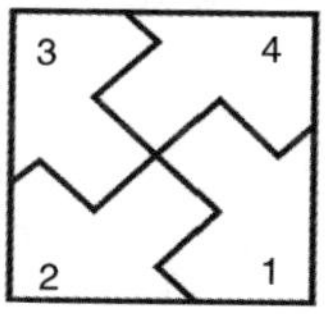

图 2

134 铜锣

沿图中的切线可以将铜锣切成 5 部分。

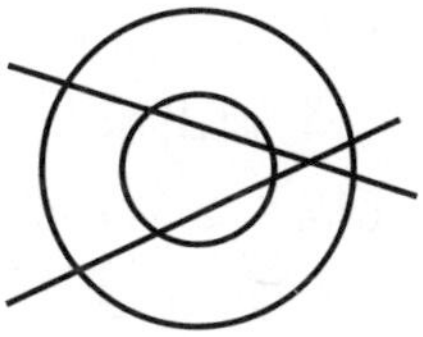

135 标志牌

$$\begin{array}{r} 96233 \\ +\ 62513 \\ \hline 158746 \end{array}$$

136 数学题

答案：

$$\begin{array}{r} 173 \\ +\ \ 4 \\ \hline 177 \end{array} \qquad \begin{array}{r} 85 \\ +\ 92 \\ \hline 177 \end{array}$$

137 硬币计数器

这 50 枚硬币分别是：12 枚 1 元硬币、12 枚 5 角硬币、14 枚 1 角硬币、12 枚 5 分硬币，总共为 $1\times12+0.5\times12+0.1\times14+0.05\times12=20$ 元。

138 风筝

这个风筝上有 17 个正方形，它们是由 4 种不同大小的正方形组成的。每一种大小的正方形的个数见下图：

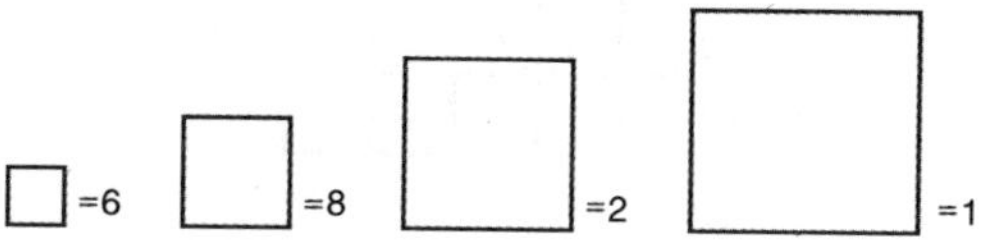

139 汽水吸管

答案如下图所示（图 1 拿走 4 根，图 2 拿走 6 根，图 3 拿走 8 根）：

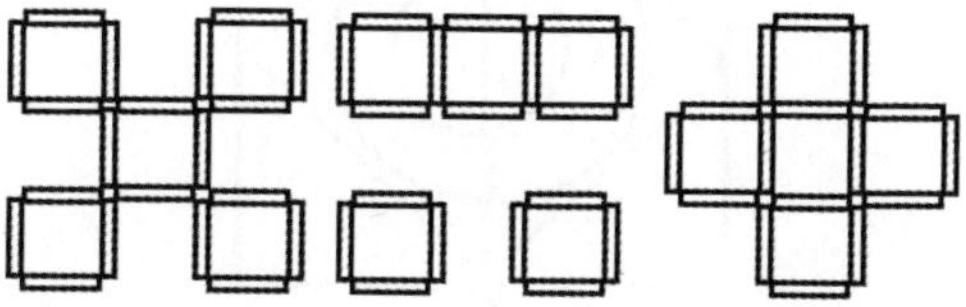

图 1　　图 2　　图 3

140 欢乐谷

下图是解决方案中的一种：

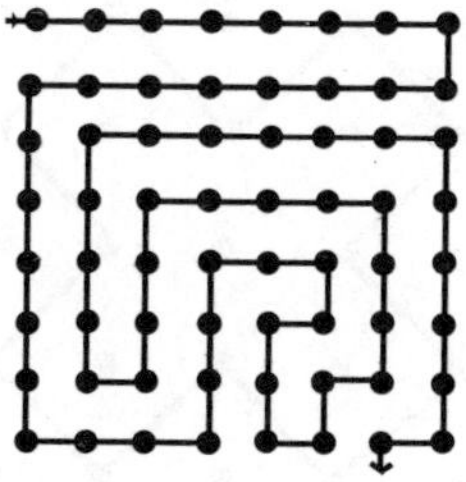

141 货物箱

因为固体表面很平，上面并没有洞，所以盒子的面和角的总数要比边多 2 个。因此，货物箱有 9 个面（如下图所示）。

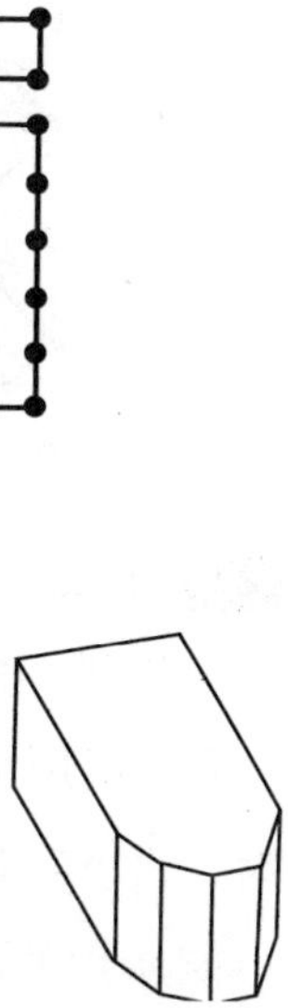

142 游戏天才

在这个题中，数字的排列方法有很

多，下面是其中之一。

4	1	3	0	2
3	0	2	4	1
2	4	1	3	0
1	3	0	2	4
0	2	4	1	3

143 直线

答案如图所示：

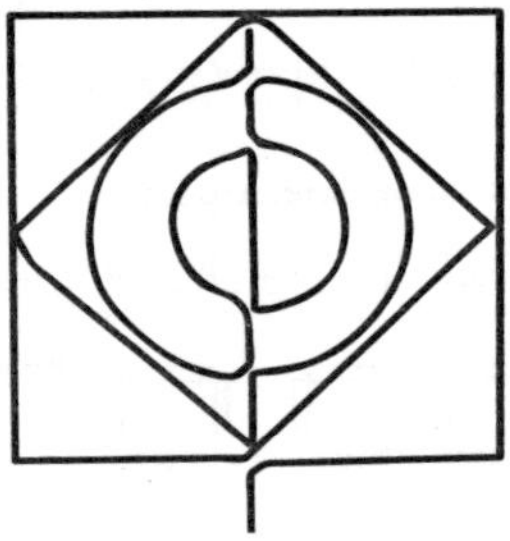

144 十字架（1）

答案如下图所示：

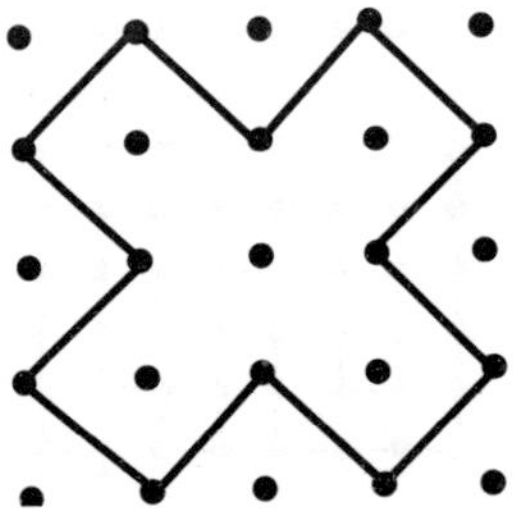

145 赛车

巴里、伯特、哈利和拉里骑车行走1千米所用的时间分别是$\frac{1}{6}$小时、$\frac{1}{9}$小时、$\frac{1}{12}$小时和$\frac{1}{15}$小时。所以，他们行走一圈所用的时间就分别是$\frac{1}{18}$小时、$\frac{1}{27}$小时、$\frac{1}{36}$小时和$\frac{1}{45}$小时。这样，他们会在$\frac{1}{9}$小时之后第一次相遇（即$6\frac{2}{3}$分钟）。4乘以$6\frac{2}{3}$分钟得出$26\frac{2}{3}$分钟，即他们第四次相遇所需要的时间。

146 玩具店

答案如下图所示：

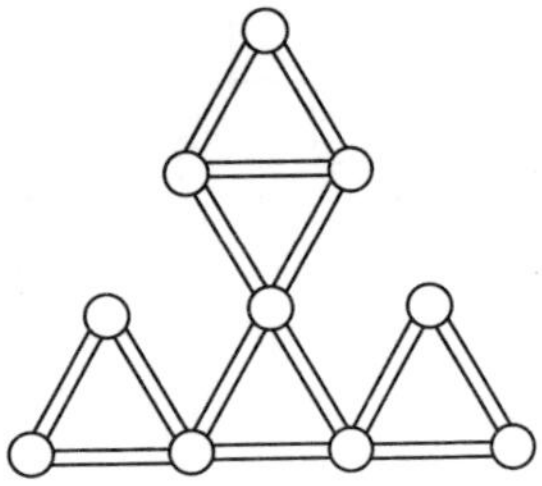

147 蛇

和大多数线条思维游戏不同，这幅画不可能用一笔画出来。它需要画12条线才可以完成。这个思维游戏要求你找出最长的那条线。在下图中，从A点开始、在B结束的线条是本题的答案。另外的11条线已经用虚线标出。

148 鸡蛋（1）

将两把叉子插在瓶塞上，使它们与瓶塞保持60°（如图所示）。然后，把瓶塞底部挖空，使它能够紧贴在鸡蛋大头那边。

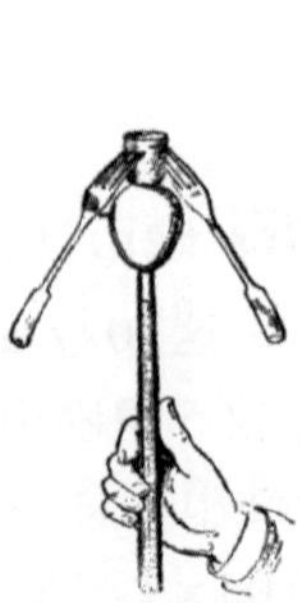

现在，把插有叉子的瓶塞放在鸡蛋上面；然后把鸡蛋放在拐杖的末端。稍微调整之后，你就可以把鸡蛋完好地放在上面。

149 测量

以下是解决这个题的9个步骤：（1）将绿色罐子注满水；（2）将绿色罐子内的水倒入红色罐子；（3）把红色罐子内的水倒回水池；（4）将绿色罐子内剩下的水倒入白色罐子内；（5）将绿色罐子注满水；（6）将绿色罐子内的水倒入红色罐子；（7）将绿色罐子内剩下的水倒入白色罐子内；（8）将绿色罐子注满水；（9）将绿色罐子内的水倒入白色罐子内。这时，绿色罐子内就剩下 2 升的水。

150 亚当和夏娃

这个题的答案是：

$$\frac{242}{303}=0.798679867986\cdots\cdots$$

151 太妃糖

答案如下图所示：

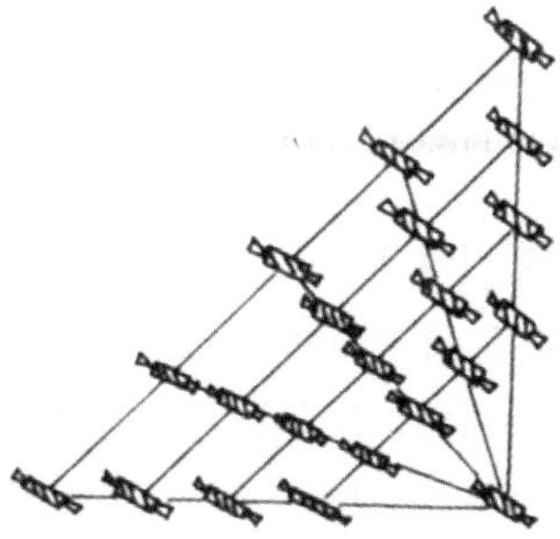

152 调换（2）

答案为：从 1 号移到 4 号、从 7 号移到 1 号、从 6 号移到 7 号、从 5 号移到 6 号、从 3 号移到 5 号、从 2 号移到 3 号、从 1 号移到 2 号、从 7 号移到 1 号、从 6 号移到 7 号、从 5 号移到 6 号、从 3 号移到 5 号、从 2 号移到 3 号、从 1 号移到 2 号、从 7 号移到 1 号、从 4 号移到 7 号。

153 多米诺骨牌（2）

这个题的答案就是快速行动。移动 B 骨牌使其垂直竖立时正好可以碰到 A 骨牌的边。将你的食指穿过塔的拱门，然后放在 B 骨牌的底边并且按紧；之后，“弹起”并迅速击打 A 骨牌。这样，A 骨牌便会从塔上分离，它上面的骨牌随即落在两边竖立的骨牌上，而塔安然无恙。

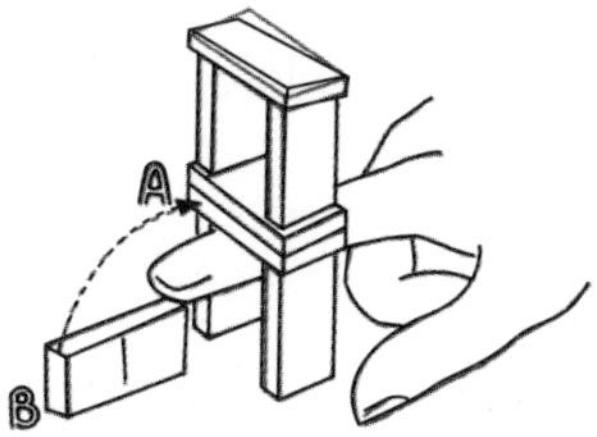

154 应聘

答案如下图所示：

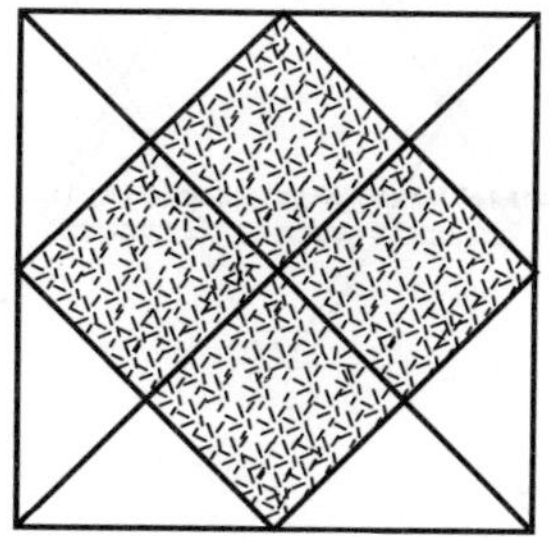

155 瓢虫

一共有 5040 种不同的排列方式（即：$7\times6\times5\times4\times3\times2\times1=5040$）。

156 英雄

答案如下：

$$\begin{array}{r} 98765 \\ +\ 1234 \\ \hline 99999 \end{array}$$

157 派对

这里有一个解决办法，即从离那个男孩子最近的1号盘子开始：将1号盘子内的硬币移到4号盘子、将5号盘子内的硬币移到8号盘子、将9号盘子内的硬币移到12号盘子、将3号盘子内的硬币移到6号盘子、将7号盘子内的硬币移到10号盘子、将11号盘子内的硬币移到2号盘子。再次绕桌子一圈便可回到1号盘子。这时，你一共绕桌子3圈。如果绕桌子4圈，那么这个题很容易解决。

158 雪橇

答案如图所示（下图有6个小三角形和2个大三角形）。

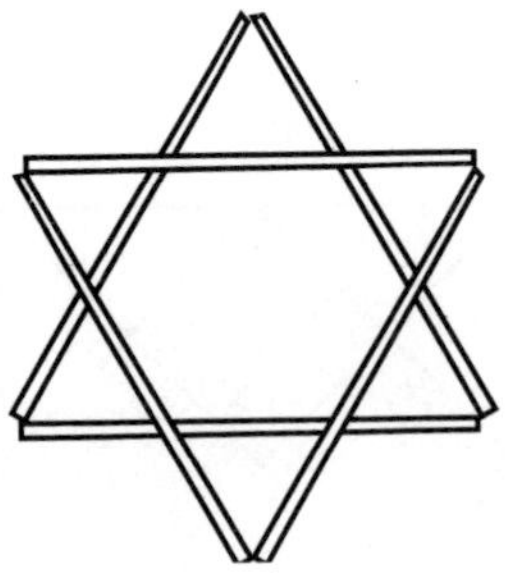

159 栅栏

每3米长的栅栏都是从左边的栅栏柱开始延伸，唯有最后3米长的栅栏是从左边的栅栏柱开始、在右边的栅栏柱结束。因而西姆斯应该买34个栅栏柱，并非33个。

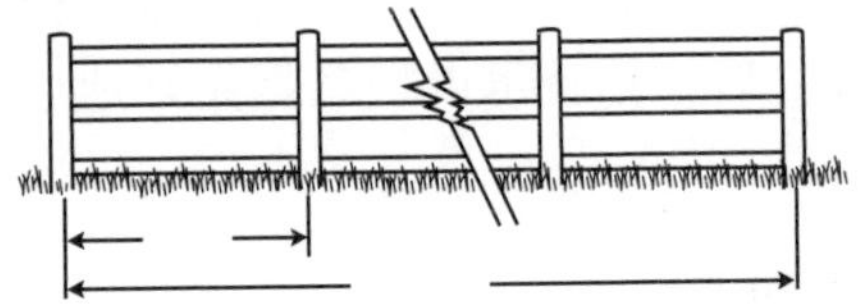

160 电池

下面是解决这个题的一种方法：

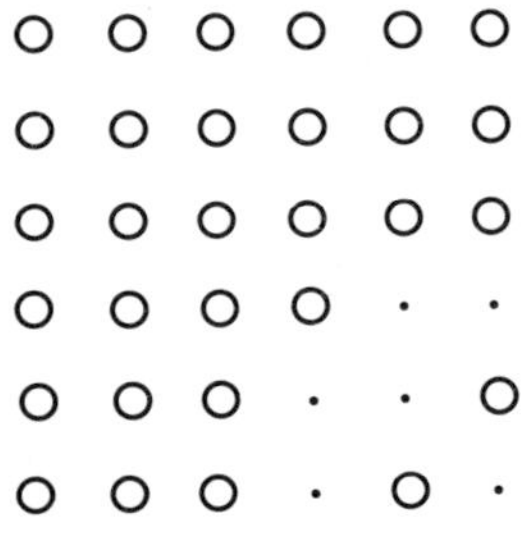

161 泰迪玩具熊

她们开始以10元出售3个玩具熊。第一个女人卖了30只玩具熊，赚了100元；第二个女人卖了24只玩具熊，赚了80元；第3个女人卖了21只玩具熊，赚了70元。下午的时候，她们开始以10元出售1只玩具熊。这样，第一个女人卖了她最后的3只玩具熊，赚了30元；第二个女人卖了剩下的5只玩具熊，赚了50元；第三个女人卖了剩下的6只玩具熊，赚了60元。所以，她们每个人都赚了130元。

162 时钟（1）

答案是11次。时针和分针在每个小时里相遇的时间会比前一个小时晚大约5分钟。从午夜开始计算，两个指针会在以下时间相遇：1：05；2：10；3：16；4：21；5：27；6：32；7：38；8：43；9：49；10：54；12：00。

163 机器人

答案中的一种如下图所示：

	8	11	
9	10	6	1
12	3	7	4
	5	2	

164 胶合板（2）

先沿着图 1 中的虚线切割，然后，将上面那块板向下滑动，使它挪到左边，这样便可得到一块实心板（如图 2 所示）。

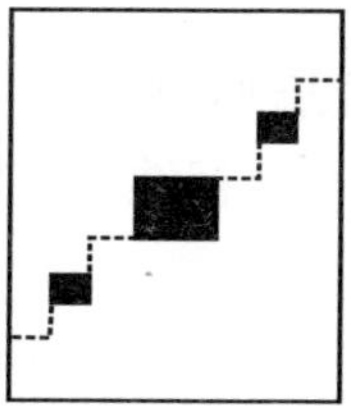

图 1

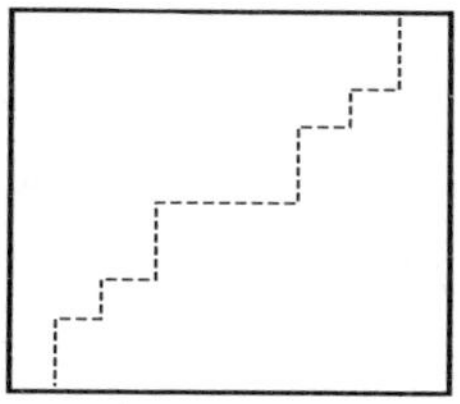

图 2

165 喂狗的硬饼干

答案如下图所示：

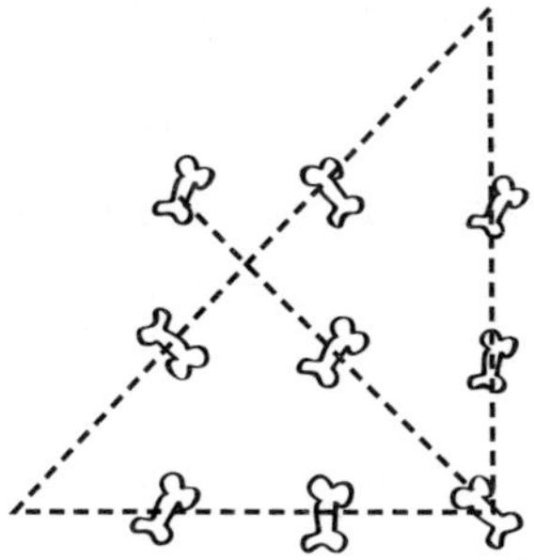

166 竞技比武大会

首先，要从一个方向进行。第二，当你把一枚硬币翻过来后，先跳过下一枚硬币，然后再开始计数。

167 香水瓶

首先，测量瓶子内液体的高度。然后，将瓶子颠倒，并测量瓶子内空气柱的高度。将这两个高度相加，便得出一个虚构圆柱体的高度。现在，用液体的高度除以圆柱体的高度，这样便可以得出瓶内液体体积所占瓶子的百分比。如果虚构圆柱体的高度是 5 厘米，而液体高度是 4 厘米，那么，用 4 除以 5，得出 80%，即液体体积所占的百分比。

168 电车

巡视员的行走路程可以减少到 19 千米，他只需重复两次路过两条铁轨。他的巡查路线为：E–I–J–K–J–F–B–C–B–A–E–F–G–H–D–C–G–K–L–H。重复路过的两条铁轨是 JK 段和 BC 段。

169 序列中的数字

第 1 个到第 6 个数字已列出，用序列数乘以它前一个序列数的数值便可得出该序列数的数值。这样，第 2 个数值为 $2\times1=2$；第 3 个数值为 $3\times2=6$；第 4 个数值为 $4\times6=24$。那么，第 7 个数值就是 5040（7×720）。

170 抢劫

旅行包里有 1 枚 5 角硬币、39 枚 1 角硬币以及 60 枚 1 分硬币。

171 竞赛（1）

答案为 2521。

172 玩纸牌

3 张扑克牌（从左到右）为：方块 A、红桃 K 以及黑桃 2。

173 理发师

亨利当然愿意为两个德国人理发，因为给两个人理发比给一个人理发多赚一倍的钱！由于亨利注重外表并且小镇上只有两个理发师，他只能让皮埃尔为自己理发。而皮埃尔也需要理发，他只能找亨利，但是，亨利总是太忙而无法为他理发。所以，如果你拜访这个小镇，就只能让皮埃尔为你理发了。

174 4个5

答案为：$55\frac{5}{5}$

175 装饰物

在剪绳子之前，先在绳子中间打一个环儿并系牢，然后拿起剪刀将绳环儿剪断。绳子被剪为两段，而装饰物却安然无恙。

176 三位数

你只需保证第一张牌和第三张牌相加的和等于中间那张牌的数值。

177 十字架（2）

答案如下图所示：

178 商业调查

先分析一下调查结果：

（1）在食用辛辣芥末的234人当中，有90个人只食用辛辣芥末（$234-144=90$）。

（2）在食用清淡芥末的213个人当中，有69个人只食用清淡芥末（$213-144=69$）。

这就说明有三类人群：

（1）只食用辛辣芥末的有90人。

（2）只食用清淡芥末的有69人。

（3）既食用辛辣芥末又食用清淡芥末的有144人。

共303人。

然而报告上却显示只有300个人接受了调查。

179 水与酒

酒杯里的水和水杯里的酒相等。证明如下：

（1）假如每个玻璃杯里都有100个单位的液体，茶匙可以容纳10个单位的液体。

（2）珀西用茶匙从水杯取出10单位的水并倒入酒杯，然后搅拌均匀。

（3）现在酒杯里有110个单位的液体。当珀西从酒杯取出一匙液体后，两种液体他将各取出$\frac{1}{11}$。这样，茶匙里有$9\frac{1}{11}$个单位的酒、有$\frac{10}{11}$个单位的水。然后，他把茶匙里的液体倒入水杯里。

（4）现在水杯里有$90\frac{10}{11}$个单位的水、有$9\frac{1}{11}$个单位的酒，总共有100个单位的液体。

（5）酒杯里现在有$90\frac{10}{11}$个单位的酒、有$9\frac{1}{11}$个单位的水，总共有100个单位的液体。

180 占卜写板

答案如下图所示：

181 印度方块

如果这个大图的边长为 8 厘米，那么各尺寸的正方形个数依次为：

8 × 8 厘米 1 个

6 × 6 厘米 4 个

4 × 4 厘米 9 个

2 × 2 厘米 18 个

1 × 1 厘米 8 个

总共 40 个正方形。

182 可可豆盒

将盒子的一边沿着桌边放置，并在桌子上留出与盒子一样宽的长度（即，a 的长度与 b 的长度相等，如下图所示）。现在，拿起尺子，并将它放在桌子角的末端，然后，测量桌角与盒子后面左侧顶角的长度。而这个长度与盒子主对角线的长度相等。

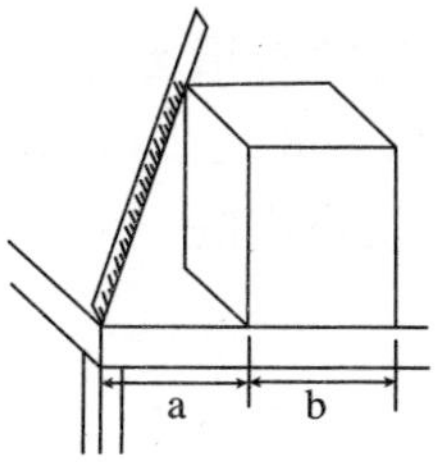

183 棋子（1）

移动的步骤如下：

从 2 号移到 6 号、从 1 号移到 5 号、从 8 号移到 2 号、从 7 号移到 1 号、从 4 号移到 8 号、从 3 号移到 7 号、从 10 号移到 4 号、从 9 号移到 3 号、从 6 号移到 10 号、从 5 号移到 9 号。

184 浴缸

需要 5 分钟的时间。解决这个问题，首先要把时间转换成秒。

（1）打开凉水的水龙头，浴缸放满水需要 400 秒，即每秒进 1/400 的水。

（2）打开热水的水龙头，需要 480 秒的时间，即每秒进 1/480 的水。

（3）浴缸放完水需要 800 秒的时间，即每秒排 1/800 的水。

如果我们取 4800 作为它们共同的分母，便会得出以下等式：

$$\frac{12}{4800}+\frac{10}{4800}-\frac{6}{4800}=\frac{16}{4800}=\frac{1}{300}$$

这个值就是每秒放入浴缸的实际水量。这样，浴缸放满水就需要 300 秒，即 5 分钟。

185 接触

首先使 2 枚硬币在桌上相接触，然后，再把 2 枚硬币放在它们上面，使 4 枚硬币相接触。最后，将第 5 枚硬币竖立放置（如下图所示）。这样，所有 5 枚硬币都彼此接触。

186 磨坊

如果想要带回 100 千克的玉米面，那么，需要带来 $111\frac{1}{9}$ 千克的玉米（111.111 千克减去 10% 等于 100 千克）。

187 数学

答案如下：

123–45–67+89=100

188 重新排列（1）

第一行是2、3、1；中间是1、2、3；最后一行是3、1、2。或者，第一行是3、1、2；中间是1、2、3；最后一行是2、3、1。

189 雕刻品

答案如下图：

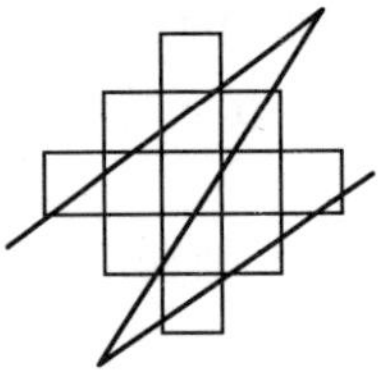

190 射击

这3只鸟是25，6，19。

191 动物园

答案如下图：

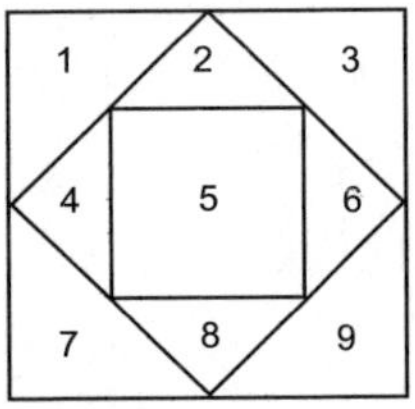

192 时钟（2）

答案如下图所示：

193 巨型鱼

这条鱼头长60米、尾巴长180米、身体长240米，鱼的总长度为480米。

194 骰子

当你拿起骰子之前，偷偷地把你的食指弄湿。接着，让这个手指将一个骰子的一个面沾湿。然后，把第二个骰子贴在那个骰子的沾湿面上，用拇指与食指将两个骰子夹住，这样持续夹住两个骰子，接着，把它们放在桌上那个骰子的上面，并把手指松开，两个骰子将粘在一起，并会稳稳地停在下面的骰子之上。

195 握手

8位圣诞老人总共握手28次。A与其他7位握手，B因为已经与A握过手所以只需与其他6位握手，而C只需与其余5位握手，依此类推，握手的总次数为：7+6+5+4+3+2+1=28

196 逻辑

三角形中每个处在内部的数字都是它上面与之紧密相连的两个数字的乘积。比如，数字8是2×4所得的结果，32是2×16所得出的结果，依此类推。

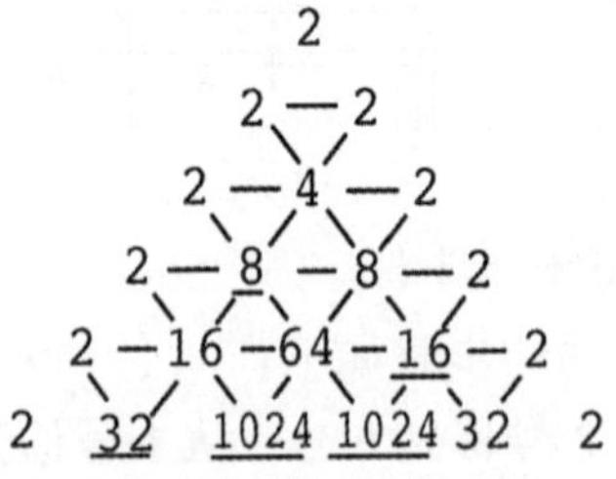

197 皇冠

答案如下图：

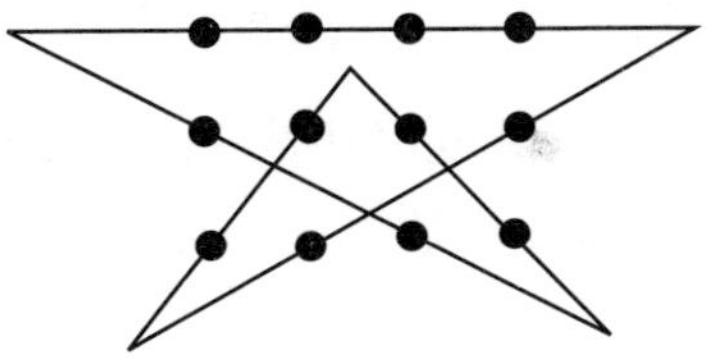

198 服务员

把脸靠近这枚硬币，然后吹。如果用力吹，那么风会把这枚硬币将从盘子上吹下来。你所挑选的盘子的边缘坡度要小。

199 心灵感应

任何两个三位数的差的中间位置上的数字都是9（第二个三位数是第一个三位数颠倒之后的数字；所谓的差是指大的数字减去小的数字所得的结果）。同时，这个结果的第一位和第三位的数字之和也等于9。所以，如果最后一位的数字是8，那么，第一位的数字就是1，而第二位的数字是9。

200 H到O

（a—bc）是指a硬币从位置a移到另一个地方，它在那里可以与另外两个硬币b和c相接触。移动的步骤为：（1—56）、（3—14）、（4—58）、（5—23）、（2—54）。

201 重新排列（2）

答案如下：

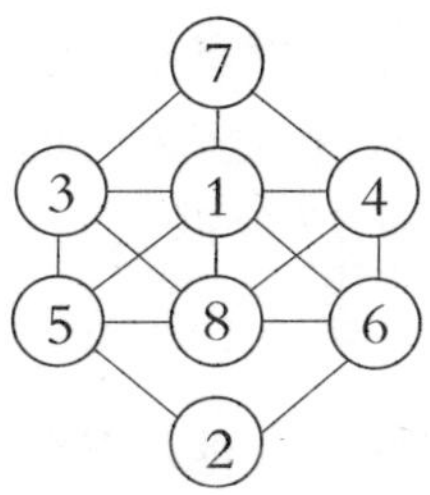

202 房产规划

答案如下图：

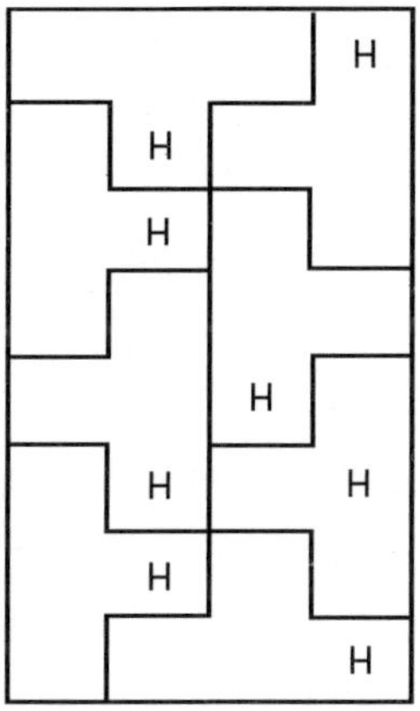

203 称重量

称量茶叶按以下步骤进行：（1）把5千克的砝码放在秤盘上，然后把9千克的砝码放在另一个秤盘上。现在，在5千克砝码的秤盘上称出4千克茶叶；（2）把两个砝码拿走，并把4千克茶叶放在一个秤盘上，然后再称出另外4千克茶叶；（3）接着称出4千克茶叶；（4）再称出4千克茶叶；这时，剩下的茶叶也是4千克；在（5）、（6）、（7）、（8）和（9）当中，利用天平的刻度将每份4千克的茶叶各分成2千克。

204 神秘的正方形（1）

答案如下：

20	1	12
3	11	19
10	21	2

205 替换

答案如下：

$$
\begin{array}{r}
850 \\
850 \\
+\ 29786 \\
\hline
31486
\end{array}
$$

206 火车（1）

火车头 T 将车厢 B 向上推，使它进入 C。然后 T 绕到另一侧将车厢 A 向上推，使它与车厢 B 相连接；接着，T 将车厢 A 和车厢 B 向下拉，使它们都在右边的岔轨。然后，T 再经左边绕到 C，接着，再将车厢 A 推到主铁轨。T 将车厢 B 留在右边的岔轨，然后再绕回到车厢 A，并把它拉到主铁轨与左边岔轨的交叉口，接着再把它向上推，使它进入左边的岔轨。最后，T 再回到原来的出发地。

207 搅拌棍

答案如下图：

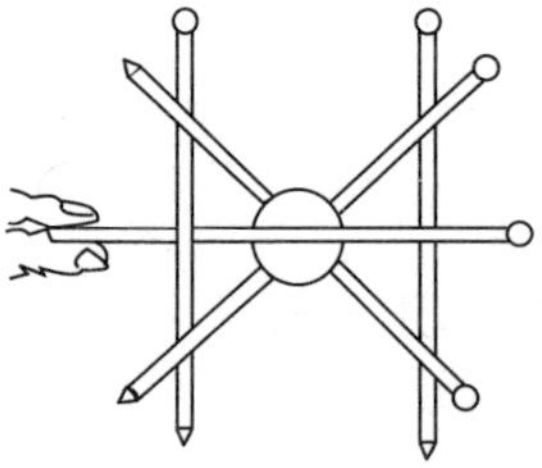

208 时间

那个坏时钟每天会显示两次正确的时间，一周共显示 14 次。而那个每天慢 1 小时的时钟每显示正确一次则需要 12 天。所以，就正确性而言，那个不走的时钟要强于那个慢走的时钟。

209 馅饼

这个馅饼可以切成 11 个大小不同的碎块（如下图所示）。

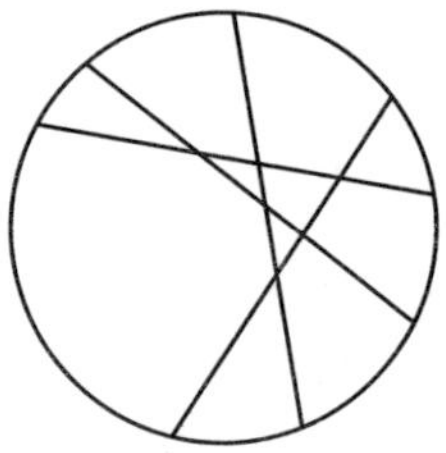

210 棋盘的方格

答案是不可能将多米诺骨牌放在棋盘上。因为，一个多米诺骨牌占两个方格，红、黑方格各占一个。然而，当我们将棋盘的两个对角上的方格切掉时，这两个方格的颜色是相同的。在这个例子当中，棋盘还剩下 32 个黑色方格和 30 个红色方格。当你把 30 个多米诺骨牌放在棋盘上时，棋盘上所剩下的两个黑色方格并不会相互接触，这样，最后一个多米诺骨牌就无法放在上面。在任何一个棋盘上，相同颜色的两个方格不会并排相连。

211 巧克力糖

我们利用反向思维从剩下的 8 块糖算起。因为桌上剩下的糖是第三个旅行者醒过来时的，所以他醒来时，桌上的盘子内会有 12 块糖；同样地，这 12 块糖是第二个旅行者醒过来时的，所以，他醒来时，盘子里有 18 块糖；这 18 块糖是第一个旅行者醒来时的，这就是说盘子里原来有 27 块糖。

212 轮胎

贝莎阿姨建议他从其他 3 个轮胎上

各拆下一个螺母，然后把它们安装在第四个轮胎上。慢慢地把车开到一个城镇，在那里就可以再买 5 个螺母。

213 形状

这个物体是一个带有凹槽的木制矮圆柱体。

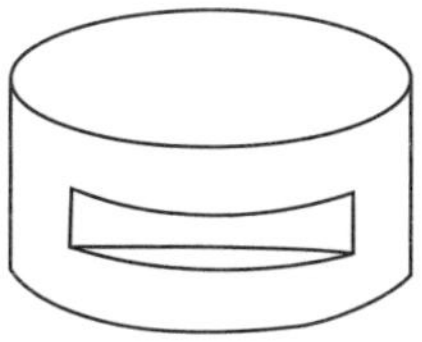

214 单轮脚踏车

奥斯汀家和姑妈家相距 60 千米。如果他以每小时 15 千米的速度骑车的话，他会在下午 4 点到（即晚餐开始前一个小时）。如果他以每小时 10 千米的速度骑的话，他会花 6 个小时（即迟到一个小时）。所以，奥斯汀以每小时 12 千米的速度骑车，他会花 5 个小时，他将在下午 5 点准时到达。

215 葛鲁丘

答案是 18。下面那行上的每一个数在调换其各位数字的位置后正好是这个数上面那个数的平方。比如，上面那行的第一个数字是 4，它的平方是 16，16 调换位置后是 61，即下面那行的第一个数。我们取最后数字 9 的平方，即 81，这样，调换位置后就是 18。

216 子女

安德森夫妇有 4 个女儿、3 个儿子。

217 打赌（1）

他把一张纸的四个角撕掉了，这样，在纸上留下了八个角。这就轻而易举地向大家证明了 4 去掉 4 得到 8（如下图所示）。

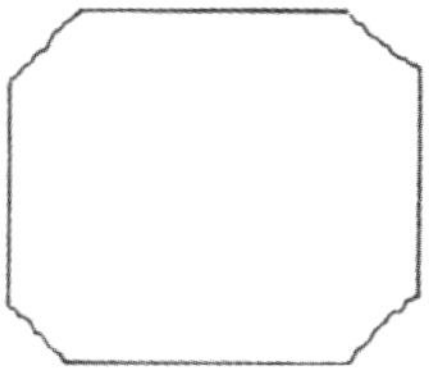

218 漂浮

将一个宽口玻璃杯倒满水，剪一块比缝纫针稍宽的软纸，把这根针轻轻地放在纸的中间，然后把这张有针的软纸放入水中。过一会儿，软纸会因吸满水而沉入杯底，此时这根针将因为水面张力的扶持而漂浮在水面上。

219 猴子

猴子应该按照下面的顺序走遍所有的窗户：10，11，12，8，4，3，7，6，2，1，5，9。这个线路在底部和中部的窗户之间的空间内只经过了 2 次。

220 箭

将一个高的直边玻璃杯装满水，然后把这个玻璃杯放在纸板的前面，杯子里的水相当于一个透镜，透过透镜箭头的方向会发生改变。当你透过玻璃杯观看箭头时，你会发现它指向了左边。

221 三角形

图中有 4 种形状的三角形。最小的三角形有 7 个；大一些的三角形有 3 个；再大一些三角形有 3 个；最大的三角形有 1 个。总共有 14 个三角形。

222 几何（2）

线段 BD、DG 和 GB 构成一个等边三角形。因此，线段 BD 和 DG 之间的角度是 60° 。

223 碑铭

根据碑铭上所说的，莎拉·方丹太太比她的丈夫先去世。如果是那样的话，她怎么会是寡妇呢？

224 神秘的正方形（2）

答案如下图：

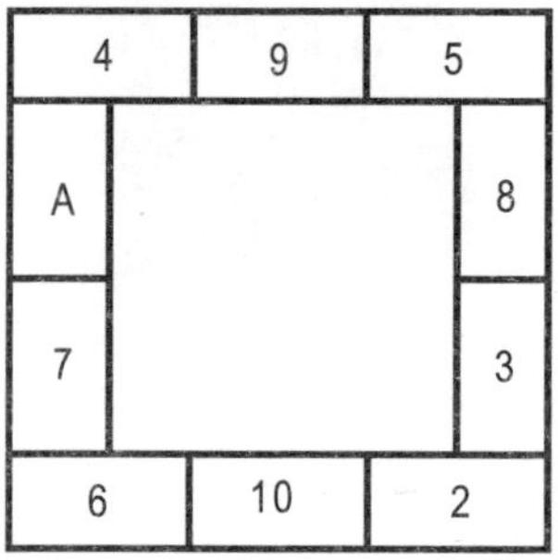

225 网球（2）

哈里特让俱乐部的场地管理员通过附近的水管把洞里灌满水，这样网球就浮出了水面。

226 顶针

你只需要保证从下一个放顶针的位置可以滑到前一个顶针开始的位置。比如：将顶针放在 W 点，并把它滑到 X 点；然后，将下一个顶针放在 Y 点，并把它滑到 W 点；接着，再把一个顶针放在 Z 点，并把它滑到 Y 点。依此类推，直到所有 7 个顶针都放好。

227 面包店

从下图的水平方向可以将这个面包切成 10 份。

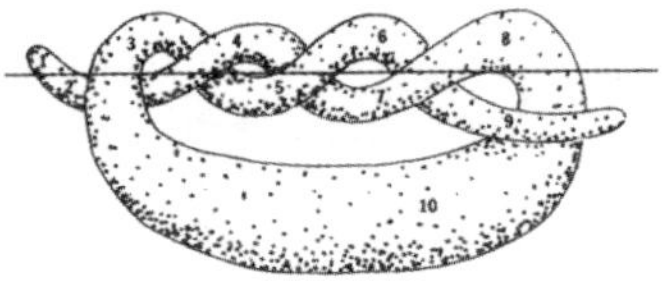

228 自行车（2）

逆风而行时，他每小时可以行 15 千米，顺风而行时，他每小时可以行 20 千米，两种情况下每小时差了 5 千米。5 千米的一半是 2.5 千米，所以，风的速度是每小时 2.5 千米。这样，在没有风的时候，他骑车的速度就可以达到每小时 17.5 千米，即 15 千米和 20 千米之间的数。

$$\frac{60\text{ 分钟}}{17.5\text{ 千米}} = \frac{3600\text{ 秒}}{17.5\text{ 千米}}$$

= 205.7 秒 / 千米

= 3 分钟 26 秒 / 千米（没有风的时候）

229 硬币的移动

用左手食指紧紧按住中间的硬币（即那枚可以接触但是不可以移动的硬币），用右手将那枚 1 元硬币（即那枚既可以接触又可以移动的硬币）向右边移动，使它与 1 角硬币保持几厘米的距离。然后，用这枚 1 元硬币迅速撞击 1 角硬币。虽然 1 角硬币不会动，但是这种力会使1角硬币左边的那枚1元硬币移动两三厘米，而它们之间的空间足够放下右边的那枚1元硬币。这样，问题就解决了！

230 磁铁

如果你用一个铁条的一端接触另一个铁条的一端，它们之间就会产生吸力，但是，却无法说明究竟是哪个铁条在吸引对方。然而，当你用一个铁条的一端接触另一个铁条的中间部位，那么就会发生下面的情况：如果与另一个铁条的中间部位相接触的铁条是磁铁的话，那么它会吸引另一个铁条（如图1所示）；反之，如果不是磁铁的话，那么它就不会吸引另一个铁条，因为磁铁在中间部位几乎没有什么吸力（如图2所示）。这样，如果与另一个铁条接触的铁条是磁铁的话，那么它会吸引另一个铁条；如果不是的话，那么两个铁条之间就没有明显的吸引现象。

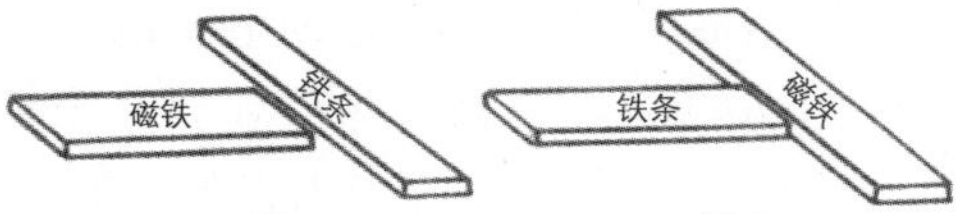

图1　　图2

231 扑克牌点

按照下图所示的样子将4张扑克牌放在一起，每张扑克牌的右上角都彼此相互重叠，就能显出16个牌点了。

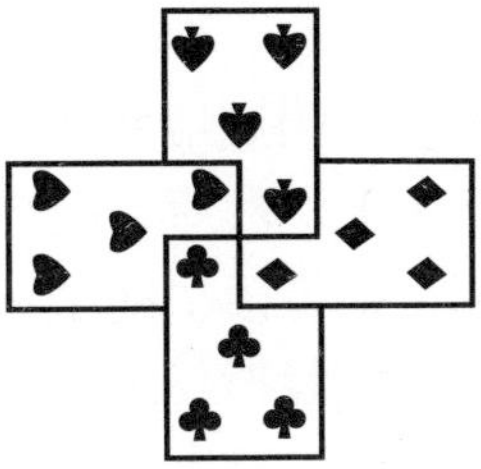

232 绳索（2）

答案的奥秘所在就是你要在拿绳子之前先将胳膊交叉。当你把绳子两端分别拿在手中时，再展开两个胳膊；这时，绳子中间就出现了结点。

233 面积

阴影部分的面积是边长为3厘米的正方形的$\frac{1}{4}$。这个正方形的面积是9平方厘米，那么阴影部分的面积就是$2\frac{1}{4}$平方厘米。将边长为4厘米的正方形围绕小正方形旋转到任何位置，遮盖部分的面积总是相等。在旋转过程中，当大正方形将线段ac平分时，遮盖部分的这个更小的正方形面积就是$1\frac{1}{2}$厘米乘以$1\frac{1}{2}$厘米，即$2\frac{1}{4}$平方厘米。

234 矩形

将这4个矩形按照下图中的样子放在一起。它们的4个边可以在中间（即阴影部分）组成一个边长为1厘米的空正方形。

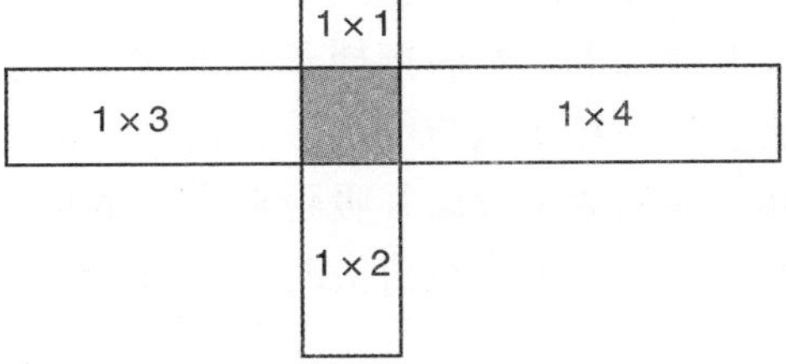

235 吊绳

把两根绳子的底端紧紧地系在一起（如图1所示），然后，爬到左边那根绳子的顶端，并将两根绳子缠在自己的两条腿上，在紧紧抓住绳子的同时，用匕首将右边的绳子割断；接着，使绳子从刚才系绳子的环上穿过去，并把绳子往下拽，直到绳结到达这个环（如图2所示）。再抓住右边的两根绳子，然后换到右边，并且把左边的绳子从环上切开，顺着双绳子落在地上。最后，把两根绳子从环上拉下来。

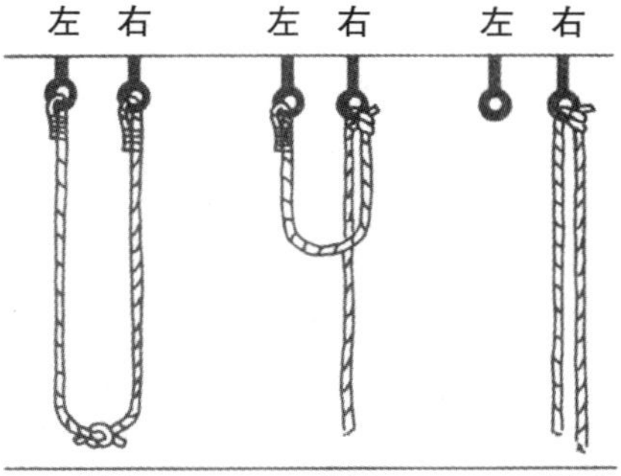

图1　图2　图3

236 猜数字

每一个数都是前一个数的数位上的数字之积，即49等于7乘以7、36等于4乘以9、18等于3乘以6。所以，答案是8，即1乘以8。

237 盐和胡椒粉

如果你有浓密的头发，那么它会有助于你解决这个题。拿出你的梳子在头上梳几下，然后把梳子往下放，并使梳子齿放在胡椒粉的上方。这样，胡椒粉就会从盐里分离并吸附在带电的梳子上，原因在于你在梳头时将静电传在了梳子上。

238 铅笔

答案如下图：

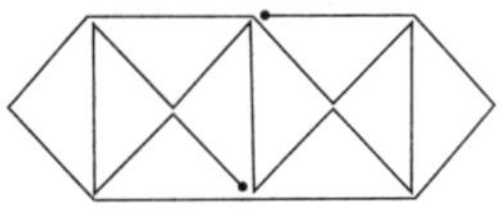

239 剧场

具体的入场费可以分为：11位男士，共55元；19位女士，共38元；70名儿童，共7元。这样，总共有100个人，整整100元。

240 硬币（1）

将任意一枚“背面”1元硬币翻过来，然后把它放在一枚“正面”5角硬币上，保证这枚5角硬币完全被那枚1元硬币遮住。这样，如果你从桌上看的话，你会发现正面的硬币有3元。

241 鱼

答案如下图：

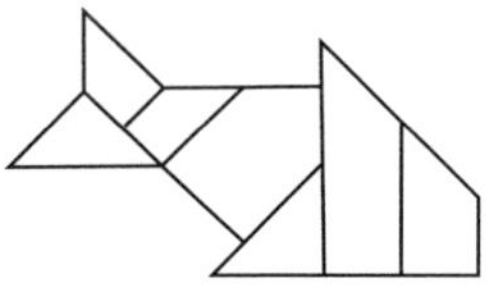

242 巴兹·索

最少可以锯成2块，沿着图中虚线将木板锯成2块，然后把锯下来的那块木板两端的位置颠倒，并重新放在木板上。这样，那个洞就位于木板的中间。

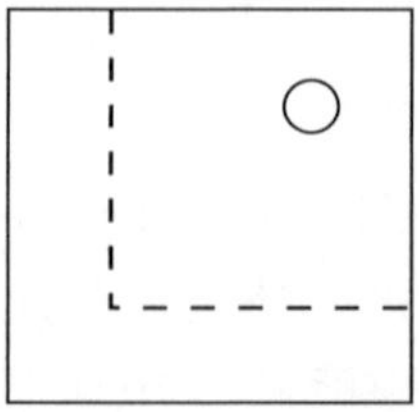

243 蜘蛛

解决这个题之前，先把这个圆柱体想象成一个展开的平面（如下图所示）。苍蝇的位置在F点，蜘蛛的位置在S点。将左边的线段延长1厘米至B点，线段BS与图中顶端线段相交于A点，而这个点就是蜘蛛应该从圆柱体边上经过的地方。蜘蛛行走的路线就是一个直角三角形的斜边，这个三角形底边长4厘米、高3厘米。这样，斜边长为5厘米，这是蜘蛛所能走的最短路线。

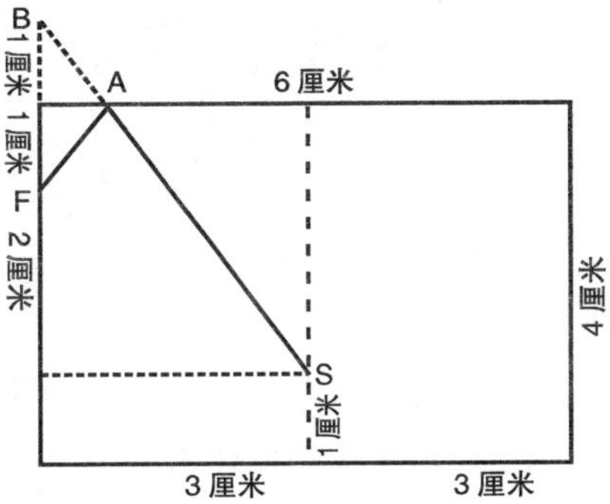

244 小丑

约翰扮演了高尔夫球手和理发师；迪克扮演了喇叭手和作家；罗杰扮演了计算机技术员和卡车司机。

245 计算

在这个风筝上有不同大小的正方形34个、三角形104个。许多正方形和三角形都与其他正方形和三角形重叠在一起。下面是我们这幅画当中出现的各种尺寸的正方形和三角形。

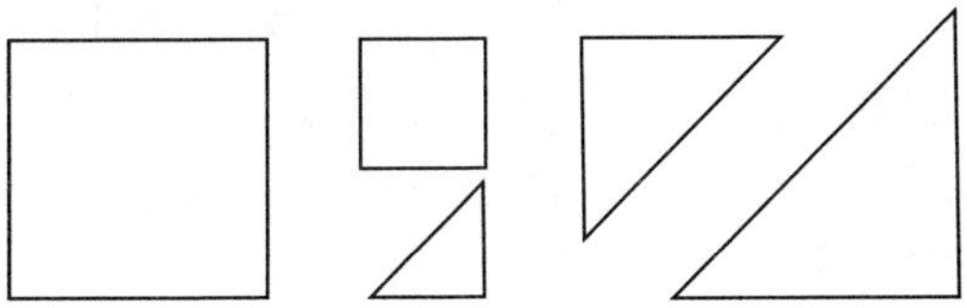

246 婚礼

举行婚礼的日子是星期日。我们得把他说的话分成两部分。

日	一	二	三	四	五	六	日
SUN	MON	TUES	WED	THUR	FRI	SAT	SUN
	第一部分				第二部分		

在第一部分“那个日子的后天是‘今天’的昨天……”，从星期天往前算，就到了星期三，即过了3天。在第二部分“那个日子的前天是‘今天’的明天，这两个‘今天’距离那个日子的天数相等”，从星期天往后算，这样就到了星期四，即距离星期天有3天。所以，这个答案当然就是问题中所提到的日子。

247 金字塔

首先，把2号、3号金字塔颠倒放；然后，把3号、4号金字塔颠倒；最后，把4号、5号金字塔颠倒。

248 大学男生

这个大三学生需要10652元。

$$\begin{array}{r} \text{SEND} \\ +\ \text{MORE} \\ \hline \text{MONEY} \end{array} = \begin{array}{r} 9567 \\ +\ 1085 \\ \hline 10652 \end{array}$$

249 盛汤的碗

每种面值的硬币各有500枚，它们依次为：

500枚1元硬币＝500元；

500枚5角硬币＝250元；

500枚1角硬币＝50元。

250 钟

当多朗格·基德开始拽绳子时，他会发现自己也升在空中而且距离地面的高度与钟相同。当钟距离地面 1 米时，基德也是 1 米。无论他拽绳子有多快或者慢，他距离地面的高度与钟相同。两者会一起到达塔的上面，而这也是牧师想要做的。

251 城堡（2）

女儿将炮弹作为平衡物先下去，然后国王和儿子把上面篮子里的炮弹取出来，让儿子下去，这时让女儿作为平衡物。接着，让炮弹单独下去，当它落地时，让儿子和炮弹作为平衡物，他们的合力可以使国王下来。王子然后从篮子里出来，再让炮弹单独下去。接着，女儿下去，炮弹上来。儿子再把炮弹取出来，然后单独下来，他的妹妹上去。女儿接着把炮弹放在另一个篮子里，使自己降落到地面上。

252 螺旋

答案如下图所示：

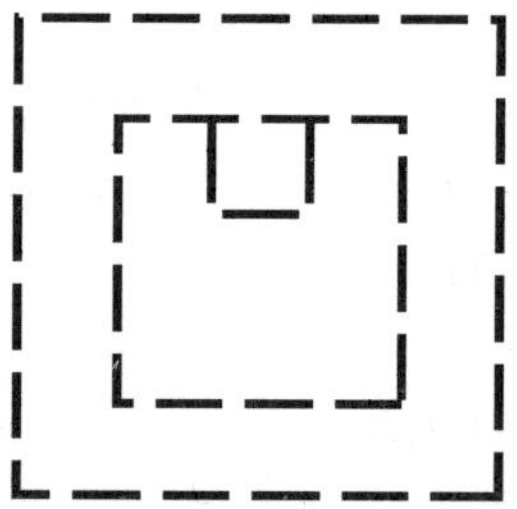

253 蜘蛛网

下面的步骤清楚地说明了计算过程：

步骤 1：$20 \times 4 = 80$（周长）。

步骤 2：$80 \div 3.14 = 25.48$（直径）。

步骤 3：$25.48 \times 25.48 = 649.23$（正方形面积）。

步骤 4：$25.48 \div 2 = 12.74$（圆半径）。

步骤 5：$12.74 \times 12.74 \times 3.14 = 509.65$（圆面积）。

步骤 6：$649.23 - 509.65 = 139.58$（四个角的面积）。

步骤 7：$139.58 \div 4 = 34.9$ 厘米（蜘蛛网的面积）。

254 桥

你所要做的就是按照下图所示的样子把纸打成褶，这样问题就解决了。

255 瓶子和钥匙

这个题只有在阳光充足的日子里才能解决，因为绳子要受阳光的影响。要把钥匙从绳子上取下来，只需要一个放大镜，并使太阳光透过瓶子聚在绳结上，时间不长，绳结就会烧断，这样，钥匙将落到瓶底。

256 马

下面就是特雷弗·托兹的解决办法。他骑着自己的马到拉洛尼的马厩，并把这匹马算到作为遗产的 17 匹马内，这样总数就达到了 18。他然后分给了约翰 9 匹马（18 的一半），分给詹姆士 6 匹马（18 的$\frac{1}{3}$），分给威廉 2 匹马（18 的$\frac{1}{9}$）。他的这种分法是按照地主的遗嘱进行的，同时，也使各方都得到了满足。最后，特雷弗骑着自己的马高兴地回家了。

257 伪造币

参加比赛者从1号帽子取1枚硬币、从2号帽子取2枚硬币、从3号帽子取3枚硬币，往后依此类推。这之后，他们把这50枚硬币放在秤上称。如果这50枚硬币都是真的话，那么，它们的总重量将是500克；但是，由于其中的1枚或者多枚硬币是伪造的，所以总重量小于500克。将这个重量从500减去之后的差就是装有伪造币的帽子的号码。比如，如果伪造币装在6号帽子里，由于硬币堆里有6枚硬币在这个帽子里，那么，秤上显示的总重量就是494克。将494从500减去之后的差是6，这就是装有伪造币的帽子的号码。

258 盾牌

从任何1个点开始，数6个点，将1枚硬币放在第6个点上。记住你开始计数的那个点——那个点是你放第2枚硬币的地方。从那个可以数到第一个点开始计数，将第3枚硬币放在可以数到第2枚硬币开始的点。依此类推，将剩下的硬币放在各自的点上。

259 单词

这8个单词的共同之处就是它们每个词当中都包含连续的3个字母。

260 心算

将最大和最小的数组成一对（1+100=101；2+99=101；3+98=101）依此类推，这样，会得到50对数字。所以，50×101=5050，即“心算”的算法。

261 手

任何一个不知情的人都会将扑克牌慢慢地抽出，这无疑会失败。正确的方法是用左手向扑克牌的一个角猛弹，如果运用得当的话，扑克牌将旋转着快速飞出去，而硬币仍会安然停留在你的右手拇指上。

262 木匠活儿

下图展示了胶合板的切法以及3块板的拼法。

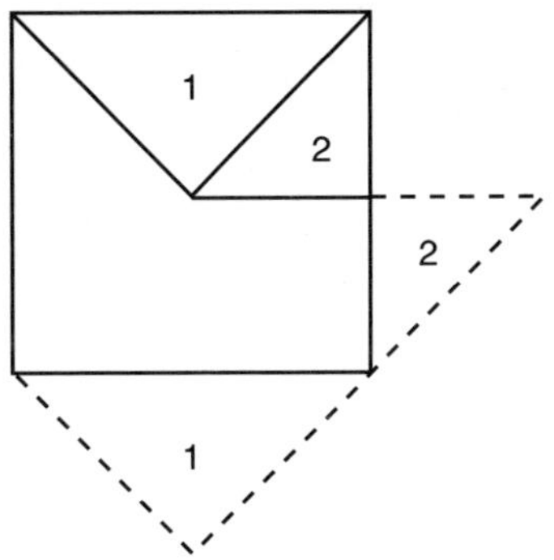

263 房地产

下图是西德尼想出来的解决方法。

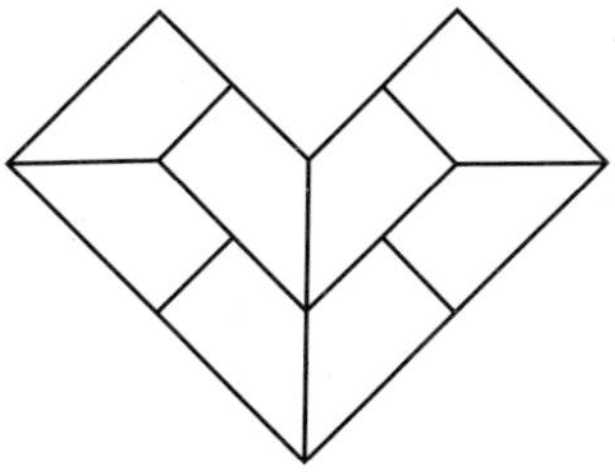

264 火柴（2）

如果把火柴摆成一个三角形，那么，这个三角形的面积就是6个平方单位。如果把虚线上的3根火柴改变一下位置，那么，会去掉2个平方单位的面积。这样，剩下的图形的面积就正好是4个平方单位。

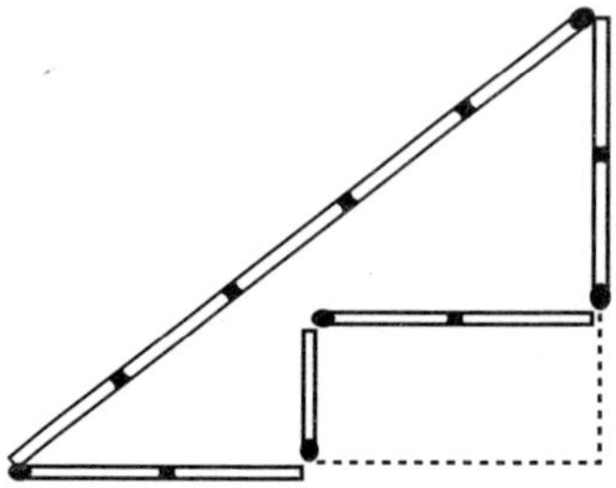

265 石碑

正方形的总数为 31。其中，小正方形有 16 个；由 4 个小正方形组成的正方形有 9 个；由 9 个小正方形组成的稍大一些的正方形有 4 个；碑中央的菱形正方形有 1 个；整个瓦石碑构成一个大正方形。

266 小正方形

从一个边上的两个角上取下 4 根牙签，然后从这个边对面的边的中间再取下一根牙签。

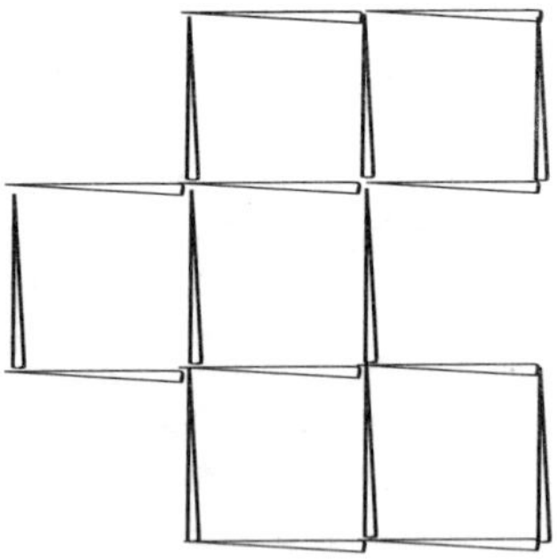

267 财宝

在这个递进关系中，每一袋里的硬币都比它前一袋的硬币少。每一袋里的硬币数都是第一袋里的硬币数（即 60 枚硬币）与那袋的序数比。

第 1 袋＝ 60 枚硬币

第 2 袋＝ 30 枚硬币（$\frac{1}{2}$）

第 3 袋＝ 20 枚硬币（$\frac{1}{3}$）

第 4 袋＝ 15 枚硬币（$\frac{1}{4}$）

第 5 袋＝ 12 枚硬币（$\frac{1}{5}$）

第 6 袋＝ 10 枚硬币（$\frac{1}{6}$）

268 中世纪

完整的算式应该是：

$$\begin{array}{r} 117 \\ \times\ 319 \\ \hline 1053 \\ 117 \\ 351 \\ \hline 37323 \end{array}$$

269 神奇的“Z”

图 1 中展示了切割线，图 2 展示了这 3 块是如何在重组后形成一个正方形的。

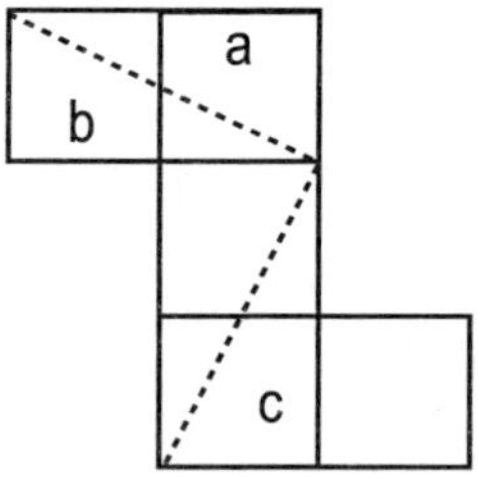

图 1

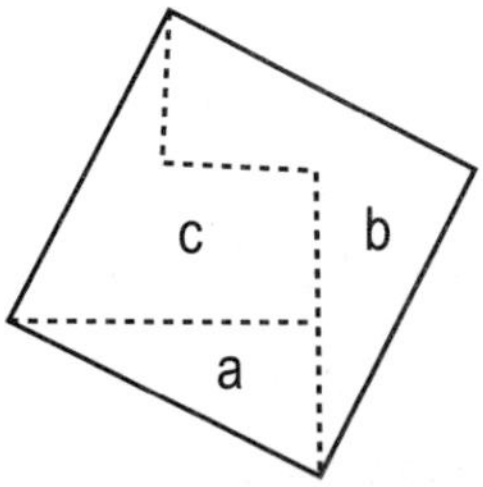

图 2

270 玩具

加尔文为每辆拖拉机花了 60 元，为每辆挖土机花了 15 元，为每辆卡车花了 5 元。这样，第三堆玩具一共花了 950 元，第四堆玩具共花了 80 元。

271 魔法硬币

先将 3 号和 4 号硬币翻面，然后将

4 号和 5 号硬币翻面，最后将 2 号和 3 号硬币翻面。

272 鸡蛋（2）

答案是 24 个鸡蛋。一只鸡一天下$\frac{2}{3}$个鸡蛋，所以，6 只鸡一天下 4 个鸡蛋，那么 6 天就下 24 个鸡蛋。

273 重量

盒子 1 的重量是$5\frac{1}{2}$千克；

盒子 2 的重量是$6\frac{1}{2}$千克；

盒子 3 的重量是 7 千克；

盒子 4 的重量是$4\frac{1}{2}$千克；

盒子 5 的重量是$3\frac{1}{2}$千克。

274 第一

这两个数分别是 11 和 1.1。这两个不论相加还是相乘，结果都是 12.1。

275 加法（2）

答案如下：

1 X X	1 0 0
3 3 X	3 3 0
5 X 5	5 0 5
X 7 7	0 7 7
+ X 9 9	+ 0 9 9
1 1 1 1	1 1 1 1

276 正方形

下图正好有 100 个正方形，它只用 15 条直线就画出来了。其中，一个格的小正方形有 40 个，由 4 个小正方形组成的正方形有 28 个，由 9 个小正方形组成的正方形有 18 个，由 16 个小正方形组成的正方形有 10 个，由 25 个小正方形组成的正方形有 4 个。

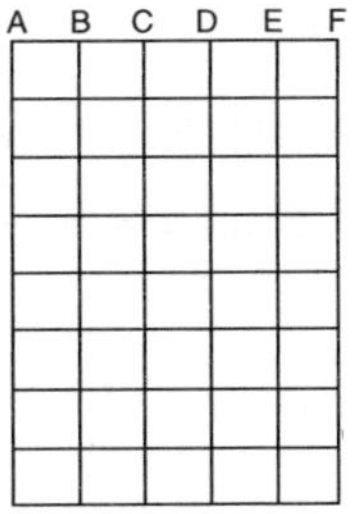

277 女巫

他说的这句话是，“你还是把我喂蝙蝠吧！”如果他说对的话，他会被榨成油；如果他说错的话，他会被喂蝙蝠。但是，找到正确的处罚却是不可能的，所以女巫的计划落败。

278 路线

奥托在开始新一轮骑车路线之前将走整整 70 条不同的路线。

279 桥牌

迪尔德丽和贺瑞斯是一对，伊莫金和克劳德是一对，爱利卡和塞尔温是一对。

280 迷信

这是个难题，但是它却有不止一个答案。下面是我们所知道的一个答案：

$3^3+3^3+3^3+\left(\frac{3}{3}\right)^3+3\times3+3\times3=27+27+27+1+9+9=100$

281 生日

他的生日是 12 月 31 日。图中的古特洛克斯先生自言自语的这一天是 1 月 1 日。两天前（即 12 月 30 日），他是 54 岁；第二天（即 12 月 31 日），他 55 岁；到新年的年底时，他 56 岁；那么，明年他就 57 岁了。

282 禁酒时期

斯威夫特是按如下方式分配酒的：

萨尔的酒吧获得 8 箱——比汉拉迪的酒吧多 2 箱；

汉拉迪的酒吧获得 6 箱——比荷兰人的咖啡厅多 2 箱；

荷兰人的咖啡厅获得 4 箱——比埃德娜的海德威酒吧多 2 箱；

埃德娜的海德威酒吧获得 2 箱——比萨尔的酒吧少 6 箱。

283 讨论会

以下是我们知道的两个答案：

$$\begin{array}{r} 24794 \\ -16452 \\ \hline 8342 \end{array} \qquad \begin{array}{r} 36156 \\ -28693 \\ \hline 7463 \end{array}$$

284 新式计算机

答案是 301。

285 啤酒

布伦希尔德一天可以喝：（$\frac{1}{14}-\frac{1}{20}=\frac{3}{140}$）桶的啤酒。140 除以 3，得出 $46\frac{2}{3}$ 天，即布伦希尔德自己喝光一桶啤酒所用的天数。

286 设计图

答案如下图所示：

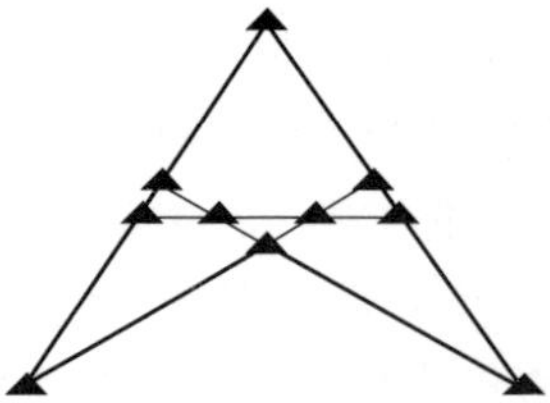

287 黑白筹码

将 2 号和 3 号筹码移到方格 9 和 10；将 5 号和 6 号筹码移到方格 2 和 3；将 8 号和 9 号筹码移到方格 5 和 6；将 1 号和 2 号筹码移到方格 8 和 9。

288 剪正方形

下图就是我们所知道的解决方案：

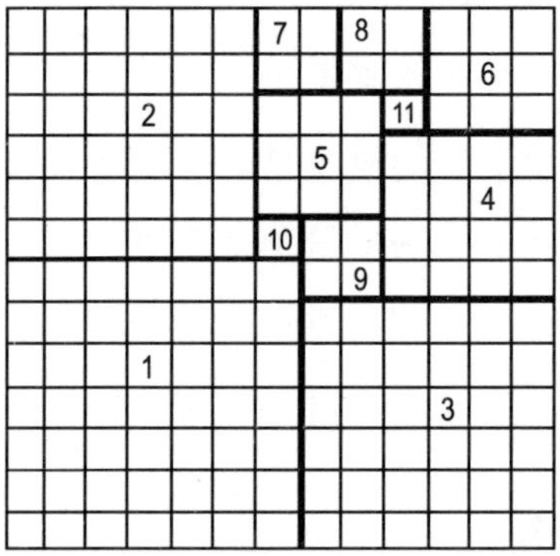

289 打赌（2）

打这个赌，每副牌你都会赢 26 元。每对儿扑克的确是一张红、一张黑。因为每堆扑克底部的扑克牌颜色不同，所以当你洗牌时，扑克牌都是交互排列的。你自己不妨试试看。但是，你只能洗一次牌。

290 啤酒搅拌器

答案为：

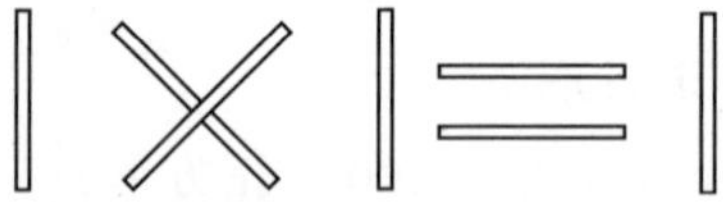

291 数学符号

这个题不止有一个答案，下面是其中之一：

123−45−67+89=100

292 螺钉

不管朝哪个方向旋转，两个螺钉头总是保持相同的距离。

293 巧克力

A 份可以单独作为正方形，2 个 B 份拼在一起成为第 2 个正方形，2 个 C 份可以组成第 3 个正方形，4 个 D 份可以构成第 4 个正方形。

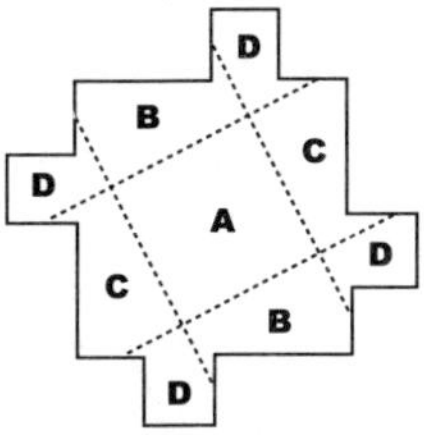

294 火柴（3）

从右上角和左下角分别拿走 2 根火柴，然后再从表格里面拿走 4 根火柴。那么，现在图中就有 2 个大正方形和 1 个小正方形，一共有 3 个正方形。

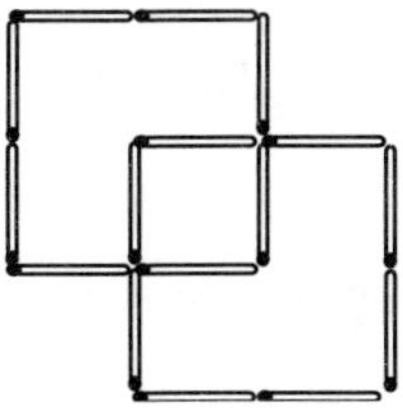

295 连线

要解决这个题，直线开始和结束的地方必须是直线的 3 个部分的连接处。在下面的图中，这几个连接处是莎翁右眼的上面、与他衣领和头发相邻的左肩。

296 幻方

下图所示答案是将数字放在正方形边周围的一种方法。

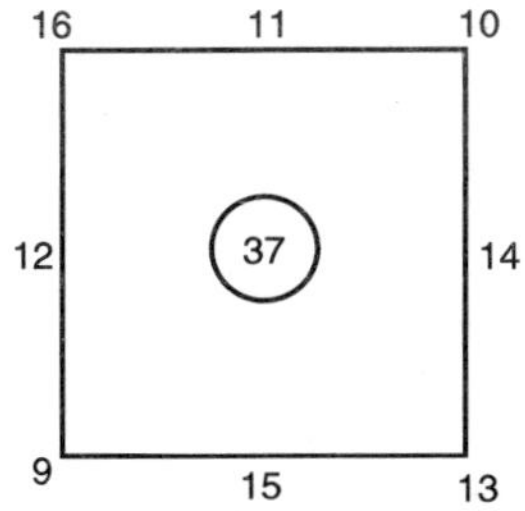

297 A 和 K

这 8 张扑克牌在这副扑克中的放置顺序为 A–K–K–A–K–K–A–A。当然，这副扑克牌的正面是朝下的。

298 书（2）

拿一个结实的纸袋子放在桌子上，使开口的那边悬在桌边。接着，把这两本书放在袋子的另一边。现在，你要做的就只是往袋子口里吹气，但是袋子要贴紧嘴巴，保证不漏气。只要使劲吹两下，书肯定会倾斜并翻倒。

299 打赌（3）

将原图中最右边的 3 根牙签移到下图中的新位置上，这样，图中就有 9 个小正方形、4 个由 4 个小正方形组成的中等正方形以及 1 个由 9 个小正方形组成的大正方形，一共是 14 个正方形。

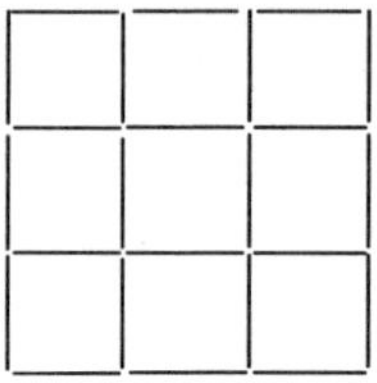

300 千禧年

因为，正方形正中央的 4 个数字以及四个角的数字相加的结果也是 2000。同时，每个象限的 4 个数字相加的结果都是 2000。另外，还有两组数字的相加结果等于 2000，那么，就看你能不能找到了。

499	502	507	492
506	493	498	503
494	509	500	497
501	496	495	508

301 三明治

满足条件的三明治的总数为 121。

302 赛马（3）

下图中的答案只是众多方案中的一个：

6	5	4	3	2	1
5	3	1	6	4	2
4	1	2	5	6	3
3	6	5	2	1	4
2	4	6	1	3	5
1	2	3	4	5	6

303 手表（1）

如果这 3 块手表要再次在中午显示正确时间，那么，每天慢 1 分钟的那块表必须等到它慢 24 小时中的 12 个小时，而每天都快 1 分钟的那块表必须等到它快 24 小时中的 12 个小时。以每天 1 分钟的速度，那么这 3 块表要过整整 720 天才能再次在中午显示正确时间。

304 装饰品

图中虚线所示的 3 根棍子就是应从图形上拿走的棍子。这之后图形上就剩下 3 个小三角形、3 个中型三角形以及 1 个包括所有三角形的大三角形。毕竟，这位女士并没有指明这 7 个三角形必须一样大。

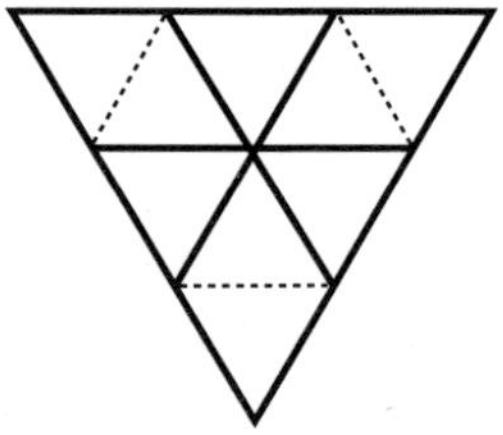

305 圣诞节

在圣诞节这一天，巴顿是 8 岁、温德尔是 5 岁、苏珊是 3 岁。

306 狗窝

图中虚线已经将所要移动的火柴说清楚了。

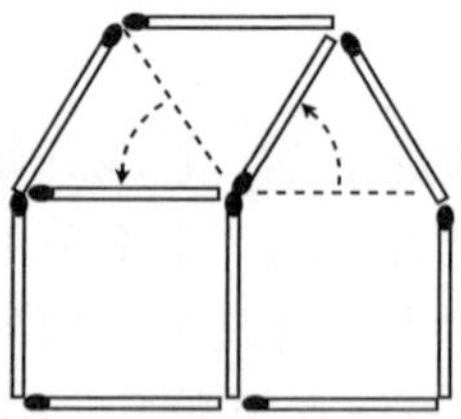

307 魔力壶

因为有 35 个头，所以最少有 70 条腿（每只鸡都有两条腿）。农夫说一共有 94 条腿，这就是说额外有 24 条腿。将额外的腿数除以 2 得出 12，即兔子笼中四条腿的动物的个数。我们知道兔子有 12 只，所以另一个笼子里就有 23 只野鸡。

308 圣诞老人

拿起笔和尺子，将正方形画成 25 个小正方形（如图 1 所示）。再将正方形切成 4 块（沿着深色线切），把这 4 块标成 1 至 4 部分。如果你按照图 2 和图 3 将这 4 部分重新拼的话，那么，你会拼成 2 个正方形，而每个正方形都各有一个完整的圣诞老人。

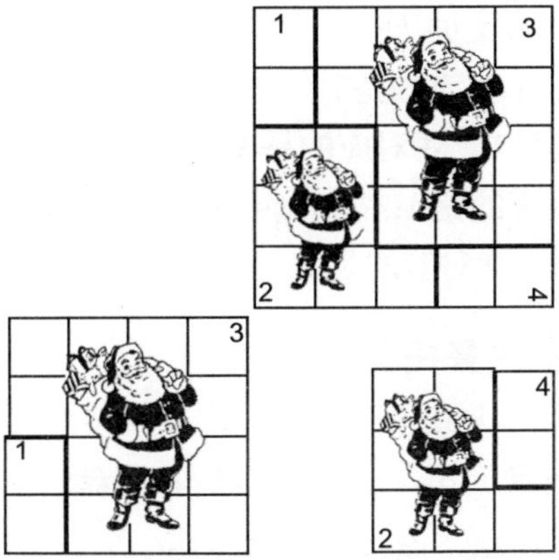

309 五角星游戏

这是我们知道的一个解答这个题的办法。

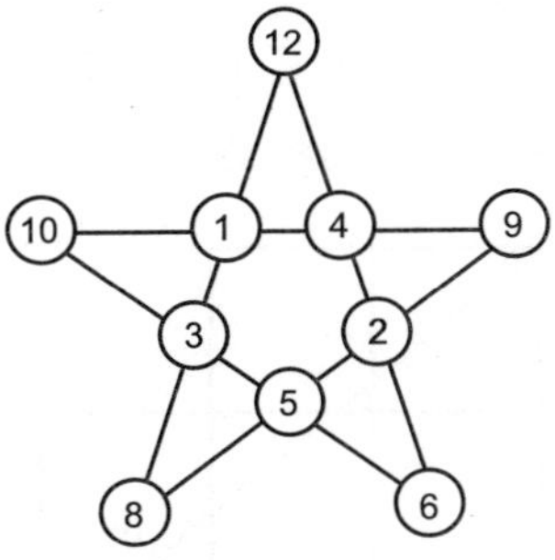

310 塞巴斯蒂安多面体

这 6 个固体为：（1）球；（2）圆锥体；（3）圆柱体；（4）三棱锥；（5）四棱锥；（6）立方体。

311 苹果

塞从筐里拿出苹果，然后分给前 5 个儿子每人 1 个苹果。这时，筐里只剩下 1 个苹果。塞接着把筐子连同苹果一起给了第 6 个儿子。正如题中所说的，塞把 6 个苹果平分给了他的儿子，这时筐里只剩下 1 个苹果。

312 画像

答案如下图所示：

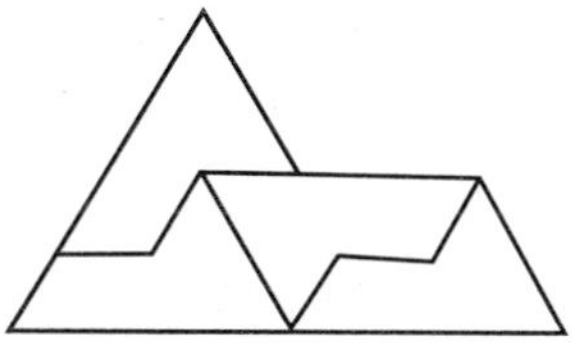

313 跳跃（1）

第一个冲过终点的是小青蛙。当它们到达橡树时，青蛙跳了 7 次，正好到达橡树，而蚱蜢在跳第 5 次时却超出了 1 米。这时，它们转身往回跳。由于蚱蜢每跳 3 次，青蛙就可以跳 5 次。所以，青蛙当然会轻松击败蚱蜢。

314 圣诞节长袜

大的长袜里有 54 个玩具，小的长袜里则有 45 个玩具。54 正好是 45 的翻版。2 个袜子里的玩具总和为 99，其 $\frac{1}{11}$ 为 9，即 2 个长袜里玩具个数的差。

315 钉子（2）

如果将下图中虚线所示的钉子拿走

的话，那么将有 5 个小正方形和 1 个大正方形，一共是 6 个。

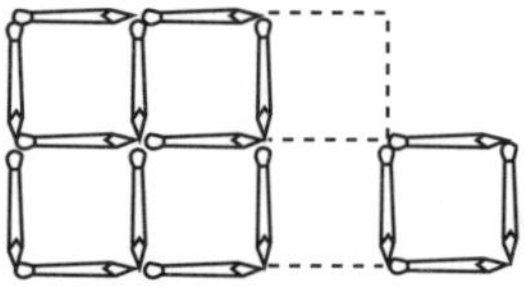

316 号角民谣口琴

图中的答案是解决这个题的方法之一。

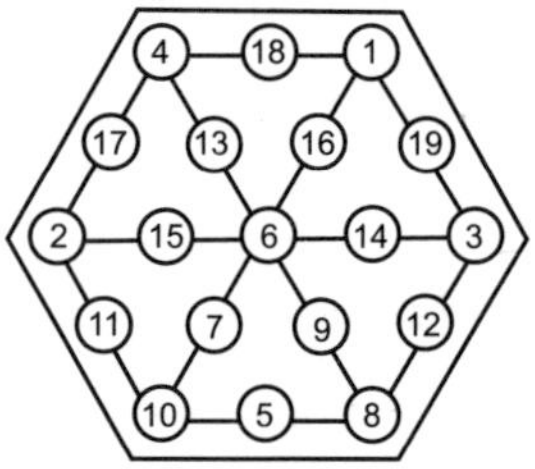

317 加法（3）

在答案中，两个数位上的数字组成了一个奇数：13 + 3 + 3 + 1 = 20（注意：13 是由两个数位上的数字组成的）。

318 晚宴

答案如下：

$$\begin{array}{r} 759 \\ 75 \\ +\ 629 \\ \hline 1463 \end{array}$$

319 为难人的扑克牌

这个题有几种排列方式，下图中的答案是其中之一。

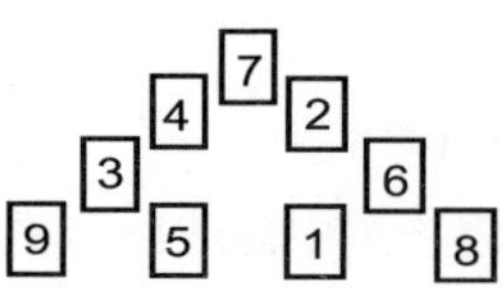

320 迷宫（1）

答案如下图：

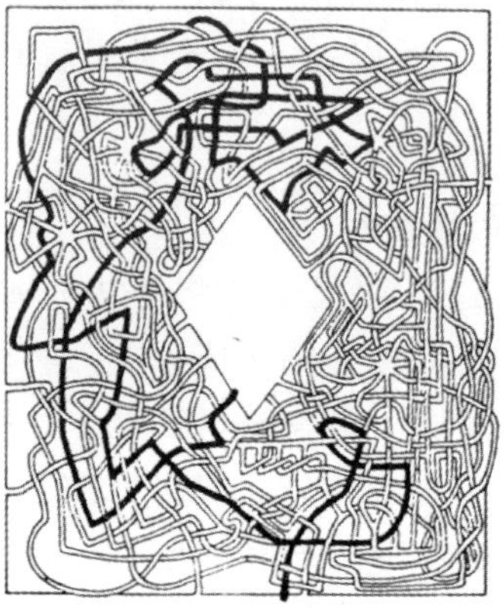

321 字典

答案如下：

①对应的是 E；②对应的是 H；③对应的是 B；④对应的是 M；⑤对应的是 N；⑥对应的是 I；⑦对应的是 F；⑧对应的是 D；⑨对应的是 K。

322 午餐托盘

“大块头”马修斯第一趟拿了 54 个托盘，第二趟拿了 45 个托盘。54 的 $\frac{2}{3}$ 等于 36，而 36 是 45 的 $\frac{4}{5}$。

323 勘测员

画一条线将点 A 和点 D 连接起来，点 D 是线段 CE 的中点。这就出现一个三角形 ABC，它是以线段 AB 和线段 BD 为边的矩形的一半。这样，这块土地就被平分成了两部分。

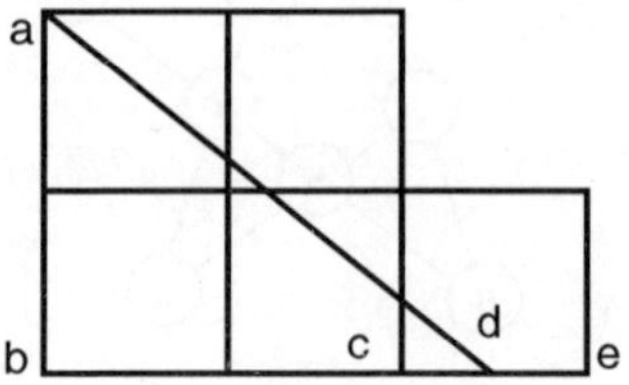

324 硬币（2）

将手指按在顶部中间那枚硬币上，然后向上滑动，再向左滑。接着，将硬币沿着左列硬币向下滑动。最后滑到底部中间硬币的下面。现在将中间那列硬币整体向上推，直到每行再次有 3 枚硬币。此时，你会发现每一行的硬币或者全是正面或者全是背面。在整个移动的过程当中，你的手只接触了一枚硬币。

325 纸张

准备一张硬纸，按下图的样子将它剪三下，每次剪到纸张的中间部位。将内折边 A 沿着中间线折起来，使它与 BB 边垂直。将 C 边旋转 180° 。接着，将这张纸放在桌子上面。这时，你会发现这个著名的“看似不可能的纸张”已经完成了。

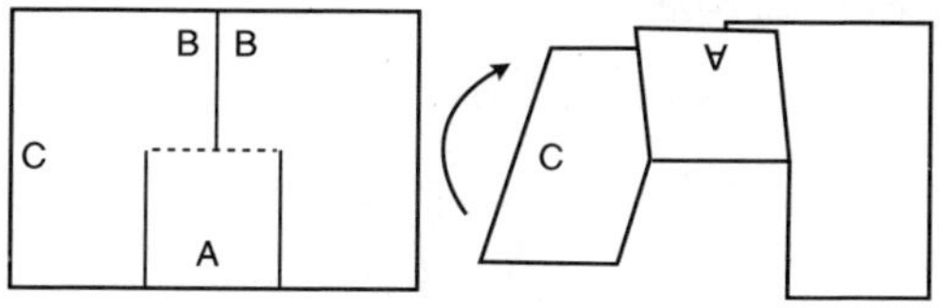

326 考古

这个题的答案与题本身一样，都有很长的历史了……即：人。当人是婴儿的时候，人四肢着地；壮年时，人用两条腿走路；年老时，人走路就需要拐杖帮忙了。

327 撞钟人

10 点时，两个修士撞钟需要56$\frac{1}{4}$秒。下面解释一下钟是如何工作的：5 点时，撞 5 次钟，1 至 5 次之间有 4 个间隔。所以，用总时间 25 秒除以 4，得出每次间隔需要的时间，即6$\frac{1}{4}$秒。现在，撞10次钟，1 至 10 次之间有 9 个间隔。这样，我们再用 9 乘以6$\frac{1}{4}$，得出56$\frac{1}{4}$秒，即 10 点撞钟所需要的时间。

328 护身符

答案如下图：

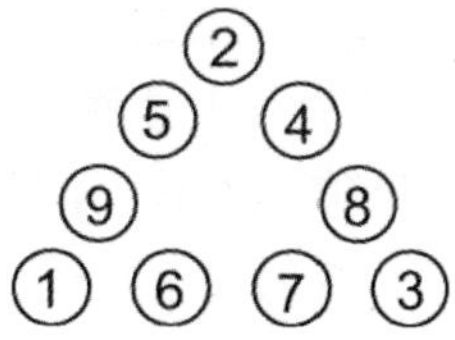

329 长袜

罗杰最少可以从抽屉里拿出 3 只袜子。如果前两只正好搭配，他不会有疑问；如果不搭配的话，那么第三只袜子必定与前两只袜子中的一只搭配。

330 朗姆酒

下面就是派斯特 · 皮耶应该做的：

（1）将 3 升的罐子倒满酒，然后，把酒倒入 5 升的桶中。

（2）将 3 升的罐子重新倒满酒，然后，再倒入 5 升的桶中，倒满为止。

（3）3 升的罐子这时剩下 1 升的酒。然后，把 5 升桶中的酒倒回朗姆酒桶；接着，把 3 升的罐子里剩下的 1 升酒倒进去。

（4）将 3 升的罐子重新倒满酒，然后倒入 5 升的桶内。这时，桶内正好有比利 · 伯恩斯想得到的 4 升酒，即他此次想要购买的酒。

331 爱丽丝

爱丽丝问：“如果我要是昨天问你

们‘哪条路通向麦德·哈特家？’的话，你们的答案是什么呢？”

对于这个问题，说实话的那个人仍会说出正确的答案。但是，那个说谎话的人会再次撒谎，但是那天他也在撒谎，所以，他的谎话在抵消后也是正确的道路。

332 海马

正确的移动步骤如下：2号移到1号、5号移到2号、3号移到5号、6号移到3号、7号移到6号、4号移到7号、1号移到4号、3号移到1号、6号移到3号、7号移到6号。这样，6只海马互换了位置，最后7号位置是空的。

333 关系

这幅画中的人是买这幅画的先生的儿子。

334 手表（2）

答案如下图所示：

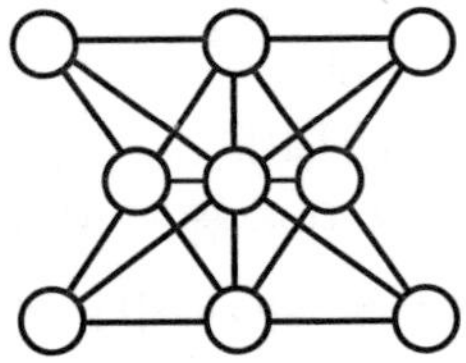

335 竞赛（2）

答案如下图所示：

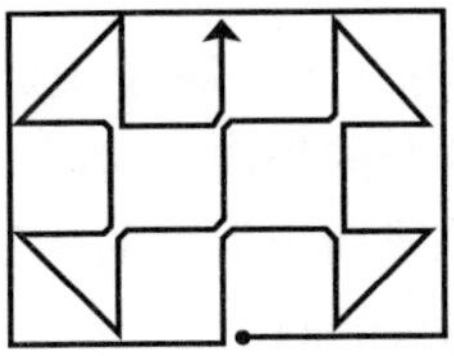

336 靶子

亚历山大和他的妹妹西比拉的得分如下：两箭射中25环、两箭射中20环、两箭射中3环。

337 欺骗

奈德损失了整整14元。那筐高尔夫球的成本是6元，他又给了那位先生8元。

338 果园（1）

答案如下图所示：

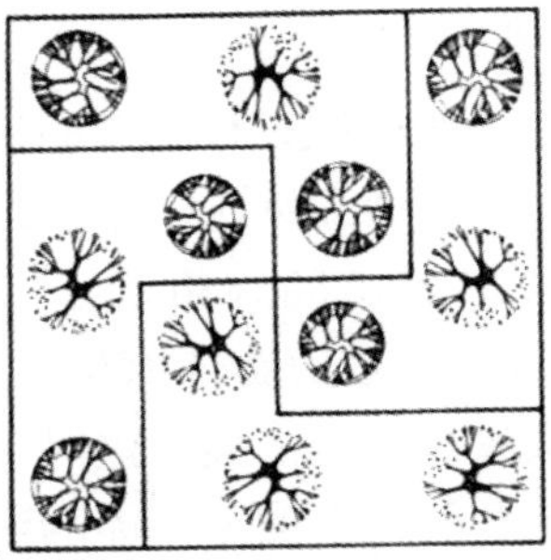

339 纽扣店

答案如下图所示：

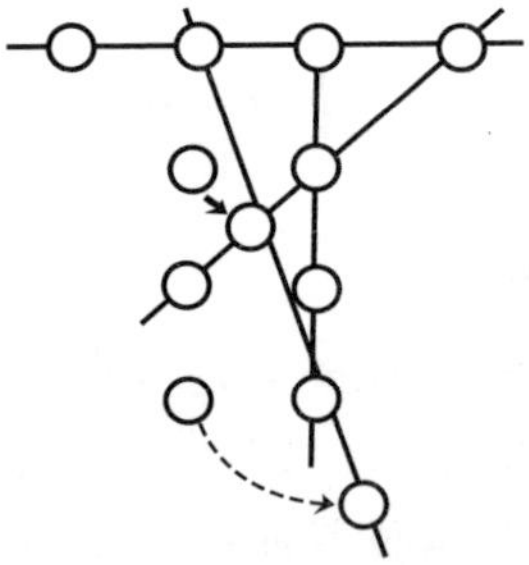

340 图形

每个图形都代表一个数字。第一个图形里有三个圆圈，我们可以得到数字3；第二个图形里有一个三角形，我们可以得到数字1；其余的图形依次可以得到数字4、1、5、9，即前5位数字。所以，接下来的3个图形应依次是2个嵌套的圆圈、6个嵌套的三角形、5个嵌套的正方形。

341 抢劫计划

答案如下图所示：

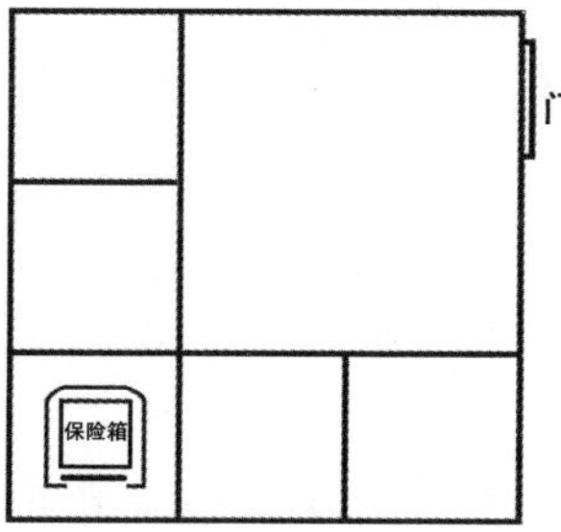

342 圈地

农夫先圈出3块地，并在每块地里圈3头小母牛；然后，他们再把这3块地圈起来，圈出第4块地。这样一来，每块地都有奇数数量的小母牛。

343 河流

最好的计算方法就是从哈比的有利位置考虑问题：首先他离开帽子航行了5分钟，然后转身向回航行了5分钟并把帽子捡起来。在这个过程当中，帽子以水流速度在下游漂流了1千米，由于帽子用了10分钟漂流1千米，所以我们依此计算得出河流的水流速度是6千米/小时。

344 跳跃（2）

第一步将9号正方形内的棋子依次从下面正方形跳过，13号、14号、6号、4号、3号、1号、2号、7号、15号、17号、16号和11号，然后将被跳过棋子全都拿走；第二步将12号正方形内的棋子从8号正方形跳过；第三步将10号正方形内的棋子从5号和12号正方形跳过；最后一步将原来9号正方形内的棋子从原来10号正方形内的棋子上跳过，这样，原来的9号棋子就回到了最初跳到的地方。

345 圆圈（3）

内圈的数字是5、6、7、8，这4个数字相加的结果等于26。而外圈的数字是1、2、3、4、9、10、11、12，它们相加的结果等于52，正好是内圈数字相加结果的2倍。

346 公寓

因为出租车司机从没看过棒球比赛，所以他肯定是威廉姆斯先生。因为爱德华兹先生从来没听说过集邮，所以他肯定不是集邮者。这样，这3个人的职业就是：威廉姆斯先生是出租车司机；爱德华兹先生是司炉工；巴尼特先生是面包师。

347 合理安排

要解决这个难题，施工人员必须先安装其中的一条水管道，该管道应该从水厂出来然后经过1号房子的下面到达3号房子。这条管道完成之后，其余的就容易解决了。

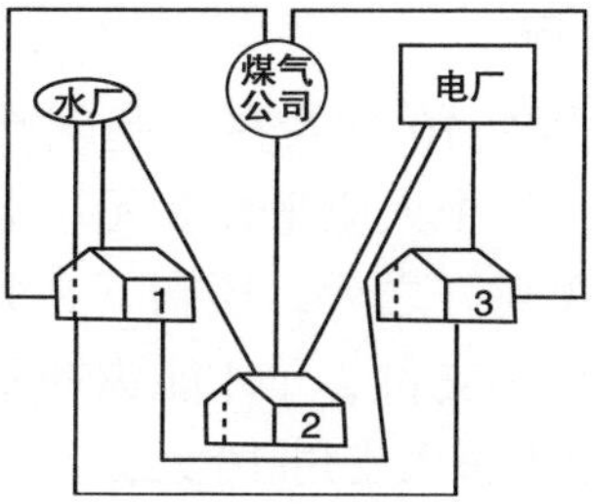

348 速度

莫里提行走的总路程除以总时间就是答案所要的平均速度。假如老秃山每个山坡从底部到顶部的距离都是 20 千米，那么莫里提上山会用 2 个小时、下山会用 1 个小时。由于返回去所用的时间也是 3 个小时，所以整个路程就用了 6 个小时。在这个时间之内，他一共走了 80 千米的路。这样，平均速度就等于 80 除以 6，即$13\frac{1}{3}$千米 / 小时。

349 置换（2）

按照下面的步骤移动就可以获胜：2 号移到 1 号、6 号移到 2 号、4 号移到 6 号、7 号移到 4 号、3 号移到 7 号、5 号移到 3 号、1 号移到 5 号。

350 砖墙

ab 墙和 cd 墙的长度相等。如果沿着虚线 1 将 cd 墙切开并将上面那部分向下移动到虚线 2，那么我们会得到与 ab 墙尺寸、形状相同的砖墙。很明显，两面墙的用料都相等，因此花费也相等。这样，邓布迪先生和泥瓦匠都错了。

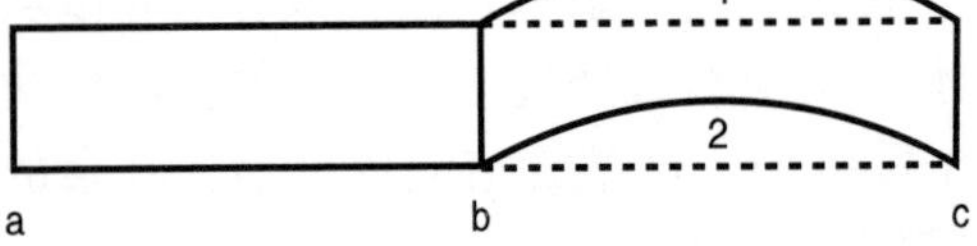

351 餐厅

一共有 10 个人在一起吃晚饭。80 元的账，每个人应平摊 8 元。本森这对孪生兄弟离开之后，还剩下 8 个人，他们必须再多支付 2 元才能弥补差额。这样，8 个人每人支付 10 元。

352 钓鱼

他们分别钓了：埃米特 4 条鱼、加尔文 3 条鱼、昆廷 2 条鱼、怀利 1 条鱼。

353 风筝游戏

你将在的风筝里找到 31 个等边三角形。这些三角形包括：

（1）16 个小三角形；

（2）7 个由 4 个小三角形组成的三角形；

（3）3 个由 9 个小三角形组成的三角形；

（4）4 个由 16 个小三角形组成的三角形；

（5）1 个外部的大三角形。

最难找的就是第 7 个由 4 个小三角形组成的三角形。那个三角形在风筝的正中间，它的 3 个点就是那个由 16 个小三角形组成的三角形的三个边的中点。

354 乘雪橇

在 1 千米的赛道上，哈利和哈里特用时 4 分钟，布罗迪一家用时 10 分钟，两者差 6 分钟。哈利的雪橇比布罗迪的雪橇快两倍半。

355 冰激凌棒（2）

下图可以说明一切。因为并没有限定这 6 个正方形必须大小相同。

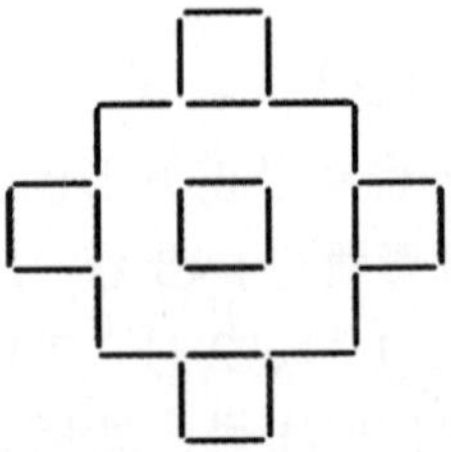

356 高尔夫球座

下面的图将告诉纳尔达如何把24个高尔夫球座拼成4个完整的正方形。这样，她就可以从麦克戴维特那里赢一套新的铁头球棒了。

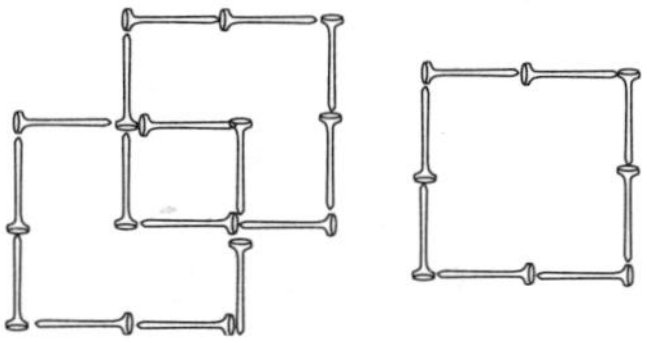

357 布料

答案就是沿直线 A–A，B–B 将布剪开。这两条横向和纵向的直线与正方形相交在四个边的$\frac{1}{3}$点处。将碎片儿 3 和 4 沿着它们的长边缝合便是第三个正方形。这个正方形与正方形 2 大小一样。

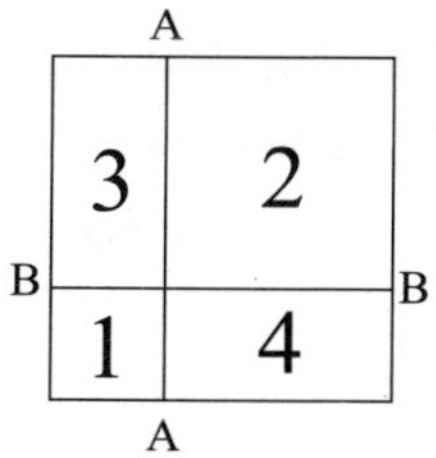

358 打赌（4）

任何数的$\frac{3}{4}$的$\frac{2}{3}$都等于这个数的一半。答案如下：

$$\frac{2}{3}\times\frac{3}{4}\times111=\frac{1}{2}\times111$$
$$=55.5\text{ 元}$$

359 假砝码

首先，他们把 9 个砝码分成 3 堆、每堆 3 个砝码。然后把其中的两堆放在秤上、一边一堆。如果两堆中有一堆向上升，那么那个假砝码肯定在这堆砝码里；如果两边保持平衡，那么那个假砝码肯定在第三堆砝码里。无论哪种情况，琳达和迈克在称了一次后就知道假砝码在哪一堆里。称第二次时，他们从放有假砝码的那堆砝码里挑出两个砝码，然后把它们放在秤上、一边一个。如果称两边保持平衡，那么第 3 个砝码就是假砝码；否则，向上升的那个砝码就是他们要找的。

360 玩具火车

16 步依次如下：从 1 号车厢移到 5 号车厢、从 3 号车厢移到 7 号车厢、从 7 号车厢移到 1 号车厢、从 8 号车厢移到 4 号车厢、从 4 号车厢移到 3 号车厢、从 3 号车厢移到 7 号车厢、从 6 号车厢移到 2 号车厢、从 2 号车厢移到 8 号车厢、从 8 号车厢移到 4 号车厢、从 4 号车厢移到 3 号车厢、从 5 号车厢移到 6 号车厢、从 6 号车厢移到 2 号车厢、从 2 号车厢移到 8 号车厢、从 1 号车厢移到 5 号车厢、从 5 号车厢移到 6 号车厢、从 7 号车厢移到 1 号车厢。

361 迷宫（2）

沿着线图中的路线可以快速到达罗莎蒙德的凉亭。

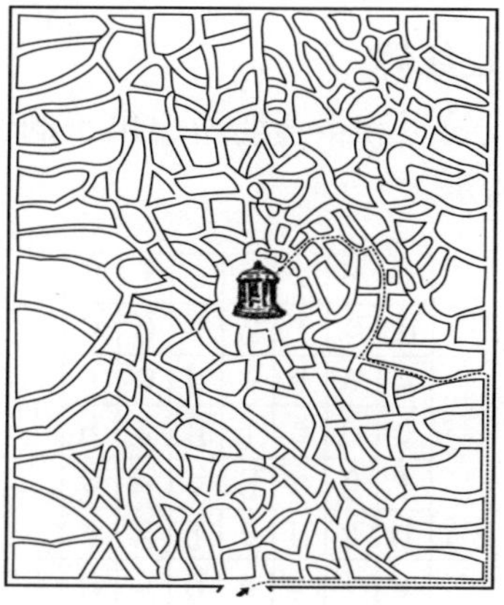

362 蜡烛

将下图中虚线位置上的蜡烛移动就可以了。

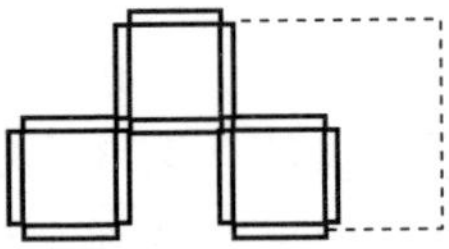

363 驾车兜风

一共为 114 千米。下面的图表向我们说明了一切。

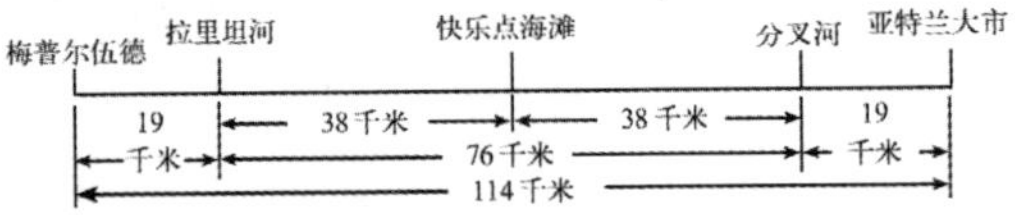

364 棋盘上的正方形

我们把最小正方形看作是长、宽为一个单位的正方形,这种正方形有64个。然后我们找边长为两个单位的正方形,这种正方形有 49 个。现在将各种正方形分类如下:

1×1 64 个; 5×5 16 个;

2×2 49 个; 6×6 9 个;

3×3 36 个; 7×7 4 个;

4×4 25 个; 8×8 1 个;

总数为 204 个正方形。

365 连线碑

皮特里和霍金斯所想出来的答案如下图所示。

a	b	c	d	e	f	g
d	e	f	g	a	b	c
g	a	b	c	d	e	f
c	d	e	f	g	a	b
f	g	a	b	c	d	e
b	c	d	e	f	g	a
e	f	g	a	b	c	d

366 茶叶

这 4 个砝码的分量分别是 1 千克、3 千克、9 千克和 27 千克。

367 果园(2)

答案如下图所示:

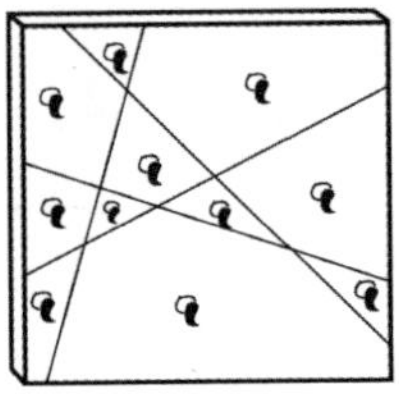

368 打赌(5)

如果那个知道奥妙的玩家第二个走,那么他(她)就会获胜。这个秘密就是:如果受骗者先拿走 1 张扑克牌,那么骗子就拿走 2 张扑克牌;如果受骗者先拿走 2 张扑克牌,那么骗子就拿走 1 张扑克牌;无论哪种情况,当骗子拿牌之后,那个圆圈必定被分成两个半圆,各自包括 5 张扑克牌。接下来,骗子从对方相反的半圆中拿走与之相同数量的扑克牌,这样,他就总能拿到最后一张牌并在打赌中获胜。

如果骗子先拿一张扑克牌,那么,要等待可以将扑克牌分成各含相同数量的扑克牌的两个部分的机会。只要稍加练习,那么十之八九都是骗子赢。当然,如果对家也知道其中的奥妙,那么骗子就不一定能赢了。

369 领导人

问题中的年份是 1944 年。如果把任何一个出生在 1944 年之前的人的出生年份加上他此时的年龄，那么这个结果都是 1944。同时，如果我们把 5 位政治人物的就职年份加上截至 1944 年时的掌权时间，那么这个结果又是而且只能是 1944。所以，将这两个结果相加的话，结果就是题中给出的 3888。

370 疯狂的科学家

如果想扭转对史密斯的不利局面，那么应该把那张硬纸板颠倒过来。这时，原来的数字表达式在重新排列之后就变成 81 加上 19，其结果就是 100。

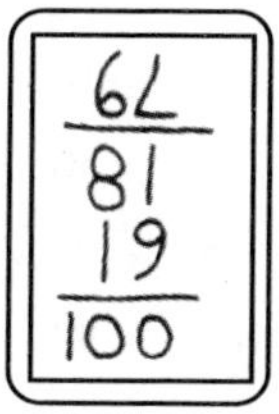

371 跨栏

在找出最短的路线的同时要跨过 12 个跨栏，即偶数数量的跨栏。虽然有很多包括 12 个跨栏的路线，但是我们要找出数字相加为最大值的那条路线。最大值是 36，那条路线就是下图中用虚线标出的路线。

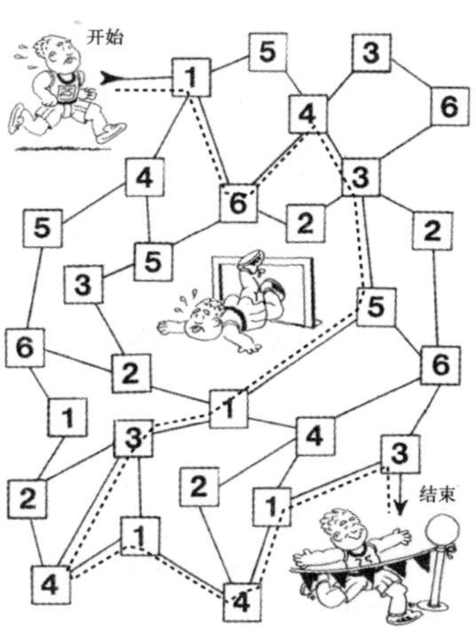

372 雕石匠

这个石雕组一共有 3 个石匠。如果 3 个人用 3 个月将日历雕刻完，那么，1 个人要用 9 个月才能完成，而 9 个人则用 1 个月就可以完成。

373 鸡蛋（3）

当水沸腾后，艾伯特将鸡蛋放进去，并把两个沙漏都倒放过来。当 7 分钟的沙漏中的沙子漏光时，他把它再倒放过来；这时，11 分钟的沙漏还剩下 4 分钟，当里面的沙子漏光时，7 分钟的沙漏底部正好有 4 分钟的沙子。艾伯特再把 7 分钟的沙漏倒放，这样，等到沙子再漏光时，时间正好是 15 分钟，然后他把鸡蛋从水里拿出来。

374 水下

拜罗斯夫人是 30 岁，她女儿塞西莉是 10 岁。现在，拜罗斯夫人的年龄是她女儿的 3 倍。5 年前，当她 25 岁时，塞西莉是 5 岁，即是女儿年龄的 5 倍。

375 五角星

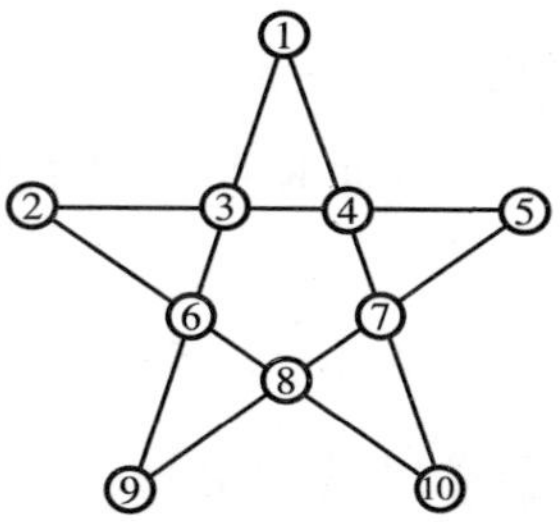

放硬币第 1 个的位置就是最开始放硬币的圆圈。第 2 个位置就是跳过介于中间的圆圈后的圆圈：从 2 号圆圈跳到 4 号圆圈、从 8 号圆圈跳到 2 号圆圈、从 5 号圆圈跳到 8 号圆圈、从 3 号圆圈跳到 5 号圆圈、从 9 号圆圈跳到 3 号圆圈、从 7 号圆圈跳到 9 号圆圈、从 1 号圆圈跳到 7 号圆圈、

从 6 号圆圈跳到 1 号圆圈、从 10 号圆圈跳到 6 号圆圈。

376 双关语

解答“双关语”思维游戏是需要技巧的。这个题就是其中之一。当你把 2 与 191 相加时，你首先在 1 的右下部画一条线，然后把 2 放在下面。此时，这个数字就读作$19\frac{1}{2}$，这当然比 20 小。换句话说，把 2 与 191 相加并不只是将两个数相加。

377 猜纸牌

这 4 张正面朝下的扑克牌从左到右依次是红桃 K、方块 J、黑桃 Q、梅花 A。

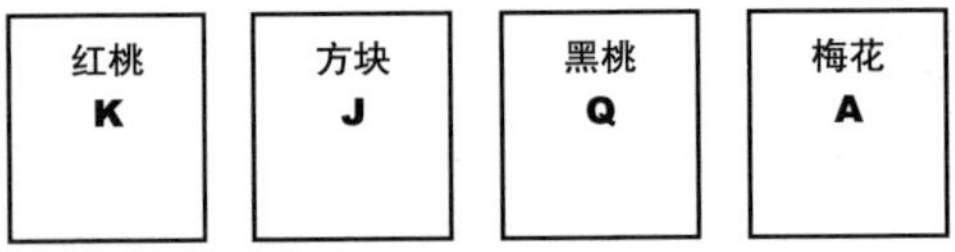

378 农场

苏巴克有 11 头牲畜、埃比尼泽有 7 头牲畜、押沙龙有 21 头牲畜。

379 5 个 4

下面是弗朗民教授最后想出来的答案。

$$44+\frac{44}{4}=55$$

380 火车（2）

以 75 千米 / 小时的速度，客车穿过 0.5 千米的隧道需要 24 秒（1 小时为 3600 秒，除以 75 千米 / 小时，得出火车行驶 1 千米需要 48 秒的时间。这样，穿过 0.5 千米的隧道就需要 24 秒）。这就是说，当弗瑞德到达隧道出口时，火车头已经从隧道口出来并行驶了 3 秒；因此时间太晚，他无法引起司机的注意。但是，由于火车完全进入隧道需要 6 秒的时间，所以等最后的车厢从隧道出来也需要 6 秒的时间。从弗瑞德开始向隧道出口跑，整个火车需要 30 秒才能驶出隧道。而弗瑞德跑到隧道出口需要 27 秒，这足够可以吸引煞车手的注意，从而拯救了乘车的旅客。

381 商店

巴斯卡姆按照下面的方式支配弗勒莱特手中的 8 元：5 个价值 2 角的蓝色线轴、30 个价值 1 角的红色线轴以及 8 个价值 5 角的绿色线轴。这样，一共是 8 元，而且出纳内维尔在做账时也容易多了。

382 说谎者

因为亨利和西尔玛不可能同时是说谎人，这就是说杰弗里肯定在撒谎。由于亨利说他撒谎，所以亨利肯定在说实话。因为亨利说实话，所以西尔玛肯定也在撒谎。

383 伪钞

哈利截获的各面值的伪钞包括：

面值	数量	总值
1 元	10	10 元
5 元	100	500 元
10 元	9	90 元
50 元	18	900 元
总计	137	1500 元

384 钱

安德鲁叔叔是按照下图的样子将钱放置在 8 个间隔里的。

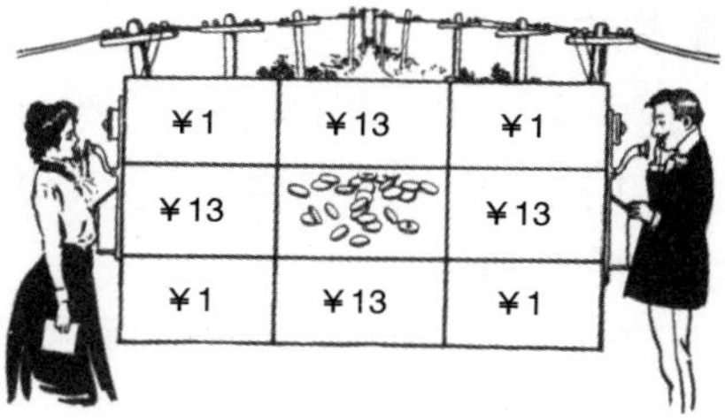

385 手表（3）

答案如下图：

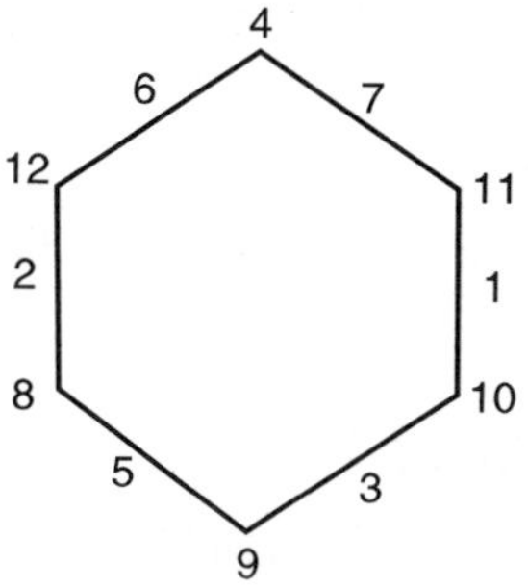

386 连线的风筝

比夫是按下图的方法解答风筝思维游戏的。

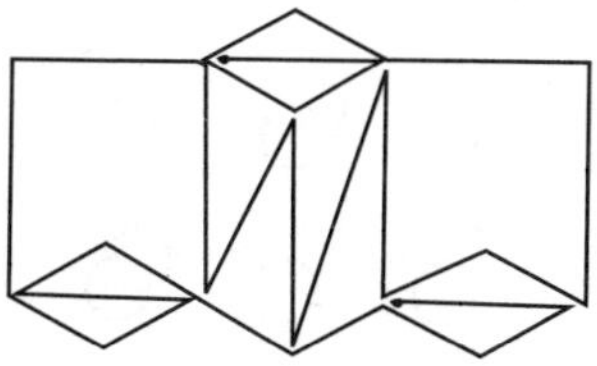

387 选举

按照图 1 的样子将一张纸的顶部和底部的一部分折叠。然后，画出“X”的一边，并将线画到顶部折纸上（如虚线所示）；接着往回画线，返回纸张的中部并将“X”的另一边画出来（如图 2 所示）。随后，继续画线并延伸到底部折纸上，同时，将线延伸到另一侧（如图 3 中虚线所示）。最后，使线条离开折纸，并返回纸张的中部，再围绕“X”画出方框（如图 4 所示）。这时，你就可以用一笔在线条不相互交叉的前提下连续画出一个正方形，其正中央有一个“X”。

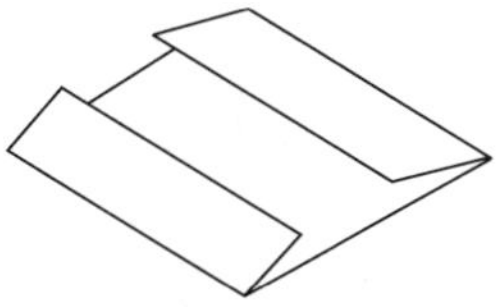

图 1

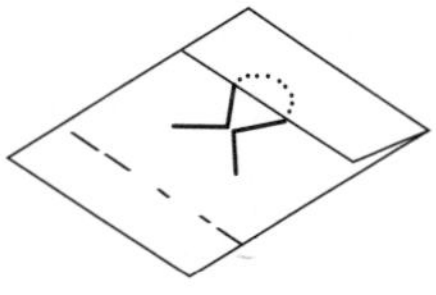

图 2

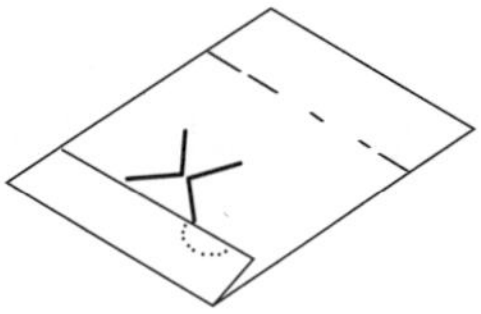

图 3

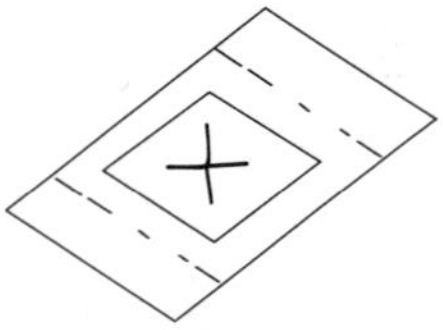

图 4

388 六边形

下面的图形展示了所要画的 9 条线的位置。

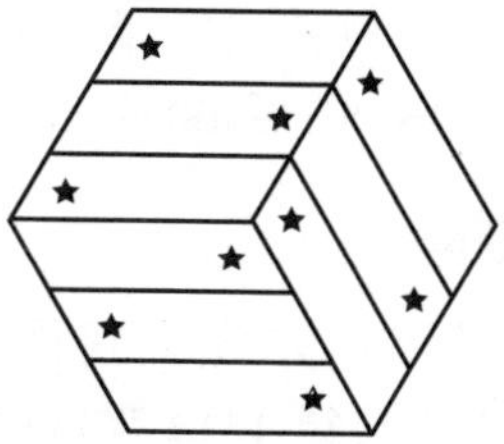

389 磨坊主

下图是这个难以应付的题的一种解法。

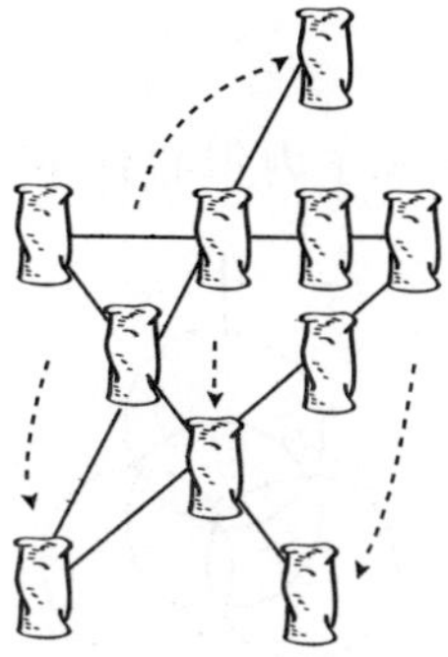

390 奶油刀

将左边的奶油刀向左边拉，直到底端与两个垂直的奶油刀底端的外侧接触。这时，4 把刀的钝头就会拼成一个小正方形（如下图所示）。

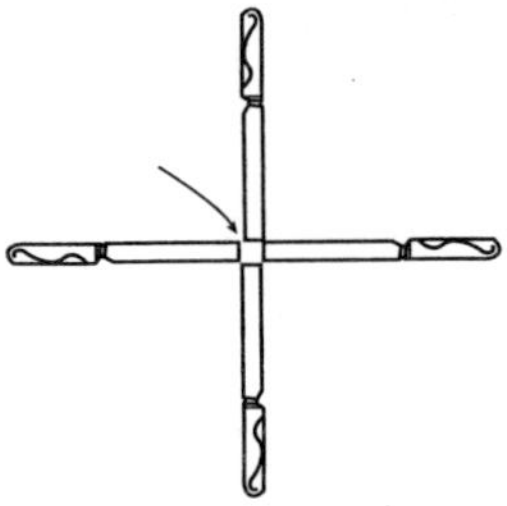

391 五行打油诗

这个题有多种解法，下面是其中的一种解法：

333 333 × 3+1=1 000 000

392 滚轮船

A 港口距离 B 港口 300 千米。

船从 A 港口驶到 B 港口：

20 × 15 ＝ 300 千米

船从 B 港口驶到 A 港口：

15 ×（15+5）=300 千米

393 市议员

格拉德汉德尔先生获得 1336 张选票；墨菲先生获得 1314 张选票——少了 22 张；霍夫曼先生获得 1306 张选票——少了 30 张；唐吉菲尔德先生获得 1263 张选票——少了 73 张，共 5219 张选票。

394 书法

下图展示了内尔的有趣练习。

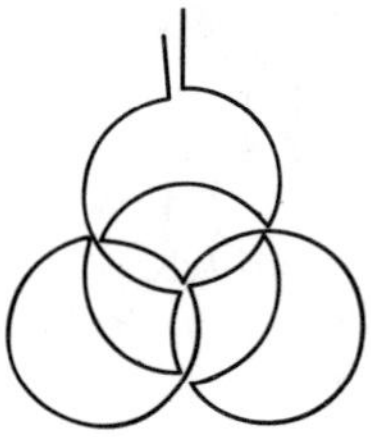

395 汽车

题中在 1948 年所提到的汽车是：

（1）产于 1924 年的艾塞克斯轿车，它已经买了 24 年。

（2）产于 1928 年的林肯敞篷车，它已经买了 20 年。

（3）产于 1932 年的杜森伯格汽车，它已经买了 16 年。

（4）产于 1936 年的考特 812 型汽车，它已经买了 12 年。

396 拍卖

每个留声机是 600 元；每个酱油壶是 300 元；每个人形水罐是 100 元。

397 棋子（2）

下图展示了如何将 12 个棋子排成 7 行——水平方向 3 行、垂直方向 3 行和一条对角线（从右上角到左下角），每行各有 4 个棋子。

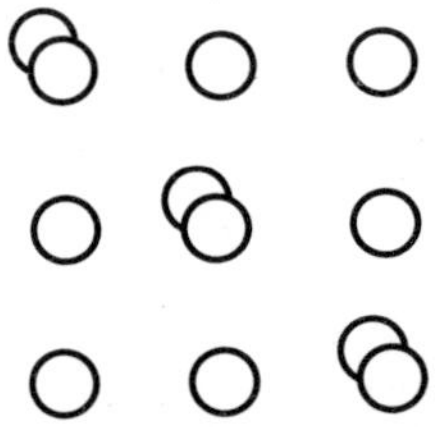

398 花园

答案如下图所示：

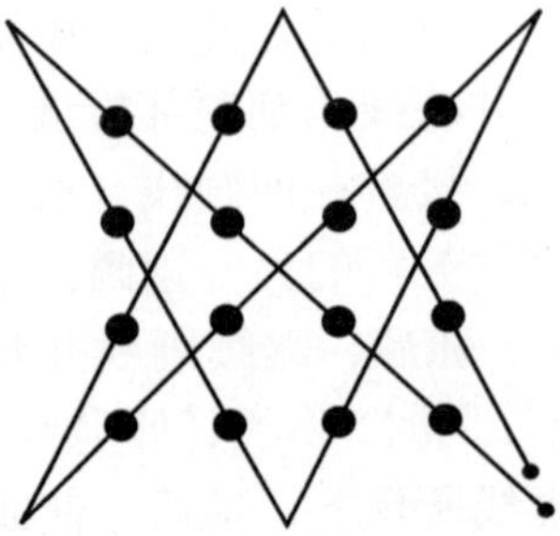

399 游戏者

下面是该题的一种解答方法：

$$1+3+5+7+\frac{75}{75}+\frac{33}{11}=20$$

400 黄金产权

律师特雷弗·托兹是按下面的方法帮他们平分遗产的。

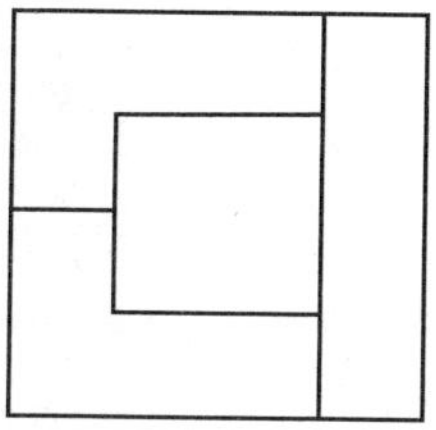

401 数字棋子排列

九宫图中的9个数字相加之和为45。

因为方块中的3行（或列）都分别包括数字1～9当中的1个，将这9个数字相加之和除以3便得到“魔数”——15。

总的来说，任何n阶魔方的“魔数”都可以很容易用这个公式求出：

和为15的三数组合有8种可能性：

9+5+1　9+4+2　8+6+1　8+5+2

8+4+3　7+6+2　7+5+3　6+5+4

方块中心的数字必须出现在这些可能组合中的4组。5是唯一在4组三数组合中都出现的。因此它必然是中心数字。

9只出现于2个三数组合中。因此它必须处在边上的中心，这样我们就得到完整的一行：9+5+1。

3和7也是只出现在2个三数组合中。剩余的4个数字只能有一种填法——这就证明了魔方的独特性（当然，旋转和镜像的情况不算）。

402 小正方形填数字

将小正方形上下2个数字相乘，再将正方形左右2个数字相乘，然后用较大的值减去较小的值，其结果就是该正方形内的值。

答案如下图所示：

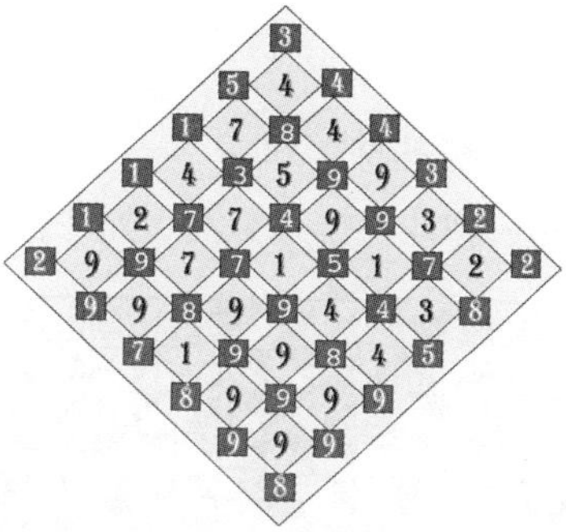

403 点数和

40。每个色子都有21个点。我们能看见23个点，所以还有63–23=40个点是看不见的。

404 男女排列

405 清理仓库游戏

这里以“3R4”表示“把 3 号板条箱往右推 4 格”。同理，“L”表示向左，“U”表示向上，“D”表示向下。首先，1R1，然后 4L1 和 U3。现在我们需要通过 7R1、6R1 和 5L1 来腾出一些空间。先 4D4 然后 R4，4 号板条箱就移出去了。用同样的方法移出 3 号、1 号和 2 号板条箱。5L2，U3，D4，然后 L4，5 号就被推出去了。6 号和 7 号也用同样的方法推出去。

406 正方形排列

一共有 64 种排列方法，如下图所示。

407 棋盘方块

阴影里浅色的方格与阴影外暗色的方格的灰度值是一样的。你可以覆盖其他方格来验证。图中，阴影中浅色的方格被暗色的方格包围，因此，即使物理指标表明方格是暗的，当与周围方格对比时它仍然是亮的。与此相反，阴影外暗色的方格，虽然也被浅色的方格包围，对比条件下看起来仍然是暗的。

408 保龄球队员

可能的排列顺序应该是：

$6 \times 5 \times 4 \times 3 = 360$ 种。

409 最重的西瓜

? ? ? 7 ? ? ?

1 3 5 7 9 11 13

最重的西瓜是 13 千克。

410 数字方片

4 个方片需要按以下顺序沿着铰链翻动：

①方片 7 向上；

②方片 9 向下；

③方片 8 向下；

④方片 5 向左；

16	3	2	13
5	10	11	8
9	6	7	12
4	15	14	1

然后我们就得到了著名的魔数为 34 的杜勒幻方。

411 鱼的长度

72 厘米。

412 猫和老鼠游戏（1）

不可能做到。

413 砖的重量

这个问题把你难住了吗？许多人认为答案是 1.5 千克，实际上应该是 2 千克。

414 猫和老鼠游戏（2）

415 数字游戏板

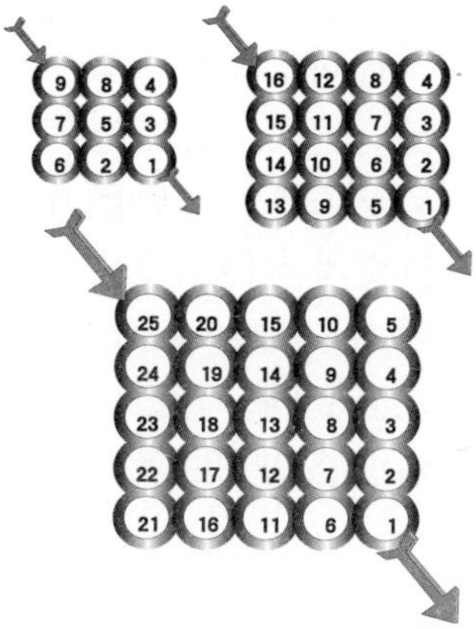

416 金字塔演员

如下图所示，想象有两个这样的金字塔，它们正好拼成 1 个平行四边形，从图中可以很直观地看出这个平行四边形有 20 横行，21 纵行，那么组成这个平行四边形需要 $20 \times 21=420$ 个演员，两个金字塔需要 420 个演员，那么一个金字塔则需要 210 个演员。

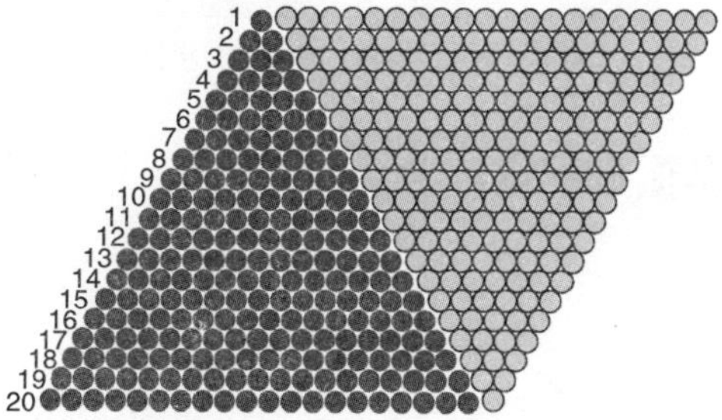

417 模糊的灰点

在赫尔曼栅格中，交叉处的四边都是亮的，而白条只有两侧是亮的，所以注视交叉处的视网膜区域比注视白条的区域受到了更多的侧抑制，这样交叉处显得比其他区域暗一些，在交叉处就能看到灰点。

418 数字格子图

事实上，由 1 ~ 9 当中的 3 个数字组成和为 15 的可能组合有 8 种。

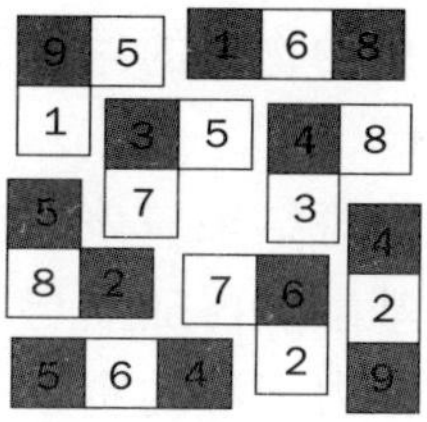

419 小球变十字架

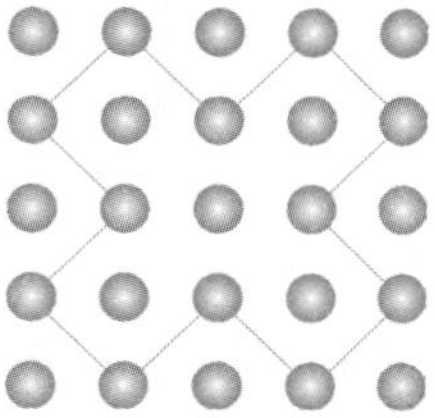

420 方格填数字

28	4	3	31	35	10
36	18	21	24	11	1
7	23	12	17	22	30
8	13	26	19	16	29
5	20	15	14	25	32
27	33	34	6	2	9

421 闪烁栅格

当转动眼球观察图片时，虚幻的黑点在白点中间产生或消失；注视圆心时，白点就会消失。美国视觉科学家迈克尔·莱文和詹森·麦卡纳尼于 2002 年发现了这个闪烁栅格的奇异变化。

422 箭头排列顺序

空格中的箭头应该朝西。排列的顺序是：西、南、东、北。在第 1 列，此顺序由上而下排列；第 2 列，由下而上排列；第 3 列，再次由上而下排列，往后依此类推。

423 天平问题（1）

浸在水里的物体的浮力等于它所排出的水的重量。

你可能想说结果应该是在天平右端原来的重物基础上再加上与左端容器里重物承受的浮力相等的重量，然而真的是这么简单吗？

根据牛顿定律，作用力与反作用力相等。那么容器里的水对重物的浮力就等于重物对水的反作用力。

因此，天平右端的重量减少时，天平左端的重量相应增加。

所以要达到平衡，天平右端需要加上 2W 的重量，W 等于重物在左端容器里排出的水的重量。

424 正方形剪辑

C。

425 本杰明·富兰克林的八阶魔方

就像杜勒的恶魔魔方一样，八阶魔方具有许多“神秘”的特性，而且超出魔方定义的一般要求。比如说每行、每列的一半相加之和等于魔数的一半等。

52	61	4	13	20	29	36	45
14	3	62	51	46	35	30	19
53	60	5	12	21	28	37	44
11	6	59	54	43	38	27	22
55	58	7	10	23	26	39	42
9	8	57	56	41	40	25	24
50	63	2	15	18	31	34	47
16	1	64	49	48	33	32	17

426 闪烁方格

在这个例子中，视觉系统对中心和背景的反应时间可能存在微小的差异。对中心的反应更快、持续时间更短，这引起了交叉点闪烁。环顾图片时，视觉系统对白色交叉点做出反应，发出强烈的白色信号，但是如果凝视任何交叉点，随即信号就会变弱，背景的侧抑制发生了，视觉系统感知到的就是交叉点变暗了。

427 计算符号的值

428 多米诺骨牌（3）

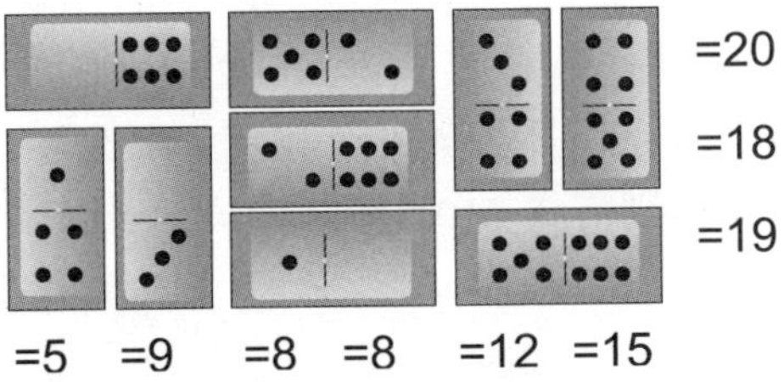

429 圆圈填数字

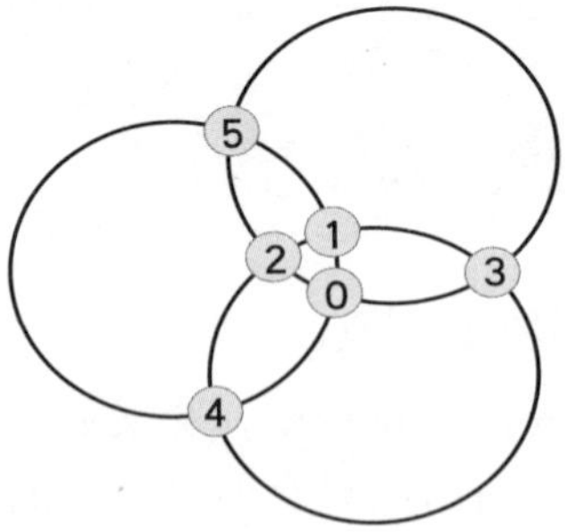

430 阿基米德的镜子

尽管许多科学家和历史学家都对这个故事着迷，但是他们都判定这是个不可能实现的功绩。不过有几个科学家曾试图证明阿基米德的确能使罗马船舰突然冒出火苗。这些科学家的假设是，阿基米德用的肯定不是巨型镜子，而是用非常多的小反射物制造出一面大镜子，这些小反射物可能是磨得非常光亮的金属片（也许是叙拉古战士的盾牌）。

阿基米德所做的是不是仅仅让他的士兵们举着盾牌排成一行，将太阳光聚焦到罗马船只上呢？

1747 年法国物理学家布丰做了一个实验。他用 168 面普通的长方形平面镜成功地将 330 英尺（约 100 米）以外的木头点燃。似乎阿基米德也能做到这一点，因为罗马船队在叙拉古港湾里距离岸边肯定不会超过大约 65 英尺（约 20 米）。

1973 年一位希腊工程师重复了一个与之类似的实验。他用 70 面镜子将太阳光聚集到离岸 260 英尺（约 80 米）的一艘划艇上。镜子准确瞄准目标后的几秒钟内，这艘划艇开始燃烧。为了使这个实验成功，这些镜子的镜面必须是有点凹的，而阿基米德很有可能用的就是这种镜子。

431 水池

如果球直接掉进水池里，它排出的水量等于它本身的体积。

如果球落到船上，那么它排出的水量等于它自身的重量（阿基米德定律）。由于铅球的密度比水的密度大，因此落到船上所排出的水的体积要更大。

432 寻找不规则图形

1C。

433 镜子迷宫

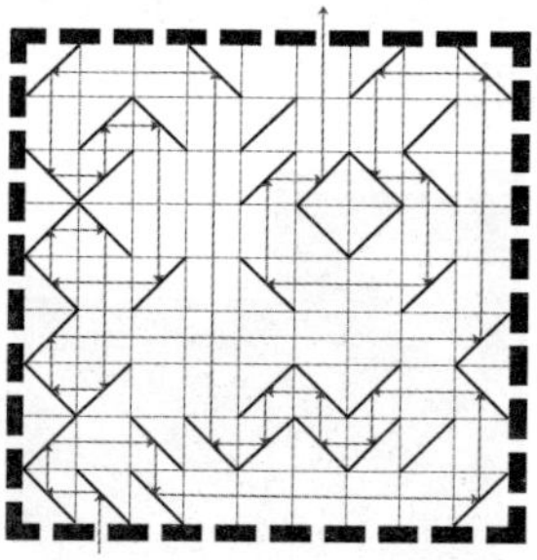

434 旗子的升降

旗子会上升。

435 1/2 和 1/4 上色正方形

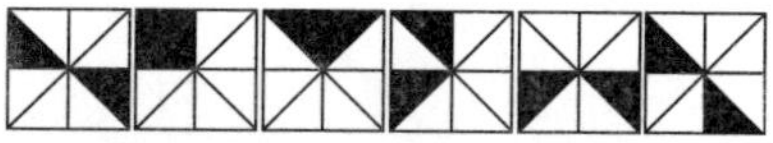

1/4 上色正方形

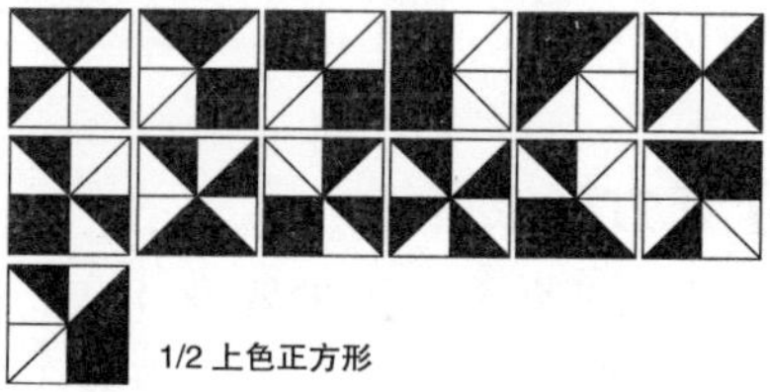

1/2 上色正方形

436 选菜

第 1 份菜单中你有 2 道可以选择，第 2 份菜单中你有 3 道可以选择，而第 3 份菜单中你有 2 种选择。因此，你的选择一共是 $2 \times 3 \times 2=12$ 种。

437 火柴游戏（1）

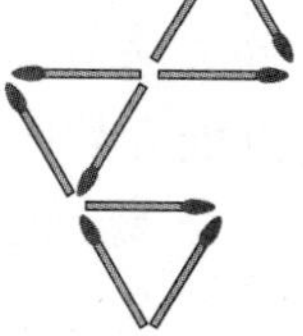

438 黑房间

可以，抽烟斗的人能看到经过镜墙反射出来的火柴光。

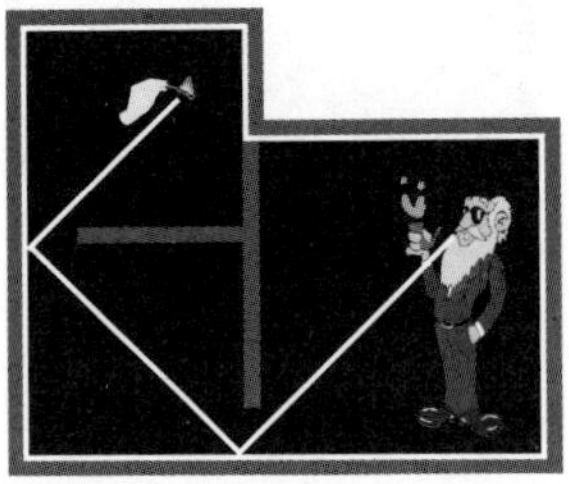

439 火柴游戏（2）

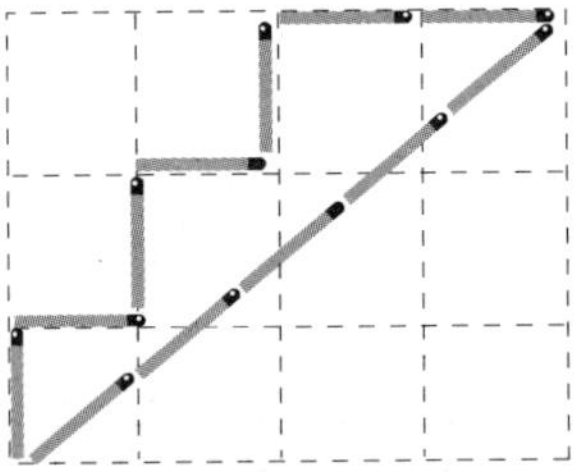

440 正方形涂色

如下图所示，至少要变 4 次，分别是第 1 行、第 4 行、第 2 列和第 3 列。

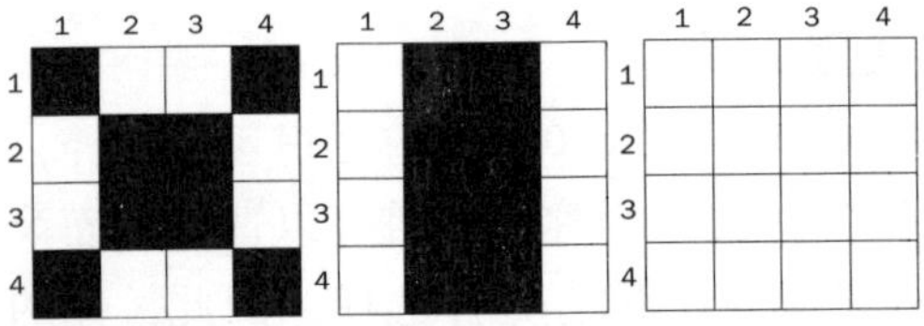

441 第 12 根木棍

8–10–7–3–2–11–5–4–13–1–6–9–12

442 八角形迷宫

18 条路线。不过你无须一一描绘出每条路线。解决这道谜题最简单的方法，就是从起点处开始，然后确定出能够带你到达一处交叉点的路线的数目。到达每个连续交叉点的路线的数目等于与之“相连”的路线的数目的总和。

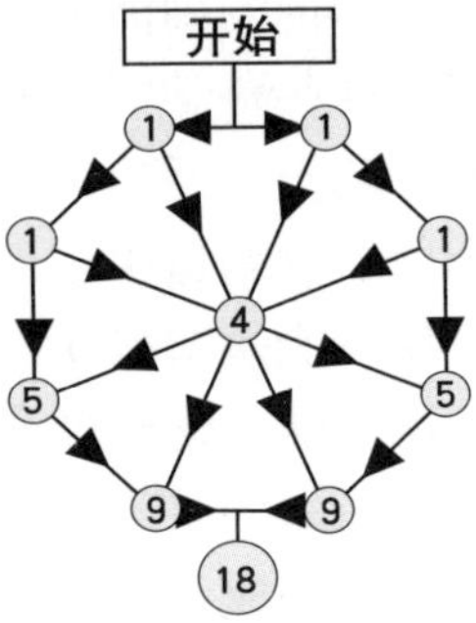

443 镜像

正常情况下，镜子将物体的镜像左右翻转。以正确角度接合的两面镜子则不会这样。

转角镜中右面的镜子显示的没有左右变化，男孩在镜子中看到的自己和日常生活中别人看到的他是一样的。

这种成像结果是由于左手反转以及前后反转同时作用。

444 数字谜题

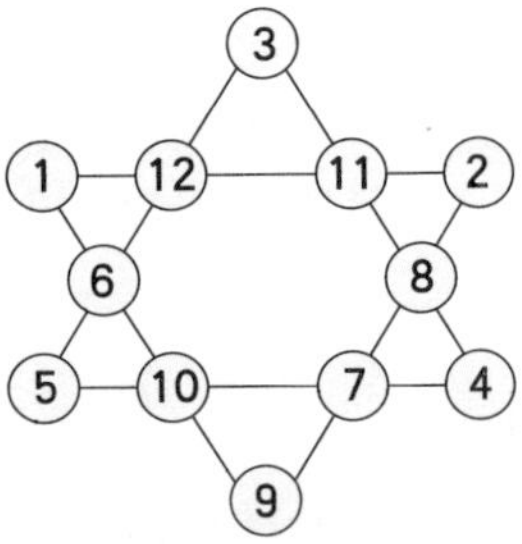

445 夫妻的座位

满足条件的排列方法只有唯一的一种，如下图所示。

而如果有 3 对以上的夫妻，情况会发生很大的变化。下面列举了从 3 对到 10 对夫妻满足条件的排列数：

n=3.................. 1

n=4.................. 2
n=5..................13
n=6..................80
n=7..................579
n=8.................4738
n=9...............43387
n=10.............439792

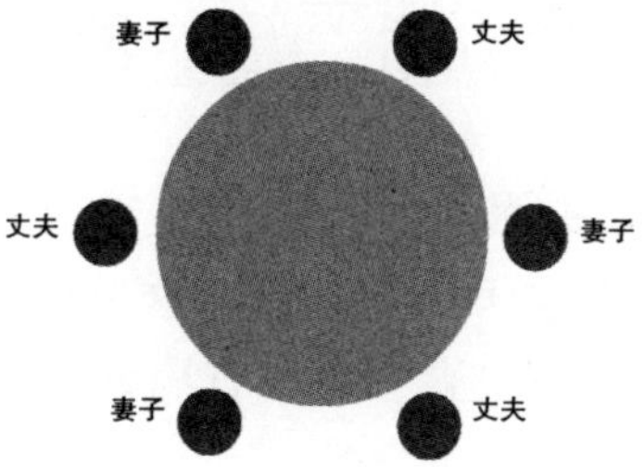

446 日本数独

2	8	9	7	5	1	6	4	3
6	5	1	4	9	3	8	2	7
7	3	4	8	2	6	1	9	5
9	4	5	6	3	8	2	7	1
1	2	6	5	7	9	4	3	8
3	7	8	2	1	4	5	6	9
8	1	7	9	6	2	3	5	4
4	9	2	3	8	5	7	1	6
5	6	3	1	4	7	9	8	2

447 骑士圆桌

n个骑士的排列方式有：$\frac{(n-1)\times(n-2)}{2}$种，8个骑士即$\frac{(8-1)\times(8-2)}{2}=21$种。另外的20种排列方法如下图所示。

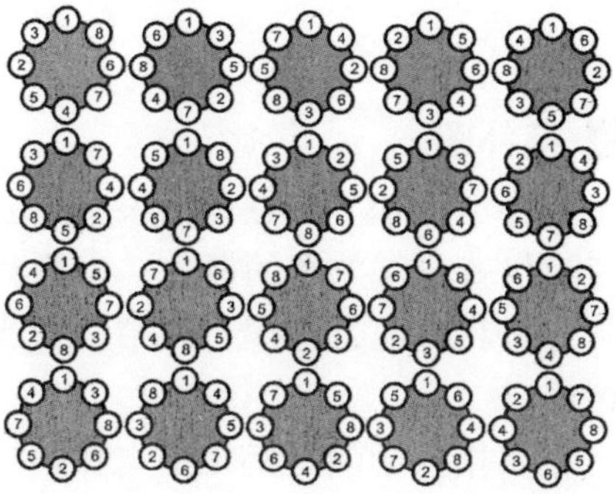

448 问号数字（1）

10。每列数字之和均为23。

449 凸面镜

男孩看到的自己是右边凸起的。

450 直线与六边形

线条如果连接，会形成一个完美的六边形。它们相连的点被三角形掩蔽。当线条在物体后面消失时，视觉系统会延伸线的长度。就如本例中的情况，每根线条的终点好像都在三角形的中心，这导致定线错误。

451 回形变正方形

452 音符

选项G是其他音符的镜像，其他所有的音符都可以通过旋转另外的音符而得到。

453 问号数字（2）

4。不同数字代表叠加在一起的四边形的个数。

454 用管子通话

声音的传播跟光一样，也遵循反射定律。

当两根管子跟墙所成的角度分别相等时，两个孩子能够听到对方讲话。声波反射到墙面上，然后再通过墙反射到管子上。

455 用直角三角形拼五角星

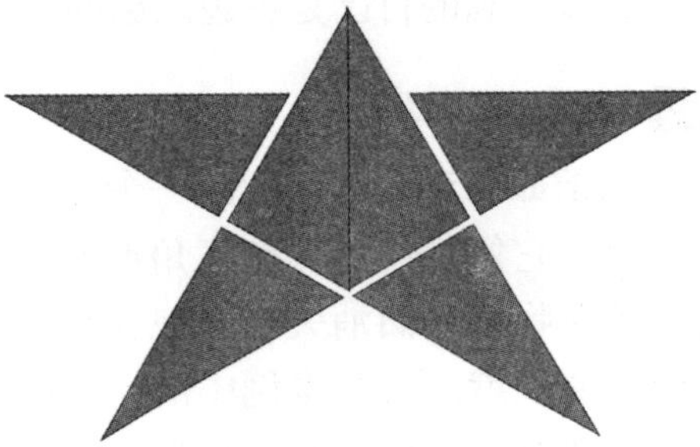

456 液压机活塞

我们必须记住的是水压所产生的巨大力量是以距离为代价的。

因此，大活塞每活动 1 个单位距离，那么小活塞应该要活动 7 个单位距离。

加在小汽缸上的压力应该是 7 个单位，那么这个压力能够举起的重量应该是 49，也就是 7 倍。

457 隐藏的萨拉和内德

黑色的部分呈现的是吹萨克斯的男人，男子旁边的白色及部分黑色构成女人的轮廓。

458 火柴游戏（3）

把中间水平方向上的火柴向右移动自身长度的 1/2，把左下角的火柴移动到右上角。

459 问号数字（3）

21。将每个三角形各个角上的数字相加起来，得出的和放入下一个三角形中间，这样便是将三角形 D 三个角上的数字和放入三角形 A 中。

460 方框中填数字

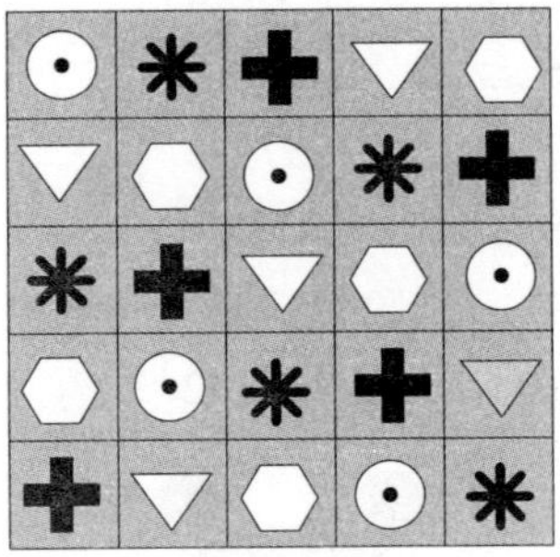

461 天平问题（2）

链条会开始向空盘的这一端滑动，直到左端的“臂”要比右端更长。

462 多边形解法

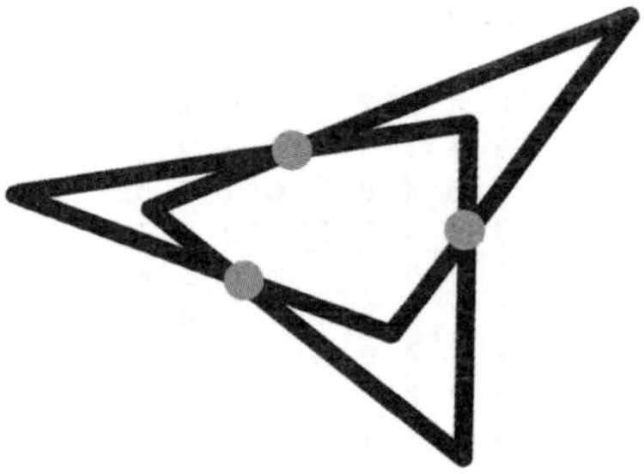

463 电脑密码

密码是 CREATIVITY。

464 间谍密码数字

5 和 9。$4\times4=16$，$6\times8=48$，$5\times9=45$，将 3 个结果相加，就等于 109。

465 拓扑图

拓扑学的基本观点包括很多我们在儿童时代就非常熟悉的概念：内侧和外侧、右边和左边、连接、打结、相连和不相连。

很多拓扑学问题都是建立在拓扑变

形的基础上的，也就是说改变图形的表面，但是不能使表面断开。如果两个图形能够通过拓扑变形得到对方，我们就说这两个图形是拓扑等价的。例如，球体和立方体是拓扑等价的；同样，数字8和字母B也是拓扑等价的，因为它们中间都有两个圈。拓扑学的基本问题就是把拓扑等价的图形归在一起。

466 传送带（1）

总共要转12圈半。滚轴每走1个单位的距离，传送带就前进两个单位的距离，而滚轴走1个单位的距离要转5/4圈。

467 划分表格

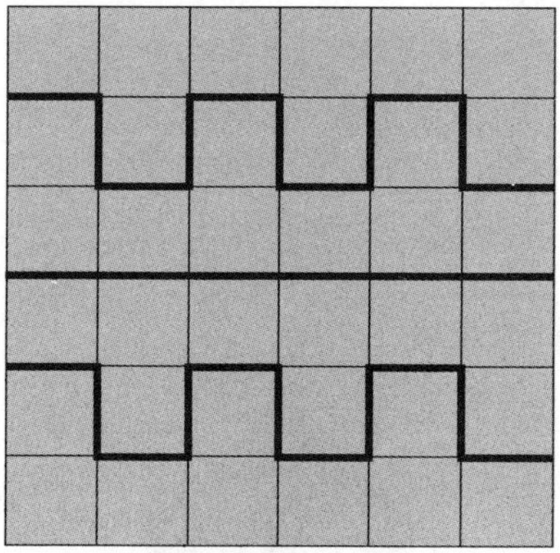

468 公司年利润表

C公司。

469 空格填数字

4	+	2	=	6
−		×		+
1	+	4	=	5
=		=		=
3	+	8	=	11

470 天平问题（3）

放入1个四边形。4个四边形=3个向右箭头=6个向上箭头。

471 多出来的图片

F。它是唯一一块带有圆边的图片。

472 拼圆形

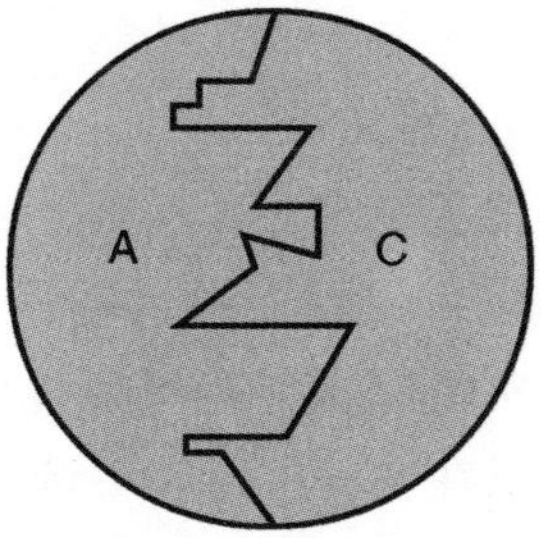

473 风铃

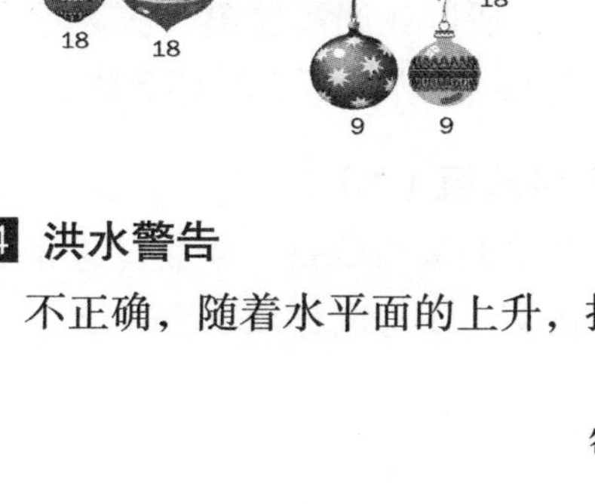

474 洪水警告

不正确，随着水平面的上升，指示

标指向“干旱”。

475 4个力的合力

可以把每2个力相加，按顺序算出它们的合力，直到得到最后的作用力，或者把它们按照下面所示加起来。

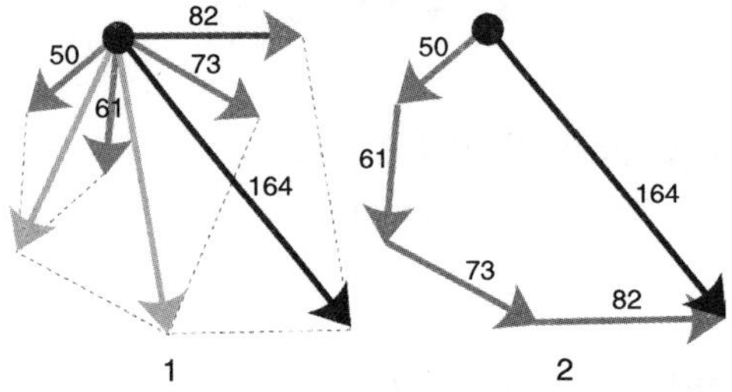

476 二阶蜂巢六边形魔方

最简单的证据就是1 ~ 7的和28不能被3整除。

477 天平问题（4）

有6种方法排列这3个盒子。

称1次可以在2种可能性中决定1个，称2次可以在4种可能性中选择，称3次可以在8种可能性中选择……

一般来说，“n”次称重将最多决定2n种可能性。

在我们的题目中：

称重1次：A>B

称重2次：A<C

结论：C>A>B，问题就解决了。

如果第2步称重时：A>C

那么就有两种可能性：A>B>C或A>C>B，所以我们需要第3次称重来比较B和C。所以最多需要称3次。

478 游戏板（1）

简单的策略就是：要放置这8个棋子，就要记住每次你放1个棋子，它的最终位置应该是上一个的开始位置。如此考虑的话，就总会有一条路。

很现实的办法就是把8个棋子先摆上去，然后逆向思维。

479 图形排列

A。大图形每次顺时针旋转90°，小图形每次顺时针旋转120°。

480 共有多少个正方形

11个正方形。

5个小正方形

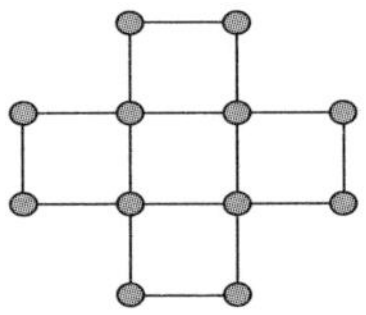

4个中等的正方形

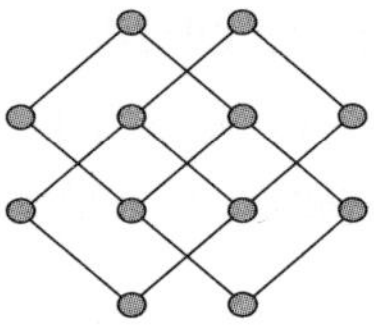

2个大正方形

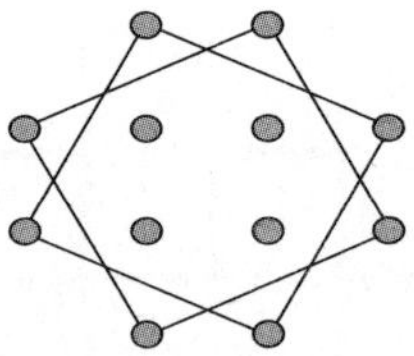

481 游戏板（2）

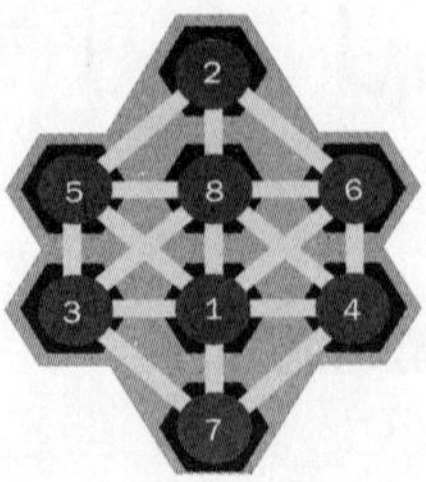

482 数字路线

F。

483 日本星形门

只需 2 张。

484 去电影院的路线

一边描画一边计算还得同时牢记所走的每一步——这肯定会让你疯掉的。要想选择简单的方法，那就只需要写下连接每一个圆圈的可能的路线。到达下一个圆圈的路线的数字和与之相连接的路线的总和是相等的。

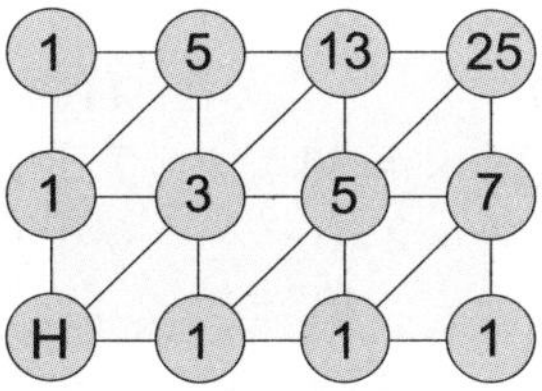

485 滑动链接谜题

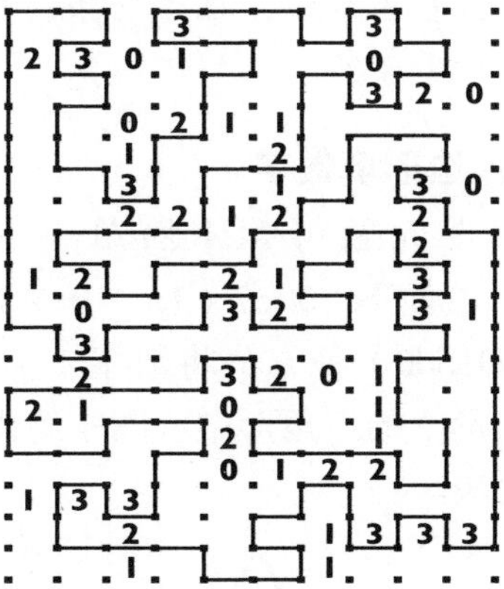

486 多边形变不规则星形

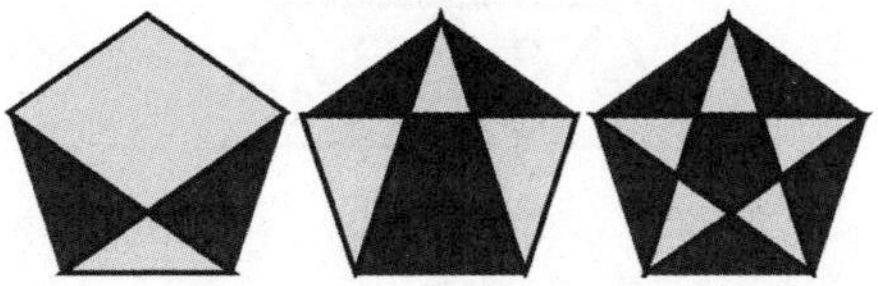

487 伦敦塔谜题

图 1 表明 5 名看守人的行进路线，图 2 则是伦敦塔看守人走遍所有房间的路线，他只要拐 16 次弯就够了。

图 1

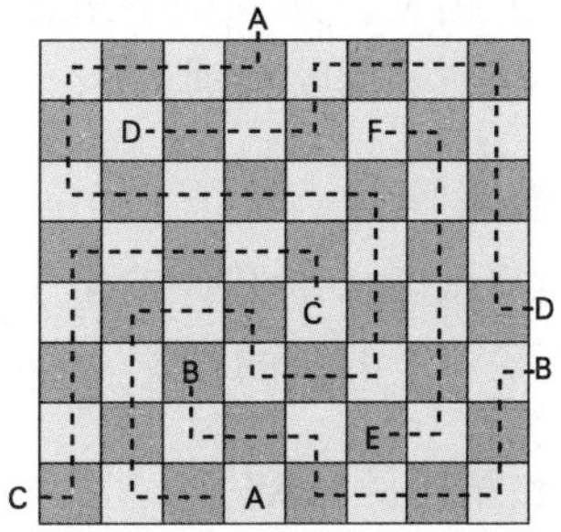

图 2

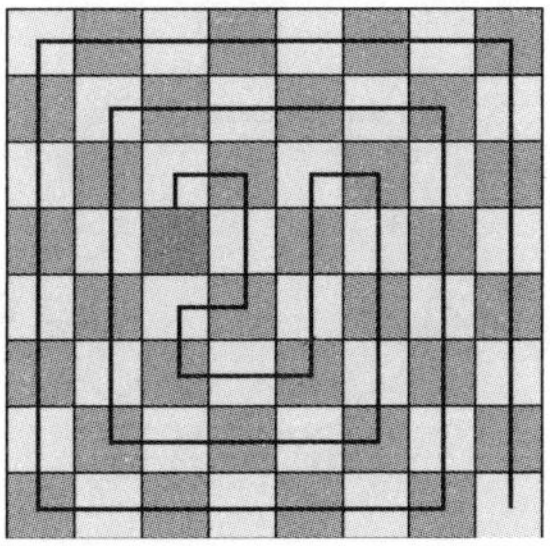

488 五角星圆圈数字

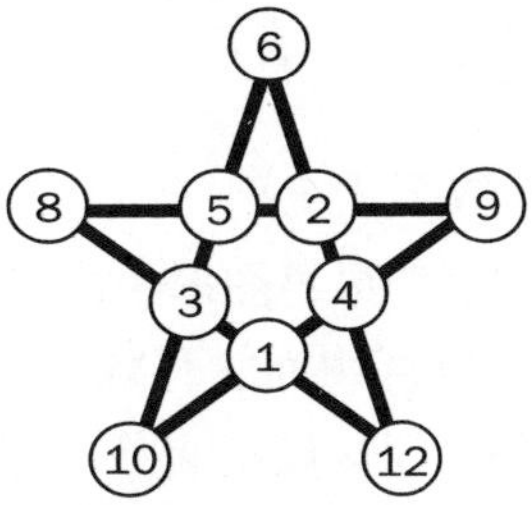

489 六角星圆圈数字

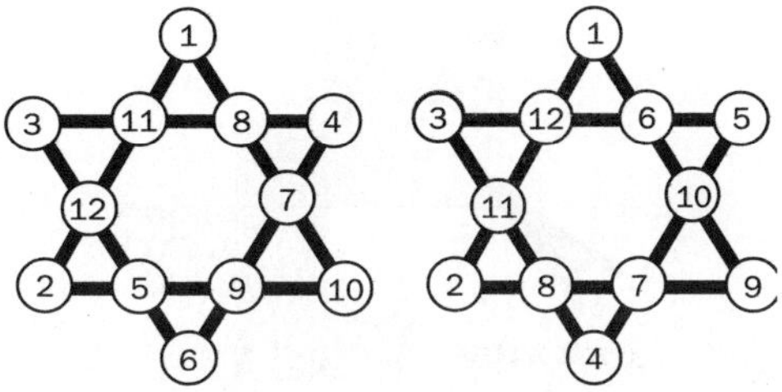

490 手、眼睛、墙

在你凝视墙壁的过程中，当两眼中的图像自动结合时，前景中的两个手指就会发生交叠。这种交叠图像造成了手指悬浮的错觉。如果将手指逐渐移近自己，悬浮的手指就会消失。

491 圆筒

两只眼睛中的图像发生了融合，因而产生了手上的洞的错觉。

492 七角星圆圈数字

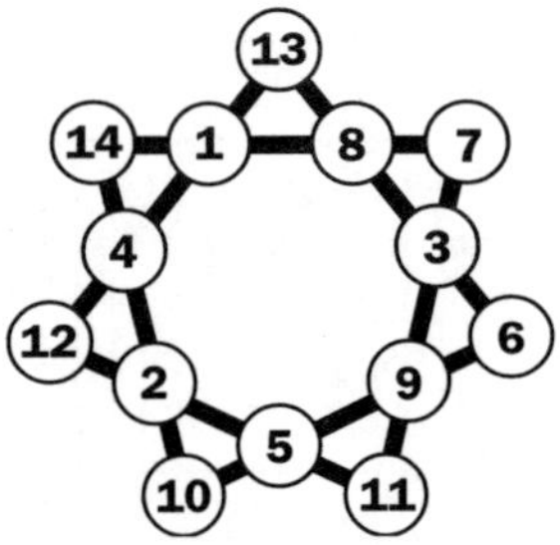

493 序列图

A。从左边进行观察，表格中显示了 1 ~ 6 这 6 个数字。

494 问号数字（4）

10。在每个星星图形中，如果你把上面 3 个角上的数字相加，再减去下面 2 个角上的数字的和，所得结果就是中间的数字。

495 不规则立体图

C。

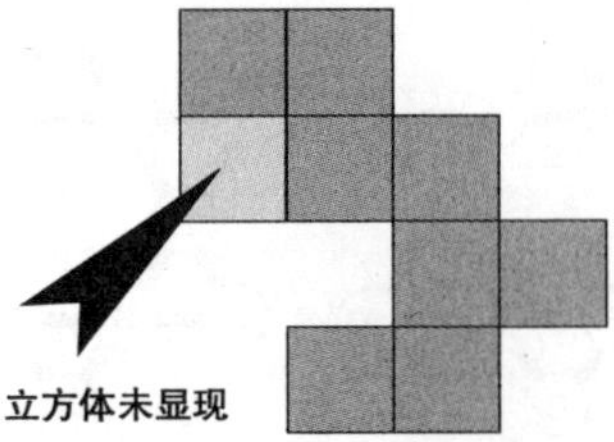

496 八角星圆圈数字

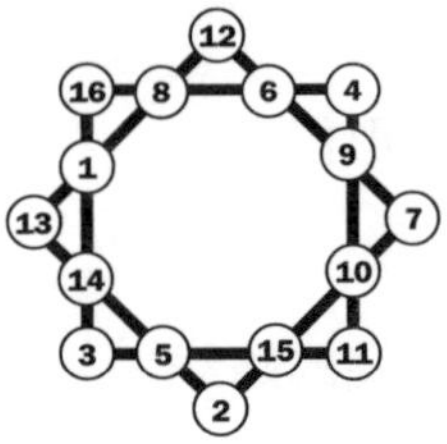

497 填补多边形

E。多边形中对角的三角形图案相同。

498 砝码

7 千克。

左边	右边
6 千克 ×4=24	7 千克 ×4=28
8 千克 ×2=16	6 千克 ×2=12
40	40

499 火柴人

G。在火柴人上加入 2 条线，拿走 1 条；加上 3 条线，拿走 2 条；加上 4 条线，拿走 3 条。

500 多边形填数字

这个问题可并不简单。一共有 12！（12 阶乘 =1×2×3×……×11×12 = 479001600）种方法将数字 1 ~ 12 填入六角形上的三角形中。图中给出其中一种解法。

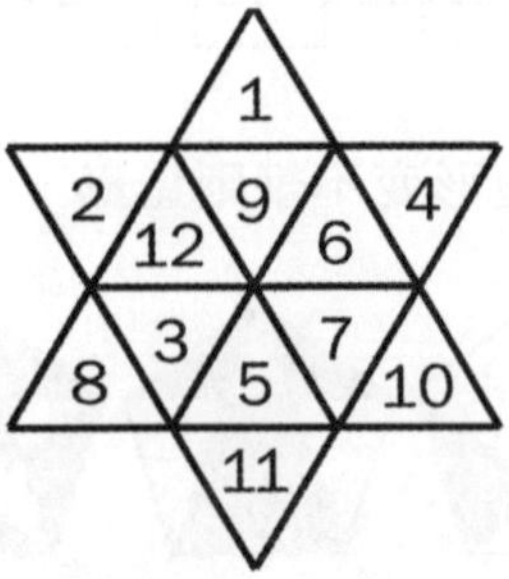

501 时钟的时间（1）

6：45。分针分别朝后走 15、30、45 分，时针分别朝前走 3、6、9 个小时。

502 建造桥梁

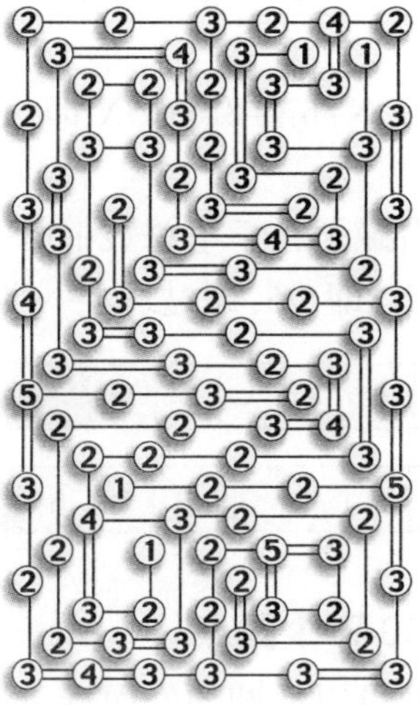

503 贪婪的书蛀虫

书蛀虫一共走了 2.5 厘米。书蛀虫如果从第 1 册第 1 页开始向右侧的第 3 册推进，那么就先要从第 1 册的封面开始破坏；之后是第 2 册的封底，接着是 2 厘米的书，然后是第 2 册的封面，最后是第 3 册的封底。期间，一共经过 2 个封面、2 个封底以及 1 册书的厚度，即享用了 2.5 厘米的美味。

504 最重的盒子

最多需要称 3 次。

把 21 个盒子分成 3 组，每组 7 个。在天平的每端各放 1 组，可以得出 2 种可能的结果：

a. 天平平衡；

b. 天平倾斜。

如果天平平衡，那么那个较重的盒子就在没有被称的那组里。如果天平倾斜了，显然那个较重的盒子在天平倾斜的那边。把重的那组分为 2 组，每组 3 个盒子，剩下 1 个盒子，把这 2 组分别放在天平的两端。

又一次，有 2 种可能的结果：

a. 天平平衡；

b. 天平倾斜。

如果天平平衡，那么那个剩出的盒子就是那个比较重的盒子，我们就不需要再称了。否则，我们就需要再称 1 次，在天平两端每边放 1 个盒子，剩下 1 个盒子。

505 缺失的格子标志

顺序为 2+，3 —，2 ÷ ，3 × 。从左上角开始，顺时针向内走。缺失部分如图所示。

×	+	÷
÷	×	×
÷	−	−

506 拇指结

这个结会被打开。

绳子需要绕 3 下才会形成新的结。

507 分割图形

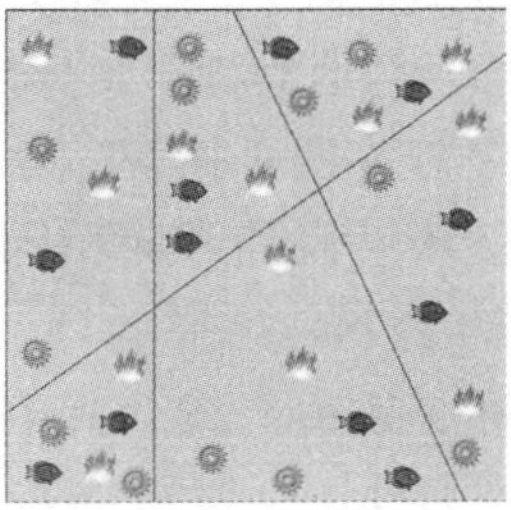

508 同住一条街上的 10 个朋友

如下图所示，对于房子总数为偶数的情况，到所有的房子距离最近的点应该在最中间的两栋房子的中心。

而对于房子总数为奇数的情况，到

所有房子距离最近的点应该是最中间的那栋房子。

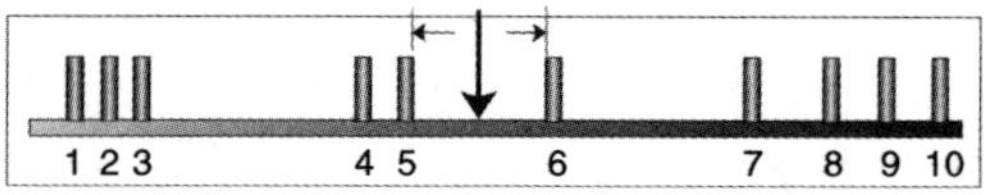

509 铁丝环

如下图所示，这个曲面被称为悬链曲面。

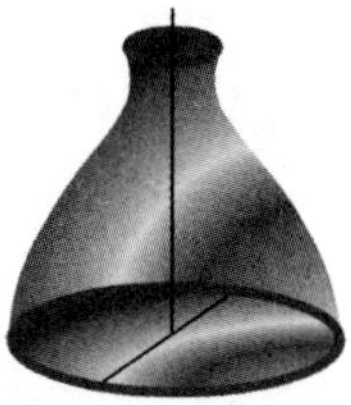

510 北极到南极的洞

假设没有摩擦力和空气阻力，这个球将以不断增加的速度一直下落直到到达地心。在那一点它将开始减速下落到另一边，然后停止，再无休止地重新下落。

511 纸环

第 1 组和第 2 组剪开之后得到的都是 1 个正方形的环，这个环有 2 条边界线和 2 个面，没有螺旋。

第 3 组分为两种情况，如果 2 个麦比乌斯圈旋转时候的方向相同，那么剪开是相连的 2 个扁圆形的环，2 个环都有 2 个面和 2 条边界线，其中 1 个包含 1 个螺旋，另外 1 个没有螺旋；而如果这 2 个麦比乌斯圈旋转时候的方向不同，那么剪开得到的是相连的 2 个扁圆形的环，且这 2 个环分别都含有 1 个螺旋。

512 神奇的变化圆

中间那个圆会像呼啦圈绕着臀部一样慢慢转动。

513 左撇子、右撇子学生

N 是既是左撇子同时也是右撇子的学生数。

7N 的人是左撇子，9N 的人是右撇子。

那么 N+6N+8N=15N 即全班的学生数。

而右撇子在学生总数中所占的比例是 9N/15N，即 3/5，超过班上一半的人数。

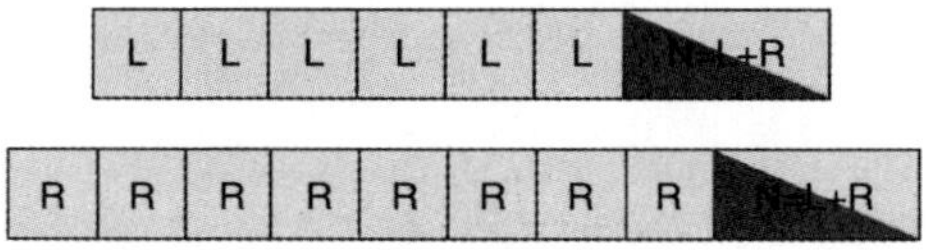

514 200 万个圆点

我们可以从圆的外面选一点，从这一点向圆发出射线，射线从圆的边缘开始旋转。我们可以数这条射线与圆相夹的面积内有多少个点，直到正好为 100 万个点为止。这时这条射线在该圆内的线段就是我们要找的线段。

如果射线一次扫射正好从 999 999 个点到了 1 000 001 个点，那就只能在圆外面另选一个点，重新来试，最后总有一条线会成功的。这就是所谓的馅饼理论的一个简单例子。

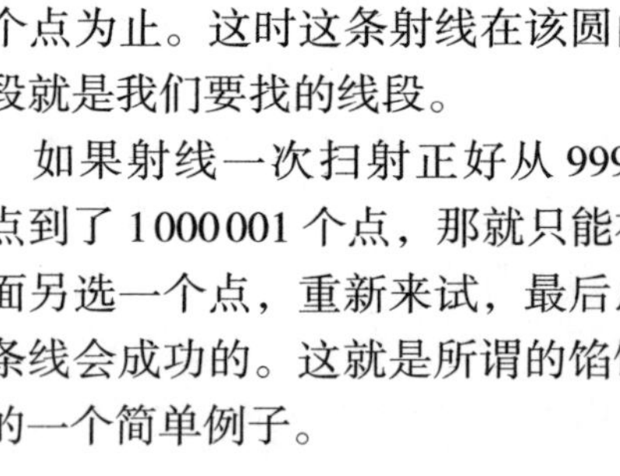

515 剪纸条

最后得到的是 3 个两两相连的纸环，其中 2 个是简单纸环，1 个是麦比乌斯圈。

516 变化的圆心

当头向后移动时，圆圈呈顺时针旋转；当头靠近圆圈时，圆圈呈逆时针旋转。

517 墨迹算式

$$\begin{array}{r} 289 \\ +\ 764 \\ \hline 1053 \end{array}$$

518 完全有向图

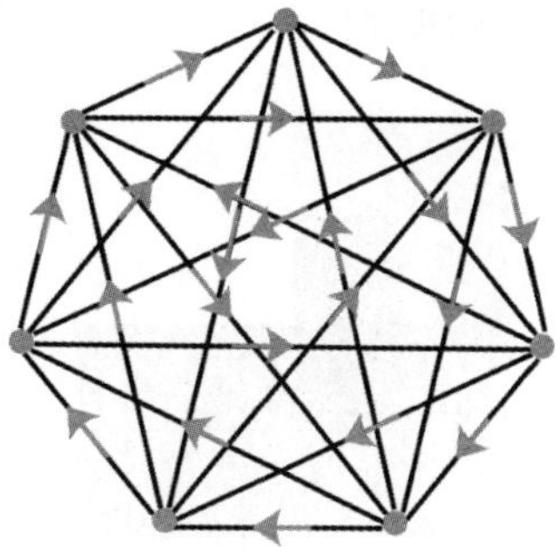

519 传送带（2）

普通的纸环只能套在 2 个圆柱形的滚轴中间，而麦比乌斯圈能够套在 3 个滚轴中间，就如我们在该题中所看到的。

520 装有苍蝇的瓶子

广口瓶的重量并未发生改变。为了飞动，这些昆虫必须要制造出与它们体重所产生的力相等的向下气流。因此，无论是在瓶中酣睡又或是处于飞动状态，这些昆虫所制造的向下的力都是相同的。

521 火柴游戏（4）

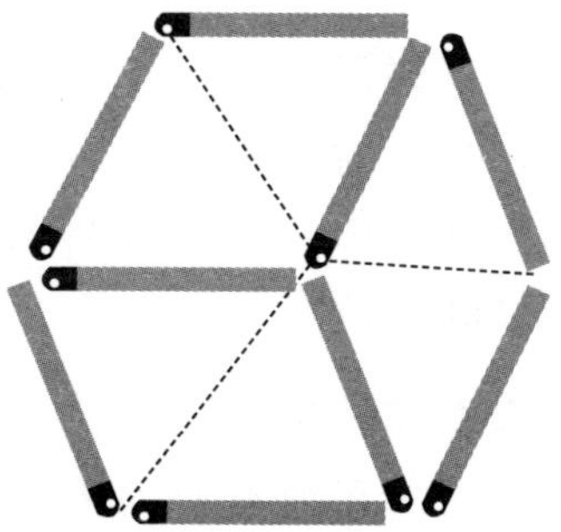

522 问号字母（1）

V。这种排列是根据字母表中字母的顺序而排定的。“拐弯之处”的字母是由指向字母的铅笔数引出的。

看一下字母 L（哪个都可以）。字母 L 前进到了字母 M。但是，字母 M 却并没有前进到字母 N，这是因为有两支指向 O 的铅笔，于是字母 M 就跳了 2 步，前进到字母 O。运用同样的原理，字母 O 前进了 3 步到了字母 R，字母 R 则前进了 4 步到了字母 V。

523 台球（2）

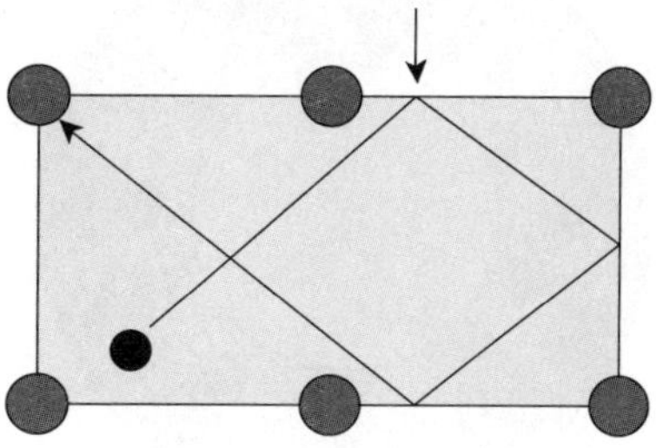

524 麦比乌斯圈

曼宁的这个图形对分剪开之后得到的是 1 个正方形的环，这个环有 2 个面和 2 条边界线，没有螺旋。也就是说这个图形与麦比乌斯圈不是拓扑等价的，因为麦比乌斯环对分剪开后得到的是其他的图形。

525 踩石头过河

踩踏石头的顺序是 2 — 5 — 6 — 12，环在这些石头上的图案呈现出逐渐向中间靠拢的趋势。

526 问号数字（5）

175。计算的规则是：（左窗户处的数值＋右窗户处的数值）× 门上的数值。

527 天平问题（5）

箱子的重量为 3 个单位。

528 黑色、深灰色、浅灰色面积

黑色面积最大（19 个单位面积），其次是浅灰色部分（18 个单位面积），而深灰色部分的面积是 17 个单位。

这道题是建立在意大利数学家卡瓦列里（1598–1647）的理论基础上的，即等底等高的三角形面积相同。

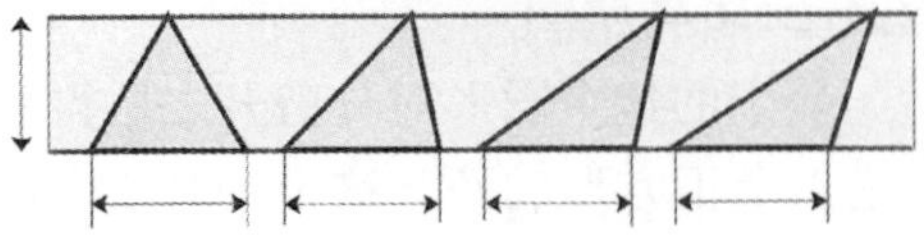

529 小狗吃饼干

8 块饼干。

530 数字迷宫（1）

531 正方形剪辑

532 拼灰色图案

B 和 E。

533 海市蜃楼之碗

534 奥斯卡·路透斯沃德

不可能。里面的斜边视觉上似乎成立，其实现实中是不可能的。

535 不可能的三叉戟

要解释这其中的奥秘很简单。首先这个三叉戟没有固定的边沿，这幅图也没侧影不能上色。中间那根尖齿轮廓夹在旁边 2 根尖齿的轮廓之间，而且看上去比旁边尖齿的轮廓要低一些。这幅图之所以神奇正是因为让你感到它没有一个完整的轮廓，而事实上却是有的，你还会发现 3 根尖齿变成了 2 根。

将右边的图盖住，你会发现左图是完全正常的，即由 2 根尖齿构成的一把叉子。然后再盖住左边，你会发现右图是由 3 条线构成的一幅平面图。

536 账户密码

1. 每个字母有 26 种可能，每个数字有 10 种可能，那么密码的可能性有：

$P=26\times26\times26\times10\times10=26^3\times10^2$

$=1\,757\,600$ 种

2. $P=26\times25\times24\times10\times9$

$=1\,404\,000$ 种

3. $P=1\times25\times24\times10\times9$

$=54\,000$ 种

537 正十二面体路线

如下图所示，有 2 种不同的方法。

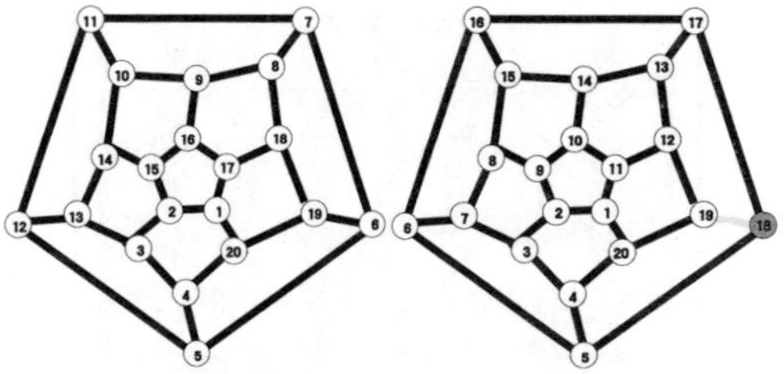

538 字母 F 放在什么位置

F 应该在 5 的位置上。1=B 或 D，2=A，3=E，4=C，5=F，6=B 或 D。

539 森林埋伏

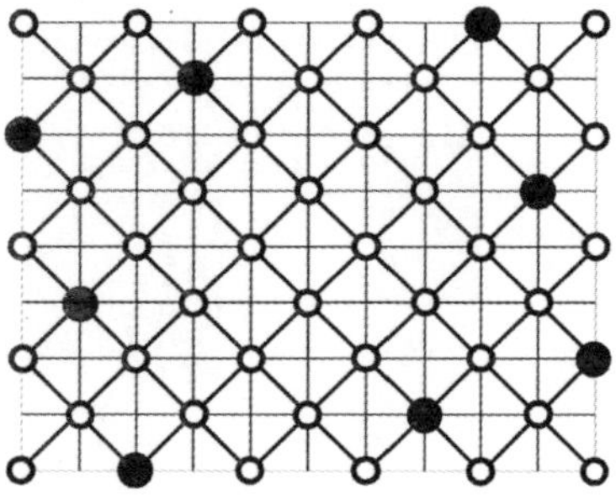

540 瓷砖排列

如下图：

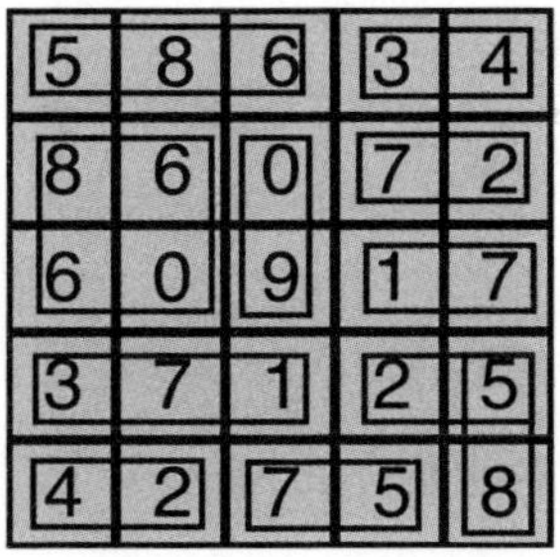

541 约翰·库比克的正方形纸板

沿 L 形的方向剪下正方形的一部分，然后将其向对角翻转，令有洞的部分居于纸张中心。

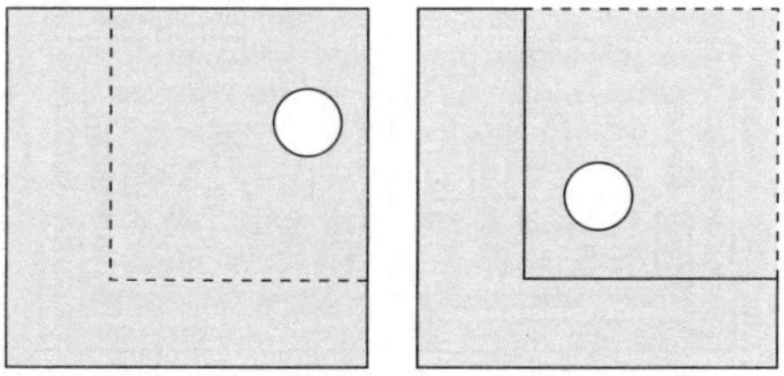

542 小钉板（1）

在 3×3 的小钉板上不论你怎么连，最终总是会剩下 2 个钉子；而在 5×5 的小钉板上则总是会剩下 1 个钉子；在 4×4 的板上可以把 16 个钉子全部用上，

1 个也不剩。如图所示。

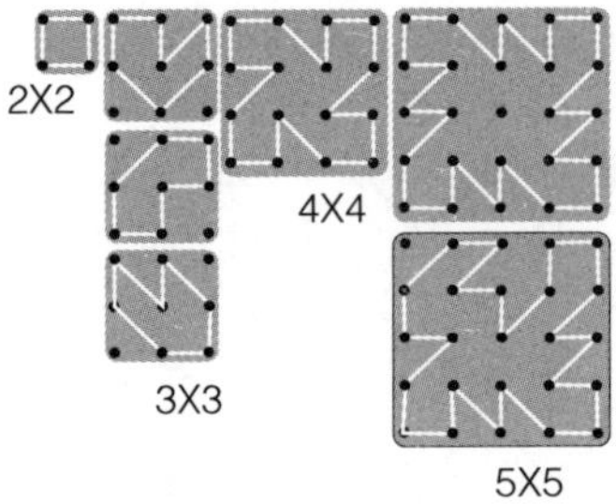

543 找出例外的图

B。方框内图形的边应当每次增加 1 条边。如此推算，则 B 项中的图形应当有 2 条边才能符合规律。

544 问号数字（6）

68。方形 =7，X=11，Z=3，心形 =17

545 数字迷宫（2）

546 小钉板（2）

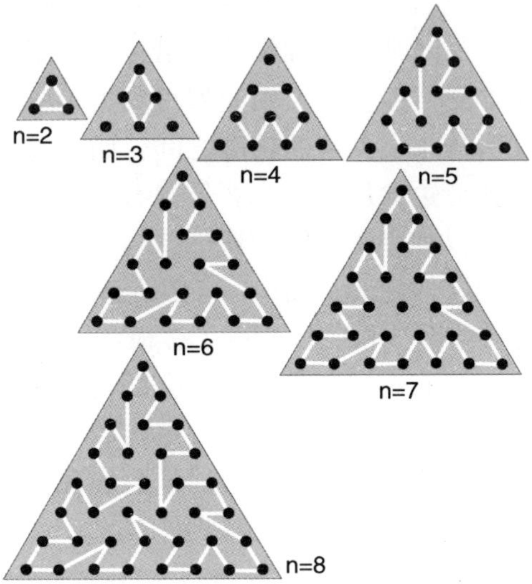

547 问号数字（7）

1。把每排数字当成 1 个三位数，从上到下分别是 17，18，19 的平方数。

548 问号数字（8）

1。把下面 2 个圆中对应位置上的数字相乘，就得到左上角圆中的数字；右上角圆中的数字等于下面 2 个圆中对应位置上的数字和。

549 游戏板

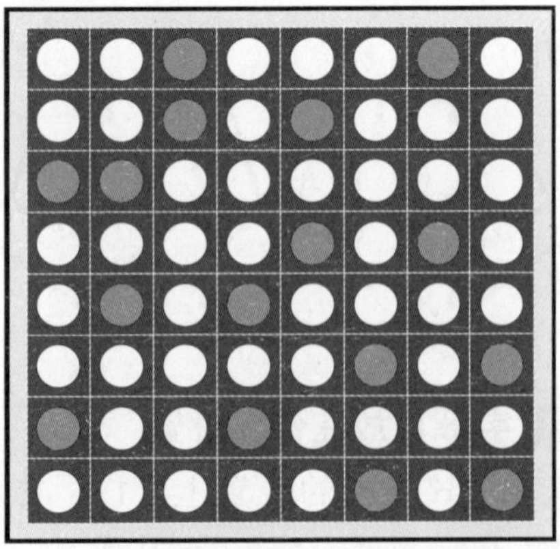

550 黑夜穿越大桥

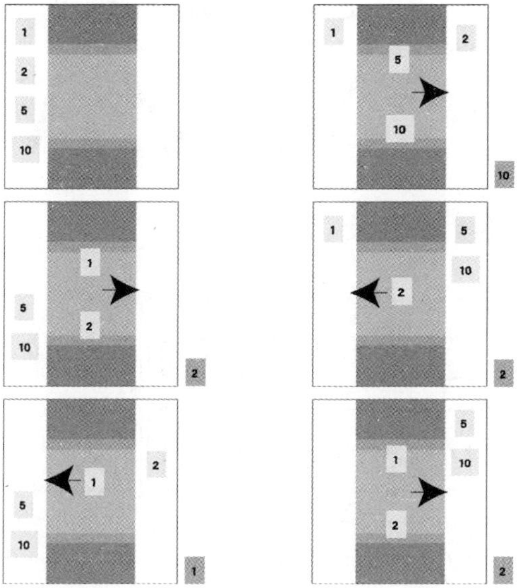

551 小狗菲多

菲多被拴在一棵直径超过 2 米的粗壮的树上，所以菲多可以绕着树转一个直径为 22 米的圆，当菲多处于 A 点，骨头处于 B 点时，A、B 两点距离 22 米，如下图所示。

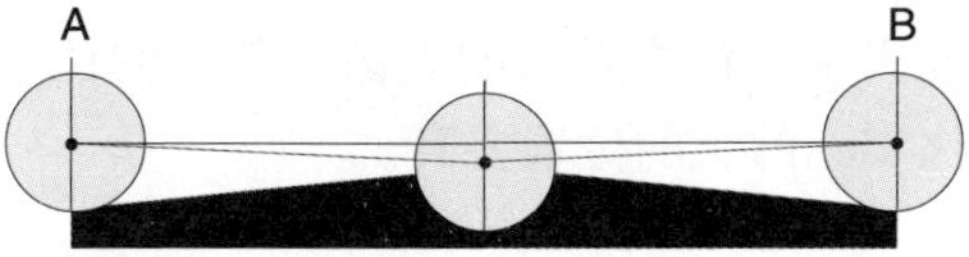

552 天平问题（6）

1 朵云。数值分别为：云 =3，伞 =2，月亮 =4。

553 数字纸牌折叠

转动纸张，空白面朝上，数字“2”在左上角。然后把右边向左折，这样数字“5”靠着数字“2”。现在，将下半部往上折，结果数字“4”靠着数字“5”。接下来将“4”和“5”向内折，位于数字“6”和“3”之间。最后，把数字“1”和“2”折到小数字堆上，到此一切结束。

554 绳圈管道

绳子将与管道脱离。

555 蛇环

这些蛇会逐渐相互填满对方的肚子，而且不会再继续吞食任何东西。因此这个圆环也就会停止缩小。

556 正透镜

如下图所示，通过两个正透镜的光线的弯曲度更大，因此两个正透镜会聚光线的能力要比一个正透镜强。

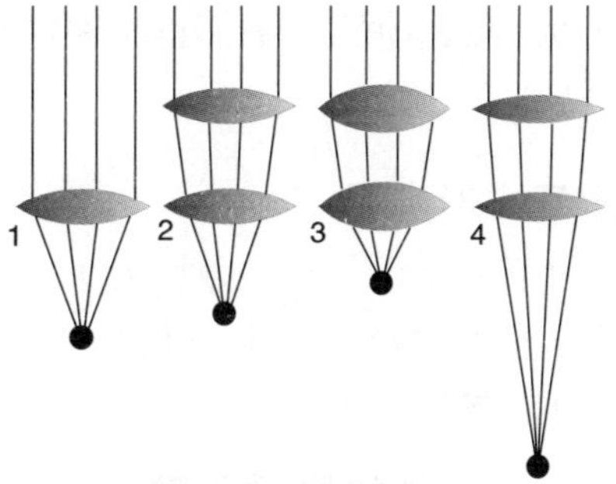

557 正方形数字游戏

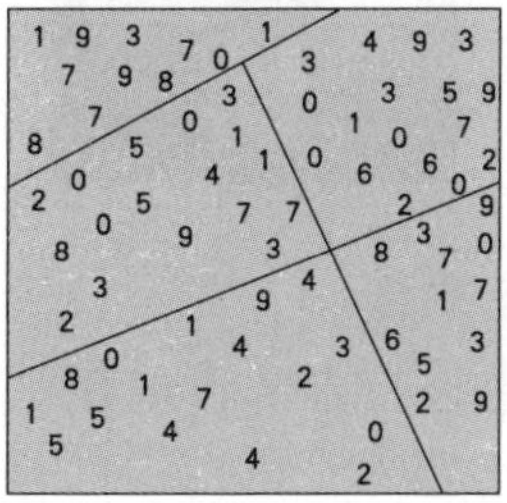

558 表格数字

移动的规则是每个数字都朝顺时针方向移动（n — 1）步。比如，数字 12

朝顺时针方向移动 11 步。

	21	
15		34
	22	

559 问号数字（9）

上半个：÷，×；下半个：×，×。

560 斐波纳契数列反射现象

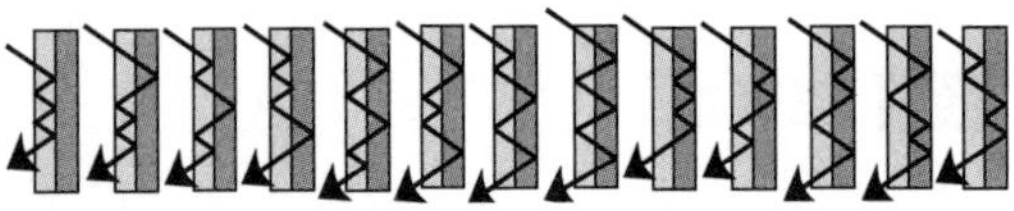

561 驱动轮

是的。左下角的轮子将按逆时针方向转动，而其他的轮子都将按顺时针方向旋转。

562 正方形拼图

如下图所示，5 个边长为 1 个单位的正方形可以拼入 1 个边长是 2.707 个单位的正方形内。

563 火车乘客

2。乘客行走的方向用平行四边形图示如下：

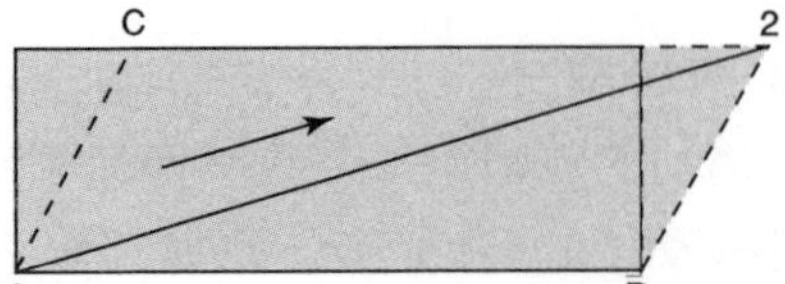

564 火柴游戏（5）

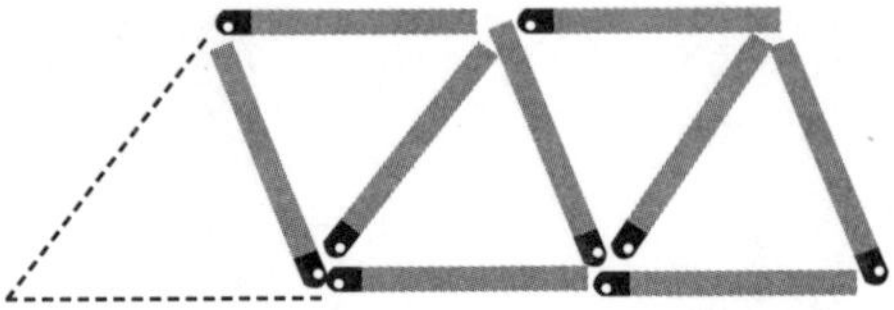

565 小钉板（3）

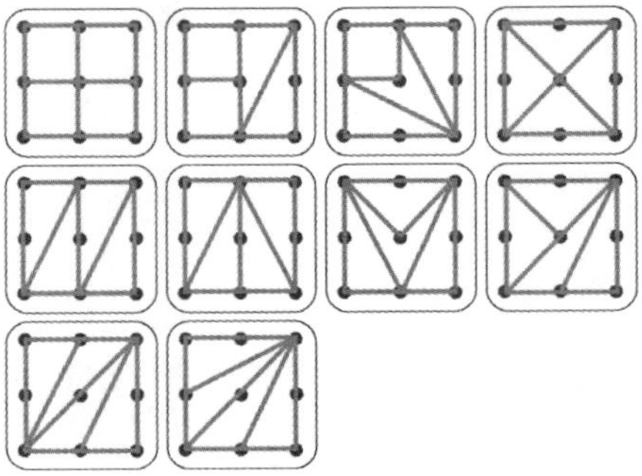

566 鱼缸里的金鱼

从鱼身反射出的光线，由水进入空气时，在水面发生了折射，而折射角大于入射角，折射光线进入人眼，人眼逆着折射光线的方向看去，觉得这些光线好像是从它们的反向延长线的交点鱼像发出来，鱼像是鱼的虚像，鱼像的位置比实际的鱼的位置要高。

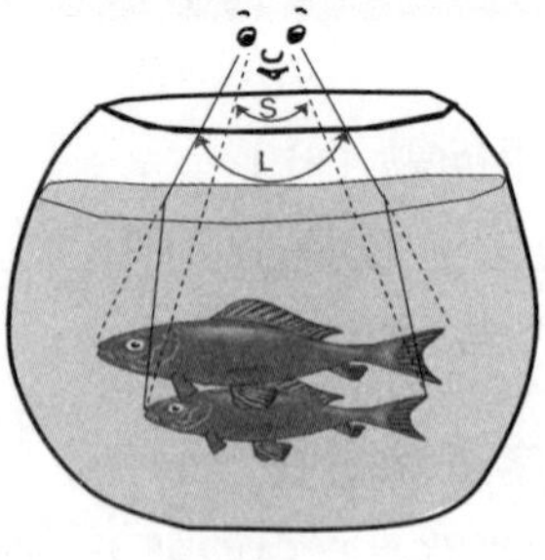

567 问号数字（10）

33。星 =8，钩 =12，叉 =13，圈 =5。

568 问号数字（11）

一，一，×。

569 立方体侧面线条

下面的线与竖线垂直，上面的线是斜着的。

570 画三角形的规则

穿过 A 画 1 条与 BC 平行的线，然后穿过 B 画 1 条与 AC 平行的线，最后穿过 C 画 1 条和 AB 平行的线。

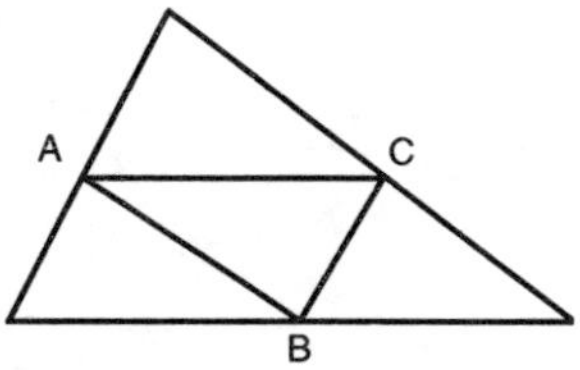

571 硬币游戏

将右边第 5 个硬币放在拐角处的硬币上。

572 棋盘

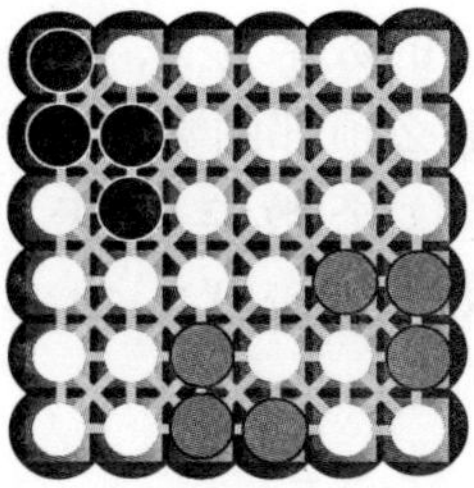

573 火柴游戏（6）

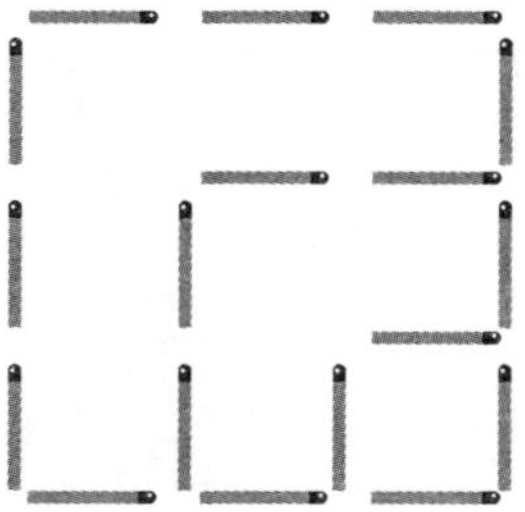

574 齿轮（1）

由于A齿轮和D齿轮上齿的数目都相同，因此它们会以同样的速度旋转。C齿轮并不会影响轮齿通过的速度，它只是把B齿轮上轮齿的动作传送到了D齿轮之上。

575 小钉板（4）

7.5 个单位面积。

可以把这个白色四边形的面积分成 3 个直角三角形和中间的 3 个小正方形。中间的 3 个小正方形的面积是 3 个单位面积，而 3 个直角三角形的面积分别是 1.5，1，2 个单位面积，因此白色四边形的总面积是 3+1.5+1+2=7.5 个单位面积。

576 路线数字

1. 路线为：17–19–22–24–28–20，总值为 130。

2. 路线为：17–19–22–28–25–20，总值为 131；17–23–22–24–25–20，总值为 131。

3. 路线为：17–24–26–28–25–20，最大值是 140。

4. 路线为：17–19–22–24–25–20，最小值是 127。

5. 一共有 2 种方式：17–24–26–24–25–20；17–23–22–26–28–20。

577 矩阵分割

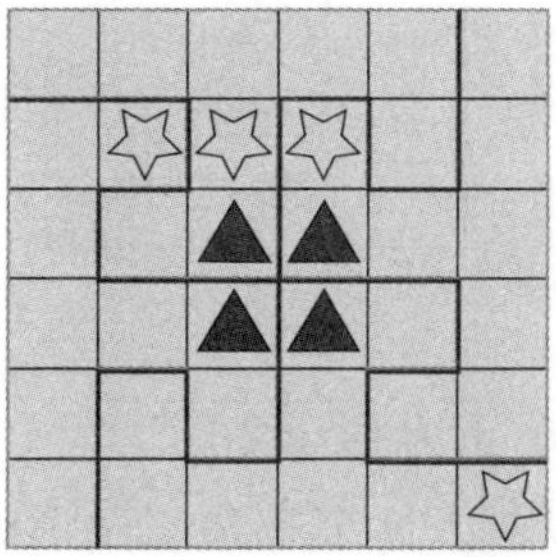

578 正方形嵌图

4个图形的面积分别是17、9、10、16个单位面积。

当我们要计算一个小钉板上的闭合多边形的面积时，我们所要做的就是数出这个多边形内（不包括多边形的边线）的钉子数（N），和多边形的边线上的钉子数（B），多边形的面积就等于：N+B/2–1。

你可以用本题中的例子来验证一下这个公式。

579 齿轮（2）

按顺时针方向旋转。

580 最小正方形边长（1）

可以放入7个等边三角形的最小正方形的边长为2个单位。

581 天平问题（7）

5个太阳。月亮=2；云=3，太阳=4。

582 最短接线长度

下面的图已经画出了从B到A点的接线法，一共需要用去233厘米的电线。

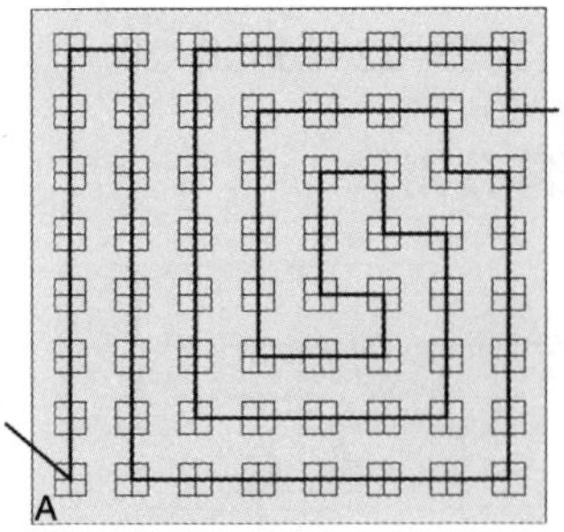

583 最小正方形（2）

可以放入8个等边三角形的最小正方形的边长为2.098个单位。

584 纽约翡翠乐大厦阳台

该例子似乎通过采用非正统的形状来设计阳台，在无意间创造了一种建筑错觉，但实际上阳台完全是水平的。

585 舞伴舞姿

只有在两张照片中这对舞伴是变换了姿势的（也就是说，成镜像），其他照片中显示的都是他们在旋转。

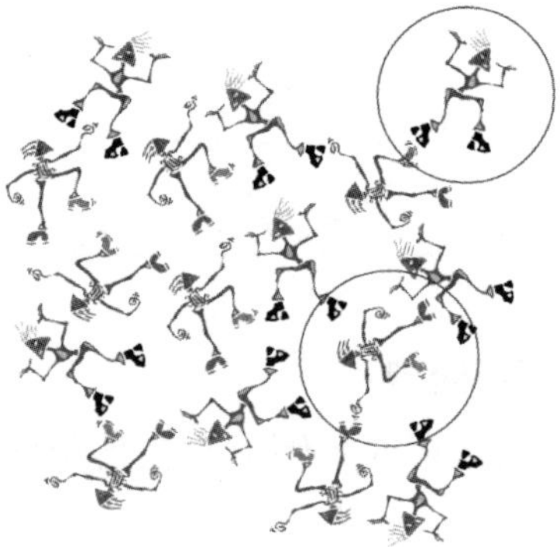

586 问号数字（12）

设丢失的数字为X，然后一层层填满空格，那么顶部的数字就为3X+28。我们知道这个数字等于112，因而3X=112–28=84，所以X=28。

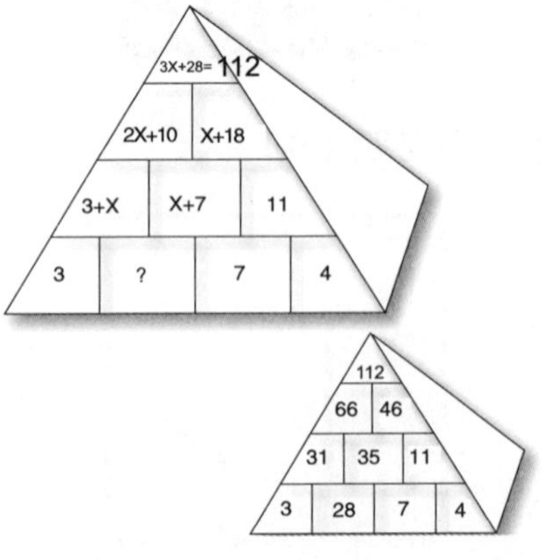

587 墙壁纸

C 和 E。

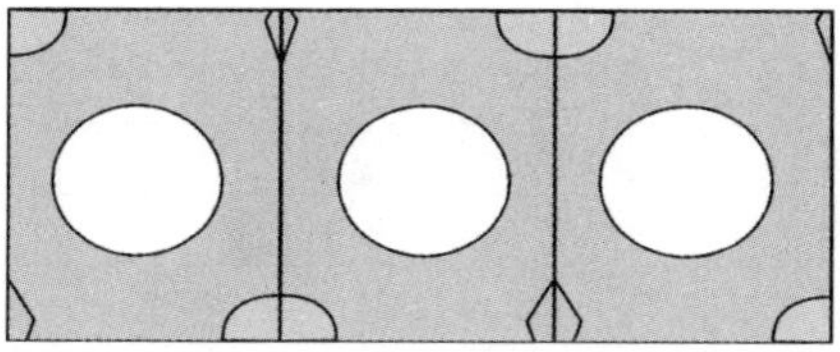

588 美术馆监视器

有人认为可以用下面的定理来解决这个美术馆的问题。

如下图所示，将这个美术馆的平面图分成若干个三角形，每个三角形的顶点分别用 3 种不同的颜色标注出来，每个三角形所用的 3 种颜色都相同。最后在出现次数最少的颜色的顶点处安放监视器。

但是这个办法只能帮助我们从理论上知道最多需要放多少台监视器。

按照这一定理一共需要 6 台监视器，而在实际操作中只需要 4 台就够了。

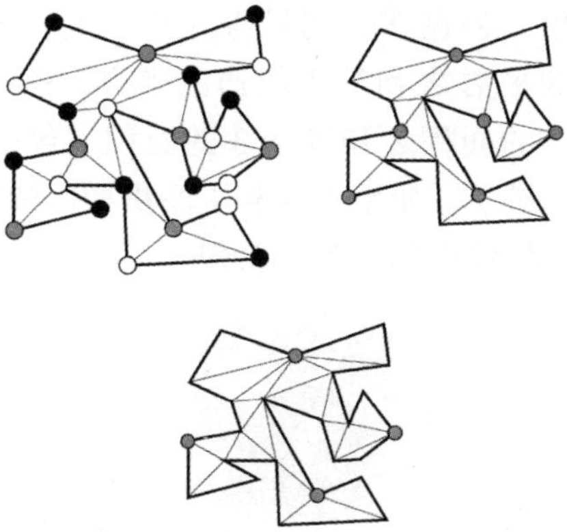

589 椭圆里的数字

58 和 86。在第 1 个椭圆中，所有的数字都是 8 的倍数。在第 2 个椭圆中，它们都是 7 的倍数。

590 街道大厦

在第 121 号大厦和编号开始处之间一共有 120 栋大厦。相应地就有 120 栋编号高于 294 的大厦。因此，街两旁建筑共有 294 + 120=414 栋。

591 6 个城镇

1. F
2. B
3. E
4. F
5. C

592 问号数字（13）

23。方形 =9，X=5，Z=6，心形 =7。

593 空缺的图形

在每行中，从左边的圆圈开始，沿着顺时针方向增加 1/4，即得到下一个图形，圆圈的颜色互相颠倒。

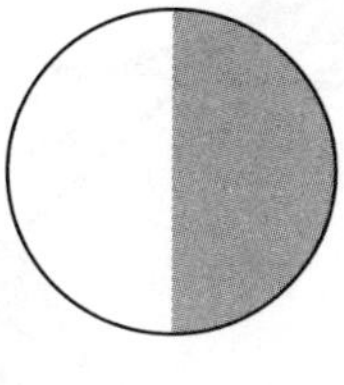

594 数字序列

229，230，231。

595 十二边形与 12 个四边形

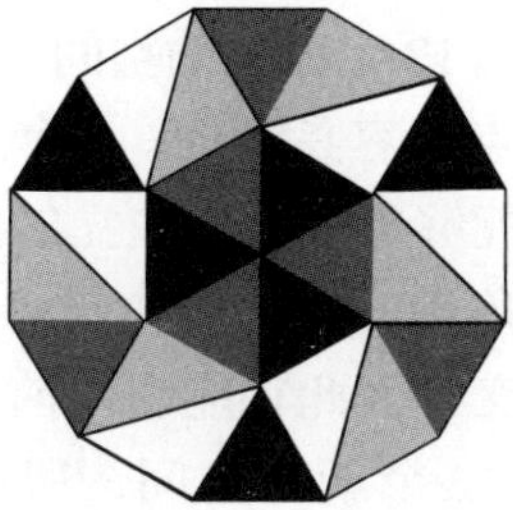

596 问号数字（14）

22。这个圆中有两个行进的数列。从第 1 个数字开始，顺时针方向进行，把第 1 个数字加上 1，然后加上 2，3，4，把所得结果填在不相邻的空格中。从第 2 个数字开始，先加上 3，然后 4，5，6，把所得结果填在剩下的不相邻的空格中。

597 问号数字（15）

40。星 =7，钩 =8，叉 =14，圈 =11。

598 数字迷宫（3）

往东走到“3”，再往东南走到“3”，最后向南走出迷宫。

599 瓢虫

如下图，19 个瓢虫分别在不同的空间内。

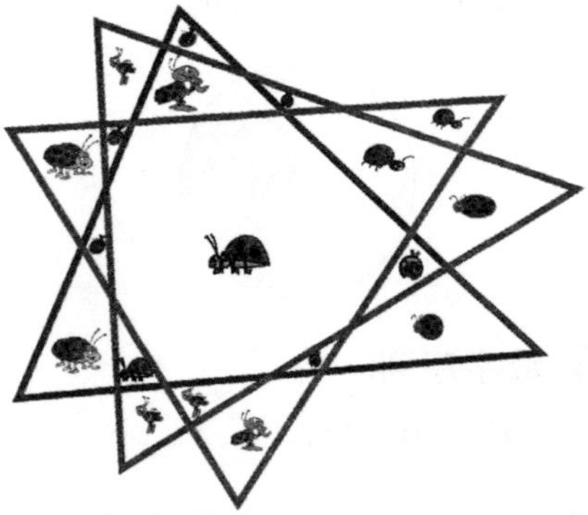

一般情况下，3 个三角形相交，最多只能形成 19 个独立的空间。

这一点很容易证明。2 个三角形相交，最多能够形成 7 个独立的空间，而第 3 个三角形的每一条边最多能够与 4 条直线相交，因此它能够与前 2 个三角形再形成 12 个新的空间，所以加起来就是 19 个空间。

600 游戏板数字排列

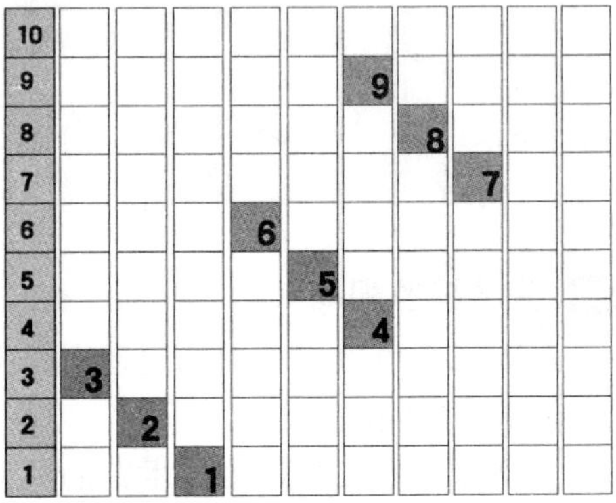

601 问号字母（2）

C。

602 问号数字（16）

3。这里有 4 个面，其中的数字显示的是所叠加在一起的面的数量。

603 图形面积比值

D。中间的白色三角形有 1 个角是直角，根据毕达哥拉斯定理，2 个直角边的平方之和等于斜边的平方，所以 1 和 2 的面积之和等于 3 的面积（包括黑色的圆）。如果去掉和 1 面积相等的圆，3 的面积就等于 2 的面积。

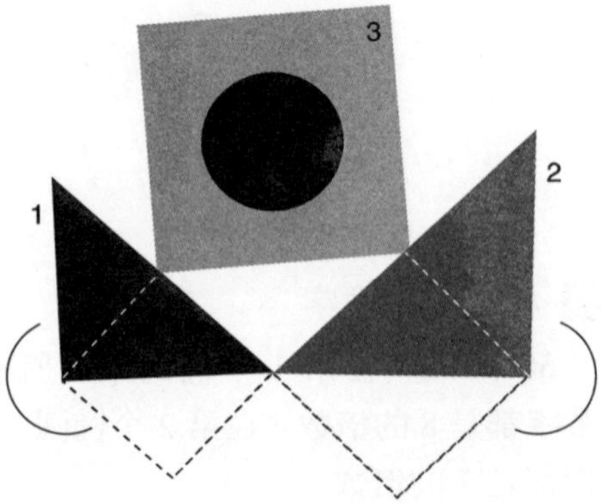

604 希腊老绅士有多大年纪

60 岁。如果将他的整个寿命设为“X”年，那么：

他的孩童时期 =1/4X

他的青年时期 =1/5X

他的成人期 =1/3X

他的老年时期 =13

1/4X+1/5X+1/3X+13=X

X=60

605 螺钉、灯泡

当你按顺时针方向旋转每根螺钉时，螺钉会拧到一起。

市政建设所使用的灯泡卡口螺纹方向与通常的灯泡相反，目的是令这些灯泡无法拧入普通家庭中的灯泡卡座内，从而降低灯泡被偷盗的概率。

606 火柴游戏（7）

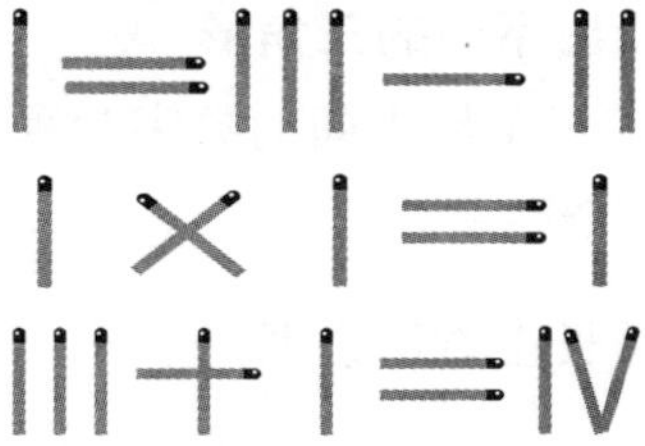

607 表 C 的值

表 C 的值为 41。每个方格所代表的数字如表所示：

16	9	8	1
15	10	7	2
14	11	6	3
13	12	5	4

608 让人迷惑的加法运算

4100。

609 数值曲线

A。

610 数字排列

1	2	3	4	5	6	7
3	4	5	6	7	1	2
5	6	7	1	2	3	4
7	1	2	3	4	5	6
2	3	4	5	6	7	1
4	5	6	7	1	2	3
6	7	1	2	3	4	5

611 车的巡游

题 1 最少 21 步　题 2 最少 55 步　题 3 最少 15 步

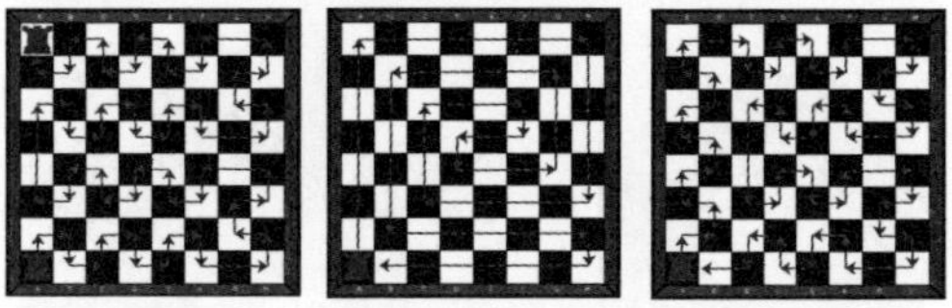

题 4 最少 57 步　题 5 最少 16 步　题 6 最少 56 步

612 男女头像

略。

613 天平问题（8）

1. 圆形的数值为 2，五角星的数值为 3，三角形的数值为 5。所以天平 C 的右端需要放 4 个五角星才能平衡。

2. 五角星的数值为 1，三角形的数值为 3，圆形的数值为 6。所以天平 C 的右端需要放 2 个圆形才能平衡。

614 找出图形 1 和图形 2

图形 1 和图形 2 在图中分别出现了两次，如下图所示。

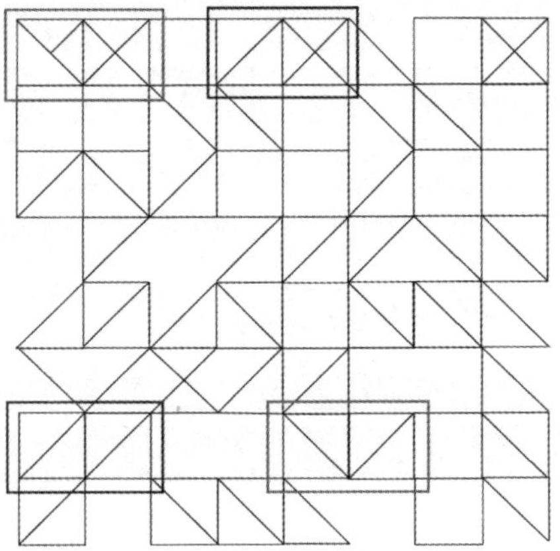

615 第 2 组的数字和

8679。将题目所在的页面颠倒，然后把 2 个数字相加。

616 多变的八边形

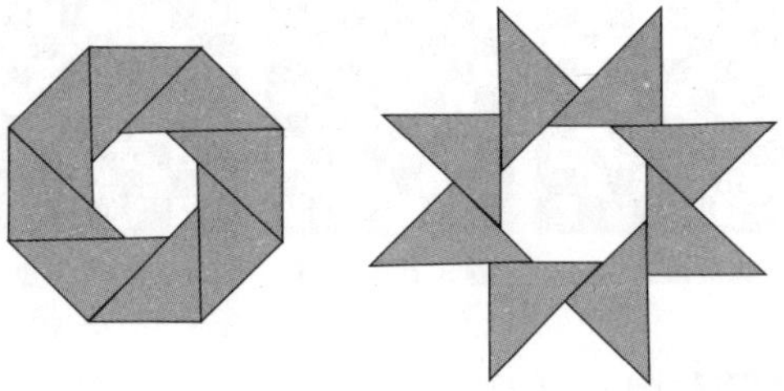

617 珠宝链条

只需要打开最下面的链子。上面的两根链子并没有连接在一起。

618 三角形剪辑

如下图所示。

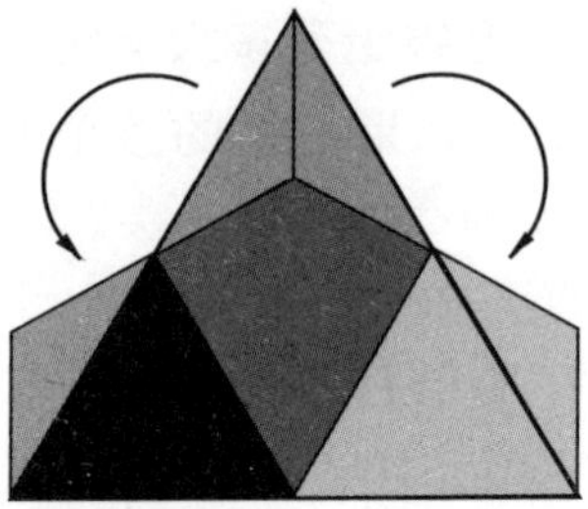

619 小狗拉绳

如下图所示，绳子拉开之后有两个结。

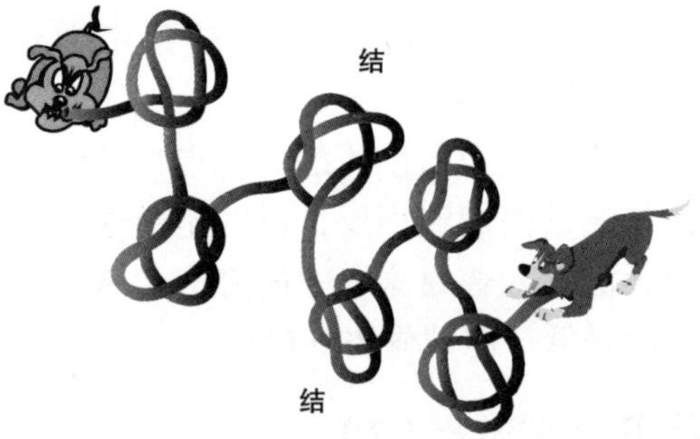

620 找出不同的三角形

C。三角形中间的数字为顶上各数平方数的和。

621 链长正方形拼图

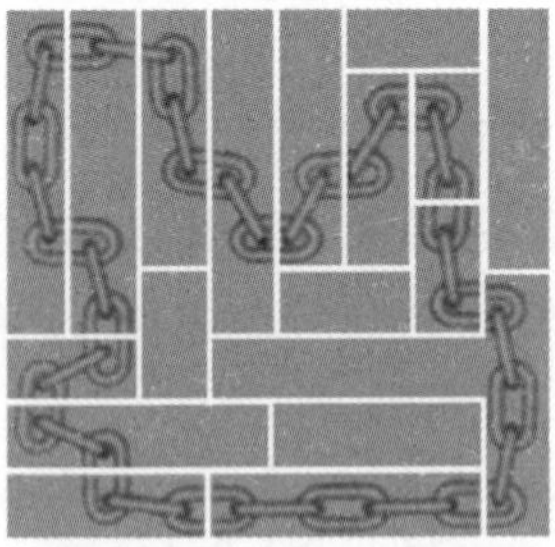

622 立方体对角线的度数

两条对角线之间的度数是 60°。如果将第 3 个面的对角线——BC 连接起来，那么，就可以构成等边三角形

ABC。因为同是立方体对角线，所以它们的长度都相等。由于是等边三角形，所以每个角的度数都是 60° 。

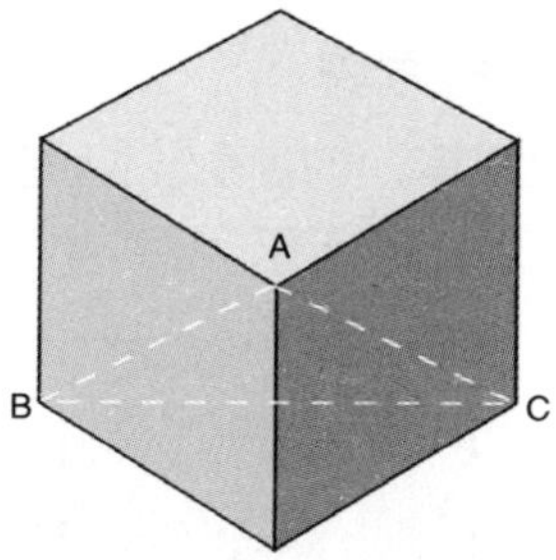

623 巧克力分块

如图所示切 6 次。

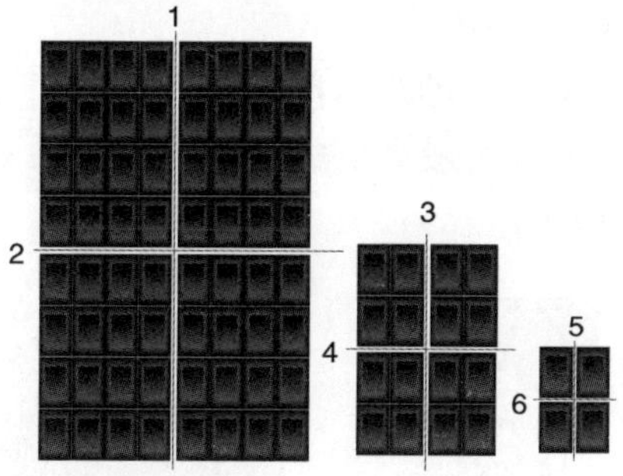

624 问号数字（17）

2。其中的数字等于叠加在一起的面的数量。

625 时钟的时间（2）

1 点 9 分 9 秒。

626 十二边形拼图

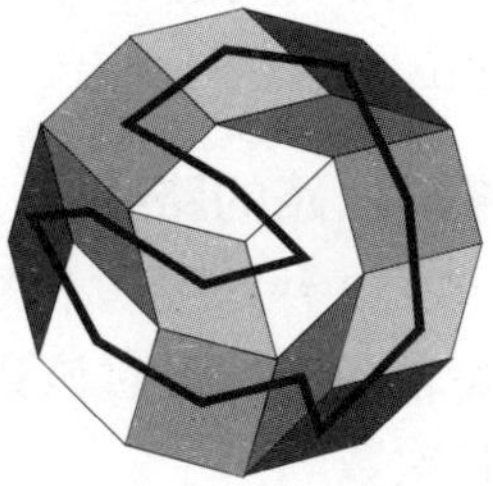

627 爆炸装置按键

第 5 行、第 3 列的 2R。

628 问号符号

上半个：4 × 6 ÷ 2；下半个：8 ÷ 2 × 3。

629 咖啡聚会

这个地方是 5 号路与 4 号街的交叉点。

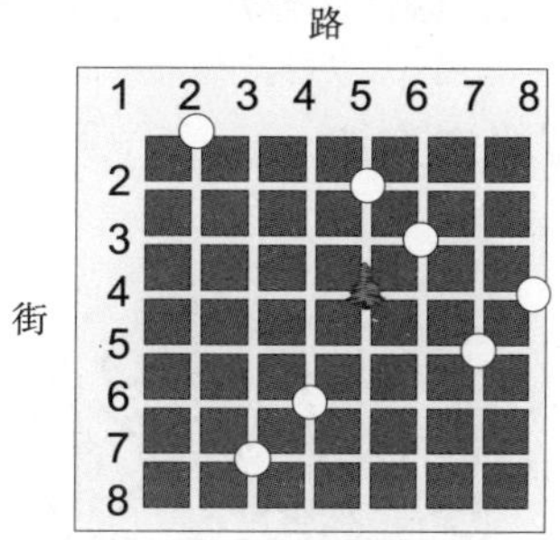

630 最大面积的内接正方形（1）

直角三角形的内接正方形只有 2 个，摆放位置如下图所示。而最大的是用红色标示出来的那个正方形。

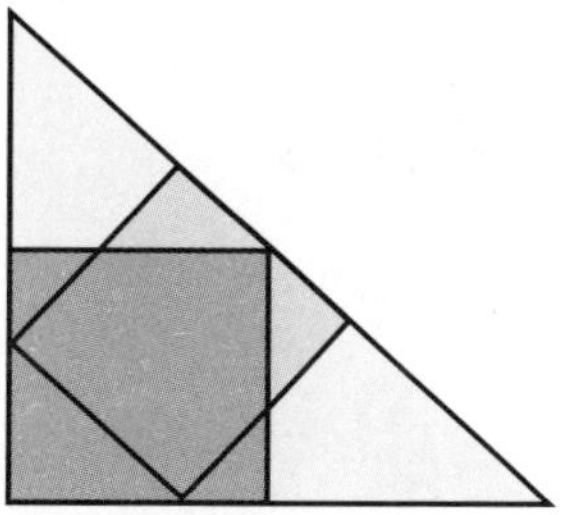

631 长方形排列规则

这 11 个长方形的总面积同 1 个 21 × 21 正方形的面积相等。这样 1 个正方形能包含这 11 个长方形吗？

我最好的成绩是把除了 5 × 6 的长方形以外的所有长方形都拼起来。

21×21 正方形不能被这 11 个长方形完全覆盖。

可以装得下所有 11 个长方形的最小的正方形是 1 个 22×22 正方形。

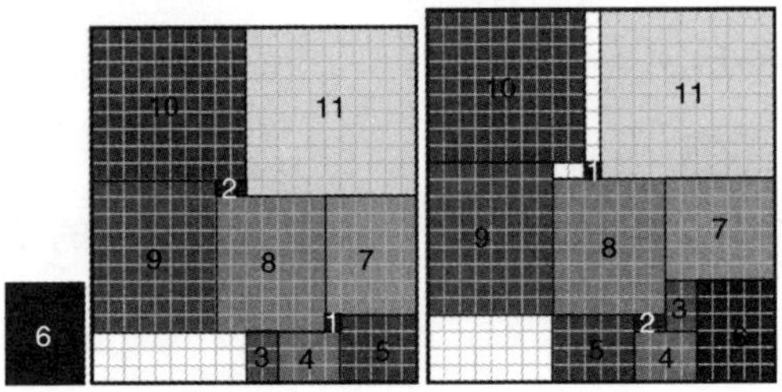

632 超级立方体

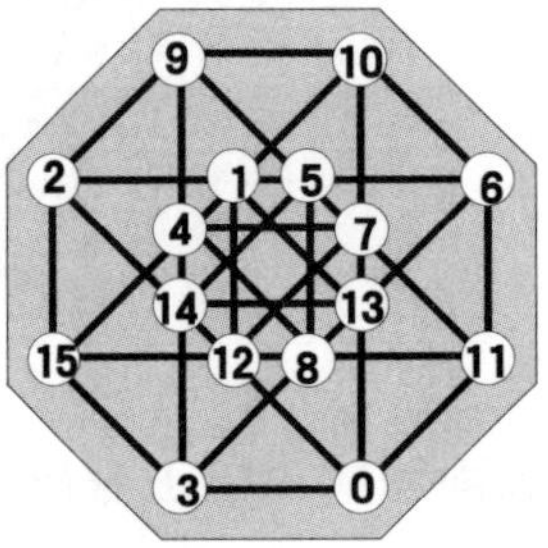

633 天平问题（9）

4 个月亮。太阳 =9，月亮 =5，云 =3。

634 数字方块图形

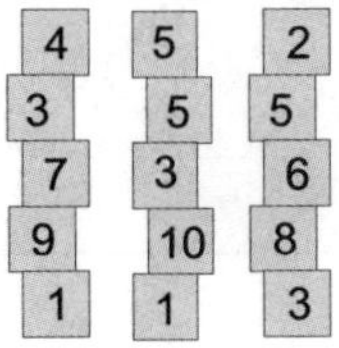

635 圆圈等面积划分

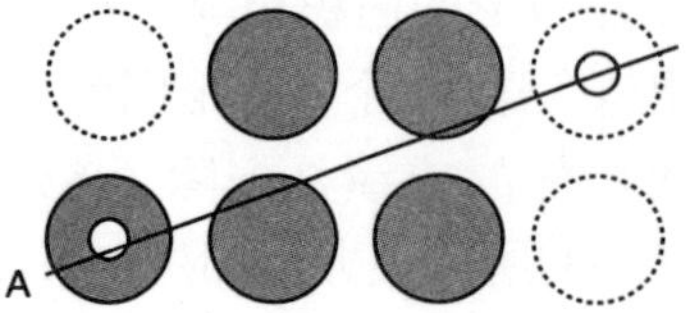

636 绳结

这两个结不能互相抵消，但是可以挪动位置，使两个结位置互换。

637 错误的方块

仔细观察，可以看出 A1 是错误的，正确的图形如下所示：

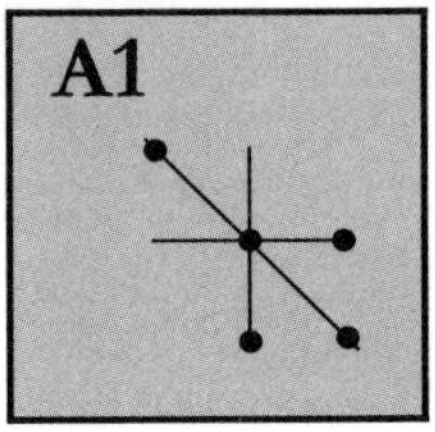

638 积木拼图

我们处理组合问题的一般的直觉方法是先放置最大的，其实这并不总是正确的策略。

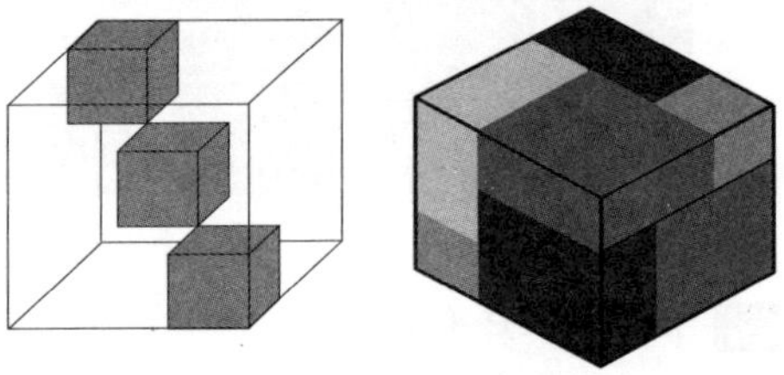

这道题目的秘诀是 3 个小立方体必须被放在立方体的 1 条对角线上。然后我们就可以很容易地放置其他大一些的积木了。

639 数字路线

3-C。线路 1 到达 2 的位置，线路 2 到达 1 的位置。

640 A 路到 B 路的路线

一共有 252 种路线。下图中的数字表示所有可能的路线经过该数字所在交叉点的累积次数。

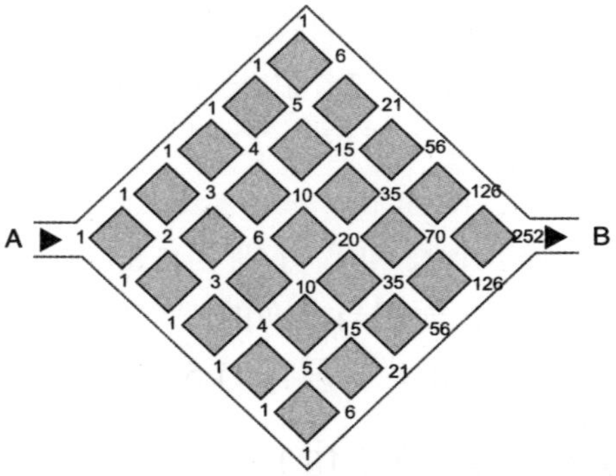

641 最大面积的内接正方形（2）

如下图所示，等边三角形的内接正方形有 3 种摆放位置。

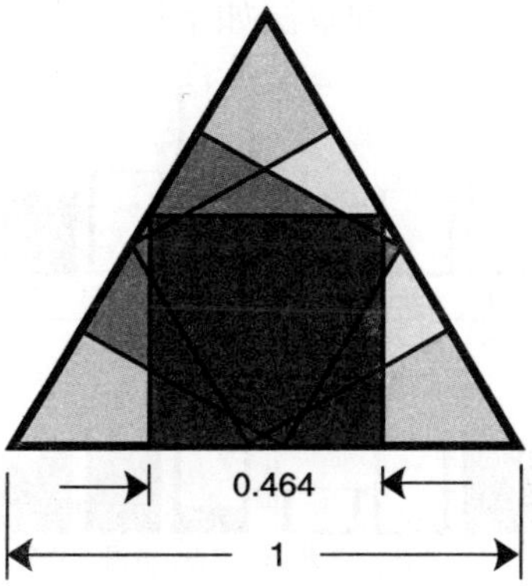

642 鸠尾接合

这两块是如下图所示接合而成的，因此只要斜向滑动就能将这两块分开。

643 特工密码

11 或 20。将 3 个圆圈内各数位上的数字相加的结果再相加，总数是 19。

644 问号字母（3）

问号处将出现的是三角形。谜题的方格中填满了一系列图形序列，第 1 个序列为 1 个正方形，与之相邻的第 2 个序列中包括了 1 个正方形 +1 个圆形，第 3 个序列则扩展到了包括 1 个正方形 +1 个圆形 +1 个三角形，第 4 个序列为正方形＋圆形＋三角形＋三角形，依此类推，第 6 个序列是正方形 + 圆形 + 三角形 + 三角形 + 圆形 + 圆形，从而可以确定出第 7 个序列中的问号处出现的应该是三角形。

645 木板组合

1236+873+706+257+82=3154，加起来可以精确地达到所要求的长度。

646 围栏（1）

在面积相等的 3 个围栏中正方形围栏所用的材料最少。

647 爆炸装置按键（2）

第 2 行第 2 列的 1D。

648 分割铜块

用 6 个 1 号图形的毛坯可以拼成矩形。

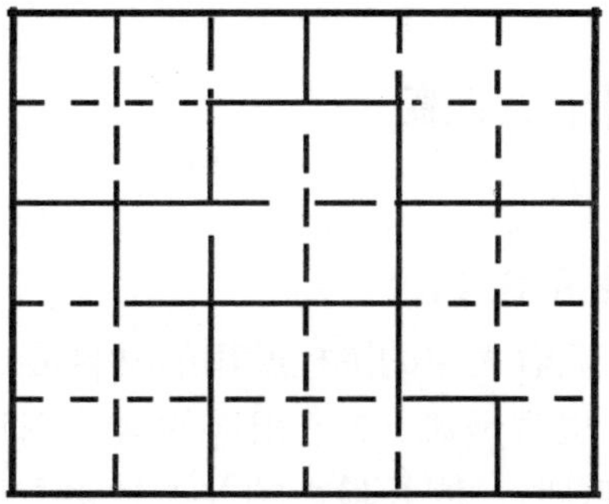

其他 6 种图形的切分法见下图。

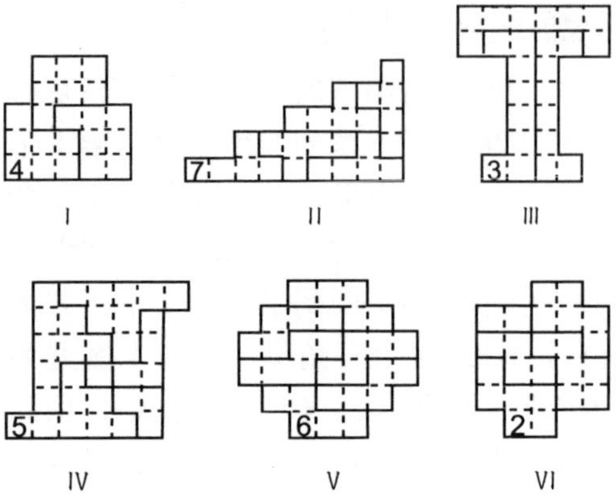

649 盒子里的物品

所需数值是 6。右边盒子在秤上显示的重量是 9 个单位，而左边则是 3 个单位。所以，6×9（54）与 18×3（54）可以使秤的两边保持平衡。

650 绳子杂技

651 问号圆圈

D。

652 围栏（2）

关着大象的围栏所用的材料最少。

也就是说，2 个相连的全等图形面积相等时，周长最短的并不是正方形，而是长比宽长 1/3 的长方形。

举个例子，2 个边长为 6 厘米的相连的正方形，面积为 72 平方厘米，而围栏长为 42 厘米。

而 2 个长和宽分别为 6.83 和 5.27 的长方形，面积与上面的正方形是一样的，但是总围栏长只有 41.57 厘米。

653 问号数字（18）

3。每个数字盘的数字和为 30。

654 酒罐分酒

倒 6 次即可解决问题，有 4 种不同方法，其中一种解法如下图所示。

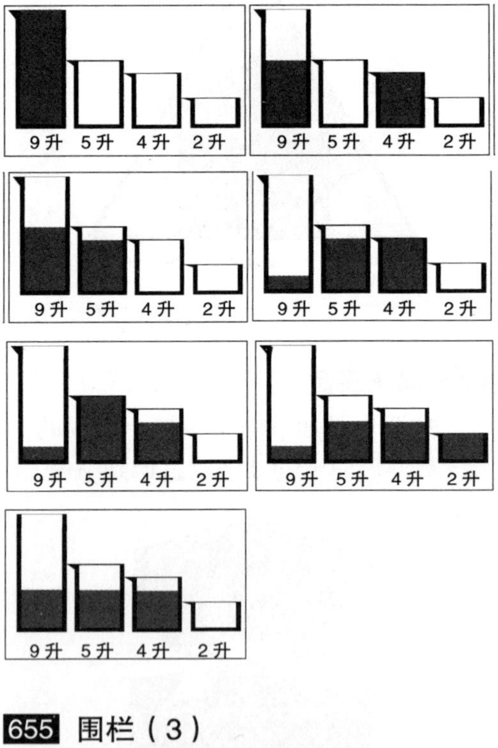

655 围栏（3）

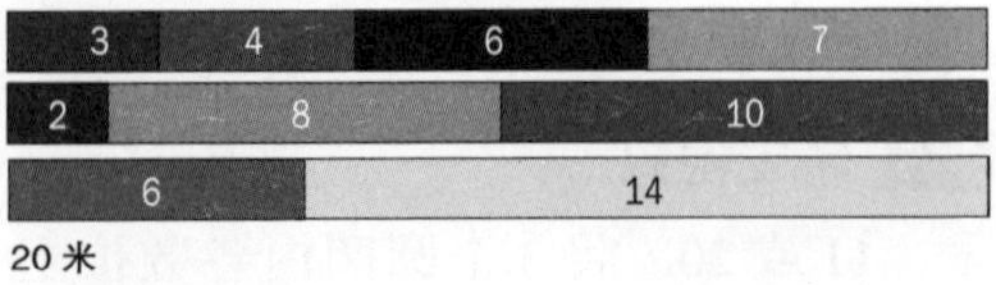

656 颠倒图像

硬币上的肖像是当时的罗马教皇，颠倒之后，就变成了恶魔。

657 四边形数学谜题

6+7+11 ÷ 3 × 2+5−12=9

658 哈密尔顿循环

这是其中一种情况，也有可能有其他的解。

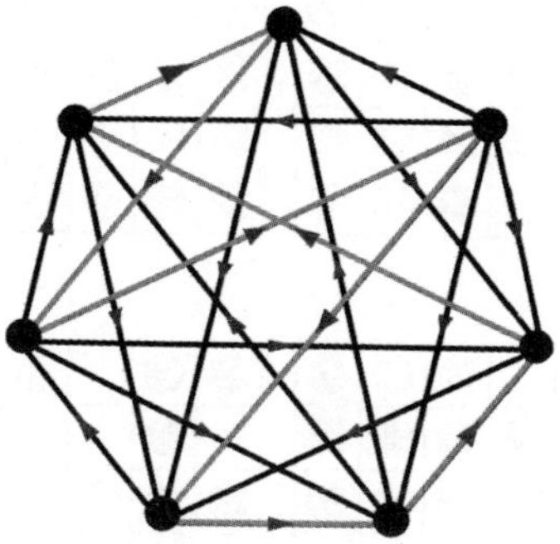

659 重物分组

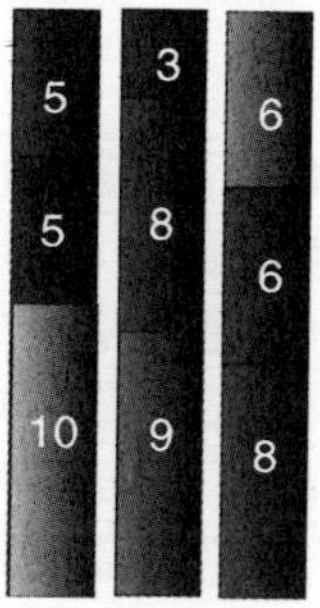

660 找出两图之间的不同之处

如下图：

661 问号数字（19）

27。第 1 个盘中的数字的平方数放入第 2 个盘中相应的位置，第 1 个盘中的数字的立方数放入第 3 个盘中相应的位置。

662 天平问题（10）

1 个箭头。椭圆 =1，箭头 =2，菱形 =3。

663 计算线段长度

线段 OD 是圆的半径，它的长度是 6 厘米。ABCO 是个长方形，它与圆的中心以及圆边都相交。因此，线段 OB，即圆的半径的长度为 6 厘米。因为长方形的两个对角线的长度都相等，所以，线段 AC 与线段 OB 的长度相等，即 6 厘米。

664 卡利颂糖果包装盒

下图是一种解法的直观图。

在该题中，3 种颜色的卡利颂必须分别占糖果总数的 1/3。

你有没有发现，3 种颜色的卡利颂组成了一个看起来非常立体的图形。

665 图表分割

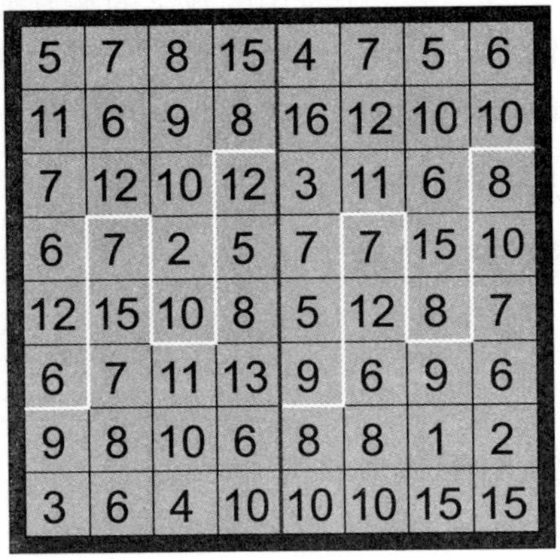

666 问号数字（20）

35。星 =6，钩 =3，叉 =17，圈 =12。

667 折叠立方体

E。

668 暗箱中的激光束路径

解法之一如下图所示：

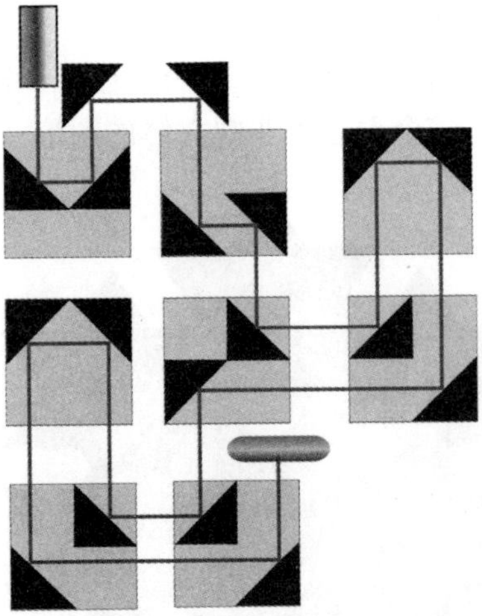

669 一笔画图形

B。

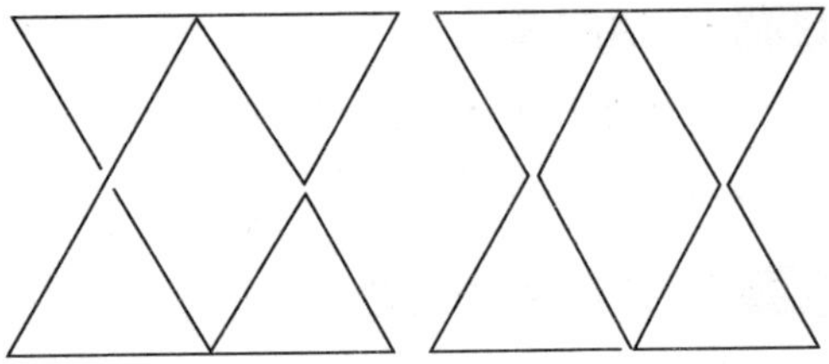

670 单人跳棋游戏

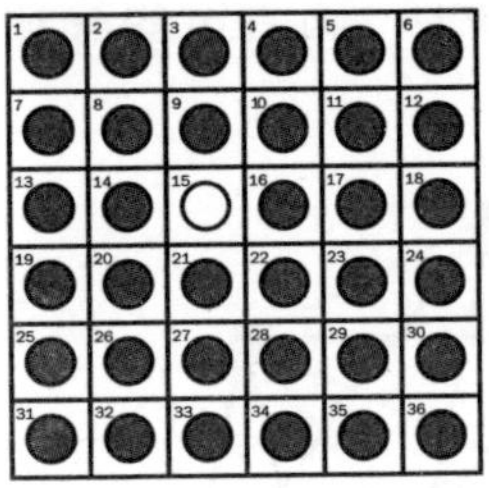

开始

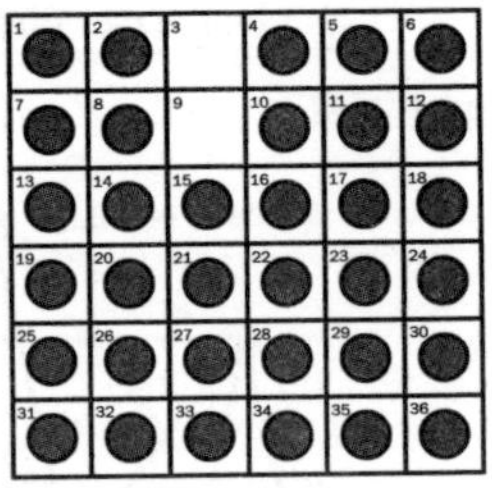

3–15

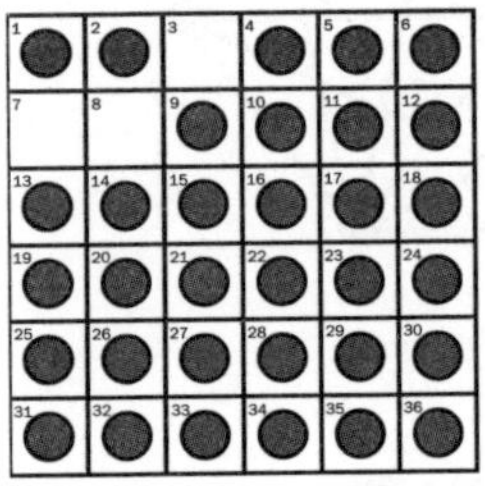

7–9

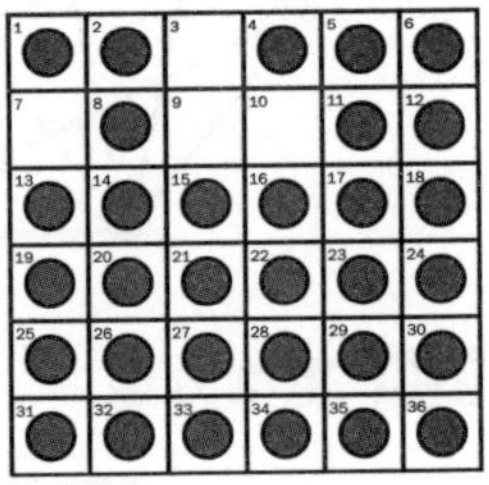

10–8

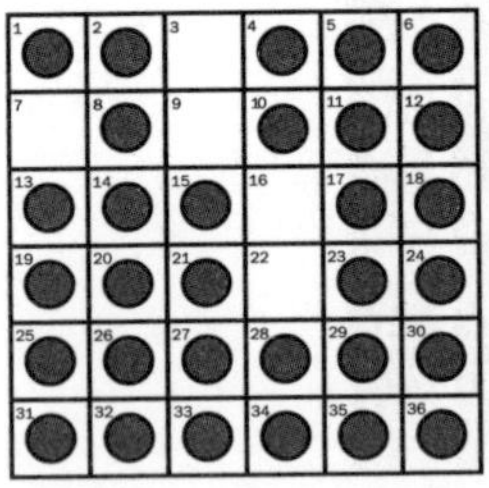

22–10

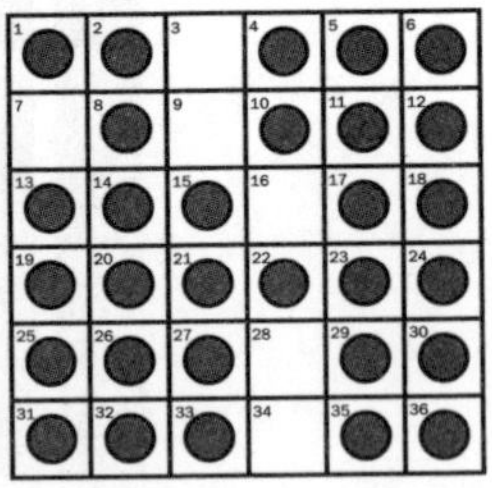

34–22

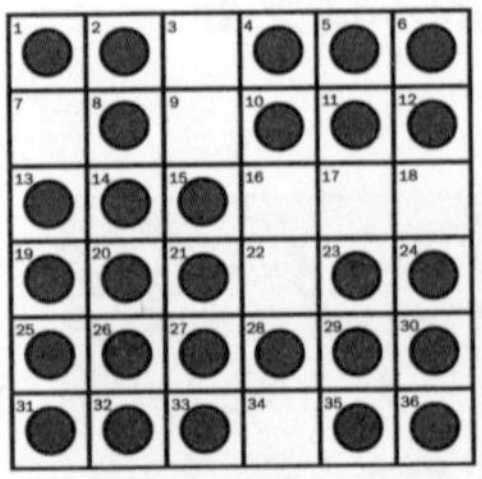

18–16–28

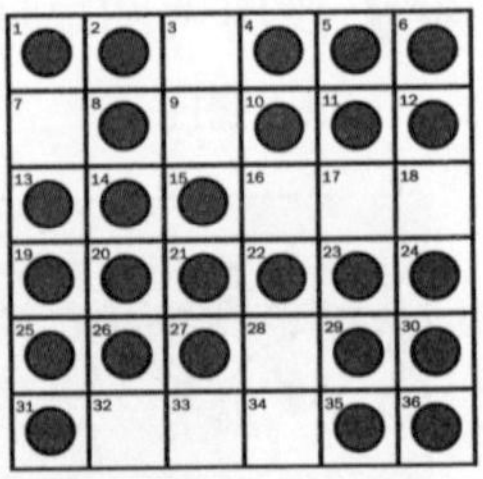

32–34–22

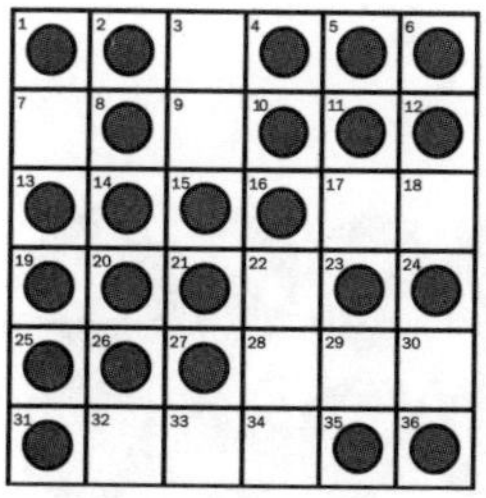

30–28–16

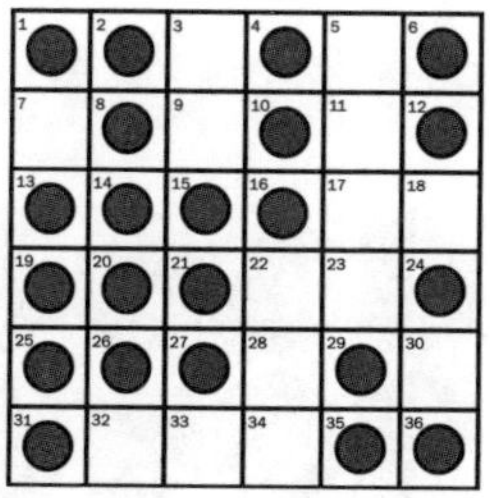

5–17–29

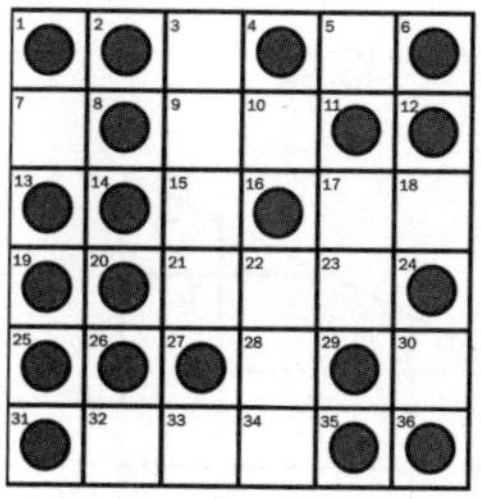

21–9–11

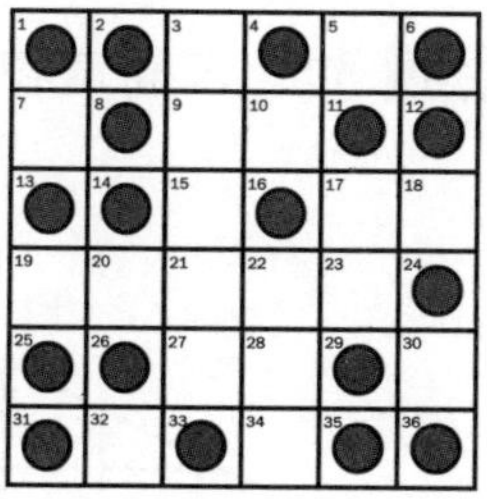

19–21–33

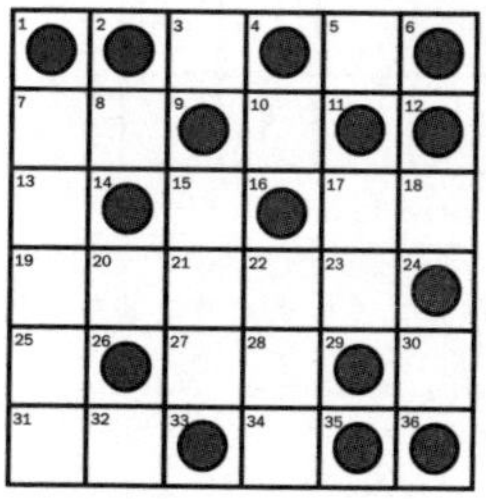

31–19–7–9

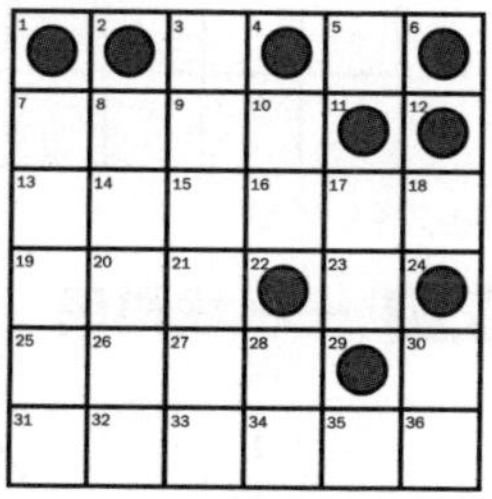

36–34–32–20–8–10–22

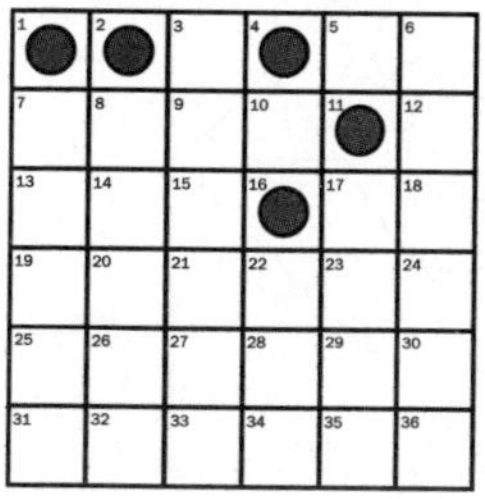

6–18–30–28–16

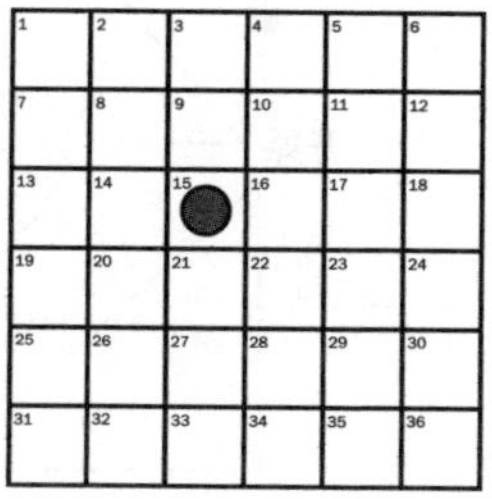

1–3–5–17–15

671 吉他弦

如下图所示，琴弦开始振动，4 和 6 处的纸片会掉下来。

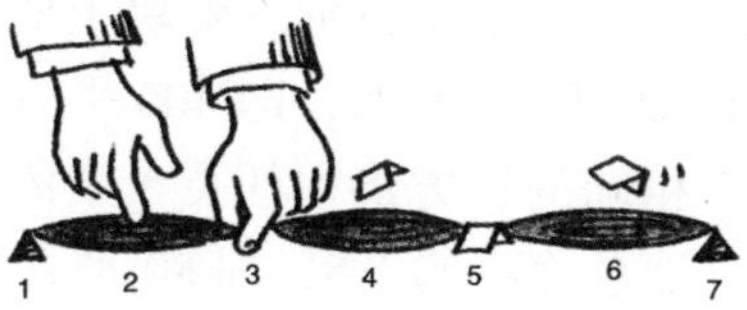

672 为星星分配空间

673 圆圈问号

B。

674 六边形数字游戏

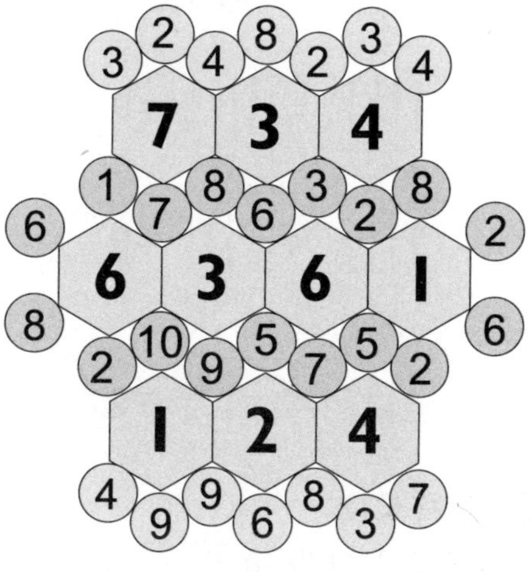

675 花园回形小道

49 米。她在各段路上行走的路程依次如下：

A = 9 米；B = 8 米；C = 8 米；D = 6 米；E = 6 米；F = 4 米；G = 4 米；H = 2 米；I = 2 米。

一共 49 米。

676 瓷砖拼图

如下图所示，这是解法之一。

677 火柴游戏（8）

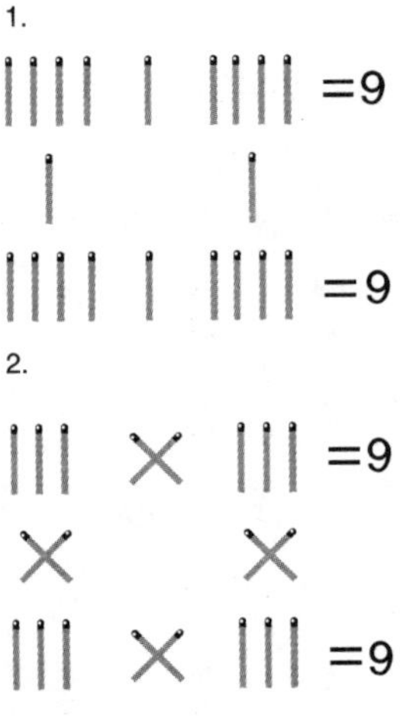

678 旗杆长度

旗杆的长度为 10 米。

旗杆与它影子的比例等于测量杆与它影子的比例。

679 正五边形、正六边形分割

一般情况下，正多边形能够分割成不相交的三角形的个数从三边形开始分别 是：1，2，5，14，42，132，429，1430，4862，…

680 过山车轨道和护栏框架

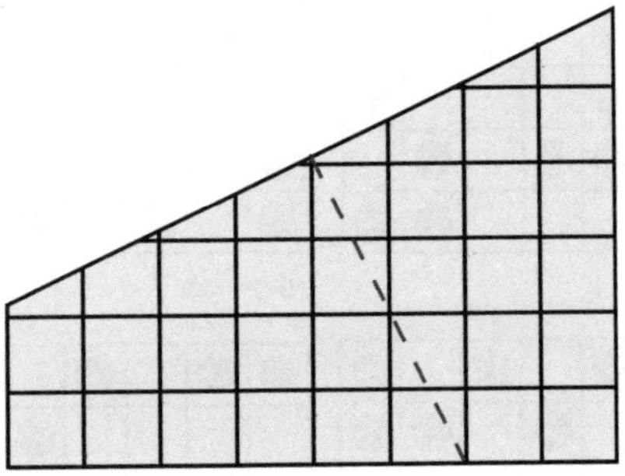

681 一根线描图

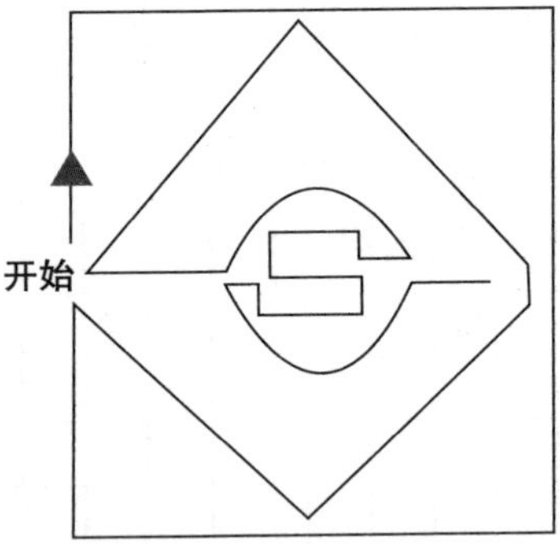

682 正方形阴影面积

80 平方米。如果你对这个经过切割的方格进行观察，你会发现在这些复合形状中包括了并行的几对图形，它们可以组合成 4 个正方形。整块土地的总面积是 20 米 ×20 米，即 400 平方米。这 5 个相同的正方形中任意 1 个的面积都是土地总面积的 1/5，即 80 平方米。

683 隐蔽的正方形

如下图所示，一共有 15 个正方形。

684 立方体切割

切 3 刀，将立方体的干酪分割为相等的 8 个小立方体。这 8 块立方体的小干酪中每一块的边长都是 1 厘米，因此其表面积也就是 6 平方厘米，那么 8 个立方体小干酪块的总表面积就是 48 平方厘米。

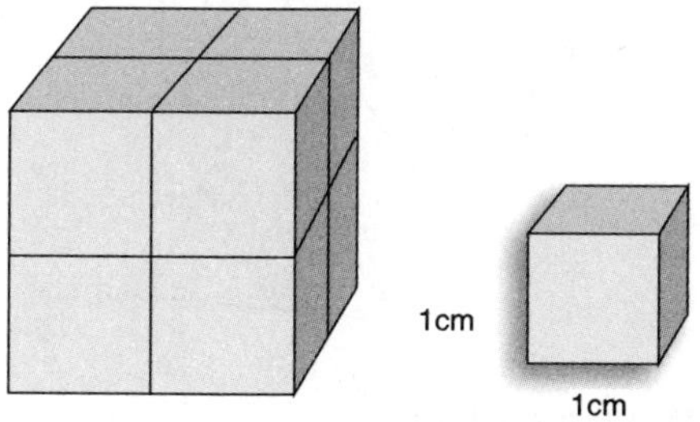

685 蜜蜂总数

$$\sqrt{\frac{X}{2}}+\frac{8}{9}x+2=x$$

这里 x= 蜂群中的蜜蜂数

整理式子为：（x–72）（2x–9）=0

很明显 x 不等于 4.5（假设 2x–9=0 得出的结果），所以 x 一定是 72，那么整个蜂群一共有 72 只蜜蜂。

686 地牢

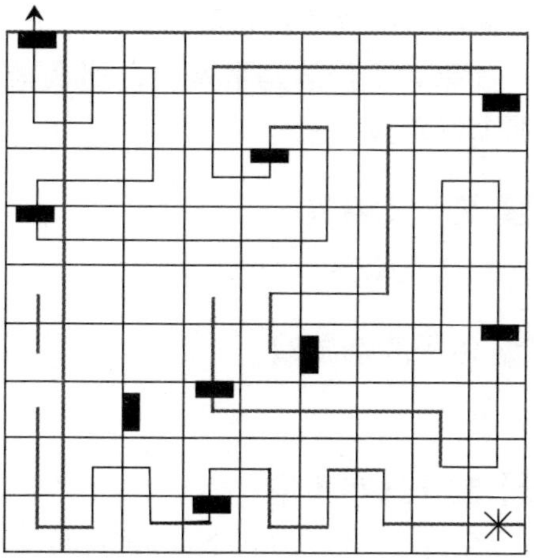

687 泥地裂缝

最先出现的那条裂缝是图中间横向的一条，从正方形左边的中间向右延伸到右边离右上角 1/3 的地方。

通常要判断两个裂缝中哪个更早出现并不难：更早出现的裂缝会完全穿过这两个裂缝的交点。

688 天平称假币

把 8 个金币分成 2 个部分，一部分 6 个金币，一部分 2 个。

不管假币在哪一部分，我们只用 2 步就可以把它找出来：

先将第 1 部分的金币一边 3 个分别放在天平的左右两边。如果天平是平衡的，那么假币一定在剩下的 2 个中。

再将剩下的 2 个金币分别放在天平的两端，翘起的那一端的金币较轻，这个就是假币。

如果第 1 步分别将 3 个金币放在天平的两端，天平是不平衡的，那么假币在翘起的那端。

再取这 3 个金币中的任意 2 个分别放在天平的两端，如果天平不平衡，那么轻的那一端放的就是假币。

如果天平仍然是平衡的，那么剩下的那个就是假币。

689 第 3 支铅笔

第 7 支铅笔。

690 色子滚动游戏

3。

691 制作数字表格

题 1：一共有 90 个两位的数字，如下图所示。在它们之中有 8 个有连续的数字，所以答案是 82 个两位数。

10	11	12	13	14	15	16	17	18	19
20	21	22	23	24	25	26	27	28	29
30	31	32	33	34	35	36	37	38	39
40	41	42	43	44	45	46	47	48	49
50	51	52	53	54	55	56	57	58	59
60	61	62	63	64	65	66	67	68	69
70	71	72	73	74	75	76	77	78	79
80	81	82	83	84	85	86	87	88	89
90	91	92	93	94	95	96	97	98	99

题 2：有 9 个两位数包含有相同的数字，所以答案是 81 个两位数。

题 3：也许你可以在 1 分钟之内做完这一长串的计算。对于任何的这类四位数只要算 1 次就可以了，如下图所示。

345	543 − 345 =	198
456	654 − 456 =	198
567	765 − 567 =	198
678	876 − 678 =	198
789	987 − 789 =	198
1234	4321 − 1234 =	3087
2345	5432 − 2345 =	3087
3456	6543 − 3456 =	3087
4567	7654 − 4567 =	3087
5678	8765 − 5678 =	3087
6789	9876 − 6789 =	3087

692 射箭

两支箭射中了 8 分区域（得 16 分），7 支箭射中了 12 分区域（得 84 分）。总得分：16+84=100。

693 新镇业余戏剧表演

表演队	戏剧	月份	票价
面团表演队	麦克白	6 月	¥10
真正的莎士比亚	奥赛罗	10 月	¥3
业余戏剧队	朱利叶斯·恺撒	3 月	¥6

694 四边形与平行四边形

所有任意四边形四边中点的连线都会组成 1 个平行四边形，我们将这个平行四边形称之为伐里农平行四边形，是以数学家皮埃尔·伐里农（1654–1722 年）的名字命名的。

伐里农平行四边形的面积是原四边形的面积的一半，而它的周长则等于原四边形两条对角线的长度之和。

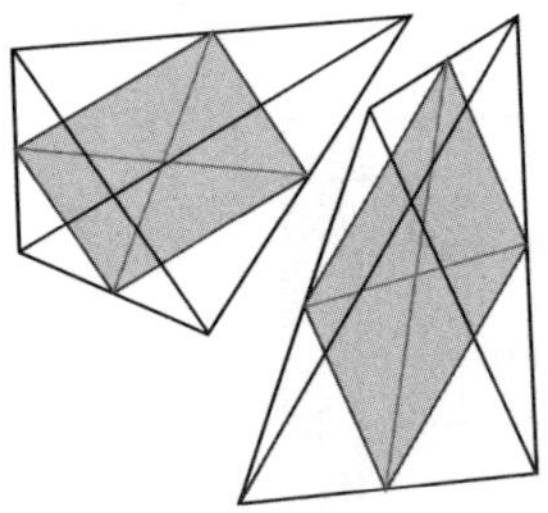

695 数字标志排列

☆ = 1　△ = 6　⬡ = 3　◇ = 4

696 正五边形切割

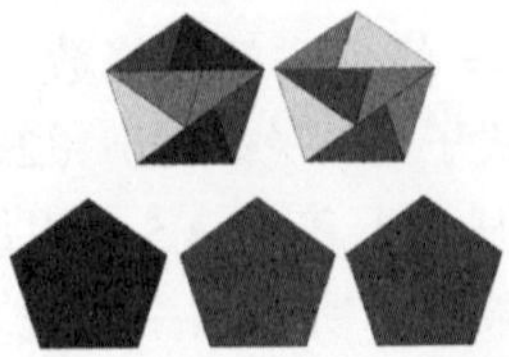

697 陶土块

切的动作必须要以如图所示的方法将立方体对切成两半。这样暴露出来的内表面才是六边形。

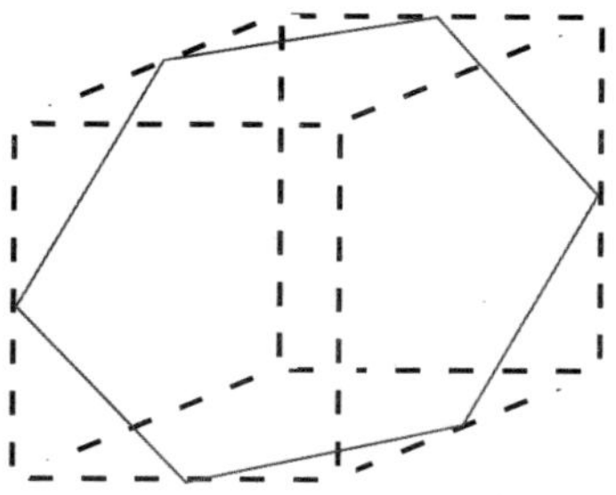

698 蜡烛实验

燃烧需要氧气，没有氧气就不能燃烧。当蜡烛燃烧用完玻璃瓶中的氧气时，蜡烛就会熄灭，这时玻璃瓶里的水位会上升，以填充被用尽的氧气的空间。

699 骑士传说

剩下的字母连成的话：Knight who can't defeat dragons get fired（打不过巨龙的骑士，就要被炒鱿鱼）。

如图所示：

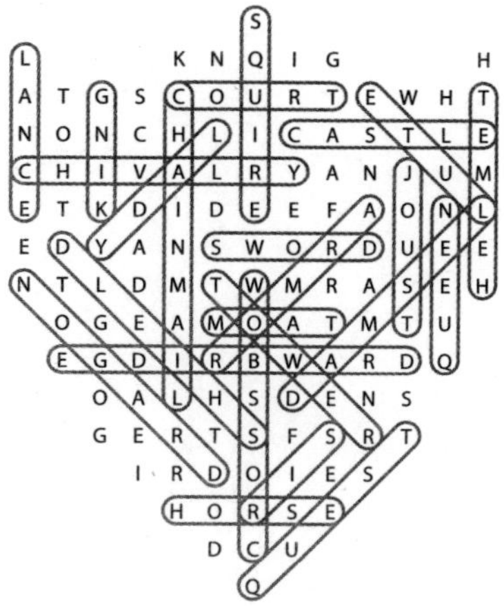

700 数字分析问题

数字 6 有 11 种分拆法，数字 10 则有 42 种分拆法。

随着数字增大，分拆的方法数迅速增加。

n=50 时，有 204 226 种；

n=100 时，有 190 569 292 种。